中国银行法学研究会年度论文集

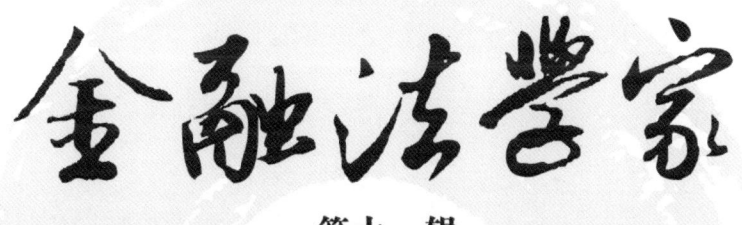

金融法学家

·第十一辑·

主　　编　王卫国

编委会成员　王卫国　刘少军　潘修平

中国政法大学出版社

2021·北京

图书在版编目（ＣＩＰ）数据

金融法学家. 第十一辑/王卫国主编. —北京：中国政法大学出版社，2021.12
ISBN 978-7-5764-0278-0

Ⅰ.①金… Ⅱ.①王… Ⅲ.①金融法－法学－文集 Ⅳ.①D912.280.1-53

中国版本图书馆CIP数据核字(2021)第279984号

出 版 者	中国政法大学出版社
地　　址	北京市海淀区西土城路 25 号
邮寄地址	北京 100088 信箱 8034 分箱　邮编 100088
网　　址	http://www.cuplpress.com (网络实名：中国政法大学出版社)
电　　话	010-58908289(编辑部) 58908334(邮购部)
承　　印	北京九州迅驰传媒文化有限公司
开　　本	720mm×960mm　1/16
印　　张	27.5
字　　数	525 千字
版　　次	2021 年 12 月第 1 版
印　　次	2021 年 12 月第 1 次印刷
定　　价	109.00 元

序言
Preface

2019 年底一场席卷整个世界的新冠肺炎疫情暴发，它虽然对我们当年的年会召开没有造成影响，却对论文评奖、出版等后续工作带来了一定的困难，许多工作不得不因工作场所封闭而暂时停止。同时，疫情也对我们 2020 年年会和后续工作造成了一定影响。鉴于这一情况，研究会决定将 2019 年度与 2020 年度的论文评奖和优秀论文出版进行合并，出版《金融法学家》第十一辑，对于不能及时展示大家的研究成果在此表示歉意，对疫情以来坚守岗位辛勤工作的各位专家学者表示感谢，对你们收获的成果表示祝贺！

2019 年 11 月 9 日，由中国银行法学研究会主办、复旦大学承办的"金融法治与国家治理现时代化—中国银行法学研究会 2019 年年会"于上海隆重召开。本次年会由来自中国法学会、中国人民银行、中国银监会、最高人民法院、最高人民检察院，各商业银行、政策性银行、资产管理公司、信托公司等机构，上海市同业公会、中国建设银行上海市分行的领导和工作者，全国各高等院校和科研机构的专家学者 400 余人出席。

2019 年十九届四中全会通过了《关于坚持和完善中国特色社会主义制度 推进国家治理体系和治理能力现代化若干重大问题的决定》，要求在坚持和完善中国特色社会主义制度的前提下，推进国家治理体系和治理能力的现代化。具体落实在金融法领域的主要任务是修改《中国人民银行法》《商业银行法》，完善金融业风险防控与危机处置机制，保障金融市场参与者的合法权益，积极应对国际金融风险和贸易摩擦，加强金融司法体制改革等。会议围绕着这些主题进行了详细深入的研讨，提出了具有重要价值的意见和建议。

2020 年 11 月 4 日，由中国银行法学研究会主办、河北经贸大学承办的"中国银行法学研究会 2020 年年会"于河北正定顺利召开。本次年会是在疫情之下召开的，会议采取线上线下相结合的方式举行。现场参加会议的有来自中国人民银行、中国银保监会、最高人民法院、最高人民检察院、各商业银行、政策性银行、律师事务所的领导和工作人员，全国各高等院校和科研机构的专家学者 130 余人，线上近万人参加了会议。

2020 年十九届五中全会通过了《关于制定国民经济和社会发展第十四个五年规划和二〇三五年远景目标的建议》，提出了第十四个五年规划和二〇三五年远景目标规划。落实在金融法领域应进一步完善各项金融法律制度，建立现代财税金融体制，建设高标准市场体系。会议以这一思想为指导，对金融法制建设中《中国人民银行法》《商业银行法》修订草案的具体完善问题，数字货币流通的法律规范问题，人工智能的金融法治问题，投资者保护的程序问题，金融监管的具体实践问题，《民法典》与金融法的协调问题等，在现场或通过网络进行了广泛而深入的研讨，会议效果甚至超过了纯粹的现场形式。

2019 年至 2020 年是不平凡的两年，在这两年期间里，我研究会的广大会员、专家学者在做好防疫工作的同时，认真开展金融法特别是银行法的相关研究，在线上线下开展了一系列的会议和活动，各专业委员会都开展了相关专门问题的研讨。围绕着《中国人民银行法》《商业银行法》的修改和草案的进一步完善，我们召开了多次研讨会和专题论证会，在不同阶段多次向法律起草部门提出修改和完善建议，受到相关部门的高度评价。此外，还就网络金融的进一步规范和完善研究、数字货币与法定货币规范研究、金融机构危机处置与破产规范研究、农村农业金融法律问题研究、应对国际金融长臂管辖研究等进行了多次研讨。同时，我们还参加了《期货法》等相关立法的研究、征求意见和相关学术活动，向国家有关部门提出了我们的建议，受到相关领导的重视，许多主张被写入相关法律文件。

2019 年年会，共收到论文 42 篇；2020 年年会，共收到论文 50 篇。这些论文主要涉及货币与数据法治、银行法的修改与完善、金融监管法治的完善、金融法规实施研究等四个主要方面。两届年会结束后，研究会学术委员会组织在京专家学者对论文进行了评选，经匿名投票并按照得票数量分段，共评出一等奖论文 2 篇，二等奖论文 4 篇，三等奖论文 24 篇，共计 30 篇（其中 1 人 2 篇放弃）；共编入《金融法学家》第十一辑论文 27 篇（3 人已另行发表）。全部论文经学术委员会按照要求进行重新编辑后交付出版，这些论文是两年来研究会优秀研究成果的主要代表，希望它的出版有益于充分的学术交流。

中国银行法学研究会会长　王卫国
2021 年 6 月 20 日

Contents

第一篇 货币与数据法治研究

第二篇 银行法的修改与完善

第三篇　金融监管法治的完善

第四篇　金融法规实施的研究

2019—2021年金融法研究成果综述

中国银行法学研究会学术委员会 *

2019—2021年，在理论界与实务界的共同努力之下，我国金融法的研究取得了丰硕的成果。为了使这些成果得到更为广泛的传播和了解，我们尽可能对这两年来具有代表性的研究成果进行系统性的整理和综述，希望能够让大家了解本年度金融法研究的总体概况。但囿于我们的收集手段和认识水平的局限性，对于某些重要的研究成果可能未能找到，对于已经收集的成果在理解与介绍上可能也有不足之处。对此，希望各位专家学者能够予以谅解，也请各位读者能够及时地给予批评和指正。

一、主要研究成果

（一）总论部分

【教材类研究成果】

1.《经济法》（第9版）（高晋康主编，西南财经大学出版社2021年版）

2.《金融法学》（第3版）（岳彩申、盛学军主编，中国人民大学出版社2020年版）

【专著类研究成果】

1.《经济法论丛》（总第34期）（陈云良主编，社会科学文献出版社2019年版）

2.《中国民间金融的规范化发展（2018）》（高晋康、唐清利、汪蕾主编，法律出版社2019年版）

3.《中国民间金融的规范化发展（2019）》（高晋康、汪蕾主编，法律出版社2020年版）

4.《新发展理念下中国金融机构社会责任立法问题研究》（刘志云等著，法律出版社2019年版）

---

* 本综述由刘少军教授组织中国政法大学研究生马壮、虞晓雨、于海盟、晏伟、朱维敏、陈培楠、倪哲、林忆媚等共同完成，并按照出版要求对全部稿件进行了加工整理。

5.《国际金融中心因何不同？——港沪金融市场规制比较研究》（沈伟著，法律出版社 2020 年版）

6.《私募投资和商事法契合法律问题研究——规则、监管与困境》（沈伟著，法律出版社 2020 年版）

7.《当代金融法研究》（2019 年卷）（吴弘主编，中国法制出版社 2020 年版）

8.《中国金融政策报告 2019》（吴晓灵主编，中国金融出版社 2019 年版）

9.《中国金融政策报告 2020》（吴晓灵、陆磊主编，中国金融出版社 2020 年版）

10.《资管大时代》（吴晓灵、邓寰乐等著，中信出版社 2020 年版）

11.《金融法学家》（第 10 辑）》（王卫国主编，中国政法大学出版社 2019 年版）

12.《地方金融监管法律问题研究》（熊进光著，复旦大学出版社 2020 年版）

13.《经济法论坛》（第 22 卷）（岳彩申、盛学军主编，法律出版社 2019 年版）

14.《经济法论坛》（第 23 卷）（岳彩申、盛学军主编，法律出版社 2019 年版）

15.《经济法论坛》（第 24 卷）（岳彩申、盛学军主编，法律出版社 2020 年版）

16.《大数据时代金融信息的法律保护》（张继红著，法律出版社 2019 年版）

【论文类研究成果】

1.《金融回归实体经济本源的制度困境与金融法的矫治》（陈蓉，载《人民法治》2019 年第 13 期）

2.《民间借贷利率规制宜动态化、差异化、精细化》（郭雳著，载《金融博览》2020 年第 9 期）

3.《金融机构的投资者适当性义务：实证研究与完善建议》（黄辉著，载《法学评论》2021 年第 2 期）

4.《国际金融中心建设与混合型法律制度创新——以阿联酋阿布扎比国际金融中心建设为例》[黄震、占青著，载《陕西师范大学学报（哲学社会科学版）》2020 年第 5 期]

5.《2021 年金融监管保持高压态势》（黄震著，载《经济》2021 年第 3 期）

6.《加强突发事件应对管理 精准提升金融服务能力》（刘福寿著，载《中国银行保险报》2020 年 9 月 25 日，第 1 版）

7.《完善金融立法 保障有效监管》（刘福寿著，载《中国律师》2020 年第

12 期)

8.《"一带一路"背景下的中俄金融合作：进展与深化》(李仁真、申晨著，载《边界与海洋研究》2019 年第 6 期)

9.《建立蓝色金融原则的思考》(李仁真、何丹著，载《国际经济法学刊》2020 年第 2 期)

10.《国际金融领域市场分割现象及其治理路径研究》(李仁真、杨凌著，载《武大国际法评论》2020 年第 5 期)

11.《风险社会对经济法研究范式的挑战》(刘水林著，载《经济法研究》2019 年第 1 期)

12.《共同体理念下的经济法基本范畴研究》(刘水林著，载《经济法论坛》2019 年第 1 期)

13.《金融投资者适当性法律制度研究》(李文著，载《中国商论》2021 年第 5 期)

14.《民间借贷司法审判的"监管化"省思——基于不完备法律理论的视角》(李有、沈伟著，载《银行家》2021 年第 1 期)

15.《新发展理念下中国金融机构社会责任立法的参与机制探讨》(刘志云著，载《政法论丛》2020 年第 5 期)

16.《论我国金融监管"试验性规制"的路径与机制》(鲁篱、陈阳著，载《社会科学研究》2021 年第 1 期)

17.《论金融司法与金融监管协同治理机制》(鲁篱著，载《中国法学》2021 年第 2 期)

18.《新一轮对外金融开放及审慎治理的法律路径》[黎四奇著，载《厦门大学学报（哲学社会科学版）》2020 年第 3 期]

19.《金融机构高管薪酬治理：基于公平性正义的立场》(黎四奇著，载《法商研究》2021 年第 1 期)

20.《建立可预期的金融交易规则》(马荣伟著，载《中国金融》2019 年第 23 期)

21.《金融监管与金融审判的冲突与合作》(马荣伟著，载《银行家》2020 年第 2 期)

22.《人文金融——好金融与坏金融的界限》(马荣伟著，载《中国发展观察》2021 年第 C1 期)

23.《域外宏观审慎监管协调模式及其对中国的启示》(青彤、岳彩申著，载《社会科学家》2019 年第 11 期)

24.《健全金融法制 防范化解风险》(强力著，载《人民法治》2019 年第 13

期）

25.《现代金融体系建设与地方金融监管的法律思考》[强力著，载《长安金融法学研究》（第 10 卷）]

26.《突发事件中金融消费者权益保护的规则设计》（任自力著，载《民主与法制时报》2020 年 8 月 6 日，第 6 版）

27.《金融科技的消费者中心原则：动因、理论及建构》（申晨、李仁真著，载《消费经济》2021 年第 1 期）

28.《改革开放 40 年中国经济法学研究的回顾和展望笔谈》（单飞跃、薛克鹏、鲁篱、金福海、甘强著，载《现代法学》2019 年第 1 期）

29.《"中国式对赌"：异化与归正——基于契约法与组织法的双重考察》（盛学军、吴飞飞著，载《证券法苑》2020 年第 2 期）

30.《金融机构适当性义务辨析——新〈证券法〉及〈纪要〉视角》（吴弘、吕志强著，载《上海金融》2020 年第 6 期）

31.《夯实国际金融中心法制基础——〈上海市地方金融监督管理条例〉解读》（吴弘著，载《上海人大月刊》2020 年第 5 期）

32.《"资管大时代"下资管业务的异化与发展建议》（吴晓灵、邓寰乐著，载《清华金融评论》2021 年第 1 期）

33.《中国资产管理业务的现有问题与监管建议》（吴晓灵著，载《清华金融评论》2020 年第 8 期）

34.《准确界定金融相关概念　实现资产管理市场统一监管》（吴晓灵著，载《清华金融评论》2019 年第 11 期）

35.《民间金融的差异化规制》（邢会强著，载《国际融资》2021 年第 4 期）

36.《论中国特色社会主义法律体系建设中经济法的系统化》（徐孟洲著，载《经济法研究》2019 年第 2 期）

37.《建设现代化经济体系中的经济法理论问题》（徐孟洲著，载《经济法研究》2018 年第 2 期）

38.《互联网金融刑民交叉案件的法律规制》[熊进光著，载《厦门大学学报（哲学社会科学版）》2020 年第 4 期]

39.《论审判在证券市场风险防范化解中的作用》（薛峰、马荣伟著，载《中国应用法学》2020 年第 1 期）

40.《民间借贷利率司法保护应疏堵并用》（杨东著，载《经济参考报》2020 年 10 月 20 日，第 8 版）

41.《金融调控 40 年之法治化进程》（杨为乔著，载《人民法治》2019 年第 13 期）

42.《金融法制与金融企业治理——两岸三校金融法制论坛述评》（岳彩申、刘倩著，载《经济法论坛》2019 年第 1 期）

43.《地方金融监管立法仍在路上》（颜苏、王刚著，载《中国金融》2019 年第 12 期）

（二）银行法部分

【教材类研究成果】

暂无

【专著类研究成果】

1.《我国商业银行混业经营准入监管法律制度研究》（杨海瑶著，法律出版社 2020 年版）

【论文类研究成果】

1.《回顾与展望：法治视野下的中国利率市场化改革》（邓纲著，载《金融法苑》2019 年第 2 期）

2.《商业预付卡的资金风险及其保护对策》（邓建鹏、周和平著，载《民主与科学》2020 年第 4 期）

3.《构建我国银行市场化接管处置制度》（伏军著，载《银行家》2019 年第 7 期）

4.《美国银行业监管"力量源泉"原则述评》（伏军著，载《经贸法律评论》2021 年第 2 期）

5.《破产法的指标化进路及其检讨——以世界银行"办理破产"指标为例》（高丝敏著，载《法学研究》2021 年第 2 期）

6.《法与时转则治》（黄震著，载《中国金融》2020 年第 21 期）

7.《数字货币发行绕不过的坎》（黄震著，载《中国金融》2019 年第 14 期）

8.《解析银行间市场债券受托管理人：定位篇》（吕志强、吴弘著，载《银行家》2020 年第 11 期）

9.《论亚投行与传统多边开发银行的竞争、互补与合作》（李仁真、杨心怡著，载《湖北社会科学》2020 年第 10 期）

10.《新冠疫情下美国数字美元的发展及其影响》（李仁真、关蕴珈著，载《国际贸易》2020 年第 10 期）

11.《〈商业银行法〉组织制度修改中的权责分配问题》（刘少军著，载《现代法学》2021 年第 1 期）

12.《"法定数字货币"流通的主要问题与立法完善》[刘少军著，载《新疆师范大学学报（哲学社会科学版）》2021 年第 4 期]

13.《人民币国际化的基本法律问题研究》（刘少军著，载《经济法论坛》

2020 年第 1 期）

14.《商业银行法修订纳入立法规划》（刘少军著，载《法人》2019 年第 10 期）

15.《论第三方支付业务的监管难题及其转型——依据 2017 年中国人民银行对第三方支付机构 106 份行政处罚决定书进行的分析》（蓝寿荣、杨柳青著，载《私法》2019 年第 2 期）

16.《全面优化函证业务机制 夯实风险管理职责》（刘福寿著，载《中国银行业》2021 年第 1 期）

17.《论我国银行业审慎监管强制措施的法律属性及其立法完善》（陆海天、许多奇著，载《法学杂志》2020 年第 5 期）

18.《〈商业银行小微企业金融服务监管评价办法（试行）（征求意见稿）〉完善建议》（潘修平著，载《民主与法制时报》2020 年 4 月 16 日，第 6 版）

19.《信贷紧缩和流动性供给的悖论：全球金融危机之后中国银行业的考察（上）》（沈伟著，载《广西财经学院学报》2020 年第 4 期）

20.《信贷紧缩和流动性供给的悖论：全球金融危机之后中国银行业的考察（下）》（沈伟著，载《广西财经学院学报》2020 年第 5 期）

21.《地下借贷市场去影子化：法与金融的视角》（沈伟著，载《政法论丛》2020 年第 4 期）

22.《〈商业银行法〉修订背景下的绿色信贷政策法律化》（王红一著，载《财经法学》2021 年第 1 期）

23.《制度金融学范式下商业银行非破产市场退出的制度构建路径》（王妍、赵杰著，载《北方法学》2019 年第 4 期）

24.《论数据可携权在我国的引入——以开放银行为视角》（邢会强著，载《政法论丛》2020 年第 2 期）

25.《Libra：超级平台私权力的本质与监管》（许多奇著，载《探索与争鸣》2019 年第 11 期）

26.《加密数字货币的定性困境与间接监管出路》（许多奇、肖凯著，载《中国应用法学》2020 年第 3 期）

27.《从监管走向治理——数字货币规制的全球格局与实践共识》［许多奇著，载《法律科学（西北政法大学学报）》2021 年第 2 期］

28.《商业银行高风险业务的法律监管反思——以中行原油宝事件为视角》（杨海瑶著，载《辽宁公安司法管理干部学院学报》2020 年第 5 期）

29.《开放银行的国际监管启示》（杨东、龙航天著，载《中国金融》2019 年第 10 期）

30.《从 TikTok 事件看数字人民币的路径选择：从流量入口到金融优势的转化》[杨东、郑清洋著，载《新疆师范大学学报（哲学社会科学版）》2021 年第 4 期]

31.《数字资产发行与交易的穿透式分层监管》（杨东、陈哲立著，载《学习与探索》2020 年第 10 期）

32.《法定数字货币的定位与性质研究》（杨东、陈哲立著，载《中国人民大学学报》2020 年第 3 期）

33.《Libra：数字货币型跨境支付清算模式与治理》（杨东著，载《东方法学》2019 年第 6 期）

34.《天秤币（Libra）对我国数字货币监管的挑战及其应对》（杨东、马扬著，载《探索与争鸣》2019 年第 11 期）

35.《以消费者为中心的开放银行数据共享机制研究》（杨东、程向文著，载《金融监管研究》2019 年第 10 期）

36.《大力增强支付产业国际竞争力》（杨东著，载《社会科学报》2020 年 8 月 27 日，第 1 版）

37.《央行等联合接管商业银行的法律分析》（颜苏著，载《中国社会科学报》2019 年 8 月 14 日，第 4 版）

38.《人民币域外流通法律问题研究》[张西峰著，载《云南民族大学学报（哲学社会科学版）》2019 年第 4 期]

39.《数字货币的私法意义——从东京地方裁判所 2014 年（ワ）第 33320 号判决谈起》[赵磊著，载《北京理工大学学报（社会科学版）》2020 年第 6 期]

（三）信托法部分

【教材类研究成果】

暂无

【专著类研究成果】

暂无

【论文类研究成果】

1.《论基金托管人的治理功能与独立责任》（洪艳蓉著，载《中国法学》2019 年第 6 期）

2.《大资管监管体制的反思与重塑》（刘燕著，载《金融时报》2020 年 2 月 24 日，第 11 版）

3.《学界探讨 资管计划因何变形》（刘燕著，载《家族企业》2019 年第 6 期）

4.《完善我国信托登记的有效对策》（马跃进、王小雪著，载《中共山西省

委党校学报》2020 年第 3 期)

5.《投资基金法律关系中托管行的地位与责任》(倪受彬,载《上海法学研究集刊》2019 年第 5 卷)

6.《私募基金清算制度亟待建立》(倪受彬著,载《中国基金报》2019 年 12 月 9 日,第 A012 版)

7.《保险金信托的法律构造》(任自力、曹文泽著,载《法学》2019 年第 7 期)

8.《信托本源的回归:中国信托本土化的路径》(王莹莹著,载《中国社会科学报》2019 年 6 月 11 日,第 5 版)

9.《回归本源:财产法视角下的信托制度》(赵磊、于晗著,载《上海政法学院学报》2020 年第 3 期)

10.《融资类信托的风险成因及其法律规制》(赵磊、朱小丫著,载《扬州大学学报(人文社会科学版)》2020 年第 4 期)

（四）证券法部分

【教材类研究成果】

1.《证券法学》(邢会强主编,中国人民大学出版社 2020 年版)

【专著类研究成果】

1.《规训资本市场:证券违法行为处罚研究(2016)》(彭冰主编,法律出版社 2018 年版)

2.《中华人民共和国证券法新旧条文对照与适用精解》(邢会强编著,中国法制出版社 2020 年版)

3.《科创板政策解读与法律规范集成》(邢会强编著,中国法制出版社 2019 年版)

4.《公司财务的法律规制——路径探寻》(刘燕著,北京大学出版社 2021 年版)

【论文类研究成果】

1.《中国存托凭证存托人"自益行为"的规制进路——以〈证券法〉的规制逻辑为基础展开》(冯果、薛亦飒著,载《清华法学》2020 年第 6 期)

2.《证券市场虚假陈述中责任人员类型划分的制度逻辑》(冯果、王怡丞著,载《法律适用》2020 年第 21 期)

3.《债券投资者司法救济规则建构论纲》(冯果、刘怿著,载《财经法学》2020 年第 3 期)

4.《证券侵权民事赔偿标准确立的内在机理与体系建构》(冯果、张阳著,载《证券法苑》2018 年第 2 期)

5.《作为积极股东的投资者保护机构——以投服中心为例的分析》（郭雳著，载《法学》2019 年第 8 期）

6.《〈证券法〉重装上阵 资本市场再出发》（郭雳、马孝彬著，载《银行家》2020 年第 3 期）

7.《注册制下我国上市公司信息披露制度的重构与完善》（郭雳著，载《商业经济与管理》2020 年第 9 期）

8.《中国证券律师业的职责与前景》（郭雳著，载《证券法苑》2019 年第 3 期）

9.《证券集团诉讼的功用与借鉴——一个基于现实的批判性解读》（郭雳著，载《证券法苑》2019 年第 3 期）

10.《证券投资者保护：创新发展与制度协调》（郭雳著，载《投资者》2020 年第 2 期）

11.《抓实"关键少数"强化中介职责》（郭雳著，载《证券日报》2020 年 4 月 29 日，第 A03 版）

12.《欺诈市场理论反思》（耿利航著，载《法学研究》2020 年第 6 期）

13.《上市公司权益披露制度：实证研究与政策建议》（黄辉、王超著，载《证券法律评论》2020 年第 1 期）

14.《证券民事赔偿责任优先的法理逻辑与实现路径》（黄辉、黄江东、李海龙、肖宇著，载《投资者》2019 年第 2 期）

15.《债券市场化改革下半场 投资者权益保护新篇章——〈全国法院审理债券纠纷案件座谈会纪要〉解读》（洪艳蓉著，载《人民法院报》2020 年 7 月 23 日，第 5 版）

16.《新〈证券法〉债券规则评析》（洪艳蓉著，载《银行家》2020 年第 3 期）

17.《公司债券制度的实然与应然——兼谈〈证券法〉的修改》（洪艳蓉著，载《证券法苑》2019 年第 3 期）

18.《股票质押式回购的法律性质与争议解决》（洪艳蓉著，载《法学》2019 年第 11 期）

19.《〈证券法（三审稿）〉债券规则评析》（洪艳蓉著，载《中国法律评论》2019 年第 4 期）

20.《"一带一路"背景下股权融资市场证券结算担保机制研究》［寇娅雯、石光乾，载《湖北经济学院学报（人文社会科学版）》2019 年第 12 期］

21.《关于财报不保真的法律思考》（刘燕著，载《财务与会计》2020 年第 15 期）

22.《在"默认合法"中爆发的法律风险——协议控制—VIE 模式下风险事件及案例述评》（刘燕著，载《证券法苑》2019 年第 3 期）

23.《从财务造假到会计争议——我国证券市场中上市公司财务信息监管的新视域》（刘燕著，载《证券法苑》2019 年第 3 期）

24.《债券纠纷案件法律适用问题研究》（李有星、潘政、刘佳玮著，载《法律适用》2020 年第 19 期）

25.《论证券信息自愿披露及免责事由》（李有星、康琼梅著，载《社会科学》2020 年第 9 期）

26.《上市公司控股股东、实际控制人信息披露法律责任制度完善》（李有星、潘枝峰著，载《投资者》2020 年第 3 期）

27.《瑞幸咖啡虚假陈述案法律适用探讨——以中美证券法比较为视角》（李有星、潘政著，载《法律适用》2020 年第 9 期）

28.《科创板发行上市审核制度变革的法律逻辑》（李有星、潘政著，载《财经法学》2019 年第 4 期）

29.《欧盟反内幕交易制度的立法变革及启示》（刘春彦、张景琨著，载《证券法律评论》2020 年第 1 期）

30.《从 ESG 的角度看强制环境信息披露义务与公司治理创新》（倪受彬、赵明，载《多层次资本市场研究》2020 年第 2 期）

31.《魔鬼隐藏在细节中：证券法大修中的小条款》（彭冰著，载《中国法律评论》2019 年第 4 期）

32.《省思与规制：我国跨境期货交易法律困境及应对》（石光乾、寇娅雯，载《金融发展研究》2021 年第 3 期）

33.《新金融业态下"证券"权利转进及法律认定——以众筹证券权利为中心》（石光乾，载《湖北经济学院学报》2020 年第 2 期）

34.《美国期货品种上市机制的反思与启示——以比特币期货上市为视角》（唐波著，载《东方法学》2019 年第 1 期）

35.《完善证券法制建设 优化资本市场生态》（吴弘著，载《清华金融评论》2019 年第 10 期）

36.《统一化与差异化：债券市场内幕交易规制的困境与法制进路》（王怀勇、钟文财著，载《证券市场导报》2020 年第 12 期）

37.《落实新修〈证券法〉完善财富管理法律框架》（吴晓灵著，载《清华金融评论》2020 年第 2 期）

38.《〈证券法〉2019 年修订背景下股权代持的区分认定》（王莹莹著，载《法学评论》2020 年第 3 期）

39.《证券市场先行赔付：法理辨析与制度构建》（肖宇、黄辉著，载《法学》2019 年第 8 期）

40.《数字经济视角下的新〈证券法〉——修订解读、实施支撑与未来展望》（邢会强著，载《浙江工商大学学报》2020 年第 4 期）

41.《注册制下交易所发行上市审核的逐底竞争及其预防》（邢会强著，载《证券法律评论》2020 年第 1 期）

42.《中国版证券集团诉讼制度的特色、优势与运作》（邢会强著，载《证券时报》2020 年 3 月 14 日，第 A07 版）

43.《"大证券观"下的互联网金融风险防范与监管》（邢会强著，载《证券法苑》2019 年第 3 期）

44.《〈证券投资基金托管业务管理办法（征求意见稿）〉完善建议》（于朝印，载《民主与法制时报》2020 年 5 月 28 日，第 5 版）

（五）保险法部分

【教材类研究成果】

暂无

【专著类研究成果】

1.《〈美国纽约州保险法〉中译本（上下）》（任自力译，光明日报出版社 2020 年版）

2.《互联网保险创新发展与监管研究》（任自力主编，法律出版社 2020 年版）

【论文类研究成果】

1.《驾驶行为保险与车险规范重构》［韩长印、郑洁文著，载《上海交通大学学报（哲学社会科学版）》2020 年第 5 期］

2.《我国保险监管法制建设 70 年：回顾与展望》（刘福寿著，载《保险研究》2019 年第 9 期）

3.《论人身保险中的代位求偿制度》［娄丙录、姜鹏飞著，载《青岛科技大学学报（社会科学版）》2020 年第 1 期］

4.《我国巨灾保险法律制度研究》（梨文静、郭丹著，载《黑龙江省政法管理干部学院学报》2019 年第 5 期）

5.《环境污染强制责任保险赔付难的困境与对策》（蓝寿荣、王之晓著，载《理论与当代》2020 年第 3 期）

6.《财产保全责任险合同和担保书的衔接、冲突与矫正》（王一鹤著，载《保险研究》2020 年第 11 期）

7.《论经济法上的保险工具》（闫海著，载《经济法研究》2019 年第 1 期）

（六）其他部分

【教材类研究成果】

暂无

【专著类研究成果】

1.《区块链国际监管与合规应对》（邓建鹏、孙朋磊编著，机械工业出版社2019年版）

2.《主权财富基金的监管因应与治理改革——以中投公司为例》（郭雳著，北京大学出版社2019年版）

3.《金融法苑（2020总第103辑）》（彭冰主编，中国金融出版社2020年版）

4.《我国P2P网贷平台非法集资风险的法律规制研究》（阳建勋著，法律出版社2020年版）

【论文类研究成果】

1.《稳定币Libra与中国未来监管应对》（邓集彦、邓建鹏著，载《团结》2019年第4期）

2.《开放区块链数字资产交易的法治途径》（邓建鹏著，载《当代金融家》2020年第10期）

3.《直布罗陀区块链监管制度及启示》（邓建鹏著，载《经济法研究》2019年第1期）

4.《区块链监管的法治进路》（邓建鹏著，载《衡阳师范学院学报》2020年第1期）

5.《稳定币USDT的风险及其投资者权益保护》（邓建鹏、钮枫词著，载《当代金融家》2019年第12期）

6.《监管沙盒的国际实践及其启示》［邓建鹏、李雪宁著，载《陕西师范大学学报（哲学社会科学版）》2019年第5期］

7.《境外虚拟货币交易平台纠纷的中国司法管辖权认定问题研究》［邓建鹏、李铖瑜著，载《陕西师范大学学报（哲学社会科学版）》2020年第6期］

8.《互联网金融投资者的信息保护》（邓建鹏、黄震著，载《现代阅读》2020年第6期）

9.《破产程序中金融衍生交易特殊保护的正当性及其具体规则》（胡利玲、柴都韵著，载《河南财经政法大学学报》2020年第4期）

10.《论地方政府参与金融风险治理的法治困境及出路》（胡光志、苟学珍著，载《现代经济探讨》2020年第10期）

11.《我国金融法院的创新实践与未来展望——以上海金融法院的创设探索

为中心的实证研究》（黄震、占青著，载《金融理论与实践》2020 年第 1 期）

12.《"抗疫情稳经济"专题① 疫情考验下的金融科技安全》（黄震著，载《广东经济》2020 年第 4 期）

13.《金融监管科技发展的比较：中英两国的辨异与趋同》（黄震、张夏明著，载《经济社会体制比较》2019 年第 6 期）

14.《资产管理的法理基础与运行模式——美国经验及对中国的启示》（黄辉著，载《环球法律评论》2019 年第 5 期）

15.《关注会计师看门过程中的法律噪音》（刘燕著，载《清华法学》2020 年第 6 期）

16.《海南自由贸易港法的观念转化和制度创新——以监管为切入点》[刘水林、吉星著，载《海南大学学报（人文社会科学版）》2021 年第 2 期]

17.《区块链嵌入政府管理方式变革研究》（刘炼箴、杨东著，载《行政管理改革》2020 年第 4 期）

18.《金融司法的安全和效率周期之困——以"职业放贷人"司法审判为切入》（李有、沈伟著，载《中国法律评论》2020 年第 5 期）

19.《互联网金融纠纷案件的法律适用与司法裁判规则建议》（李有星著，载《金融服务法评论》2019 年第 1 期）

20.《在分享和控制之间 数据保护的私法局限和公共秩序构建》（梅夏英著，载《中外法学》2019 年第 4 期）

21.《我国众筹融资行业发展及监管启示：基于新金融业态视角》[石光乾著，载《北京科技大学学报（社会科学版）》2020 年第 3 期]

22.《普惠金融视阈下的金融科技监管悖论及其克服进路》（沈伟、张焱著，载《比较法研究》2020 年第 5 期）

23.《"你打你的，我打我的"：非对称性金融制裁反制理论及中美金融脱钩应对》（邵辉、沈伟著，载《财经法学》2020 年第 6 期）

24.《互联网信贷监管新规的源起与逻辑》（盛学军著，载《政法论丛》2021 年第 1 期）

25.《金融业大数据运用中的个人信息保护》（盛学军、刘志伟著，载《银行家》2020 年第 10 期）

26.《金融科技的算法风险及其法律规制》（王怀勇著，载《政法论丛》2021 年第 1 期）

27.《农民资金互助社对外合作之困境及制度构建》（王煜宇、张霞著，载《现代经济探讨》2020 年第 3 期）

28.《论数字经济背景下非标准化不良资产的互联网模块化处置》[王莹莹、

杨琪著，载《西北民族大学学报（哲学社会科学版）》2020 年第 1 期]

29.《客户备付金的投资规则及其监管调适》[席月民、刘志远著，载《长安金融法学研究》（第 10 卷）]

30.《完善数据法治建设面临三重考验》（席月民著，载《经济参考报》2019 年 8 月 14 日，第 A08 版）

31.《智能投资顾问的发展与规范》（邢会强著，载《学习时报》2019 年 7 月 19 日，第 A8 版）

32.《从投资组合理论视角观察互联网消费金融平台的授信决策》（徐爽、黄震、蒲琳著，载《广东经济》2020 年第 9 期）

33.《基于合作共治理念的政府引导基金法制发展》（闫海著，载《经济法研究》2018 年第 2 期）

34.《我国政府性基金透明化治理的制度需求和法治构建》（闫海、王洋著，载《税务与经济》2019 年第 5 期）

35.《政府引导基金支持创业投资的法律规制问题探讨》（闫海著，载《长白学刊》2019 年第 5 期）

36.《互联网金融平台纳入金融市场基础设施监管的法律思考》（岳彩申著，载《政法论丛》2021 年第 1 期）

37.《金融科技推动下的法律监管理论与实践——"互联网金融法治论坛"述评》（岳彩申、陈秋竹著，载《经济法论坛》2019 年第 2 期）

38.《信息科技助推金融风险的法律应对》（赵磊、吴凡著，载《中国应用法学》2020 年第 3 期）

39.《依法治链：区块链的技术应用与法律监管》（赵磊、石佳著，载《法律适用》2020 年第 3 期）

二、主要学术观点

（一）总论部分

【教材类研究成果】

1.《经济法》（第 9 版）

谈到经济法，人们一般会想到"有关经济的法"，这种望"文"而生的义恰好解释了经济法的初始含义。无论是西欧国家还是中国，"经济法"一词最初都是这种含义。后来，"经济法"被理解为一类同质的法律规范，逐渐被界定为与民法、宪法、行政法等部门法并列的一个法律部门，使"经济法"一词增加了新含义。因此，今天的"经济法"就有两种含义，即"有关经济的法"和部门经济法。

2. 《金融法学》（第 3 版）

全书分为 4 篇：第一篇为金融法总论，第二篇为金融机构及业务法，第三篇为金融调控与监督管理法，第四篇为涉外金融法。全书共计 17 章，每一章前面设置了"本章要点"，提炼了本章中的重点内容；章后有"案例与思考""参考文献"，其中，"案例思考"栏目选取了实务中的典型案例，结合本章的知识点列出了供读者思考的问题，"参考文献"栏目列举了与本章内容有关的文献，供读者进一步阅读参考。

【专著类研究成果】

1. 《经济法论丛》（总第 34 期）

本书分为网络经济法、财税金融法、市场规制法和域外研究四个专题，立足于经济法发展的热点和前沿问题，选取相关文章对社会关切进行回应。

在网络经济法专题，学者探讨了反垄断法与大数据规制、互联网行业经营者集中反垄断规制以及互联网租赁押金的性质及监管模式等问题，在理论研究的基础上提出自己的制度构想和解决方案，具有很强的启发性。在财税金融法专题，学者探讨了税法类型化观察法、税收法治进程中纳税人权利救济以及基于领域法学重构金融法学体系等问题。在市场规制法专题，学者着重论述了垄断协议中的相关市场界定、商业诋毁的反不正当竞争法和刑法交叉研究以及公平竞争审查制度相关问题。此外还有对域外破产管理机构、美国消费者评价公平法等内容的介绍。

2. 《中国民间金融的规范化发展（2018）》

《中国民间金融的规范化发展（2018）》以第八届中国民间金融规范化发展论坛为基础，梳理并整理了 20 余篇关于国内民间金融规范化发展的前沿理论成果，涵盖互联网等民间新金融的引导和监管、金融科技的风险及其法律控制、民间金融地方监管立法制度研究、民间金融中的司法疑难问题探讨等内容。《中国民间金融的规范化发展（2018）》理论性与实践性并重，深入分析了在金融科技发展的背景下，如何跟进金融市场监管、完善地方金融监管立法、明确民间金融法律规制等一系列问题。

3. 《中国民间金融的规范化发展（2019）》

《中国民间金融的规范化发展（2019）》以第九届中国民间金融规范化发展论坛会议为基础，梳理并整理了多篇关于民间金融规范化发展的前沿理论成果，涵盖民间借贷、地方金融治理等方面的内容。

4. 《新发展理念下中国金融机构社会责任立法问题研究》

"新发展理念"指出了我国未来社会经济的发展方向。在强化金融机构依据市场机制优化资源配置的同时，倡导金融机构形成社会责任意识，完善金融机构社会责任的制度建设，具有重要意义。立足于此，本书首先研究"新发展理念"与中国金融机构社会责任立法互动的基本原理，进一步分析该理念下的立法技术的发展方向。既从国内法视角分析如何以该理念为指导完善我国国内法律体系，也从国际法视角研究如何确定中国参与国际立法的路径。而后，本书也探讨了全面体现该理念要求的金融机构社会责任立法后评估机制的构建问题。

5.《国际金融中心因何不同？——港沪金融市场规制比较研究》

书稿采用比较研究分析、法经济学分析、法社会学分析等方法，以沪港金融市场规制机制比较为视角，通过对核心金融市场监管模式、工具和特性的比较，系统梳理港沪两个金融中心主要金融市场的金融规制和监管的范式、规则、属性、优劣以及对金融市场的正负作用。具体包括：沪港两地的证券市场监管制度比较、债券市场监管制度比较、金融衍生品市场监管制度比较、黄金交易市场监管制度比较、保险市场监管制度比较、证券投资基金监管制度比较、外汇市场监管制度比较以及金融纠纷解决机制比较。

6.《私募投资和商事法契合法律问题研究：规则、监管与困境》

书稿采用实证研究方法与规范研究方法、文献分析和调研访谈、个案研究和宏观分析相结合的研究方法，分析了现有公司法等主要法律规范对私募股本投资活动的影响和两者间的实际关系，以及改进的路径和对策；中国市场监管部门在税法和外汇管制方面对私募管股权投资市场准入和交易模式的监管和改进这些监管的路径和政策取向，目的是减少监管和交易成本；私募股权投资依赖法院对财产权和合同利益的保护，往往直接要求目标公司履行投资合同，保障投资利益。

7.《当代金融法研究》（2019 年卷）

本书为专家学者们在防治金融风险、依法促进绿色金融和金融扶贫等方面的思考和探索，以为深化实践、探索应用理论提供启迪。本书反映了 2018 年下半年和 2019 年上半年国内外金融市场新法治理论成果与建设成就，金融业深化改革、扩大开放、全面实现小康的前进步伐，以及上海法学会金融法研究会的重大活动。

首届"中国银行法 40 人论坛"于 2019 年上半年在上海举行，国内金融法学界著名学者集聚一堂，围绕"绿色金融的法制促进与保障"主题展开探讨，一批观点被收录于本卷。第三届中国金融法论坛于 2018 年年末在上海举行，数百名国内金融法学界名家和金融实务部门专家，围绕提升自贸区功能与深化国际金融中心建设，"一带一路"资金融通和人民币国际化、金融市场开放的风险防范与司法保障等议题展开了热烈研讨，部分体现在本卷会议综述及论文中。

8.《中国金融政策报告（2019）》

本书是清华大学国家金融研究院与中国社会科学院金融政策研究中心联合组

织编写的年度研究报告。本报告延续了一贯的框架结构，包括两大模块，即主题报告和动态报告，对过去一年国际和国内经济背景下中国金融政策的出台与执行情况进行总结和分析，全面、准确地反映了中国金融政策领域年度重大主题和政策动态，努力还原了中国金融发展的真实图景，传递了中国金融政策的正能量。

9.《中国金融政策报告（2020）》

本书为中英文对照版，延续了报告一贯的框架结构，包括两大模块：第一大模块是主题报告与专题文章，主题报告是对一段时间内防范化解金融风险实践工作的总结思考，专题文章是有关 2019 年金融政策的代表性文章；第二大模块是动态报告，对过去一年的宏观金融政策、主要金融市场发展政策和金融监管政策进行了回顾分析，并进行了相应的政策评价和展望。同时，报告中还穿插了 16 个专栏，反映中国金融政策的相关热点。

10.《资管大时代》

本书通过对中国资管业占据绝对主体地位的银行、证券、保险、信托、公募基金、私募基金这六个行业开展资产管理业务的历史脉络、发展历程进行梳理，对照美国、英国、日本、中国香港等地区的资产管理市场发展和监管政策变化轨迹，梳理出我国资产管理行业存在的主要问题，并提出了我国资产管理市场监管改革的相关建议。本书对我国资管行业的政策制定者、监管者、从业者和研究人员而言，具有参考价值，有助于其全面、深入地认识资管行业的历史、现状与未来趋势，对于推动资管业务的功能框架和监管法规的完善，进而推动资管行业健康转型发展有一定的启示。

11.《金融法学家》（第 10 辑）

《金融法学家》（第 10 辑）是中国银行法学研究会的年度论文集，收录了 2018 年新金融法研究论文 20 余篇，集中反映了银行法研究的新动态和研究成果，涵盖银行、信托、证券、保险各个方面，大多数文章以金融危机为背景，阐述需要积极应对的法律问题，不管是在理论上，还是在实践上都值得关注，其实践意义大于理论意义。

12.《地方金融监管法律问题研究》

本书以现代金融监管竞争理论为视角，立足于促进地方金融发展和地方金融监管法治化，通过对金融监管竞争的动因、内在机制和激励相容监管理论、监管科技理论等现代金融监管理论的分析，对地方金融发展中的金融监管竞争理论进行了阐述。在此基础上，就地方金融监管法制化、地方金融监管改革路径、地方金融风险事件处置机制的法律完善进行了探讨。同时，本书还结合河北、四川、山东、浙江、江西等地方金融监管条例的制定情况，就地方金融监管条例的立法原则与目标、调整对象、框架内容等进行研究，提出了具体的立法建议。

13. 《经济法论坛》（第 22 卷）

本卷由"总论""金融财税法""企业与竞争法""农村法治""会议综述"等专题组成。在文章选择方面，始终秉持学术性、实践性、开放性的宗旨，坚持"百花齐放，百家争鸣"的方针，以关注民生、跟踪理论前沿、服务法治实践作为基本追求，着重选择符合重大战略的需求，回应《中共中央关于全面深化改革若干重大问题的决定》《中共中央关于全面推进依法治国若干重大问题的决定》以及经济法实施方式、经济法基本范畴、政府干预与公平竞争、民间融资税法与司法的主体制度接轨、共享经济、进城落户农民宅基地权益等前沿理论研究和改革实践需要的学术论文。

14. 《经济法论坛》（第 23 卷）

本书由"基础理论""企业法""消费者保护法""金融法""财税法""农村法治""法学教育""会议综述"等专题组成。在文章选择方面，始终秉持学术、实践、开放的宗旨，坚持"百花齐放，百家争鸣"的方针，以关注民生、跟踪理论前沿、服务法治实践为基本追求，着重选择符合重大战略需求，回应《中共中央关于全面深化改革若干重大问题的决定》《中共中央关于全面推进依法治国若干重大问题的决定》以及经济法权利、企业治理、消费者保护、校园金融治理、个人所得税、经济法思维等前沿理论研究和改革实践需要的学术论文。

15. 《经济法论坛》（第 24 卷）

本卷内容充实、学术性和实践性强。"经济法基础理论"板块对基本经济制度进行经济宪法学解释，探讨经济宪法对经济法的影响。"企业与竞争法"板块涉及股东请求公司分配利润纠纷的共同诉讼类型和公平竞争审查例外制度的功能定位。"金融财税法"板块论及人民币国际流通、证券市场先行赔付主体的确定、金融司法理念从形式主义到实质主义的转变、税收刑行交叉案件中"折抵"、高校预算执行年底"突击花钱"现象的成因和法律治理问题。"环境与社保法"板块对养老机构设立许可制度的生成与消亡作了解读，对环境损害赔偿纠纷解决提出了从单一到多元的路径。"农村法治"板块包括共享发展理念下宅基地增值收益分配问题和宅基地收回的权益衡量与制度重塑。"法治人才培养"板块探讨了"双一流"建设背景下法治人才培养新机制。

16. 《大数据时代金融信息的法律保护》

本书是一部对大数据时代消费者个人信息保护进行全面论述的著作。不仅涵摄了美国、欧盟等典型国家及我国香港特区、澳门特区及台湾地区的金融信息保护法律规则，还触及金融消费者的信息权利、金融机构的信息保护义务、金融信息保护监管实践等众多问题。同时结合大数据这一技术要素，系统分析了金融信息保护领域所面临的新问题、新挑战及新进展，提出了我国金融消费者信息权保护制度完善的建议，具有理论价值与现实意义。

【论文类研究成果】

1.《金融回归实体经济本源的制度困境与金融法的矫治》

从金融抑制走向金融深化的核心是减少政府对金融市场的过度管制，使市场能够在金融资源配置中发挥基础性作用，使金融市场的结构和功能通过市场化调整和优化，从而满足实体经济的融资需求并促进其经济增长。作为社会调节器，金融法应当对社会经济需求有所回应，推动金融回归实体经济的本源。具体包括创新金融机构，允许非正规金融合法化；改革新股发行和债券发行管理模式，提高直接融资比重；建立差异化监管机制，推动社会责任法律化；建立全国统一的信息平台，实现部门间信息共享和互通；建立利益补偿和风险分担机制，提高对金融服务实体经济的支持和保障。[1]

2.《民间借贷利率规制宜动态化、差异化、精细化》

2020 年 7 月 22 日，最高人民法院与国家发展改革委发布《关于为新时代加快完善社会主义市场经济体制提供司法服务和保障的意见》，提出要"促进金融和民间资本为实体经济服务"，"抓紧修改完善关于审理民间借贷案件适用法律问题的司法解释，大幅度降低民间借贷利率的司法保护上限"。在贷款市场报价利率（LPR）形成机制改革完善后，金融借贷利率稳步下行，民间借贷利率"天花板"的降低对于深入推进利率市场化改革具有重要意义。[2]

3.《金融机构的投资者适当性义务：实证研究与完善建议》

金融机构投资者适当性义务要求金融机构向投资者销售合适金融产品。我国已经逐步建立起了投资者适当性义务制度，但仍存在诸多不足。经研究发现，我国投资者适当性义务案例不多，但增长趋势明显，银行非保本理财产品和投资顾问业务的案件占比很高。因此，适当性义务的履行应避免形式化，应一并关注其质和量两个维度，区分适当性义务与合格投资者制度。同时，应完善相应减免责任事由，但不能以合同排除适当性义务，统一相应标准。[3]

4.《国际金融中心建设与混合型法律制度创新——以阿联酋阿布扎比国际金融中心建设为例》

阿联酋通过在成文法领域内引入判例法机制的方式创设了迪拜和阿布扎比两个国际金融中心。特别是阿布扎比国际金融中心直接将对英国法的适用纳入自身法律体系，包括英国法院的判例。在金融科技创新与全球化的驱动下，当前全球金融竞争日益激烈，我国基于"混合法"制度创建国际金融中心，既需要借鉴

〔1〕 陈蓉：《金融回归实体经济本源的制度困境与金融法的矫治》，载《人民法治》2019 年第 13 期。
〔2〕 郭雳：《民间借贷利率规制宜动态化、差异化、精细化》，载《金融博览》2020 年第 9 期。
〔3〕 黄辉：《金融机构的投资者适当性义务：实证研究与完善建议》，载《法学评论》2021 年第 2 期。

阿布扎比国际金融中心创建模式的成功经验，也需要结合实际国情做到具体问题具体分析。[1]

5.《2021 年金融监管保持高压态势》

2021 年，审慎监管的力度或将进一步加强，对于科技和资本结合可能形成的新型垄断或将被作为重中之重，进行从严监管。要进一步加强金融法治建设、完善我国金融监管框架、常态化全面防控金融风险、积极加强金融机构公司治理、进一步加强金融创新的审慎监管、发展供应链金融和绿色金融、依法规范发展金融科技水平、严厉打击非法金融活动。[2]

6.《加强突发事件应对管理 精准提升金融服务能力》

新冠疫情期间，银保监会党委贯彻党中央工作部署，按照习近平总书记关于"抓紧补短板、堵漏洞、强弱项，该坚持的坚持，该完善的完善，该建立的建立，该落实的落实"重要指示要求，开展工作、总结经验，研究改进突发事件中银行、保险机构的金融服务水平，加强金融监管的针对性和适应性。银保监会的《银行保险机构应对突发事件金融服务管理办法》（银保监会令〔2020〕10 号）及时弥补了监管短板，为特殊时期的金融服务提供监管指引和行为规则。[3]

7.《完善金融立法 保障有效监管》

习总书记指出，法治是最好的营商环境。金融业发展和监管的基本法律依据便是《中华人民共和国商业银行法》《中华人民共和国银行业监督管理法》《中华人民共和国保险法》《中华人民共和国信托法》等法律法规，但上述法律的部分规定已经相对滞后。在防范化解金融风险攻坚战即将收官和"十四五"规划即将开启之际，很有必要总结攻坚战经验，站在"十四五"规划的新起点上，展望金融业未来发展趋势，进一步加强统筹协调，提高金融立法水平，完善金融法治体系，保障金融业高质量发展。[4]

8.《"一带一路"背景下的中俄金融合作：进展与深化》

资金融通是"一带一路"建设的重要支撑。自"一带一路"倡议实施以来，中俄金融合作取得了显著进展，表现为政府间金融合作框架日臻成熟、本币结算合作内容愈益丰富、金融机构跨境业务领域逐步拓展、双边金融监管合作不断加强。为此，双方应当在现有基础上进一步加快政府间金融合作机制建设，提升双

---

[1] 黄震、占青：《国际金融中心建设与混合型法律制度创新——以阿联酋阿布扎比国际金融中心建设为例》，载《陕西师范大学学报（哲学社会科学版）》2020 年第 5 期。

[2] 黄震：《2021 年金融监管保持高压态势》，载《经济》2021 年第 3 期。

[3] 刘福寿：《加强突发事件应对管理 精准提升金融服务能力》，载《中国银行保险报》2020 年 9 月 25 日，第 1 版。

[4] 刘福寿：《完善金融立法 保障有效监管》，载《中国律师》2020 年第 12 期。

边本币结算水平，优化跨境金融机构布局，促进跨境金融监管合作与协调，以充分发挥资金融通效能，共创双边经贸关系发展的新局面。[1]

9.《建立蓝色金融原则的思考》

蓝色金融原则是指在蓝色金融市场中指导海洋可持续发展融资的行为准则。建立蓝色金融原则应当考虑其可行性、普遍适用性和公平性，以及蓝色金融的可持续性、稳定性和行动的一致性等因素。蓝色金融原则具体包括海洋可持续发展原则、融资渠道多元化原则、海洋风险评估原则、利益方参与原则、海洋风险预防原则和蓝色金融合作原则。中国应当充分参与涉海公共产品的制度构建，通过蓝色金融原则鼓励市场参与方共同推动海洋的可持续发展。[2]

10.《国际金融领域市场分割现象及其治理路径研究》

市场分割对金融稳定的影响总体上弊大于利，表现在它对金融机构的风险管理和恢复能力、金融市场内部机制功能的发挥、国际金融监管合作的开展均会产生负面影响。市场分割问题关涉一国或地区在开放语境下对金融安全与金融效率关系的权衡，反映了全球治理中金融监管地域性和金融市场全球性之间的矛盾。就市场分割的全球治理而言，建议采取以下路径：坚持以规则为基础的治理，加强国际金融软法的约束力；完善系统治理，增强金融稳定理事会的协调力和权威性；推动综合治理，完善和发展各类跨境监管合作机制；注重源头治理，倡导命运与共的国际金融监管理念。[3]

11.《风险社会对经济法研究范式的挑战》

风险社会的风险往往是伴随着人们利用高科技从事相关活动而产生的，与人们的行为相伴随，往往是人们行为的副产品。经济法上的风险行为属于一种公共性行为，具有损害的不确定性、加害人的难以控制性、损害的公共性三个特点。基于经济法上的一系列风险，人们才需要以制定经济法规则的形式，规制以上风险。[4]

12.《共同体理念下的经济法基本范畴研究》

经济法是国家作为社会公共利益的代表，为了国民经济持续有效发展，在由社会经济发展现状和时代的主流经济观念决定，并被宪法确定的经济体制下，从社会经济秩序建构需要出发，对影响社会经济秩序的公共性经济行为施加以承担

〔1〕李仁真、申晨：《"一带一路"背景下的中俄金融合作：进展与深化》，载《边界与海洋研究》2019年第6期。

〔2〕李仁真、何丹：《建立蓝色金融原则的思考》，载《国际经济法学刊》2020年第2期。

〔3〕李仁真、杨凌：《国际金融领域市场分割现象及其治理路径研究》，载《武大国际法评论》2020年第5期。

〔4〕刘水林：《风险社会对经济法研究范式的挑战》，载《经济法研究》2019年第1期。

社会责任的规范方式予以规范的法。经济法具有规范市场运行秩序、经济规制秩序、宏观结构秩序的价值，通过规范公共性经济行为影响宏观经济秩序，要求规制主体承担一定社会责任。[1]

13.《金融投资者适当性法律制度研究》

金融投资者适当性制度是一项确保"卖者尽责，买者自负"的保护金融投资者的重要制度。本文系统性地梳理和研究我国金融投资者适当性法律制度的全景框架，解析其中若干重要的法律问题，进而总结出对于投资者适当性监管制度的规律性认识。[2]

14.《民间借贷司法审判的"监管化"省思——基于不完备法律理论的视角》

近年来金融司法审判被指摘出现了监管化的趋势，主要表现为法院将金融监管的部门规章直接作为司法裁判依据、对金融交易合同的"穿透式审查"突破商事交易意思自治和商事外观主义原则、裁判尺度和逻辑随监管政策呈现周期性交替等现象。司法监管化的趋势在根源上是金融规制权力配置的困境。所以，协调金融监管与金融司法的关系，明晰两类权力的分工与边界，对稳定市场预期、完善市场交易规则具有重要意义。[3]

15.《新发展理念下中国金融机构社会责任立法的参与机制探讨》

落实新发展理念是我国社会建设的重要工作，将贯彻到今后社会经济发展的各个方面。在这种背景下，我国需要对传统理论下所构建的金融机构社会责任规范进行完善。其中，首要问题是如何转变金融机构社会责任的立法参与机制。具体来说，"创新、协调、绿色、开放、共享"等理念对金融机构社会责任立法的参与机制提出了新的要求，应做出一系列转变，绘制出金融机构社会责任立法参与机制的具体技术路线图。此外，我国应对立法参与机制的运作效果进行评估，以实现对参与机制安排的把握以及修正。[4]

16.《论我国金融监管"试验性规制"的路径与机制》

随着金融行业不断发展勃兴，如何在金融创新与风险防控之间寻求积极平衡，成为金融监管部门面临的重要问题。金融监管试验性规制由来已久，其有效缓解了金融变革创新与金融监管规制之间的内在紧张关系，但至今未引起立法层

---

〔1〕 刘水林：《共同体理念下的经济法基本范畴研究》，载《经济法论坛》2019 年第 1 期。

〔2〕 李文：《金融投资者适当性法律制度研究》，载《中国商论》2021 年第 5 期。

〔3〕 李有、沈伟：《民间借贷司法审判的"监管化"省思——基于不完备法律理论的视角》，载《银行家》2021 年第 1 期。

〔4〕 刘志云：《新发展理念下中国金融机构社会责任立法的参与机制探讨》，载《政法论丛》2020 年第 5 期。

面对其应有的重视，在法治实践中也引发了一些质疑和混乱，既往机制亟需完善。应借鉴域外监管沙盒等制度经验，结合我国实际，转变金融监管范式，开放金融监管立法试验，充分利用其所独具的鼓励创新功能与试错容错机制，加强监管科技与"先行先试"模式的应用与融合，变被动响应、等待风险驱动的监管模式为主动管理，以摸索出有中国特色的金融监管试验性规制路径与机制。[1]

17.《论金融司法与金融监管协同治理机制》

金融监管和法院司法是现代金融市场治理体系中的重要角色。既有金融市场治理格局呈现出分立式治理的特征，而监管部门的金融规章往往得不到司法部门的确认。虽然这种分立式治理机制有助于构建和维护私权利、防止公权力滥用，但分立式治理在其制度正当性、智识合理性、功能有效性和结构科学性等方面都存在一定问题。因此，应当构建司法与监管协同的金融风险治理机制，在司法认可并尊重金融监管规则的基础上实现对金融风险的协同治理。[2]

18.《新一轮对外金融开放及审慎治理的法律路径》

自 2018 年以来，我国以同等对待与风险审慎治理为原则，进一步放开对外资持股金融机构的比例及业务范围的限制。金融开放为时势所需，但在审慎性的法律治理中，开放目的何在、安全与开放如何平衡等问题需要理性思维。金融开放的重点是开放、平等、自由与包容，要避免将安全异变为压制金融开放的工具，金融开放必须走一条法治化的路线。[3]

19.《金融机构高管薪酬治理：基于公平性正义的立场》

金融机构高管薪酬属于金融企业内部的治理问题，体现了自治及对高管的经济性激励，具有理论的正当性，但并非无懈可击。就现实而言，贫富差距过于悬殊的薪酬不仅影响社会公众在财富分配上的正义感、公平感与认同感，而且高管利益私人化不仅损害社会的道德风险，也直接放大了金融机构运营的成本与风险。在金融科技化的背景下，有必要基于对等的公平从内部控制、薪酬构成、信息披露等维度思考金融机构高管薪酬制度的变革。[4]

20.《建立可预期的金融交易规则》

最高人民法院于 2019 年 11 月 8 日正式发布的《全国法院民商事审判工作会议纪要》（以下简称《会议纪要》）共 12 部分 130 条，几乎每一部分都直接与

[1] 鲁篱、陈阳：《论我国金融监管"试验性规制"的路径与机制》，载《社会科学研究》2021 年第 2 期。

[2] 鲁篱：《论金融司法与金融监管协同治理机制》，载《中国法学》2021 年第 2 期。

[3] 黎四奇：《新一轮对外金融开放及审慎治理的法律路径》，载《厦门大学学报（哲学社会科学版）》2020 年第 3 期。

[4] 黎四奇：《金融机构高管薪酬治理：基于公平性正义的立场》，载《法商研究》2021 年第 1 期。

金融投资相关，每一条意见的起草背景也与我国的金融形势息息相关。《会议纪要》张弛有度，精心平衡严监管和金融创新的关系，为金融创新留下一定空间。此外，还积极回应金融机构与金融消费者（投资者或者受益人）的关系，引导金融行业确立和担负应有的信义责任。《会议纪要》体现的金融投资交易规则和蕴含的理念必将重塑金融投资参与者的行为模式，对金融业未来的发展亦会产生极为深远的影响。[1]

21.《金融监管与金融审判的冲突与合作》

金融监管和金融审判虽然功能定位不同，但目标均是保护国家金融活动的健康运行，一般而言，二者在自己的边界内各司其职，并不易产生冲突。但是在一些特殊的政策环境下，金融审判也体现了一定的政策性特点。为了配合政府政策目标实现，金融审判往往会强化自己的行为，并潜在地发挥金融监管的功能。欲求金融监管与金融审判的合作共赢，必须妥善处理以下三个关系：金融监管相机性与金融审判稳定性的关系、穿透式审判思维与穿透式监管的关系、法律与合规的关系。[2]

22.《人文金融——好金融与坏金融的界限》

当一个令人羡慕的行业不断受到质疑时，可能不再是规则等技术层面出了问题，而一定是隐含于某特定行业的伦理被淡化或者无视。上述状况在金融行业体现得更为突出。故而最近金融监管的理念已经不再仅仅是规则的完善，而是不断在监管规则中嵌入人文伦理的因素，试图改变建立于错误理念上的行为模式。[3]

23.《域外宏观审慎监管协调模式及其对中国的启示》

金融危机的教训使人们深刻地认识到，必须形成确保货币政策与微观审慎监管两个政策领域密切协调的政策框架，并明确监管机构在宏观层面上应对系统性风险的目标。由此，为了系统地认识新的政策框架，我们必须首先阐释宏观审慎监管的意蕴和理论，并运用韦伯"理想类型"模式阐述域外宏观审慎监管职能协调模式：自治模式、嵌入模式和交互模式，以期对完善我国宏观审慎监管职能协调机制有所裨益。[4]

24.《健全金融法制 防范化解风险》

金融风险具有不确定性、高杠杆性和传染性等特征。系统性金融风险会导致金融危机的爆发，进而引发全球经济社会危机。17 世纪以来，全球发生了 9 次

---

[1] 马荣伟：《建立可预期的金融交易规则》，载《中国金融》2019 年第 23 期。
[2] 马荣伟：《金融监管与金融审判的冲突与合作》，载《银行家》2020 年第 2 期。
[3] 马荣伟：《人文金融——好金融与坏金融的界限》，载《中国发展观察》2021 年第 C1 期。
[4] 青彤、岳彩申：《域外宏观审慎监管协调模式及其对中国的启示》，载《社会科学家》2019 年第 11 期。

波及范围巨大、影响深远的金融危机。中国经过改革开放 40 年的发展，经济建设取得了全球瞩目的成就，当前中国经济发展已经由高速发展向高质量发展进行结构性转型，加之全球经济发展的贸易摩擦的发生，中国政府高度重视经济发展中的各类风险因素，提出了打好防范化解重大风险的攻坚战的目标，重点则是防控金融风险。[1]

25.《现代金融体系建设与地方金融监管的法律思考》

金融体制改革的实质是回应金融业态的发展，在分业经营、分业监管的时期，我国金融业整体稳健发展，推动了我国经济的发展。但资管行业的兴起，"监管套利"金融乱象的发生，地方金融业态的发展对原有的监管体制提出了重要挑战。第五次金融工作会期的一再推迟，终究拉开了这场金融监管体制的改革。在中央层面设立国务院金融稳定发展委员会，合并中国银监会和中国保监会，扩大中国人民银行的审慎监管职能，形成"一委一行两会一局"的金融监管格局。在地方层面，"金融办"转变为"金融监管局"，发挥业务监管、风险处置和促进地方金融发展的职能。由此，我国的金融监管框架逐步清晰，朝着"双层监管体制"迈进。[2]

26.《突发事件中金融消费者权益保护的规则设计》

银保监会就《银行保险机构应对突发事件金融服务管理办法（征求意见稿）》（以下简称《办法》）确立了银行保险机构在应对突发事件时的组织管理、业务与风险管理、监督管理等方面的许多重要制度。但其中关于金融消费者权益保护制度的部分规则设计仍存在明显疏漏，建议将《办法》第 21 条、第 22 条中银行支持措施、保险支持措施中的"可以"改为"应当"；适当延长《办法》第 22 条受重大影响客户的保险期限；进一步完善《办法》的罚则规定。[3]

27.《金融科技的消费者中心原则：动因、理论及建构》

金融科技的消费者中心原则是指在针对金融科技创新的监管政策、法律法规的制定、解释和执行过程中，始终以保护消费者权利和利益为中心。根据原则性监管理念，将金融科技的消费者中心原则作为监管行为的依据，可以提高金融科技监管的有效性。在国内金融监管框架下建构金融科技的消费者中心原则，应以金融科技消费者获益为目标，实施统合保护并明确划分其权利义务。[4]

---

〔1〕 强力：《健全金融法制 防范化解风险》，载《人民法治》2019 年第 13 期。

〔2〕 强力：《现代金融体系建设与地方金融监管的法律思考》，载强力主编：《长安金融法学研究》（第 10 卷），法律出版社 2019 年版。

〔3〕 任自力：《突发事件中金融消费者权益保护的规则设计》，载《民主与法制时报》2020 年 8 月 6 日，第 6 版。

〔4〕 申晨、李仁真：《金融科技的消费者中心原则：动因、理论及建构》，载《消费经济》2021 年第 1 期。

28.《改革开放 40 年中国经济法学研究的回顾和展望笔谈》

经济法对于推动中国改革开放做出了巨大的贡献，但其理论发展也面临许多挑战。时值改革开放 40 年之际，本刊委托李昌麒教授组织了一批学者对经济法理论进行专题笔谈。笔谈从多个维度对经济法理论进行了研究：一是对中国经济法理论发展进行总结；二是对经济法的体系结构进行重新构造；三是对经济法理论与其他部门法理论的交叉进行全面研讨；四是对其理论合理性进行了重新审视。笔谈对经济法理论进行全面探讨，以期在未来推动经济法理论的新发展。〔1〕

29.《"中国式对赌"：异化与归正——基于契约法与组织法的双重考察》

"契约"与"组织"是对赌的两个结构面。"中国式对赌"其实是封闭公司为规避公司法股权类型法定规则而在契约法路径下采取的一种变通性"类优先股"策略。"中国式对赌"之归正，有立法论与解释论两条进路。在立法论层面，由公司法对对赌进行立法收编。在解释论层面，对赌纠纷的裁判要改形式审查为实质介入，在契约法维度实质审查对赌条款的公平性；在组织法维度兼顾对赌"股"之属性及风险收益共担原则，衡平分配对赌责任。〔2〕

30.《金融机构适当性义务辨析——新〈证券法〉及〈纪要〉视角》

《中华人民共和国证券法》（又称新《证券法》）及《纪要》的出台较大程度上完善了适当性义务的法律体系，但对于核心内涵和法律性质仍未明确。适当性义务的核心内涵是风险匹配，而非告知说明义务，两种义务之间有一定交叉，但并不等同。适当性义务的核心内涵决定其先合同义务的法律性质，违反适当性义务的民事责任为缔约过失责任。本文围绕新规及适当性义务的内涵对于金融和司法实践中产品风险评级、客户风险评估、风险告知标准等突出问题一并作了剖析。〔3〕

31.《夯实国际金融中心法制基础——〈上海市地方金融监督管理条例〉解读》

《上海市地方金融监督管理条例》的通过与实施，是上海国际金融中心建设中的重要里程碑，对于促进上海金融市场改革发展，保障地方金融安全稳定，维护金融消费者和投资者合法权益，基本建成国际金融中心具有积极意义。〔4〕

---

〔1〕 单飞跃等：《改革开放 40 年中国经济法学研究的回顾和展望笔谈》，载《现代法学》2019 年第 1 期。

〔2〕 盛学军、吴飞飞：《"中国式对赌"：异化与归正——基于契约法与组织法的双重考察》，载《证券法苑》2020 年第 2 期。

〔3〕 吴弘、吕志强：《金融机构适当性义务辨析——新〈证券法〉及〈纪要〉视角》，载《上海金融》2020 年第 6 期。

〔4〕 吴弘：《夯实国际金融中心法制基础——〈上海市地方金融监督管理条例〉解读》，载《上海人大月刊》2020 年第 5 期。

32.《"资管大时代"下资管业务的异化与发展建议》

随着《关于规范金融机构资产管理业务的指导意见》（又称《资管新规》）的深入实施，深层次的矛盾日渐凸显，资产管理业务回归本源也遇到了新的障碍。本文分析了我国资产管理业务存在的四种异化现象及其成因，提出了资管大时代下重构我国"大资管"的监管逻辑，并就我国资管行业未来发展提出了建议。[1]

33.《中国资产管理业务的现有问题与监管建议》

随着《关于规范金融机构资产管理业务的指导意见》的发布，银行理财、证券期货资管、保险资管等配套细则相继落地，我国资产管理市场的监管制度和规则体系基本形成。但我国资产管理市场尚处于转型与规范发展的探索阶段。本文梳理我国资产管理市场的主要问题，提出了完善我国资产管理市场监管体系的相关建议。[2]

34.《准确界定金融相关概念 实现资产管理市场统一监管》

准确界定金融相关概念，是金融发展、监管进步和立法完善的基础。遏制当前金融乱象、规范金融秩序、深化金融供给侧结构性改革，必须正本清源，从金融基础概念和基本逻辑入手，提高金融认知水平，同时健全金融法治体系、厘清监管定位和职责分工，从而为市场发展创造良好生态环境。[3]

35.《民间金融的差异化规制》

由于各种民间金融主体之间存在差异，对它们不能采取形式平等和均一化的规制路线，而应采取实质平等和差异化的规制路线。对于风险较低的民间金融，应实行任意准入制，可允许较高的、较为自由化的利率，且政府无须进行监管或仅实行自律监管；对于风险程度中等的民间金融，应实行备案准入制，只能允许中等水平的利率，且由地方政府进行监管；对于风险程度较高的民间金融，应实行许可准入制，只能允许较低的利率水平，且由中央金融监管机构进行监管。[4]

36.《论中国特色社会主义法律体系建设中经济法的系统化》

在经济法的法治理论中，推进中国经济法的系统化问题是中国特色社会主义法律体系建设过程中的重要问题。中国现行经济法律已有几十项，全国人大可以在这些经济法律的基础上进行法规清理和法典编纂，制定出《中华人民共和国经

---

〔1〕 吴晓灵：《"资管大时代"下资管业务的异化与发展建议》，载《清华金融评论》2021 年第 1 期。

〔2〕 吴晓灵：《中国资产管理业务的现有问题与监管建议》，载《清华金融评论》2020 年第 8 期。

〔3〕 吴晓灵：《准确界定金融相关概念 实现资产管理市场统一监管》，载《清华金融评论》2019 年第 11 期。

〔4〕 邢会强：《民间金融的差异化规制》，载《国际融资》2021 年第 4 期。

济法通则》（以下简称《经济法通则》），本文主要针对《经济法通则》的制定问题进行深入讨论。[1]

37.《建设现代化经济体系中的经济法理论问题》

2018 年是我国经济体制改革 40 周年，改革取得了举世瞩目的伟大成果，但经济体制改革是一个过程，目前仍然在路上，而且改革进入深水区。改革的目标是要建设现代化经济体系。建设现代化经济体系是党的十九大确立的经济战略，在这样的经济战略前提下，经济法回应新时代和新阶段提出的新任务，经济法助力经济体制改革，是我们经济法学人的使命。本文将就建设现代化经济体系中的经济法理论问题谈几点体会。[2]

38.《互联网金融刑民交叉案件的法律规制》

互联网金融纠纷在实际司法审判中常常会前置刑法来解决相关问题。随着时代的发展，社会危害性不再是互联网金融"重刑观念"得以存在的理由，而应当考虑社会总福利以及金融法律"匹配性理论"的适用。坚持民商法思维、民商法前置性适用以及从严解释金融刑法、从宽解释金融民法，是互联网金融刑民交叉案件的法律规制原则。基于互联网金融的不断创新，在处理互联网金融刑民交叉案件时应对"同一事实"的认定坚持"区分原则"，同时提高刑事入罪的量刑标准。[3]

39.《论审判在证券市场风险防范化解中的作用》

司法机关通过审判涉证券市场的民事纠纷、行政争议和刑事犯罪案件，形成个案正义、社会正义、金融正义和经济正义等的均衡状态，发挥保护民事正当权益、稳定市场预期和指引规则形成等作用。防范和化解证券市场风险，重在维护公平正义，守住不发生系统风险的底线，防范非系统风险转化为系统风险是审理涉证券市场各类案件利益衡量的重要因素。[4]

40.《民间借贷利率司法保护应疏堵并用》

从国内外经验来看，制定利率上限是降低利率的方式之一，但是也需要给市场留有空间。降低金融市场利率的最根本的方式是"堵疏并用"，应考虑用市场化的方式加强金融供给。我国因为长期处在长尾客户金融供给不足的阶段，所以长尾客户的金融利率一直居高不下。解决这个问题，不能抑制金融供给，而是应

〔1〕 徐孟洲：《论中国特色社会主义法律体系建设中经济法的系统化》，载《经济法研究》2019 年第 2 期。

〔2〕 徐孟洲：《建设现代化经济体系中的经济法理论问题》，载《经济法研究》2018 年第 2 期。

〔3〕 熊进光：《互联网金融刑民交叉案件的法律规制》，载《厦门大学学报（哲学社会科学版）》2020 年第 4 期。

〔4〕 薛峰、马荣伟：《论审判在证券市场风险防范化解中的作用》，载《中国应用法学》2020 年第 1 期。

该降低金融机构成本，增加金融供给，降低终端借款人利率。[1]

41. 《金融调控40年之法治化进程》

我国通过40年的努力形成了以中国人民银行为核心的金融调控机构体系，此体系以货币政策的制定和实施为主干建立，并辅之以外汇政策、信贷政策以及市场准入政策等。在此体系中，除人民银行及其分支机构以外，证监会系统、银保监会系统以及各地金融监管局等行业性、地方性金融机构也是其有效组成部分。[2]

42. 《金融法制与金融企业治理——两岸三校金融法制论坛述评》

2018年11月18日，"两岸三校金融法制论坛"暨"两江经济法治论坛"在渝举行。会议由西南政法大学经济法学院、上海财经大学法学院和台湾铭传大学法律学院联合主办，西南政法大学金融创新与法制研究中心承办，来自全国金融机构、高等院校、研究机构的40余名专家、学者围绕"金融法制与金融企业治理"的主题进行了深入讨论。[3]

43. 《地方金融监管立法仍在路上》

伴随地方金融监管权的确立，各地陆续加快了地方金融立法进程。总体来看，从当前地方金融监管条例的内容来看，地方金融监管立法存在的问题主要可以归结为五个方面：第一，上位法确实导致地方金融监管职权缺乏明确法律依据；第二，中央与地方之间金融监管职能划分不一；第三，央地监管机构间信息交流机制不完善；第四，金融服务和发展之间存在矛盾；第五，监管措施和风险处置措施存在一定差异。对此，需要对症下药，采取一系列措施，予以解决。[4]

（二）银行法部分

【教材类研究成果】

暂无

【专著类研究成果】

1. 《我国商业银行混业经营准入监管法律制度研究》

近年来，我国商业银行逐渐突破传统业务限制，展开混业经营活动。然而商业银行经营储蓄业务所需要的稳定性和特有的保护措施与商业银行从事混业经营可能产生的高风险存在冲突。2007年次贷危机和近年来国内的"养券风波""原

〔1〕 杨东：《民间借贷利率司法保护应疏堵并用》，载《经济参考报》2020年10月20日，第8版。

〔2〕 杨为乔：《金融调控40年之法治化进程》，载《人民法治》2019年第13期。

〔3〕 岳彩申、刘倩：《金融法制与金融企业治理——两岸三校金融法制论坛述评》，载《经济法论坛》2019年第1期。

〔4〕 颜苏、王刚：《地方金融监管立法仍在路上》，载《中国金融》2019年第12期。

油宝"等事件正是商业银行，特别是大型银行集团高风险混业经营业务缺乏监管导致的恶果。然而我国金融基本法对商业银行混业经营的态度仍不明确，一方面导致商业银行无法从事合法的混业经营业务，提高自身的竞争力；另一方面也不能有效地防范跨业风险。本书从商业银行混业经营监管的起点——准入监管入手，试图从系统性风险、利益冲突等角度，探寻商业银行从事混业经营业务的合理限度。

【论文类研究成果】

1.《回顾与展望：法治视野下的中国利率市场化改革》

通过部门规章突破法律授权，央行的利率管理权超出《中国人民银行法》设定的边界，得以长期合法沿用央行确定存贷款基准利率的直接干预价格模式，利率市场化改革由此走上了政府放权和市场倒逼的路径，呈现出双轨并行、非对称浮动和增量改革的渐进特征。利率市场化之后不应采取完全自由放任的姿态，而应着力发挥法治的引领作用，及时修订利率管理法律规则，填补正规金融利率上限空白，完善利率自律机制，制定反不正当利率竞争的规则。[1]

2.《商业预付卡的资金风险及其保护对策》

近年来，随着预付卡使用范围的不断扩大、使用频率的逐渐提高，损害消费者权益的预付卡案件也相应增多。其主要原因为目前商业预付卡的法律规制体系与监管不健全，中国人民银行和商务部制定的相关部门规章存在不完善之处。为此，提出相应监管与立法保护对策。[2]

3.《构建我国银行市场化接管处置制度》

此前，商业银行经营所产生的损失及负债因隐性担保的原因实际由财政负担。改革开放以来，我国对国有银行进行股份制改造，并且涌入了大量外资银行。国家拥有、经营银行业的传统格局已然改变，国家及纳税人作为银行担保人与风险承担者的做法已不再具有合理性与正当性。因此，我国金融领域的一项非常紧迫的任务就是尽快建立以防范系统性风险、保护公共利益等为目标的市场化银行处置机制。[3]

4.《美国银行业监管"力量源泉"原则述评》

美国联邦储备委员会的"力量源泉"原则要求银行控股股东对银行的损失与债务承担加重责任或准无限责任，该监管原则在理论上的正当性及必要性仍有争议。虽然系统风险防范说更具说服力，但从系统性风险防范的公共产品属性角度分析发现，其无法充分支撑"力量源泉"原则。我国银行业监督管理机构对

---

〔1〕 邓纲：《回顾与展望：法治视野下的中国利率市场化改革》，载《金融法苑》2019年第2期。
〔2〕 邓建鹏、周和平：《商业预付卡的资金风险及其保护对策》，载《民主与科学》2021年第4期。
〔3〕 伏军：《构建我国银行市场化接管处置制度》，载《银行家》2019年第7期。

该原则的引入与适用，存在缺乏上位法、适用范围宽泛化、难以产生实际效果等操作性问题，对其接受与适用，应当采取科学慎重的立法态度。[1]

5. 《破产法的指标化进路及其检讨——以世界银行"办理破产"指标为例》

世界银行"办理破产"指标存在评估程序和评估债权选择上的缺陷，评估方式无法真正反映回收率以及对营运价值的理解偏差，且忽视了破产规则本身的体系性及其背后的价值。获得满分的待履行合同制度和债权人最佳利益标准等由于现有规则的漏洞和错位而无法有效回应实践需要。破产法效率的衡量应当侧重评估破产企业控制权和资产的优化配置以及破产前后投资的预期收益保护这两个制度目标的实现程度，比如保证破产程序中集体决议的效率和底线公平，并在管理人、债权人会议和法院之间合理分配新融资的决定权。[2]

6. 《法与时转则治》

在当前背景下，修改《中华人民共和国商业银行法》的必要性和紧迫性更加凸显。在我国"十三五"规划全面收官、"十四五"规划即将启动之际，我国金融法治工作迎来一个法律修订的小高潮。近期，我国金融立法适应金融形势的发展变化，及时将党和国家有关金融领域改革开放的重大决策精神落实到法律层面，将成熟的金融监管政策提升转化为法律条文，总结金融改革开放和金融司法实践一系列新的进展，针对突出问题和重大案件反映的法律漏洞、法律滞后等制度短板进行技术修补，对于未来可能面临的挑战作出提前部署和相应的制度安排。[3]

7. 《数字货币发行绕不过的坎》

Facebook 的 Libra 发币计划引发全球热议，针对 Facebook 的发币计划，可着重从以下几个方面进行思考：数字货币是全球经济金融发展的大势所趋，任何主权国家都不能回避也无法回避；主权国家必须将发行数字货币尽快提上议事日程；数字货币具有全球化和超主权的特征。对于未来全球数字货币的发展道路，有三种应对方案：将其收编，将来逐步纳入监管；由现行国际货币基金组织或类似的组织来发行超主权的国际货币或者全球货币；由各主权国家发起创设新的数字货币国际组织，推动发行全球性的数字货币。[4]

8. 《解析银行间市场债券受托管理人：定位篇》

因国内银行间债券市场、交易所债券市场等多个债券市场存在不同制度，而

[1] 伏军：《美国银行业监管"力量源泉"原则述评》，载《经贸法律评论》2021 年第 2 期。
[2] 高丝敏：《破产法的指标化进路及其检讨——以世界银行"办理破产"指标为例》，载《法学研究》2021 年第 2 期。
[3] 黄震：《法与时转则治》，载《中国金融》2020 年第 21 期。
[4] 黄震：《数字货币发行绕不过的坎》，载《中国金融》2019 年第 14 期。

债券受托管理人角色的明确与定位的合理是我国债券受托管理人制度的基础与前提，故不同市场的债券受托管理人必须准确定位。尤其是银行间市场近期刚引入实施"受托管理人制度"，通过探寻制度差异背后的合理性，将银行间市场债券受托管理人的职责与主承销商的后续管理职责、信托管理人及基金托管人的职责进行对比，明确银行间市场债券受托管理人的义务性质、内涵，为未来后续受托义务司法纠纷出现的民事责任及责任认定标准提供裁判指引。[1]

9. 《论亚投行与传统多边开发银行的竞争、互补与合作》

亚投行是竞争性多边主义的典型案例。为了融入多边开发银行体系，亚投行积极探索与传统多边开发银行发展合作伙伴关系。亚投行在遵循多边开发银行基本规律、核心原则和通行做法的基础上，通过签署合作谅解备忘录、加入联合多边倡议、设立协作平台机制等法律实践大力开展信息交换、知识共享以及联合融资业务。未来，亚投行还将秉持人类命运共同体理念，以完善知识网络和融资结构作为优先事项，推动多边开发银行体系的整体优化升级。[2]

10. 《新冠疫情下美国数字美元的发展及其影响》

数字美元作为一个新兴的数字货币，本质上属于央行数字货币的范畴。由于美元作为世界储备货币的重要地位，数字美元的问世，对美国货币金融体系改革、国际货币金融体系演进以及中国货币金融政策发展都将产生重大影响。为应对数字美元的发展可能带来的负面影响，中国需要及时采取相应对策，包括尽快推出 DCEP 并促进其国际流通、推动国内数字货币领域的标准化建设和制度创新、加强全球范围内数字金融领域的国际合作和规则构建。[3]

11. 《〈商业银行法〉组织制度修改中的权责分配问题》

第十二届全国人大常委会将修改《中华人民共和国商业银行法》（以下简称《商业银行法》）纳入立法规划，作为"需要抓紧工作，条件成熟时提请审议"的项目。现已转入第十三届全国人大常委会的立法规划，并开始正式起草修改草案。《商业银行法》现行组织制度基本是按照传统的公司制度设计的，没有充分考虑到商业银行的特殊性。商业银行的股东会（或成员会）仅应是股东（或成员）的权力机构，董事会（或理事会）应对银行负责而不是对股东会（或成员会）负责；商业银行的监督管理、准入审核、危机处置等权力责任，应在中央银行、存款保险公司和行业监管机关之间进行合理分配。[4]

---

[1] 吕志强、吴弘：《解析银行间市场债券受托管理人：定位篇》，载《银行家》2020 年第 11 期。

[2] 李仁真、杨心怡：《论亚投行与传统多边开发银行的竞争、互补与合作》，载《湖北社会科学》2020 年第 10 期。

[3] 李仁真、关蕴珈：《新冠疫情下美国数字美元的发展及其影响》，载《国际贸易》2020 年第 10 期。

[4] 刘少军：《〈商业银行法〉组织制度修改中的权责分配问题》，载《现代法学》2021 年第 1 期。

12.《"法定数字货币"流通的主要问题与立法完善》

"法定数字货币"是网络技术发展的必然产物和结果，世界各主要国家或国家联盟也都在研究和准备发行该类货币，我国的"法定数字货币"已经开始试验性流通。"法定数字货币"的发行与流通会带来许多法律问题，主要包括法律地位、法律关系、财产权利、权责边界等，需要在未来法律修订中进行不断完善。这既涉及立法体例选择、完善范围确定，也涉及立法核心内容确定等问题，我国在修订相关法律时应对这些内容予以系统性整理完善。[1]

13.《人民币国际化的基本法律问题研究》

没有当代的货币法也就不可能存在当代的货币。因此，人民币国际化的法律问题，既是一个实践问题也是一个理论问题，既是法学问题也是政治问题。从法学学术的角度来讲，它直接关系"人民币法"体系的建立或"主权货币法"体系的建立，关系中国"财产法"体系的完善，也直接关系人民币在未来国际货币体系中的地位，关系我们这个世界第一贸易大国（未来可能是世界第一经济大国）对国际经济活动的主导权，关系未来世界经济秩序和货币秩序的建立。[2]

14.《商业银行法修订纳入立法规划》

第十二届全国人大常委会将修改《中华人民共和国商业银行法》（以下简称《商业银行法》）纳入立法规划，列为"需要抓紧工作，条件成熟时提请审议"的立法项目，现已转入第十三届人大常委会的立法规划。新的《商业银行法》应该是与《中华人民共和国证券法》和《中华人民共和国期货法》相配套的，全面构建我国真正市场化的金融市场法治体系的法，应该是我国货币市场的基本法，是构建我国货币市场基本主体组织体系、基本业务经营体系、各方当事人基本权利义务体系，以及全面覆盖的货币市场基本监督管理体系的法。[3]

15.《论第三方支付业务的监管难题及其转型——依据 2017 年中国人民银行对第三方支付机构 106 份行政处罚决定书进行的分析》

2017 年度中国人民银行对第三方支付机构的违规行为一共作出了 106 份行政处罚决定书，做到了监管全覆盖，对于违法违规行为"零容忍"。中国人民银行着眼于安全和审慎的监管，但是过于谨慎的监管政策让第三方支付市场缺乏活力。较为合适的做法是监管机关应该遵循市场适应性原则，设计一种以激励创新为导向、合规经营为基础的风险控制机制，以此开展动态监管，维护市场的开放

---

〔1〕 刘少军：《"法定数字货币"流通的主要问题与立法完善》，载《新疆师范大学学报（哲学社会科学版）》2021 年第 4 期。

〔2〕 刘少军：《人民币国际化的基本法律问题研究》，载《经济法论坛》2020 年第 1 期。

〔3〕 刘少军：《商业银行法修订纳入立法规划》，载《法人》2019 年第 10 期。

性、自主性、创新性，形成有效监管。[1]

16.《全面优化函证业务机制 夯实风险管理职责》

在商业银行完善信息系统、加强内部数据治理的基础上，发挥函证平台的"桥梁"作用，使函证在会计师事务所和银行之间得以数字化流转，有利于改进会计师审计程序和提高质量，防范商业银行操作风险和声誉风险。银行函证业务是注册会计师独立审计的核心程序之一。部分资本市场中财务舞弊、会计师审计失败等风险事件背后暴露出商业银行、会计师在函证业务风险控制方面存在问题，不仅影响审计工作质量，也给商业银行带来法律风险和声誉风险。[2]

17.《论我国银行业审慎监管强制措施的法律属性及其立法完善》

我国银行业审慎监管强制措施主要表现在《中华人民共和国银行业监督管理法》第37条。在金融法属性上，其属预防型风险监管工具，具有负外部性；在行政法属性上，其属行政命令。我国现行立法存在适用前提模糊、实施程序粗略、内容较为内向封闭等问题，而境内外相关立法较好地实现了灵活性与制约性的平衡。我国应基于其双重法律属性，从细化扩展适用条件、提升内容延展度与科学性、明确具体实施程序、完善监督救济机制等方面入手完善立法。[3]

18.《〈商业银行小微企业金融服务监管评价办法（试行）（征求意见稿）〉完善建议》

日前，中国银保监会发布《商业银行小微企业金融服务监管评价办法（试行）（征求意见稿）》向社会公开征求意见。意见反馈截止时间为2020年5月9日。该办法明确了商业银行小微企业金融服务监管评价参评的银行范围，评价的主体、内容、指标、结果、流程以及评价结果的运用等。但笔者认为，诸多细节仍需完善。[4]

19.《信贷紧缩和流动性供给的悖论：全球金融危机之后中国银行业的考察（上）》

中国的银行在2008年开始的全球金融危机中并未经历任何信贷紧缩。央行通过正规债券拍卖向银行系统持续注入大量现金，将货币市场和贷款利率维持在目标范围之内，安稳地度过了全球金融危机。在2013年6月中国却发生了信贷紧缩，这次"钱荒"是由众多复杂原因造成的，且中国人民银行一开始采取了

---

〔1〕蓝寿荣、杨柳青：《论第三方支付业务的监管难题及其转型——依据2017年中国人民银行对第三方支付机构106份行政处罚决定书进行的分析》，载《私法》2019年第2期。

〔2〕刘福寿：《全面优化函证业务机制 夯实风险管理职责》，载《中国银行业》2021年第1期。

〔3〕陆海天、许多奇：《论我国银行业审慎监管强制措施的法律属性及其立法完善》，载《法学杂志》2020年第5期。

〔4〕潘修平：《〈商业银行小微企业金融服务监管评价办法（试行）（征求意见稿）〉完善建议》，载《民主与法制时报》2020年4月16日，第6版。

"不出手"策略。中国人民银行对货币政策采取"甩手"策略，反映了总体的政策战略——中国不会任由信贷泡沫失去控制，更不会利用信贷紧缩来推动 GDP 增长。[1]

20. 《信贷紧缩和流动性供给的悖论：全球金融危机之后中国银行业的考察（下）》

为了应对 2013 年的信贷紧缩，在 2014—2016 年间，中国人民银行逐步放开利率区间限制、降低存款准备金率、构建存款保险制度，进一步探索有效的金融市场运行机制和利率市场化。央行出台的一系列"促内需"政策，虽然维持了经济的"亚健康"增长，但同时也产生了一系列如资金的脱实向虚、产业结构失衡、企业产能过剩、公司杠杆率高企等的负面影响。国际货币基金组织在关于中国经济的年度报告中建议中国采取"决定性措施"，以便摆脱严重依赖信贷和投资的增长模式。[2]

21. 《地下借贷市场去影子化：法与金融的视角》

民间借贷市场处于金融监管范围之外，法律和监管无法发挥有效作用，将民间借贷市场纳入正规银行体系的去影子化路径，在去除监管套利和监管真空方面有所帮助，但是也会有增加监管成本和出现监管失灵的可能性。法与金融理论认为，法律制度是金融市场发展的决定性因素。民间借贷市场活跃的关键原因是金融排斥和金融抑制的金融市场特质没有得到改善，因此，民间借贷市场的去影子化治理的关键是改善正规银行体系的普惠性。[3]

22. 《〈商业银行法〉修订背景下的绿色信贷政策法律化》

我国绿色信贷政策约束机制作用显著，但也存在实施效果不佳等问题，以立法强化政策实施强制是较为流行的治理对策。基于绿色信贷的企业社会责任属性和信贷政策实施市场化导向，绿色信贷政策法律化的方向，是因应政策实施市场化机制要求，监管以限制性信贷为重点。政策法律化，既是政策与法律的融合沟通，也是对二者的区分划界。政策法律化应将绿色信贷纳入现行法律框架，引入绿色信贷的理念和原则，建立健全政策实施透明度制度，强化银行的责任，明晰监管权限，完善税收和财政优惠制度等。《中华人民共和国商业银行法（修改建议稿）》体现了绿色信贷政策法律化的方向，并作出了相关规定，但尚需进一

〔1〕 沈伟：《信贷紧缩和流动性供给的悖论：全球金融危机之后中国银行业的考察（上）》，载《广西财经学院学报》2020 年第 4 期。

〔2〕 沈伟：《信贷紧缩和流动性供给的悖论：全球金融危机之后中国银行业的考察（下）》，载《广西财经学院学报》2020 年第 5 期。

〔3〕 沈伟：《地下借贷市场去影子化：法与金融的视角》，载《政法论丛》2020 年第 4 期。

步完善。[1]

23.《制度金融学范式下商业银行非破产市场退出的制度构建路径》

本文以商业银行非破产市场退出这一金融领域为切入口，针对我国银行监管制度的现状，尝试用制度金融学的模板构建一套以重整为核心、以存款保险机构为主体的制度框架，并指明重构重整制度、区分存款保险制度与最后贷款人制度、科学配置权力、完善责任体系等具体路径，以使权力运行既能够关注真实的金融世界又符合加总逻辑下的涌现物的需要，更能够满足分配正义与救济正义的需求。[2]

24.《论数据可携权在我国的引入——以开放银行为视角》

欧盟、英国、澳大利亚、美国加州、印度、马来西亚等法域已经引入了数据可携权。我国是否应引入数据可携权，目前尚未达成共识。开放银行是数据可携权最先行也是最有价值的应用场景，其理论基础是数据可携权。从开放银行的视角看，我国应引入数据可携权，但宜循序渐进地分步骤、分阶段进行，而不宜一步到位。具体而言，我国应首先通过开放银行来引入数据可携权，待积累了相关经验之后，由相关行业管理部门决定是否以及如何在相关行业逐步引入数据可携权。[3]

25.《Libra：超级平台私权力的本质与监管》

非主权货币与超主权货币是两个不同的概念。超主权货币并没有否定主权的存在，例如欧元属于以欧盟成员国原本主权货币为基础的超主权货币。而非主权货币则与国家和政府之间无关联。有人认为，Libra 代表着世界金融创新发展的新方向，"可能会出现一个贯穿金融体系的数字中央银行"；但也有人认为，货币发行权是国家的专属权力，Libra 面临技术本身和主权国家监管的双重障碍，成立数字中央银行是天方夜谭。[4]

26.《加密数字货币的定性困境与间接监管出路》

加密数字货币的匿名性、跨境性、发行主体的多元化等特点对传统货币法律框架提出挑战。法律欠缺等因素致使金融监管存在较大不确定性。面对纠纷，司法机关从嗣后救济变成了事前审查，容易导致金融司法陷入两难。比较域外法院相关案例，加密数字货币的法律性质尚无定论，通过个案裁判起到某种监管作用很难实现。因此，监管机关更应通过针对传统金融机构以及其他相关服务提供者

---

[1] 王红一：《〈商业银行法〉修订背景下的绿色信贷政策法律化》，载《财经法学》2021年第1期。

[2] 王妍、赵杰：《制度金融学范式下商业银行非破产市场退出的制度构建路径》，载《北方法学》2019年第4期。

[3] 邢会强：《论数据可携权在我国的引入——以开放银行为视角》，载《政法论丛》2020年第2期。

[4] 许多奇：《Libra：超级平台私权力的本质与监管》，载《探索与争鸣》2019年第11期。

的间接监管来实现加密数字货币的规范化。[1]

27.《从监管走向治理——数字货币规制的全球格局与实践共识》

全球数字货币正沿着两个方向飞速发展，技术驱动下私人数字货币的自发秩序仍在不断生长，而国家规制下法定数字货币的公权扩张也日趋明显。纵观数字货币规制的全球格局，各国监管思路都是在促进金融创新与防范风险之间寻求最优平衡。我国规制理念也宜从政府监管向共同治理模式变革：从链下管制走向链上链下相结合的全域治理，从政府直接监管走向"第三方护卫"的间接治理，从国家规制走向超国家规范的规制治理。[2]

28.《商业银行高风险业务的法律监管反思——以中行原油宝事件为视角》

2020 年 4 月，国际原油期货结算价出现历史性的"负价格"，中国银行"原油宝"产品发生了"穿仓"，对此银行要求客户承担本金之外数倍数额的经济损失。"原油宝"事件引发了各方的热烈讨论，人们纷纷质疑以安全稳健运营为特征的商业银行从事"原油宝"这类高风险业务是否合法，进而引发商业银行从事高风险业务应该如何进行法律监管的问题。"原油宝"事件涉及合法性、监管主体和监管措施三个核心问题。在我国金融混业日益深化的背景下，为了保障银行的安全稳健、防范系统性风险、保障我国金融安全，应明确限制商业银行的高风险混业经营业务，采取差异化监管理念，确定监管主体，从微观、中观、宏观层面强化法律监管措施。[3]

29.《开放银行的国际监管启示》

"开放银行"（Open banking）作为一种新的金融理念，塑造了一种全新商业场景，即通过网络搭建平台，构建银行网络生态，为生态圈中的个人消费者、企业等提供更加高效的服务。开放银行在带来重大机遇的同时，其牺牲金融消费者权益等风险也不容忽视。面对开放银行，以英国和美国为代表走出了两条不同的发展和监管道路。开放银行的国际监管启示我国应以制定标准为先导、以技术治理为手段、以金融消费者授权为原则，完善数据权属规则和平台规则。[4]

30.《从 TikTok 事件看数字人民币的路径选择：从流量入口到金融优势的转化》

依据"科技优势—流量入口—电子支付—金融优势"的路径，科技企业能

---

[1] 许多奇、肖凯：《加密数字货币的定性困境与间接监管出路》，载《中国应用法学》2020 年第 3 期。

[2] 许多奇：《从监管走向治理——数字货币规制的全球格局与实践共识》，载《法律科学（西北政法大学学报）》2021 年第 2 期。

[3] 杨海瑶：《商业银行高风险业务的法律监管反思——以中行原油宝事件为视角》，载《辽宁公安司法管理干部学院学报》2020 年第 5 期。

[4] 杨东、龙航天：《开放银行的国际监管启示》，载《中国金融》2019 年第 10 期。

够凭借技术上的优势实现对相关领域流量入口的占有，而流量入口的锁定与金融数据的垄断能够强化所在国家于世界金融领域的优势地位。因此我国应致力于成为数字贸易净出口国，实现科技优势到金融优势的转化，以技术与制度的双重保障为国内科技企业的发展争取良好的国际环境，建立构筑于区块链技术之上、兼容分布式与中心式的"冷–热双钱包"支付体系，推动人民币国际化进程。[1]

31. 《数字资产发行与交易的穿透式分层监管》

基于区块链的数字资产代表不同的经济本质，需要分类分层监管。依照集合投资计划的定义判断，属于证券的 ICO 代币根据其流动性适用有差别的监管，对不属于证券的数字资产亦规范金融衍生品和现货交易的适当性。我国管制型金融监管存在较多盲区，建议扩张我国证券法对证券的定义，划定金融衍生品基础资产的范围，填补监管漏洞，以应对数字资产和其他金融科技创新。[2]

32. 《法定数字货币的定位与性质研究》

法定数字货币是中央银行自行发行的用于替代现金的支付工具，与现有法定货币等值、在经济学上属于流通中的现金。但是，法定数字货币不属于动产，受限于终端设备也难以具备法偿性，与现有的法定货币的定义不兼容。法定数字货币与现钞货币在性质与定位上一致，应当被纳入法定货币体系之中。因此，建议将法定数字货币理解为对中央银行的特殊债权，并对现有法律制度进行相应的调整、修改。[3]

33. 《Libra：数字货币型跨境支付清算模式与治理》

通过在不同国家参与节点及建立的相应虚拟账户，Libra 可以构建一种自我清算的跨境支付体系，规避相应国家金融监管。Libra 以其币值稳定机制还对中国非银行支付的产业地位造成了一定竞争性冲击。为因应数字货币型跨境支付清算工具之风险，应变革我国跨境支付及数字货币治理体系，改变管制型监管之窠臼，放松数字货币发展渠道，构建沙盒式监管机制，促进科技驱动型监管发展。[4]

34. 《天秤币（Libra）对我国数字货币监管的挑战及其应对》

Libra 更倾向于成为一种超主权货币，而且可能通过数字货币交易平台等渠道绕开我国资本和互联网的管制，从而引发数字货币整体风险。数字货币监管的现实日益严峻，需要通过明确数字货币法律属性、以交易平台为抓手传递监管效

〔1〕 杨东、郑清洋：《从 TikTok 事件看数字人民币的路径选择：从流量入口到金融优势的转化》，载《新疆师范大学学报（哲学社会科学版）》2021 年第 4 期。
〔2〕 杨东、陈哲立：《数字资产发行与交易的穿透式分层监管》，载《学习与探索》2020 年第 10 期。
〔3〕 杨东、陈哲立：《法定数字货币的定位与性质研究》，载《中国人民大学学报》2020 年第 3 期。
〔4〕 杨东：《Libra：数字货币型跨境支付清算模式与治理》，载《东方法学》2019 年第 6 期。

果、惩治违法行为与加强投资者教育、完善并执行《区块链信息服务管理规定》等方式加强对区块链和数字货币的治理，应对数字货币监管面临的新挑战。[1]

35.《以消费者为中心的开放银行数据共享机制研究》

在金融科技兴起等背景下，融合金融支付、投资理财、资金借贷等功能为一体，以向第三方赋能、共享数据为核心的开放银行应运而生。然而在金融数据资产监管与治理上，却缺乏顶层标准设计和规则研究。本文从监管与治理两个角度出发，以制度和技术为双轨，对反垄断、数据权属、API 技术、第三方授权等内容进行标准厘定，对各方主体责任的认定加以规范；在技术方面引入监管科技和"共票"治理，构建开放银行的运作与监管机制，以应对金融科技带来的监管变革。[2]

36.《大力增强支付产业国际竞争力》

中国支付产业在过去几年取得全球领先地位，但这一领先仅限于境内，在跨境支付的主战场仍然缺乏竞争力。我国应当尽快建立一套针对数据确权、定价、共享的制度机制，把握基于跨境支付产生的货币相关的支付数据与流量数据的价值，开展以数据为核心的"共票"治理体系，以更高维度的视角来应对 Libra 的挑战。[3]

37.《央行等联合接管商业银行的法律分析》

在人民银行和银保监会对包商银行进行接管的事件中，有关部门迅速出台措施，对于稳定市场信息，防止发生系统性风险发挥了重要作用。然而，这一事件涉及一系列法律问题，比如最后贷款人的法律地位、存款保险承保限额的变化等问题，仍然值得进一步讨论和分析。[4]

38.《人民币域外流通法律问题研究》

当代信用货币是以国家信用为基础，以货币发行国法律为货币权利（力）来源的"主权信用货币"。主权信用货币具有地域性，在域外流通时，必将与东道国的货币主权发生矛盾。法定货币具有绝对的地域性，存款货币仅具有相对的地域性，二者在域外流通时，所面临的法律问题不尽相同。人民币是我国的法定主权信用货币，随着"一带一路"建设和人民币国际化的推进，人民币必将成为主要的国际货币。域外主体持有和使用人民币必须遵守人民币流通与融通规范。我国现行货币法基本上不能为人民币域外流通提供法律保障，因此有必要修

---

〔1〕 杨东、马扬：《天秤币（Libra）对我国数字货币监管的挑战及其应对》，载《探索与争鸣》2019 年第 11 期。

〔2〕 杨东、程向文：《以消费者为中心的开放银行数据共享机制研究》，载《金融监管研究》2019 年第 10 期。

〔3〕 杨东：《大力增强支付产业国际竞争力》，载《社会科学报》2020 年 8 月 27 日，第 1 版。

〔4〕 颜苏：《央行等联合接管商业银行的法律分析》，载《中国社会科学报》2019 年 8 月 14 日，第 4 版。

改相关法律，为人民币成为国际货币奠定法律基础，从而在国际经济活动中，更好地维护人民币所能带来的国家利益和全球整体利益。[1]

39.《数字货币的私法意义——从东京地方裁判所 2014 年（ワ）第 33320 号判决谈起》

数字货币的法律属性如何界定，涉及民法、破产法乃至金融交易法等诸多法理问题。日本与中国私法体系同宗同源，对数字货币的认识大致相同，中国法院在司法实践中的一些做法超前于日本。不过，日本近年来的立法持较为积极主动的态度，中国则全面禁止数字货币交易与 ICO。数字货币的私法意义应该结合物权法、合同法等相关规定，在未来之立法中，根据现实中出现的问题有针对性地将其纳入到现行法律框架之中。[2]

（三）信托法部分

【教材类研究成果】

暂无

【专著类研究成果】

暂无

【论文类研究成果】

1.《论基金托管人的治理功能与独立责任》

作为解决契约型投资基金"委托—代理"问题的治理机制，基金托管人被赋予补充基金管理人信用和制衡管理人滥权的功能。中国法下的基金托管人，是"一元信托"基金结构中的受托人，其职责依据《中华人民共和国证券投资基金法》和基金合同的约定有别于管理人，负有为实现投资者利益最大化处理托管事务的信义义务。基于"托管"与"管理"的功能分离，同为基金受托人的托管人和管理人不是《中华人民共和国信托法》上的共同受托人，未必承担连带赔偿责任，应根据过错原则判断其是否尽到托管职责并因此独立承担责任。在确定损害赔偿时，应考虑基金托管人的主观过错、损失受托管的影响程度、履职的客观条件以及托管费的有限性，体现权、责、利三者的统一，构建激励相容的托管制度。[3]

2.《大资管监管体制的反思与重塑》

我国大资管行业曾经的异化导致学者理想中的信托法律关系难以成立，而金

〔1〕 张西峰：《人民币域外流通法律问题研究》，载《云南民族大学学报（哲学社会科学版）》2019 年第 4 期。

〔2〕 赵磊：《数字货币的私法意义——从东京地方裁判所 2014 年（ワ）第 33320 号判决谈起》，载《北京理工大学学报（社会科学版）》2020 年第 6 期。

〔3〕 洪艳蓉：《论基金托管人的治理功能与独立责任》，载《中国法学》2019 年第 6 期。

融监管与民商法的分离也使得大资管并不存在单一的"上位法"。展望未来，以基金法为核心构建我国大资管的统一监管模式已经成为各方的共识。更为重要的是在资管行业中构建一整套体现信义义务理念、为客户最佳利益服务、防范利益冲突的行为规范。因此，2019 年 11 月最高人民法院发布的《全国法院民商事审判工作会议纪要》对金融消费者提供的高规格保护机制，无疑将成为大资管行业立规的最佳倒逼机制。〔1〕

3. 《学界探讨 资管计划因何变形》

对于大资管行业，过去一年中最流行的提法是"大资管要回归信托"，但在我看来，应该说大资管的本质是要回归到信义义务，而信义义务的明确与具体化是一个长期而艰巨的过程。我们需要先弄清楚信托和大资管之间到底是什么样的关系。当我们讲"受人之托，代人理财"的时候，我们并不能把它直接等同于信托。实际上有各种各样的法律路径来实现这样"受托之托，代人理财"的目的。〔2〕

4. 《完善我国信托登记的有效对策》

信托登记一方面具有确保信托财产独立性、增强其公信力的作用，另一方面有助于保护信托法律关系与交易安全。目前，我国信托登记制度还不完善，《中华人民共和国信托法》确立的登记生效模式在比较法上并无依据，信托登记与既有的物权登记衔接不畅等问题，制约着信托登记的进一步发展。实践中，必须建立健全信托登记制度，根据不同类型的信托财产采用灵活的信托登记模式，依托统一窗口、分散登记、信息共享的方式实现信托登记与物权登记的衔接，由此不断推进我国信托业的健康发展。〔3〕

5. 《投资基金法律关系中托管行的地位与责任》

阜兴管理人失联，引发近 300 亿元人民币投资者权益受损，引起相关金融监管机构的高度重视。基金托管人的责任应该以其在基金民商事法律关系中的地位，特别是应关注到营业信托实践中，托管人与基金管理人的内部关系构成才能在此基础上分析其对受益人或其交易相对人的责任。一方面，托管人与管理人是独立主体，并非代理、雇佣和履行辅助人关系；另一方面，信托虽非法律实体，但营业信托不同于民事信托之重要特征就是受托人的内部组织化分工。在评估其履职过程时，应以受益人利益最大化为评价原则。〔4〕

---

〔1〕 刘燕：《大资管监管体制的反思与重塑》，载《金融时报》2020 年 2 月 24 日，第 11 版。
〔2〕 刘燕：《学界探讨 资管计划因何变形》，载《家族企业》2019 年第 6 期。
〔3〕 马跃进、王小雪：《完善我国信托登记的有效对策》，载《中共山西省委党校学报》2020 年第 3 期。
〔4〕 倪受彬：《投资基金法律关系中托管行的地位与责任》，载《上海法学研究（集刊）》2019 年第 5 卷。

6. 《私募基金清算制度亟待建立》

近期，私募基金纠纷案件大量发生，私募基金案件的及时公正处理对规范基金业的发展具有基础作用。遗憾的是，我国私募基金清算制度目前尚未有效建立，《私募投资基金监督管理暂行办法》等法律法规对此规定甚少。亟待总结相关司法实践，并结合《中华人民共和国信托法》等基本法律与法理，通过细致规定与自律规范，构建我国私募基金清算制度。[1]

7. 《保险金信托的法律构造》

作为兼具保险与信托双重功能的一种新兴金融产品，保险金信托的优势包括可有效弥补保险金再分配灵活性不足与管理短板，利于风险债务隔离、合理避税及实现资产保增值等。我国大陆的保险金信托拥有巨大的发展空间，但因制度供给不足，其法律构造存在如下问题亟须明晰与解决：保险金请求权可否作为信托财产；信托公司可否作为投保人与保险受益人；投保人可否作为信托委托人；怎样确立受托人的资质与行为标准等。[2]

8. 《信托本源的回归：中国信托本土化的路径》

信托制度的完善会增强信义关系在社会生活中的力量，其不仅可以规范现实经济生活中的事实信托活动，还会使信义关系潜移默化地深入人心。信托的本源即受人之托、代人管理或者处置财产。中国信托实践同信托本源存在一定偏离，立法缺乏对信托本源的规制。中国信托回归本源的本土化路径有三个方面：①完善民事信托法律制度；②区分营业信托和非营业信托以及私益信托和公益信托；③贯通信托的司法实践和立法。[3]

9. 《回归本源：财产法视角下的信托制度》

《关于规范金融机构资产管理业务的指导意见》（又称《资管新规》）在降低杠杆水平、去通道化业务、打破刚性兑付、消除多层次嵌套等方面对信托业提出的严要求和新挑战，均凸显了让信托回归本源的决心。但《中华人民共和国信托法》的规定违背了信托的本质属性，严重约束了我国信托业的发展。我国的信托财产公示制度在法律规则层面上依旧薄弱，在实际操作中依然存在着诸多问题。立足财产法视角对异化的制度加以构建和完善，从法律治理层面为信托回归本源之路扫清障碍，是信托健康发展的长久之计。[4]

---

[1] 倪受彬：《私募基金清算制度亟待建立》，载《中国基金报》2019年12月9日，第A012版。

[2] 任自力、曹文泽：《保险金信托的法律构造》，载《法学》2019年第7期。

[3] 王莹莹：《信托本源的回归：中国信托本土化的路径》，载《中国社会科学报》2019年6月11日，第5版。

[4] 赵磊、于晗：《回归本源：财产法视角下的信托制度》，载《上海政法学院学报》2020年第3期。

10. 《融资类信托的风险成因及其法律规制》

近年来，信托业风险项目和风险资产规模显著增加，融资类信托成为风险高发区。融资类信托的风险主要在于由信托公司自身失职、违规引起的风险和因交易对手自身或市场变动、政策出台引发的信用风险，并借此导致金融系统性风险。对融资类信托风险的防范，从信托公司角度，可在信托项目事前、事中、事后三个环节进行防控。在法律方面，"后资管时代"的《中华人民共和国信托法》应当进行补足，进一步明确受托人义务、落实信托财产登记、明确受托人赔偿责任，从而更好地防控风险。[1]

（四）证券法部分

【教材类研究成果】

《证券法学》（邢会强主编，中国人民大学出版社 2020 年版）

本书是为将来从事金融法律实务和理论研究的本科生而准备的，所以本书的写作与一般的证券法学教材的写作角度并不一样。一般的、适合法学专业学生的证券法学教材注重对理论的阐述，偏重对证券法学基本理论的介绍。该书则不同：仅用一章的篇幅介绍了证券法总论的内容，其中仅用三节介绍了证券的定义、中国证券法的历史发展以及证券法的基本原则，其余的内容是关于证券监管体制和机构的介绍。其余各章介绍的是证券法中的具体的制度，如证券发行制度、多层次资本市场制度、证券交易结算制度、证券信息披露法律制度、上市公司与挂牌公司并购重组制度、证券反欺诈制度、投资保护制度等。

【专著类研究成果】

1. 《规训资本市场：证券违法行为处罚研究（2016）》

本书是对 2017 年中国证监会及其派出机构全部行政处罚决定的系统研究，有助于人们了解证券法在中国的实际执行情况。本书基于处罚决定，主要研究了以下违法行为：①虚假陈述；②内幕交易；③操纵市场；④其他证券违法行为。针对每一种违法行为，书中既有综述性的文章，也有对具体案件的分析。通过研究发现，目前证券市场还存在很多值得研究之处，本书力求能够从行政处罚的角度展示 2017 年中国证券市场的真实发展情况，希望本书对构建良好、健康的证券市场起到一定的帮助。本书认为，规训资本市场，不仅要通过中国证监会的行政执法手段来实现，中国证监会的行政执法行为本身，也需要规范化和法治化。

---

[1] 赵磊、朱小丫：《融资类信托的风险成因及其法律规制》，载《扬州大学学报（人文社会科学版）》2020 年第 4 期。

2. 《中华人民共和国证券法新旧条文对照与适用精解》

本书是《中华人民共和国证券法》新旧条文对照简明解读图书，采取新旧条文对照+新法解读的表格形式，对法律修改、增删之处一一表明并进行阐释，便于读者快速掌握新证券法的基本精神。本书的条文解读简洁、精炼，理论性与实践性兼顾，同时标注相关法律法规的名称索引，便于读者进行检索，补充知识链，全面掌握证券法的相关规定。本书字数适中，便于查找，是广大证券法学理论研究者和实务从业人士的必备案头书、口袋书，也是新证券法培训必备资料。

3. 《科创板政策解读与法律规范集成》

本书收录了截至目前所有的科创板注册制发行上市审核、发行承销、上市、信息披露、交易、登记等方面的法律或全国人大常委会决定、行政法规、部门规章和其他规范性文件，上海证券交易所、中国证券业协会、中国证券登记结算有限责任公司等发布的规范细则及其他相关规定，同时收录了上海证券交易所和中国证券登记结算有限责任公司发布的相关"问答"和"答记者问"等，共计45部（篇）。对于中国证监会、上海证券交易所、中国证券业协会、中国证券登记结算有限责任公司等颁布的针对科创板的特殊规则，本书进行了重点解读，向读者提示需要重点关注的科创板创新制度和核心内容。

4. 《公司财务的法律规制——路径探寻》

本书跳出了"追究公司财务造假的法律责任"的思维定式，从历史角度探究公司财务运作背后的商业逻辑、会计描述与法律定性之间的互动关系，并落实到公司法、证券监管、会计准则、税法等现实路径上，观察在过去20年间本土最具代表性的公司财务运作争议，揭示其中各种规制策略的交互呈现。这是商（组织）法最幽深的技术角落，宜静心潜究，以察内中乾坤。

【论文类研究成果】

1. 《中国存托凭证存托人"自益行为"的规制进路——以〈证券法〉的规制逻辑为基础展开》

存托凭证存托人是连接外国上市公司与境内投资者的中枢和桥梁。存托人利用通道角色实施自益行为在实践中已被证实是客观存在。我国当前的"存托人无责任论"深受美国"双重实体理论"的影响，却不具备美国的监管条件，反而会酿成存托人实施自益行为的道德风险。商业银行作为存托人实施自益行为的现实表明，存托人从事存托凭证相关业务已经突破了银保监会的"偿付能力"的监管范畴，而应当被纳入证券法进行规制，应以存托人的功能定位为起点，以存托人的发行注册和持续信息披露为核心，识别、凸显存托人作为"证券市场看门人"的职责，最后以虚假陈述的认定为一般原理，结合行政监督，重构存托人的规制体系。[1]

2.《证券市场虚假陈述中责任人员类型划分的制度逻辑》

证券监管与司法实践忽视对人员类型划分理由的阐述，始终未能形成统一的划分标准。与对公司事务的影响力相伴随的勤勉义务可以作为责任人员划分的潜在身份门槛。于此基础上再对责任人的职责、职务、所起作用加以考量。信息披露义务人外部人员责任的界定与划分是虚假陈述中个人责任认定的另一重要问题。新证券法将控股股东、实际控制人的责任单独规定，不再将其作为一般责任人员进行处罚。对子公司人员则不宜以新《证券法》第193条规定的责任人员进行处罚，可根据共同行政违法行为的原理进行处罚。[2]

3.《债券投资者司法救济规则建构论纲》

当前司法救济机制在债券市场的运行不畅，一方面源于行政权与司法权的纠结关系还未完全理顺，另一方面主要基于股票交易模型形成的证券法律责任体系，难以满足当前债券纠纷责任追究的现实需求。面对司法救济规则碎片化和司法实践标准不一的现状，亟须厘清债券纠纷相关主体之间的角色定位和责任的边界，系统性地建构一套结合债券自身特点的标准化司法救济规则，解决当前规则混乱和程序迟滞的问题。[3]

4.《证券侵权民事赔偿标准确立的内在机理与体系建构》

证券侵权民事赔偿标准深刻地植根于证券市场运作的客观规律和侵权责任确立的基本规则，有着独特、丰富的内在机理和全面、系统的体系构成。一般而言，证券侵权民事赔偿标准包含责任认定、数额确定及责任分配三个要素，价值衡平的理念始终贯穿于各要素。赔偿标准的确立应秉持求同存异的原则，既在共性机理的基础上促进立法统合，也应对特殊情形进行差异化安排。同时，还应在细化法律规范、推进替代性机制及完善责任体系等方面加强系统衔接。[4]

5.《作为积极股东的投资者保护机构——以投服中心为例的分析》

由证券监管者主导建立的投资者保护机构作为积极股东出现，并获得一系列法定授权，是当前不可忽视的新现象。这种特殊的股东积极主义有其理论与现实合理性，并有望伴随着《中华人民共和国证券法》的修订发挥更为重要的作用，但其也因各种约束条件而存在一定问题。适当匹配行权议题与手段，是投资者保

---

〔1〕 冯果、薛亦飒：《中国存托凭证存托人"自益行为"的规制进路——以〈证券法〉的规制逻辑为基础展开》，载《清华法学》2020年第6期。

〔2〕 冯果、王怡丞：《证券市场虚假陈述中责任人员类型划分的制度逻辑》，载《法律适用》2020年第21期。

〔3〕 冯果、刘怿：《债券投资者司法救济规则建构论纲》，载《财经法学》2020年第3期。

〔4〕 冯果、张阳：《证券侵权民事赔偿标准确立的内在机理与体系建构》，载《证券法苑》2018年第2期。

护机构深化其股东积极主义探索的关键。监管者在助推这类新型股东积极主义的同时，应当对其所难以触及领域的替代性市场机制保持开放态度。[1]

6.《〈证券法〉重装上阵 资本市场再出发》

本次证券法修订于 2015 年 4 月常委会首审时火力全开，旋即遭遇当年 6 月起股市异常波动的严重影响，致使二审稿趋向保守；四年后科创板注册制的启动为修法三审注入新的动力，并最终于 2019 年 12 月底四审成功通过。在党的十九届四中全会提出完善社会主义市场经济体制、推进国家治理体系和治理能力现代化的背景下，新证券法对于打造规范、透明、开放、有活力、有韧性的资本市场、持续净化市场生态具有非常重要的意义。[2]

7.《注册制下我国上市公司信息披露制度的重构与完善》

注册制改革把对公司进行价值判断的权利更多地交还投资者，而要避免可能随之而来的"柠檬市场"，则须完善我国的信息披露制度。从信息披露系统内部看，我国资本市场存在信息堆积现象；从外部看，机制参与主体单一，监督力量匮乏。要通过内容形式简明化与有效化来重构信息披露制度，需要完成由"监管者导向"向"投资者导向"的逻辑转变；同时，要引导证监会外的市场多元主体力量在信息披露机制中发挥作用，推动证券市场持续革新。[3]

8.《中国证券律师业的职责与前景》

律师的信誉中介功能可以帮助防范欺诈和降低风险。针对资本市场中的律师执业，各国（地区）存在程度有别的介入。我国证券律师应在资本市场诚信与法制建设中均衡成长，发挥更大的积极作用，其发展出路在于：准入市场化、职责明晰化、执业规范化、功能专业化，同时离不开监管部门的正确定位与引导。提升律师在上市公司治理中的作用，推动券商律师的实践，鼓励具备条件的律师事务所牵头主持撰写招股说明书等尝试。[4]

9.《证券集团诉讼的功用与借鉴——一个基于现实的批判性解读》

美国集团诉讼通过"声明退出"规则和胜诉酬金制度，克服大规模侵权中原告的集体行动困境。但其和解与保险机制给予集团律师过度激励，纵容被告公司管理者的恶行，凸显委托代理矛盾，使填补投资者损害和惩戒阻却违法者的目标落空。此文认为要使集团诉讼重新"对抗"起来，并积极谋求私人诉讼与公共执法的配合。"做小做实"的集团诉讼有理由成为竞争性多元证券纠纷解决选

[1] 郭雳：《作为积极股东的投资者保护机构——以投服中心为例的分析》，载《法学》2019 年第 8 期。
[2] 郭雳、马孝彬：《〈证券法〉重装上阵 资本市场再出发》，载《银行家》2020 年第 3 期。
[3] 郭雳：《注册制下我国上市公司信息披露制度的重构与完善》，载《商业经济与管理》2020 年第 9 期。
[4] 郭雳：《中国证券律师业的职责与前景》，载《证券法苑》2019 年第 3 期。

项之一。投资者利益保护须以分散风险为前提，监管与诉讼相济。[1]

10.《证券投资者保护：创新发展与制度协调》

2020 年 3 月 1 日，新修订的《中华人民共和国证券法》（以下简称《证券法》）正式生效，对打造规范、透明、开放、有活力、有韧性的资本市场以及优化市场生态具有重要意义。新《证券法》针对投资者保护问题增设专章（第六章），从不同角度切入，以维护投资者的合法权益。该章的亮点包括明确了证券公司所担负的充分了解客户、充分揭示风险、匹配投资适当性的义务，突出了投资者保护机构的作用，强化了针对债券投资者的保护力度等。[2]

11.《抓实"关键少数"　强化中介职责》

新证券法是证券领域的基本法，市场化发展意味着监管重心进一步从事前向事中、事后转移。上市公司的关键少数群体（董监高、控股股东、实际控制人等）和中介机构作为资本市场主体监管的核心对象，其表现如何对于有效市场的构建至关重要。前者对上市公司的经营有着重大影响，后者对缓解投融资两端的信息不对称不可或缺。针对二者行为规范和责任追究的升级，是新证券法重塑我国资本市场格局中的一大亮点。[3]

12.《欺诈市场理论反思》

对于中国证券市场虚假陈述民事责任纠纷，最高人民法院参考美国欺诈市场理论，给出了推定虚假陈述与投资者之间交易因果关系和损失因果关系之裁判规则。然而，不仅欺诈市场理论在美国经历了激烈的、持续的理论和司法适用纷争，该理论所支撑的虚假陈述民事集团诉讼补偿投资者和威慑不当行为人的政策目标也落空。政策困境是美国欺诈市场理论和司法适用纷争缘起之主因。立法（司法）的努力方向应是竭力控制公司对外赔偿责任，将虚假陈述民事诉讼的核心目标定位在打击隐于公司背后的实施欺诈责任人。法院适当提高代表人诉讼中交易因果关系推定的适用门槛，也许是一个暂时可行的改革方案。[4]

13.《上市公司权益披露制度：实证研究与政策建议》

新证券法提高了上市公司权益披露要求和罚款上限，增设了表决权排除处罚措施。本文首先梳理了我国上市公司权益披露制度的历史和发展路径。其次，在实践中，中国证监会具有一定的自由裁量权，根据违规者的交易方式等对其进行不同程度的处罚；地方证监局存在标准不统一和地方保护倾向的问题。最后，本

〔1〕　郭雳：《证券集团诉讼的功用与借鉴———一个基于现实的批判性解读》，载《证券法苑》2019 年第 3 期。

〔2〕　郭雳：《证券投资者保护：创新发展与制度协调》，载《投资者》2020 年第 2 期。

〔3〕　郭雳：《抓实"关键少数"　强化中介职责》，载《证券日报》2020 年 4 月 29 日，第 A03 版。

〔4〕　耿利航：《欺诈市场理论反思》，载《法学研究》2020 年第 6 期。

文从我国国情出发进行了分析，评价了新证券法的各项改革举措，并提出了相关建议。〔1〕

14.《证券民事赔偿责任优先的法理逻辑与实现路径》

本文指出了民事赔偿责任优先原则的现实困境，在此背景下探讨了相应法理基础，然后讨论了如何落实该原则的几种方法，认为：首先，证券罚没款暂缓入库和申请退库两种路径都存在实际操作难度，因而难以作为近期方案；其次，先期赔付制度在我国已经有成功案例，而且证券法的修订稿也明文规定了该制度，但该制度存在局限性；再次，公平基金制度与证券先期赔付制度等相互补充，值得争取和尝试；最后，在程序上，可以在证监会作出处罚告知后立即提起民事赔偿诉讼或启动先行赔付程序等。〔2〕

15.《债券市场化改革下半场 投资者权益保护新篇章》

2020年7月15日，最高人民法院发布《全国法院审理债券纠纷案件座谈会纪要》，首次以司法文件形式对三类公司信用类债券（公司债券、企业债券、非金融企业债务融资工具）涉及的违约、侵权和破产三类案件作出统一部署，明晰人民法院裁判思路，为债券投资者提供系统性的司法救济途径，可谓我国债券市场化法治化改革道路上具有"里程碑"意义的重大创举，有助于构建统一的债券投资者保护安排。〔3〕

16.《新〈证券法〉债券规则评析》

新证券法关于债券规则修订具有如下积极意义：逐渐拉平债券与股票的立法差距，彰显法律责任约束的平等性；以注册制取代公司债券公开发行核准制，大幅放宽债券发行条件；构建债券持有人会议与债券受托管理人双重治理机制，为保护投资者合法权益代言。但新证券法仍存在不足：中期票据未纳入新证券法的调整范围，公司债券的统一规则和公平竞争环境有待改进；企业债券由核准制转换为注册制的可能性存疑，公司债券发行条件的规定难以适应债券违约处置的需求，等等。〔4〕

17.《公司债券制度的实然与应然——兼谈〈证券法〉的修改》

从债券发展史和市场化的制度逻辑来看，证监会"核准制"下的"防范风险型"公司债券制度和中国人民银行"注册制"下的"发展市场型"公司债

---

〔1〕 黄辉、王超：《上市公司权益披露制度：实证研究与政策建议》，载《证券法律评论》2020年第1期。

〔2〕 黄辉、黄江东、李海龙、肖宇：《证券民事赔偿责任优先的法理逻辑与实现路径》，载《投资者》2019年第2期。

〔3〕 洪艳蓉：《债券市场化改革下半场 投资者权益保护新篇章》，载《人民法院报》2020年7月23日，第5版。

〔4〕 洪艳蓉：《新〈证券法〉债券规则评析》，载《银行家》2020年第3期。

制度，都并非真正意义上的公司债券市场化。与市场制度、创新动力、市场基础设施相比，政府职能是影响债券发展的最重要因素，合理厘定政府与市场的分工界限有助于实现公司债券的市场化。应在统一公司债券监管标准并将之纳入《中华人民共和国证券法》监管的基础上，完善实现市场化所必需的激励约束机制，鼓励进行债券多平台交易，走差异性发展道路，妥善解决债券市场的稳定与发展问题。[1]

18.《股票质押式回购的法律性质与争议解决》

股票质押式回购是具备资格的证券公司开展的股票质押融资，在法律性质上属于担保资金借贷合同，但有别于商业银行贷款和一般民间借贷。股票质押式回购的内容虽然深受证券监管规则影响，但主要倚重当事人之间的合同约定。在处理纠纷时应固守其法律属性并考虑作为场内融资交易的功能设置，公平合理地计算履约保障比例，界定担保品范围，厘定逾期利息、滞纳金及违约金等救济措施的保护限度，协调证券平仓权行使与违约处置，才能真正地定纷止争，促进业务的健康发展。[2]

19.《〈证券法（三审稿）〉债券规则评析》

相比债券规则一直以来在证券法内容上依附股票规则的边缘化状态，这次《中华人民共和国证券法（三审稿）》专为调整公司债券规定了相应的条文，尽管所涉内容不多，但已是打破旧格局的历史性进步。然而在肯定之余，这些新规内容是否真正回应了我国债券市场的发展现状和投资者保护需求，是否真实体现了契合债券信用融资属性及其治理规律的市场化约束，则还需要进行冷静观察与理性思考。[3]

20.《"一带一路"背景下股权融资市场证券结算担保机制研究》

证券市场的股权融资实质是通过证券所有权交易并增资的结果，证券市场资本流转结算和风险防控是其中的重要问题。证券交易结算依托的权义客体是记存交易结算环节资产的交易履约账户，证券交易一级和二级履约账户的结算关联和清算交收须经法律确认并保障，在记存债权担保的履约担保账户体系下，可建构与具体证券结算交收期间相分离的担保机制，从交易规范程序明确投资者、证券公司和证券登记结算机构间的资产流转法律关系。[4]

---

〔1〕 洪艳蓉：《公司债券制度的实然与应然——兼谈〈证券法〉的修改》，载《证券法苑》2019 年第 3 期。

〔2〕 洪艳蓉：《股票质押式回购的法律性质与争议解决》，载《法学》2019 年第 11 期。

〔3〕 洪艳蓉：《〈证券法（三审稿）〉债券规则评析》，载《中国法律评论》2019 年第 4 期。

〔4〕 寇娅雯、石光乾：《"一带一路"背景下股权融资市场证券结算担保机制研究》，载《湖北经济学院学报（人文社会科学版）》2019 年第 12 期。

21.《关于财报不保真的法律思考》

深圳市兆新能源股份有限公司 2019 年"财报不保真"事件在资本市场掀起轩然大波。上市公司披露真实、准确、完整的财务信息不仅是证券市场有效运作及监管的基础，也是当下推进股票发行注册制改革的核心。然而，近年来证券市场不时出现上市公司宣布对财务报告不能保证真实性的闹剧，一些法律学者甚至认为，没有人能保证财务报告的真实性，其中折射出的对我国会计法基本原则的陌生或者漠视值得高度关注。[1]

22.《在"默认合法"中爆发的法律风险——协议控制—VIE 模式下风险事件及案例述评》

VIE 模式的法律风险的爆发有监管与合同两条路径。支付宝 VIE 风波后"默认合法"仍然成为监管层与市场的"共识"。对实践中 VIE 风险事件的观察表明，合同路径下的法律风险其实是加强版的公司治理冲突，而监管路径下散乱芜杂的政策信号以及司法、仲裁环节的无所适从加剧了合同路径下的法律风险。摒弃"默认合法"是从根本上消除 VIE 模式法律风险的不二选择；同时，主观臆断的"非法目的"也不应再成为否定合同效力的神秘理由或者为机会主义行为开脱的借口。[2]

23.《从财务造假到会计争议——我国证券市场中上市公司财务信息监管的新视域》

证券市场中财务造假与会计争议是上市公司财务信息监管需要处理的两种不同样态。近年来随着我国资本市场改革的深化，解决会计争议成为日常证券监管过程中的重要内容。会计争议并非单纯的会计技术问题，其背后是会计最终话语权的法律设计。我国现行会计法存在的瑕疵一度导致证券监管权与会计准则解释权之间相互掣肘。2007 年之后，证券监管部门提出的"强化对会计监管个案的认定权"的基本思路，标志着由凯立案所引发的会计最终话语权纷争在我国已平息，上市公司财务信息披露的规制框架已基本成型，但具体制度层面的建设仍需跟进。[3]

24. 债券纠纷案件法律适用问题研究

最高人民法院出台的《全国法院审理债券纠纷案件座谈会纪要》对于维护国家金融稳定和安全、指导各级人民法院正确审理债券纠纷案件意义重大。为了

---

[1] 刘燕：《关于财报不保真的法律思考》，载《财务与会计》2020 年第 15 期。

[2] 刘燕：《在"默认合法"中爆发的法律风险——协议控制—VIE 模式下风险事件及案例述评》，载《证券法苑》2019 年第 3 期。

[3] 刘燕：《从财务造假到会计争议——我国证券市场中上市公司财务信息监管的新视域》，载《证券法苑》2019 年第 3 期。

深入学习和准确理解适用相关规定，《全国法院审理债券纠纷案件座谈会纪要》高端研讨会系统探讨了债券纠纷案件裁判规则的适用、债券持有人会议的法律定位、债券纠纷案件的法律责任和损失计算、债券纠纷案件的受理与管辖等重要问题，对债券纠纷案件法律适用中可能出现的问题进行预演，为债券市场发展和法律纠纷解决建言献策。[1]

25. 论证券信息自愿披露及免责事由

我国新《证券法》第 84 条规定了自愿披露制度、自愿披露信息的内容和标准。该规定与证券监管机关、证券交易所制定的规则构成了我国证券市场信息自愿披露规则体系。我国自愿披露制度对披露者的义务规定过于严格，这虽有利于防范披露者违法披露、保护投资者利益，但很可能忽视披露者的合法权益保护，出现自愿披露违法事件频发和披露者自愿披露积极性不高的矛盾。我国应该通过免责事由规则的制定解决该矛盾。[2]

26. 上市公司控股股东、实际控制人信息披露法律责任制度完善

控股股东、实际控制人对上市公司经营与运作具有实际控制力。控股股东、实际控制人信息披露制度，直接影响信息披露的真实性与有效性；控股股东、实际控制人信息披露违规的法律责任，直接关系广大投资者的原告资格、胜诉可能性和损失赔偿等权益。我国证券法设定了控股股东、实际控制人的范围界定标准，信息披露制度之原则、标准以及法律责任与豁免等制度，但也存在一些不足。本文在此基础上，对控股股东、实际控制人信息披露制度的完善提出了建议。[3]

27. 瑞幸咖啡虚假陈述案法律适用探讨——以中美证券法比较为视角

瑞幸咖啡财务造假事件中民事责任的认定是瑞幸咖啡案法律适用的重点问题。本文通过对中美证券虚假陈述法律责任的对比，从法律依据、诉讼主体、行为要件、主观要件、因果关系认定等角度，分析了瑞幸咖啡虚假陈述案件民事法律责任的认定问题。并在此基础上，结合瑞幸咖啡财务造假的具体案情，重点探讨做空机制下虚假陈述揭露日的认定、证券服务机构的民事法律责任，以及我国证券法域外管辖条款的适用问题。[4]

---

[1] 李有星、潘政、刘佳玮：《债券纠纷案件法律适用问题研究》，载《法律适用》2020 年第 19 期。

[2] 李有星、康琼梅：《论证券信息自愿披露及免责事由》，载《社会科学》2020 年第 9 期。

[3] 李有星、潘枝峰：《上市公司控股股东、实际控制人信息披露法律责任制度完善》，载《投资者》2020 年第 3 期。

[4] 李有星、潘政：《瑞幸咖啡虚假陈述案法律适用探讨——以中美证券法比较为视角》，载《法律适用》2020 年第 9 期。

28. 科创板发行上市审核制度变革的法律逻辑

科创板发行上市审核制度变革，是我国注册制改革的重要内容。制度变革背后的法律逻辑，并不是从实质审核转向形式审核，而是制度目标的转变：从"审出一家好公司"转向"审出一家真公司"，其背后是"所有公司都可能造假""客观事实难以发现"大逻辑预设的支撑。问询制度是实现科创板发行上市审核制度目标的路径，而"排除合理怀疑"则是问询适当的证明标准。但是，科创板发行上市审核制度仍存在许多不足，亟待进一步研究和解决。[1]

29. 《欧盟反内幕交易制度的立法变革及启示》

《反市场滥用条例》及其实施细则对欧盟反内幕交易制度进行了重大革新，一是更明确地界定内幕信息定义中的两个关键要素；二是将持有内幕信息的人建议或诱导他人进行内幕交易纳入内幕交易的监管范围；三是对内幕交易的安全港规则进行了列举式规定，更具有可操作性；四是对内幕人主体要件予以重构，行为人的身份特征对于内幕交易的认定并无实质意义；五是明确邀标询价本身不应被认为是市场滥用，并明确了有关邀标询价的适当安排、系统和程序的监管性技术标准。[2]

30. 《从 ESG 的角度看强制环境信息披露义务与公司治理创新》

ESG 理念根植于负责任投资理论和利益相关者理论。目前，国际组织和机构发布 ESG 信息披露原则与指引以推动各国交易所采用 ESG 披露标准。开展 ESG 评级是应对日益严格的信息披露要求的有效方法。新修订的证券法未提及环境信息披露要求。本文建议中国证券监督管理委员会以部门规章的形式发布管理办法，细化上市公司环境信息披露要求。交易所在上市与交易规则中强化环境信息披露，同时上市公司以 ESG 理念关注 G 因素，加强内部治理信息披露，创新公司治理结构。[3]

31. 《魔鬼隐藏在细节中：证券法大修中的小条款》

分析《中华人民共和国证券法（三审稿）》第 64 条和第 66 条可以发现：这两条的修改都是没有必要的。修改的动机只是监管者出于执法的方便，但没有考虑到对整体市场和投资者的影响：前者可能损害证券市场的信息生态，造成寒蝉效应，减少信息生产；后者则限制了交易自由，而便利监测的目标本来可以通过更低成本的手段来实现。[4]

---

[1] 李有星、潘政：《科创板发行上市审核制度变革的法律逻辑》，载《财经法学》2019 年第 4 期。

[2] 刘春彦、张景琨：《欧盟反内幕交易制度的立法变革及启示》，载《证券法律评论》2020 年第 1 期。

[3] 倪受彬、赵明：《从 ESG 的角度看强制环境信息披露义务与公司治理创新》，载《多层次资本市场研究》2020 年第 2 期。

[4] 彭冰：《魔鬼隐藏在细节中：证券法大修中的小条款》，载《中国法律评论》2019 年第 4 期。

32.《省思与规制：我国跨境期货交易法律困境及应对》

我国推进期货市场"走出去"及国际化战略须以跨境期货交易法律机制构建为前提。文章通过厘定跨境期货交易内涵边界及监管正当性，省思主要法律困境及应对思路，提出应致力于跨境期货交易立法监管理念创新，确立跨境交易监管认同机制，提升跨境期货衍生品交易经纪能力，适度扩大衍生品跨境投资参与主体范围，逐步取消 QDII 投资品种限制，并从跨境期货交易运行保障、立法监管、风险控制以及解纷机制等方面建构系统法律保护体系，切实保障跨境交易整体性金融安全。[1]

33.《新金融业态下"证券"权利转进及法律认定——以众筹证券权利为中心》

新证券法虽表现出对"互联网+"股权众筹方式公开发行"证券"立法保护之谨慎，但新型金融业态下众筹各参与主体法律关系及其财产关系日趋复杂，传统证券财产权因不同持有模式而具有异质性，而新型证券模式正催生传统证券物化权利向"互联网+金融"证券财产权利转进。目前实践中众筹财产纠纷案件多发的原因在于未明确新型众筹证券财产权及其性质，因此须明确认定投资人、发行人、证券中介机构和存管人各主体法律关系，并得出金融创新体制下解决新型证券财产权纠纷的法律标准。[2]

34.《美国期货品种上市机制的反思与启示——以比特币期货上市为视角》

期货品种创新是期货市场发展的内生动力，完善的期货品种上市机制是企业锁定预期收益、发现价格信息以及分散经营风险的基础。美国 2000 年《商品期货现代化法》实施以来，在开放和宽松的监管环境下，美国期货市场品种创新成果斐然。然而，寻求金融抑制与金融过度之间的平衡点向来是监管机构的难题，对被监管主体的过度放权也埋下了金融空转的隐患。以比特币期货上市为例，反思美国期货品种上市机制有助于为我国期货市场改革提供参考意见，以期在守住系统性风险底线的条件下实现服务实体经济发展的最终目标。[3]

35.《完善证券法制建设 优化资本市场生态》

改革开放以来，我国资本市场取得了重大进步和转折性变化，证券法制建设为我国资本市场发展做出了十分重要的贡献。但同时，资本市场还存在发展不均衡、不能完全适应实体经济需要、违法违规现象不绝、风险时有爆发的问题。本

---

〔1〕 石光乾、寇娅雯：《省思与规制：我国跨境期货交易法律困境及应对》，载《金融发展研究》2021
    年第 3 期。

〔2〕 石光乾：《新金融业态下"证券"权利转进及法律认定——以众筹证券权利为中心》，载《湖北经济
    学院学报》2020 年第 2 期。

〔3〕 唐波：《美国期货品种上市机制的反思与启示——以比特币期货上市为视角》，载《东方法学》2019
    年第 1 期。

文指出了证券法制建设在优化资本市场生态方面的重点工作，市场生态有待持续优化。[1]

36.《统一化与差异化：债券市场内幕交易规制的困境与法制进路》

债券市场内幕交易规制面临去监管化的价值冲击、股票化规则难以适用和认定标准的差异化不足等三重困境。鉴于内幕交易的不公平竞争本质和欧美规制体系的局限性，缺乏统一金融法制和判例法传统的中国应采纳维护公平竞争的规制思路，以公平竞争为反欺诈和市场诚信的价值桥梁，引领统一化的顶层设计；同时针对债券市场特性进行差异化调试，豁免做市商和中央对手方，完善内幕信息规定，并围绕询价开展信息规制。[2]

37.《落实新修〈证券法〉完善财富管理法律框架》

建设法治国家，离不开法律法规的完善。金融业应完善法律法规，尽快补上制度短板，以提高金融业防范和化解金融风险的能力，提高金融业的国际竞争力。2019年12月28日，第十三届全国人大常委会第十五次会议通过了《中华人民共和国证券法》（又称新修《证券法》）的修改。新修《证券法》对资本市场的健康发展将起到积极的推动作用。[3]

38.《〈证券法〉2019年修订背景下股权代持的区分认定》

《最高人民法院关于适用〈中华人民共和国公司法〉若干问题的规定（三）》肯定了委托出资关系的法律效力，但最高人民法院在个案中连续作出确认股权代持协议无效的裁判，使其效力面临不确定风险。实践中一概将股权代持视为所禁止的委托代持，混淆了概念差异，背离监管初衷。因事实要素不同，股权代持产生的风险会有很大差异。宜在对股权代持事实要素区分的基础上对其进行规范层面的区分认定。违规股权及其收益如何处置以及行政监管与司法审判的界限如何划分，应依情境综合考量。[4]

39.《证券市场先行赔付：法理辨析与制度构建》

证券市场先行赔付是我国实践中创新的机制，已在相应案例中适用。《中华人民共和国证券法（草案）》正式确立了先行赔付制度，但相应制度尚需细化。从法理基础上看，先行赔付是私法主体行为与公法权威共同作用的结果。鉴于我国国情，先行赔付的适用范围可以暂时限定在虚假陈述领域内，待经验和时机成熟后再进行拓展。同时，应当以自愿作为先行赔付的基础，将对先行赔付人的从

---

〔1〕 吴弘：《完善证券法制建设 优化资本市场生态》，载《清华金融评论》2019年第10期。

〔2〕 王怀勇、钟文财：《统一化与差异化：债券市场内幕交易规制的困境与法制进路》，载《证券市场导报》2020年第12期。

〔3〕 吴晓灵：《落实新修〈证券法〉完善财富管理法律框架》，载《清华金融评论》2020年第2期。

〔4〕 王莹莹：《〈证券法〉2019年修订背景下股权代持的区分认定》，载《法学评论》2020年第3期。

轻减轻处罚作为激励机制，以全额赔付为原则，加强公益性投资者保护机构在其中统筹协调的作用。[1]

40.《数字经济视角下的新〈证券法〉——修订解读、实施支撑与未来展望》

《中华人民共和国证券法》（又称新《证券法》）直接体现了数字经济的内容，如：将对客户保密制度升级为投资者个人信息保护制度；明确信息披露的载体包括证券交易场所网站；规定证券登记结算机构可以提供信息服务等。然而其在信息技术系统服务机构和程序化交易方面需要进一步细化，诸如互联网、云计算、大数据等数字技术虽然没有规定在新《证券法》中，但它们对于新《证券法》的实施具有重要意义。在进一步修改中，包括投资性众筹、智能投顾和区块链结算在内的数字经济内容也应得到更多体现。[2]

41.《注册制下交易所发行上市审核的逐底竞争及其预防》

股票发行注册制在我国全面推开之后，上海证券交易所和深圳证券交易所可能会出现股票发行审核时竞相降低发行上市标准的逐底竞争。这种逐底竞争本质上是一种不正当竞争，目前尚无法由证券交易所的自我约束予以自我纠正，因此需要证券监管部门进行干预。建议被剥离了核准职能的中国证监会发行监管部转变职能，变为竞争协调部门，由它负责对证券交易所的审核进行监督和竞争协调。[3]

42.《中国版证券集团诉讼制度的特色、优势与运作》

《中华人民共和国证券法》（2019 年修订）第 95 条第 3 款确立了"中国版证券集团诉讼制度"。该制度具有以下特点：由投资者保护机构作为代表人、采用了美国版的"默示加入、明示退出"制度、明确了集团的最低人数是 50 人。其优势在于发挥了中国投资者保护机构的体制优势、结合了投资者保护机构的专业优势、移植和结合了美国式"默示加入、明示退出"制度。在实施过程中应注意投资者保护机构所代表的投资者的范围问题、和解与上诉问题、被告的选择问题。[4]

43.《"大证券观"下的互联网金融风险防范与监管》

互联网金融乱象的根源主要在于理念错位、体制不顺、法律滞后、投资者不

---

〔1〕 肖宇、黄辉：《证券市场先行赔付：法理辨析与制度构建》，载《法学》2019 年第 8 期。

〔2〕 邢会强：《数字经济视角下的新〈证券法〉——修订解读、实施支撑与未来展望》，载《浙江工商大学学报》2020 年第 4 期。

〔3〕 邢会强：《注册制下交易所发行上市审核的逐底竞争及其预防》，载《证券法律评论》2020 年第 1 期。

〔4〕 邢会强：《中国版证券集团诉讼制度的特色、优势与运作》，载《证券时报》2020 年 3 月 14 日，第 A07 版。

理性、社会信用体系不健全、风险防范机制缺位。这些根源的背后是没有树立正确的"大证券观"。在此"大证券观"下，要树立"边发展边规范"的理念，理顺监管体制，设立一元化的金融监督管理机构，尽快修改《中华人民共和国证券法》，完善法律框架，加强社会信用体系建设，加强互联网金融监管，加强投资者教育，培养理性的投资者，让投资自我决策、自我负责。[1]

44.《〈证券投资基金托管业务管理办法（征求意见稿）〉完善建议》

《证券投资基金托管业务管理办法（征求意见稿）》基本上是以公募证券投资基金托管人为基本规制对象制定的，如果把私募证券投资基金也纳入调整范围，某些条款就应当做相应修改。私募股权投资基金非公开性、投资标的的非标准化，使得监管介入远达不到公募基金的程度，托管存在较大的任意性。在条件成熟的时候，应当针对私募股权投资基金的托管制定专门的监管规则。[2]

（五）保险法部分

【教材类研究成果】

暂无

【专著类研究成果】

1.《〈美国纽约州保险法〉中译本（上下）》

本书为美国纽约州保险法的中文译本，包括总则、保险监管、财产保险合同、人身保险合同、保险控股公司、相互保险公司、兄弟会、雇员退休福利基金、合作医疗健康保险计划、保险行业协会、保险交易所、自保公司、保险保障基金、保单贴现、服务合同、外国保险公司的设立与监管、保险税费等内容，探讨了美国保险法律制度对中国保险立法与司法的有益借鉴与影响。

2.《互联网保险创新发展与监管研究》

中国互联网保险的发展存在理论研究落后于市场实践、立法落后于监管、监管落后于市场的问题，已有相关著作中针对互联网保险发展中的法律和监管问题进行全面梳理，但研究仍较为少见，这与中国互联网保险市场的发展现状是不匹配的。本书的写作正是为了填补这一空缺，通过系统、全面地研究中国互联网保险，为行业、监管机关、立法机关、司法机关、学界提供一个参考和借鉴。

【论文类研究成果】

1.《驾驶行为保险与车险规范重构》

新冠疫情的暴发致使我国众多车辆被动地进入长达数月的闲置状态，然而车险保费却未能及时作出相应调整，再度反映出我国现行车险费率机制的滞后与僵

---

[1] 邢会强：《"大证券观"下的互联网金融风险防范与监管》，载《证券法苑》2019年第3期。

[2] 于朝印：《〈证券投资基金托管业务管理办法（征求意见稿）〉完善建议》，载《民主与法制时报》2020年5月28日，第5版。

化。目前，我国车险行业采用的两类车险费率因子（从车因子与从人因子）与车辆实际风险的相关性较弱，不仅导致车险费率与车辆风险之间的对价失衡，影响车险盈利，而且造成车险消费者因疫期停驶、城市限号、网约车拒赔等原因在风险保障与保费负担方面遭遇诸多不公。驾驶行为保险引入驾驶行为因子进行定价有助于解决前述问题，并可以促进车险费率体系趋向公平。但驾驶行为保险的引入需要对相关车险规范作出调整，比如：以保险人直接获取保险标的风险信息替代投保方的如实告知义务，保险人的信息收集行为应当受到严格限制，对复杂的保费厘定方案要尽到说明义务等。[1]

2. 《我国保险监管法制建设 70 年：回顾与展望》

70 年间，我国保险监管体制经历了初期监管、集中监管、专门监管、协同监管四个阶段。保险监管法律制度体系积极适应现实需要，迈向科学、完备、协调的目标，在促进行业健康发展和有效实施保险监管等方面取得明显成效。进一步推进保险监管法制建设需要坚持党的领导，坚持市场化、法治化方向，坚持监管姓监，坚持以人为本。新时代的保险监管法制建设，要准确把握面临的新形势，持续提升保险监管质效，深入推进保险法律制度体系建设。[2]

3. 《论人身保险中的代位求偿制度》

代位求偿制度是保险法中损害补偿原则的派生制度，是对损失补偿原则的补充和完善。在我国，代位求偿制度在人身保险立法中虽已规定，但在实践中仍存在着可行使代位求偿权的保险类型不明确和保险代位求偿权的适用范围过窄等问题，易造成"同案不同判"的现象以及被保险人双重赔偿等现象，有违保险法中的损害补偿原则。故需要采取确定可适用代位求偿的保险类型、终局责任的确定等方式对我国保险法中的代位求偿制度进行完善。[3]

4. 《我国巨灾保险法律制度研究》

目前，我国经济平稳向前发展，但是一些巨大灾害却给经济发展造成了巨大的损失。保险赔付在弥补巨灾损失方面有其他方式无可比拟的优越性，但我国尚未建立完备的巨灾保险制度来分散巨灾造成的风险。法律是制度建设的基础和坚强后盾，巨灾保险制度建设，法律应当先行。理论界关于巨灾保险的可保性分析、我国一些地区的保险试点和已有的政策法规都为我国建立巨灾保险制度打下了基础。我国应以宪法为根本依据，先进行补充立法和专项立法，再进行综合立

---

[1] 韩长印、郑洁文：《驾驶行为保险与车险规范重构》，载《上海交通大学学报（哲学社会科学版）》2020 年第 5 期。

[2] 刘福寿：《我国保险监管法制建设 70 年：回顾与展望》，载《保险研究》2019 年第 9 期。

[3] 娄丙录、姜鹏飞：《论人身保险中的代位求偿制度》，载《青岛科技大学学报（社会科学版）》2020 年第 1 期。

法，最终形成从中央到地方、各部门法相互协调的巨灾保险法律体系。[1]

5.《环境污染强制责任保险赔付难的困境与对策》

环境责任保险，尤其是环境污染强制责任保险，十几年来在多地方的试点均不理想，一个实际问题就是赔付难、赔付低，企业没有积极性。文章拟从保险学原理和我国企业保险的实际情况出发，探讨这一制约环境污染强制责任保险施行的难题。[2]

6.《财产保全责任险合同和担保书的衔接、冲突与矫正》

财产保全责任险合同因其不具有现金价值不能实现担保功能，人民法院要求保险人以该合同提供担保的，应出具担保书，而担保书的性质及担保对象均无明确规定，不利于被保全人合法权益。尽管担保书模式相较单独的合同已有很大意义，但仍存在如担保书与责任保险赔偿机制、合同第三者与担保书承诺对象、担保书内容与合同解除权等冲突。通过规范分析制度障碍，建议在担保书中明确保险人的赔偿责任适用《中华人民共和国保险法》第65条责任保险赔偿机制。[3]

7.《论经济法上的保险工具》

经济法具有风险治理功能。保险是风险治理的一个重要工具，传统研究基本上是从商事法角度展开的。但是，存在大量具有政府干预因素的保险，可以称为经济法上的保险工具。本文从该类型保险出发，探索经济法在实行宏观调控和微观规制时所采取的一系列保险工具及其作用。[4]

（六）其他

【教材类研究成果】

暂无

【专著类研究成果】

1.《区块链国际监管与合规应对》

本书是区块链领域的法律风险防范与控制的指导手册，立足于国际视野，为区块链行业的从业者、投资人和监管机构提供合规指引和政策建议，是目前区块链+法律监管领域重要的著作。作者历时2年，深入研究和分析中国、美国、日本、韩国、新加坡、泰国等十几个国家的区块链监管政策，几十家知名区块链企

〔1〕 梨文静、郭丹：《我国巨灾保险法律制度研究》，载《黑龙江省政法管理干部学院学报》2019 年第 5 期。
〔2〕 蓝寿荣、王之晓：《环境污染强制责任保险赔付难的困境与对策》，载《理论与当代》2020 年第 3 期。
〔3〕 王一鹤：《财产保全责任险合同和担保书的衔接、冲突与矫正》，载《保险研究》2020 年第 11 期。
〔4〕 闫海：《论经济法上的保险工具》，载《经济法研究》2019 年第 1 期。

业，系统总结其实践经验。

2.《主权财富基金的监管因应与治理改革——以中投公司为例》

此书主要从两个维度就影响主权财富基金运作的法律问题进行研究。一是东道国针对主权财富基金的监管态势。书中检视了美欧等发达国家相关政策的调整变化及影响，探讨了世界主要主权财富基金的因应之策。二是主权财富基金如何改革，以完善自身治理结构、提高治理水平。作者阐释主权财富基金作为市场经济下投资主体的相对特殊性，特别是分析了其对现有公司法律框架和国际投资环境带来的冲击，并针对中投公司的运营和发展提出了建议。

3.《金融法苑 2020》（总第 103 辑）

本书共分五个专题，分别为 P2P 专题、滴滴并购专题、新金融、金融监管和他山之石，共收录了 16 篇文章，集中反映金融法理论、热点事件、立法与实务等最新研究成果和动态。

4.《我国 P2P 网贷平台非法集资风险的法律规制研究》

本书针对 P2P 网贷平台非法集资问题，综合运用法学、经济学、金融学与社会学等多学科知识，在对 P2P 网贷进行语义分析的基础上，概括了 P2P 网贷具有普惠金融性、风险双重性、网贷平台市场的双边性、影子银行性等四个主要特征；梳理了我国 P2P 网贷的主要经营模式，分析了这些模式形成的制度原因；从法的价值追求、法学方法论以及法律概念混同等视角剖析了我国 P2P 网贷法律地位之争的原因；对我国 P2P 网贷平台非法集资的典型民事案件与典型刑事案件进行实证分析，针对"重刑轻民"的现实状况，提出了合理界分我国 P2P 平台非法集资风险之民刑规制的基本原则；从金融监管体制、市场准入与退出机制、信息披露等金融监管法的视角反思了我国 P2P 网贷平台非法集资风险的制度成因，在比较借鉴美国和英国 P2P 网贷监管制度的基础上，结合我国实际情况，提出了完善建议。

【论文类研究成果】

1.《稳定币 Libra 与中国未来监管应对》

2019 年 6 月 18 日，拥有全球最大用户数的社交平台 Facebook 通过下属独立公司 Calibra，发布加密货币 Libra 项目白皮书，正式公布基于区块链技术的全球数字加密稳定币 Libra 发行计划。此消息一出，不但刺激比特币价格攀升，更引起了各国央行等金融监管机构的高度关注。稳定币如 USDT（泰达币）、GUSD（Gemini USD）等自 2014 年以来先后问世，为何 Facebook 推出的数字稳定币 Libra 能够引起全球金融界如此震动？其可能带来的法律风险为何？Libra 计划将来若运行成功，必将渗透或影响中国金融市场，中国如何给予合理的法律应对？

这些问题均值得学界深思。[1]

2.《开放区块链数字资产交易的法治途径》

两年来，欧、美、日等金融发达国家都在积极推动数字资产交易所合规监管。中国若持续"全面禁止"策略，将在基于区块链基础上建立的新型数字经济这个赛道上丧失先发优势。建议在法治精神之下，先行推动行业试点，其次致力于完善三层管理体系，建设优良的产业环境。[2]

3.《直布罗陀区块链监管制度及启示》

直布罗陀监管当局规定，分布式账本技术提供商传输或存储属于别人的价值时必须获得许可，并提出九大监管原则。同时，政府部门和直布罗陀金融服务委员会还对初始代币发行监管问题作出指引，为后续虚拟货币立法铺路。这个全面、高效和安全的创新性监管框架有利于行业持久发展，并在国际上有一定的代表性。当前中国监管政策存在诸多不足，为持续应对区块链领域带来的金融风险，直布罗陀的监管政策为中国未来出台长效监管提供诸多借鉴。[3]

4.《区块链监管的法治进路》

区块链是近年技术上的重要革新，近期更是引起党中央的高度重视。与此同时，区块链当前在金融相关领域风险非常集中，固有法律存在一些漏洞，现有监管政策有一定的不足之处。因此，监管机构应在法治精神的指引下，重塑监管思维，推动区块链领域的监管法治化、立法法治化与风险处置程序的法治化；在具体实践路径上，推动对国际成熟经验之借鉴，让法治成为提升中国区块链技术国际竞争力的基石。[4]

5.《稳定币 USDT 的风险及其投资者权益保护》

在稳定币市场，USDT 的影响最大。虽然当前市值仅约 40 亿美元，但由于其以数字化形式表现，交易迅速，换手率极快，在高峰期一天成交额可达 240 亿美元，对主流虚拟货币市场价格具有支配性影响。因此，其带来的相关风险及投资者权益保护缺失等问题，特别值得中国监管机构重视，同时，涉及稳定币的应对实践，可为监管机构未来应对 Libra 带来的可能冲击事先提供借鉴。[5]

6.《监管沙盒的国际实践及其启示》

单纯立法与法律监管难以跟上金融科技飞速发展的步伐。为此，英国于 2015 年在全球率先倡导"监管沙盒"，鼓励金融科技发展并控制风险。近年各国监管

〔1〕 邓集彦、邓建鹏：《稳定币 Libra 与中国未来监管应对》，载《团结》2019 年第 4 期。

〔2〕 邓建鹏：《开放区块链数字资产交易的法治途径》，载《当代金融家》2020 年第 10 期。

〔3〕 邓建鹏：《直布罗陀区块链监管制度及启示》，载《经济法研究》2019 年第 1 期。

〔4〕 邓建鹏：《区块链监管的法治进路》，载《衡阳师范学院学报》2020 年第 1 期。

〔5〕 邓建鹏、钮枫词：《稳定币 USDT 的风险及其投资者权益保护》，载《当代金融家》2019 年第 12 期。

沙盒的运行实践表明，监管沙盒在节约时间与成本，帮助公司获得融资、推动创新产品进入市场以及保护消费者等方面卓有成效，但是与此同时也面临着诸多局限。借鉴以英国为代表的国际监管沙盒实践，中国在监管金融科技风险方面可以得到如下几点启示：转变监管思维，明确监管主体；保护消费者利益；把握监管宽严程度；鼓励公司间合作共赢，同时有的放矢地避免监管沙盒的局限性。[1]

7.《境外虚拟货币交易平台纠纷的中国司法管辖权认定问题研究》

在境外虚拟货币交易平台的侵权纠纷中，交易平台在中国境内的实际控制人试图通过管辖权异议之诉拖延诉讼进程，企图避开中国司法机关的裁判。判定境内公司或个人为境外虚拟货币交易平台的实际控制人，判定境内特定城市为网络侵权行为发生地，是司法机关确定此类案件管辖权的核心。在判断实际控制人时，应遵循涉案主体的"行为外观"标准，依照实际控制人的相关规定追究其法律责任。将实施侵权行为的计算机服务器所在地认定为侵权行为地，这是目前较为适宜的选择。[2]

8.《互联网金融投资者的信息保护》

互联网时代，公民的许多个人信息包括金融信息容易受到侵犯。根据《中华人民共和国消费者权益保护法》（2013 年修订）以及《网络交易管理办法》等规定，投资者享有如下权利：安全保障权、公平交易权、知情权、隐私权、自主选择权、受教育权、损害求偿权、结社权等。[3]

9.《破产程序中金融衍生交易特殊保护的正当性及其具体规则》

金融衍生交易是为管理风险所订立的合同，但其本身所具有的经济属性又极易引发系统性风险。许多发达国家对金融衍生交易在破产程序中给予了特殊保护，旨在为其提供安全港，允许其豁免适用破产法的规则，效果上相当于给予金融衍生交易债权人以优先受偿的地位。我国金融衍生交易市场发展迅速，防范系统性风险的问题日益紧迫，立法也有必要对破产程序中的金融衍生交易作出特别安排。其正当性不仅源于金融衍生交易的特殊法律属性，更是防范系统性风险的需要。具体规则包括允许债权人按照合同中终止净额结算的有关约定，提前终止合同、进行净额结算以及实现担保安排，破产法要为金融衍生交易的提前终止、净额结算以及担保安排实现的有效性提供保证。[4]

---

〔1〕 邓建鹏、李雪宁：《监管沙盒的国际实践及其启示》，载《陕西师范大学学报（哲学社会科学版）》2019 年第 5 期。

〔2〕 邓建鹏、李铖瑜：《境外虚拟货币交易平台纠纷的中国司法管辖权认定问题研究》，载《陕西师范大学学报（哲学社会科学版）》2020 年第 6 期。

〔3〕 邓建鹏、黄震：《互联网金融投资者的信息保护》，载《现代阅读》2020 年第 6 期。

〔4〕 胡利玲、柴都韵：《破产程序中金融衍生交易特殊保护的正当性及其具体规则》，载《河南财经政法大学学报》2020 年第 4 期。

10. 《论地方政府参与金融风险治理的法治困境及出路》

近年来，地方政府参与治理依旧面临着诸多的法治困境：治理体系上，主要表现为规范地方政府权责利的基础性法律制度缺失、地方性法律制度混乱；治理能力上，主要表现为治理理念模糊、治理方式单一、能力转换不足、法治意识不强。这就需要以法治方式合理确定地方政府在金融风险治理中的权责利，从静态的"法"和动态的"治"两个维度构建地方政府参与金融风险治理的法治路径。[1]

11. 《我国金融法院的创新实践与未来展望——以上海金融法院的创设探索为中心的实证研究》

近年来，我国金融创新大众化，科技赋能金融渐趋智能化和国际化。2018年8月上海金融法院的创设成为我国金融司法变革的重要标志。首先，从我国公共政策式法院的理论依据和金融市场的现实需求分析上海金融法院创设的依据，其次重点介绍几大国际金融中心金融法治环境并总结其金融司法经验，接着探讨第三轮司法改革背景下上海金融法院发展面临的挑战与困境，为上海金融法院的发展提供新思路。[2]

12. 《"抗疫情稳经济"专题① 疫情考验下的金融科技安全》

当前新冠疫情正在席卷全球，带来巨大的挑战同时，也酝酿着空前的机遇。在突发疫情带来的巨大冲击下，金融科技危中有机，机会凸显，同时又面临新的考验。疫情期间中国的金融科技得到了逆势发展和高度重视，与金融科技相关的领域如电商、社交、直播、文创等也取得了有目共睹的成就。中国的金融科技在疫情考验下得到了快速发展和广泛应用，也面临着一系列新风险和安全问题的挑战。[3]

13. 《金融监管科技发展的比较：中英两国的辨异与趋同》

文章通过分析中英两国金融监管科技的区别，挖掘两国金融监管科技在产生背景、市场发育、技术生态、法治逻辑等方面存在的差异，并梳理两国金融监管科技在底层技术、原则理念、金融监管目标和内外联动机制上的相似之处，得出中国和英国金融监管科技"自上而下"与"自下而上"的不同演化路径，以及"冲突型"与"扶持型"两种不同的金融监管科技生态环境。[4]

---

〔1〕 胡光志、苟学珍：《论地方政府参与金融风险治理的法治困境及出路》，载《现代经济探讨》2020年第10期。

〔2〕 黄震、占青：《我国金融法院的创新实践与未来展望——以上海金融法院的创设探索为中心的实证研究》，载《金融理论与实践》2020年第1期。

〔3〕 黄震：《"抗疫情稳经济"专题① 疫情考验下的金融科技安全》，载《广东经济》2020年第4期。

〔4〕 黄震、张夏明：《金融监管科技发展的比较：中英两国的辨异与趋同》，载《经济社会体制比较》2019年第6期。

14. 《资产管理的法理基础与运行模式——美国经验及对中国的启示》

学界与实务界对《关于规范金融机构资产管理业务的指导意见》的上位法依据存在较大争议。美国的投资公司是资产管理的主要载体，存在多种不同形式，而投资顾问在提供咨询建议之外，也为客户管理资产，可以成为资产管理的主体。相比而言，我国的资产管理以信托契约型为主，很少采用公司形式，是故美国资产管理与我国存在较大差异，不宜照搬美国《投资顾问法》的规则。[1]

15. 《关注会计师看门过程中的法律噪音》

看门人机制的失灵催生了通过强化法律责任以及改进监管模式来督促会计师有效履行看门职责的基本思路。然而，法律因素对于会计师看门功能也可能产生干扰，甚至公司治理程序本身可能被用来消解会计师的看门功能。借用资本市场的噪音理论，本文将这种干扰称之"法律噪音"。公司金融创新的快速发展，导致法律判断与会计判断紧密交织在一起，而法律（人）在社会分工中的天然优势地位可能导致法律判断的强势。关注会计师看门过程中的法律噪音，不仅有助于改进公司治理机制、合理界定会计师责任，同时也提醒我们注意法律（人）本身的局限。[2]

16. 《海南自由贸易港法的观念转化和制度创新——以监管为切入点》

海南已经由自由贸易试验区初步转变为自由贸易港，作为自由贸易港制度重要组成部分的监管制度也需要完善和升级。从理念上，应从管控转向协商，从以事中事后监管为主转向全流程监管。从制度体系上，建立以事前监管和事中事后监管相结合的纵向监管法律制度体系，守住风险防控底线。从监管机制上，建立政府监管、业界自律和第三方监管的多元监管机制，在满足风险防控要求时提高效率。此外，以风险的不确定性程度在自贸区中确定不同的监管措施。[3]

17. 《区块链嵌入政府管理方式变革研究》

在将信息技术应用于政府管理的背景下，各国政府亦在探索应用区块链实现政府管理方式变革。政府实施行政管理的核心抓手在于数据，而目前政务数据运用的问题主要集中在数据质量、数据共享与数据安全三方面。区块链作为一种分布式数据库技术，对政府管理方式变革的最核心的应用价值在于保障数据安全，而其他政务数据问题更多地需要依靠技术之外的因素解决。去中心化与中心化各

〔1〕 黄辉：《资产管理的法理基础与运行模式——美国经验及对中国的启示》，载《环球法律评论》2019年第5期。

〔2〕 刘燕：《关注会计师看门过程中的法律噪音》，载《清华法学》2020年第6期。

〔3〕 刘水林、吉星：《海南自由贸易港法的观念转化和制度创新——以监管为切入点》，载《海南大学学报（人文社会科学版）》2021年第2期。

有其价值，公共治理创新离不开政府的协调与保障。[1]

18.《金融司法的安全和效率周期之困——以"职业放贷人"司法审判为切入》

金融司法一方面在审判标准和司法取向方面力图与金融监管部门保持同步，另一方面也试图以更低的成本缓解监管失灵带来的合同执行难题。金融司法周期之困的内在逻辑在于，司法权在呼应金融监管政策与遵循司法谦抑原则之间侧重前者，与行政监管权的边界愈加模糊。为了优化交易规则，司法应保持谦抑与中性，把握"职业放贷人"的司法规制原则，恰当保持与监管部门之间的距离，为金融主体提供稳定的市场预期。[2]

19.《互联网金融纠纷案件的法律适用与司法裁判规则建议》

2018 年 4 月 22 日，"互联网金融纠纷案件的法律适用与司法裁判规则"研讨会在杭州隆重举行。本次会议围绕互联网金融纠纷案件的法律适用与司法裁判规则，就互联网金融的本质与平台定位、互联网金融监管制度与司法裁判的关系、互联网金融纠纷案件的司法裁判实践经验与疑难问题、网络借贷与第三方支付纠纷的法律适用与裁判规则等话题进行了广泛而深入的研讨。[3]

20.《在分享和控制之间 数据保护的私法局限和公共秩序构建》

现有数据理论倾向于在私法上通过赋予个人或企业某种"数据权利"来建立数据归属和利用秩序，这种理论尝试遇到了私法理论局限的制约和数据应用实践的挑战。在确立"分享"作为数据法基本价值取向的理论前提下，探讨数据受局部控制的正当理由，消除现有理论上各种权利之间的冲突。通过"分享—控制"一体化理论结构，在立法上可以完善相关制度以释放分享的潜力，并在严格确定数据控制理由的基础上构建公法上系统的数据公共秩序。[4]

21.《我国众筹融资行业发展及监管启示：基于新金融业态视角》

文章以"互联网+众筹"融资模式为研究对象，结合众筹行业服务中小企业融资与互金业务发展需求，分析了虚拟金融产品属性交易风险、系统传染性及其发展困境，提出确立众筹金融激励相容监管理念的应对办法。文章注重发挥政策指引和规则导向作用，阐述了完善我国众筹金融发展秩序与监管规则的优化路径：应调适以金融安全保障为前提的均衡互补发展秩序；建构以宽严相济为目标的政策指导和立法规则；完善以权利义务关系为内容的三方主体责任机制；健全

---

〔1〕 刘炼箴、杨东：《区块链嵌入政府管理方式变革研究》，载《行政管理改革》2020 年第 4 期。

〔2〕 李有、沈伟：《金融司法的安全和效率周期之困——以"职业放贷人"司法审判为切入》，载《中国法律评论》2020 年第 5 期。

〔3〕 李有星：《互联网金融纠纷案件的法律适用与司法裁判规则建议》，载《金融服务法评论》2019 年第 1 期。

〔4〕 梅夏英：《在分享和控制之间 数据保护的私法局限和公共秩序构建》，载《中外法学》2019 年第 4 期。

以项目前端监管为标准的风险管控体系，最终构筑适度调整与自我调适相结合的众筹金融创新发展机制。[1]

22.《普惠金融视阈下的金融科技监管悖论及其克服进路》

金融科技借助技术安排可以为公众利益重塑金融业，促进普惠金融和金融民主化，实现财富公平分配。相比之下，以互联网金融为代表的金融科技与区域产业对接，为行业和实体经济提供资金支持。但是，金融科技面临着有效监管和普惠金融之间的悖论，既要鼓励普惠金融，实现包容性金融，又要克服金融风险，防止监管失灵。从控制金融风险的视角看，有效利用科技，完善监管工具，优化监管路径为克服这种悖论提供了一定的可行性和现实性。[2]

23.《"你打你的，我打我的"：非对称性金融制裁反制理论及中美金融脱钩应对》

金融制裁反制措施的被动反制仅能起到部分宣示或威慑功能。面对实力完全不对等的金融霸权国，处于弱势方的被制裁国破局的关键在于构建非对称性反制体系。利用金融制度和金融科技创新等具有非对称性的创新实践，跳出金融制裁系统自我封闭运作的自循环逻辑；通过制度型反制措施创新完善金融开放的基础性制度；通过物理型反制措施创新助推人民币国际化；通过话语型反制措施创新构建全球金融治理中的制度性话语权，在一定程度上化解金融制裁与金融脱钩的现实威胁。[3]

24.《互联网信贷监管新规的源起与逻辑》

互联网信贷监管新规是对治理互联网信贷乱象的经验总结，更是规范和促进互联网信贷行业持续健康发展的制度创新。新规回应了互联网信贷的技术创新，在肯定互联网信贷业务环节流程分散的基础上，明确了信贷主体必须保持对风险决策与控制的自主性，实现合作各方权责的适当分配。当然，新规中存在的主体监管偏见、核心业务界定凌乱、联合贷款规则适用性差等问题，还需进一步深入考量。[4]

25.《金融业大数据运用中的个人信息保护》

金融业大数据运用与个人信息之间联系紧密，唇齿相依。在金融业大数据运用中，金融（科技）企业面临个人信息属性辨识困难、收集边界难以把握、挖

[1] 石光乾：《我国众筹融资行业发展及监管启示：基于新金融业态视角》，载《北京科技大学学报（社会科学版）》2020 年第 3 期。
[2] 沈伟、张焱：《普惠金融视阈下的金融科技监管悖论及其克服进路》，载《比较法研究》2020 年第 5 期。
[3] 邵辉、沈伟：《"你打你的，我打我的"：非对称性金融制裁反制理论及中美金融脱钩应对》，载《财经法学》2020 年第 6 期。
[4] 盛学军：《互联网信贷监管新规的源起与逻辑》，载《政法论丛》2021 年第 1 期。

掘开发易误解误用、外部人攻击、内部人破坏以及由此引发的个人金融信息权益侵害等多重风险。为此,本文提出金融(科技)企业应当确认个人金融信息的敏感属性,优化自身的隐私政策和外部规则,加强对平台接入(嵌入)第三方产品或服务的管理,提升公司对收集、存储和处理数据的管理水平。[1]

26.《金融科技的算法风险及其法律规制》

现有的金融科技算法规制框架存在主体、对象和工具层面的诸多问题,导致金融科技算法风险规制的低效和失灵,因而需要进行规制路径的优化和调适。从主体层面出发,应构建以金稳会为基础的规制协调机制和监管者、行业协会、企业分工合作的多元规制格局;从对象层面着手,应在将所有算法应用业态纳入统一规制框架的基础上,确立以数据规模为标准的规制门槛;从工具层面调整,应构建以快捷沙盒为制度载体的算法测试制度和可选择的算法披露机制,并积极探索自动化监管模式和代码规制的落地和应用。[2]

27.《农民资金互助社对外合作之困境及制度构建》

农民资金互助社是应农村金融需求而产生的新型农村金融组织,因与农业生产相关从而能有效提升资金的使用效率,在农村社会关系网络的信用约束下降低交易成本、为农民提供相应金融支持,但目前法律保障缺失、发展资金匮乏、风险防控薄弱等问题也制约着其发展。本文通过分析其与正规金融机构之间相互补充、相互促进的内在关系,从制度构建角度提出明确农民资金互助社法律地位、加强政策扶持、完善全面监管机制等法律保障;通过健全内部风险监督制度、扩展农村金融保险范围、创新农村贷款抵押担保制度进行风险防控,以促进农民资金互助社高效、有序发展。[3]

28.《论数字经济背景下非标准化不良资产的互联网模块化处置》

不良资产的非标准化特性与互联网模块化、程式化之间的冲突使得互联网平台的优势难以凸显。信息披露的不对称性与有限性严重影响了评估定价的准确性,且监管机制的缺失也增加了风险。因此,应当制定针对不良资产特性的信息披露标准,构建全国性不良资产网络交易平台以增强信息披露的维度和权威性;同时,应当结合大数据挖掘与不良资产处置,寻求非标准化不良资产的公允价值并力求将其标准化;此外,还应完善法律规制及行业规范。[4]

---

〔1〕 盛学军、刘志伟:《金融业大数据运用中的个人信息保护》,载《银行家》2020年第10期。

〔2〕 王怀勇:《金融科技的算法风险及其法律规制》,载《政法论丛》2021年第1期。

〔3〕 王煜宇、张霞:《农民资金互助社对外合作之困境及制度构建》,载《现代经济探讨》2020年第3期。

〔4〕 王莹莹、杨琪:《论数字经济背景下非标准化不良资产的互联网模块化处置》,载《西北民族大学学报(哲学社会科学版)》2020年第1期。

29.《客户备付金的投资规则及其监管调适》

在现实生活中,"一手交钱,一手交货"的交付方式在互联网经济中面临障碍。为提高支付效率,减少交易摩擦,第三方支付机构应运而生并呈蓬勃发展之势。支付机构接受的付款人资金在通常情况下并未实时转移至收款人账户,而是短期停留在支付机构账户,形成沉淀资金,也被称作客户备付金,即支付机构办理客户委托的支付业务而实际收到的预收待付货币资金。由此产生了一系列法律问题,需要监管机构作出进一步回答。[1]

30.《完善数据法治建设面临三重考验》

区块链技术客观上适应了数据合规与个人信息保护的新要求,但区块链技术在大规模应用层面仍面临一些技术难题,加快区块链技术人才培养、攻克技术难题是当务之急。如何对数据进行合理赋权,在理论上仍存在不少争议。但信息秩序建立与维护需要立法跟进,需要对数据的采集、储存、利用、流动等作出统一规定,建立通行的数据使用和分享规则。数据企业应深刻认识数据保护的国际立法趋势,采取切实有效的数据保护措施。[2]

31.《智能投资顾问的发展与规范》

智能投资顾问属于国务院《新一代人工智能发展规划》中所提出的"智能金融服务"。其起源于 2008 年金融危机,在发展的过程中也存在监管套利、金融机构与非金融机构之间的不公平竞争、因法律滞后而阻碍行业发展、伪智能投顾驱逐真智能投顾、客户的利益得不到切实保护的风险。因此应修订相关法律,解禁投资咨询机构的全权委托功能;通过智能投顾牌照管理,规范智能投顾行业;重点规范智能投顾的信息披露,加强对智能投顾算法的监管,以规范发展智能投顾行业。[3]

32.《从投资组合理论视角观察互联网消费金融平台的授信决策》

本文首先建立了一个理论模型,发现影响单一借款人信用额度的三个重要方面:对借款人收入信息的甄别,对借款人守约行为的机制设计,以及对大量借款人的资产配置。比较静态分析结果是:信用额度与信用等级、年龄和收入呈正相关关系;与借款人个人的行为不稳定性呈负相关关系,与其成功借款笔数呈正相关关系;借款期限对信用额度的影响不是单调的,当期限较短时,二者是正相关的;当期限较长时,二者是负相关的。[4]

[1] 席月民、刘志远:《客户备付金的投资规则及其监管调适》,载强力主编:《长安金融法学研究》(第10卷),法律出版社 2019 年版。

[2] 席月民:《完善数据法治建设面临三重考验》,载《经济参考报》2019 年 8 月 14 日,第 8 版。

[3] 邢会强:《智能投资顾问的发展与规范》,载《学习时报》2019 年 7 月 19 日,第 8 版。

[4] 徐爽、黄震、蒲琳:《从投资组合理论视角观察互联网消费金融平台的授信决策》,载《广东经济》2020 年第 9 期。

33. 《基于合作共治理念的政府引导基金法制发展》

以国家形态变迁的大视野阐述政府引导基金法制所体现合作共治理念，有助于构建政府引导基金落实合作共治理念的各项机制法制化。2005年国家发展改革委等部门制定的《创业投资企业管理暂行办法》首次提出由国家或地方政府设立创业投资引导基金，对创业投资企业的设立与发展通过参股和提供融资担保等方式予以扶持，为此本文将基于合作共治理念，探索政府引导创业基金法制发展的方向及其现实意义。[1]

34. 《我国政府性基金透明化治理的制度需求和法治构建》

政府性基金是一项具有中国特色的制度，但该制度法治化程度较低，是我国财政法治建设的薄弱环节。根据透明化治理的要求，政府性基金设立法治应当构建起专家和相关利益主体广泛参与机制。为实现透明化治理，我国应当推进审批信息外部流动，引入听证制度，增加征缴要件，推进以理由解释为中心的实质化清单管理。同时，应当以政府性基金预算公开为核心，从预算公开的范围、标准、载体和责任四个方面加强对基金运行的透明化治理。[2]

35. 《政府引导基金支持创业投资的法律规制问题探讨》

创业投资具有正外部性及投资收益的不确定性。通过政府引导基金方式解决创业投资基金遭遇的市场失灵，已经应用于各国政府实践中。政府引导基金是基于合作治理理念下的重要制度创新，应当正确认识作为政策性机构的政府引导基金和准金融机构的创业投资基金之间的合作关系，依据二者合作的切入点，推进相应法律规制变革与创新，从而实现政府投资与私人投资的合作治理。[3]

36. 《互联网金融平台纳入金融市场基础设施监管的法律思考》

互联网金融已经逐渐成为我国金融体系的重要支柱，亟需加强对互联网金融的宏观审慎监管，这需要在法律上解决一个关键问题，即互联网金融平台是否纳入以及如何纳入金融市场基础设施监管。目前将互联网金融平台全面纳入金融市场基础设施监管还缺乏足够的理论支撑和现实基础，需要通过创新和完善相关法律制度，将符合金融市场基础设施特征的部分互联网金融平台纳入金融市场基础设施监管制度的框架。[4]

---

[1] 闫海：《基于合作共治理念的政府引导基金法制发展》，载《经济法研究》2018年第2期。
[2] 闫海、王洋：《我国政府性基金透明化治理的制度需求和法治构建》，载《税务与经济》2019年第5期。
[3] 闫海：《政府引导基金支持创业投资的法律规制问题探讨》，载《长白学刊》2019年第5期。
[4] 岳彩申：《互联网金融平台纳入金融市场基础设施监管的法律思考》，载《政法论丛》2021年第1期。

37.《金融科技推动下的法律监管理论与实践——"互联网金融法治论坛"述评》

金融科技的快速发展引起了金融行业的剧变，并对现有监管造成了冲击，有效监管和监管成本有限的矛盾逐渐加大。2017 年习近平主席在全国金融工作会议上强调，要加强金融监管，提高风险化解能力，强化金融监管的穿透性、专业性和统一性。2019 年 6 月 15 日，"互联网金融法治论坛"暨"金融科技与法律监管"会议在西南政法大学勤业楼举行。在此次会议上，来自全国各地的 40 余名专家、学者、实务部门人员围绕"金融科技与法律监管"这一主题展开深入讨论，提出了值得我们关注和深思的问题。[1]

38.《信息科技助推金融风险的法律应对》

金融科技最大的优势是利用计算机、互联网、云计算等技术手段，在大数据的基础上，最大可能地实现数据共享和数据分析，为有效监管提供了有力依据。金融创新所具有的科技驱动的本质使得传统的金融风险和科技风险产生叠加效应，不仅加速了金融风险的外溢，也同时扩大了金融风险的外部性。在立法层面确立统一的监管主体，从传统分业监管转向行为监管、功能监管，是提升金融监管效率、应对金融科技发展的必然选择。[2]

39.《依法治链：区块链的技术应用与法律监管》

区块链在金融领域的支付结算、供应链金融方面应用广泛。在带来颠覆性创新的同时，也面临着相应的障碍与挑战。这不仅是相关技术薄弱可能引发的安全风险，还涉及诸如电子存证这些领域法律介入的界限以及区块链固有的去中心化特点导致的监管难题。由于底层平台的欠缺、性能不完善以及兼容性不足等原因，导致区块链应用层发展仍然处于初级阶段。区块链行业应进行分类监管，实现法律监管为主与行业自律为辅的结合。[3]

---

〔1〕 岳彩申、陈秋竹：《金融科技推动下的法律监管理论与实践——"互联网金融法治论坛"述评》，载《经济法论坛》2019 年第 2 期。
〔2〕 赵磊、吴凡：《信息科技助推金融风险的法律应对》，载《中国应用法学》2020 年第 3 期。
〔3〕 赵磊、石佳：《依法治链：区块链的技术应用与法律监管》，载《法律适用》2020 年第 3 期。

第一篇　货币与数据法治研究

算法在金融领域内的治理路径研究

陈来瑶 *　俎文天 **

摘要：算法自身所具有的规模化处理能力与深度学习能力，使其在金融机构领域得到极大的发展，吸引了众多资金参与到金融科技的开发程序中，为更多金融服务公司研发出能够替代金融人工服务的金融科技产品。在金融领域中，有关算法歧视、算法黑箱、算法"趋同化"的算法技术风险和算法监管缺失给金融市场带来了安全隐患。金融领域中算法的自动运行和自我学习能力，不光促进了普惠金融的发展，还促使金融监管实现数字化、自动化。在探索金融领域内的算法治理路径时，要注意从技术监管和法律责任监管方面出发，提高算法使用者和相对人对算法的信任度，并实现法律对算法在金融领域的可预期性和导引作用。

关键词：金融机构；算法风险；算法治理

科技时代，由于金融机构具有交易次数、频率、数据量等特点，而计算机技术在数据运算处理方面所带来的高效和低成本价值，导致金融机构开始朝向数字化和科技化方向发展，计算机技术也正在成为金融机构的重要生产力。算法行为是计算机领域中通过系统方法解决问题的策略机制[1]，通常包含预测算法、分类算法、细分算法、关联算法等，算法在金融领域内代替了一部分人工服务，但是随之而来的也有风险，算法监管意识也在金融监管层面上逐渐得到重视。

一、算法在金融领域内的应用场景分析

算法在金融领域的应用十分广泛，主要在传统的金融服务公司和新兴的金融科技公司（即"Fintech"）中，二者都通过采用算法技术提升金融业务的生产效率和服务效率，前者是主要提供传统金融产品和服务，通过机器学习算法技术以及人工智能加强原有的传统产品质量和服务效率，后者是技术驱动型金融服务

---

* 陈来瑶，女，广西玉林人，对外经济贸易大学法学院博士生。

** 俎文天，男，山东滨州人，广西大学法学院硕士生。

[1] 袁康：《社会监管理念下金融科技算法黑箱的制度因应》，载《华中科技大学学报（社会科学版）》2020 年第 1 期。

提供商，目标在于创建新的产品和服务。算法自身所具备的规模化处理能力与深度学习能力使其在金融机构领域得到极大的发展，吸引了众多资金参与到金融科技的开发程序中，为更多金融服务公司研发出能够替代金融人工服务的金融科技产品，以降低工作成本。

（一）智能投顾服务

智能投顾（Robo-advisor）在证券领域的运用十分普遍，在各国也有着不同的实践模式，于 2008 年金融危机后起源美国，指利用算法、量化金融模型、大数据分析等技术，根据投资者的投资偏好、意愿、资产等因素，为投资者提供符合其资产配置要求和投资目的的个性化资产配置建议。[1]智能投顾依赖于机器深度学习的算法，通过对证券市场内得到的大数据加以分析与利用，对证券投资市场的走势进行预测，为投资者提供个性化的最佳资产投资方案。但我国国内证券市场存在着大数据资源供应不足、平台倒闭、监管不足等多种问题，而智能投顾的深度学习算法需要依靠大量的数据供给进行训练，以提高预测的精准度与可靠性，但金融市场上明显存在着可供参考的准确数据不足的问题，最终导致智能投顾的智能算法和量化模型对于市场走向的预测不准，给予投资者的投资建议有缺陷，使得投资者因此而做出错误的投资选择。此外，算法技术尚未成熟，除了因输入的数据信息错误而导致算法结果不准外，还有出于自身的算法运算错误、未能根据不同的产品差别定制算法模型的模型同质化现象等因素导致金融市场不稳状态时有发生。智能投顾金融服务作为一种普遍化的咨询建议类的金融投服务，在我国发展多年，但问题重重，除了市场本身不足、成熟度不高，政府监管行为过严会限制智能投顾在市场的功能开发与使用，但是过松的监管也会引发市场波动较大，且算法本身具备的"黑箱"属性容易使其逃避监管责任，算法的不透明问题引发用户信任危机问题。

（二）信贷领域

算法在信贷领域的需求更为迫切，随着国民经济的发展，现代金融机构的信贷功能能得到了扩大与普及，导致其在劳动力和管理效率上要求现代科技填补这一空缺，算法在此基础上为信贷领域的发展提供了机械化的劳动力和高效率的管理技术。小额信贷的民间扩展、信用卡的普及，促使银行、贷款公司等金融机构寻找新型科技工具，用以逆转低零售利率和高信用成本之间的难以平衡的差距，基于数字模型的算法通过深度自主学习作出精准的自动化决策正好可以解决金融机构的成本问题。随着算法决策在信贷领域的依赖性逐渐增强，算法在信贷风险控制领域和信用评级体系中发挥的作用越来越重要，带动了一批致力于信贷风投算

---

[1] 冯永昌、孙冬萌：《智能投顾行业机遇与挑战并存（上）》，载《金融科技时代》2017 年第 6 期。

法技术的金融科技公司的兴起。算法在信贷领域的自动化决策结果，直接关系到消费者用户能否公正平等地得到贷款，导致公众对于算法的自动化决策结果的透明度、可解释性、公正平等性存在质疑；同时，关于信用评级体系中，算法作为信用评价体系的重要介质，在个人、企业征信系统中发挥着决定性作用，但也存在着侵犯个人隐私、退出自动化机制不完善等障碍，尤其是出现算法决策失控时，出现责任分配难以实现的现实窘境。[1]

（三）量化投资领域

近年来，量化投资作为一项重要的投资学科受到越来越多的重视，在金融实践占据越来越重要的地位。据统计，美国约 90% 的公开交易市场都采用了量化交易技术。[2]即运用科学研究方法在投资流程上实现自动化、计量化交易，促进投资交易与机器算法之间的深度融合，通过建立以数学、物理、统计学为基础的数字模型，寻找投资交易的最佳位置与时机。人工智能和机器学习在金融领域中凭借着高效和准确两个优势，在金融机构中运用机器算法实现生产力高效输出，尤其是在投资经理岗位上算法的替代性作用更强。算法模型在量化投资中具有核心作用，也是投资领域中"算法黑箱"使用的最突出表现，算法模型融合了金融学理论、管理学理论、统计学、生物学等多种理论和原理，通过计算机对金融市场数据进行深度学习，因此对于外界人士来说，算法在量化投资领域的应用变成了专业人员与用户之间的一道鸿沟，用户无法理解算法为他们提供资产配置策略的原理，专业编程人员甚至也解释不清楚算法的深度学习功能与算法决策结果的关系，导致量化投资领域存在着隐形风险并且难以规制。量化投资也叫作中性化市场策略，在算法公正性不足、可解释性差的阶段，无法保证基于算法得出的投资策略与执行行为的公正性与安全性，金融用户的利益也就难以得到有效保护，并带来反作用效果，量化投资在我国的发展也会受到限制。

（四）安全技术领域

金融机构是涉及大量资产安置和交易安全的机构，但在算法运算能力和机器学习深度发展的同时，除了给社会带来高效的处理手段和结果，还对金融机构的安全构成了严重威胁，通过各种复杂、严密的算法运算结构来保障金融资产静置和流动中的安全无疑是最优选择。算法安全产品应用在金融机构中，也伴随着许

---

[1] 姜野、李拥军：《破解算法黑箱：算法解释权的功能证成与适用路径——以社会信用体系建设为场景》，载《福建师范大学学报（哲学社会科学版）》2019 年第 4 期。

[2] Global Algorithmic Trading Market 2016-2020 Report，载 https://www.globenewswire.com/news-release/2016/07/14/855973/0/en/Global-Algorithmic-Trading-Market-2016-2020-Market-to-Grow-at-a-CAGR-of-10-3-with-Increased-Integration-of-Financial-M arkets-Leading-to-Impressive-Growth.html，最后访问日期：2020 年 8 月 25 日。

多潜在的风险，尤其是在算法研发机构所提供的安全系统应用到金融机构的方方面面中，对金融机构本身和金融产品消费者的资产保护带来重要影响。算法对金融机构的保护主要体现在反欺诈、风险管理手段和密码技术保护，前者在金融机构开展的金融活动中保障金融资金流动的安全性，如在贷款中通过对用户的各项指标参数确保贷款者具有还款能力，减少坏账；后者在密码安全保护中，涉及用户信息的隐私保护和财产安全。算法的复杂性和安全保护性，使其在算法信息披露和安全规制中产生矛盾，过度的信息披露不利于算法安全保护，信息过于隐蔽也不利于算法使用者的财产和隐私安全，导致对算法安全产品的监管面临难题。此外，机器的深度学习所产生的与用户之间有关安全内容的智能合约[1]的质量监管，碍于算法复杂性也难以开展。

二、算法在金融领域内的现状特点

(一) 算法决策的自动化特点

随着普惠金融在全国的普及，金融服务对象从原来的少数金融消费者发展到如今的多数金融消费者，对金融服务的高效性提出了更高要求，智能化金融服务的最重要标志之一便是算法自动化决策的应用。算法在金融领域内，利用大数据作出金融产品推荐、投资交易操作、信用打分等都称为自动化决策，这种行为能够有效提高客户点击率和交易利润率。[2]现代金融领域内使用的人工智能技术，其本质就是算法的自动化决策代替大部分的人工服务，以满足海量客户的金融服务需求，大幅提高金融服务的效率以降低金融成本。在算法自动化决策的金融应用场景中，算法以客观的数据为基础，依赖固定算法自动运行，不受人为控制，[3]这种相对公正性、客观性，在一定程度上克服了人工服务中常见的个人偏见、腐败、违规操作等不利因素，使得算法提供的金融服务优于传统人工服务，也更容易取得金融消费者的信任，在普惠金融发展的过程中发挥了重要作用。在现代科技推动经济的脚步下，算法自动化决策在金融行业中应用的领域越来越广泛，从简易的算法交易到能够深度学习的投资组合服务，算法自动化将成为金融领域中最重要的基础设施，[4]对金融行业的未来发展起着基础性作用。

---

〔1〕 20世纪90年代，计算机科学家、法学家及密码学家 NickSzabo 提出的智能合约概念，是指一套以数字形式定义的承诺（promises），包括合约参与方可以在上面执行这些承诺的协议。在安全技术上则体现为机器通过深度学习，为每一位使用其安全模型的用户个性化提供一个智能合约，可能会产生甲方对免责条款加以利用。参见蒋大兴、王彦光：《区块链合同的法律属性——概念、风险与监管建议》，载《人工智能法学研究》2018年第1期。

〔2〕 张凌寒：《商业自动化决策的算法解释权研究》，载《法律科学（西北政法大学学报）》2018年第3期。

〔3〕 赵磊：《区块链技术的算法规制》，载《现代法学》2020年第2期。

〔4〕 《人工智能机器学习所做的自动化决策》，载 https://www.21ic.com/app/eda/201904/890611.htm，最后访问日期：2020年5月31日。

（二）算法的深度学习特点

深度学习是一种特殊的机器学习技术，通过计算机的运作来完成我们人类与生俱来的能力：从实践中学习，从实践中进步。也就是说，算法研发人员通过建立深度学习的算法模型，使用收集到的标签化的数据和多层的神经网络架构来训练算法的识别精准度，并且随着训练数据量的不断增加，算法模型也能够根据提取到的数据特征来不断自我改进。在深度学习中，算法对于数据特征的提取和建模步骤都是自动完成的，不需要人工加以干预，但人们也担心，因为无法预知算法的下一步行动或者算法模型的形成，而导致算法黑箱或者算法歧视的出现。实践中，算法的深度学习重塑了金融行业的服务模式。金融行业掌握了客户数以万计的金融数据，算法的深度学习就是要学着去消化这些数据，把这些数据变为可用的真实的数据财富，如辨别数据的真伪或者是处理更多一些复杂的数据信息。算法的深度学习在金融行业的许多方面都有涉及：信用评估、贷款批准、资产管理和风险评估等。其中，在金融欺诈领域，许多金融机构都会使用算法的深度学习来构建金融安全风险指标体系，算法不仅能够遵循人工搭建的风险指标自动检测状态异常的活动或者行为，同时还能主动学习和校准新的潜在安全风险。

（三）算法的大数据背景特点

大数据时代，许多行业都开始了由传统算法过渡到机器学习算法，尤其金融行业通过普惠金融的深度扩展算法，而机器学习算法作为大数据的核心，它把大数据中大规模、即时的数据集合快速转变为可利用的信息资产，是海量数据库的"上帝之手"。大数据算法不同于传统算法，依赖于人工提取的数据，从部分数据或者人工建模中提取最大化的有价值的信息，大数据算法通过对个人不同层面的所有数据信息进行挖掘、分析和提炼，从而作出准确的预测，在金融行业可以表现为智能投顾、股市行情等。大数据所包含的海量数据规模、快速的数据流转、多样的数据类型和价值密度特征，[1]使得算法在此基础上能够满足更大范围的运算，建立起精确的用户画像，为大量客户提供可预测的个性化金融服务。金融业是数据资源密集型行业，大数据技术提供了数据采集、存储、计算和分析四层框架，[2]在数据分析层中算法要从这堆数据中抓取出有意义的数据，消除其中的不确定因子，算法决策系统再根据大数据算法对用户数据的分析做出决策，在这个过程中明显可以看出算法在金融业务中起到了基础设施的作用。

---

〔1〕《未来3大趋势：人工智能、产业互联网、大数据与算法》，载 https://mp. weixin. qq. com/s/LlxZzF5 Txb2yWmqY1n-eRw，最后访问日期：2020年6月2日。

〔2〕何宝宏：《大数据在金融领域的典型应用研究报告》，载 http://www.caict. ac. cn/kxyj/qwfb/ztbg/2018 04/P020180327605403296958.pdf.，最后访问日期：2020年6月2日。

三、算法在金融领域内的风险探究

（一）金融领域的一般算法风险

1. 算法歧视的异化风险

算法在开发、使用阶段中，暗藏着滋生偏见和不公平的伦理道德价值观扭曲问题，或者涉及侵犯个人隐私的问题，给金融机构和个人用户带来了不公平或者不合法的自动化结果。在实践中，算法歧视的出现有多重诱发因素：一是算法编程人员在建立算法模型中植入了偏见或不公平的价值观；二是机器在深度自我学习中偏离公平原则偏向了某一群体的利益；三是在数据挖掘、分析过程中数据输入有误导致结果错误。算法在多重诱因的影响下，歧视现象融入了各项金融业务。在金融投资业务中，算法通过模型设置和参数值运算来给用户推荐较为合适的基金或者股票，在这过程中，算法在提供金融产品的推荐时，有可能会因为外部资金的介入而改变金融产品的推荐次序；算法模型自动提取用户信息时，特别是在为用户提供智能投资方案时，算法模型在提取用户的单项信息中，把用户的户籍信息、性别、种族等无关信息也设置一定的参数值，从而导致机器在自动化决策中出现偏见和不公平结果。在信贷业务中，算法歧视往往伴随着金融风险防控而产生，实践证明算法在信贷业务的发展中会产生算法歧视结果，[1]在贷款审批中同等条件下白人比黑人更容易获得贷款，在某些网络信贷平台中算法会导致遭遇经济危机和低收入人群的贷款利息更高。[2]大数据时代丰富了金融消费者的个人信息，但是也容易造成数据集群，也就导致了算法模型在统计学基础上会给不同的数据集群以不一样的匹配结果，最终在社会的不同群体中造成了歧视性风险，[3]虽然说算法在金融领域的应用，能够摆脱人工服务中的情感、利益纠纷等影响因素，但是人长期在社会中培养的社会伦理价值观念在机器中无法实现，从而影响金融领域的秩序与稳定。

2. 算法黑箱的风险

算法"黑箱"是控制论的一种概念，指在数据输入层和数据输出结果之间，存在着人不可获知的隐层。算法的"黑箱"属性带来了算法自由，使得算法内部不为人所知、观察、揭示和控制，但是也给算法和人们之间的互动造成了不对称的地位，引发人们的猜忌与怀疑，在社会（特定领域内）造成了信任危机。金融领域中，机器学习算法通过自我改进与学习，算法的框架和模式在一次次的

---

[1] Claire Cain Miller, "When AlgorithmsDiscriminate", *New York Times* 2015.

[2] 章小杉：《人工智能算法歧视的法律规制：欧美经验与中国路径》，载《华东理工大学学报（社会科学版）》2019 年第 6 期。

[3] Givoanni Comande, "Regulating Algorithms' regulation? First Ethico-Legal Principle, Problems, and Opportunities of Algorithms", *Transparent Data Mining for Big and Small Data* 2017, pp. 169-206.

学习中不断改进，但在算法透明度缺乏情况下，这种行为会带来权力异化的风险，造成金融市场经济动荡。金融行业是社会财富聚集的领域，在金钱操作系统中以一个不透明的算法行为划分财富，如同政府"黑箱"会造成的权力过度集中现象，金融业也会出现权力和财富以不公平的方式造成过度集中的现象，最终损害的是消费者的利益，不利于金融市场的稳定。

3. 算法"趋同化"风险

算法"趋同化"实际上是现今金融市场中普遍且严重的问题，除了在科技研发层面导致的算法同质化，还包括了算法运行层面对于金融市场的抗压度过弱，导致出现"羊群效应"，增加了金融行业的系统化风险[1]。互联网加强了金融领域内的证券、保险、银行等不同机构的互联性，牵一发而动全身，算法趋同化给金融投资者或者金融机构本身带来的大量趋同的投资策略或业务策略，投资者相同的行为模式或者是行业中相同的业务模式会给投资行业带来财富集中化的风险，该行业的经济冲击蔓延到其他机构，诱发金融市场的系统性风险，而一旦发生系统性风险，算法模型侧重于依赖历史数据的分析而作出决策将可能加剧风险的扩散与蔓延，此时经济冲击只会朝更坏的方向发展。算法的抗压能力弱，在算法高频交易中容易发生"翻车"事故，尤其是在金融市场不稳定的情况下。基础算法对资产过度敏感或者算法之间关联性过强，算法的自动投资决策出现趋同，在市场高涨的情况下不断流入资金，在市场低迷急需资金流动性的情况下集体回撤资金。[2]

(二) 金融领域的算法监管匮乏

算法给金融机构带来了诸多好处，自动化交易、智能学习、虚拟货币、数据价值挖掘等计算机行为改善了金融环境，为金融市场注入强大科技和互联网生产力，但算法在促进金融业的融入与发展的同时也带来了许多隐形风险，包括对相关金融监管部门提出了更高的监管要求，其在对金融领域实施监管的同时实现对算法的控制。虽然已有监管部门意识到现今金融科技、金融监管科技在金融行业的野蛮生长，但是我国算法监管主体在金融监管框架中尚不明确。我国在 2018 年的监管体制改革中确定"一委一行两会"的金融监管框架，其中最重要的一环——"一委"国家金融稳定委员会针对金融风险、金融政策和其他政策作出决策和管理，但仍未就算法监管提出重点关注。虽然金融行业存在着分业管理的传统，但是近年来金融领域混业经营的存在打破这种监管固化模式，如果多个金融

---

[1] "系统性风险"一词是一个被广泛使用但鲜为人知的概念，通常是指金融系统某一部分的经济冲击可能导致该系统的其他部分遭受打击。参见 William Magnuson, Regulating Fintech, Vanderbilt Law Review 2018.

[2] 李敏：《金融科技的系统性风险：监管挑战及应对》，载《证券市场导报》2019 年第 2 期。

监管部门介入算法监管，容易产生监管混乱现象。根据目前的立法实践，如2018年的资产管理政策文件所展示出来的[1]，所谓管理由四个部门共同开展，对于人工智能算法的使用虽提出了监管要求，但并未确定监管方式和监管主体，只是对金融机构提出人工救济方案，这并未对金融消费者的利益起到切实的保护作用。在算法规制的法律制度上，我国的《网络安全法》和《电子商务法》主张要求对不良算法进行约束和规制，以及提供算法治理的事前监管和结果监管责任，但在金融领域内，算法监管并未流于法律制度层面，具体的算法监管制度也尚未落实，其中有关算法的金融管理标准、备案制度等存在管理和立法缺失问题。

四、算法在金融领域内的治理路径探究

（一）技术监管路径

随着算法在金融领域的影响力持续扩大，算法在金融层面带来的风险日益增长，为了维护金融市场的稳定与持续繁荣，有必要通过相关限制性规则来规范算法的金融风险，从而有效降低资本与消费者利益的危险度，提高算法使用者和相对人对算法的信任度。

1. 构建算法法律框架

算法在计算机内的语言形式多种多样，既可以是文字、图形，也可以是数字、符号或者代码组合，算法的程序设计师可以在研发之初，把金融机构的监管政策、监管原则、监管法律转化为计算机可执行的程序语言，算法在一边提供金融服务一边实施自我监管，根据内置的法律规则协议严格控制自己的行为。但是我国目前的算法的内置协议更多涉及的是隐私政策条款，有关算法行为的法律法规制度还处于立法空白，应尽快完善金融场景下的算法法律规制，尤其是在某些涉及金融机构大型资金安全、金融市场稳定以及消费者权益的金融领域内，算法规制法律不能缺席。但是规制算法行为的法律法规类，涉及计算机技术和金融监管法律两个学科，要建立一个能够转化为计算机语言的法律法规制度需要融合双学科的特点，这就要求加强技术人员和法律工作者的合作与沟通，在规制金融算法的法律法规语言的设计中，尽量使用能够转化为数字化的语义技巧，避免使用会让计算机程序产生歧义的文字。在算法法律监管上，可以研发一套算法法律监管的专业术语，以全面规范算法在不同场景下的法律伦理框架，减少技术与法律语义歧义，促进算法在金融场景下的监管规范化。[2]

---

[1] 《人民银行银保监会证监会外汇局关于规范金融机构资产管理业务的指导意见》（银发〔2018〕106号）针对金融机构中出现算法同质化、编程设计错误、对数据利用深度等人工智能算法模型缺陷或者系统异常，影响市场稳定，采取人工服务终止人工智能服务。

[2] 吴月：《试论我国监管科技的应用困境及路径选择》，载《金融发展研究》2019年第5期。

2. 构建金融算法评估体系

金融监管体系下的算法规制与其他场景下的算法规制不同，算法在金融领域内除了要遵守一般的透明度、公正性要求，还要满足压力性测试和同质化评估。金融算法的评估体系以金融行业内的第三方算法评估机构为主体，对算法自身的影响和算法对金融市场可能造成的影响，开展算法框架、算法压力性和算法同质化评估，建立定期算法评估机制并研发算法评估模型，对算法决策的不同群体机会平等性、算法的可解释性、市场稳定性和算法模型创新性施行建模评估，评估算法框架在金融场景下应用的风险等级，以防出现错误结果损害金融消费者合法利益，危及金融市场的稳定。同时，为了确保第三方评估机构的公正性和独立性，从事算法评估的机构要遵守行业自律和有关政策，可参考环境评估机构、营商环境评估机构等技术评估机构开展政府和行业共同管理，让金融场景下算法的第三方评估机构能够以独立主体的名义对评估报告负责。

（二）法律监管路径

算法的使用对金融机构本身和对象消费者的利益产生直接或间接影响，但由于算法性质局限导致其没有法律主体身份不能承担法律责任，这对法律责任承担主体以及对应的法律责任的确定造成了极大的挑战。算法问责制的建立，从责任和权利共存角度精心构建各方主体权利义务框架，同时完善算法问责方式。根据万维网基金会（world wide Foundation）的"算法问责制"定义：确保危害在算法系统中能够得到评估、控制和纠正。算法问责制是算法行为的事后监管制度，通过法律介入对算法产生的危害予以控制和纠正，区分开发商与运营商的责任归属问题，确定救济行为的主体和对象，完成不良或者有害的算法结果的矫正。另一方面，算法问责制也能够给算法开发者和使用者以具体的行为规范引导其开发和应用活动，实现法律在金融算法领域的可预期性和导引作用。

1. 金融领域的算法责任归属

金融科技公司与其他算法技术研发机构为金融领域提供了越来越多的金融技术产品，算法使得金融机构的经营成本和管理效率进入了一个新的生产阶段，但是算法的自动化、高速化特质使其在短时间内产生或支持大量的金融活动，算法设计和算法部署应用两个方面对金融市场的安全都有影响。为了稳定金融市场，要完善新兴计算机技术的风险防范制度，秉承着权利与义务对等原则，让算法研发方和算法使用者对自己的行为负法律责任，金融消费者充分了解并行使自己的权利。

过多强调算法研发方或者具体研发人员的责任，会影响技术的创新，也不利于现实利益的保护，算法研发人员只负责算法模型的架构，但是算法自身的深度学习功能，导致其在自我学习过程中，算法模型为适应学习的过程也随之变化，算法研发人员并不能控制这一过程，因此，算法在深度学习过程中因算法歧视、算法不公等因素产生的算法责任不应过多强加给研发人员。在算法开发阶段，应重点保证研发活动的创造性，促进算法在金融场景中的产品开发与应用，但研发人员作为算法设计者，对算法系统的质量与安全度负有高度的责任，为算法研发活动提供可供遵循和引导的原则性义务显然十分必要。研发人员的原则性义务体现在：一是科技创新原则，避免算法同质化；二是算法透明度和可解释性原则，对算法的设计、执行、使用过程中可能存在的偏见和对使用主体和对象产生的潜在危害；三是以人为本的价值观，公平、正义的开发思维要应用至算法设计中；四是算法安全原则，增强算法防御体系的牢固。[1]算法作为一项科技活动，设置专门的研发责任清单既无法涵盖所有可能性情况，也不利于算法创新活动的开展，对研发活动进行有意识地责任引导无疑是最佳选择，但为了保证算法应用于金融场景下的可靠度和安全度，当算法失灵是由于有错误的算法核心程序、带偏见的数据、有漏洞的代码和不合理的假设等研发方的过失导致个体利益的损失，算法研发方（科技公司或者第三方机构）也需要负过失之责。[2]

算法的部署和使用方一般是算法系统在金融领域中的运营方，不同于算法的研发主体，算法运营方往往对算法享有操纵和掌控的权力，算法金融技术按照运营方的意图和日的进行决策，让运营方承担自己行为的法律责任能够更好地监控算法在金融领域的使用。运营者的算法责任框架由两方面构成：一是运营力能够验证算法工作符合运营目的；二是运营方能够识别和纠正有害结果。[3]这个总责任框架基本确定了算法问责制的核心责任主体，并保证了算法和运营方之间的责任联系以及确保算法产生有害结果后的救济措施，并根据运营者能否采取一定的方法来减少算法危害来确定运营方的责任大小。"运营方问责制"中导致了大部分算法风险责任归属于运营方，但是依据人类权利与义务体系，以及细分责任领域中衍生出了运营方与算法之间的多重责任划分体系，不能简单地使所有责任的归属单一化，应有层次地建立运营商对算法风险的责任体系。首先，金融机构（算法运营商）采用智能机器人为客户提供投资建议或决策的过程一般称之为代理关系，金融机构（算法运营商）和智能机器人被视为"共同代理人"，对客户（被代理人）负责，智能机器人无法律地位，金融机构应承担混同责任；其次，信贷业务中，金融机构采用算法模型来计算信贷风险，无非是把原来的人工信贷

---

〔1〕　Cory Booker, Ron Wyden, "Algorithmic Accountability Act of 2019", 载 https://www.congress.gov/bill/116th-congress/house-bill/2231，最后访问日期：2020年5月4日。

〔2〕　唐林垚：《人工智能时代的算法规制：责任分层与义务合规》，载《现代法学》2020年第1期。

〔3〕　Joshua New and Daniel Castro, "How Policy maker can Foster Algorithmic Accountabilit", 载 http://www2.datainnovation.org/2018-algorithmic-accountability.pdf，最后访问日期：2020年5月4日。

工作交给机器来运算，算法的工具性质更强，金融机构承担算法过错的责任无可厚非；最后，在比特币、保险或金融衍生品的金融活动中智能合约应用深入且广泛，算法系统作为各类金融智能合约的缔约方、执行者，具有巨大的电子价值，一般来说，算法系统此时有着一般法律合同上的参与者身份，若是产生违约责任，算法系统也应承担相应的合同责任，但是在实体财产算法系统与金融机构产生财产混同，此时金融机构本身也应负担相应的连带赔偿责任。

2. 金融领域的算法权利确定

在科技时代，个人身份随着社会价值的不断创新与发展会发生不同转化，除了传统的国家公民身份，还发展了新兴数据主体身份、算法公民数字身份等，公民多重身份的重叠，也导致多重主体权利的叠加，囊括了个人信息权与消费者权益，对公民主体权益的保护提出新的要求。根据欧盟《通用数据保护条例》（简称"GDPR"）所倡导的以个体赋权为核心的算法治理模式，赋予了数据主体七项权利以保障算法统治下的用户主体利益，这七项权利与我国《网络信息安全法》所赋予个体的个人信息权利大体相当，其中所赋予的数据主体权利更是民事主体身份转化为数据主体身份中利益转变的妥协，是个体信息权利中的财产权和人格权的体现。在算法公民数字身份中，鉴于算法程序的专业性与复杂性，公民理应得到从技术正当程序权利中延伸出的与个体相关的算法解释权，以约束算法决策的随意性，避免算法技术不可控导致算法运行成本的扩散与外化。但算法解释权作为一项新型权利，其内涵和形式要件尚不明确，可依据金融场景中用户的财产权、可选择权、知情权等基本人格权予以完善，从事前、事中和事后三个阶段赋予用户主体以算法解释权。在金融领域内，个体权利除了传统的财产权、知情权等基本权利，科技时代还衍生出了数据主体权利和算法解释权，两组权利联合民事领域中消费者知情权、隐私权和公平权共同为金融领域的个体权利保护提供治理路径。

3. 金融领域的算法问责方式

依据国际算法问责框架，可分为两步问责方式：其一，使用算法的金融机构可通过算法透明度、算法解释、算法置信区间和程序正当性方法验证算法符合商业目的并能够按照预期方式工作（能够实际控制算法），当算法危害发生或违反某项金融规则，有关问责机构应该先确认金融机构对算法是否享有控制权，如若因故意或者疏忽大意而没有实际控制算法，则金融机构应当承担更加严重的责任；其二，算法操作人员应该能够辨别算法产生危害并予以改正，可以通过定期评估、错误分析方式来测试算法决策，如若金融机构不能达到该标准，金融机构应承担更重的责任。（2018 algorithmic accountability）算法问责方式是外部性的，即金融算法监管者对金融机构的算法风险进行不同程度的审查，以此确定算法伤害的可能性和纠正方式，并考量金融机构的算法责任大小。从风险控制角度出发，对金融领域的算法自动化决策进行外部问责制，明确开发方和运营方的责任和问责方式，能够激励开发方和运营方把算法风险控制到最低；基于消费者保护角度，当算法决策造成实质伤害之后，要能够评估算法伤害值和责任方的责任大小，从而给予消费者一定的补偿。

超越唯名主义：亚投行应对其成员货币币值变动之策

张西峰 *

摘要：金属主义（Metallism）、唯名主义（Nominalism）、价值稳定主义（Valorism）是历史上曾经存在过的对货币价值进行解释的主要理论。现代经济的构成要素都是根据唯名主义原则进行管理并控制自身发展的。唯名主义的作用主要体现在：唯名主义原则赋予货币单位规范性和法律性，偏离唯名主义原则意味着法律标准混乱，经济无法正常运转；唯名主义原则有利于保持商业交往的稳定性，有利于当事人预期权利义务关系的实现。然而，唯名主义原则也存在着不能解决公平与经济稳定之间的矛盾；有时会违背诚实信用原则造成不当得利；无法解决不可抗力造成的货币购买力变化等缺陷。亚投行为了应对其成员货币币值变动，采取了超越唯名主义的应对之策。《亚投行协定》的货币规则主要有：记账本位币规则、股本缴付规则、币值评估与兑换规则、币值变动规则、货币流转规则。《亚投行协定》第 6 条的规定突破了货币法的唯名主义原则，对于成员货币高通货膨胀导致急剧贬值的情形，应该说亚投行已经做到了防患于未然，就成员货币币值的大幅贬值或者大幅升值，认定权归属亚投行，但对于币值变动的认定标准，并非具体确定。

关键词：《亚投行协定》；货币规则；币值变动；唯名主义

"一带一路"倡议是我国积极推动全球治理体系变革，构建人类命运共同体的方案。"一带一路"建设中的政策沟通、设施联通、贸易畅通、资金融通、民心相通五大目标中，设施联通是重要基础，资金融通是重要支撑，其他"四通"都需要资金融通的支持与保障。2017 年 5 月 15 日，习近平主席在首届"一带一路"国际合作高峰论坛圆桌峰会的开幕辞中指出，"在金融合作方面，要拓展融资渠道，创新融资方式，降低融资成本，打通融资这一项目推进的关键环节"。2019 年 4 月 26 日，习近平主席在第二届"一带一路"国际合作高峰论坛开幕式

---

* 张西峰，男，河南商丘人，法学博士，中国政法大学副教授、硕士生导师。

上的主旨演讲中指出，"支持多边开发融资合作中心有效运作。我们欢迎多边和各国金融机构参与共建'一带一路'投融资。"《"一带一路"融资指导原则》中强调，资金融通是"一带一路"建设的重要支撑，呼吁开发性金融机构考虑为"一带一路"沿线国家提供更多融资支持和技术援助。鼓励多边开发银行和各国开发性金融机构在其职责范围内通过贷款、股权投资、担保和联合融资及其他融资渠道等各种方式，积极参与"一带一路"建设，特别是跨境基础设施建设。支持多边开发银行与各国开发性金融机构加强协调合作，为沿线国家提供可持续性的融资、机构专有技术和融智服务。

作为我国主导设立的多边开发金融机构，亚洲基础设施投资银行的融资平台将成为实施"一带一路"倡议的金融基础，能够动员沿线各国的资本，推动"一带一路"建设。《亚洲基础设施投资银行协定》（以下简称《亚投行协定》）是成立亚洲基础设施投资银行（以下简称"亚投行"）及其投入运营后所遵循的"根本法"。货币乃银行的血液，货币规则犹如血管。深入研究《亚投行协定》的货币规则，探讨亚投行应对其成员货币币值大幅贬值或升值之策，对于深刻理解亚投行的运行，具有重要意义，进而有利于通过亚投行为"一带一路"建设融通资金。

一、《亚投行协定》货币规则规范分析

梳理《亚投行协定》相关条文，其货币规则主要有：记账本位币规则、股本缴付规则、币值评估与兑换规则、币值变动规则、货币流转规则。

（一）亚投行记账本位币规则

亚投行法定股本的记账本位币为美元。《亚投行协定》规定亚投行法定股本为1000亿美元，分为100万股，每股的票面价值为10万美元。初始法定股本分为实缴股本和待缴股本。实缴股本的票面总价值为200亿美元，待缴股本的票面总价值为800亿美元。协定中凡提及"美元"及"＄"符号均指美利坚合众国的法定支付货币。[1]

亚投行从2015年12月25日诞生之日起就是真正的国际组织，尽管国际组织具有独立于成员国的天然倾向，但是我国是成立亚投行的倡议者、主导者，也是最大的股东，对重大决策事项具有事实上的一票否决权。我国应依法行使大股东权利，维护大股东利益。笔者认为，亚投行初创时期，记账本位币规则并不符合我国的根本利益，但是在人民币国际化的初级阶段是可以理解的，随着时间的推移，一旦形成美元、欧元、人民币等多元制衡的国际货币体系，亚投行记账本位币规则应适时修改。

---

[1] 详见《亚投行协定》第4条的规定。

（二）亚投行股本缴付规则

亚投行的股本缴付，每个成员均须认缴银行的股本，原则上成员在缴付股本时应缴付美元。《亚投行协定》规定，亚投行成员认缴初始法定股本时，实缴股本与待缴股本之间的比例应为 2：8。创始成员初始认缴股本中实缴股本分五次缴清，每次缴纳 20%。后加入成员，其初始认缴股份数应由理事会决定；若其认缴将使域内成员持有股本在总股本中的比例降至 75% 以下时，除非理事会经超级多数投票通过，否则不予批准。理事会可以应某一成员要求，经超级多数投票通过，同意该成员按照确定的条件和要求增加认缴；若其认缴使域内成员持有股本在总股本中的比例降至 75% 以下时，除非理事会经超级多数投票通过，否则不予批准。理事会每隔不超过 5 年对亚投行的总股本进行审议。法定股本增加时，每个成员都将有合理机会按理事会决定的条件进行认缴，其认缴部分占总增加股本的比例应与此次增资前其认缴股本占总认缴股本的比例相同。任何成员均无义务认缴任何增加股本。对初始认缴中原始实缴股本的每次缴付均应使用美元或其他可兑换货币。银行可随时将此类缴付转换为美元。如若到期未能完成缴付，则相应的实缴和待缴股本所赋予的权利，包括投票权等都将中止，直至银行收到到期股本的缴付。银行的待缴股本，仅在银行需偿付债务时方予催缴，成员可选择美元或银行偿债所需货币进行缴付。在催缴待缴股本时，所有待缴股份的催缴比例应一致。被认定为欠发达国家的成员在缴付初始认缴中原始实缴股本时可选择以下任一方式完成：其一，可全部使用美元或其他可兑换货币，最多分 10 次缴付，每次缴付金额相当于总额的 10%；其二，每次缴付中，可在部分使用美元或其他可兑换货币的同时，使用本币完成其中不超过 50% 的缴付。被认定为欠发达国家的成员如果使用本币缴付初始认缴中原始实缴股本，应在规定的缴付时间向亚投行说明其将用本币缴付的金额比例。[1]亚投行接受任何成员使用该成员政府或其指定的存托机构所发行的本票或其他债券缴付该成员依照《亚投行协定》规定的以本币缴付金额，前提是亚投行在经营中不需要使用上述金额的成员货币。上述本票或债券应为不可转让、无息并可应银行要求按面值见票即付。

就股本缴付币种而言，亚投行成员原则上应缴付美元；被认定为欠发达国家的成员在缴付初始认缴中原始实缴股本时，亚投行授权这类成员可全部使用美元或其他可兑换货币，同时授权这类成员有权选择使用本币完成其中不超过 50% 的缴付。亚投行的待缴股本，成员可选择美元或亚投行偿债所需货币进行缴付；被认定为欠发达国家的成员可部分使用美元或其他可兑换货币或者本币缴付。就亚投行这些规定来看，亚投行股本的币种构成包括美元、其他可兑换货币、被认定

---

[1]　详见《亚投行协定》第 5、6 条的规定。

为欠发达国家成员的本币、亚投行偿债所需货币。这里涉及两个问题，其他可兑换货币的认定标准以及欠发达国家的成员的认定标准。《亚投行协定》并没有明确规定这两个标准。就股本缴付币种而言，成员原则上应缴付美元，这项规则，其实并不利于我国推进人民币国际化战略，但是这里面也留有余地，对于待缴股本，成员可选择亚投行偿债所需货币进行缴付。在今后的业务运行过程中，根据亚投行的投融资业务的需求，待缴股本的币种，视具体情况而定。

（三）亚投行币值评估与兑换规则

亚投行币值评估规则，被认定为欠发达国家的成员如果使用本币缴付初始认缴中原始实缴股本，面临其货币币值评估的问题。其币值评估的主体与标准如何确定？被认定为欠发达国家的成员完成的每次本币缴付金额应由亚投行按照与美元完全等值的金额计算。首次缴付时成员可自行确定应缴付金额，但亚投行可在付款到期日前90天内做出适当调整，以使所缴付金额与按美元计算的金额完全等值。[1]当根据《亚投行协定》需要以一种货币对另一货币进行估值，或决定某货币是否可兑换时，该估值或决定应由亚投行做出。[2]

可见被认定为欠发达国家的成员如果使用本币缴付初始认缴中原始实缴股本，首次缴付时成员享有本币币值估值权力，但是亚投行有最终决定权。通常情况下，根据国家的货币主权原则，货币发行国具有本币定值权、货币兑换权，但《亚投行协定》在股本缴付方面，成员在一定程度上让渡了其货币主权。

（四）亚投行币值变动规则

被认定为欠发达国家的成员如果使用本币缴付初始认缴中原始实缴股本，无论何时，只要亚投行认为一个成员的货币已大幅贬值，该成员应在一段合理期限内向亚投行缴付额外的本币金额，以确保亚投行账面持有的该成员以本币认缴股本的价值不变。无论何时，只要亚投行认为一个成员的货币已大幅升值，亚投行应在一段合理期限内向该成员退付一定数量的本币金额，以调整亚投行账面持有的该成员以本币认缴股本的价值。对于成员因货币贬值向亚投行缴付额外的本币金额，亚投行有权放弃；对于成员因货币升值，亚投行应向其退付的本币金额，成员有权放弃。[3]亚投行币值变动规则，突破了货币法中的唯名主义原则，下文将详细讨论。

（五）货币流转规则

货币流转规则，亚投行或任何亚投行款项接受方所接受、持有、使用或转让

---

〔1〕 详见《亚投行协定》第6条第5款的规定。

〔2〕 详见《亚投行协定》第19条第2款的规定。

〔3〕 详见《亚投行协定》第6条的规定。

的货币在任何国家内进行缴付时，成员均不得对此施加任何限制。[1]根据本条规定亚投行排除了成员在缴付股本或发放贷款时，进行外汇管制的权力。

二、《亚投行协定》货币规则对唯名主义原则的突破

《亚投行协定》货币规则中对唯名主义原则的突破，具体体现在该协定第 6 条的规定中。接下来，本文将详细分析货币唯名主义原则。

在金属货币本位制度下，货币的主要币材是由黄金、白银、铜、铁或锡等金属构成，货币贬值的主要原因，要么是新发现了贵金属，要么是技术创新降低了提炼金属的成本，要么是降低了货币的成色——即用"贱"金属代替了"贵"金属。而在信用货币本位制度下，货币的数量完全靠法律控制。"纸币的数量可以按忽略不计的成本无限地增长，所需的只是在同一张纸上印上较大的数字而已。"[2]"货币价值的稳定性关系到个人财富、市场交易与社会稳定"，但是"由于政府对通货膨胀的偏爱，人类历史上从未经历过在信用货币阶段如此多且如此极端的货币贬值，20 世纪因此被称为高通胀的百年（a century of high inflation）"。[3]

如果货币价值波动平缓，这一问题并不会引起注意，但当货币波动达到一定程度时，由哪一方承担经济损失则非常重要。[4]货币贬值（或升值）无疑会从不同方面对债权人债务人产生影响。由主权货币的贬值（或升值）所引起的损失分配，通常情况下，法律会遵循唯名主义（Nominalism）原则。[5]

唯名主义原则，亦称"货币名目论""名目主义"。该理论是与货币金属论相对立的一种学说，是在同金属主义的论战中发展起来并随着金属本位制度的崩溃而确立起来的关于货币本质的新兴学说。金属主义（Metallism）、唯名主义、价值稳定主义（Valorism）是历史上曾经存在过的对货币价值进行解释的主要理论。根据唯名主义原则，货币只是计量商品价值的一种符号，无须具有内在价值，货币的价值与币材本身的价值无关。[6]

唯名主义认为货币虽是从商品发展而来的，但其产生后已逐渐从商品中、从

---

[1] 详见《亚投行协定》第 19 条的规定。

[2] ［美］米尔顿·弗里德曼：《货币的祸害：货币史片段》，安佳译，商务印书馆 2006 年版，第 183 页。

[3] 单飞跃、何自强：《币值稳定的货币宪法分析》，载《上海财经大学学报》2011 年第 6 期，第 34、36 页。

[4] 张晓静：《货币债务跨国履行的法律问题研究》，法律出版社 2012 年版，第 101 页。

[5] 关于唯名主义原则的论述，可参阅：F. A. Mann, *The Legal Aspect of Money*, 5th edition, Oxford University Press, 1992, Reprinted 2003, pp. 271-310.；Charles Proctor, *Mann on the Legal Aspect of Money*, seventh edition, Oxford University Press, 2012, pp. 253-385.；韩龙：《国家货币主权的构成与限制问题：兼对美元持续贬值的国际法思考》，载《福建金融管理干部学院学报》2009 年第 5 期；张晓静：《货币债务跨国履行的法律问题研究》，法律出版社 2012 年版，第 65~85 页。

[6] 张庆麟：《欧元法律问题研究》，武汉大学出版社 2002 年版，第 103 页。

币材的价值中独立出来，币材本身价值对于货币而言已没有决定意义，货币的价值不在于币材实体的价值，而在于国家的信用，在于国家的信用为国民所接受的程度。货币是法律的产物，仅在名目上存在，只是由国家用法律规定的一种符号与票券，其价值取决于国家的信用。只要获得国家法律的支持，没有任何价值的东西也能充当货币。货币不是一定数量的金属或纸张，而是作为抽象的计价单位（anabstractunitofmeasurement）存在。在此意义上，货币国家理论依然支持唯名主义原则的主要特征——需要支付 100 个特定货币单位的一项债务，在支付 100 个该货币单位之后，债务履行完毕，在合同签订日与支付日期间，货币购买力的变化以及货币对外价值的变化，不予考虑。比如，应支付 10 000 瑞士法郎的一笔债务，在到期日，支付了依瑞士有效法律所认可的 10 000 瑞士法郎，该债务得以履行。从债务发生日到支付日，瑞士法郎价值的变换，不予考虑。换言之，国家建立一种货币，该货币的记账单位在其本国的法律体系内代表独立的价值，与外部因素对该货币的经济影响无关。[1]有学者举了一个极端的例子，如果应支付 1 英镑的货币债务发生在 1930 年，2000 年如约支付时也应该是 1 英镑，即使在 1930 年 1 英镑比 2000 年能购买更多的黄金。[2]"实践中，1 美元或 1 马克在不同的时期可能有不同的价值，但是对于确立它们的法律来说都是相同的。"[3]

唯名主义认为货币单位（aunitofcurrency）自身所标明的价值即为货币的价值，在履行债务时，债务人仅有按照债务记账货币面值等额的法偿货币进行支付的义务，至于货币的购买力以及外汇价格的任何变动，不予考虑。[4]用任何国家货币所表示的债务都只涉及支付债务名义数额的义务问题，而不论依据表示债务的货币国的法律（货币国法）在支付时的法偿货币是什么，也不论在债务发生到履行债务这段时间里，表示债务的货币的价值相对于英镑、任何其他货币、黄金或任何商品的任何波动。[5]"所谓的货币内在价值（如货币的本质、相当于黄金或其他物质的平价）与货币的名义价值或者货币债务的数额并没有什么必然联系。"[6]货币债务没有其他价值，仅有表示债务货币的名义价值。偿付货币债

［1］ Charles Proctor, *Mann on the Legal Aspect of Money, seventh edition*, Oxford University Press, 2012, pp. 255-257.

［2］ Charles Proctor, *Mann on the Legal Aspect of Money*, seventh edition, Oxford University Press, 2012, p. 257.

［3］ Mr. Justice Holmes touched upon the point in Deutsche Bank Filiale Nürnberg v Humphrey（1926）272 US 517, 519：'Obviously, in effect, a dollar or mark may have different values at different times. But to the law which establishes it, it is always the same.'

［4］ Eliyahu Hirschberg, *The Nominalistic Principle*：*A legal Approach to Inflation*, Devaluation and Revaluation, BAR-ILAN University, 1971, p. 37.

［5］ Dicey, Morris & Collins on the Conflict of Laws, Thomson, Sweet & Maxwell, 2006. para. 36-001R.

［6］ Arthur Nussbaum, *Money in the Law*：*National and International*, The Press Foundation, 2nd edition, 1950, p. 17.

务的数额不可能由汇率或者黄金或者其他金属的价值决定。按照货币主权原则，一国有权放弃金本位，毫无疑问，放弃金本位将导致货币贬值，某人所持有的金本位废除之前的银行券，由于金本位的废除所导致的损失，对货币发行国不享有诉权，因为国家享有管理其货币的主权权利，国家废除金本位的决定并不构成不法行为。[1]在此意义上讲，唯名主义原则是一项法律原则。但唯名主义原则既不属于强制性规范，也不是公共政策的一部分，所以合同当事人有权通过合同条款，规避唯名主义原则的法律效果。法院在裁判案件时，对于当事人的特别约定应予以尊重。考虑到唯名主义原则依赖于当事人或立法者的推定意图，该原则仅能适用于数额确定的货币债务，不能适用于数额不确定的货币债务。唯名主义原则被认为是资本主义经济正常运转的理论基础，在货币法领域处于中心位置，是货币法的关键性特征，该原则源于当事人或立法者的意图，可以说该原则在全球范围获得了普遍接受。[2]

《法国民法典》第 1895 条规定：由金钱借贷所发生的义务，通常为偿还契约上所记载的金额。在偿还金额前，如贷币价格有涨落时，债务人应返还其所借的金额，并仅负担以偿还时通用的贷币支付此项金额的义务。[3]尽管本条是关于金钱借贷的特别规定，而非关于广义上货币债务的规定，但是在一般意义上，本条被认为是法国法关于唯名主义的基础规范。在法郎迅速贬值的 20 世纪上半叶，法国法院在很多案件中坚持唯名主义原则。尽管有学者指出，法国的国务委员会（Conseil d'État[4]）对唯名主义原则采取相对不太严苛的态度，如果其认为合同签订后发生了未预期到的重大变化，以至于完全打破合同的经济平衡，那么法院可以适当调整合同价格。[5]事实上，法国的国务委员会也不会轻易否定唯名主

---

[1] Charles Proctor, *Mann on the Legal Aspect of Money*, seventh edition, Oxford University Press, 2012, pp. 530-531.

[2] Charles Proctor, *Mann on the Legal Aspect of Money*, seventh edition, Oxford University Press, 2012, pp. 237、261、269、366.

[3] 《法国民法典》，李浩培、吴传颐、孙鸣岗译，载 http://www. ourtxt. net/down. php? aid = 48709。法语原文：L'obligation qui resulte d'un prê d'argent n'est toujours que de la somme numérique énoncée au contrat. S'ily a eu augmentation ou diminution d'espèces avant l'époque du paiement, le débiteur doit rendre la somme numérique prêtée, et ne doit rendre que cette somme dans les espèces ayant cours au moment du paiement. 英语译文：Art 1895 state that (i) the obligation that results from a loan of money is always for the numerical amount stated in the contract; (ii) the repayment obligation remains that numerical amount regardless of any change in the value of the currency; and (iii) payment must be made in money which is legal tender at the time of payment.

[4] Conseil d'État，法国政府中的最高行政咨询和司法监督机构，由文官中的精英组成，是法国最高的政府机构之一。

[5] Charles Proctor, *Mann on the Legal Aspect of Money*, seventh edition, Oxford University Press, 2012, pp. 276-277.

义原则。1994 年非洲法郎（CFAFranc）[1]贬值 50%，导致了具有准国际背景的诉讼。不少法国公民在法国前殖民地度过了职业生涯，他们的养老金是以非洲法郎表示与支付的，非洲法郎的贬值，导致他们的退休收入的价值减半，由于法国也是非洲法郎贬值的决策者之一，一些受影响的养老金领取者起诉了法国政府，请求赔偿损失。国务委员会驳回了诉讼请求，理由是，贬值具有广泛效力，而不是专门针对作为原告的养老金领取者。[2]

《意大利民法典》第 1277 条（金钱之债）规定：金钱之债的消灭，是通过支付在给付时国内的法定流通货币并按其票面价值履行给付义务而实现。如果应付数额的货币是一种给付时已经不再流通的货币，则应当以同原先的货币价值相等的给付时的法定流通货币进行支付。[3]

德国法院将唯名主义原则作为一项一般原则，予以坚持。[4]在"爬行式"（creeping）通货膨胀期间，德国法院拒绝任何提高合同约定或法定支付金额的意图。在一案件[5]中，意大利债权人在德国债务人以贬值后的德国马克偿付债务后，主张应以黄金为基础偿付债务。原告认为，存在按照债务不变的黄金价值为标准对外国债权人进行偿付的国际法规则。然而，在唯名主义原则面前，此主张变得苍白无力。在考察英国及其他国家的相关实践之后，德国最高法院驳回原告的主张。在 20 世纪 30 年代，通货紧缩导致货币购买力上升阶段，法院判决不允许债务人减少支付债务金额。[6]

---

[1] 西非经济货币联盟统一使用西非法郎（Western African CFA Franc, XOF）；中非经济与货币共同体统一使用中非法郎（Central African CFA Franc, XAF），两者合称非洲法郎（CFA Franc）。非洲法郎创设于 1945 年布林顿森林会议的前夕，最初目的是缓冲法国的非洲殖民地国家所受的法郎剧烈贬值的冲击。1958 年，戴高乐向中西非国家引入了"Community"概念后，非洲法郎正式命名为 Franc of French Community of Africa. 西非法郎由西非央行（BCEAO）主导发行，中非法郎由中非央行（CEMAC）发行；实践中两者之间可以相互兑换。有关非洲法郎的资料详见 http://en. wikipedia. org/ wiki/CFAF.

[2] Decidion of the Conseil d'État in Fronteau, CE Sect-5, September 2003, No. 244/543.

[3] 该条意大利语原文：Article 1277 of the Codice Civile, (Debito disommadidanaro). ——I debiti pecuniari si estinguono con moneta avente corso legale nello Stato al tempo del pagamento e per il suo valore nominale. Se la somma dovuta era determinata in una moneta che non ha più corso legale al tempo del pagamento, questo deve farsi in moneta legale ragguagliata per valore allaprima. 英语译文：Debt of sum of money. Pecuniary debts are to be paid with money which is legal tender in the state at the time of payment, at its face (or nominal) value. If the sum due was indicated in money which is no longer legal tender at the time of payment, such payment shall be made with legal money equal in value to the former. 《意大利民法典》（中文译本），费安玲等译，中国政法大学出版社 2004 年版。

[4] Horn, Legal Responses to Inflation in the German Law of Contracts, Torts and Unjust Enrichment, in Deutsche Landesreferate zum Privatrecht und Handelsrecht (Heidelberg, 1982).

[5] 6June 1928 RGZ 121, 203 and Annual Digest 1927-8, Case No. 230.

[6] 10 August 1932, JW 1932, 3219; 21 January 1933, 1276; 24 May 1933, JW 1933, 1677.

　　就英国法律而言，唯名主义原则的统治地位从未被严重怀疑过，英国法院不能干预唯名主义的适用，有时为了适用该原则，甚至偏离了公正。[1]该原则已被英国人接受为生活的一部分。[2]普通法领域确立了唯名主义原则，中世纪，国王发行货币、决定货币的面额与价值的特权已被确立。爱尔兰枢密院（the Privy Council of Ireland）在一案件（the Casede Mixt Moneys；Gilbert v. Brett）[3]的判决中对于从欧洲大陆发展而来的唯名主义原则进行了充分讨论。该案中，位于伦敦的吉尔伯特（Gilbert）向位于爱尔兰德洛格达镇（Drogheda）的波雷特（Brett）出售价值100英镑的货物，付款地是都柏林。但是在合同签订之后，支付期到来之前，伊丽莎白女王（Queen Elizabeth）废止了爱尔兰的货币，发行了一种新的、贬值的货币（Mixed Money），并且规定所有的债务人都必须接受该货币的面额或价值，否则会被治罪。波雷特支付了贬值的货币，此时需要考虑其支付是否恰当充分。法官认为有必要说明英联邦关于货币的确定标准，并且承认了发行货币、决定货币形式、实质及其价值的皇家特权。该案的法官将货币价值分为内部价值和外部价值，前者是指货币金属的成色和重量，后者是指货币的面额和特点，并认为货币是人为的法律产物，所以后者才是对货币真实的表述。法官认为在爱尔兰流通的货币（Mixed Money）是英国合法的通用货币，应该以履行债务时面额价值100英镑的法偿货币进行支付。该案确立了唯名主义原则在英国的权威地位。[4]此后对唯名主义原则进行最为清晰论述的当属斯克鲁顿法官（Scrutton），在一案件[5]中该法官认为，如果一个发生在英国废除金本位之前的侵权案件，在废除金本位之后，原告不能主张基于货币购买力的贬值，由发生侵权时实行金本位的英镑价值偿付。在英国1英镑就是1英镑，其国际价值不予考虑。丹宁法官（Denning）在一案件判决[6]中对唯名主义原则有过更有特色更为清晰的描述：应支付1英镑的债务人，从法律角度来看，必须以偿付时的1英镑履行债务，不论此时1英镑的价值如何；从法律角度来看，英镑是衡量其他一切事物的持久不变的价值单位。商品价格可能上涨或下跌，其他货币可能升值或贬值，但是英镑保持不变。

[1]　Charles Proctor, *Mann on the Legal Aspect of Money*, seventh edition, Oxford UniversityPress, 2012, pp. 274-275.

[2]　Charles Proctor, *Mann on the Legal Aspect of Money*, seventh edition, Oxford UniversityPress, 2012, pp. 266-267.

[3]　(1604) Davies 18; 2 State Trials 114.

[4]　Charles Proctor, *Mann on the Legal Aspect of Money*, seventh edition, Oxford University Press, 2012, pp. 264-265.

[5]　The Baarn (No. 1) [1933] P 251, 265.

[6]　Treseder-Griffin v. Co-operative Insurance Society [1965] AC 201, 222.

在美国，唯名主义原则具有统治地位，尽管美国曾出现过法院授权为了适应未预期的价格上涨变更合同条款的判例，[1]但这只是一个孤立的个案，并未获支持。[2]艾奥瓦州高等法院曾出现过在通货紧缩情形下适用唯名主义原则的判例，[3]在判决中，法院认为虽然通货紧缩降低了抵押土地的价值，但法院拒绝重新衡量以该抵押土地为担保的债务。

现代经济的构成要素都是根据唯名主义原则进行管理并控制自身发展的。法律关系的主体根据货币的名义价值将不同的债权、债务相互抵消；所有的流通票据都根据货币的名义价值发行。任何对唯名主义的背离都会破坏这种稳定性和连续性，造成经济关系混乱并引发大量的诉讼案件。唯名主义的作用主要体现在：唯名主义原则赋予货币单位规范性和法律性，偏离唯名主义原则意味着法律标准混乱，经济无法正常运转；唯名主义原则有利于保持商业交往的稳定性，有利于当事人预期权利义务关系的实现。然而，唯名主义原则也存在着不能解决公平与经济稳定之间的矛盾；有时会违背诚实信用原则造成不当得利；无法解决不可抗力造成的货币购买力变化等缺陷。[4]

对《亚投行协定》货币规则进行考察，我们发现币值变动规则已突破了唯名主义原则。就多边开发性金融机构而言，国际复兴开发银行更具代表性。其实，《国际复兴开发银行协定》已有类似规定。[5]只不过国际复兴开发银行创立时，主要的国际货币实行的是金本位制度。国际复兴开发银行创立时的法定资本，以1944年7月1日美元的实际含金量和成色为准。亚投行创立时，世界主要的货币均为法定主权信用货币。《亚投行协定》币值变动规则对唯名主义原则的突破，必将引发一系列问题。下文将重点探讨《亚投行协定》币值变动的认定标准。

---

[1] Aluminium Co. of America v. Essex Group Inc. (1980) 499 F Supp 53.

[2] Rosen, Law and Inflation, (University of Pennsylvania, 1982), from Charles Proctor, *Mann on the Legal Aspect of Money*, seventh edition, Oxford University Press, 2012, p. 276.

[3] Federal Land Bank of Omata v. Wilmerth (1934) 252 NW 507.

[4] 张晓静：《货币债务跨国履行的法律问题研究》，法律出版社2012年版，第79~82页。

[5] 详见《国际复兴开发银行协定》第二条第九节："银行所持有某种货币价值的维持：(a) 凡 (i) 某会员国的货币票面价值减低，或 (ii) 银行认为，某会员国货币的外汇价值在其领土内已大为贬值时，则该会员国应在一合理时间内，向银行增缴一定数量的本国货币，使银行所持有的该会员国货币总数足以保持该会员国最初认缴时的货币之价值。此项货币或系由该会员国按第二条第七节 (i) 项原先缴纳给银行的货币、或由第四条第二节 (b) 款所述之货币、或由本款追缴的货币而由银行所持有并由此衍生，且尚未为该会员国用黄金或银行可以接受的任何会员国货币予以购回者。(b) 凡会员国的货币票面价值增高时，银行应在一合理时间内退还该会员国一定数量的该国货币，其数额等于按 (a) 款所述的该货币总数所增值的部分。(c) 当国际货币基金组织对会员国货币票面价值作普遍的按比例的调整时，则银行得放弃上述各款的规定。"

三、《亚投行协定》币值变动的认定标准

当代货币的价值基础是货币发行国的国家信用。就私法而言，绝大多数案例中，合同当事人以某种货币作为记账单位订立合同，当事人并没有意识到货币价值变化的可能性，如果当事人考虑到这种可能性，他们可在合同中加入恰当的保护性条款。如果当事人没有这样做，则意味着他们必须接受合同履行期间货币币值变化的风险。也就是说，如果合同当事人没有相反的意思表示，则意味着他们接受了唯名主义原则。一项以货币表示的债务，其数额固定不变，受制于唯名主义原则。合同当事人当然可以通过明示条款改变唯名主义原则的法律效果，就此而言，唯名主义原则在合同中起到了一个默示条款的作用。"私法的功能会对唯名主义原则有所背离。私法并不适合用来说明国家货币的权威性及其价值，它必须考虑货币价值的变化，并且为在新的环境中的私人当事方之间寻找公平的解决办法。私法的功能是当货币贬值时，实现私人当事方之间的公平，这就背离了唯名主义原则。但是私法对唯名主义原则的背离并不会对国家货币及其价值形成干涉，其唯一的动机是实现私人当事方之间的公平关系。""采用外币进行交易的双方可以在合同中约定避免货币贬值风险的条款，增加应对货币贬值的自动调整条款，若没有明确的意思表示，就意味着双双愿意承担货币价值波动的风险。"[1]仅是作为记账单位的外国货币的价值发生了变化，如果当事人没有相反约定，并不影响当事人的货币权利义务。换言之，唯名主义原则将货币贬值的风险分配给债权人承担，货币升值的风险分配给债务人承担。在诉讼中，任何一方主张货币价值波动造成的损失超出预期，都不会被采信。[2]

唯名主义原则主要适用于货币价值缓慢地（slow）、渐进式地（gradual）、温和地（moderate）、"爬行式地"（creeping）浮动状况，在这种情况下通过法律或政策对唯名主义进行限制会造成很多困难。但是，唯名主义原则并不必然适用于超级通货膨胀（hyperinflation）的情形，此时的通货膨胀可以说是"飞奔式地"（galloping），也就是说，在此状态下，货币贬值的方式非常突然（sudden）、猛烈（violent）、极端（extreme），以至于造成货币体系崩溃，此时不必适用唯名主义原则。历史经验亦表明，在这种情形下，不能严格适用唯名主义原则，立法者或者法官必然会采取措施避免该原则的适用，因为此时的唯名主义会对债权人带来无法承受的负担。[3]例如，德国在短短 25 年期间，曾遭受两次货币崩溃的灾

---

〔1〕 张晓静：《货币债务跨国履行的法律问题研究》，法律出版社 2012 年版，第 67、265 页。

〔2〕 Charles *Proctor*, *Mann on the Legal Aspect of Money*, seventh edition, Oxford University Press, 2012, pp. 271–272.

〔3〕 Charles *Proctor*, *Mann on the Legal Aspect of Money*, seventh edition, Oxford University Press, 2012, p. 272.

难。[1]1923 年 11 月，1 英镑的价值几乎相当于 200 亿马克。假如一个德国人在 1914 年借了 10 000 马克在德国购买财产，该财产仍然保有内在价值，在 1923 年，借款人能通过交付 10 000 马克履行其债务吗？此时 1 张邮票价值 100 亿马克。同样，在 1924 年德国引入新马克（reichsmark，1924 年至 1948 年之间流通的德国马克），取代原货币单位旧马克（mark），兑换比率为 1 000 000 000 000 旧马克（marks）兑换 1 新马克（reichsmark）。上述债务人此时能否按照"续生联系"原则（"recurrent link" principle），支付 1/1 000 000 00 新马克（reichsmark）履行债务？在这种极端情况下，坚持唯名主义原则既不可行，亦不公正。采取立法和司法措施，超越唯名主义原则，允许对货币债务进行部分或全部重新估价，不可避免。[2]法院重估货币债务的法律依据，2001 年之前为《德国民法典》第 242 条，2001 年之后为该法典的第 313 条。[3]

---

[1] 尽管其他国家经受甚至更为糟糕的通货膨胀导致的货币体系崩溃，如 1944 年的希腊、1946 年的匈牙利、1947 年的罗马尼亚，但是德国的经验对于货币法的实践和唯名主义原则的影响最大，此处重点讨论德国的情形。

[2] Charles Proctor, *Mann on the Legal Aspect of Money*, seventh edition, Oxford University Press, 2012, pp. 269-281.

[3] 《德国民法典》第 242 条自 1900 年生效以来，一直保持不变，根据该条规定债务人负有依诚实信用给付的义务。德语原文：§ 242（LeistungnachTreuundGlauben），DerSchuldnerist verpflichtet, die Leistung so zu bewirken, wie Treu und Glauben mit Rücksicht auf die Verkehrssitteeserfordern. 英文译文：Section242（Performanceingoodfaith）, Anobligorhasa duty to perform according to the requirements of good faith, taking customary practice into consideration. 《德国民法典》第 313 条是情事变更原则，这是在 2001 年为了实现债法现代化，将以往司法实践中关于情事变更案件的裁判经验加以总结而成，是一个新法条。德语原文：§ 313（Störung der Geschäftsgrundlage）：(1) Haben sich Umstände, die zur Grundlage des Vertrags geworden sind, nach Vertragsschluss schwerwiegend verändert und hätten die Parteien den Vertrag nicht oder mit anderem Inhalt geschlossen, wenn sie diese Veränderung vorausgesehen hätten, so kann Anpassung des Vertrags verlangt werden, soweit einem Teil unter Berücksichtigung aller Umstände des Einzelfalls, insbesondere der vertraglichen oder gesetzlichen Risikoverteilung, das Festhalten am unveränderten Vertrag nicht zugemutet werden kann. (2) Einer Veränderung der Umstände steht es gleich, wenn wesentliche Vorstellungen, diezur Grundlage des Vertrags geworden sind, sich als falsch herausstellen. (3) Ist eine Anpassung des Vertrags nicht möglich oder einem Teil nicht zumutbar, so kann der benachteiligte Teil vom Vertrag zurücktreten. An die Stelle des Rücktrittsrechts tritt für Dauerschuldverhältnisse das Recht zur Kündigung. 英语译文：Section 313 (Interference with the basis of the transaction), (1) If circumstances which became the basis of a contract have significantly changed since the contract was entered into and if the parties would not have entered into the contract or would have entered into it with different contents if they had foreseen this change, adaptation of the contract may be demanded to the extent that, taking account of all the circumstances of the specific case, in particular the contractual or statutory distribution of risk, one of the parties cannot reasonably be expected to uphold the contract without alteration. (2) It is equivalent to a change of circumstances if material conceptions that have become the basis of the contract are found to be incorrect. (3) If adaptation of the contract is not possible or one party cannot reasonably be expected to accept it, the disadvantaged party may revoke the contract. In the case of continuing obligations, the right to terminate takes the place of the right to revoke.

严格坚持唯名主义原则，在高通货膨胀导致货币急剧贬值时期，会导致不公正的结果。亚投行对此已有预见，并设置了防范措施。《亚投行协定》规定被认定为欠发达国家的成员如果使用本币缴付初始认缴中原始实缴股本，该成员的货币已大幅贬值（depreciated to a significant extent），或者已大幅升值（appreciated to a significant extent），亚投行会要求该成员缴付额外的本币金额，或者向该成员退付一定数量的本币金额，以确保亚投行账面持有的该成员以本币认缴股本的价值不变。这里产生的最主要的问题是币值变动的认定标准。《亚投行协定》所提到成员货币的已大幅贬值，或者已大幅升值，目前看来并不是一个十分确定的标准。在创立运行的初始阶段，亚投行还没有发生过因币值变动，让成员缴付额外的本币金额或者退付一定数量的本币金额的实例。

通常认为，由于纯粹的市场原因而导致的货币购买力的变化和汇率变化，不构成依法要求进行赔偿的因素，这一点无论对于本货币区域内的主体还是本货币区域外的主体都是一样的。市场本身是有风险的，任何人都无权针对纯粹的市场因素所导致的损失要求赔偿，否则市场本身也就会失去其配置社会资源的基础性作用。因此，纯粹由市场原因导致的币值变化不具有可诉性。[1]

《亚投行协定》所确立的币值变动的认定标准，并非具体确定，但对于成员货币高通货膨胀导致急剧贬值的情形，应该说亚投行已经做到了防患于未然，这是值得肯定的。就成员货币币值的大幅贬值或者大幅升值，认定权归属亚投行。由于货币币值的大幅贬值或者大幅升值，而让成员额外缴付或者退付合理期限（within a reasonable time），属于细节问题，有待于在实践中检验。

总之，货币对于银行的重要性不言而喻，《亚投行协定》所确立的货币规则，对于亚投行的运行具有重要意义。《亚投行协定》第 6 条的规定突破了货币法的唯名主义原则，对于成员货币高通货膨胀导致急剧贬值的情形，应该说亚投行已经做到了防患于未然，就成员货币币值的大幅贬值或者大幅升值，认定权归属亚投行，但对于币值变动的认定标准，并非具体确定。

---

[1] 张西峰：《国际法中有关货币争端的规则》，载《中国政法大学学报》2015 年第 5 期。

算法时代金融公平的实现困境与法律应对

王怀勇 *　　邓若翰 **

提要：金融公平的价值理念已逐渐在我国转化为制度文本和市场实践，而算法的金融内嵌却又对其提出了新的挑战。作为算法科技与金融产业相耦合的副产物，算法"数据依赖"对金融样本群体的区隔和分化，算法"主观内嵌"对金融传统歧视的承继和隐化，算法"效率导向"对金融"反向歧视"的背离和虚化等问题，对金融公平的实现产生了威胁。经深究发现，算法权力的崛起导致了金融机构与金融消费者之间主体能力的进一步失衡，这是算法诸多缺陷得以嵌入金融市场并危害金融公平价值和金融消费者公平权益的重要基础。因此，应沿着权力约束和权利补强两条路径，通过构建算法测试与验证制度、强化金融教育权、构建替代性金融纠纷解决机制，实现智能金融时代金融机构与金融消费者能力的平衡再造。

关键词：算法决策；金融公平；算法权力；金融消费者；金融权利

作为国家之根基与经济之血脉，中国的金融市场制度体系建设经历了从"服务实体经济"到"应对国际竞争"再到"实现社会公平"的理念叠加和认识进化，金融的社会功能逐渐与经济功能并轨前行，"金融公平"的价值元素亦开始渗入到原有的"金融效率"与"金融安全"二元对立结构之中，形塑为"三足鼎立"式的多边制衡架构。[1]不论是《国务院关于印发推进普惠金融发展规划（2016—2020年）》等顶层设计型文件，还是《中国人民银行金融消费者权益保

　* 王怀勇，四川成都人，西南政法大学经济法学院教授，博士生导师，国际教育学院院长，法学博士。
　** 邓若翰，四川乐山人，西南政法大学经济法学院博士生。

〔1〕 冯果：《金融法的"三足定理"与中国金融法制的变革》，载《法学》2011年第8期，第101页。

护实施办法（征求意见稿）》[1]等具体规范性文件，均已将"金融公平"的价值理念融入了金融立法的具体制度和条款之中，力图促进"金融公平"从"理念"落至"实践"。大数据算法在金融领域的引入则从"科技"的维度加速了金融社会功能的激发与"金融公平"价值理念的稳固，它通过降低资金融通的交易成本、改善信息失灵、扩张金融网络，能够准确、有效地发现、联通投融资需求者，并实现合理、精准的风险定价和管理，进而改善传统金融体系因成本制约、信息顾虑和对象欠缺而导致的"嫌贫爱富""担保依赖"和"地缘排斥"等弊病，推动金融向普惠化、民主化转变，向服务广大中小企业和弱势消费者迁移。然而，在这一"科技推动"的"金融公平化"进程中，诸如算法歧视等算法的固有缺陷亦随之嵌入到信贷评估、投资顾问、保险定价等金融各领域、各业务之中，依凭算法的理性、客观、中立表象和冷漠、效率、"主观内嵌"秉性，对金融弱势群体公平权益施以更加隐蔽、更加精细、更加全面的侵害，进而对"金融公平"形成"科技维度"的新威胁。面对这一新的挑战，金融法制应如何进行制度自省、制度自纠和制度自强，以应对智能新时代下新形式的金融不公问题，捍卫"金融公平"的价值地位和理念尊严，将成为金融法制理论和实践的一项重要课题。因此，本文试图对此问题进行理论探索，在分析算法时代下金融公平实现面临的新问题的基础上，深究问题背后的形成原因，进而从金融法制层面提出相应的因应策略，实现智能算法时代"金融公平"在金融制度和金融市场中的理性回归。

一、算法时代金融公平实现所面临的困境

作为数据密集型和信息依赖型行业，金融业态的运营经历了经验主义到理论主义再到计算主义的逻辑衍变，而算法的产生则促使传统的金融统计、建模和运算脱离了"小数据抽样统计"的路径依赖，走向"全数据挖掘解析"的新阶段。更广的数据来源、更强的解析粒度、更高的运算效度使得智能投顾、信用评估算法、算法自动化投融资匹配等新型金融工具脱离了传统人力分析时代的"粗糙化"桎梏，走向解析微粒化、预测精准化，进而将传统上因信息密度不足而受排斥的中小投融资主体纳入到金融市场体系之中，推动金融普惠和金融公平从制度理念走向市场实践。然而，在这一进程中，裹着"科技中立""高产低耗"外衣的算法却遮藏了其内涵的歧视、冷漠和效率追逐等缺陷，进而对金融市场中的中小微投融资者公平权益施予了更广泛、更隐蔽、更难以捉摸的侵害，对金融公平

---

[1]《中国人民银行金融消费者权益保护实施办法（征求意见稿）》第 12 条：金融机构应当尊重社会公德，尊重金融消费者的人格尊严和民族风俗习惯，不得因金融消费者性别、年龄、种族、民族或国籍等不同进行歧视性差别对待，不得在营销宣传文案、活动规则、合同文本等内容中使用歧视性或违背公序良俗的表述。

提出了更难察觉、更难应对的新挑战。

(一) 算法"数据依赖"对金融样本群体的区隔与分化

自诞生起,算法即与数据有着"煮豆燃萁"之情。数据是算法的基本养分,数据抓取、汇集是算法运营的起点,数据收集的量度和密度决定后续算法解析的粒度和算法预测的准度。因此,算法金融类业务的有效开展需要以金融消费者数据的充分获取为前提。当前,金融消费者数据的获取主要有三种来源,即自有系统中的沉淀数据,网络记录中的采集数据和主动购买的资产数据,而这三种数据归根结底又主要来自四个方向:电子商务的交易数据、移动通信的记录数据、网络参与的足迹数据、传感设备的感应数据。[1]这四个方向的数据最终需要潜在的金融消费者展开网络交易、网络通信、网络互动和传感绑定活动,为算法生产"原料",而这些"数据生产者"的生产效率又是杂乱纷呈、各自不同的,它受制于数据生产者的智能设备可获得性、智能网络掌握程度、智能社会参与积极性等要素,并由此逐渐孕育出了"数据富裕者"和"数据贫困者"等数据量度层面的群体划分。这种"数据贫富者"的"阶级差异"成为算法金融工具进行歧视性区别对待的重要依据。对于"数据富裕者"来说,由于其为智能投顾、信用评估算法等算法金融产品提供了充足的数据原料,算法通过全数据整理、解析和绘图可把握其投资偏好、信用状况等真实信息,进而为其提供"最优方案"或"无担保融资"等高效智能服务。对于"数据贫瘠者"来说,由于其只能为算法金融产品提供片面、残缺的数据信息,算法所绘制的用户画像因此也就是模糊、粗糙的,因而其要么只能获得诸如"次优投资方案"等较为劣等的智能金融服务,要么会因基础数据不全而被拒绝于智能金融服务之外,例如较少使用智能产品的农民无法在信用评估算法处证明自己的信用能力,而只能通过提供刚性担保物依靠传统渠道获得贷款。因此,算法金融时代产生了另一种形式的金融不公平:并非依靠资产、身份等特征,而是依靠"智能社会参与度"或"数据生产量"等特征进行的区别对待,并将"智能时代文盲"不公平、不合理地排斥在金融服务的享有主体之外。这对国家、社会乃至金融法制提出了新的挑战,如何应对"数据贫富分化"所导致的金融不公,亦将成为金融法制需要着力解决的重要难题。

(二) 算法"主观内嵌"对金融传统歧视的承继和隐化

作为科技孕育的产物,算法金融工具自诞生之始便被普罗大众视为客观、理性、中立的象征,然而这仅是对科技理解不足和过于乐观的美好幻想。事实上,智能投顾、信用评估算法等工具具有歧视的"不良品格",这种歧视品格来源于

---

〔1〕 季洁:《算法歧视下的金融风险防控》,载《上海金融》2018 年第 10 期,第 61 页。

其缔造者和养育者"主观性歧视"的"算法内嵌"。具体来说：一是算法金融工具的设计者将自身的主观偏见嵌入算法的代码逻辑之中，使得算法金融工具"遗传"了算法设计者的偏见认识。归根究底，算法金融工具是金融机构用于降低服务成本、提高服务效益、拓展客户来源的一种"市场竞争工具"，其设计动力来源于金融机构谋取竞争优势和竞争利益的内在欲求。在利益汲取的价值导向下，金融企业需要一个更加可控、与其利益一致的辅助工具，而非真正"中立客观"的独立决策平台。因此，算法设计者在构造算法的代码逻辑时，会将自身的价值偏好和经验认识或主动，或被动地"投射"到算法金融工具之中，使算法的行为表征向作为算法设计者主观意志的"轴线"偏离。例如，银行的信用评估算法在评估贷款申请人的信用状况时，可能会对国有企业给予较高的信用评分，这既可能来源于银行与国有企业的良好合作关系，亦有可能来源于算法设计者的潜在认识：即国有企业拥有政府的信用背书，在还款能力方面优于私营企业，这无疑会对私营企业形成信贷歧视。二是算法金融工具在训练过程中可能受到"偏见数据"的规训而形成了歧视性认识。机器学习、神经网络等技术的发展使得算法拥有了似人的认知习得过程，它通过对数据（信息）的接收和理解，自主形成对相关问题（世界）的"经验认知"。因此，正如人从小的生活环境和信息摄入对其后天三观形成的影响一般，算法从无到有的能力培养依赖于算法设计者对其注入的训练数据。如前所述，算法金融设计者在训练算法时能使用的数据包括自有业务、网络记录和三方购买的金融消费者交易、表达或其他活动的数据，这些数据不可避免地会蕴含着金融交易和交往活动中的歧视观念，例如银行贷款数据中会呈现出偏好大型企业而抵触中小型企业的倾向，又如金融交流平台中投融资者的言论可能会包含金融产业偏好高资产、城镇用户而排斥低资产、农村用户的现实描述。即使经过筛选，许多"冗余编码"[1]仍可能会输入算法并"教坏"算法，使其从初始便戴着"有色眼镜"看待其用户，并成为"社会结构性歧视的延伸"。[2]

因此，算法并未因从属科技而具有"客观中立"的美德，相反其容易遗传设计者的"主观偏见"和承继社会观念的"结构性歧视"。更棘手的是，算法黑箱和算法高效的双重属性使其在信息输入和决策输出之间生成了一道常人难以了解和把握的"逻辑隐层"[3]，使得算法演绎推理的规则、逻辑和程序难以被具

〔1〕 即受保护的分类中的数据恰好被编码在其他数据中的情况，参见崔靖梓：《算法歧视挑战下平等权保护的危机与应对》，载《法律科学（西北政法大学学报）》2019 年第 3 期。

〔2〕 王焕超：《如何让算法解释自己为什么"算法歧视"》，载 http://finance. sina. com. cn/stock/relnews/us/2019-06-13/doc-ihvhiews8657619. shtml，最后访问日期：2019 年 12 月 5 日。

〔3〕 许可：《人工智能的算法黑箱与数据正义》，载《社会科学报》2018 年 3 月 29 日，第 6 版。

有利害关系的金融决策相对人质疑和干预。这就使得受歧视对待的决策相对人从源头上即缺失了提出申诉、获得救济的信息基础和信息能力，进而使得歧视性决策和行为逐渐"隐化"在算法纷繁复杂、风驰电掣、高深莫测的"逻辑黑箱"之中，强化了传统金融歧视的稳固性和威权力。

（三）算法"效率导向"对金融"反向歧视"的背离与虚化

在金融法制中，为矫正"机会公平"的立法导向与社会群体禀赋不平等间的错位并防范由此而生的"马太效应"，会构建一定的"反向歧视"制度，以增加诸如农民、农村企业等金融弱势群体获得金融服务的机会，实现矫正后的"实质公平"。[1]《中国银监会关于支持商业银行进一步改进小企业金融服务的通知》（2011）[2]、《财政部、国家税务总局关于延续支持农村金融发展有关税收政策的通知》（2017）[3]、《中国人民银行关于对普惠金融实施定向降准的通知》（2017）[4]等规范性文件无不属于金融法"反向歧视"制度构建的立法范本。这些规范性文件通过倡导、激励和约束相结合的方式，将对金融机构中资源决策者的价值结构、商业判断和行为向量施加一定的、或潜或明的影响，进而实现金融"嫌贫爱富"本性的适度矫正。然而，这种矫正模式在面对"算法决策者"时却难以发挥干预效果，因为算法决策者与人类决策者不同，其"在设计之初就是为了追求经济效益和效率的提升"，即"通过数字分析和精准预测带来实在的经济利益"。[5]算法并未因类人的神经网络架构而获得如人一般的理性意识。人的理性意识是"承载着我们内在的所有其他价值"的，是"对源于自身的意志过程的照明"，它"会感到各种价值和目的"，它也"总是知道我们在每一当下时刻的追求"，并"出于我们的本质依据，在持续地、毫无间歇的追求着"。[6]而算法

---

〔1〕 王迁：《论"歧视"的法律概念——兼论"男领导不得配女秘书"的合法性》，载《法学》2004 年第 8 期，第 40 页。

〔2〕《中国银监会关于支持商业银行进一步改进小企业金融服务的通知》第 7 条规定：对于小企业贷款余额占企业贷款余额达到一定比例的商业银行，在满足审慎监管要求的条件下，优先支持其发行专项用于小企业贷款的金融债，同时严格监控所募集资金的流向。

〔3〕《财政部、国家税务总局关于延续支持农村金融发展有关税收政策的通知》第 2 条规定：自 2017 年 1 月 1 日至 2019 年 12 月 31 日，对金融机构农户小额贷款的利息收入，在计算应纳税所得额时，按 90%计入收入总额；第 3 条规定：自 2017 年 1 月 1 日至 2019 年 12 月 31 日，对保险公司为种植业、养殖业提供保险业务取得的保费收入，在计算应纳税所得额时，按 90%计入收入总额。

〔4〕《中国人民银行关于对普惠金融实施定向降准的通知》规定："根据国务院部署，为支持金融机构发展普惠金融业务，着力缓解小微企业融资难、融资贵问题，提高金融服务覆盖率和可得性，为实体经济提供有效支持，中国人民银行决定将当前对小微企业和'三农'领域实施的定向降准政策拓展和优化为统一对普惠金融领域贷款达到一定标准的金融机构实施定向降准政策。"

〔5〕 崔靖梓：《算法歧视挑战下平等权保护的危机与应对》，载《法律科学（西北政法大学学报）》2019 年第 3 期，第 36 页。

〔6〕 ［德］格奥尔格·西美尔：《叔本华与尼采》，莫光华译，商务印书馆 2019 年版，第 46~51 页。

所具有的"理性意志"是去主观化、去伦理化的,是机械、冷血、无关自由、平等和人权的,只懂得执行预设命令的"机械理性",它仅"以判断对错开始,并以对、错作为终结",仅"在经济事实之中开始,也在经济事实之中结束",而不追问这一切背后的意义、价值和目的。[1]因此,蕴蓄着正义、公平等价值理性和德性目的的金融法律难以影响去价值化、去主观理性的算法,算法将在运营者的预设命令和自身的机械逻辑驱动下继续其"精准性识别、高效性决策"的"效率性工作"。这造成了算法金融市场中金融内生性歧视的回归和固化。也就是说,算法金融产品将在"风险—收益"的要素衡量和利润估值下,为富人提供更易得、更方便、更低价的金融产品和服务,而为穷人提供更苛刻、更昂贵的金融产品和服务,造成资本财富的循环式集聚和马太效应的螺旋式放大,进而使得金融法"反向歧视"制度的矫正成果归零甚至走向恶化。

二、算法时代金融公平实现困境之深层原因

前述内容通过三个方面的论述对算法时代金融公平实现面临的新挑战和新困难进行了描述,但这些描述还尚未触及算法时代所产生的诸多金融不公问题的根源,也未对金融法制该如何解决这些问题提供显、可见的应对思路。这需要对前述问题的形成原因作进一步深入挖掘。本文认为,算法权力在金融领域的崛起导致了金融权力向资本所有者的移转,放大了金融市场主体间的能力失衡,进而导致金融消费者难以识别、抗衡算法的不公平决策行为,成了单纯的资源被支配方和利益被攫取方。

(一)算法权力的崛起与金融权力的"资本化"

要对金融领域算法权力的崛起作理论证成,首先需要对金融领域的算法决策是否构成一种"权力"进行论证。俞可平教授认为,从学理上看,"权力"这一概念通常有以下几种含义:①权力是一种可以影响,甚至改变对方行为的强制力量;②权力是一种达到特定目标和获取利益的能力和资源;③权力就是国家政权,是维持统治阶级利益的国家强制力量;④权力是一种约束和规制人的复杂网络和微观社会结构。[2]在这四种含义中,除第三项属于纯粹狭义的国家公权力概念外,其余三种含义都契合金融领域算法决策的"权力"属性。具体来说,首先,金融领域的算法决策是一种可以改变,至少是影响金融消费者行为的强制力量。以P2P平台的搜索匹配算法为例,P2P平台的搜索匹配算法利用金融消费者"注意力资源稀缺"的特点,通过优先推送特定融资项目影响金融消费者的投资选择,或是凭借金融消费者潜在投资偏好的挖掘,通过金融资产的针对性

---

[1] 冯泽华、黄政宗:《金融科技的哲学追问——现象学棱镜下金融科技的主体性问题及其批判》,载《南方金融》2019年第5期,第4页。

[2] 俞可平:《权力与权威:新的解释》,载《中国人民大学学报》2016年第3期,第42页。

组合与量身定制，煽动、"诱导"金融消费者作出投资选择。同时，P2P 平台算法对其认为不符合投融资条件或有"违规行为"的平台投融资者，可以作出禁止投资、下架融资项目、资金止付等强制措施，而金融消费者难以干预算法的这些强制行为。其次，金融领域的算法决策能够帮助金融机构实现特定目的或获取相关利益。以信贷评估算法为例，信贷机构通过对信贷评估算法的特殊设计和控制，可以有效控制信贷资源投放的行业领域、主体身份、地理范围和其他限制，进而实现信贷机构将资源配置给特定主体或特定种类主体的目的，并可从中谋取歧视性利益。而融资者难以通过质疑信贷评估算法的决策程序，影响和矫正决策结果，维护自身的权益。最后，金融领域的算法构建起了诸如 P2P 平台、智能投顾等不同的系统架构，进而形成了一种微观的规训结构和复杂的规训网络。譬如智能投顾，其依托于算法单方构建起了一个完整、独立的投资咨询/代理服务系统架构，金融消费者通过"通知—同意"进入系统架构后，行为即受到算法的支配，[1]算法会自动收集、挖掘、分析和解读金融消费者的个人数据，并自动推送/执行相应的资产投资组合。在这一架构流程的运转过程中，金融消费者难以基于自身主观意志作出任何干预，甚至无法作出一点质疑，只能被算法架构所规训。此外，随着算法不断地应用于金融各业态之中，各种算法系统架构将相互配合，逐渐结成一张规训的网络，金融消费者或者只能拒绝参与金融市场，或者只能配合算法网络的规训，无可奈何地被关进福柯笔下的"全景式规训监狱"中。[2]

基于金融领域算法决策的上述实际效力，我们可以推得，随着算法不断应用、嵌入到金融各业态之中，替代、覆盖各传统的金融产品、工具、渠道乃至大部分金融功能，算法亦开始凝聚出一种"准公权力"，这种准公权力可以影响、甚至改变金融消费者的行为，可以通过调配金融资源为金融机构实现特定目的或谋取相关利益，并最终通过微观的、个别的规训关系的集结，最终编织成一张"准公权力"的规训网络。这种"准公权力"的诞生亦意味着一种趋势，即随着我国金融治理体制从以"国家构建"为基础的"单中心治理"向以"国家构建"和"民间构建"相耦合为依循的"共享共建"转型[3]，金融市场中的国家、市场和社会的界限亦在日渐模糊，原本仅盘旋于金融市场中的原则慢慢渗透到国家部门，[4]原本仅困厄于国家的金融权力亦逐步向市场等部门分化，进而实现金

〔1〕 张凌寒：《算法权力的兴起、异化及法律规制》，载《法商研究》2019 年第 4 期，第 68 页。
〔2〕 ［法］米歇尔·福柯：《规训与惩罚：监狱的诞生》（修订译本），刘北城、杨远婴译，生活·读书·新知三联书店 2012 年版，第 232~234 页。
〔3〕 马长山：《法治中国建设的"共建共享"路径与策略》，载《中国法学》2016 年第 6 期，第 6 页。
〔4〕 杨典、欧阳璿宇：《金融资本主义的崛起及其影响——对资本主义新形态的社会学分析》，载《中国社会科学》2018 年第 12 期。

融权力的"资本化"和权力主体的"多中心化"。金融领域算法权力的崛起既是此种金融权力"资本化"的重要契机和载体，亦是金融权力"资本化"的典型表现。它代表着金融市场运作逻辑和治理模式的一种新现象、新特点和新发展，对金融消费者公平权益维护来说，亦意味着一种更加失衡的主体间能力对比关系，以及随之而来的更加不平等的利益剥削和利益支配，包括歧视性的利益剥削和支配，而这将在下一部分详细阐述。

（二）权力—权利新格局所导致的权利保护失灵

金融主体的能力会影响市场主体间的力量对比，影响金融活动中的利益博弈进而关系到金融交易进行和金融福利分配的公平程度，而金融法制通过有效的权利赋予和相应的权力保障，能够显著调节金融主体能力，实现能力对比的相对均衡。[1]而算法权力赋能金融资本的新情势则对这一理论认识提出了一些新挑战，并为金融公平实现带来了一些新危机。在传统的金融市场中，金融机构与金融消费者之间是一种"能力不对等"的平等主体间关系，两者之间仅因能力、资源等差异而存在利益侵蚀和利益分配不均衡问题，同时其均受到纵向的国家权力的规训和约束，国家权力通过权利的赋予和对应义务的施加实现"形式平等"主体间的"实质平等"。而算法权力的产生使得纵向的权力关系向横向的主体间关系渗透，形成了横向的"权力主体"和"权力受体"，并形成了金融机构与金融消费者之间的利益支配和利益剥削关系，金融消费者难以通过原有的权利对抗金融机构的算法权力，而金融监管部门的权力亦受到算法权力的消解甚至腐蚀。具体来说，首先，算法权力的"合法依据"压制了金融消费者的权利行使。包括智能投顾在内的部分算法金融类产品，在为金融消费者提供服务前都会出示一份"用户协议"，金融消费者需要在阅读后并选择同意协议方可享受服务。一旦金融消费者受到算法不合理、不公平的区别对待，算法运营商将凭借"不公平决策由机器算法作出而非运营商作出"和"金融消费者同意授权算法为其作出决策"两项理由使其歧视性决策"合法化"，并逃避相应的法律责任。这使得金融消费者面临两难抉择：要么放弃算法金融类产品和服务的廉价、高效和便利，远离人工智能科技的成果福利，要么放弃受算法不公平对待时的异议、投诉和抗辩权利，默默忍受算法歧视导致的金融不公。其次，算法权力的"隐性规训"消解了金融消费者的权利意识。算法权力对金融消费者的规训是潜在、难以捉摸的，申言之，算法对金融消费者的信息收集、研判和分析是以"数据"为单位进行的，其最终仅以"信息"的形式向消费者输出相关决策结果，金融消费者仅凭人脑难以对自身的相关数据进行解读，并模拟算法的数据解析进程。因此，即使

---

[1] 袁康：《主体能力视角下金融公平的法律实现路径》，载《现代法学》2018 年第 3 期。

算法在数据解析过程中对金融消费者产生偏见或其他不合理认识，金融消费者也无从知晓，亦难以发觉算法输出结果中的不公平问题，必然不会因自身公平权益受损而寻求法律的救济。再次，算法权力的"黑箱属性"弱化了金融消费者的权利实效。传统反金融不公的制度对策中，金融消费者的知情权[1]和对应的金融机构信息披露义务[2]是重要的制度性解决抓手，通过有效的说明、解释决策依据、理由和逻辑，金融消费者更容易发觉决策中蕴含的不合理、不公平因素并主动寻求救济。然而，算法权力的演绎、运营环境是一个"黑箱"，其数据的筛选、梳理、建模和解读的流程和逻辑都由算法通过深度学习自主构建，即使是算法设计者和运营商也难以全面把握其决策作出的数据基础、推理逻辑和决策理据。因此，金融消费者靠知情权仅能获得输入算法的数据和输出算法的结果等信息，即使怀疑算法的演绎过程中产生了偏见或其他不合理认识，也因知情权的客观行使不能而难以查证不公平对待的存在，进而缺乏维权的依据和条件。此外，算法权力的"黑箱属性"亦会与国家权力形成对抗，金融监管机构难以通过报告义务、现场检查等措施发现算法权力中的不合理认识和不公平对待，金融司法机构亦难以查明算法的决策是否侵犯了金融消费者的公平权益，进而难以发挥平衡主体实力、协调利益分配的应然功能。最后，算法权力亦可能与公权力合谋，进一步对金融消费者的公平权益进行侵害和压迫。随着算法应用的不断深化，其亦将逐渐嵌入到金融监管与金融司法领域，在强化监管与司法权力实施效能的同时，将自身的"冷漠、偏见、效率追逐"等缺点渗入到监管与司法权力之中，污染监管权与司法权本应具有的"客观、理性、坚守正义"等品质，从而使得金融消费者在金融执法、金融审判中受到不公平的对待，其公平权益的受损范围进一步扩大，金融不公的存在领域亦随之同步扩张。

因此，面对算法权力侵蚀金融消费者权利，支配消费者利益的新格局、新形势，金融法制的应对模式和应对措施也应因势调整。具言之，应改变传统的着重金融消费者权利赋予和保障的能力衡平思路，构建起以"算法权力制约"与"消费者权利补强"双管齐下的法律治理路径。前者重在通过事前的算法测试与算法验证实现算法权力的"入市前筛选"，保证算法权力主体具备客观、公平等价值秉性；后者则通过权利内容和权利救济两个层面的调整优化，实现金融消费

---

[1] 《国务院办公厅关于加强金融消费者权益保护工作的指导意见》第3条："（四）保障金融消费者知情权。金融机构应当以通俗易懂的语言，及时、真实、准确、全面地向金融消费者披露可能影响其决策的信息，充分提示风险，不得发布夸大产品收益、掩饰产品风险等欺诈信息，不得作虚假或引人误解的宣传。"

[2] 《中国人民银行金融消费者权益保护实施办法（征求意见稿）》第5条："金融机构应当落实法律法规和相关监管规定中关于金融消费者权益保护的相关要求，建立健全金融消费者权益保护的各项内控制度；……（四）金融产品和服务信息披露、查询制度……"

者公平权益维护能力的效能补强，最终实现算法金融时代权力—权利格局的均衡再造。

三、算法时代金融公平实现困境之法律应对

依照上文的分析，针对算法金融所导致的金融不公问题，应从权力约束和权利补强两条路径出发，分别构建起相应的算法权力规制和金融消费者权益保障制度，实现金融公平在算法金融新时代的价值归位。

（一）权力约束路径：算法测试与算法验证的制度构造

算法权力的"隐性规训"和"黑箱属性"等属性弱化了事中、事后的权力干预和权利救济的实施效能。要实现算法金融时代的公平修正目标，应更多将目光聚焦于算法权力生成和嵌入经济社会生活之前的阶段，从源头上对算法的不合理、不公平决策问题进行干预和防范。算法测试和算法验证即是此种源头治理的有效措施之一，其通过对算法及其权力设置相应的"市场准入"关卡，保证"入场"算法具有"客观公平"的优良秉性，剔除掉蕴藏偏见等基因的劣等算法，保证算法金融市场的公平。算法测试与验证的制度设计是一个系统化的制度搭建工程，它包括算法测试与验证的标准、方法和载体等不同的制度成分和要素，需要分别予以探讨和构建。

第一，算法测试与验证的标准设计：合法性、合理性、准确性和普惠性。科林·斯科特认为，在任何一个规制体系中，标准都具有举足轻重的地位。[1]特别是在调整涉及科学技术问题的规制关系时，标准更是不可缺少的手段和工具，它能为法律规制提供基于科学、技术和经验的依据，也能为规则相对人的行为提供具体的指向。[2]算法测试与验证作为一种"市场准入"型的事前规制手段，亦需要以合科学性、合经验性以及合伦理性的标准作为测试与验证的准据。对此，可借鉴其他国家和地区的相关立法，如新加坡金融管理局发布的《新加坡金融业使用人工智能和数据分析时的公平、道德、问责和透明度原则》（简称《FEAT原则》）提出算法公平应包括合理性和准确性两个方面，其中合理性包括两项标准：① 除非可以证明这些决定是合理的，否则不会因为算法作出的决策而系统地使个人或群体处于不利地位，② 将某些个人属性作为决策因素输入算法前，应具备合理的理由；准确性包括两项标准：① 算法运营者应定期审查和验证算法决策所使用的数据和模型的准确性与相关性，并最大限度地减少意外偏差，

---

〔1〕 [英]科林·斯科特：《规制、治理与法律：前沿问题研究》，安永康译，清华大学出版社2018年版，第66页。

〔2〕 柳经纬、许林波：《法律中的标准——以法律文本为分析对象》，载《比较法研究》2018年第2期，第194~195页。

②定期审查算法作出的决策，以便模型按设计和预期运行。[1]香港金融管理局发布的《关于被授权机构使用大数据分析和人工智能的消费者保护指引》亦要求被授权机构应确保算法决策为用户提供客观、一致、合乎道德和公平的结果，并提出了五项具体标准：①算法决策应遵守相关法规，特别是有关歧视的法规；②在无合理理由的情况下，算法决策不得拒绝用户获得基本的金融服务；③算法决策应充分考虑用户的资金实力、个体情况和具体需要，包括他的智能科技素养；④用于算法决策的模型是稳健的，并适当地权衡了所有相关变量；⑤是否可能通过人工干预以矫正歧视性的贷款。[2]从新加坡和我国香港地区的立法例中可以看出，它们均分别从过程公平和结果公平两个层面设定算法公平的标准，即都关注算法决策所考量的因素是否合理和算法决策的输出结果是否适恰。前者将算法的黑箱运行过程以数据输入的形式"显象化"，后者不仅考虑金融消费者所享受的服务与他人相比是否公平，还要考虑弱势金融消费者是否能获得最基本的金融服务。此外，虽然我国尚未像美国等国家出台专门的、系统性的、可操作的反金融歧视法律，但不排除未来出台相关立法的可能，因此合法性也应作为算法测试与验证的标准之一。综合来说，本文认为，算法测试与验证的标准应确定为合法性、合理性、准确性和普惠性四项要求。其中合法性要求算法决策遵循反金融歧视的法律和其他反金融不公的法律；合理性包括过程合理和结果合理，过程合理要求将代表某些个人属性或特征的数据输入算法，作为算法决策的因素时应具备合理的理由，结果合理要求算法决策不会系统性地使某些人或某类群体陷入不利处境；准确性要求算法决策的结果应与算法运营者预先公布的预期相符，在出现偏差时，应具备合理的理由；普惠性要求算法在任何情况下均不得剥夺金融消费者获取基本金融服务的机会。

第二，算法测试与验证的方法创新：控制变量法。应严格按照上述的标准进行测试。其中，合法性要求因目前缺乏相应的反金融歧视法律，目前难以确定统一、有效的方法。过程合理可以通过检测算法运营商输入算法的数据予以认定，并凭借相关数据保护法律予以辅助确定。准确性通过比对算法决策结果与预期的相符程度即可确定。普惠性则看算法是否会在基本金融服务层面作出拒绝性决策即可。最难确定的是结果合理要求，因为不公平决策的表现形式较为复杂，部分

---

[1] Monetary Authority of Singapore, Principle to Promote Fairness, Ethics, Accountability a nd Transparency (FEAT) in the Use of Artificial Intelligence and Data Analytics in Singapore's Financial Sector, Nov. 12, 2018, https://www. mas. gov. sg/publications/monographs – or – information – paper/2018/feat，最后访问日期：2019 年 12 月 26 日。

[2] Hong Kong Monetary Authority, Consumer Protection in respect of Use of Big Data An alytics and Artificial Intelligence by Authorized Institutions, Nov. 5, 2019, https://www. hkma. gov. hk/media/eng/doc/key–information/guidelines–and–circular/2019/20191105e1. pdf，最后访问日期：2019 年 11 月 24 日。

表现形式亦极为隐蔽，难以被发现和查证。最典型的例证是间接歧视行为，即"表面上完全中立公平，对所有的人一样，但实质上向他人所施加的要求或条件是不合理的或不相干的理由，并对某类人或团体之成员产生了不利影响"。[1]间接歧视行为引用了一个看似中立的关联决策因素（比如受教育程度、住所地等）掩盖了另一个具有歧视性的重要决策因素（比如民族），因而披上了"表面中立"的面纱并将"歧视本性"隐藏于"算法黑箱"背后，难以根据输入因素和输入结果的逻辑对应关系而直接查明。建议可借鉴自然科学的基本研究方法，即"控制变量法"来破解这一问题。控制变量法多用于研究多因素（多变量）的问题，以确定哪些因素对该问题的结果没有影响，哪些因素有影响以及影响的程度、向量如何，它的具体操作方式为：在研究某个因素对问题结果的影响时，只改变这个量的大小，而保持其他变量不变，从而确定这个因素是否影响问题结果，通过对每个变量的逐个试验和判断，就能找出影响问题结果的所有因素。[2]将这种方法应用于算法决策的结果测试之中，即先找出所有可能影响算法演绎、预测和决定的因素，包括诸如资产水平、金融消费记录、数据量度等直接关联因素，以及诸如家庭住址、电商交易记录、受教育程度等间接可能因素，然后在保持其他因素的数据不变的前提下，逐一改变其中某一项因素的数据并输入算法，看算法作出的诸如是否授信、利率大小、资产组合情况等决策结果是否一致，以此判断算法的决策结果是否公平。这种方法能够准确、有效地检测算法结果是否公平，但前提是需要大量具备客观性、真实性的模拟数据和一个高效、自动化的算法测试系统，这就要求一个较为适格的测试载体，虚拟沙盒即是这样一个适格载体。

第三，算法测试与验证的载体选择：虚拟沙盒。虚拟沙盒又叫"行业沙盒"，它最早由英国金融行为监管局于 2015 年 11 月发布的《监管沙盒》报告中提出，旨在为企业提供"一种能够在不进入真实市场的情况下测试其解决方案的环境"。[3]虚拟沙盒的含义为"一个基于云的解决方案，由行业构建和配置，因而可以为企业的产品或服务定制实验方案，使用行业或企业提供的数据进行测试然后可以邀请公司甚至消费者尝试其新解决方案"[4]。它的参与主体非常广泛，

---

[1] 金俭：《歧视与平等机会的法律透视》，载《南京师大学报（社会科学版）》2005 年第 6 期，第 55 页。

[2] 陆军、张善贤：《应用控制变量法要有理可据、有章可循》，载《物理教学》2012 年第 8 期，第 31~32 页。

[3] Cheng-Yun Tsang: From Industry Sandbox to Supervisory Control Box: Rethinking the Role of Regulators in The Era of Fintech, University of Illinois Journal of Law, Tech nology & Policy, no. 22019.

[4] Financial Conduct Authority, Regulatory Sandbox, Nov. 10, 2015, https://www.fca.org.uk/publication/research/regulatory-sandbox.pdf, 最后访问日期：2020 年 2 月 22 日。

既可以包括金融监管机构等监管部门，也包括行业协会、交易所等行业自律组织，还包括金融科技企业、金融消费者等市场参与主体。同时，依托于交易所、金融科技企业提供的市场真实数据，以及监管部门、行业协会对数据的脱敏、匿名化和对数据使用的监管，虚拟沙盒须使用真实、客观的市场模拟数据，在完全拟真的虚拟测试环境下进行实验测试，但又不损害金融消费者的个人信息权益，这为算法决策的"控制变量法"实验提供了高效、稳定、权威和适恰的测试与验证载体。因此，本文建议由监管部门、行业协会和交易所牵头，构建中国版的虚拟沙盒，并依托于虚拟沙盒开展算法测试与验证工作。

总而言之，算法测试与验证应以合法性、合理性、准确性和普惠性为测试与验证标准，以"控制变量法"为测试方法，以"虚拟沙盒"为测试载体进行制度构造。每一种算法金融服务都应根据国家有关规定，在正式进入市场前在金融监管部门的指导和监督下进行完整、全面的测试。若测试结果符合算法公平的标准和要求，则允许该算法金融服务进入市场推广应用；若测试结果认为该算法金融服务具有潜在的偏见和不公平认识，监管机构应根据具体情况作出责令调整算法或禁止进入市场的决定，以防止算法侵害金融消费者公平权益，维护金融市场的正义。

（二）权利补强路径：金融教育权的强化与替代性金融纠纷解决机制

面对算法权力对金融消费者的不公平对待，除要通过算法测试与验证制度对算法权力的生成进行制约以外，还需要强化金融消费者的权利，包括优化权利内容和强化权利救济渠道两个方面，限于篇幅，本文着重从金融教育权的权能优化和引入替代性金融纠纷解决机制两个方面进行论述。

1. 金融教育权的延展与优化

随着金融产品的嵌套叠加和金融服务的日益复杂，金融业已逐渐远离其服务大众的优良秉性，越来越与大众的认知水平与金融素养脱节。因而急切需要对金融消费者进行金融知识普及和金融技能培育，以缩小金融机构与金融消费者之间的能力鸿沟，金融教育权因而具有了理论层面的正当性和客观层面的需求基础。2015 年 11 月，《国务院办公厅关于加强金融消费者权益保护工作的指导意见》第一次以国家规范性文件的形式明确了"金融消费者的受教育权"，进一步促进金融教育权从"理论"走向"规范"，从"口号"落地"实践"。但随着金融业态从传统金融迈向算法金融时代，科技赋能金融的新形势使得金融业态、产品和服务愈发繁杂和尖端，金融创新亦兼具了"科技创新"的属性因而愈发形成与普通消费者的知识撕裂与专业鸿沟。因此金融教育权亦应与时俱进，优化其具体内涵和结构，以实现金融教育权的权能强化并与算法金融新时代接轨。具体来说，可以从教育内容和教育方式两方面着手进行权利优化。

第一，教育内容的延展，应增加有关算法金融的相应内容。诸如智能投顾、P2P 贷款和信用评估算法等低成本、自动化的算法金融服务更多是主打普惠金融市场的，即旨在为小微金融消费者提供机器式的"便宜金融"。而中高端金融消费者因其人脉、资源和财力的优势，尚需要的是定制化、个性化和高端化的人力式服务，优秀的金融人才亦主要锚定此类客户以谋取高额佣金，因此中高端消费者与算法金融之间反而还有一些距离。这就形成了一种奇怪的金融市场结构：对算法科技具有更强理解度和接受力的中高端金融消费者尚不需要与算法金融服务有 太多接触，而对算法金融一窍不通的小微金融消费者却对算法金融服务产生了刚性需求。因此，在社会大众中普及有关算法金融的教育，成为破解这一"怪象"的重要方式，因而具有一定迫切性。当前我国金融教育的内容体系可分为三大部分，即金融市场原理教育、金融交易决策教育、金融消费者权益保护教育。[1]三者都需根据算法金融的发展现状予以相应扩展，特别是增加有关算法公平的教育内容。其中，金融市场原理教育应围绕当前的算法金融市场现状，算法金融产品和服务种类，算法的运营原理、数据来源、推理依据、决策模型等知识展开系统性教育，目的在于使金融消费者对算法金融产业的基础性知识有一个概览性把握；金融交易决策教育则立足于算法金融产品、服务中的不合理、不公平对待问题，围绕这些问题的发生学根源、影响因素、可能后果，算法黑箱的具体情况、产生缘由、潜在危害等知识进行半系统性半应用性教育，目的在于使金融消费者认识到自身在享受算法金融服务的同时会面临的潜在风险和预期损害，促使金融消费者理性选择交易对象，审慎开展交易活动；金融消费者权益保护教育则重点围绕算法不公平决策的识别方法、个人数据的保护方式、算法黑箱的应对之策、权益救济的渠道和方式等知识进行针对性的应用式教育，目的在于培育金融消费者的私力救济意识和自我维权能力，激发"市场自发规制"在实现算法公平中的作用，实现市场主体间的能力再平衡和利益再协调。

第二，教育方式的创新，应引入场景思维，利用算法开展个性化的教育内容输出。克里斯托弗·布施认为，在算法对经济社会的嵌入进程中伴随有一种"普遍的个性化"趋势，即对个体以及他们的社会关系的无处不在的量化和数据化导致集体类别（例如"公民"和"消费者"）的消解，并将重点转移到可量化差异上。[2]这种个性化趋势不仅反映到经济活动之中，譬如智能投顾服务的个性化投资理财建议，也逐渐反映到了法律实施之中，譬如个性化的信息披露要求，

---

〔1〕 袁康：《主体能力视角下金融公平的法律实现路径》，载《现代法学》2018 年第 3 期，第 185～186 页。

〔2〕 ［德］克里斯托弗·布施：《个性化经济中的算法规制和（不）完美执行》，王艳等译，载《环球法律评论》2019 年第 6 期。

抑或者本部分所谈到的个性化金融教育模式。个性化的教育方案设计和教育知识选择有助于实现教育输出与金融消费者需求的内在耦合，进而降低金融消费者的学习成本并强化培育效能，实现"因材施教"。这一个性化教育输出模式早已有其传播学理论基础，即场景思维理论，其强调打通场景、用户与教育之间的关系，深入抓取金融消费者的内在需求，并以及时、高效、舒适的用户体验为导向，实现教育知识的适配性供给。[1]因此，针对算法金融时代的消费者教育诉求，应以个性化算法实施为技术载体，以场景思维为理论指导，构建起定制化、针对性的金融消费者教育制度模式。具体来说，一是由监管部门牵头、联合各界力量搭建一个统一的金融消费者教育服务平台，该平台能兼顾、涵盖不同身份、不同属性、不同场景的金融消费者个体；二是要通过平台算法进行消费者需求挖掘，通过数据获取和建模分析发现消费者内在的教育资源、方式等需求；三是依托于平台丰富的教育资源库和教育输出渠道，为消费者定制个性化、适配化的个人学习方案，并根据金融消费者的反馈即时调整，[2]最终在不断的数据流通、数据联动和数据交互的基础上实现金融消费者教育的动态优化。

2. 金融替代性纠纷解决机制的引入与扩展

由于算法权力的崛起引起了算法金融机构与金融消费者间主体能力的进一步失衡，算法侵权的私法救济也必然更为困难，这具体表现在以下三个方面：一是算法的"逻辑隐层"使得金融消费者举证更为困难。在算法决策过程中，金融消费者可能获得的信息仅有算法的输入数据、输出结果和预设逻辑等基本信息，其缺乏足够的能力和权限获得有关算法的运算过程和动态情况等方面的信息，因而即使金融消费者向司法部门寻求侵权救济，也难以举出相应的证据。二是算法的"黑箱壁垒"使得司法裁判人员难以识别和认定算法不公。司法裁判人员由于缺乏相应的专业知识，难以对算法的不公平对待行为进行识别，同时由于缺乏相应的技术能力与手段，亦难以对"算法是否存在对相应消费者的不公平对待"的问题进行认定，陷入"审判不能"的窘境。三是算法歧视的侵权力度通常较小，且与诉讼成本不成比例，这使得金融消费者"利益衡量"后不愿寻求救济或怠于寻求救济，算法不公亦成了金融法制和金融消费者"心中的一根小刺，想拔又懒得拔"。

因此，想要通过金融消费者权利补强的方式实现算法权力崛起后的市场主体间利益再平衡，应创新发展出更为便捷、高效且契合算法特性的金融纠纷解决机制。本文认为，建立、发展金融申诉专员制度是解决当前这一困境的可行路径。

---

[1] 王怀勇、邓若翰：《互联网金融消费者教育制度研究》，载《南方金融》2017 年第 11 期，第 82~83 页。

[2] 王怀勇、邓若翰：《互联网金融消费者教育制度研究》，载《南方金融》2017 年第 11 期，第 83 页。

金融申诉专员制度最早发源于英国，后被澳大利亚、日本等国家和我国香港、台湾等地区引入和效仿，它具有独立、专业、灵活、高效、便捷和缓解司法压力等特点和优势，[1]更适宜于解决算法不公平决策所导致的金融纠纷。具体来说：其一，金融申诉专员制度中的"调解和裁决者"是具有相应专业知识和经验素养的申诉专员，相比一般的民商事法官来说，更具备专业性和针对性，也更能专注于解决算法金融类纠纷；其二，金融申诉专员制度作为一种替代性金融争端解决机制，主要负责解决涉及金额较小、侵权力度较弱的案件，且办案流程相比司法程序更加简洁，更适宜于解决类似于算法不公平决策等小微型侵权纠纷；其三，金融申诉专员制度更注重于对金融消费者进行倾斜性保护，这体现在其启动机制和裁决效力两个方面，前者多由金融消费者向金融申诉专员机构投诉启动，且仅承担少部分案件受理费用，后者亦多偏向金融消费者，例如"英国金融申述专员制度一旦作出裁决，金融申诉专员将不再审查案件，若消费者接受该裁决，则该裁决对双方发生强制效力，消费者在金融机构不履行裁决的情况下可向法院直接申请执行裁决。如果消费者不接受最终的裁决，可以直接向法院起诉"。[2]这种对金融消费者的倾斜性保护能有效调和算法权力与金融消费者权利二次失衡的能力对比态势，实现算法金融时代金融机构与金融消费者间利益分配的平衡再造。

介于上述优势，引入金融申诉专员制度有助于破解算法时代金融消费者公平权利救济的诸多困境，我国应加快这一制度的研究和法规制定工作，并结合算法侵权的新态势和新特点，作出如下制度安排和创新：一是在金融申诉专员机构中安排一定数量专职负责算法侵权纠纷的金融申诉专员，其应具备相对成熟的人工智能技术知识、金融专业知识和法律专业知识，有能力、有权限对算法的基础架构、运作逻辑和其他信息进行查询、观测和识别，并认定算法金融服务中的不公平对待行为，作出公正的调解和裁决。当前很多院校已逐渐开展的计算法学人才培养计划或"人工智能+法学"人才培养计划即为此种金融申诉专员岗位的设立提供了丰富的人才资源基础，并有力地推动着算法类司法解纷业务的蓬勃发展。二是金融消费者的举证责任安排。鉴于金融消费者难以打破算法黑箱的藩篱和隐蔽决策的面纱，因而难以收集到算法不公的相关证据。因此金融消费者的举证责任应限定为"证明存在区别对待"即可，即金融消费者仅需证明存在与其个人特征较为相似的金融消费者，涉纠纷算法金融服务对他和相似金融消费者作出了区别性的决策输出结果，且他认为这种区别性结果输出损害了他的应得利益（例

〔1〕 沈伟、沈平生：《我国证券纠纷调解机制的完善和金融申诉专员制度合理要素的借鉴》，载《西南金融》2020 年第 5 期，第 3~12 页。

〔2〕 杨东：《金融申诉专员制度之类型化研究》，载《法学评论》2013 年第 4 期，第 80 页。

如更高的利率、保费或次优的投资组合建议）即可。三是金融申诉专员识别和认定算法侵权的基本方法和工具。鉴于算法黑箱的客观存在，算法不公平决策的隐性生成以及算法运营者商业秘密保护的主观诉求，金融申诉专员很难通过直接性的"嵌入式观察"发现和认定算法侵权问题。推荐借鉴前文所述的"控制变量法"，并依托于前文所提出的"虚拟沙盒"，构建起"数字模拟下的控制变量实验机制"，即将涉纠纷算法放入"虚拟市场（譬如虚拟股市、虚拟融资市场等）"进行反复实验，先仅改变涉嫌不公平对待的因素，看算法是否输出了不合理、不公平的区别对待结果，若存在区别对待，则再改变其他非涉嫌不公平对待的因素，看这种区别对待行为是否为其他因素改变导致"关联传导"效应而产生。这种实验机制在算法金融市场中具有较强可行性，因为随着金融市场的不断电子化和虚拟化，金融市场本身的运作即是围绕数字化、数据化的"货币"来运转的。因此只要输入相对客观、合理的模拟数据，亦可准确再现算法在真实金融市场中的决策行为。

四、结语

算法金融产品和服务的诞生代表着"金融的复杂性"与"科技的复杂性"开始产生耦合效应，其结果并不是"双倍的复杂性"，而是"几何倍数的复杂性"，这就使得金融产业在拔向一个新高度的同时，亦酝酿出诸多前所未有的、难以解决的问题，算法决策不公即是其中一种。从个案来看，算法的不公平对待并非特别严重的侵权行为，其导致的金融消费者利益受损有时可能微乎其微。然而，随着算法金融服务打开了普惠金融的大门，算法的不公平决策亦如"游丝"一般，逐渐渗入到整个金融社会的每一个角落，侵蚀着每一位金融消费者的利益，并逐渐对金融公平形成"千里之堤、溃于蚁穴"式的摧毁效果。因此，重视算法金融市场中的算法公平问题，即是重视我们来之不易的金融普惠和金融公平成果，而这不仅需要法学界，更需要计算机科学界、经济学界等各界的通力合作，通过积极研究和能动的制度设计，切实防范算法决策不公对金融公平的威胁。本文所提出了权力制约路径和权利补强路径，以及具体的算法测试和验证制度、金融教育权优化方案、金融申诉专员制度，即是对这一问题所作出的一次理论尝试，期望能获得"抛砖引玉"的效果。而更加系统性、具体性的制度如何构建，与其他金融领域的算法问题是否需要统一立法规制，抑或仅通过专项立法进行规定等诸多问题，尚待之后进一步的研究。

中央银行数字货币法偿性初探

郭泽鹏 *

摘要：我国的央行数字货币即将推出，理论界与实务界对央行数字货币是否应当坚持人民币纸币和硬币无限法偿性的规定存在一定争议。本文梳理了中外货币法偿性理论与制度，认为货币法偿性的一般本质是为了应对货币形态变化和权力更替过程中的货币竞争、为了保障货币信用和维系信用经济、为了降低交易成本和提升整体经济效率。数字经济时代，货币竞争由传统的主权国家货币竞争向数字技术支撑的国际化货币竞争发展，科技进步为货币信用、货币信任提供了新兴技术解决方案，货币效率极大提升的同时也对跨境支付结算提出了更高的要求，这对传统的货币法偿制度构成挑战。我国央行数字货币的发行流通坚持无限法偿性，存在法理、技术和公众认知方面的障碍，也并非直接有益于数字经济时代的要求。缓和适用人民币法偿性规定、将央行数字货币的法偿性设置为人民币无限法偿性的例外，不会对现行人民币的无限法偿制度构成挑战。

关键词：央行数字货币；法偿性；数字经济；货币法

一、介绍及问题的提出

近年来，以大数据、区块链、可信云计算、人工智能为代表的新兴技术与金融行业深度融合，产生了许多金融新产品、新业态和新模式，颠覆了金融领域原有的生产方式、消费方式和产业结构[1]，如数字货币、股权众筹、智能投资顾问、互联网保险、互联网第三方支付，等等。金融市场的新变化引起了各国监管机构的高度关注，金融监管当局通过调试监管思路、扩充监管工具和增强监管的科技化水平提升监管效能。在各国监管当局融入金融科技的新变化过程中，"发行央行数字货币"是一个非常引人注目的举措，委内瑞拉、厄瓜多尔、突尼斯已

---

* 郭泽鹏，中国政法大学法与经济学研究院博士研究生。

[1] 沈伟、张焱：《普惠金融视阈下的金融科技监管悖论及其克服进路》，载《比较法研究》2020 年第 5 期。

经发行了央行数字货币以应对国内恶性通胀、推动金融改革，包括美国、加拿大、瑞典、新加坡在内的世界主要经济体也将央行数字货币的研发作为央行的重大课题。[1]

我国发行央行数字货币的灵感或动机主要来自两个方面：一方面，私人数字货币的出现给中国人民银行（以下简称"央行"）带来了明显的监管挑战。私人数字货币作为支付工具、投资工具进行流通对我国的货币体系、货币政策和金融监管造成一定程度上的影响，呼之欲出的稳定币［如天秤币（Libra）］与现行法定货币构成竞争关系，对国家主权构成挑战[2]，央行数字货币的发行正是对私人数字货币的一种回应。另一方面，我国央行发行数字货币可以有效回应私人部门建立的非银行支付、第三方支付等存在的问题。私人支付的兴起一定程度上加重了央行的监管负担，造成金融基础设施重复建设；加重了央行对私人部门的价值担保，容易引发道德风险；削弱了法定货币地位，降低了货币政策的有效性。[3]此外，央行数字货币具有支付上的安全性、清算结算上的便利性、央行对于货币政策的可控性和对货币违法行为监测的便捷性，相比较于传统实物货币具有明显技术优势，货币演进与科学技术相关联，央行数字货币是货币形态演进的逻辑必然[4]。我国央行数字货币的研究工作启动于 2014 年，2016 年 11 月央行成立数字货币研究所，2017 年央行成立专项工作组启动数字货币的研发试验。2018 年 3 月，周小川在第十三届全国人大一次会议记者会上表示，央行数字货币研究所正和业界共同研发央行数字货币，我国央行数字货币命名为 DC/EP（Digital Currency/Electronic Payment）。2020 年上半年，央行数字货币先行在深圳、苏州、雄安、成都和未来冬奥场景进行内部封闭试点测试。[5]从目前情况来讲，我国央行数字货币的很多研究成果已领先世界，央行数字货币即将破茧而出。

我国的央行数字货币是人民币的数字化形式，央行数字货币的发行涉及货币相关法律法规的修订。根据《中国人民银行法》第 16 条和《人民币管理条例》第 2 条、第 3 条的规定，我国的法定货币是人民币，包括人民币纸币和硬币，这意味着未来我国发行央行数字货币需要通过法律修改将"央行数字货币"纳入人民币的范畴。此外，以上条文还规定了：以人民币支付我国境内的一切公私债务，任何单位与个人不得拒收。这明确了人民币的法偿性，即法偿效力。货币的

---

〔1〕 Digital Dollar Foundation, *The Digital Dollar Project Exploring a US CBDC*, May 2020; Raphael Auer, Giulio Cornelli & Jon Frost, *Rise of the Central Bank Digital Currencies: Drivers, Approaches and Technologies*, BIS Working paper, No. 880, August 2020.

〔2〕 于品显：《中央银行数字货币法律问题探析》，载《上海对外经贸大学学报》2020 年第 2 期。

〔3〕 姚前：《法定数字货币对现行货币体制的优化及其发行设计》，载《国际金融研究》2018 年第 4 期。

〔4〕 赵莹：《我国法定数字货币的金融监管制度构建》，载《重庆社会科学》2020 年第 5 期。

〔5〕 温源：《迎接央行数字货币，你准备好了吗》，载《光明日报》2020 年 5 月 12 日，第 10 版。

法偿性指的是货币的法定支付能力〔1〕。货币的法偿性分为无限法偿性和有限法偿性，无限法偿性指货币在流通过程中具有绝对支付能力，任何非特别约定给付标的的债务人进行清偿时，债权人不得拒绝〔2〕，而有限法偿性是指支付标的小于一定数额时具有绝对支付能力，而大于该数额时债权人有权拒收。根据我国法律规定，人民币纸币和硬币具有无限法偿性，是无限法偿货币。那么，未来央行央行数字货币的发行是否需要调整人民币法偿效力的有关规定，缓和适用人民币无限法偿规定，以应对民众业已形成的支付习惯和民众对数字技术货币的适应，抑或是继续维持我国法律对货币法偿性的现行规定。

关于该问题，学术界和实务界有一些讨论，也存在一定争议。一种观点认为关于央行数字货币的法偿效力应维持我国目前对货币法偿性的规定，即央行数字货币应当具有无限法偿效力。如中国人民银行条法司刘向民认为，目前央行数字货币不适用保障人民币法偿性的法律条款，未来应当予以调整，但不宜设置法偿性条款的例外条款，以维护法定货币的权威性和立法的稳定性。〔3〕另一种观点认为面对央行数字货币的新情况，我国货币法律中的法偿性规定可以进行调整适用。如杨东认为，应缓和适用人民币法偿性的相关规定，不要求市场主体在一般零售交易中必须接受央行数字货币作为债务清偿的支付手段。央行数字货币不具备法偿性不影响其作为国家发行法定货币的性质。〔4〕刘少军认为央行数字货币的发行或强制使用不能剥夺社会公众对法定现钞和硬币的使用权，否则同样会构成对《中国人民银行法》的违反和对法定货币无限法偿效力的否定，处理央行数字货币的法偿性问题应处理好央行数字货币与法定现钞与硬币的关系。〔5〕因此，面对我国央行即将推出的央行数字货币，在法偿性上应当如何进行制度设计便成为一个亟待研究和解决的现实和理论问题。

二、货币法偿性制度回顾与货币法偿性一般本质

(一) 货币法偿性制度回顾

货币的法偿性诞生于国家主导货币发行之后，由于国家的存在和货币作为国家权力的主要内容之一，国家会通过颁布法律的方式强制要求债权人与债务人在交易中使用国家认可的货币类型，以维护货币权威、货币使用秩序、保障债权人和债务人利益、保障金融体系稳定。货币的法偿性主要表现为两个方面：一是国家认可货币的强制使用；二是法偿货币不可拒收，否则将受到法律制裁。

---

〔1〕 李健主编：《金融学》，高等教育出版社 2018 年版，第 48 页。
〔2〕 刘少军：《金融法学》，中国政法大学出版社 2016 年版，第 98~99 页。
〔3〕 刘向民：《央行发行数字货币的法律问题》，载《中国金融》2016 年第 17 期。
〔4〕 杨东、陈哲立：《法定数字货币的定位与性质研究》，载《中国人民大学学报》2020 年第 3 期。
〔5〕 刘少军：《法定数字货币的法理与权义分配研究》，载《中国政法大学学报》2018 年第 3 期。

关于国家认可货币的强制使用。国家认可货币的强制使用最早出现在罗马法当中，罗马法规定了罗马共和国与罗马帝国的市民在所有私人之间或者政府与私人之间的债务支付中均必须接受政府所铸造的各种货币。[1]英国盎格鲁-撒克逊时期国王阿瑟尔斯坦（Athelstan）于公元925—936年间在格拉利（Grately）颁布了一系列有关货币铸造的法律，史称《格拉利铸币法》。该法律规定，全国只允许一种货币流通，其他流入英国和已有的除便士（Penny）之外的货币因此逐渐退出流通领域。为了保持英格兰地区货币的统一性，分散各地的铸币师从伦敦得到铸模后进行货币铸造。[2]美国《联邦宪法》第1条第8款规定了联邦的18项权力，其中第5项是联邦国会有权铸币并规定铸币的价值，以及规定外国铸币的价值，并规定铸币的重量和尺寸。[3]美国内战期间，1862年2月25日美国国会通过了《法偿货币法案》（Legal Tender Act）创设了美元纸币，但在当时的美国理论界和实务界对于国会是否有权授权美国政府发行美元纸币存疑[4]，此后美国最高法院的判决使得这一问题尘埃落定。美国最高法院认为国会有权力规定美元纸币作为法偿货币，美元纸币作为法偿货币应当受到强制使用。[5]在欧盟，根据欧盟理事会（Council of the European Union）1998年5月3日颁布的欧元条例第978/74号第10条和第11条的规定，自2002年1月1日起，欧洲中央银行与成员国中央银行应当将欧元纸币与硬币投放市场，欧元纸币是所有成员国流通纸币中唯一具有法偿货币地位的纸币，欧元硬币是所有成员国流通硬币中唯一具有法偿货币地位的硬币，但除发行机构或发行国法律特别指定的人之外，没有人有义务接受多于50个的欧元硬币。[6]这意味着欧元通过强制适用的方式被各成员国采纳，欧元纸币具有无限法偿效力，欧元硬币具有有限法偿效力。在我国古代，秦始皇统一中国之后颁布了我国乃至世界上最早的财政和货币立法——《金布律》，秦朝的"秦半两"成为我国最早的法定货币，被强制使用，禁止私铸货币。但由于铸币技术等的问题，民间私铸现象屡禁不止。[7]直到汉武帝进行货

〔1〕 张庆麟：《论货币的法律概念及其法律属性》，载《经济法论丛》2003年第2期。

〔2〕 Sir John Craig., The Mint: *A History of the London Mint from A. D. 287 to1948*, Cambridge University Press, 1953. 转引自崔洪健：《盎格鲁-撒克逊时期英国货币制度形成初探》，载《北方论丛》2013年第6期。

〔3〕 原文是："To coin Money, regulate the Value thereof, and of foreign Coin, and fix the Standard of Weights and Measures."参见美国《联邦宪法》，载美国联邦参议院网站，https://www.senate.gov/civics/constitution_item/constitution.htm#a1，最后访问日期：2020年6月19日。

〔4〕 James B. Thayer, "Legal Tender", 1 *Harv. L. Rev.* 73 (1887-1888).

〔5〕 Knox v. Lee, 79 U. S. at 583-84 (1871).

〔6〕 Council Regulation (EC) No 974/98 of 3 May 1998 on the Introduction ofthe Euro.

〔7〕 程维荣：《有关秦汉〈金布律〉的若干问题》，载《兰州大学学报（社会科学版）》2010年第4期。

币改革，实行盐铁官营，自此铸币权归中央行使。[1]铸币权的统一为货币的法偿地位和法偿效力奠定了基础。元代是中国古代历史上基本实行纸币流通的朝代，交钞是国家规定的最基本法偿通货。之后几个朝代法律都明确规定了法偿货币，但是由于通货膨胀、流通便利程度等方面的原因，货币的法偿性一直不够稳定。新中国成立前夕，各解放区的货币呈现割据状态，这导致了贸易壁垒和贸易保护。1948 年 12 月 1 日华北人民政府主席董必武签署了《华北人民政府布告》（金字第四号）宣布统一华北、华东、西北三区货币，当 12 月 1 日起，中国人民银行钞票定为华北、华东、西北三区的本位币，之后所用公私款项收付及一切交易，均以人民币结算。

关于法偿货币的不可拒收性，很多国家的法律都规定了拒收法偿货币的法律后果。在古代，罗马帝国对拒绝接受法定铸币的债权人处以罚金；在英国，亨利八世对于不接受其颁行的法偿货币的行为处以罚金和监禁；大革命时期的美国则是按对敌法案处理，其惩罚措施相当粗暴，从没收财产到上颈手枷以示众直至失去其耳。[2]到了近现代，随着对金本位制度的放弃，各国将铸币与纸币作为"货币符号"和"价值符号"在法律中加以规定，并明确了法偿地位。在此过程中，债权人不会因为质疑债务人支付的货币是否是法偿货币而拒收，而往往是由于债务人支付的提前、延迟或不足而拒收。[3]这一阶段对于法偿货币的拒收也有相应的法律后果，但是相较于古代强度明显减轻，如在大陆法系国家，若因债权人的原因拒收法偿货币，债务人的债务在一定条件下可以免除，或通过提存的方式解除债务[4]。在中华人民共和国成立前夕的上海，人民币的发行遭遇了一定的阻力，由于之前的金圆券大幅贬值，市场上一些商家和百姓仍将银圆作为流通工具进行交易和贮藏，推行人民币后银圆仍然与人民币产生竞争，最后对银圆投机交易中心——上海证券交易所进行了查封。[5]

（二）货币法偿性一般本质

通过对货币法偿性制度的回顾，我们正在逐步接近货币法偿性的内核，货币的法偿性规定往往是为了应对货币形态变化或权力更替过程中存在的货币竞争、为了维系货币信用与信用经济、为了降低交易成本和提升整体经济效率。

---

[1] 王乔：《近代中国货币法研究》，中国政法大学 2011 年博士学位论文，第 81 页。

[2] 张庆麟：《论货币的法律概念及其法律属性》，载《经济法论丛》2003 年第 2 期。

[3] 张庆麟：《论货币的法律概念及其法律属性》，载《经济法论丛》2003 年第 2 期。

[4] 该种情形可见于《法国民法典》和《意大利民法典》。

[5] 陈旭东：《上海 1949：从金融重建到经济新生》，载《文汇报·文汇学人》2019 年 5 月 31 日，第 XR4 版。

1. 货币法偿性与货币竞争

从货币史的角度讲，货币产生后就有了货币竞争[1]，货币法偿性首先是为了应对货币竞争问题或多种流通工具并存的问题。通过上文对货币法偿性理论和制度的梳理，我们可以发现国家在规定某种货币为唯一可以使用且具有无限偿付能力的通货时，往往处于多种货币或流通工具并存的阶段，强调货币法偿性或法偿货币的目的在于将法定货币区别于约定货币[2]。对这一问题，我们可以从两个角度进行解读：其一，在商品货币[3]向金属货币转变的过程中，特别是金属货币逐步发展为国家主导的铸币的过程，正是国家权力逐步渗透到货币领域，流通工具较为混乱的阶段，国家对货币的币值、币种、币材等的规定可以克服流通工具不一致带来的高昂交易成本问题，同时减少因流通工具不一致和偿付能力有限带来的商业壁垒问题，推动更大范围商品市场的形成；其二，在信用货币[4]时代，一国建国初期或是货币联盟形成初期，仍然面临着流通工具的分散、多样和竞争的情况，这时国家或联盟组织通过法律的形式给予某种流通工具以法定货币的身份并给予发行和流通上的法律保障，有利于国家权力的巩固、联盟体系的稳固、贸易规模的扩大和商业秩序的形成。事实上，人民币的发行流通及法偿性保障结束了此前多种流通工具并存的局面，有利于新中国经济的恢复和发展。因此，可以讲货币的法偿性是为了应对多种流通工具并存甚至发生竞争的情况，也是为了统筹区域和整个国家的经济社会发展。

2. 货币法偿性与货币信用

货币本身是一个经济学范畴，若从法学的角度解读货币，货币概念的核心是法偿性，与国家主权权力有关。尤其是在信用货币时代，法偿性维系了货币信用，更维系了信用经济。首先，当今社会信用建立的方式和信用形式发生了变化，从过去的"一手交钱、一手交货"的即时交易模式向"钱货分离"的信用交易模式转变，信用货币和货币信用恰是信用建立方式和信用形式转变的重要表现。信用货币不可能在未同时创造一种信用的前提下被创造出来，正是信用创造驱动了"货币化"的过程。[5]甚至，"货币本身其实就是信用"[6]。其次，信

---

[1] 陈雨露：《东亚货币合作中的货币竞争问题》，载《国际金融研究》2003 年第 11 期。

[2] 刘少军：《国际化背景下人民币基础法规完善研究》，载《北方法学》2015 年第 5 期。

[3] 此处的商品货币指的是狭义的商品货币概念，即普通商品充当一般等价物的时代。

[4] 此处的信用货币值得是狭义的信用货币概念，指作为价值符号存在的纸币，而排除了银行券（ban-knotes）。

[5] BellS. , Henry J. , Wray L. R. , A Chartalist Critique of John Locke's Theory of Property, Accumulation, and Money: Or Is It Moral to Trade your Nuts for Gold, Review of Social Economy, 2004, pp. 51-65.

[6] ［英］梅里克·查普曼：《坏钱?：金融风暴的"危"与"机"》，李宪一、查建设译，中国市场出版社 2012 年版，第 20 页。

用货币时代，尤其是货币作为价值符号存在的"不兑现货币时代"，作为货币载体的纸币本身价值量很小，无法为货币所表现的价值进行背书，纸币本身的价值与纸币表现的价值之差需要通过货币信用进行补足。然而，货币信用是一个抽象的概念，货币信用需要具象为货币法律关系中货币持有人的权利，即将"法定货币强制使用、不得拒收"的法偿性规定作为货币信用、货币流通的最后性保障和兜底性手段，货币法偿性因此维系了货币信用。因此，可以认为信用形式变化推动了信用货币产生，而法偿性为货币信用提供了制度化保障，增强和巩固了货币的信用基础，增强了货币持有人信心，给交易双方提供了相对稳定的支付结算预期，有利于信用交易的持续进行。

3. 货币法偿性与经济效率

货币具有效率性本质，货币的法偿性是货币效率的后盾和法律保障，更是纸币时代国家信用的具象表达。首先，上千年的货币发展史告诉我们，货币是提升交易效率、降低交易成本的有效交换媒介。在商品交易最早期的物物交易时代，交易双方达成交易的前提是需求的双重巧合（Double coincidence of wants），然而这需要交易的任何一方在交易之前付出巨大的搜寻成本，一项交易的达成存在巨大的不确定性，也需要耗费很长的时间。而货币的诞生发展出人们对于货币的需求，进而开展以货币为媒介的交易，购买行为和出售行为发生分离，这极大地提升了交易的效率。因此，可以认为货币具有效率本质。其次，一个小范围的社区或社会容易达成行动一致[1]，非正式制度之下货币可以表现为民间自发的货币形式，民间货币促进了经济效率，随着社会交往的扩大和市场规模的扩大，关于货币的集体共识难以达成，此时需要借助国家权力和法律制度促进货币在一定范围内的统一，表现为主权国家的货币提升了整体经济效率。国家权力和法律制度促进货币的统一往往通过"特定货币的强制使用—不可拒收—相应的法律责任"这样的法偿性规定来实现，以确保绝大多数情况下交易相对方不会对货币价值产生怀疑，在司法裁判中债权人必须接受债务人法定货币的清偿，以此保障交易效率。尤其是在信用货币时代，货币信用的背后是国家信用，货币法偿性和货币的国家信用是一体两面的关系，货币的国家信用正是法律对以货币为媒介的交易双方行为的监督和干预。效率是货币的本质，法偿性是效率的保障。

三、数字经济时代对货币法偿性的挑战

从我国的实际情况来讲，人民币纸币和硬币的法偿效力在当代社会已经受到一定程度的挑战：一方面，我国的《现金管理暂行条例》第 2 条和第 3 条规定

---

[1] ［美］曼瑟尔·奥尔森:《集体行动的逻辑》，陈郁等译，上海格致出版社 2014 年版。

了在银行和其他金融机构开立账户的单位之间进行经济往来，应当以转账结算为原则、以现金结算为例外，以减少现金的使用。[1]这在某种程度上意味着人民币存款货币具有无限法偿效力，而人民币纸币和硬币的绝对法偿效力受到限制；另一方面，近年来我国网络支付蓬勃发展，2019 年非银行支付机构发生网络支付业务 137 199.98 亿笔，金额 249.88 万亿元，同比分别增长 35.69% 和 20.10%。[2]以微信和支付宝为代表的网络支付手段在全社会的普及也在一定程度上影响了人民币纸币和硬币的无限法偿支付效力。事实上，随着新产品、新产业、新业态、新模式的不断涌现，货币的法偿性会面临更多的挑战。

（一）数字经济时代的货币竞争与货币法偿性

数字经济时代的货币竞争已不是传统意义上的货币形态变化与权力更替时的货币竞争，以数据和算法为核心的数字经济具有极强的跨越地域、甚至跨越国界的能力，货币的区域化、一体化、国际化成为可能，以 Libra 为代表的稳定币（StableCoin）解决了跨境支付缺乏全球性央行提供服务的问题，且 Libra 协会成员企业可以撬动约全球人口 1/3 的用户网络和大量支付场景，使 Libra 很容易在跨境贸易中被广泛接受和使用，并主要在跨境资本流动方面对我国带来挑战。[3]央行前行长周小川曾指出，Libra 被重视跟全球的美元化趋势是分不开的[4]，美元作为国际强势货币，美元的全球化必然侵蚀其他国家货币并直接影响国际资本流动。因此，新一轮的货币竞争将在全球性或国际性货币这一领域展开，而未来全球性或国际性货币必然是数字化货币。可以认为，目前各国正在研究的央行发行的数字货币（Central Bank Digital Currencies）并不是未来货币的终极形态，而是为全球性或国际性货币进行理论和技术准备的阶段性工作，以应对更深层次和更长远的支付、贸易和货币的竞争。

数字经济时代我国央行数字货币的研发和试点是应对新一轮货币竞争的准备工作。具体到我国央行数字货币的发行流通，央行对央行数字货币的定位是对流通中现金（M0）的替代[5]，意味着央行数字货币需要被强制推行并获得社会普

---

[1] 国务院行政法规《现金管理暂行条例》第 2 条规定："凡在银行和其他金融机构（以下简称开户银行）开立账户的机关、团体、部队、企业、事业单位和其他单位（以下简称开户单位），必须依照本条例的规定收支和使用现金，接受开户银行的监督。国家鼓励开户单位和个人在经济活动中，采取转账方式进行结算，减少使用现金。"第 3 条规定："开户单位之间的经济往来，除按本条例规定的范围可以使用现金外，应当通过开户银行进行转账结算。"

[2] 数据来源于中国人民银行《2019 年支付体系运行总体情况》，载 http://www.pbc.gov.cn/goutongjiaoliu/113456/113469/3990497/index.html，最后访问日期：2020 年 10 月 14 日。

[3] 孙国峰：《Libra 的货币性质、潜在影响与演变方向》，载《经济学动态》2019 年第 12 期。

[4] 周小川：《Libra 代表数字货币的趋势 中国应未雨绸缪》，载新浪网，https://finance.sina.com.cn/blockchain/roll/2019-07-09/doc-ihytcitm0741491.shtml，最后访问日期：2020 年 10 月 13 日。

[5] 范一飞：《中国法定数字货币的理论依据和架构选择》，载《中国金融》2016 年第 17 期。

遍接受，这就需要货币法偿性的保障，但是以无限法偿性推行数字货币也存在公众认知、技术等方面的障碍，保障央行数字货币被广泛接受和关注央行数字货币发行的现实条件是两个需要进行权衡取舍的价值。但同时需要明确，我国通过无限法偿性推行央行数字货币使得央行数字货币被社会接受并不是我国研发央行数字货币的终极目标，央行数字货币是应对货币国际竞争、加强人民币国际化的阶段性工作，其带来的诸多有利影响可能是附带性质的。

（二）数字经济时代的货币信用与货币法偿性

货币信用是信用货币时代货币得以被交易双方认可的基础，数字经济时代货币的内涵和外延受到一定程度的挑战。近年来，随着计算机技术、分布式记账技术（DLT）和密码学的发展，去中心化的私人数字货币开启了一场大规模的社会实验，某种程度上是受到哈耶克"货币非国家化"思想的影响[1]，甚至一些将比特币等私人数字货币奉为新型货币的网络极客将哈耶克的思想作为私人数字货币的理论基础。哈耶克认为国家垄断货币发行权最终会导致货币供应量过大，造成通货膨胀，甚至导致社会动荡，而解决这一问题的设想就是取消政府发行货币的垄断权，允许私人银行发行竞争性的自由货币。[2]事实上，哈耶克的思想并不是货币真正的去中心化，而是由传统的国家中心转变为以私人银行为中心[3]，这并不能为私人数字货币提供理论上的支持。但是私人数字货币尝试建立新的共识和信任机制以降低交易成本，减少货币流通的中间环节的确是有益的尝试。特别是新的共识机制和新的信任机制某种程度上冲击了实物货币的信用机制，提出了货币信用能否通过技术层面的设计来实现的问题。

在这样全新的背景之下，实物货币的法偿性面对央行的数字货币、甚至私人数字货币还是否有意义？有多大意义？在多大程度上、多长的时间内有意义？这取决于技术建立的信任和公众对央行信任的博弈。具体到我国的央行数字货币，短时间内可能不会涉及这样宏大的命题，但是否货币法偿性就足以解决社会公众对央行数字货币的信任，无限法偿性是否一定能够确保央行数字货币被社会公众充分接受，这些都是值得进一步思考的，对这些问题的研究直接影响甚至决定着我国的央行数字货币在发行过程中的法偿性设置问题。

（三）数字经济时代的经济效率与货币法偿性

货币法偿性是货币流通效率的保障，数字经济时代货币的流通效率得到了大幅提升，但是也同时存在支付结算效率的困境。一方面，数字经济时代产生了新的支付工具，电子支付、私人移动支付等金融基础设施的逐步完善，以及新型支

---

[1]　吴云、朱玮：《虚拟货币：一场失败的私人货币社会实验?》，载《金融监管研究》2020年第6期。

[2]　[德]弗里德里希·冯·哈耶克：《货币的非国家化》，姚中秋译，新星出版社2007年版。

[3]　杨延超：《论数字货币的法律属性》，载《中国社会科学》2020年第1期。

付工具的出现减少了现金的使用，尤其是在我国一定程度上实现了"无现金社会"，货币的使用、资金的转移只需在移动终端上的操作就可实现，人民币纸币和硬币的制造成本和流通成本有所下降，货币流通效率获得了大幅提升。另一方面，在国际贸易和跨境支付领域，目前银行间的跨境支付结算主要依赖 SWIFT（Society for World wide Interbank Financial Telecomm）系统，SWIFT 系统本身是一个国际金融机构为了适应科技发展的潮流，提高效率而自发形成的非营利性国际合作组织，但由于美国在国际储备体系、国际贸易体系、银行体系中的特殊地位，其一直图谋 SWIFT 系统的主导权。[1]美国也曾借助其在 SWIFT 系统的影响力对伊朗、俄罗斯等国进行国际贸易制裁。同时，使用 SWIFT 系统进行交易的手续费高昂，需要经过汇款行、中间行和收款行多个环节，每个环节都需要进行合规审核，时效较长。在一定程度上存在跨境货币支付效率的困境。因此数字经济时代，各国也在通过技术手段谋求跨境支付结算成本更低、效率更高的新途径，数字货币正是一个被认为非常有益和充满前景的尝试。

具体到我国的央行数字货币，以无限法偿性推广央行数字货币应当可以达到较好的推广效果，但是央行数字货币会与现行的微信、支付宝等私人移动支付体系产生某种程度的竞争，加之央行数字货币作为中央银行负债，信用等级高于作为商业银行负债的 M1 和 M2，社会公众可能基于央行数字货币的无风险性将银行存款转换为央行数字货币，甚至造成"银行挤兑"。央行数字货币的推广与央行数字货币的次生风险如何来权衡值得思考。同时，从跨境支付结算的角度讲，一种新型的数字货币被其他的主权国家、企业和个人接受并非仅仅依靠法偿性，因为法偿性是国内法规范，根源上还是取决于该新型的数字货币是否有足够强大的技术支持，能被大多数国家所信任并且在国际大宗交易当中使用。

四、货币法偿性的调试与我国央行数字货币

央行数字货币不是信用货币的电子化，而是全新的货币形态，这意味着货币所依托的社会、历史、经济和技术条件已然发生了改变，货币的权力与权利关系结构发生了变化，货币的发行与流通机制被赋予了全新的模式和逻辑，在新的约束条件之下，货币的法偿性应当从当下和长远两个层面做出统筹安排，特别是当下央行数字货币的法偿性应当进行调试，我国法律和法规中关于货币法偿性的相关规定也应当做出必要调整。

（一）央行数字货币法偿性调试的必要性

依照《中国人民银行法》和《人民币管理条例》的规定，人民币纸币和硬

---

[1] 许文鸿：《SWIFT 系统：美俄金融战的博弈点》，载《俄罗斯东欧中亚研究》2019 年第 6 期。

币均具有无限法偿性，以人民币支付我国境内一切公私债务，任何单位和个人都不得拒收。但是央行数字货币的推出如果坚持人民币纸币和硬币的无限法偿性，至少会存在以下几个方面的困难：

第一，央行数字货币坚持人民币纸币和硬币的无限法偿性可能对支付货币一方使用人民币纸币和硬币的权利构成限制，也可能对接受货币一方设置某种义务。央行数字货币若具有无限法偿性意味着央行数字货币的强制推行，在一定程度上剥脱了社会公众对人民币纸币和硬币的使用权。[1]同时，央行数字货币的无限法偿性意味着央行数字货币的持有人与他人发生交易时，该交易相对方必须无条件接受央行数字货币，甚至成为交易相对方的义务，这在央行数字货币的推行初期是难以完全实现的。特别是央行数字货币持有人的交易相对方是否具有接受央行数字货币的特定账户、终端设备和交易后手，这都会成为接受央行数字货币的实质性障碍。一般法理认为，权利不得滥用，权利的行使不得干涉他人的自由，因此在央行数字货币推行初期设置无限法偿效力存在困难。

第二，央行数字货币坚持人民币纸币和硬币的无限法偿性存在技术方面的障碍。央行数字货币的使用与人民币纸币和硬币的使用完全不同，人民币纸币和硬币可以直接使用，无需其他辅助设施，央行数字货币的使用需要依托移动终端设备等基础设施，如智能手机，但智能手机的使用在我国并不能达到人口的百分之百覆盖。进一步而言，即使支付央行数字货币一方拥有移动终端设备，但接受央行数字货币一方没有移动终端设备，以央行数字货币为媒介的交易还是难以达成，因此央行数字货币以无限法偿效力推出存在一定的技术障碍。

第三，央行数字货币坚持无限法偿性会与公众当下的认知和支付习惯产生冲突。从公众的认知上来讲，在现阶段公众对于央行数字货币的理解还难以深入，极易对央行数字货币与移动支付产生认知混淆，特别是目前央行数字货币的支付和转账功能均是通过手机 App 实现，因此一般公众并不理解央行数字货币与微信支付、支付宝支付的区别，且央行数字货币存入特定账户并不计付利息[2]，一般公众使用央行数字货币的动力不足，公众的认知革新和支付习惯调整需要较长的时间。

（二）央行数字货币法偿性调试的可能性

央行数字货币法偿性从无限法偿走向有条件的有限法偿在理论上是可能的，在实践中也不存在明显障碍。这主要基于法偿性本质、法偿性制度目的的考量。

---

〔1〕 刘少军：《法定数字货币的法理与权义分配研究》，载《中国政法大学学报》2018 年第 3 期。

〔2〕 范一飞：《关于数字人民币 M0 定位的政策含义分析》，载中国经济网，http://www.ce.cn/xwzx/gnsz/gdxw/202009/14/t20200914_35740307.shtml，最后访问日期：2020 年 9 月 15 日。

首先，以货币无限法偿性对抗货币竞争的原始假设已经不存在，央行数字货币应当作为人民币的一种形式进入流通，而非与人民币相并列的全新币种。当前我国即将推出的央行数字货币是人民币的数字化形式，是中国人民银行依据《中国人民银行法》进行的货币统一发行活动〔1〕，并不存在货币史上由不同货币发行主体发行货币引发的货币竞争问题。虽然央行数字货币发行之后将会长期与法定实体货币并存，但两者都将会被纳入我国货币法律体系当中，且央行数字货币会逐步替代 M0，因此从央行数字货币的发行和流通设计上讲并不存在多种流通工具竞争的情况，央行数字货币延续人民币纸币和硬币的无限法偿性的原始假设并不存在。更进一步而言，面对数字经济时代对货币提出的新要求，我国央行数字货币的研发不应当仅仅局限于从技术层面将流通中的现金数字化，而是应当瞄准更为长远的货币国际化乃至国际性货币的竞争，无限法偿性作为国内法律规范并不能直接促进人民币国际化。

其次，从货币信用维系和经济效率保障的角度讲，人民币是我国唯一法定货币，央行数字货币虽然没有纳入我国现行《中国人民银行法》当中，但未来央行数字货币一定是通过对人民币概念的扩大解释将其纳入我国法定货币范畴的，央行数字货币将在相当长的一段时间内成为人民币项下的一种形式，因此对央行数字货币设置有限法偿性并不一定对整个人民币法偿性制度构成挑战，人民币发行流通以来形成的货币信用已经相对稳定，人民币本身效率的发挥和人民币对经济效率的促进也已基本定型，调试央行数字货币法偿性不会对人民币法偿性维系货币信用和保障经济效率构成威胁。进一步而言，数字经济时代提出的货币信任和货币共识的新兴技术解决方案一定程度上解构和发展了传统的货币信用理论，当前阶段对货币法偿性的理解并非完全适应未来货币发展的趋势，同时在国际支付结算领域如果能够将货币信任的技术解决方案一定程度上变为现实，货币法偿性问题会更加弱化。因此，尝试在央行数字货币中缓和设置无限法偿性并无不妥。

（三）我国央行数字货币法偿性妥当安排

从当下阶段来讲，我国央行数字货币在发行流通的初期不宜设置无限法偿性，这受诸现实条件的限制，对央行数字货币无限法偿性的缓和适用是因时制宜的选择。同时，央行数字货币无限法偿性的缓和并不挑战人民币的无限法偿性，央行数字货币作为与人民币纸币、硬币相并列的货币形式，对人民币无限法偿性的缓和适用是人民币法偿性原则的例外。具体而言，我国央行数字货币的法偿性可以做如下的设计。其一，政府的财政拨款，政府部门之间的资金划转可以先行

---

〔1〕《中国人民银行法》第18条规定，人民币由中国人民银行统一印制、发行。

使用央行数字货币；其二，可以规定公司、企业之间的资金交易在特定金额以上使用央行数字货币进行；其三，个人之间、个人与公司企业之间的交易先行保障个人对于央行数字货币和法定实体货币的选择权，不强制居民个人必须使用和接受央行数字货币。

金融科技背景下数据风险的法律规制

刘　倩 *

摘要：金融科技天然具有强大的数据"基因"，强大的数据获取、汇集、分析、处理及应用能力是金融科技发展的核心动力和竞争优势，但相伴而生的数据风险也成为金融科技发展的瓶颈和风险聚集区。金融科技的数据风险由数据开放与数据保护这两个既对立又统一的风险维度构成，由此也对数据风险监管带来显著挑战。一方面，支持数据开放的监管政策存在用户隐私泄露、数据不当使用以及危害金融安全等监管挑战。另一方面，支持数据保护的监管政策同样面临成本增加、竞争限制及效率损害等风险挑战。对此，欧盟的《通用数据保护规则》、英国的"开放银行"倡议以及美国证券交易委员会近期对脸书公司数据慢权的处罚从不同层面为金融科技数据风险监管提供了有益的借鉴经验。而对于中国来说，中国应当从加强市场主体自身数据风险管理框架、完善金融领域监管规则并积极推进国家数据保护基本立法等三个层面来加强金融科技的数据风险监管，以此推动中国金融科技乃至整个金融经济的有序、稳健发展。

关键词：金融科技；数据风险监管；数据

一、金融科技的数据"基因"及数据风险的概念界定

（一）数据"基因"的概念界定

金融稳定委员会为金融科技提供了一个定义，其认为金融科技是指"技术驱动的金融创新，可以导致产生新的商业模式、应用或产品并对金融市场、机构及金融服务的提供产生实质性的影响"。[1]根据这一定义，金融科技的核心包括三个要素：技术驱动、新的金融服务以及对传统金融的实质性影响。整体上，金融科技可以从两个角度进行分类：其一，从金融的角度来分类，即从金融科技具体

---

* 刘倩，法学博士，西南政法大学经济法学院专任教师。

〔1〕 Financial stability board: financial stability implications from fin-tech, supervisory and regulatory issues that merit authorities's attention 【R】, 2017, p. 7.

归属的金融领域来划分；其二，从技术的角度来分类，即按照金融创新赖以实现的技术所归属的领域来划分。具体来说，从金融角度可以分为三类：信贷及资金筹集；支付、清算及结算；投资管理。信贷及资金筹集包括：众筹、借贷市场、移动银行以及信用评分。支付、清算及结算又可分为零售及批发业务，零售业务包括电子钱包、点对点转账以及电子货币，批发业务包括价值转移网络、外汇批发以及电子交易平台。投资管理服务包括：高频交易、追踪交易、电子交易以及机器人投资建议。从技术角度可将支持技术分为八种，分别是：端口及数据归集技术、生态系统技术（基础设施、开源）、数据应用技术（大数据分析、自动学习、模型预测）、分布式账本技术（区块链、智能协议）、安全技术（客户识别及验证）、云计算技术、移动网络互联技术、人工智能技术（自动化金融、算法）。

可见，无论从金融科技定义的角度，还是从分类的角度，金融科技天然具有强大的数据"基因"。也可以说，数据的获取、归集、分析、处理及应用构成了金融科技的骨架及灵魂。因此，数据风险自然成为金融科技发展的核心风险，有效识别和规制数据风险也就成为推动金融科技有序、稳健发展的基础和关键。

（二）数据风险的概念界定

对于金融科技来说，数据风险可以从两个维度予以界定：一是数据开放维度，二是数据保护维度。数据开放维度是指金融科技主体，无论是金融科技公司，还是传统的金融机构，如银行、保险公司及证券公司等，其均应当以高效的方式并以合理的成本广泛地获取金融市场主体（用户）有关金融账户及交易的信息，从而为其向用户提供金融产品及服务提供数据支撑。数据保护维度是指用户作为数据主体，对自身数据拥有广泛的合法权利，数据控制者（controller）及处理者（processor）均应当按照法定程序及方式，并在已经取得用户明确同意的前提之下，方可获取并将所获取的用户数据用于用户所许可的使用目的。客观来说，数据保护与数据开放是数据问题的两个方面，从形式上虽然相互矛盾，但从内在逻辑上却相辅相成、对立统一。一般来说，数据开放必须以数据保护为必要前提，否则，数据开放将导致数据的非法获取、滥用，不仅会损害用户隐私权等基本权利，也会对金融机构的稳健以及整个国家金融安全造成潜在危险。另一方面，数据保护也必须以实现规范的数据开放为目的，背离了数据开放的最终目的，数据保护只会导致数据垄断，产生信息孤岛，遏制金融市场的充分竞争，并导致金融资源配置的不效率，在此情况下，金融科技的潜在价值也无从实现。因此，对于金融科技背景下的数据风险来说，必须同时从数据开放及数据保护两个维度进行分析，并在平衡二者关系的基础上进行法律规制。

二、金融科技数据风险的监管挑战及破解

数据开放与数据保护构成金融科技数据风险的两个基本维度，因此，对于金融科技数据风险监管来说，必须准确识别数据开放及数据保护各自面临的主要挑战，进而以合理的政策选择来实现数据风险的有效监管。

（一）数据开放维度下的监管挑战

数据是金融科技发展的核心驱动力量，但数据开放也存在显著的监管挑战。主要体现在三个方面：

第一，带来显著的隐私泄露风险。隐私权是用户的基本权利，也是社会正常运转不可或缺的基本保障。客观来说，个体之间在消费习惯、经济能力以及种族、地位、学历、性别、年龄等方面存在客观差异，其中的一些信息或数据，特别是敏感数据，一旦被泄露，将对数据主体带来严重侵害。例如，金融机构以及医疗机构所掌握或获取的用户医疗记录，一旦被不当泄露，可能会对数据主体的正常生活带来严重干扰。又比如，大科技公司甚至一些企业所掌握的用户出行记录、消费记录，不当获取及适用也可能产生严重后果。因此，尽管数据开放对金融经济发展具有积极影响，但隐私泄露风险始终不容回避，而这一风险，不仅存在于技术局限方面，也存在于相关监管规则不足方面。

第二，存在突出的数据不当使用风险。数据不当使用风险主要集中在两个方面：一方面，用户数据被非法转售。无论获取用户信息的相关机构出于牟利目的直接将用户数据转售他人，还是由于相关机构未对所获取的用户数据予以严格管理，导致用户数据被他人非法侵入窃取或者由自身员工非法窃取后转售他人，均对用户数据构成重大风险。另一方面，数据在未经用户许可甚至不知情的情况下被用于商业目的，这也是数据不当使用风险的核心和关键。现实中，大量用户数据被相关机构直接用于自身的商业目的。例如，金融科技公司利用所获取的用户数据为自身的互联网信贷业务或者其他金融机构的信贷业务提供用户信用风险评估，并从中收取费用或者直接获益。又比如，金融科技公司利用获取的用户各类数据，例如出行安排、消费习惯、金融资产状况、住址、家庭成员等，将此类信息整合后提供用户画像并服务各类具体的商业目的，或者直接用于自营产品及服务的推介，或者将用户画像服务销售给其他公司以获取收益。从表面上看，此类行为似乎没有直接侵害用户利益，甚至某种程度上可以为用户带来一定的便利。但本质上，却侵犯了用户作为自身金融数据权利主体所应有的正当权益，甚至使用户隐私暴露在大量不可控的风险之中。

第三，存在不容忽视的金融安全风险。目前，金融科技公司普遍使用两种方式来获取用户的金融数据，分别是屏幕抓取技术（screen scraping）以及应用编程接口（application programming interface）。对于屏幕抓取方式来说，消费者首先向金融科技公司提供其有关金融账户的登录授权，包括用户名以及密码。而为了获取用户的金融账户登录授权，金融科技公司普遍以此作为用户得以使用其金融科技服务的前提条件，这也是目前金融科技公司获取用户金融数据的基本方式。但对于用户给予金融科技公司其个人账户的登录授权这一事实，用户可能知情，也可能不知情或者不充分知情。更关键的是，在此方式下，事实上并非由用户直接登录，而是由获取用户登录授权的金融科技公司直接进入用户在相关金融机构的账户。而在进入用户账户后，金融科技公司可以通过手工方式，也可以通过专门的应用程序来获取用户金融账户及交易的数据，甚至自行发出新的金融数据请求并执行金融交易。而对于用户账户被登录的相关金融机构来说，其自身可能也不清楚登录者是用户本人，还是使用屏幕抓取技术的金融科技公司。[1]因此，尽管屏幕抓取技术是一个有效的获取数据的方式，但其自身却存在显著缺陷，特别是在数据安全、隐私保护以及防止用户数据滥用等方面，风险更为显著，存在明显的金融安全隐患。

（二）数据保护维度下的监管挑战

如上所述，数据开放产生的监管挑战不容忽视，但数据保护带来的数据监管挑战同样不容回避。而且，从金融科技发展的角度看，数据保护的监管挑战更加具有不确定性。数据保护的监管挑战也主要表现在三个方面：

第一，数据保护带来的成本增加。任何监管措施都必然会带来监管成本的增加，数据保护同样如此。理论上说，监管机关对数据保护的范围和程度应当以监管收益与成本的盈亏临界点为限。当一项监管措施的成本超过其收益之时，即是不经济的，在此情况下，该项监管措施也就不存在设立及实施的经济合理性。对于金融科技数据保护来说，这一问题则显得更为复杂，一方面，金融科技尚处在不断演进变化之中，且其自身对数据开放严重依赖，使得监管机关必须对数据保护问题更加慎重。在金融竞争已经进入全球竞争的背景之下，一国对数据保护范围和程度，不仅会对本国金融科技发展产生重大影响，甚至可能会导致本国金融科技和金融系统发展滞后于其他国家。另一方面，金融科技作为新兴趋势，并没有足够的历史经验可资借鉴，如何监管以及具体监管选择的影响如何等问题，无论是市场主体，还是监管机关，均缺乏足够的经验，进一步加剧了数据过度保护可能产生的成本风险。

第二，数据保护产生的效率损失。强监管与去监管始终是一个矛盾的统一体，其关键在于如何实现二者之间的动态平衡。去监管有利于充分发挥市场作用，但也可能会因缺乏监管产生无序竞争并导致资源配置的不效率。强监管有助于加强市场秩序，但也可能由于过度监管而使资源配置处于次优状态。例如，对

---

[1] Office of the Comptroller of the Currency, Bank-Provided Account Aggregation Services, OCC Bulletin 【EB】. 2001.

于金融科技公司利用屏幕抓取技术获取用户数据以及利用所获取的数据进行的一系列商业应用，尽管其中存在诸多风险，但监管机关并不应当以此来否定屏幕抓取技术的有效性和合理性，而应当针对造成用户实际损害的具体案例进行重点处理，并此在基础上稳妥推进相关监管规则的完善。换句话说，对于快速发展的金融科技，要避免对数据过度保护所产生的效率风险。

第三，数据保护导致的竞争不足。金融市场的充分竞争是促进金融资源优化配置的重要条件。相较于传统金融机构，金融科技公司的核心竞争优势即在于其拥有的获取、分析、处理及应用用户数据的技术能力，但这一能力严重依赖数据开放。如果监管机关对数据实施严格的数据保护，对于金融科技公司来说，当其面对在资本实力、用户基础以及金融服务管理经验等方面存在显著优势的传统金融机构时，将更缺乏竞争力甚至生存的基本条件，不利于金融市场的充分竞争。同时，无论是对于大科技公司，还是已经拥有显著历史数据积累优势的传统金融机构，在严格数据保护的背景下，不仅中小型金融科技公司难以生存，事实上也将因此而形成一个个相互割裂的"数据孤岛"，无法充分实现数据共享所带来的价值创造，不仅会进一步强化传统大型金融机构以及少数大科技公司的市场支配地位，也不利于整个金融系统的效率提升。

（三）数据风险监管挑战的破解

对于金融科技数据风险来说，其天然存在数据开放与数据保护两个维度的内涵。相应地，对数据风险监管来说，无论采用支持数据开放的监管政策，还是选择支持数据保护的监管政策，各自同样存在不容忽视的监管挑战。数据风险监管上的两难状态本质上是由数据风险内在的两个维度内涵所决定，而这一两难状态及困境在金融科技快速发展的背景下显得更为突出和棘手。因此，对于金融科技数据风险监管来说，必然不能简单地在数据开放与数据保护之间作出绝对的选择，而应当针对不同金融机构类型、不同金融业务及产品类型、不同金融消费者的主体类型以及不同数据类型而采取具体且差异化的监管政策，从而既充分发挥数据开放所内在的促进金融普惠、降低金融交易成本、促进金融市场竞争等积极价值，也真正实现数据保护所内在的促进权利保护、维持有序竞争等积极作用。但客观上说，金融科技数据风险监管差别化和合理化的实现是一个复杂的过程，也是一个持续发展并动态调整的过程。

三、金融科技数据风险监管的国际经验

金融科技在全球方兴未艾，发达国家近年来在金融科技治理方面，特别是在数据开放与数据保护这一对立统一的监管难题治理方面积累了一些经验，对中国完善数据风险监管有积极的借鉴意义。

（一）欧盟《通用数据保护规则》的主要内容及评价

《通用数据保护规则》的目的在于保护所有欧盟居民（resident）的数据权利

以及治理一系列数据侵权行为。尽管相关数据保护基本原则在欧盟之前的监管规则中已经有所体现，但《通用数据保护规则》进一步强化了数据保护的范围和强度，主要体现在四个方面：

第一，扩大域外适用范围。《通用数据保护规则》显著扩大了其适用范围，将其适用于所有处理欧盟范围内居民个人数据的公司，无论该公司是否处于欧盟范围。具体来说，该规则适用于处理欧盟居民个人数据的位于欧盟范围内的数据控制者和数据处理者，无论数据处理过程是否发生在欧盟范围之内。同时，该规则适用于处理欧盟居民个人数据但非处于欧盟范围内的公司，如果这些公司的活动涉及向欧盟公民提供商品和服务（无论是否需要相关支付）以及从事对欧盟范围内的行为进行监测的活动。处理欧盟居民个人数据的公司还需要指定一名在欧盟范围内的代表。

第二，加大处罚范围及力度。违反《欧盟通用数据保护规则》的机构将被处以其当年全球营收 4% 或者 2000 万欧元的罚款（以二者孰高为准）。该最高限额的罚款将被适用于最严重的数据侵权行为，例如，在未获得用户同意的情况下处理用户个人数据或者违背了隐私权设计（privacy by design）的核心要求。对于其他较为轻微的违法行为将采取略为轻缓的处罚，例如，未能妥善保存信息处理记录的行为、未能及时履行通知监管机关以及数据主体（data subject）有关侵权行为发生义务的行为或者没有实施必要的影响评估的行为等，在以上情形下，侵权者将被处以 2% 的罚款。应当注意的是，这些处罚同样适用于数据控制者以及数据处理者，也就是说，提供"云服务"的机构也受该处罚规则的规制。

第三，严格的用户同意要求。《通用数据保护规则》要求企业在请求取得数据主体同意企业使用其数据时，不得使用冗长、不清晰的条款以及过于专业的法律术语，公司的数据使用请求必须以简洁易懂且以容易处理的方式提供，并使用简洁、平实的语言进行表达。另外，必须确保用户取消其已作出的数据使用同意授权与用户给予该数据使用同意授权一样简单、便捷。

第四，扩大数据主体权利（data subject rights）。主要体现在六个方面：其一，侵权通知。在《通用数据保护规则》下，侵权通知成为一项强制性的法定责任，当数据侵权行为有可能导致数据主体的权利和自由面临威胁时，侵权通知必须在发现这一风险的 72 个小时之内做出。其二，获取数据的权利。《通用数据保护规则》赋予数据主体要求数据控制者向其确认与其相关的数据是否正在被使用、由谁使用以及具体使用目的的权利。同时，数据控制者应当以免费方式向数据主体提供关于其个人数据的电子版本，这一规定显著强化了数据的透明度并赋予了数据主体新的权利。其三，被遗忘。该权利赋予数据主体要求数据控制机构删除其个人数据、停止进一步散播其个人数据以及要求第三方停止继续使用其数据的权利。数据主体要求删除其个人数据的条件包括：用户数据与最初授权使用该数据的目的不再相关或者数据主体撤销其数据使用授权。但应当注意，在面对数据主体该项权利主张时，数据控制人应当将该项数据可获得性所产生的公共利益与数据主体的被遗忘权相比较。也就是说，在用户数据的可获得性与公共利益存在关联的时候，数据控制人可以拒绝数据主体关于被遗忘权的权利主张。其四，数据的可携带性。《通用数据保护规则》引入了数据可携带性这一权利概念，即数据主体有权取得与其自身相关的个人数据。其五，隐私权设计（privacy by design）。该概念被《通用数据保护规则》正式引入而成为法定要求，其核心在于要求数据系统设计应当将数据保护作为系统设计的起点，而非一个需要考虑的增量因素。具体来说，即数据控制人必须采取适当的技术及组织措施，以有效满足《通用数据保护规则》以及保护数据主体权利的要求。其六，数据保护官（data protection officer）。在《通用数据保护规则》之下，并不需要企业向数据保护监管机关注册或备案其数据处理活动，也不需要企业基于模范合同条款（modal contract clauses）而作出的数据转移必须以获取监管机关批准或向其发出通知为前提。相反，《通用数据保护规则》确定了企业内部的记录保存要求，同时，对由数据处理活动构成其核心业务的企业来说，设立数据保护官已经成为法定要求。这类企业包括：其核心业务需要常规、系统、大范围地监测数据主体或者特定数据种类或者其处理的数据与犯罪记录及侵权记录相关。

欧盟《通用数据保护规则》自 2018 年 5 月 25 日开始正式实施，目前这是全球公认的在数据保护领域最为领先的基本立法。一方面，其显著扩大了欧盟数据立法的域外适用范围，也就是说，即使对于非欧盟主体来说，只要其业务活动涉及欧盟范围内居民个人数据处理，就将受到该规则的规制。在当前金融科技迅猛发展的背景下，人员、信息流、资金流以及物流的跨境流动已成常态，由此，对于中国以及其他非欧盟国家的公司特别是跨国公司而言，其业务模式以及风险管理都将因该法而受到重大影响。另一方面，《通用数据保护规则》确立了数据保护范围和数据主体的权利，其关于数据主体具体权利的规定，进一步廓清了数据主体与数据控制者、数据处理者之间的地位和关系，为准确区分和厘清彼此间法律责任提供了基础性法律依据。同时，这些权利及具体制度设计，也符合金融科技发展以及数据保护的一般规律和趋势，值得借鉴。

（二）英国"开放银行"倡议的内容及评价

面对传统大型金融机构在数据方面的优势地位，为进一步促进金融市场的竞争，特别是由于"数据孤岛"所导致的竞争不充分问题，英国实施了"开放银行"（open banking）倡议。具体来说，2016 年，英国竞争及市场监管机关（Competition and Markets Authority）公布一项报告，认为英国在零售银行业务领域竞争并不充分，而主要由大型银行支配。为此，英国竞争及市场监管机关提出了"开放银行"改革方案，要求英国最大的 9 家银行构建起银行业开放、统一的应用编程接口，要求凡是符合该应用编程接口技术标准的机构均可以获取该 9 家最大银行的相关数据，其他银行可以自愿选择加入这一改革方案。[1]"开放银行"改革方案的目的在于增加竞争，包括降低消费者在不同金融机构之间变换其服务银行的成本及难度。从 2018 年 1 月开始，"开放银行"改革全面实施，为此，英国竞争及市场监管机关设立了一个专门的非营利机构来执行这一倡议，该机构被称为开放银行倡议执行实体，由该实体与银行以及其他金融科技公司相互合作，以确保改革方案的落实。而注册参与"开放银行"改革方案的金融科技公司必须要接受英国银行金融行为监管机关的监管。在开放银行改革中，相关银行必须使用由开放银行倡议执行实体制定的特定标准来进行数据的读写，以此确保数据的安全获取及充分共享。同时，相关银行必须按照规定的技术标准开发应用编程接口来确保金融科技公司能够直接通过这一接口来开发自身的应用程序。另外，通过使用应用编程接口，使消费者得以全面控制其账户信息，确保任何金融科技公司在使用用户金融数据之前必须得到消费者的同意。更关键的是，在操作的过程中，应用程序界面会被直接转接到相关银行的登录账户，并且只能由消费者本人直接登录方可获取相关银行数据。而在屏幕抓取方式下，用户却可能在自身不知情的情况之下将自己的金融账户登录授权提供给金融科技公司。最后，在应用编程接口模式之下，消费者可以自行选择其允许金融科技公司获取自身金融数据的范围、允许其获取信息的期间以及相关数据的使用目的，并且可以在任何时间取消这一许可。消费者的金融数据也将以加密的方式提供给使用机构，其使用过程是可被追溯的，并只能由被监管的主体获取相关信息。

在英国脱欧背景下，欧盟《通用数据保护规则》对于英国已经基本注定属于第三国法律，但英国依然在数据保护领域取得了有价值的监管改革经验。相较于欧盟《通用数据保护规则》的立法目的，英国"开放银行"倡议的重点不完全在于用户数据保护，而在于促进数据开放来加强英国银行业竞争，并促进金融科技以及整个金融系统发展。同时，英国开放银行倡议更具体，也更具有技术特征。从监管改革有序、渐进实施的角度看，英国"开放银行"倡议对于金融体系尚不健全以及数据基本立法条件尚不成熟的国家来说，更富有启示意义。

（三）美国证券交易委员会对脸书公司数据侵权的处罚案例及评价

2019 年 7 月 30 日，美国证券交易委员会对脸书公司作出 1 亿美元的处罚决

---

〔1〕 Competition and Markets Authority：Retail Banking Market Investigation：Final Report【R】.2016：441-461.

定，以处罚其误导性地披露其有关滥用用户数据的违规行为。具体来说，在 2014 和 2015 年，一家投资分析公司向一名学者付费，通过向该学者控制的一家公司支付的方式进行，而该学者所控制的公司则通过收集脸书用户数据对超过 3000 万美国人进行性格评分（personality score）。但在提供性格评分之外，该学者违反脸书公司的政策，同时向该投资分析公司提供了用于性格评分的用户基础数据，包括：姓名、性别、住址、出生日期以及网页浏览偏好，而获取这些基础数据的数据分析公司则使用这些数据进行政治营销活动。尽管脸书公司在 2015 年已经确切知悉了这一事实，但却在此后的两年间，在其信息披露之中，仅将这一侵犯用户数据的违规事件描述为假设性（hypothetical）风险。美国证券交易委员会认为，作为上市公司，脸书公司必须识别和审慎处理其业务的实质性风险，并设立适当的程序以确保信息披露在任何实质性方面的准确，包括不应当将已经确定的风险继续披露为可能存在的风险，由此脸书公司被美国证券交易委员会处以 1 亿美元罚款。[1]

尽管美国证券交易委员会对脸书公司 1 亿美元的处罚，但并非直接针对脸书公司滥用用户数据的违规行为，而是针对其未能严格依法披露用户数据已被非法滥用的事实，但也可以看出，对于金融科技公司特别是上市的金融科技公司来说，用户数据滥用可能产生危害的严重程度。同时，也可以说明监管机关对相关数据侵权行为持有严格的监管态度。因此，对于任何一家公司来说，建立起自身严格的用户数据收集、存储、使用以及保护制度，至关重要。

四、中国金融科技数据风险监管完善的对策建议

在金融科技快速发展的背景之下，面对数据风险的两维内涵，无论对于监管机关、立法机构，还是对于金融科技公司以及用户，都将面对显著的不确定性。尽管如此，依然存在一个数据风险治理的基本逻辑：一方面，数据风险治理应当始终以数据主体权利保护为最终目的，也就是以人为本，只有在这一目标之下，金融资源配置效率、市场充分竞争才具有最终的意义。另一方面，数据风险治理需要各方共同参与，对市场主体来说，要积极适应并预见可能出现的变革，减少监管规避的侥幸心理。对监管机关来说，应当从全局特别是从宏观审慎角度包括从金融国际竞争的角度来理解数据在金融科技发展中的地位和作用。

（一）市场主体层面：加强数据保护内部管理及实施框架

对于中国当前来说，尚缺乏有关数据治理的基本立法，金融科技领域关于数据问题的监管规则也不完善。在此情况下，对于市场主体来说，其必然面临两种

---

〔1〕 U. S. Securities and Exchange Commission： Press Release： Facebook to Pay ＄100 Million for Misleading Investors About the Risks It Faced From Misuse of User Data 【EB】. 2019.

选择：其一，利用监管规则的空白及不完善尽可能谋取自身商业利益，而无视其商业模式背后可能存在的法律风险以及道德风险。在这一模式下，尽管市场主体可以在短期内取得较好商业利益，但从长期来看，由于背离了数据保护以及权利保护的基本原则，这一商业模式必然难以持续。同时，在全球化的背景下，即使其行为不违反所在国的法律，但对于其他国家特别是发达国家而言，在其国内法的域外适用已成常态并日趋扩张的背景之下，其遭受域外法律风险的可能性有增无减。其二，与第一种模式相反，在第二种模式下，企业即使面对监管规则的空白及不完善，但却能够从严格的数据权利保护及良好商业准则出发构建自身的业务模式。也就是说，在数据保护方面，此类公司的数据保护标准已经超越该国现行法律要求的标准。尽管这一模式会带来较高的管理成本，但从长期发展角度来看，特别是对于高度依赖商誉的大科技公司以及传统金融机构而言，由此形成的用户信赖、商誉以及风险管理经验将使其取得长期的竞争优势。因此，从市场主体角度来看，在数据风险治理领域，企业应当加强数据保护的内部管理及实施框架，特别是在所在国相关法律存在明显缺陷和不足的情况下，更应当制定并实施高于法律要求的数据风险管理标准。

（二）监管机关层面：完善金融数据开放及保护监管规则

监管机关作为监管规则的核心供给主体，对于快速发展的金融科技来说，监管机关及时、科学的规则供给显得更为重要。相较于国家立法机构，监管机关的规则供给不仅在效率方面毫不逊色，而且更具灵活性。一方面，监管规则在立法技术方面可以更为精细、准确，通过对具体问题采取有针对性的监管措施，既解决了突出问题，也避免了一般性立法所可能产生的一刀切、大而全等问题。另一方面，监管机关的规则供给在形式上也更加多样，既可以采取监管规则形式，即行政立法的方式，也可以通过指引、意见等不具有法律约束力的软法形式来引导市场实践、传递监管机关的监管态度，更好地发挥市场主体在良好秩序形成中的重要作用。此外，监管机关还可以在既有的法律框架之内，通过具体的监管执法来引导市场主体对数据风险处理形成合理预期，并通过加强企业内部风险治理来预防和应对数据风险。对于中国当前来说，无论是在数据开放方面，还是在数据保护方面，具体的金融监管规则都有待进一步完善。对此，中国可以借鉴"英国开放"银行倡议的方式，循序渐进地在重要领域、重要机构之间推进数据风险监管规则的完善。具体来说，一方面，要积极推进传统金融机构特别是大型金融机构实施必要的数据开放，从而使金融科技公司特别是具体金融科技应用程序的开发者以合法方式并以合理成本获取数据来源，以此促进金融市场竞争，同时，推进数据开放也可以减少市场主体使用屏幕抓取方式甚至数据非法买卖的方式获取用户数据，从而促进金融安全。另一方面，要加强用户数据保护，即使目前难以按照欧盟《通用数据保护规则》来全面确定数据主体的数据权利，但对于一些基本的数据权利，例如用户获取数据的权利以及数据的被遗忘权等，则可以通过监管规则完善来及时予以认可并予以严格保护。

（三）国家立法层面：推进系统全面专业的数据立法

国家层面的基本立法是一国法律渊源的核心和基础，各类监管规则以及其他下位法都必须以国家基本立法作为依据，而在缺乏国家基本立法的情况之下，很容易在各个监管机关立法以及市场实践方面出现规则冲突以及执法、司法冲突，不利于一国法律的统一及实施。基于数据在金融科技发展以及整个经济社会发展中的重要地位，及时制定国家层面的基本数据立法，对于促进国家适应时代变革、加快自身发展至为重要。而对于金融发展来说，数据已经成为金融发展的核心驱动力量，在缺乏数据基本立法的情况下，金融的发展特别是金融科技的发展必将面临诸多困境。因此，对于中国来说，应当积极推进国家层面的数据基本立法，以适应时代发展需要。在这一问题上，中国有必要借鉴《欧盟通用数据保护规则》的立法经验，从全面规定数据立法的适用范围、数据主体的数据权利及具体权能、数据权利实现方式及法律责任等方面系统解决中国的数据立法问题，以基本数据立法的制度供给来增强中国金融科技乃至整个金融经济的国际竞争力。

人民币国际化背景下区块链数字货币跨境支付的机制构建

柯 达 *

摘要：保持人民币支付手段的价值稳定与人民币结算系统的安全、高效，是推动人民币国际化的关键举措。目前在跨境支付领域占主导地位的代理行模式，将收付款人对开户行的信任风险、结算系统及其参与人自身的结算风险复杂化，造成支付费用较高、支付速度较慢以及支付信息不透明，而区块链数字货币对改进代理行模式的缺陷具有一定帮助。一方面，在私人数字货币模式下，跨境支付的风险与成本有所减少，但又新增了一定的市场风险、信任风险与流动性风险；另一方面，仅锚定本国法币的法定数字货币对改善跨境支付、推动人民币国际化更具优势，但同时存在信任风险与跨境监管协作问题。对此，我国法定数字货币应具有境内与跨境支付的双重法偿性，并针对跨境支付细化"账户松耦合"货币保管模式与"中央银行—商业银行"双层运营模式，有条件地吸收境外金融机构参与结算系统的运营并加强跨境监管协作，为传统代理行模式以及跨境金融市场基础设施的实时结算提供互联互通的接口。对于私人数字货币，我国应当在明确私人数字货币的电子货币或货币市场基金属性的基础上，对私人数字货币进行常态化监管，同时限制私人数字货币的跨境支付功能。

关键词：人民币国际化；区块链；法定数字货币；跨境支付；代理行

一、引言

区块链数字货币是以区块链作为技术基础、代表一定请求权或纯粹作为支付手段的数字价值表示；[1]根据是否由国家（央行）发行，区块链数字货币可分为私人数字货币与法定数字货币。自 2008 年中本聪发布《比特币：一种点对点的电子现金系统》以来，私人数字货币市场已形成了以比特币为主导，支付型代

---

* 柯达，男，浙江丽水人，北京大学法学院博士研究生。

〔1〕 数字货币目前业界与学界所称"数字货币"（digitalcurrency）、"数字资产"（digital asset）、"数字代币"（digital token）、"加密货币"（cryptocurrency）或"代币/通证"（token）。为论述方便，下文不对前述概念作出区分。

币、ICO 型代币以及稳定币多币种共存的格局。[1]其中，瑞波（Ripple）公司发行的瑞波币（XRP）、泰达公司（Tether）发行的泰达币（USDT）由于价格较为稳定、流动性较强，其在跨境支付中更常被接受使用；2019 年 6 月脸书公司宣布即将发行用于跨境支付的"天秤币"（Libra），引发了各国政府的强烈关注。美、日、英等国主要从国内法层面相继建立了私人数字货币的监管体制，我国央行等部委于 2013 年、2017 年分别发布《关于防范比特币风险的通知》（以下简称《比特币通知》）与《防范代币发行融资风险的公告》（以下简称《ICO 公告》），明确比特币是一种虚拟商品、"初始代币发行"（ICO）涉嫌非法集资等违法行为，并禁止银行等机构参与私人数字货币业务，之后在多次执法过程中明确境外数字货币交易所为境内个人提供相关交易服务属于违法行为。

另外，多个国际组织、监管机构开始关注央行直接面向企业或个人发行、区块链技术作为主导技术选择的电子化法定货币——法定数字货币或央行数字货币（Central Bank Digital Currency，CBDC），其对改善当下的跨境支付具有重要价值。新加坡金管局于 2016 年启动名为"Ubin"的法定数字货币研发项目，并于 2018 年对基于区块链技术的法定数字货币跨境支付进行了测试。[2]2020 年 4 月，我国央行相关负责人表示，我国法定数字货币研发工作正在稳妥推进，目前正在特定城市进行内部封闭试点测试；但法定数字货币如何应用于跨境支付，目前公开的官方信息并未透露。相较于现有以代理行模式为主导、包含多重复杂主体的跨境支付模式，私人数字货币与法定数字货币究竟具有何种优势、是否还新增了其他跨境支付风险，对构建相应的发行与监管机制极具意义。

自 2009 年与境外多家央行签署双边本币互换协议、成立跨境贸易人民币结算试点以来，我国开启了人民币国际化的进程，其目的是让境外更多主体使用人民币作为计价单位、交换媒介与价值贮藏手段，使人民币真正成为世界性的货币。为了让人民币被境外更多企业和个人接受，人民币的价值需要相对稳定，并提供多样化的投资对象与风险规避手段；[3]而在人民币作为支付手段特别是在跨境支付过程中，人民币需要满足高效、安全的特征，同时降低跨境支付中存在

---

〔1〕 "支付型代币"是指不由任何中央机构发行、不代表任何对发行人的请求权、仅用于商品或服务的交换媒介，如比特币（BTC）、莱特币（LTC）、以太币（ETH），等等；"ICO 代币"包括证券型代币与效用型代币，其为通过"首次代币发行"（InitialCoinOffering，ICO）的融资方式发行的数字货币；"稳定币"是通过与其他财产锚定或通过第三方主体调控货币供应量的方式，实现价格相对稳定的数字货币。

〔2〕 BOC & MAS, Enabling Cross-Border High Value Transfer Using Distributed Ledger Technologies, Jasper-Ubin Design Paper, 2018.

〔3〕 周宇等：《人民币国际化：理论依据、战略规划、营运中心》，上海社会科学院出版社 2014 年版，第 16 页。

的各种风险，这需要人民币本身以及人民币跨境支付所依托的金融基础设施（如人民币跨境支付系统，CIPS）在国际上具有领先优势，使得人民币的支付货币（计价结算货币）功能不断增强。[1]然而，目前代理行模式仍占主导地位、人民币跨境支付系统的性能仍有待提升，一定程度上削弱了企业使用人民币结算的主观意愿；[2]而在区块链等新型技术的影响下，人民币跨境支付也受到了私人数字货币特别是锚定美元的 Libra 等稳定币的竞争威胁。[3]因此，稳步研发法定数字货币、有效实施对私人数字货币的监管成为人民币国际化的必经之路。

对于跨境支付，众多国际组织、监管机构和学者已就代理行模式进行系统研究，并对法定数字货币、私人数字货币在跨境支付方面可实现的功能进行了初步探讨；对于私人数字货币，学界主要以比特币为对象，探讨其货币、证券等属性以及相应的监管问题；对于法定数字货币，学界已从国内支付视角进行了相关研究，但尚未从跨境支付乃至人民币国际化的角度进行讨论。基于此，本文在梳理现代跨境支付的形成逻辑与主导的代理行模式的基础上，讨论私人数字货币与法定数字货币在跨境支付方面的优点与不足，并在人民币国际化背景下就我国法定数字货币的设计发行与私人数字货币的监管机制构建提出建议。

二、现代跨境支付的形成与主要模式

（一）跨境支付的形成逻辑

支付的需求源于商品或服务的债务解除，以及一般性的汇款或货币债务偿还。收款人与付款人在就使用特定货币达成一致、确认货币具体数量，并由付款人足额支付该货币后，整个支付流程结束。收付款人（客户）会对支付手段本身以及支付过程产生一定的利益偏好，对于支付过程（payment process）而言，收付款人注重安全、快捷、透明度以及低成本；[4]对于支付手段（means of payment）本身而言，收付款人注重该支付手段的价值稳定性与信用程度，后者以支付手段发行人是否能按需提供流动性或是否可调用存储媒介（如银行账户）中的法定货币为判断标准。

在商品经济尚不发达的时期，面对面的即期交易占主导地位，付款人主要使用实物货币进行支付，实现了"一手交钱、一手交货"的货银两讫效果；收款

---

[1] 中国人民银行：《2019 年人民币国际化报告》，载中国人民银行网站，http://www.pbc.gov.cn/huobizhengceersi/214481/3871621/3879422/index.html。

[2] 杨东：《Libra：数字货币型跨境支付清算模式与治理》，载《东方法学》2019 年第 6 期；强力、王莹莹：《国际化背景下的人民币结算制度的改革与完善》，载《中国政法大学学报》2015 年第 5 期。

[3] 王朝阳、宋爽：《一叶知秋：美元体系的挑战从跨境支付开始》，载《国际经济评论》2020 年第 2 期。

[4] CPMI, Cross-border retail payments, February 2018.

人基于对特定货币（如金属块）足值与否的自行认知或对特定货币（如金属铸币）印鉴主体（如国家铸币厂）的认可而接受该货币，并根据货币的重量或面额确认可以解除货币债务或非货币债务的数额。在此情况下，面对面交易的支付流程仅涉及实物型支付工具，以及收款人、付款人、货币印鉴人三方主体；其中，除了一般交易均存在的交易对手方（违约）风险之外，收付款人还承受了对货币印鉴人的信任风险，即基于对货币印鉴人的合理信赖，相信同等面额的货币也会被他人所普遍接受。

随着商品经济的发展，面对面的延时交易与分隔两地的远程交易逐渐增多。为了解决实物货币的使用不便以及难以当面交易的难题，市场发展出了信用证、邮政汇兑等支付方式，以及由普通主体发行、代表实物货币请求权的"债务凭证"（如商业汇票）或由银行等货币保管主体发行、同样代表实物货币请求权的"存款凭证"（如银行券）。[1]而随着电子信息技术的发展以及国家发行的法定信用货币占绝对主导地位，通过银行等机构提供的"账户"保管、以电子化数据为形态、通过银行卡等支付工具使用的银行（活期）存款开始广泛使用；[2]在互联网经济进一步发展的背景下，由银行存款衍生的第三方支付等新型支付手段也愈发受到当面即期交易的欢迎。收款人基于对特定银行信用程度的认可而接受该存款，并根据付款人个人身份的真实性以及付款人的账户余额确认可以解除货币债务的数额。

需要注意的是，与实物货币直接从付款人手中递交给收款人不同，银行存款的转移需以银行对收付款人账户上的"借""贷"记账为准，此时需要借助于以计算机网络为依托、提供净额或全额等清算方式的支付清算结算系统（以下简称"结算系统"）。而由于收付款人的开户银行可能存在差异，"最终"记账的主体与相应的结算系统、记账模式又有所不同：如收付款人账户位于同一银行，该银行可通过其内部结算系统直接在收付款人的账户中记账；如收付款人账户分属于不同银行（如 A 行与 B 行），且 A 行在 B 行开设了"同业账户"[3]，那么 B 行可以通过其内部结算系统在 A 行与付款人的账户上记账，之后 A 行在收款人的账户上记账；如收付款人账户分属于 A 行与 B 行，且这两家银行均在另一家充当"清算行"的银行（目前主要是中央银行）开设账户，那么央行可以通过其运营的结算系统（如我国的大额支付系统）在 A 行与 B 行的账户上分别记账，

---

[1] 这一阶段可成为"纸币现金清算和纸质转账清算阶段"。参见高廷民：《跨境支付清算业务的历史演变与发展建议》，载《中国货币市场》2011 年第 7 期。

[2] 周子衡：《账户：新经济与新金融之路》，社会科学文献出版社 2017 年版，第 47 页。

[3] "同业账户"又称为"银行间账户"（interbank account），是指一家银行为另一家银行保管资金（银行间存款）所开设的结算账户。

之后 A 行与 B 行分别在收付款人的账户上记账。在此情况下，以账户为依托的银行存款涉及多层次的支付手段、支付系统，以及收款人、付款人、货币发行人、货币结算人四方主体；其中，收付款人不仅承担了交易对手方风险，还承担了对支付手段发行人（开户行）的信任风险；而商业银行或央行运营的结算系统以及相应的结算参与人，则承担了信用风险、流动性风险、法律风险等结算风险。[1]结算系统与结算参与人基于安全需要采用的一系列风险管理工具，会影响收付款人需要交纳的跨境支付费用（如手续费）与支付速度。

结合上文提及的支付手段和支付流程，在付款人与收款人分隔两国（境）情况下，付款人理论上同样可以选择实物货币（现金）运输[2]或银行存款转账进行支付，后者可分为同业账户结算或清算行账户结算。现金运输费时费力、支付效率与安全性较低，此外会受到自然地理环境的不利影响；而依托于国内央行结算系统的清算行账户结算模式由于受限于网络主权与货币主权，可直接参与结算的机构较为有限，这导致跨境支付缺乏可以将收付款人账户直接相连的中央结算通道。[3]因此，实践中采用较多的是同业账户模式，其中往往涉及多个国家或司法管辖区的支付结算系统，以及不同外汇之间的转换；[4]而许多银行由于相互间并未直接开设同业账户，此时便需要"代理行"（correspondent）作为结算中介进行跨境支付。作为代理行的银行为"被代理行"（respondents）保管同业存款，并据此提供支付结算服务。[5]

（二）代理行跨境支付模式

如上文所述，跨境支付下的代理行模式，适用于收付款人未在同一银行开设账户，且收付款人所在银行（以下简称"收款行"与"付款行"）之间没有直接账户关系（同业账户或清算行账户）的情形。实践中，代理行可由付款人境内的银行担当，也可由境外的银行担当；根据《跨境贸易人民币结算试点管理办法》的规定，我国将境内设立同业账户的银行称作代理行，将境外设立同业账户且接入央行大额支付系统的银行称为清算行（可视为代理行的特殊模式）。以境外银行担当代理行为例，下图 1 为跨境支付的简化流程：

---

〔1〕 See 2.0, BIS & IOSCO, Principles for financial market infrastructures, April 2012.

〔2〕 不过在一些银行体系较弱导致其难以提供信用以完成全球贸易的特定短期信贷的发展中国家，现金使用量也较多。参见［美］肯尼斯 S. 罗格夫：《无现金社会：货币的未来》，纪晓峰等译，机械工业出版社 2018 年版，第 34 页。

〔3〕 ［美］马塞尔·罗斯纳、安德鲁·康：《解密区块链技术与支付业务之新融合：Ripple 解密及其监管》，杨健译，载许多奇主编：《互联网金融法律评论》（第 9 辑），法律出版社 2017 年版，第 9 页。

〔4〕 CPMI, Cross-border retail payments, February 2018.

〔5〕 CPMI, Correspondent banking, July 2016.

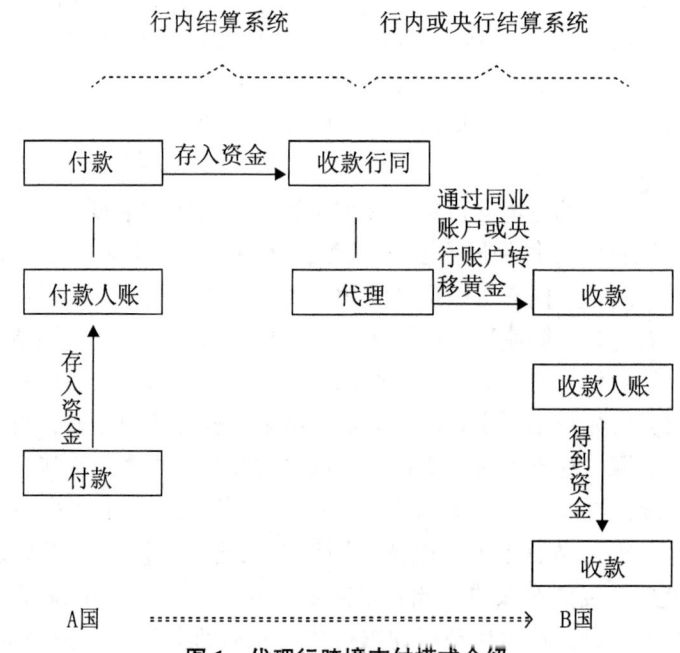

图1 代理行跨境支付模式介绍

如图1所示，付款人将资金（以下代指"法定货币"或"法币"）存入付款行中的账户，之后付款行将该笔资金存入境外代理行的同业账户；代理行通过其在收款行开立的同业账户或通过在央行开设的清算账户转移该笔资金至收款行，最后收款行将该笔资金转移至收款人的账户。实践中，付款行与代理行、收款行与代理行可能没有直接的账户关系（即境内银行没有在境外银行开户），此时仍然通过另外的一家或多家代理行同业账户参与结算，从而增加了跨境支付的结算链条。需要注意的是，我国于2015年开始运营的人民币跨境支付系统是为商业银行的央行账户之间提供人民币清算结算的机制，其在本质上没有改变代理行模式；此外，"环球同业银行金融电讯协会"（SWIFT）提供的服务并非直接介入资金转移，而是一种依托于商业银行行内或央行结算系统、为银行提供标准化信息传递服务的专用网络，其本身无法对银行间的资金转移实施干预或控制。[1]

---

〔1〕 CPMI, Cross-border retail payments, February 2018; Tianyi Qiu & Ruidong Zhang & Yuan Gao, Ripple vs. SWIFT: Transforming Cross Border Remittance Using Blockchain Technology Remittance Using Blockchain Technology, 2018 International Conference on Identification, Information and Knowledge in the Internet of Things, IIKI 2018; McKinsey & Company and SWIFT, A vision for the future of cross-border payments, October 2018.

在代理行模式下，相较于境内支付，收付款人对开户行的信任风险、结算系统及其参与人自身的结算风险有所增加，导致跨境支付成本更高、支付速度更慢、支付信息更不透明。付款人支付链条的复杂化使得收付款人之间的法律关系复杂化，特别是付款人支付义务的复杂化。除了同行转账下存在的收付款人之间直接的支付法律关系、收付款人与各自开户银行之间的资金保管关系外，还存在付款行与代理行的资金保管关系，乃至付款行、代理行与央行的资金保管与清算关系。在支付手段方面，由于商业银行或央行设立账户并有权动用账户资金，代理行模式法律关系的复杂化使得该笔资金受到了多个主体信用水平和流动性的影响，由此增加了对开户行的信用风险；而受制于收款人国家外汇管制等因素的影响，该笔资金又会因为外汇兑换而产生汇率相关的市场风险。〔1〕在支付流程方面，由于多家银行各自运营不同的结算系统，这些结算系统可能采用不同清算模式，以及各个结算系统的运营时间、所在地时区存在差异，结算系统及其参与人面临的信用风险与流动性风险同样会复杂化；〔2〕此外，由于各个国家对银行账户使用与资金转移的监管要求（主要为基于反洗钱与反恐怖活动融资的 KYC 身份认证），以及各银行的结算信息传输标准、结算系统存在差异，银行需要承担更多的合规成本和对账成本，同时增加了跨境支付到账的时间成本。〔3〕这些成本会以手续费、电报费等形式转嫁到收付款人身上，而基于各国个人信息保护法律和技术水平的限制，收付款人无法及时查询资金转移的最新动态，使得跨境支付存在不透明的困境。近年来，由于代理行业务的反洗钱等合规成本提升、受国际政治风险影响加大，代理行关系网络以及代理行数量不断减少，收付款人更难获得相对高效、低廉的代理行服务。〔4〕

针对传统代理行存在的种种问题，多个国家或企业采取了"技术升级"或"模式升级"的方式予以应对。在"技术升级"方面，SWIFT 开发应用了"SWIFTGPI"系统，该系统可以有效缩短跨境支付到账的时间，并使得资金流转更为透明可见。〔5〕而"模式升级"主要体现为"互联"（interlinking）、"闭环"

〔1〕 Tara Rice & Goetz von Peter & Codruta Boar, On the global retreat of correspondent banks, BIS, BIS Quarterly Review: International banking and financial market developments, March 2020.

〔2〕 BOC & BOE & MAS, Cross-Border Interbank Payment and Settlements: Emerging Opportunities For Digital Transformation, November 2018. ［美］马塞尔·罗斯纳、安德鲁·康：《解密区块链技术与支付业务之新融合：Ripple 解密及其监管》，杨健译，载许多奇主编：《互联网金融法律评论》（第 9 辑），法律出版社 2017 年版，第 8 页。

〔3〕 Tara Rice & Goetz von Peter & Codruta Boar, On the global retreat of correspondent banks, BIS, BIS Quarterly Review: International banking and financial market developments, March 2020.

〔4〕 CPMI, Correspondent banking, July 2016.

〔5〕 RuTh WandhöFer& Barbaracasu, The Future of Correspondent Banking Cross Border Payments, Swift Institute, Swift Institute Working Paper No. 2017-001.

（closed-loop）以及"点对点"（peer-to-peer）：在"互联"模式下，A 国央行在 B 国央行的支付结算系统中开设账户，以便于在 A 国央行开设账户的金融机构与在 B 国央行开设账户的金融机构进行跨境支付，如墨西哥央行与美联储合作运营的 Directo 系统；[1]在"闭环"模式下，多个国家可以共建一个单币种（如 EPSA）或多币种（如 CLS）支付结算系统，为在该系统开设账户的结算参与人提供跨境支付服务，但这一模式对结算参与人设立了较高的准入门槛，且受限于不同国家反洗钱的合规要求；[2]"点对点"旨在消除收付款人之间支付服务中介的模式，如下文详述的区块链数字货币模式。[3]

从跨境支付的形成逻辑以及代理模式中可以发现，现有的跨境支付模式在支付手段、具体支付流程方面存在不同层面的风险与其他弊端，收付款人可以根据自身情况的需要选择不同的跨境支付模式。针对这些风险与缺陷，新型市场机制、法律监管等方式可以进行缓解乃至消除，这也给区块链数字货币应用于跨境支付提供了空间。

三、区块链数字货币的跨境支付模式革新

（一）区块链技术应用于跨境支付的特殊性

由于区块链数字货币本质为利用新型信息技术发行与流通的货币，因而探讨数字货币在跨境支付方面可能存在的革新情形，需要事先明确区块链技术相较于传统跨境支付所依托信息技术的特殊性。

如上文所述，包括代理行在内的既有跨境支付模式，均需要商业银行的行内结算系统或央行的银行间结算系统承担账户余额结算变动的功能。根据支付清算运营者数量的差异，这些结算系统可分为"集中式系统"与"分布式系统"。目前"集中式系统"占主流地位，该系统是指由单一网络运营者（商业银行或央行）负责验证、存储（记录）信息并维护该系统的中心化数据库，同时为用户提供信息查询、共享、对账等服务，仅有网络运营者保存了相关的结算记录。[4]在集中式系统中，仅存在着网络运营者与用户双方之间的法律关系。而除了"私

〔1〕 CPMI, Cross-border retail payments, February 2018.

〔2〕 Tara Rice & Goetz von Peter & Codruta Boar, On the global retreat of correspondent banks, BIS, BIS Quarterly Review: International banking and financial market developments, March 2020, p. 53; The Continuous Linked Settlement foreign exchange settlement system (CLS), Swiss National Bank, November 2009.

〔3〕 此外，近年来，针对受美国主导控制的传统代理行模式的替代性安排陆续出现，如以欧元结算的"贸易往来支持工具"（INSTEX）、俄罗斯的金融信息传输系统（SPFS），但总体并未改变传统代理行的主导地位。

〔4〕 Jürg Mägerle and David Maurer, International Organization of Securities Commissions. IOSCO Research Report on Financial Technologies (fintech) [R]. Madrid: IOSCO, 2017.

有链"[1]之外,以区块链为代表的"分布式系统"将验证与记录信息、维护系统等系统运营功能分配至各个有权参与该系统运营的主体即"节点"(node,以下简称"运营参与者")进行运作,每个节点都实时保存了相同的结算记录。由于在区块链系统中,运营者的职能由多个履行不同职能的节点承担,因此存在着用户与节点之间、节点与节点之间的法律关系;如该系统由某一公司或其他组织开发、维护与协调,那么还存在着用户与运营者、节点与运营者之间的法律关系。[2]

从区块链的技术特性中可以发现,相较于传统跨境支付采用的集中式结算系统,区块链分布式结算系统可以避免单一系统运营者在发生技术故障时停摆或随意更改清算信息导致对清算秩序的破坏,保障了清算信息的安全性与完整性,实现了在中心化运营者缺位时结算信息的可信任,这在数字货币中主要体现为"不可双花"。[3]但另一方面,由于结算运营主体的分散化,结算的速度会受制于区块链信息处理机制(即"共识机制")的影响,如比特币等私人数字货币所依托的区块链交易处理速度无法与现有的成熟集中式系统相比肩;同样由于结算运营主体的分散化,以及区块链技术本身会出现"分叉"情形,结算的终局性会难以得到保障;[4]此外,由于运营参与者的失误或滥权而导致的结算错误概率可能会有所增加,而由此需要承担结算责任的主体并不明确,因而带来了相应的法律风险。

区块链技术在跨境支付领域的应用,主要体现为"传统模式的技术替代"、私人数字货币模式,以及法定数字货币模式。"传统模式的技术替代"即将不对外发行数字货币的区块链(我国监管部门宣称的"无币区块链")技术替代传统跨境支付中的集中式系统,如支付宝(香港)于 2018 年 6 月上线的全球首个基于区块链技术的电子钱包跨境汇款服务,[5]以及维萨和万事达信用卡公司各自推出的独立 B2B 跨境支付平台。以下分别详述私人数字货币模式以及法定数

---

[1] 按照有权参与网络与验证信息的节点数量的不同,区块链可分为"公有链""私有链"以及"许可链"。在私有链中,只有一个网络运营节点有权验证并记录信息。

[2] 柯达:《区块链证券结算的法律规制——基于信息系统的视角》,载《大连理工大学学报(社会科学版)》2020 年第 5 期,第 77 页。

[3] "不可双花"即同一笔交易不会被重复记录,因而区块链技术较适合应用于中心化运营者缺位或不受信任的场景。参见徐忠、邹传伟:《区块链能做什么、不能做什么?》,载《金融研究》2018 年第 11 期,第 9 页。

[4] 柯达:《比特币分叉的法律分析——兼评冯某与乐酷达公司合同纠纷案》,载北京大学金融法研究中心编:《法律与新金融》(第 41 辑)。

[5] 中国香港支付宝(AlipayHK)与渣打银行、菲律宾电子钱包服务商 GCash 合作,利用区块链技术实现快捷、透明转账。该模式本质上仍然属于银行内部的转账,AlipayHK 与 GCash 作为"总收付款人"分别在渣打银行开户,实现银行内部的转账支付。

字货币模式在跨境支付领域的革新与局限。

（二）私人数字货币的跨境支付模式革新与局限

随着 2009 年初比特币这种"点对点的电子现金系统"的诞生，以区块链技术为基础的私人数字货币在全球范围内迅速发展，目前已经形成以比特币为主导、多币种共存的格局。数字货币本质上属于"去中心化"的"点对点"跨境支付模式，即付款人可将数字货币直接支付给收款人，无需经过任何单一第三方主体的清算结算。目前，在跨境支付领域较具有代表性的数字货币为比特币（BTC）、瑞波币（XRP）等"支付型代币"，以及泰达币（USDT）、天秤币（Libra）等"稳定币"。下图 2 为私人数字货币跨境支付的简化流程（同时适用下文介绍的法定数字货币）：

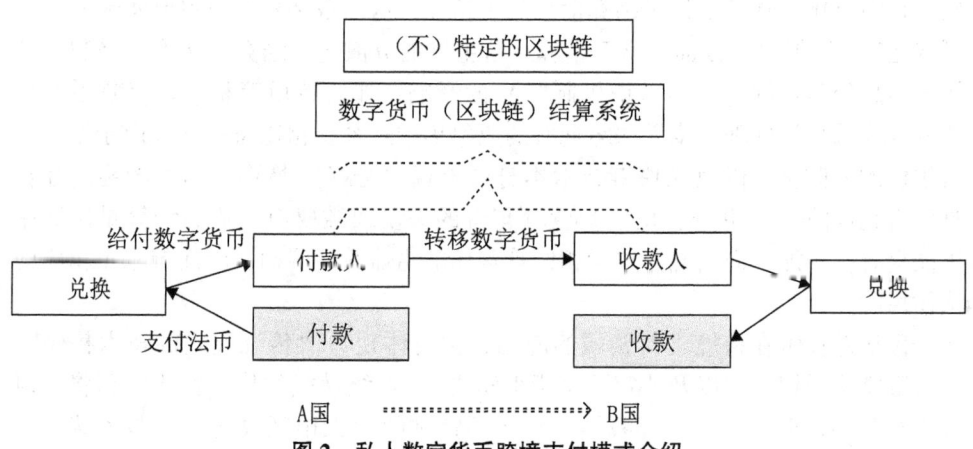

图 2　私人数字货币跨境支付模式介绍

如图 2 所示，付款人欲通过数字货币将一笔法定货币支付给收款人，其需要先向兑换主体（如数字货币交易所）用法定货币购买数字货币，该笔数字货币存储于付款人的"钱包"中；之后，数字货币结算系统根据付款人的转账申请，将该笔数字货币转移至收款人的钱包中。收款人同样可以通过兑换主体卖出数字货币、换得法定货币。相较于通过传统银行账户转账完成跨境支付，数字货币在清算模式与结算系统控制、表现形态与存储媒介以及货币兑换方面存在一定特殊性。首先，在不考虑另设智能合约的前提下，以区块链技术为基础的结算系统只有实时全额清算一种模式，即对每笔转账逐一进行清算；而负责运营该结算系统的主体根据区块链节点准入的类型而存在差异，如任何人均可通过工作量的证明参与比特币依托的"公有链"，而 Libra 依托的"许可链"只允许特定的主体参与结算系统的运营。其次，部分数字货币的表现形态并非以账户上的余额（account 范式），而是与实物现金有类似效力的电子化"代币"（token），这种代币以字符串的形式发生具体数额的变动，如比特币采用的"未花费的交易输出"（UTXO）模式；该字符串存储于付款人的"钱包"中，此类钱包又可分为"冷钱包"与"热钱包"，前者只能由持有者控制，而后者可由交易所等兑换主体控制。[1]最后，数字货币跨境支付本质上是通过货币兑换实施的，而货币兑换主体并非作为传统外汇兑换主体的银行，而是充当做市商或兑换信息中介的数字货币交易所；在 Ripple 模式中，由收付款人认可、民间自发形成的"网关"充当做市商，提供数字货币与法定货币的兑换。[2]

在私人数字货币模式下，跨境支付的风险与成本有所减少，但又新增了一定的市场风险、信用风险与流动性风险。一方面，由于付款人与收款人在同个结算系统中分别拥有可以变动余额的"钱包"，相较于需要经过多个结算系统进行余额变动，数字货币在收付款人之间的转移更为快捷，因而支付速度更快、支付成本更低；而区块链系统上的转账记录公开透明，不存在代理行模式下转账信息无法及时、全面获取的弊端；此外对于"冷钱包"而言，只有钱包持有人本人才可动用其中的数字货币，这使得跨境支付无需依赖任何"开户行"的信用。另一方面，以不代表任何请求权的支付型代币（如比特币）为例，收付款人面临与货币发行相关的市场风险、与结算系统运营相关的信用风险，此外结算系统及其参与者的结算风险主要为流动性风险。首先，这些数字货币不由国家发行、不体现国家信用，由于缺乏价值锚定的财产，其价格波动性过大，而相关衍生品的缺位更使得收付款人在货币兑换过程中面临更强的市场风险。其次，区块链结算系统的平稳运行需要依赖系统节点（参与者）的积极、善意行为，如果系统节点消极运营或恶意篡改结算系统中的信息，势必也会为收付款人带来信任风险，而在"公有链"系统中，这一风险更为严重。最后，区块链结算系统由于只有实时全额清算模式，该模式对结算系统及其参与人的流动性要求较高，因此收付款人会面临一定的流动性风险。

为了改变比特币、以太币等早期私人数字货币因市场价格波动大而难以普遍作为支付手段的困境，与法定货币、主流数字货币、大宗商品等财产锚定的"稳定币"陆续出现，特别是 1:1 锚定美元的 USDT 已成为数字货币市场中被普遍接受的支付手段；而 Libra 将同时提供锚定多币种和锚定美元的方式，此外多个金

---

[1] 邹传伟：《区块链与金融基础设施——兼论 Libra 项目的风险与监管》，载《金融监管研究》2019 年第 7 期。[美] 阿尔文德·纳拉亚南等：《区块链：技术驱动金融》，林华等译，中信出版集团 2016 年版。

[2] 张爱军：《从 Ripple 看区块链技术对跨境支付模式的变革与创新》，载《海南金融》2017 年第 6 期。[美] 马塞尔·罗斯纳、安德鲁·康：《解密区块链技术与支付业务之新融合：Ripple 解密及其监管》，杨健译，载许多奇主编：《互联网金融法律评论》（第 9 辑），法律出版社 2017 年版，第 13 页。

融机构也宣称要发行供内部清算使用的稳定币。这些稳定币在币值稳定方面具有较强的优势，但对于跨境支付的收付款人而言，且除了部分银行采用区块链技术发行与数字货币本质相同的电子化存款外，锚定法定货币发行的稳定币无法得到存款保险等正规金融监管体制下的保护，这使得收付款人在持有数字货币期间，需要承担数字货币发行人以及其法定货币存款机构（主要是银行）的信用风险。[1]此外，稳定币由于其法律属性（货币还是证券）较为复杂、与法定货币的联系较为紧密，相较于比特币更受监管机构的关注，更加全面、规范的监管机制也可更快建立，而这意味着稳定币支付服务商的合规成本提升，以及由此导致的稳定币跨境支付费用的提升。[2]

（三）法定数字货币的跨境支付模式革新

自 2003 年支付结算委员会发布的《央行货币在支付系统中的角色》对央行发行电子货币进行讨论以来，[3]央行直接面向企业个人发行电子化的非现金货币逐渐成为学界和业界长期热议的话题。特别是在区块链技术发展的背景下，国际组织、各国金融监管机构和众多学者开始讨论央行利用区块链技术发行法定数字货币的可行性。其中，一些组织和个人已开始研究法定数字货币应用于跨境支付的具体模式。根据目前的研究成果，应用于跨境支付的法定数字货币发行与流通机制可分为基于传统代理行的法定数字货币模式、一篮子货币的"国际型"法定数字货币（International Central Bank Digital Currency, I-CBDC）模式，以及可视为本国法定货币、同时为境外机构提供运营接口的"本国型"法定数字货币（Domestic Central Bank Digital Currency, D-CBDC）模式。由于基于传统代理行模式并未对跨境支付的具体支付流程和法律关系作出实质性改变，其主要是运用区块链技术使得跨境支付的货币转移信息更为透明，因此下文对该模式不进行详细论述。

1. 国际型法定数字货币模式

国际型法定数字货币（以下简称"国际型 CBDC"）是指由国际基金组织（IMF）或其他政府间国际组织发行、锚定一揽子主流法定货币的数字货币。目前除了欧元等区域性国际货币外，仅有由国际基金组织创设的、由一揽子法定货币价值所构成的记账单位"特别提款权"（SDR）具有国际官方货币的属性，因

---

[1] 柯达：《稳定币的"稳定"与"不稳定"》，载廖理、朱慈蕴主编：《清华金融法律评论》（第 3 卷第 1 辑），法律出版社 2020 年版。

[2] Financial Stability Board, Addressing the Regulatory, Supervisory and Oversight Challenges Raised by "global stablecoin" Arrangements: Consultative Document, April 2020; IOSCO, Global Stablecoin Initiatives: Public Report, March 2020.

[3] See Committee on Payment and Settlement Systems, The role of central bank money in payment systems, August 2003.

此国际型 CBDC 又可称为"数字化 SDR"。该国际组织依据某一计算公式确定每一单元国际型 CBDC 所包含的美元、欧元等主流法定货币的价值比重,各国央行在向该国际组织委托的银行等金融机构交纳与国际型 CBDC 所锚定的单一或多重货币价值相同的货币后,该国际组织可向其发行等额的国际型 CBDC。各国央行在得到国际型 CBDC 后,便可通过本国的常规货币发行流程或货币政策工具将 CBDC 提供给企业和个人。该模式类似于加拿大、新加坡与英国央行共同提出的"通用批发型 CBDC"(U-W-CBDC),其由锚定各国法定货币组成,可用于跨国支付结算。

与私人数字货币支付流程相似,付款人欲通过数字货币将一笔本国货币支付给收款人,其首先需要向银行等兑换主体用本国货币购买国际型 CBDC,该笔数字货币同样存储于付款人的钱包中;其次,数字货币结算系统同样根据付款人的转账申请,将该笔数字货币转移至收款人的钱包中;最后,收款人同样可以通过兑换主体卖出数字货币、换得法定货币。国际型 CBDC 在清算模式与结算系统控制、存储媒介与传统代理行模式相比也存在一定特殊性。一方面,国际型 CBDC 需要由多家央行或其他金融机构作为区块链节点参与支付结算系统的运营,且此结算系统在一般情况下同样仅存在实时全额结算模式;但在未来出现多样化需求的情况下,也可增加多边净额结算等模式。另一方面,收付款人的国际型 CBDC 存储媒介可采用传统式银行账户,也可采用与部分私人数字货币相同的钱包。

在国际型 CBDC 模式下,由于收付款人均可在同一结算系统中转移资金,跨境支付的效率同样得到有效提升;特别是未来在区块链技术应用于跨境证券结算的情况下,采用一种被各国普遍接受的官方数字货币,能够更加有效地实施"货银对付"(DVP)结算,减少结算风险。但另一方面,该模式仍然存在对兑换主体与区块链运营主体的信任风险;特别是在运营主体和兑换主体分布于各国的情况下,如何协调各国法律对兑换主体与运营主体的监管,以防止兑换主体与运营主体出现的道德风险给收付款人以及整个支付结算系统带来的损害。此外,国际型 CBDC 的价格仅具有相对稳定性,由于国际型 CBDC 锚定特定的主流法定货币,这些法定货币相互之间的汇率本身会发生变动,采用何种锚定机制(如持续固定比重还是定期变动比重)能够减少市场上的套利以及国际政治因素给国际型 CBDC 的币值稳定带来的不利影响,仍然存在较大的不确定性。[1]

2. 本国型法定数字货币模式

本国型法定数字货币(以下简称"本国型 CBDC")是由单一国家(央行)

---

[1] Hossein Nabilou, Central Bank Digital Currencies: Preliminary Legal Observations, Journal of Banking Regulation, January 2019.

发行、与本国法定货币价值相等的数字货币；为了便于收付款人在境外使用本国型 CBDC，发行国央行会允许境外银行等金融机构作为区块链结算系统上的节点，或直接在央行开设准备金账户，从而参与本国型法定数字货币的跨境支付业务。根据是否需要投放中介，央行可采用"直接投放"与"间接投放"两种模式："直接投放"允许任何企业或个人直接在央行开立账户，央行通过直接经营的市场业务发行本国型 CBDC；间接投放是指央行通过公开市场操作等货币政策工具或另设兑换通道，先将本国型 CBDC 投放至商业银行等中介机构；之后中介机构再通过自身的市场业务将本国型 CBDC 投放至企业或个人。

与私人支付数字货币跨境支付流程相似，付款人欲通过数字货币将一笔法定货币支付给收款人，其需要先向银行等兑换主体用本国货币购买本国型 CBDC，该笔数字货币同样存储于付款人的钱包中；数字货币结算系统同样根据付款人的转账申请，将该笔数字货币转移至收款人的账户或钱包中；此后，收款人同样可以通过兑换主体卖出数字货币、换得法定货币。本国型 CBDC 的清算模式一般情况下同样为实时全额结算模式，结算系统也有央行管理下的商业银行等机构共同运营，而收付款人的本国型 CBDC 存储媒介同样分为传统银行账户或数字货币钱包。在本国型 CBDC 模式下，收付款人的支付速度和成本同样优于传统代理行模式，也同样存在对兑换主体与区块链运营主体的信任风险；此外，本国型 CBDC 模式还面临监管协调与货币主权的问题。一方面，允许他国金融机构加入本国型 CBDC 的支付结算系统，意味着该金融机构需要接受所在地国与数字货币发行国的双重监管，这会给该机构带来额外的合规成本，同时可能会给收付款人增加跨境支付的费用。[1] 而通过跨国监管协调的方式降低合规成本，会存在诸多不确定的政治因素。另一方面，理论上，本国型 CBDC 不被收款人兑换为法定货币也可在境外使用，因此一国如允许他国的本国型 CBDC 在本国境内不受限制地使用，不仅会损害本国法定货币的权威性、影响本国对"铸币税"的获取，也会遗漏发生在本国的大量交易支付信息，因此损害本国的反洗钱与税收机制。[2]

四、我国区块链数字货币的跨境支付机制与监管构建

（一）法定数字货币跨境支付的机制构建

我国央行于 2016 年成立数字货币研究所，开始进行法定数字货币的研发工作。2019 年 8 月，央行相关负责人表示，我国法定数字货币将替代一部分 M0 即现金，其将通过"中央银行—商业银行"双层运营机制被投放给零售客户；其

---

〔1〕 See Raphael Auer and Rainer Böhme, The technology of retail central bank digital currency, BIS, Quarterly Review: International banking and financial market developments, p. 85.

〔2〕 事实上，在一些完全禁止或完全放开私人数字货币流通的国家，这种现象普遍存在，加上私人数字货币的原生匿名性，监管机构无从知晓私人数字货币的使用者或者兑换方的交易信息。

中，法定数字货币将采用"账户松耦合"方式被存储于商业银行等运营机构的钱包中，客户钱包中的法定数字货币不属于运营机构的资产。[1]截至 2020 年 4 月，央行已组织部分商业银行和有关机构共同开展法定数字货币的研发，基本完成顶层设计、标准制定、功能研发、联调测试等工作，并计划在深圳、苏州、雄安、成都及未来的冬奥场景进行内部封闭试点测试。[2]需要注意的是，我国央行虽表示区块链仅为法定数字货币的技术选择之一，但结合目前已披露的信息来看，法定数字货币基于的信息技术可以实现区块链的主要功能，如分布式记账、信息难以篡改等；而相较于比特币等私人数字货币所依托的"公有链"，法定数字货币采用的"许可链"可以实现发行数量的可控制性以及可控制的匿名性。

结合上文对法定数字货币跨境支付模式的介绍，我国现有的法定数字货币模式更接近于本国型 CBDC 模式，而在人民币国际化背景下，采用本国型 CBDC 模式也更为合理，原因在于：其一，代理行模式下的 CBDC 对跨境支付的改进程度有限，其主要功能在于提升境内支付链条的透明度，无助于对境外支付信息的透明化以及支付效率的提升，而依托于代理行模式、由第三方支付机构提供的跨境支付业务在小额支付方面更具竞争优势；[3]此外，代理行模式还需依赖于以美国为主导的 SWIFT 电讯系统，不利于推进人民币国际化。其二，国际型 CBDC 的外汇构成具有不稳定性，且具体如何构成、之后如何调整比重会受到国际政治的较大影响，且一篮子法定货币之间也存在竞争，因此也不利于推进人民币国际化。其三，本国型 CBD 锚定本国货币发行，央行可以依法获取所有的货币转移信息，这不仅有利于维护货币主权，还能通过分析货币流转信息的特点，有针对性地推进人民币国际化。

在此情况下，我国在推进试点测试的同时，应当充分考虑如何让法定数字货币在跨境支付中更具市场竞争优势，同时实现一定的宏观政策目标，相关设计机制主要体现在法定数字货币的法律属性、表现形态与存储媒介、具体运营主体以及使用主体准入方面。

首先，我国法定数字货币应当定性为具有法定偿付能力（即"法偿性"，legal tender）的数字化现金，并在跨境支付的条件下仍然具有法偿性。将法定数字货币界定为具有法偿性的现金而非商业银行存款，使其具有国家信用，更能为

〔1〕 中国人民银行：《"以新发展理念为引领，推进中国经济平稳健康可持续发展"新闻发布会实录》，载 http://www.pbc.gov.cn/goutongjiaoliu/113456/113469/3895219/index.html，最后访问日期：2020 年 6 月 22 日。

〔2〕 中国证券报：《人民银行数字货币研究所：网传 DC/EP 信息为测试内容 并不意味数字人民币正式落地发行》，载 http://news.cnstock.com/news, bwkx-202004-4521221.htm，最后访问日期：2020 年 5 月 16 日。

〔3〕 杨松、郭金良：《第三方支付机构跨境电子支付服务监管的法律问题》，载《法学》2015 年第 3 期。

境外收付款人所认可接受。根据《中华人民共和国中国人民银行法》（以下简称《央行法》）等法律法规的规定，仅人民币具有法偿性，境内交易相关的一切单位和个人均不能拒绝接受人民币。为了扩大法定数字货币在国际上的接受程度，可将境内意义上的法偿性扩大为境内与跨境支付范围内的法偿性；但由于法偿性的效力主要体现在诉讼中清偿债务的支付手段优先性，法律可允许交易双方在使用法定数字货币有困难的情况下事先声明不使用法定数字货币，或双方协议使用银行存款或外国货币。[1]此外，依据使用环境与使用对象的差异，以及避免"存款溢出"的效应，可对法定数字货币的使用主体在支付数额方面实施分级限额。如可对法定数字货币的使用主体设置每日及每年累计交易限额，并规定大额预约兑换；必要时，也可对法定数字货币与银行存款或实物现金的大额、高频兑换收取更高的费用。[2]

其次，我国应当继续采用"账户松耦合"的法定数字货币保管模式，使其兼顾匿名与监管的需要。"账户松耦合"即引入数字货币钱包属性，实现一个账户对现有银行存款与数字货币的同时管理；其中，法定数字货币不属于商业银行等运营机构的负债，而是央行的负债。[3]在"账户松耦合"模式下，法定数字货币具有"代币"或电子现金的属性，即具有"可分性"，特定面额的法定数字货币对应不同的信息符号（数据串），如交易金额小于该面额的数字货币，该数据串可自动生成与该交易金额相等面额以及剩余面额的多个数字货币，并在交易后保留剩余面额的数字货币。采用代币属性，可以极大提升监管机构对资金流向的精准追踪能力，同时为央行实施零利率甚至负利率政策提供空间。[4]此外，对"代币"的交易验证主要关注其是否真实（真币还是假币）、是否已经被花费，因此"代币"属性更符合《电子商务法》对支付服务商提出的电子支付指令的完整性、一致性、可跟踪稽核和不可篡改要求。[5]但另一方面，基于跨境反洗钱与反恐怖活动融资的需要，以及避免商业银行业务被通道化或边缘化，运

---

[1] 刘少军：《国际化背景下人民币现金法规的完善研究》，载《中国政法大学学报》2015年第5期。

[2] 范一飞：《关于央行数字货币的几点考虑》，载《第一财经日报》2018年1月26日，第A05版。ECB工作论文也有讨论，如上限过低（binding）或过高（non-binding）。

[3] 姚前：《数字货币与银行账户》，载《清华金融评论》2017年第7期。

[4] 刘珈利：《中国-东盟法定数字货币合作法律机制的构建》，载《云南大学学报（社会科学版）》2020年第2期。

[5] CPMI, Central Bank Digital Currencies, 2018.《电子商务法》（2019年1月1日起施行）第53条："电子商务当事人可以约定采用电子支付方式支付价款。电子支付服务提供者为电子商务提供电子支付服务，应当遵守国家规定，告知用户电子支付服务的功能、使用方法、注意事项、相关风险和收费标准等事项，不得附加不合理交易条件。电子支付服务提供者应当确保电子支付指令的完整性、一致性、可跟踪稽核和不可篡改。电子支付 服务提供者应当向用户免费提供对账服务以及最近三年的交易记录。"

营机构应当对法定数字货币的存储媒介——钱包实施实名认证（KYC）；同时为保护收付款人的隐私，相关交易记录仅能由央行或其授权的监管机构获取。

再次，我国应当继续采用"中央银行—商业银行"的法定数字货币双层运营模式，并有条件地吸收境外金融机构参与结算系统的运营。为减轻央行的运营压力，在双层投放模式下，央行主要负责通过准备金或其他途径向商业银行等运营机构进行投放，并作为区块链上的"全权节点"实施节点管理，实时监测商业银行等运营参与者的信息处理工作，与商业银行共同维护区块链结算系统，维护整个区块链网络的一致性。[1]而商业银行负责对数字货币持有人实施包括身份认证在内的客户尽职调查，通过市场业务与客户进行现金法币、存款货币与法定数字货币的兑换。IMF 也提出，为了避免发行 CBDC 给央行造成过大压力、维护央行的声誉，可建立一种"公私合营伙伴关系"（a public-private partnership），即"合成型 CBDC"，央行的主要职责在于为中介机构获得准备金的权限，这样既可以保留私营部门进行创新以及与客户互动的相对优势，又可以保留央行提供信任和效率的相对优势。[2]此外，为了扩大法定数字货币的适用范围，央行有条件地吸收境外金融机构参与结算系统的运营，目前的人民币跨境支付系统已允许委托境内银行类直接参与者作为其资金托管行的境外机构直接参与；[3]而为了满足境外监管机构反洗钱执法的需要，我国央行可通过国际监管协作，将境外特定监管机构作为可查看信息的节点参与结算系统的运营。

最后，我国法定数字货币的流转应当为传统代理行模式以及跨境金融市场基础设施的实时结算提供互联互通的接口。对传统跨境支付模式的兼容以及与跨境证券、期货、外汇等金融市场基础设施的资金结算对接，体现了法定数字货币的可互操性、开放性，这意味着有更多的支付服务商可加入法定数字货币的支付渠道，增加人民币在跨境金融产品清算结算中的接受程度。[4]为实现"可互操性"，法定数字货币发行与流通机制需要增加具有可编程功能、带有一定触发条件的"智能合约"，即支付服务商等机构自定义的可执行脚本，当特定条件满足时（如某一笔证券已清算完毕），智能合约即被触发，之后可实现证券与法定数字货币的同时交收。[5]

---

[1] See MAS, Re-imagining Interbank Real-Time Gross Settlement System Using Distributed Ledger Technologies, Project Ubin Phase 2, November 2017, pp. 50-52.

[2] Tobias Adrian Tommaso & Mancini-Griffoli, The Rise of Digital Money, July 2019.

[3] 参见《人民币跨境支付系统业务规则》（银发〔2018〕72 号）第 6 条。

[4] See Bank of England, Central Bank Digital Currency: Opportunities, challenges and design March 2020, p. 19.

[5] 王延川：《智能合约的构造与风险防治》，载《法学杂志》2019 年第 2 期。

(二) 私人数字货币跨境支付的监管构建

我国央行等部委于 2013 年、2017 年分别发布《比特币通知》《ICO 公告》，明确比特币是一种虚拟商品、"初始代币发行"（ICO）涉嫌非法集资、非法发售代币票券等违法行为，并禁止银行等机构参与私人数字货币业务，之后在多次执法过程中明确境外交易所为境内个人提供数字货币与法定货币之间的兑换等服务属于违法行为；但是，我国多地法院、仲裁机构在相关裁判中认可比特币等私人数字货币属于合法的虚拟财产，并确认私人之间的私人数字货币交易具有合法效力。基于外汇管制、比特币等主流数字货币去中心化难以监管、彼时系统性金融风险隐患较大等原因，央行等行政监管部门采取的"禁止式"监管立场在当下具有合理性。但司法实践中对私人数字货币民事交易合法性的确认，却不足以有效保护私人数字货币持有者的合法权益，禁止式的监管立场意味着监管机构无法依据既有金融监管逻辑对实施欺诈、操纵市场的行为人进行针对性执法。此外，在 2017 年《ICO 公告》施行后，众多数字货币交易所"出海"，在境外为境内客户提供私人数字货币的兑换等服务；而由于监管管辖权的限制，境内监管机构无法直接对境外交易所进行执法，只能通过限制支付通道、境外网站接口（"长城"防火墙）禁入等方式限制私人之间境内或跨境交易的渠道，但由于大量私人数字货币的去中心化与原生匿名性缘故，监管机构对私人之间的场外交易无法禁绝。因此，在未来政治经济环境较为稳定的时期，监管机构可以改变禁止式的监管立场，对私人数字货币实施常态化监管，其中也包括对私人数字货币跨境支付领域的监管。

第一，明确私人数字货币的法律属性。如上文所述，根据代表权利的不同，私人数字货币可分为多种类型、可能具有不同法律属性，如货币、证券以及商品，这需要分类进行界定。以稳定币为例，锚定法定货币发行的稳定币可能同时具有货币与证券的属性，而在我国法律语境下，稳定币可能同时具有了电子货币（第三方支付与商业预付卡）和货币市场基金的法律属性。一方面，根据《中国人民银行法》的规定，我国的合法货币仅为人民币，此外非禁止发售的、可代替人民币流通的事物为代币票券；但代币票券的具体含义并不明确，现行法实际上通过承认商业预付卡与第三方支付的合法性，进一步限缩了代币票券的范围。基于交易结构的相似性，稳定币可认定为不存在固定法定货币金额的商业预付卡和第三方支付。另一方面，根据《证券投资基金法》的规定以及稳定币的交易结构安排，稳定币又具有了从投资者手中吸收法定货币后投资于货币市场的货币市场基金属性。[1]对

---

〔1〕 5.5, Mitsutoshi Adachi, Matteo Cominetta, Christoph Kaufmann and Anton van der Kraaij, A regulatory and financial stability perspective on global stablecoins, https://www.ecb.europa.eu/pub/financial-stability/macroprudential-bulletin/html/ecb.mpbu202005_1~3e9ac10eb1.en.html#toc1, 2020-5-16. IOSCO, Global Stablecoin Initiatives: Public Report, March 2020.

稳定币是否同时施加电子货币与货币市场基金的监管，美国、日本、英国等已建立数字货币监管体制的国家也没有明确。[1]我国可参照美国联邦证券法对"证券"的定义模式，[2]对可使用期限较短（如6个月以内）的稳定币认定为电子货币，对使用期限较长的数字货币认定为货币市场基金。

第二，对私人数字货币进行常态化监管，同时限制私人数字货币的跨境支付功能。常态化监管是指对私人数字货币的发行设置法定条件，重点要求发行人进行重大信息的披露；对数字货币交易所以及托管、兑换、咨询服务主体实施相关准入限制，对法定货币与私人数字货币的资金托管进行实时监控；[3]此外，对在数字货币经营机构进行交易的投资者实施实名认证（KYC），同时实施投资者适当性制度，对投资风险较高的数字货币进行投资者准入。[4]在跨境支付方面，为确保监管机构可全面获得私人数字货币的流通信息，法律中可规定在司法诉讼发生时，场内交易所数字货币交易相关证据的证明力比场外私人间交易更强；而对于面向我国境内投资者发行的数字货币或在面向我国境内投资者服务、境外经营的数字货币服务机构，如相关主体不符合我国监管机构的监管要求，法律可否认相关交易的合法性。此外，可参考美国与新加坡的规定，对在境内发行、仅有境外投资者可以购买的私人数字货币，相关监管要求可以低于面向境内投资者发行的私人数字货币。

五、结论

保持人民币支付手段的价值稳定与人民币结算系统的安全、高效，是推动人民币国际化的关键举措。面对私人数字货币特别是锚定美元的 Libra 等稳定币对人民币国际化的威胁，有必要加快在跨境支付领域法定数字货币的研发以及实施私人数字货币的常态化监管。在跨境支付环境下，收付款人不仅承担了交易对手方风险，还承担了对支付手段发行人（开户行）的信任风险；而商业银行或央行运营的结算系统以及相应的结算参与人，则承担了信用风险、流动性风险、法律风险等结算风险。此外，结算系统与结算参与人基于安全需要采用的一系列风险管理工具，会影响收付款人需要交纳的跨境支付费用（如手续费）与支付速度。对于占主导地位的代理行跨境支付，收付款人对开户行的信任风险、结算系统及其参与人自身的结算风险有所增加，导致跨境支付成本更高、支付速度更

---

〔1〕 美国国会今年审议的《2020年加密货币法案》（Crypto-Currency Act of 2020）中，明确指出加密货币的支付、证券等属性是互斥、不兼容的。

〔2〕 美国《1934年证券交易法》将流通期限超过九个月，或不超过9个月但存在宽限期或任何续约行为的银行承兑汇票视为证券。See Art. 3（a）（10），78c（a）（10），Securities Exchange Act of 1934.

〔3〕 姚前：《Libra2.0与数字美元1.0》，载《第一财经日报》2020年5月12日，第A03版。

〔4〕 BIS, G7 Working Group on Stablecoins: Investigating the Impact of Global Stablecoins, October 2019.

慢、支付信息更不透明。区块链数字货币对克服代理行模式的缺陷、优化跨境支付具有一定帮助。在私人数字货币模式下，跨境支付的风险与成本有所减少，但又新增了一定的市场风险、信用风险与流动性风险。而应用于跨境支付的法定数字货币发行与流通机制可分为基于传统代理行模式、锚定一篮子货币的国际型CBDC 模式以及锚定本国法定货币的本国型 CBDC 模式。

我国现有的法定数字货币模式更接近于本国型 CBDC 模式，而在人民币国际化背景下，采用本国型 CBDC 模式也更为合理。对此，首先，我国法定数字货币应当具有法偿性，并可将原先仅适用于境内人民币交易的法偿性扩张至跨境支付；其次，我国应当继续采用"账户松耦合"的法定数字货币保管模式，使其兼顾匿名与监管的需要；再次，我国应当继续采用"中央银行—商业银行"的法定数字货币双层运营模式，并有条件地吸收境外金融机构参与结算系统的运营；最后，我国法定数字货币的流转应当为传统代理行模式以及跨境金融市场基础设施的实时结算提供互联互通的接口。对于私人数字货币，我国应当明确私人数字货币的电子货币或货币市场基金属性，对私人数字货币进行常态化监管，同时限制私人数字货币的跨境支付功能。

第二篇　银行法的修改与完善

大数据时代商业银行信贷风险预警制度的构建

——以成都农商银行为例

肖　山 *

摘要：风险预警是商业银行防控信贷风险的重要环节。近年来，国有大行以及包括成都农商银行在内的多家商业银行已先后开展风险预警制度探索，各风险预警制度初现成效。但信贷风险预警仍面临着预警制度化程度不高、数据治理欠佳、预警组织架构不完善、预警意识薄弱的困境。考虑到多数商业银行的风险预警建设仍处于探索阶段，为进一步完善信贷风险预警，本文提出可考虑由监管层面出台信贷风险预警制度，并开拓数据收集与共享机制、明确数据服务准入标准，商业银行应不断强化风险预警意识并在监管引导下构建符合各行实际的风险预警制度。

关键词：商业银行；信贷风险；预警；制度构建

引　言

近年来，防范和化解金融风险成为金融监管关键词，信贷业务相关风险防控及化解成为重中之重。数据显示，2018 年商业银行总体不良贷款余额 20 254 亿元，不良贷款率 1.83%；不同类型机构信贷风险走势呈现分化，大型商业银行资产质量持续改善，股份制商业银行和民营银行资产质量稳定，城市商业银行和农村商业银行不良率提升[1]。实际上，信贷风险与商业银行的利润存在倒 U 型关系，其产生与经济周期性、信息不对称、商业银行内控管理均有相关性[2]。为化解和防范信贷风险，国内金融机构先后建立了风险预警系统以实现事前识别、阻断、防控风险，通过事先提示风险、及时介入并最终化解信贷风险。目前，交行、建行、工行等大行的风险预警建设已初具成效，多数商业银行的信贷风险预

---

* 肖山，男，1976 年生，武汉大学管理学博士，现任成都农村商业银行股份有限公司合规总监兼总法律顾问、中国银行法学研究会常务理事。

〔1〕 中国金融新闻网：《中银协：2019 年商业银行信用风险管理依然面临诸多挑战》，载 http://www.financialnews.com.cn/yh/gd/201907/t20190710_163630.html，最后访问日期：2019 年 10 月 4 日。

〔2〕 孙光林、王颖、李庆海：《绿色信贷对商业银行信贷风险的影响》，载《金融论坛》2017 年第 10 期。

警建设刚起步且还处于摸索阶段。因此，探索一套适用于多数商业银行的信贷风险预警制度大有必要。

一、信贷风险预警的概念、特征

（一）信贷风险预警概述

1. 信贷风险的概念

信贷业务是本外币贷款、贴现、透支、押汇等表内信贷和票据承兑、信用证、保函等表外信贷业务的总称，包含底层资产为信贷业务的投资业务。信贷风险是指与信贷业务相关的风险，指债务人不能如期偿还其债务造成违约，从而给银行等债权人带来的经营风险，也可理解为商业银行在信贷业务中到期无法足额收回贷款而遭受损失的可能性。这种风险表现在损失和可能性两个方面：一是信贷能否按期收回，二是信贷到期收回金额能否达到预期水平。

2. 信贷风险预警的界定

风险预警是指通过信息的收集和分析，对业务风险状况进行识别、监测和评估，采取适当措施化解可能发生的风险，减少未来发生损失的可能性。早在 19 世纪末，法国经济学家就已将预警一词引入金融领域。1975 年，金融领域的风险预警概念被正式提出，诸多经济学家着手研究预警机制以预测经济运行情况。我国对于风险预警的研究肇始于 20 世纪 80 年代，学术研究及监管文件普遍将商业银行作为风险预警的对象，认为风险预警是指监管通过选定一系列反映银行风险迹象的指标，运用规范的统计分析方法实现对银行风险早期识别的过程[1]。

然而，商业银行如何对信贷业务进行风险识别、监测、预警，学术研究及监管文件较少涉足。本文所研究的风险预警，即指商业银行对信贷风险的预警，是通过监测、评估、预警及处置四个环节推进信贷风险的识别和化解，形成动态闭环管理，当前信贷风险被化解后，即进入下一轮信贷风险监测。

（二）大数据风控的概念、特征

1. 大数据的概念

大数据（big data）是指在一定时间范围内，无法用传统数据库软件进行采集、存储、管理和分析，需要通过新处理模式进行加工、处理、整合、利用和反馈的具有高效率、高价值、海量、多样化特点的信息资产[2]。与传统数据相比，大数据具有规模性、多样性、高速性和高价值特征[3]。随着计算机互联网、搜索引擎、电子商务的发展和广泛使用，"大数据"已成为有效解决信息不

---

[1] 中国银监会银行风险早期预警综合系统课题组：《单体银行风险预警体系的构建》，载《金融研究》2009 年第 3 期。

[2] 何平平、车云月编著：《大数据金融与征信》，清华大学出版社 2017 年版，第 2 页。

[3] 孟小峰、慈祥：《大数据管理：概念、技术与挑战》，载《计算机研究与发展》2013 年第 1 期。

对称的重要方式[1]。

2. 大数据风控的概念及特征

大数据风险控制是运用大数据搭建风险模型或规则，从而达到提示借款人进行风险提示和风险控制的目的[2]。目前，大数据风控已覆盖了信贷领域的各个流程，2017 年国内大数据风控市场规模达 140 亿元[3]。运用大数据进行风险控制能够较好地弥补传统风险控制存在的信息不对称、数据获取维度窄、人工采集成本高、效率低等缺点，具有覆盖范围广、时效性高、信用评价精准等优势[4]。与此同时，需要清醒地认识到，与传统风险化解相比较，大数据风控的重点在于科学运用大数据技术，提高风控水平，但并没有改变传统授信和风险管理的本质。

二、信贷风险预警的实践与困境

（一）信贷风险预警的实践现状

1. 信贷风险预警的国际实践

美国、英国、日本等国家的风险预警经验，主要是通过监管资本充足率、不良率等财务性数据指标对商业银行的风险进行预警。以美国为例，借助两大类、五个系统风险预警系统，基于财务报表，通过设置多个信号指标对商业银行的风险予以识别和测定。在信贷风险预警方面，美国主要采取监测客户现金流量的变化，跟踪财务、管理人员、经营状况、客户与银行关系等措施进行风险预警。

2. 信贷风险预警的国内实践

目前监管在风险预警管理方面，仍以预警商业银行的风险为主，先后下发《农村合作金融机构风险评价和预警指标体系（试行）》（已失效）、《商业银行风险预警操作指引（试行）》等规范性文件，对银行业金融机构进行多维度的风险预警。

在商业银行对信贷的风险预警方面，基于概率统计的信用风险模型已在较多银行实施。但各商业银行的风险预警呈现单独构建情况，在预警指标或数据、预警规划等方面考量不一。例如，2006 年中国农业发展银行发布《商业性贷款风险预警工作指引》，明确了风险预警指标及信号设置、贷款风险预警信号收集、报告等流程，以判断单个借款人或单笔贷款的风险程度和风险性质。2008 年中国农业银行强化对单一客户、单一集团的授信集中度管控和风险预警，优化法人客户信用风险评级模型。2015 年，中国建设银行就大中型客户、对公客户的信

---

〔1〕　谢清河：《大数据时代我国商业银行发展问题研究》，载《南方金融》2014 年第 11 期。

〔2〕　巴伦一：《信贷全流程风险管理》，北京联合出版公司 2018 年版，第 60 页。

〔3〕　参见百度金融、爱分析：《2018 年中国大数据风控调研报告》，载 http://www.xinhuanet.com/itown/2018-03/12/c_137033463.htm，最后访问日期：2019 年 10 月 5 日。

〔4〕　何平平、车云月编著：《大数据金融与征信》，清华大学出版社 2017 年版，第 86 页。

贷风险预警与风险控制缓释操作等进行了优化管理。

可见，在商业银行信贷风险预警上，我国国有银行、股份制银行已开展诸多探索，但大多数商业银行的探索还处于起步阶段，且这些探索对于风险预警的方式、预警指标、预警流程，以及智能化、大数据、财务数据、信息数据的使用不尽相同。

（二）风险预警面临的困境

从国内外风险预警实践来看，信贷风险预警面临多方面的困境。

1. 预警的制度化程度不高

监管机构针对商业银行的风险预警已先后出台多部规范性文件，但商业银行信贷风险预警上仍缺乏统筹性的监管规范及指引。目前商业银行针对信贷风险的预警探索，以各商业银行自行出台相应规范性文件或自行开展信息系统、制度建设为主。实际上，在各自为战的背景下，商业银行不得不考虑如何科学借鉴同业经验，形成一套合理有效的预警信号系统、预警信号分类、机构/部门职责、预警工作流程、责任追究以及正向激励措施制度。从国内信贷预警现状来看，各商业银行对风险信息的重要性判断、预警信号的等级划分、具体预警流程等方面的考量不尽相同，信贷风险预警探索的效率、成效难以达到现实最佳。因此，为进一步提升银行业金融机构的信贷风险预警制度建设，亟待监管出台规范化、统筹化的风险预警制度指引。

2. 预警信息的数据规范治理欠佳

近年来，金融企业对客户数据的多样化、连续性、实时性、真实性[1]要求愈加明显，监管对商业银行收集、使用客户个人信息也越加严格。自 2011 年起国务院、人民银行、银保监等监管机构先后下发多个文件[2]，对个人金融信息、信息的收集、查询、使用、共享均作出明确规定，要求商业银行应遵循合法、合理原则，不得采集与业务无关的信息或采取不正当方式收集信息，采集个人金融信息应符合最少必需原则[3]。可见，商业银行信贷风险预警收集、使

---

[1] 巴曙松、侯畅、唐时达：《大数据风控的现状、问题及优化路径》，载《金融理论与实践》2016 年第 2 期。

[2] 例如《国务院办公厅关于加强金融消费者权益保护工作的指导意见》、《中国人民银行金融消费者权益保护实施办法》（银发〔2020〕34 号）、《中国人民银行关于银行业金融机构做好个人金融信息保护工作的通知》（银发〔2011〕17 号）、《中国人民银行关于金融机构进一步做好客户个人金融信息保护工作的通知》、《中国人民银行办公厅关于 2013 年个人金融信息保护专项检查情况的通报》（银办发〔2014〕131 号）。

[3] 钟鑫等：《互联网借贷业务中个人金融信息保护监管动态与合规建议》，载金杜律师事务所网站，https://www.kwm.com/zh/cn/knowledge/insights/the-internet-lending-business-20180824，最后访问日期：2019 年 10 月 5 日。

用、共享、查询的数据真实性和合法性，是大数据背景下构建商业银行信贷风险预警制度的关键问题。

但与此同时，目前第三方机构普遍通过爬虫等技术抓取行政、司法信息、网络公开负面等信息，在巨大的市场需求中不法获取、收集、使用个人信息的情况屡禁不止。特别是 2019 年第三季度，包括同盾科技、杭州魔蝎数据在内的多家大数据风控平台发生多起因爬虫技术、个人信息保护高管被控制、平台被查封、爬虫技术人员被调查事件。可见风险预警的信息来源、使用、共享等仍待进一步治理。

3. 预警的组织架构不完善

商业银行信贷风险预警的行内外组织架构仍不完善。第一，同业数据共享架构不足。金融机构在开展业务中获取、加工、保存的个人身份、财产、账户、信用、交易信息等信息，对判断借款人风险程度具有重要意义。特别是随着金融创新、金融改革的深入，跨产品、跨市场、跨地区金融业务层出不穷，业务复杂性、隐蔽性[1]加码，风险信息常处于孤岛状态。但目前各商业银行的风险预警仍是行内自主开展，同业间就风险信息、预警信号、预警后措施缺乏有效的共享及协作机制。第二，商业银行各机构/部门的风险预警职责不明确，风险预警多以客户经理、业务部门为主要参与主体，风险管理部门往往只能滞后、被动获得风险信息。实际上，作为全面风险管理的重要环节，及时、有效的风险预警可为后续风险分类、债务追偿、财产保全奠定基础。但目前的组织架构中，风险管理部门、法律合规部门、资产保全部门等其他部门及机构难以主动发现风险信号并将风险化解及处置等工作前置到风险预警中。

4. 预警意识薄弱

近年来，全面风险管理、大额风险暴露等监管要求持续强化商业银行风险管理意识。但商业银行仍存在不同程度的"重调查审批、轻贷后管理"观念，特别是风险前预警及提前介入意识薄弱，用常规贷后检查作为风险查控手段及常规工作内容，未能将挖掘风险信息、预警信贷风险作为行为主旨。这使得风险预警及贷后检查成为尽职免责手段，风险预警流于形态，缺乏跟踪业务、识别风险、提前介入、风险前化解实践。

三、搭建基于大数据的信贷风险预警体系——以成都农商银行为例

2019 年成都农商银行依托大数据技术，探索构建了基于大数据的信贷风险预警体系，并呈现良好运行效果。成都农商银行基于大数据的信贷风险预警探

---

〔1〕 福建南平银监分局课题组、郭春松：《银行业交叉金融业务风险预警体系研究》，载《金融监管研究》2018 年第 1 期。

索，核心在于数据及数据分析，信贷风险预警平台架构（以下简称"预警平台"）分为数据层、分析层、决策层和应用层等。

数据层主要在大数据平台中完成数据的收集、存储、清理和整合。原始大数据分为贷款信息、账户信息、抵质押物信息等内部数据和工商、司法涉诉等外部数据，然后对数据进行清理、整合。

分析层和决策层基于大数据处理框架及客户风险预警系统，主要对数据进行清理、整合和分析，通过规则配置和模型搭建，自动持续监测诉讼风险、押品风险、违约风险、交易对手风险等，最终实现对还款能力及还款意愿的监测。

应用层则在客户风险预警系统和信贷系统中，对风险监测结果进行分析处理，通过线上统一操作流程，规范风险预警的识别、评估和化解。

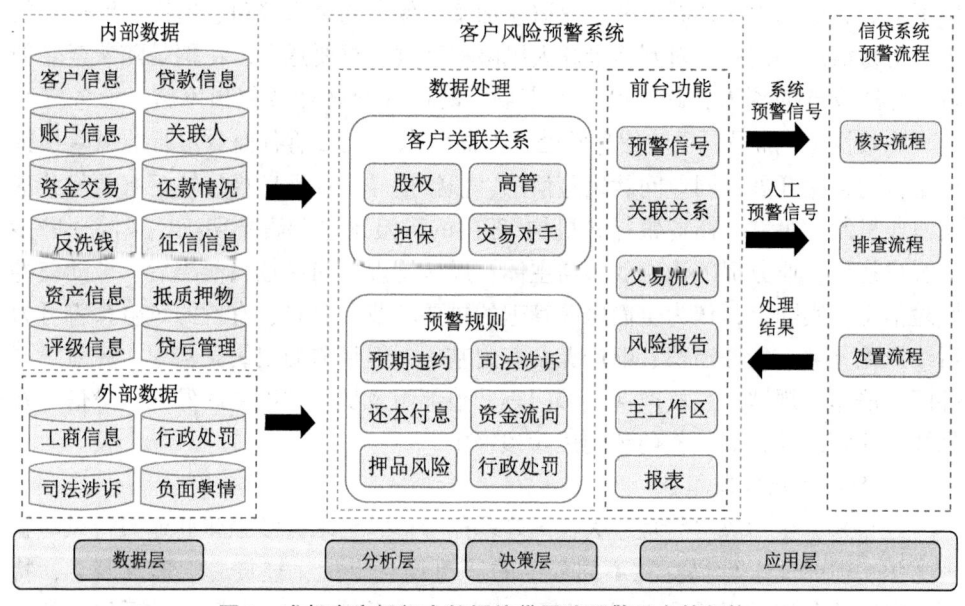

图1　成都农商银行大数据信贷风险预警平台的架构

（一）预警大数据的建设

1. 内外部数据范围和来源的确定

在预警平台的搭建中，信贷业务等数据被纳入大数据平台内，但确认具体需要收集哪些数据及采纳的数据维度难度颇大。为理清思路，采用反推思考方式，从信贷风险的特征出发推导所需数据，即从结果倒推原因，确定每一个信贷风险的特征由哪些数据维度体现，再将这些数据维度转化为技术层面的基础、原始数据。

数据范围确定后，需判断该等基础数据能否由行内信息系统提供，若能，则从行内信息系统获取数据；若不能则考虑从外部供应商处采购或人工导入预警平台。借助该方式，确定了工商登记信息、司法涉诉、行政处罚、负面舆情等外部数据，以及客户信息、账户信息、资金交易、还款信息、资产信息等内部数据。

2. 数据处理

根据预警规则的需要，对收集的内外部数据进行清洗、整合，最后将加工后的数据在存储类似于数据仓库的大数据平台中，以供后续分析挖掘。在数据加工处理过程中，对数据的统一化、标准化处理是关键环节，并可以此达到数据共享的目的。一直以来，银行各业务信息系统的数据存在数据孤岛的问题。成都农商银行将来自行内的核心系统、信贷系统、信用卡系统等数据通过客户证件号码进行关联，将不同系统存有不同客户编号的同一客户进行统一识别，并新建了ECIF系统[1]，对全行各个系统数据的客户给予了统一客户编号，同时还确定了客户信息更新操作流程，从而提高了客户信息的数据质量。对客户进行标识后，各业务信息系统中能反映业务情况的数据再进行统一化处理，形成能进行关联分析的数据，从而实现数据共享。

(二) 基于大数据构建预警识别体系

成都农商银行深入剖析近10年来各类风险贷款的风险成因、风险化解时效、措施和成效，总结本行客户群体的风险特征及授信审查重点，同时深入分析行内授信业务管理痛点及风险特征，提炼出与行内业务及审查重点相符的风险模型业务逻辑及风险监测重点。然后建立大数据分析模型，实时、动态监测并自动预警信贷风险，及时核实和处理预警风险信息，有效提升信用风险识别、监控、处置能力。

1. 建立多维度借款人关联关系的识别体系

借款人出现实质性风险前，最初的风险特征往往通过其关联企业及个人体现，最终传导至借款人，如若银行没有掌握借款人关联方信息，在风险管理中就难以发现这些风险特征。因此，以借款人为核心，构建起关联关系网尤为重要，对尽早识别及化解风险的风险管控要求能起到积极作用。

近年开始盛行的天眼查、企信宝、企查查等以工商企业登记信息为切入点，从股权关系、高管信息出发挖掘了企业之间的关联关系，并且能够及时提示出相关企业的司法涉诉信息，为银行风险管理带来了生机。但对于银行而言，首先需要人工查询，其次缺少了企业融资及资金交易数据，距离反映企业生产经营状况还有一定距离。

---

〔1〕 Extract-Transform-Load 的缩写，用来描述将数据从来源端经过抽取（extract）、转换（transform）、加载（load）至目的端的过程。

因此，成都农商银行对外部工商登记信息和内部的征信系统、信贷管理系统、核心交易系统进行大数据分析，整合分析股权、高管、担保和资金交易的频繁交易对手四类信息，形成以借款人为中心的第一层、第二层、第三层关联关系网，并根据关系紧密程度区分为紧密关联关系人和普通关联关系人。紧密关联关系人主要指借款人的担保人、配偶、高管、持股比例20%及以上股东及对外投资、近半年资金交易笔数及金额排名前三的交易对手。而普通关联关系人主要指借款人持股比例20%以下股东及对外投资、近半年资金交易笔数及金额排名第四至十名的交易对手。通过划分可更为全面地了解借款人的关联关系网，掌握其上下游、供应链等显性和隐性关联关系，确定对借款人有直接影响的关键企业或关键人员。同时，通过分析借款人及关联关系人的风险信息，可以在早期识别关联客户信用风险暴露情况。

2. 建设科学的财务识别分析规则

债权人了解掌握借款人生产经营情况的途径，通常包含现场查看生产经营情况、查看分析财务报表、银行资金交易流水以及生产经营相关的出入库单据、水电费、税费、工资发放情况等。一般情况下，中小企业的财务报表和出入库单据真实性相对较弱，水电费、税费等数据获得有一定难度，而银行资金交易流水是银行金融机构天然的优势。并且，对企业销售回笼资金的监管和对现金流的控制，是银行贷后管理的抓手和关键。正所谓是控制不了现金，就控制不了还款来源。

若借款人主要通过本行账户进行资金结算，那么银行资金交易流水能够作为掌握中小企业销售资金及现金流等情况的第一手资料，能够摸清企业间关联关系，反映出借款人资金结算量是否大幅下降、代发工资总额是否大幅下降等。通过对其深入分析，与实际贷后管理工作紧密结合，监管和控制好借款人的现金流，进一步掌握借款人的真实生产经营情况，监管贷款用途真实性以及判断资金链是否出现异常或紧张等风险情况。

3. 建立预警规则

在预警规则方面，成都农商银行主要从第一还款来源、第二还款来源、还款意愿三大角度识别信贷风险，同时按照预警规则的风险严重程度高低，划分为预警类预警、监控类预警和提示类预警。

预警类预警为出现重大信用风险事项，对还本付息形成严重影响，可能需要采取以资产保全为目的的风险控制缓释措施。例如，借款人及紧密关联人账户被查冻扣、近期未发放工资、他行新增不良贷款、被列入失信被执行人等预警信号预示着可能存在非常严重的风险，会对借款人的还本付息产生实质性影响，需要立即采取措施。监控类预警为客户信用风险状况较为严重，对还本付息形成明显影响，需采取适当的缓释或控制措施。例如，当发现借款人及紧密关联人的结算量大幅减少、代发工资总额减少等预警信号，预示着出现了一定程度的风险，需要高度关注、适时采取措施控制和化解风险。提示类预警为一般预警，指客户目前有能力归还贷款本息，但出现了比较明显的信用风险状况，对还款形成潜在的影响，需密切关注。

成都农商银行形成主要预警规则及预警级别详见图2：

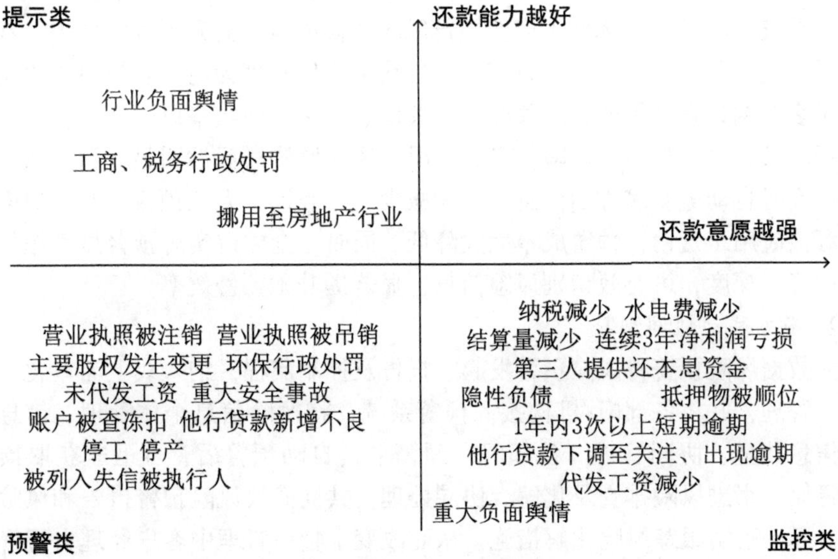

图 2　信贷风险预警规则

根据预警规则业务逻辑，进行大数据的分析挖掘，搭建预警规则对应的预警模型，实现对风险信息的自动预警。

（三）采取协同化联动风险预警处理机制

信贷风险预警体系的建立应实现行内协作，促使前中台、总分支机构联动，及时有力推进风险化解。为实现与信贷业务的无缝衔接，成都农商银行基于信贷管理系统建立预警操作平台，将风险预警发起、报告及风险控制流程嵌入信贷管理系统。一旦客户出现风险预警信息，预警平台向客户经理、机构负责人及风控条线发出预警信号，由各方按照流程开展预警信号的核实、调查分析、结果反馈、督促风险化解等工作。

分支机构若认定为无实质性风险，则采取加强监控措施，同时在信贷系统线上流程签署审批意见以供总行抽查；若认定为对贷款清偿有重大不良影响，则上报总行，经前、中台机构和部门、总行和分支机构综合评估，判断客户整体风险情况，制定风险化解措施。对超过一定金额的重点风险贷款，采取联席会议、联动处置等方式，风控部门提前介入，配合业务机构或部门共同处置风险。

针对预警信号及预警工作中发现的重大风险，风控部门通过开展系统性排查和风险提示，对全行发起全面、综合风险的排查。同时将风险预警工作纳入分支机构经营管理层和分支机构经营绩效考核，提高预警工作主动性和准确性。

（四）大数据信贷风险预警的运行优势

1. 降成本、提效率

大数据信贷风险预警系统可全方位收集、分析数据，并将人工发现预警信号转变为系统自动预警，降低了商业银行风险预警成本、提升了预警效率。在风险预警系统上线前，风险监测多以客户经理线下贷后管理为主，客户经理需定期自行登录多个网站查询借款人及关联人相关信息，多方面收集风险信息，风险预警工作耗时长且易出现遗漏风险信息的情况，风险监测滞后性明显。而大数据风险预警可实时自动监测多方面信息，大大减少人工查询、人工预警成本，更多的人力资源被应用于营销，预警成本大大降低。同时，全方位实时预警显著拓展了预警的广度、深度，可有效识别风险信息，显著提升了预警效率。

2. 多方联动协同预警

大数据风险预警将风险预警发起、报告及控制流程，纳入线上名单化、流程化统一管理，并将各部门/机构接入预警系统，将风险信息个体管理、信息独享转向信息共享、协同管理。各部门在预警平台自动预警后，可迅速获取预警信号，督促、跟进风险排查及化解，协同处理、共同商议风险预警报告和风险化解方案，逐一落实跟踪风险化解措施。从而改变了贷后管理中客户经理自行管理储存客户情况并个人识别风险的常态，风控条线由被动接收风险信息转变为自主掌握风险线索并开展风险化解举措，实现联动协同预警。

四、商业银行信贷风险预警的制度化探索

为提升商业银行信贷风险防控能力，在借鉴同业风险预警经验的基础上，可从扭转预警意识、完善数据共享、建立风险预警制度等方面入手，形成监管指导商业银行预警信贷风险的组织架构。

（一）进一步强化监管对信贷风险预警的指导

1. 出台商业银行的信贷风险预警指引

鉴于目前商业银行信贷风险预警仍处于各自探索阶段，为实现信贷风险预警建设的科学性、高效性，可出台商业银行风险预警建设指引，具体而言，其一，明确商业银行进行信贷风险预警应遵循的原则。其二，引导商业银行构建风险信号体系，并根据风险信号对信贷业务的负面影响程度对预警信号划分等级，并要求商业银行动态调整预警级别。其三，明确风险预警职责分工，形成纵向、横向联动组织架构。其四，将风险预警职责履行情况纳入机构、个人考核。其五，针

对创新、高效开展风险预警探索，获得显著成效，对积极共享的商业银行给予荣誉称号，以此实现国有大行实践、中小银行预警项目先进经验的推广适用，并为防范系统性金融风险提供扎实的预警基础。

2. 开拓大数据收集与共享机制

针对金融同业信息各自收集、使用、管理的现状，可探索进一步实现金融信息对风险预警的价值，建立统一的金融信息共享平台，实现包括基本信息、贷款信息、风险信息、资金交易信息等信息资源的共享。

具体而言，首先应解决如何协调金融信息共享与隐私保护、是否同时共享正负面金融信息、金融信息共享的限度、金融信息记录差错的处理[1]这几个问题。其次，采取分步建设方案，逐步统筹人民银行、银保监等各监管机构、金融机构信息，并将宏观经济数据、市场信息、行业信息纳入数据库。最后，根据数据秘密程度、重要性等，对数据库进行分层，形成基础数据库、公开数据库、专用数据库等，各金融机构根据授权进行查询、录入等。通过以上措施，形成平衡信息保护与各方查询需求、涵盖多方数据的金融数据库，实现金融同业信息集合与共享。

3. 明晰数据服务准入标准

随着网络化、智能化、数据化社会的到来，数据的收集、使用、分析正发挥着超越数据本身的价值。特别是大数据时代，金融机构、监管机构等对个人信息的使用及需求形成多元化利益[2]，个人信息保护与多元化利益需求形成并存态势。实际上利用散落在社会中的个人信息并非新事物，在信息保护的基础上通过规范化的数据治理，可能是进一步实现个人信息价值并破解第三方数据渠道困境的有效途径。在数据服务及服务治理中，可从信息保护的法律属性出发，以社会控制论指导个人信息保护立法，建立平衡个人利益和社会整体利益的、适应大数据时代的个人信息保护制度[3]。并就此以立法形式，对数据服务的市场准入、技术要求以及数据收集、使用、查询的界限等进行规定，全方位规范第三方数据的来源、流转。

（二）进一步提高商业银行信贷风险预警的制度建设

在信贷风险预警制度的建设中，商业银行应时刻践行全面风险管理要求、持续扭转"重贷轻管"意识，重视信贷风险预警，通过学习监管文件、分享正负面风险预警案例、开展专题宣讲培训等方式，营造信贷风险预警文化，提高全员

---

〔1〕 李子健、耿得科：《如何实现信用信息共享？——一个文献综述》，载《征信》2015年第9期。

〔2〕 张新宝：《从隐私到个人信息：利益再衡量的理论与制度安排》，载《中国法学（文摘）》2015年第3期。

〔3〕 高富平：《个人信息保护：从个人控制到社会控制》，载《法学研究》2018年第3期。

风险预警意识。同时应将制度纳入建设范围内，并根据监管出台的大数据风险预警指引，在制度内明确风险预警的原则、预警信号体系、预警级别、职责分工、激励考核等内容。

1. 风险预警的原则

商业银行信贷风险预警应遵循五大原则。其一，及时性，对已出现风险迹象的客户，及时采取相应的风险预警和风险控制缓释措施。其二，敏感性，保持对风险的敏感性，尽早发现客户风险预警信号，为风险控制缓释争取时间和空间。其三，客观性，应实事求是地反映潜在的或已暴露的风险信息，并客观、公正地进行风险评价，不得刻意隐瞒。其四，持续性，加强风险的持续跟踪管理，将风险预警和风险控制缓释落实于日常经营管理工作中。其五，联动性，各个业务环节、各个管理部门均有联动风险预警的职责。

2. 预警信号范围及体系

预警信号应涵盖可能直接或间接引发客户还款能力或还款意愿大幅下降的各类风险事项或信号，以及将导致客户违约或信贷资产本息损失的最严重情形。按风险类型分类为如下几类：行业风险、经营风险、财务风险、履约风险、信用恶化、重大司法涉诉、负面舆情、担保风险、关联人风险等类别。详细预警信号可参照前述"基于大数据构建预警识别体系"部分。

3. 预警信号级别

预警信号级别方面，划分预警类、监控类、提示类预警，对预警信号进行动态管理。在监测过程中，若发现预警信息不准确或预警情况好转，对信贷业务不再构成实质风险的，经审批可解除预警；预警客户及其主要关联人的所有信贷业务已结清或风险分类下调至不良的则自动退出预警。

4. 预警职责分工

预警职责分工采取纵向和横向联动机制。纵向由总行部门、分支机构分级管理，总行负责统筹全行风险预警管理、重大风险项目管理；一级分支机构/部门、分管风险管理层、客户经理分别为第一责任机构、第一责任人、直接负责人，负责在日常管理过程中全流程监测客户预警信号；横向采取信贷业务管理、风险管理、授信审批、资产保全、法律合规等部门及条线分工协作，负责研究风险控制及处置方案，对重大风险预警给予指导。

5. 考核、追责

为实现各机构、人员对风险预警的积极性，可将风险预警作为激励、考核、追责因素。首先，对及时发现并揭示风险预警信号，避免或减少损失的机构和人员进行表彰。其次，将风险预警的及时性和客观性纳入一级分支机构/部门的绩效考核。最后，对应发现而未及时发现风险预警信号的、发现信号但隐瞒不报或对外泄露的、贻误时机未及时采取有效风险控制缓释措施造成损失的，追究相关机构、人员责任。

结 语

在严监管形势下，各商业银行已不断提升信贷风险管理能力，但如何及时有效地识别信贷业务风险，仍然是一个严峻的考验。风险预警作为商业银行识别信贷风险的关键措施，面临监管指导性不强、数据治理不足、组织架构不完善等困境。为进一步完善商业银行风险预警制度建设，科学借鉴同业风险预警探索及实践经验，可探索由监管出台规范化的信贷风险预警制度，同时通过搭建金融信息共享机制、明确数据服务准入来加强数据治理，以此推动商业银行的信贷风险预警制度建设。

新治理浪潮下非正规金融协同规制展望

王 兰*

摘要：金融规制体系的内在紧张关系，以及与既有的硬法规制之间的疏离，导致了非正规金融通常走向了脱离硬法规制射程的地下化治理，并呈现出独特的内部软法规制的样态。不过，因软法规制的有限性，其规制效果亦显得力所不逮。非正规金融软硬法单一规制的乏力，昭示了制度改进的第三条道路，即硬法与软法协同规制的新路重建。这种重建隐含了新治理浪潮下的私人参与和分权化社会规制，并具体呈现为对非正规金融软硬法复合的执行创新与软硬法叠加的组织再造。

关键词：非正规金融；新治理；软法规制；协同规制

自20世纪70年代以来，随着去国有化运动（Denationalization）在世界范围的方兴未艾，规制与治理的现代化成为国家公共行政的核心任务。[1]以私有化和兼容放松规制为关键词的重新规制（Re-regulation）浪潮，正成为规制型国家治理的新导向。[2]然而，相较于非正规经济在一国经济体系中所扮演的重要角色，公共行政却囿于其地下化状态而难以对其施行有效治理。其中最大的痛点，就是主导了非正规经济发展进程的非正规金融监管议题。一方面，立法虽无法否认非正规金融存在的积极意义，但始终未承认其作为普惠金融的正当性，也未能从合法性层面上完全开放准入门槛；另一方面，相较于受到审慎性监管的正规金融，处于非正规状态的非正规金融，更承受着从计划经济管理体制沿袭下来的"前所未有"的严密控制，[3]并因其对经济和社会的重大影响而动辄被课以严厉

---

* 王兰，福建福清人，厦门大学法学院副教授，法学博士。

〔1〕 J. J Richardson, "The Administration of Denationalization: The Case of Road Haulage", *Public Administration*, 1971, Vol. 49, pp. 385–402.

〔2〕 Michael Moran, "Review Article: Understanding the Regulatory State", *British Journal of Political Science*, 2002, Vol. 32, pp. 391–413.

〔3〕 强世功：《法制与治理：国家转型中的法律》，中国政法大学出版社2003年版，第155~156页。

管制，而泛刑事化评价和习惯于叫停的行政禁令管制等做法，令非正规金融从业者噤若寒蝉，由此甚至被贴上原罪的标签，愈发趋向地下化生长。

这种金融规制体系的内在紧张关系，也映射出既有的硬法规制模式的窠臼：即习惯诉诸严格监管的硬法规制模式，通过从业资格审批、监管标准设定等方式造成的准入门槛和运营成本，恰与以灵活方式和松散组织为优势的非正规金融互为龃龉。这使得非正式的民间放贷无法在运营中按照监管标准满足资本充足性和流动性要求，而依据私人合意灵活进行的私人信贷业务，亦无法完全顾及资产安全运营的审慎指标。这种规制手段与对象间的内在张力与摩擦，导致非正规金融与既有的硬法规制的疏离，并走向了脱离硬法规制射程的地下化治理。然而，在硬法规制频频失灵的情境下，大量非正规金融的发展并非处于杂乱无序的状态，而是借助熟人关系网络中的信用传递、声誉控制、自动履约等机制实现自我有效运行，而内生于此关系资源下的软法规范则促使非正规金融走向了规范化的私人治理模式，并产生了埃里克森所描述的"无需法律的秩序"之况景。当然，这一低成本却行之有效的治理机制强化了非正规金融的非正规属性，而其赖以发生作用的软法规制，也抑制了现代非正规金融经由硬法规制而迈向正规化的进程。

吊诡的是，现代金融的复杂性意味着非正规金融仅靠内部治理形成的声誉与执行等软法规制，亦难以获得完美的治理。非正规金融的过度逐利所引发的参与人陌生化和融资目的投资化，显著放大了其履约的风险。尤其当遭遇外部交易人的道德风险时，非正规金融治理那引以为傲的软法规制及其社会控制机制，更显得力不从心。硬法规制的难言之隐和软法规制的力所不逮，昭示了可能的第三条道路，即兼具硬法与软法合理内核的规制新路重建——保留软法内部高效治理的优点并由硬法提供外部司法救济的整全性方案，通过积极倡导软法规范下的私人参与和自我规制，以期实现非正规金融"新治理"（New Governance）路径的构建。[1]鉴于此，要达到"软硬兼施"的规制顶层设计，应以非正规金融的正规化为前提，并就此促进硬法与软法的规制形成合力，防止地下化非正规金融市场因自身风险累积而致崩塌。

一、脱法的秘密：非正规金融的硬法规制难题

在国家以法控制社会的管理法模式中，诉诸全能政府以严格规范完成社会控制的"国家—控制"法范式，因为受困于接受严格监管的被监管对象难以对规制产生"服从和认可"，而一直面临着如何俘获监管对象的问题。[2]对于长期游离于正规经济领域之外的非正规金融而言，该问题更为突出。因习惯处于地下化

[1] JM. Solomon, "New Governance, Preemptive Self-Regulation, and the Blurring of Boundaries in Regulatory Theory and Practice", *Wisconsin Law Review* 33, 2010, pp. 591-625.
[2] 罗豪才、宋功德编著：《软法亦法：公共治理呼唤软法之治》，法律出版社 2009 年版，第 14~15 页。

或半地下化的运行态势，非正规金融运营者易于也更倾向于脱离法律监管视野，使得硬法规制常陷入"对象消失"的尴尬处境，并最终导致监管失灵。这实际上也从侧面力证了学者们对以自上而下式管理为核心的传统治理范式的质疑。[1]然而，这一表层解读并未实质触及硬法规制"被脱法"的深层原因。

首先，硬法规制下的利率管制是非正规金融在法外运作的主要肇因。经济学通说认为，法律对于利率的管制是信贷发生的核心约束条件。这很方便地让法外运行的非正规金融链受到硬法规制：由于立法始终未放弃对存贷款利率的严格调控，使得金融市场利率长期低于市场均衡利率，[2]并致使正规金融借贷资金价格实际上远低于实际市场定价，而需要极高的还款安全性保证信贷资产。不过，由于私有企业在规模、资信等方面与国有企业存在巨大差距，这种被经济学家称为经济分割的问题，[3]导致正规金融通常优先放贷给国有企业。当大量中小型私有企业难以在管制利率下获得正规金融部门的有效"输血"时，易得和快捷的非正规金融渠道自然成了私企融资的主战场。这也从硬法管制的外部性上解释了正规金融规制与非正规金融产生的关系，即非正规金融本质上源自外部的正规金融利率管制及其相应的信贷配置。[4]

尤为复杂的是，上述利率管制还产生寻租的外部性，如正规金融的代理人往往将管制利率与市场利益的利差设租，并通过故意延长贷款发放时间来迫使贷款人对其行贿。[5]这会诱使民间融资者为了获取廉价资金，而选择向正规金融代理人求租。[6]上述寻租行为在很大程度上稀释了利率管制政策所要派发的社会福利，架空了金融宏观调控目的。其直接结果是，刺激立法部门针对民间融资行为出台更严厉的管制措施，从而反向促使非正规金融加速地下化发展。

其次，硬法规制中设定的准入门槛和运营标准逆向诱致非正规金融的脱法化。在金融市场准入上，严格的从业条件和业务操作要求，尤其严苛的金融从业牌照管理等，极大压缩了非正规金融正规化的空间。这种严格准入的做法甚至递延到地方立法中，例如《福建省试点小额贷款公司暂行管理办法》除了严格的

〔1〕 R Wade, "The management of common property resources: collective action as an alternative to privatization or state regulation", *Cambridge Journal of Economics* 11, 1987, pp. 95-106.

〔2〕 王国松：《中国的利率管制与利率市场化》，载《经济研究》2001年第6期。

〔3〕 A. Guariglia & S. Poncet, "Could financial Distortions Be No Impediment to Economic Growth After All? Evidence from China", *Journal of Comparative Economics* 36, 2008, pp. 633-657.

〔4〕 Anders Isaksasson, "The Importance of Informal Finance in Kenyan Manufacturing", *The United Nations Industrial Development Organization Working Paper* 5, 2002, pp. 4-22.

〔5〕 S. Chaudhuri S & M. R Gupta, "Delayed Formal Credit, Bribing and the Informal Credit Market in Agriculture: A Theoretical Analysis", *Journal of Development Economics* 51, 1997, pp. 433-449.

〔6〕 A. I Khwaja & A. Mian, "Rent Seeking and Corruption in Financial Markets", *Annual Review of Economics* 3, 2011, pp. 579-600.

审批准入规定外，还要求小额贷款公司接受定期和不定期的资质考核等。在运营标准上，除了传统的分业监管下的行业管制外，网络化时代带来的金融风险问题已然成为当下主管部门的监管重点。例如，银监会、工业和信息化部、公安部、国家互联网信息办公室四部委联合颁布了《网络借贷信息中介机构业务活动管理暂行办法》，针对 P2P 网贷机构将信息中介角色异化为信用中介的做法，重点对承诺担保增信、错配资金池等高风险金融行为进行规制，以整治在平台运营中实施"提取风险准备金保证模式""债权转让模式"等资金池模式，杜绝借金融创新而违反硬法规制的隐患。兼之金融活动难免牵涉重大国家经济安全，非正规金融运营者在融资、营业过程中还可能面临严酷的刑罚风险。例如利用上述平台作为融资平台很可能会实施吸储、放贷甚至担保等业务而涉嫌"非法经营罪""集资诈骗罪"等刑事犯罪。面对这些重重管制和严密刑责，大量中小企业经营者只能被迫下沉到更加隐蔽的非正规融资领域，以规避融资中的法律风险。

从规制机理上看，非正规金融治理整体采用的"国家—控制"法范式的设计思路，在一定程度上机械理解了法与外在社会结构之间关系，而将其从业者的守法视为理所当然，忽视了源自金融运作市场逻辑和非正规金融所伴生的经营权等外在社会的经济诉求。其具体的规制手段过度滑向重视命令—服从的单向路径，缺乏与被规制者监管感受的互动调整，也必然削弱其规制法制化的正当性。[1]因此，为自我保全而地下化的非正规金融，其"脱法"本身就具有发生学上的正当性。若无法在金融意义上对正规金融利率规制所引发的金融抑制进行消除，就无法彻底改变正规金融信贷配置造成的金融供给侧问题。非正规金融长久不衰的生命力和旺盛的市场需求，也在事实上瓦解了立法禁绝非正规金融的正当性。故此，合宜的硬法规制应转向引导并维护非正规金融的正规化运行，以改善非正规金融市场并增加场外金融的供给。

二、射程的溢出：金融软法规制能力的有限性

脱离硬法规制的非正规金融的实际内部运作并非无序。经济学家从其内部自治机制提供了解释。非正规金融主要存续于社区、同行、朋友等熟人关系网络中，并借助地缘、业缘、血缘、互惠等关系形成的社会资源，以及由此内生的信息管理、声誉机制等实现金融交易契约的缔结与实施。[2]这种关系网络中进行的信息和声誉传播，是社会资本流转的主要形式，[3]而社会资本的实际载体，

---

[1] 罗豪才、宋功德：《行政法的治理逻辑》，载《中国法学》2011 年第 2 期。

[2] D. Egli, S. Ongena &D. C Smith, "On the Sequencing of Projects, Reputation Building, and Relationship Finance", *Finance Research Letters* 3, 2002, pp. 23-39.

[3] Arrow K J, "Introductory remarks on the history of game theory", *Games and Economic Behavior* 45, 2003, pp. 15-18.

就是以村规民约、行业惯例、自律公约等为主要内容的软法规范，并从长期的非正规金融契约治理中获得规制效力。

在契约缔结阶段，民间放贷人一般通过社会人际关系、业务关系等渠道更便捷、全面地获取借款人的相关信息，从而大幅度降低信息搜索成本，[1]并借助既有的交易约定，尤其有关权利义务安排、履约担保项目等内容的软法规范，迅速缔结交易。例如，依托惯例或习俗形成的社区内自发组建的经济互助组织，就是一种互信成员间无碍的交易。[2]在敦促履约阶段，隐含在软法规制过程中的熟人社会资本，还为融资提供了低成本且灵活便捷的担保机制。例如施行定期集合、轮转借贷的民间合会中，按照约定俗成的合会软法规范，会首须以个人声誉保证合会有序运转，并以个人资金和信用对违约成员承担连带担保责任。此外，随着融资交易体量的增加，还可能出现以合同为载体的规范化建设，这使得软法规制也从相对模糊的口头和默示形式，迈向了稳定性更强的书面和明示形式，为非正规金融规模的扩张提供了技术层面的支持。与此同时，这些软法治理技术上的更新，并未消解传统的熟人关系治理与声誉保障机制，反而借助介绍人保证或成员连坐担保等方式增强了融资信用，有效防止了局部个体违约演变成互助组织的整体瓦解。非正规金融也在这种自我强化中，进化为具有一定风险抵御能力的自恰系统。

当然，这种自治必须在前述熟人关系网络中才能实现。由于非正规金融软法规制所依赖的关系、声誉等社会资本以及融资安排中的信任机制等独具封闭性和"特殊主义"气质，当融资交易超出特定地域范围或人际圈子，就会导致内生交易成本逐渐加大而社会资本却又逐渐减小的趋势，[3]并引发相应的溢出风险。实践中出现了很多通过居间介绍人而达成的陌生人借贷，由于介绍人与借贷双方之间的关系属于不同群体间的强关系，[4]难以将（不同的）社会界限或等级层次连接起来，也就无从激发产生具有执行效力的社会资本。因外来参与者的信息

---

〔1〕 Tang Shui-Yan, "Informal Credit Markets and Economic Development in Taiwan", *World Development* 23, 1995, pp. 845-855.

〔2〕 G. KHabtom &Ruysp, "Traditional Risk-sharing Arrangements and Informal Social Insurance in Eritrea", *Health Policy* 80, 2007, pp. 218-235.

〔3〕 张建伟：《法律、民间金融与麦克米伦"融资缺口"治理：中国经验及其法律与金融含义》，载《北京大学学报（哲学社会科学版）》2013年第1期。

〔4〕 强（strong）关系是镶嵌理论的重要内容，是相对于弱（weak）关系而言，主要指关系密切或经常互动的人际关系，交往的人们之间的社会网络同质性较强（即所从事的工作、生活的环境，抑或掌握的信息基本上是趋同的）。尽管很多发达国家是弱关系社会，人们通过泛泛之交而获得多样性的信息来办事或促成交往，但学者边燕杰通过研究发现，中国的社会实质上是强关系社会。参见[美]边燕杰：《找回强关系：中国的间接关系、网络桥梁和求职》，载《国外社会学》1998年第2期。

传递无法在原有的熟人关系网络中进行，就此产生的道德风险无法借助原有的软法规制体系予以解决，而具有可置信威胁的外部法范式和公法之治因非正规金融自身的脱法和地下化与软法衔接效果不佳，最终导致非正规金融软法实现强制履约保证的规制射程存在先天不足的问题。

　　除了规制射程溢出导致的道德风险外，涉及外来参与人的非正规金融还会伴生联动正规金融的次生风险。有研究表明，处于熟人网络之外的借款人，大多会同时参与正规金融与非正规金融这两大市场——要么借款人向非正规金融融资以偿还正规金融的借款，要么非正规金融的放贷人从正规金融获得贷款后再行转贷。[1]如此一来，尤其当出现宏观金融调控和银根紧缩的情形时，上述两大市场均将无法有效保证各自的流动资金规模及其相互流转的均衡。对于缺乏财政背书的非正规金融，无疑成为最有可能的金融链条断裂处，并引发连锁的银行信贷呆坏账问题。随之而来的监管立法势必将进一步限制非正规金融，走向更严厉管制甚至禁绝的僵局。倘若非正规金融的违法性就此在硬法规制层面上坐实的话，将诱发外来参与人的违约预期——借非法之名义行"合法"避债行为，并彻底架空原已被逸出射程的软法规制执行机制。

三、走向正规化：非正规金融规制难题纾解的实验

　　承上所述，硬法规制脱法的难题在于从外部无法找到规制的俘获对象，在内涵上无法提供适合非正规金融的恰当赋权与运营标准，而被地下化的非正规金融，则依靠熟人社群的软法规制得到了适用范围有限的软法治理，且当非正规金融的参与人外部化后，软法将无力在规制对象溢出射程范围后继续发挥声誉传递与社会执行机能，从而导致非正规金融交易中道德风险的加剧。对此，汇聚到非正规金融正规化改革面向上，硬法规制的俘获对象捕获难题，首先就能得到很好地解决。此外，一旦正规化后，为获得正当性及其后续的执行机制保障，非正规金融放贷行为通常需要通过登记等方式取得合法身份，并据此得以被监管部门识别而纳入硬法规制范畴。

　　制度经济学表明，法律体系可以有效通过影响产权而改变普通人获得财富的能力。横亘在正规经济与非正规经济之间的产权差异，如同布罗代尔形象描绘的"钟罩"一般，将非正规经济者隔绝于合法营利（营商资格）之外，使得他们缺乏将手中财产按照市场价格交易的机会。[2]走向正规化，意味着通过法律赋权（empowerment），从产权的角度建立起非正规经济易得的确权性法律体系，从而

---

〔1〕 K. S Tsai, "Imperfect Substitutes: The Local Political Economic of Informal Finance and Micro-finance in Rural China and India", *World Development* 32, 2004, pp. 1487-1507.

〔2〕 李启航、陈国富：《法律制度对财产性收入影响作用的城乡差异：基于布罗代尔钟罩的法经济学思考》，载《财经研究》2013年第3期。

赋予其进入正规经济，享有相关国家资源和福利的权利。

不过，这种将非正规经济吸纳进正规经济的改革进路，可能会遭遇正规化扼杀非正规经济优势、正规化成本损害从业者利益的问题。[1]为此，德·索托提出既应调低非正规经济进入既有法律体系的门槛，给予其准入和审批程序简化、避免限制性的行商处遇，也应同时允许他们建立非正规组织机构以替代正规部门执法，从而吸纳支撑起非正规体系精华的"法律之外的规制和体系"，承继非正规体系"对财产权、契约和合同进行管理和控制，不受中央集权控制的、非正规管理机构"的作用，发展从行商赋权到运营、发展的自治管理。[2]这一理论模型，突破了非正规金融机构走出传统正规化的窠臼，指明了保有非正规经济灵活优势的软法规范的重要性，以及运用这些规范进行私人治理以降低正规化成本的价值，也为纾解非正规金融正规化难题提供了行动路线。

不过，秘鲁非正规经济改革运动的最终失败，意味着其操盘手索托，并未真正找到能恰当地落实其方案的行动路线。可以说，索托理论模型的有限性，在于其仅看到正规化后对非正规从业者的利好以及给予赋权的正当性，却回避了成就内部治理的管理规则和自治社团执法的软法如何被"硬化"的问题。这暗合了晚近反思性法评述方式改进的浪潮，即要求从草根层面获取的经验应经过不断改进，再经由顶层设计者的适用以更新为立法标准。[3]细究秘鲁彼时的立法，给予地下市场合法经营性权利的立法虽"招之即来"，但与既有治理范式的监管衔接和经营结社组织配套的"反思性法"改进始终阙如，更遑论进行前述管理规则等软法"硬化"的立法准备。

实际上，彻底解决非正规金融规制对象溢出射程范围的问题面向，已不单纯是索托言说的"法律之外"既有软法规则的简单硬化，而在于促进软法效力所在的自治体系衔接外部执行机制的问题，也就是政府和私人主体间如何发挥各自角色的不同优长，在法律与规制过程中实现"公私合作"。[4]换言之，这也对接起软法之治疆域的升级过程。从升级的方式来看，既包括发生在主体功能区的直接增强，[5]表现为由硬法中的强制性公权力介入以确保非正规金融合同执行，

[1] LinceS, The informal sector in Jinnah, Uganda: implications of formalization and regulation, *African Studies Review* 54, 2011, pp. 74-93.

[2] [秘鲁] 赫尔南多·德·索托编著：《另一条道路》，于海生译，华夏出版社2007年版，第279页。

[3] M. C. Dorf, "The domain of reflexive law", *Columbia Law Review* 103, 2003, pp. 384, 386.

[4] [美] 奥利·洛贝尔：《作为规制治理的新治理》，宋华琳、徐小琪译，载冯中越主编：《社会性规制评论》，中国财政经济出版社2014年版，第127页。

[5] 软质之治疆域包括核心功能区、主体功能区和边缘功能区三部分，是一种混合法结构中，通过所有法规范排列组合形成的谱系，按照硬法到道德等社会规范的强弱排列。参见罗豪才、宋功德编著：《软法亦法——公共治理呼唤软法之治》，法律出版社2009年版，第400~401页。

例如最为常见的民间借贷诉讼方式，达到普适性法范式与软法之治并用的治理；也可以表现为间接的增强，由外部社会控制机制作为一种可置信的威慑，敦促游离于关系网络外的外来参与人守信履约，譬如对"老赖"施加广泛的社会道德批评、舆论监督等。

按照升级的配套要求，非正规金融首先需要通过正规化以扫除"非法"的身份障碍，并借助正规化登记等方式，从债权债务关系的证据化到执行依据的规范化等方面，为对接硬法执行机制提供条件。此外，软法的硬法化，也能彻底改变处于地下状态的声誉执法强度相对孱弱的局面，转由合法性强制执行力量予以兜底。否则，动辄诉诸昂贵的私力救济而获得的威慑增程，不但容易因其灰色性质而存在治安上的责任，也无法链接到更便捷和强势的硬法执行体系。

既然正规化不可避免，相关规制顶层设计的重建难题，就在于如何协调好软法规制与硬法规制在各自不同的规范时空下的对象排斥。例如，在非正规金融交易中，如何在符合硬法的信息披露规制下发挥熟人借贷中的声誉流转效用，同时又确保软法规制所需要的熟人关系不会因司法介入所带来对人际关系的威慑而瓦解。这开启了本文所应重视的方法论基点，即应当寻求能够同时满足硬法规制与软法规制分析的统一量纲，以避免在软法与硬法的不同规范时空中逻辑推演的冲突。

四、软硬法协同下非正规金融治理展望

事实上，非正规金融规制领域下的软法与硬法可以互相兼容，并达至互相增益的成效。软法所提供的规制约束并不会被硬法所排斥，甚至可以上升为硬法。例如，民间借贷中常出现的流押担保方式，就是通过移转担保标的物的占有，在借贷双方间形成有效的风险均衡。同时，以汽车等动产移转占有的非正规金融担保，还须完成相关的质押登记手续，以发挥起硬法规制层面的强制执行力量。尽管民间融资中常用的流押担保契约难以获得既有立法的合法性评价，但因这种私人占有形成的直接控制，有效降低了民间借贷到期履约的风险，为以物抵债的私力救济提供了可能。尽管流押未得到《担保法》的认可，也未获得债权担保诉讼的支持，[1]但对于债权人而言，流押控制的是未来可供强制执行的借款人财产标的物本身，即使进入民间借贷的违约诉讼，[2]无论是诉前保全还是后续司

---

〔1〕 陆青：《以房抵债协议的法理分析：〈最高人民法院公报〉载"朱俊芳案"评释》，载《法学研究》2015年第3期。

〔2〕 依据最高人民法院《关于审理民间借贷案件适用法律若干问题的规定》第24条第1款的规定，担保债权诉讼将被转为民间借贷诉讼，也同样可以发生针对"流押"标的物的诉前财产保全和事后强制执行。参见庄加园：《"买卖型担保"与流押条款的效力——〈民间借贷规定〉第24条的解读》，载《清华法学》2016年第3期。

法强制执行均有了实现债权的可能。至于最终债权实现是依担保债权抑或借贷债权，则对其借贷债权安全无实质影响。在此过程中，软法与硬法将交互发挥效力，并最终促进了信贷资源的优化配置，而具备制度安排合乎义理性（Legitimacy）的正当性。[1]低成本的软法规制与可接近的司法（Access to justice）[2]执行保障，消解了金融合同执行的最终风险，也在一定程度上促进了非正规金融机构的壮大。

不过，非正规金融的复杂性在于其不正规的运作，会导致无可避免的硬法评价"危机"。例如，在组织性的金融缔约中，当事人之间通常不是按一对一的缔约形式进行要约与承诺，而是具有"一对多"的集合融资特点。[3]这意味着如果要启动司法保障机制，就有可能触及吸收公众存款的红线而存在"合法性审查"之虞，并导致软硬法的交互发挥效力受阻。对此，笔者试图进一步研究解决上述受阻所需要的软硬法复合执法和叠加组织范式。

（一）横向增强：软硬法复合执行创新

为防止因信息成本与市场失灵而导致金融风险加大，针对非正规金融的风险立法大多属于禁止性条款居多的"父爱性"立法。不过，这种刚性立法产生的硬法规制，却先天存在从标准合规到违规执法的成本与效率之觞，并易导致被监管对象的反弹。鉴于此，借助自治性行会组织提供更为成员所悦纳的信息共享机制，[4]在压缩非正规金融放贷人的风险控制信息成本同时，也改善了单纯依靠事后合规性标准考察的硬法规制的被动性，由此带来的监管便利与运营成本的降低更不待言。随着信用大数据方式逐渐被传统的硬法规制所接受，打通公共部门入口所实现的交易对象征信信息共享，将会使依托行会专业信息进行风险控制的资信成本大幅降低，也有利于在更具针对性的业界范围内放大失信声誉压力后果，并作为内部执行替代机制有效遏制非正规金融的主观违约。

毋庸讳言，纳入正规化的非正规金融，因合规性法律要求，正式赋权所获的利益也要部分用于合规管理、应对监管和可能的违法处罚等。作为非正规化的替

---

[1] J. Y Lin, "An Economic Theory of Institutional Change: Induced and Imposed Change", *Cato Journal* 9, 1989, pp. 1-33.

[2] 接近司法是进入 21 世纪后世界范围掀起的民事司法改革浪潮，其内容除了表现为主流的替代性司法的倡导之外，强调诉讼的推进以及司法裁判的执行也是应有之义。后两者与硬法的执行保障紧密相关。See D A. Larson, "Access to Justice", *The Liverpool Law Review* 19, 2015, pp. 1-7.

[3] 如民间合会按惯例是通过会脚集中各自秘密报价的方式予以竞标，从而在每轮竞标中达成中标者与其他会员之间的集合借贷合同关系，而形成"一对多"的融资关系。

[4] 行业组织或者中介机构拥有行业的整体认识和信息聚合优势，可实现高效便捷的市场对接和灵活应对，有助于提供广为同业接受的规则和落实规制任务。See Robert Baldwin, Martin Cave & Martin Lodge (ed.), Oxford Handbook of Regulation, Oxford University Press, 2010, p. 152.

代机制，如若其成本超过正规化产生的收益，则不仅意味着合规管理的低效率，[1]也会将非正规金融驱逐出正规化领域。从影响上述收益的情况来看，主要的变量为非正规金融的融资利率水平、合规运营成本与风险控制成本。其中，融资利率水平取决于硬法对利率的规制；合规运营成本取决于正规化后配合硬法规制产生的登记、接受监管、信息披露等成本；而风险控制成本相对复杂，既包含了如资信甄别等违约预防成本，也包括执行合同的费用，如申请司法救济的相关费用。除了这些变量所指向的直接相关的硬法规制，软法规制在资信资本和声誉流转下的执行成本优势也不可忽视，这也完全呼应了将两种规制协同整全的思路。

申言之，正规化的运营成本和风险控制问题，关键取决于软法规制如何发挥其在非正规体制低成本声誉与执行机制的作用。这需要尽可能打开有限的熟人网络，将其拓展到包括外部参与人在内的社会共同体网络。德·索托甚至断言，非正规经济自发形成的组织性网络，可以在同业之间形成自治的增强。[2]很多批评者认为这种自治的增强无法进一步延伸到交易的对象，因为自发的行业缺乏有效的组织力量，而仅能在成员之间推行交互的替代执行。然而，在非正规金融的同业行会中，这种带有违约追偿的替代执行即使不够给力，但其给被执行对象造成的声誉流转压力却是显的，并且因同业成员间对此类声誉信号尤其敏感，针对交易对象的同业交互声誉流转几乎无需动员，这也是借贷风险预防中最为重要的事前资信信息环节。在这种同业环境下，不良声誉造成的交易对象的压力甚至可以达到几何级的扩张，而最终将交易对象驱逐出这个市场，从而较好地实现软法规制范围的增程，实际上也是其威慑力的增强。

同时，在政府介入较少的自愿性规制中，内部性自律的倡导有助于凝聚行业或产业共识，主导规则和标准的制定，形成同业间的征信和内部规制。[3]这也解释了为什么行会进行的从业准入监管比官方机构的行政性准入监管的效果更显著。民间借款人往往也倾向于从具有授信保障的行会成员中选择交易对象。此时的软法规制基础，就从内部熟人关系网络转变为征信资源的共享。由于征信资源的动态更新及其成员的开放性，其所获得的征信承诺和成员身份认同，有助于实现行会组织的层次结构持久性和自我增强，[4]并产生强者更强的马太效应，放

---

[1] Fudenberg D & Tirole J, "Understanding Rent Dissipation: On the Use of Game Theory in Industrial Organization", *American Economic Review* 77, 1987, pp. 176-183.

[2] [秘鲁] 赫尔南多·德·索托编著：《另一条道路》，于海生译，华夏出版社 2007 年版，第 238 页。

[3] J. Black, "Constitutionalising Self-Regulation", *Modern Law Review* 59, 1996, pp. 24-55.

[4] J. Pfeffer & CT. Fong, "Building Organization Theory from First Principles: The Self-Enhancement Motive and Understanding Power and Influence", *Organization Science* 16, 2005, pp. 372-388.

大上述规制增程和威慑增强的机能。

（二）纵向联结：软硬法叠加组织再造

为改善这种金融市场割裂产生的低效用资源配置，非正规金融与正规金融部门出现了"纵向联结"的模式。较典型的范例，就是"南山苗木"模式。具体做法是"南山苗木"专业合作社借助浙江金华如得控股集团从正规金融市场获得的贷款渠道，让后者将从中国银行金华分行借贷所得的 500 万元转贷给该合作社，之后合作社再将贷款转给入社农户。[1]对于放贷银行而言，其通过该模式能实现信贷的优化配置，并且还有兜底责任人担保信贷风险；而对入社农户而言，其间接获得了正规金融的贷款，并结成了具有联保性质的信用组织体。申言之，这种纵向联结模式的优势在于，一方面，优质信贷客户作为正规金融首贷人和实际的偿还人，有能力接受硬法规制，从而降低了正规金融部门直接向次贷人放贷的风险；另一方面，通过放开转贷壁垒，使得正规金融得以进入非正规金融市场并吸纳软法规制，且可通过议价而获得较诸无实物担保的信贷利率优惠，会大大减少次贷人直接向正规金融借贷时可能遭遇的寻租问题。鉴于此，为确保这种纵向联结模式的有效构建与推行，在规范建设层面上，首先需要硬法适度放开贷款用途的规制口径，准许首贷人将贷款资金用于非自营目的；其次，需要在立法层面赋予如"南山苗木"合作社等社民互保组织的合法身份，并确认组织与成员间、成员与成员间信用联保方式的法律效力；最后，在完善合作社章程、行业自律协议等软法规范的基础上，适时将这些软法内化为官方机构出台的行业性或者区域性指导意见的核心内容，以促使其得到更普遍地适用。

当然，若要进一步优化纵向联结协同规制结构，则应最大限度地扁平化上述纵向联结的科层，将最终贷款人直接设置为正规金融信贷者的关系网模式。为此，在正规金融信贷主体资格方面，甚至可以允许那些依注册制缔结的民间贷款互保组织也能直接实施银行信贷行为，并进一步放松对转贷者贷款使用目的的限制。诚然，这需要进一步加强信贷风险的控制，而除了硬法层面的刚性物化担保外，软法规制中的柔性信用担保机制也不容忽视。按照 Morduch 对亚洲多国取得成功的格莱珉银行（Grameen Bank）运营机制的分析，只要有效地运用集体信用机制，这种转贷甚至可以简化到仅通过不同贷款人之间的互助与联保的关系契约，就能实现小额贷款的社会性监管。[2]这实际上也完成了对民间借贷者的集体声誉资源的一种盘活，用以增强他们较为孱弱的个人信用水平，走出德·索托将无产权物化资产产权化改革的单一进路，而步入对熟人社区所串联的集体信用

---

〔1〕 史小坤：《基于二元金融结构的中国农村正规金融和非正规金融联合模式研究》，载《农村金融研究》2010 年第 8 期。

〔2〕 J. Morduch, etc. , *The Economics of Micro-finance*, Massachusetts：MIT press, 2010, pp. 12–15.

的有效挖掘利用。也许，对于习惯施行刚性规制的监管者们，应记住埃里克森关于"法律制定者如果对那些促进非正式合作的社会条件缺乏眼力，他们就可能造就一个法律更多但秩序更少的世界"的告诫，[1]认真对待软法以优化硬法监管，并发展出更灵动的（Smart）治理结构。

在此意义上，软硬法两种范式体现出的治理趋向，已经无限接近于新治理（New Governance）理论所提出的"灵活性"（flexibility）理念，即一种"不是将趋向治理的转变刻画为由正式法律向非正式实践的转变，而是非正式实践的正式化"[2]的崭新语境。这意味着并非"异于法"也非"劣于法"[3]的软法新势力在非正规金融治理范例中获得了全面印证。基于此，软硬法协同规制也就被自然地汇聚为国际上金融软法治理浪潮中的一部分，并形塑成为表彰私人参与、合作治理与分权化的新兴社会多元化规制力量。

---

〔1〕 [美] 罗伯特·C. 埃里克森：《无需法律的秩序——邻人如何解决纠纷》，苏力译，中国政法大学出版社 2003 年版，第 354 页。

〔2〕 [美] 奥利·洛贝尔：《作为规制治理的新治理》，宋华琳、徐小琪译，载冯中越主编：《社会性规制评论》，中国财政经济出版社 2014 年版，第 134 页。

〔3〕 Claire Kilpatrick , New EU Employment Governance and Constitutionalism, Joanne Scott & Grainne De Burca (ed.), Law and new governance in the EU and the US, Oxford：Hurt Publishing, 2006, pp. 121-151.

货币发行权：公权力与私权力的博弈与合作

——从 Facebook 发布 Libra 白皮书谈起

许多奇 *

摘要：2019 年 6 月 18 日，全球社交网络巨头 Facebook（脸书）主导的数字货币 Libra 测试网在 GitHub 开源上线，并发布白皮书。Facebook Libra 负责人大卫·马库斯（David Marcus）反复强调，Libra 无意与任何主权货币竞争，或进入货币政策领域，但 Libra 非主权货币[1]的定位和去中心化的技术特点已经引起世人瞩目和全球关注。有人认为，Libra 作为一种全球性私人数字货币创新实验，"其发展前景可能会出现一个贯穿金融体系的数字中央银行"，代表着世界金融创新发展的新方向和新航标；但也有人认为，它只是 Facebook 面临困境的破解之道，货币发行权是国家的专属权力，Libra 一开始就面临来自技术本身和主权国家监管的双重障碍，发展为数字中央银行是不可能实现的天方夜谭。本文将深入剖析 Libra 的性质、本质及发展前景，进而探讨围绕货币发行权公权力与私权力的博弈与合作问题。

关键词：天秤币性质；天秤币本质；货币发行权

一、Libra 是什么？

目前，Libra 尚处在发行前的白皮书发布阶段，从公开的材料来看，它具有以下特点：

第一，Libra 是以区块链技术为基础的数字货币。区块链是具有去信任（无需第三方可信机构即可执行）、价值可编程（可以设置智能合约）和去中心化特色的技术。从经济角度而言，区块链技术与金融业具有互为补充的逻辑，因此它在银行、支付、票据、证券、保险和会计审计等金融相关领域以及代币发行领域

---

* 许多奇，复旦大学法学院教授，博士研究生导师。

[1] 非主权货币与超主权货币是不同的两个概念。超主权货币并没有否定主权的存在，例如欧元属于以欧盟成员国原本主权货币（德国马克、法郎、意大利里拉、奥地利先令，等等）为基础的超主权货币。所以，欧元具有清晰的法币基因与传统，而非主权货币则是与原教旨的法币没有基因传承的，其产生与发展与国家与政府不存在关联性。

有非常广泛的运用，比特币就是建立在区块链技术基础上非中心化记账的虚拟货币。基于区块链技术与网络系统计划在 2020 年发行的 Libra（天秤币），将从根本上改变中介化的信用创造方式，重构金融市场的基础设施，对金融市场带来革命性的影响与改变。[1]

第二，Libra 是有真实资产担保的非虚拟货币。与比特币等缺乏实际价值支撑的虚拟货币不同，Libra 锚定法定货币或者部分实物资产，有着真实稳定的市场价格。而且 Libra 不是锚定一种法币，而是锚定一篮子货币。[2] 每一个 Libra 数字货币都会有对应价值的一篮子货币或资产做担保，发行者在 Libra 上做信任背书。换言之，如果 Libra 持有者要求兑换回法币，则发行者将立刻等额兑现。

第三，Libra 是由一家超级互联网巨头 Facebook 主导，几十个合作伙伴支持的、跨国运行的非主权数字货币。由 Facebook 和其他机构合作伙伴（包括 Mastercard、PayPal、Visa、Uber 等企业，非营利组织、多边组织以及学术机构在内的 26 个"创始"成员）组成管理组织 Libra 协会负责监督 Libra。合作伙伴的范围还将进一步扩大到 100 个。目前 Libra 协会尚未完全成立，也还不了解 Facebook 与其 100 个盟友节点之间将建立怎样的治理关系，但可以肯定的是，这些节点在足够的激励之下，将成为 Facebook 数字经济体在各地区、各行业的代表。它们将推动 27 亿用户在这个经济体中经营、创业、投资、贸易并且互相提供服务，以及从事各种金融活动。这将在互联网上创建一个完整的数字经济帝国，并将逐步建立自己的一整套治理制度。

第四，Libra 是一个具有一定优势的新型数字货币。"建立一套简单的、无国界的货币和为数十亿人服务的金融基础设施"，这是白皮书首句点明的 Libra 的使命。Libra 不仅具备支付、流通和储藏的功能，而且具备一定的先天优势，使上述目标并不难实现。一是它极大地提高了金融的普惠性。Facebook 数字货币区块链拥有 27 亿个移动终端，它的每一个移动 App 都变成 Libra 支付网络的一个"轻节点"或者"钱包"，用户只要在手机上装一个 Calibra 数字钱包，就具备拥有和使用 Libra 的物理条件。与此同时，Facebook 基于 C 端社交网络服务的基础，运用大数据分析 C 端用户的信用信息，有可能建立起"为数十亿人服务"的金融基础设施，使得原来难以获得金融服务的小微用户，可期待获得 Libra 提供各类便捷、便宜的金融服务，尤其在跨境电子支付方面具有满足超强需求和即时实现

---

〔1〕 杨东：《区块链如何推动金融科技监管的变革》，载《人民论坛（学术前沿）》2018 年第 12 期。

〔2〕 根据链闻消息，在回应德国议员 Fabio De Masi 的一封信中，Facebook 表示，Libra 支持的一篮子货币将包括美元、欧元、日元、英镑和新加坡元。其中，美元将占一篮子货币比重的 50%，其次是欧元占 18%，日元占 14%，英镑占 11%，新加坡元占 7%。参见 https://www.chainnews.com，最后访问日期：2019 年 9 月 21 日。

的可能性。由此，Facebook 在社交软件生态体系内，覆盖达到 27 亿用户，影响力远超目前的任何数字货币。二是私人平台发行的货币往往提供了多元化的选择，多元化为货币使用者增加了福利。它有利于发展中国家特别是小国货币的稳定。例如，在 2008 年金融危机之后，土耳其里拉和阿根廷比索就大幅缩水。土耳其里拉在高逆差和大额美元债务双重压力之下，2018 年失去 1/3 的价值；阿根廷比索则在同年举国财政和贸易逆差斗争中缩水一半。具有稳定币特性的 Libra，为货币动荡国家的货币使用者提供了可替代性的货币。由于网络效应，当用户习惯于使用 Facebook 提供的社交服务时，对于接受其货币的概率就大大提高。

综上，Libra 是以区块链技术为基础、有真实资产担保、有独立协会治理、联盟化、全球性的非主权数字货币。

二、Libra 的本质：超级平台私权力挑战货币发行权

Facebook 不会在白皮书中公开其数字货币计划的全部战略，但我们可以通过合理的逻辑推演，得出 Facebook 发行数字货币在未来可能实现的目标，从而透过现象抓住 Libra 的本质。

短期来看，Libra 会以法币债务抵押的方式发行。换言之，在 Libra 发展的早期阶段，它会按照货币篮子确定的比例储备一定量现金，作为自己发行的抵押。这是凭借 Facebook 的能力足以办到的方式，也是最能为监管者所接受的方式。然而在 Libra 稳定运行若干年之后，届时，Facebook 网络内已建立起繁荣电商、游戏、服务、金融等数字经济生态，大量产品和服务直接以 Libra 计价、接受 Libra 支付。全球 Facebook 用户将逐渐建立对 Libra 本币的直接信任。也就是说，人们信任 Libra 的价值，不再是因为它有一篮子货币和资产作支撑，从而可以方便地兑换为法币，而仅仅因为它是 Libra。到了这时，就意味着流通中的 Libra 中，很大一部分，甚至是绝大多数，只在 Facebook 数字经济生态内循环，根本不会被兑现。Facebook 仍然会提供一个兑现承诺，但实际上并不需要承担兑现义务。这就给了它一定的权利，可以通过购买或者交易各种资产来增发 Libra，而这就是事实上的货币发行权。[1]

什么是货币发行权？美国教授本杰明·科恩认为，货币发行权是通过拖延和转嫁他人，避免调整成本的权力。[2]换言之，货币发行权也就是欠债以后拖延和转嫁债务的权力。拥有货币发行权的实体，虽然承认发行的货币是自己的负债，而且也会在报表上注明这些负债对应的抵押资产，但却没有向货币持有人偿债兑付的义务。各国中央银行虽然需要在自己的资产负债表里清楚地标明所发行

---

[1] 孟岩、邵青：《Facebook 数字货币的缘起、意义和后果》，载数字资产研究院著：《LIBRA：一种金融创新实验》，东方出版社 2019 年版，第 23~24 页。

[2] ［美］本杰明·科恩：《货币强权：从货币读懂未来世界格局》，张琦译，中信出版社 2017 年版。

货币背后有多少黄金、外汇、国库券等资产作为抵押和支撑，但它却能拒绝货币持有人要求兑换成黄金、外汇和国库券的请求。在当今法律体系下，央行是唯一拥有这种特权的公权力机构。然而，有些国家央行的这一特权未来可能受到非主权货币 Libra 的挑战，尤其是一些法定货币信用很差、经济体量很小的国家。Libra 运行上线，可能很快就把这种小国家的法币淘汰，这一趋势还将从小国家蔓延到更多的国家。同时这一非主权货币系统会限制主权国家继续超发货币的行为，并把超发货币行为更加突现出来。这样，更多民众会双脚投票，选择内在价值更稳定的非主权货币。于是，Libra 体系像空气一样弥散，没有国界、没有边疆，传统的监管模式与立法有效应对它都非常困难。

总之，公权力机构（各国中央银行）拥有的货币发行权将要受到平台私权力的挑战，并由此开启公权力与私权力围绕货币发行权新一轮的博弈。

三、货币发行权：公权力、私权力博弈的历史与现实

（一）历史回顾

自古以来，围绕货币发行权，政府和私人部门之间的博弈从未停止。国家对货币型态的创新并未占得"先"机，每一次货币型态的变革最先都由私人部门发起；但由于任何时期货币的统一都离不开国家强制力做保障，因此，只有国家才能以法令的形式实现货币的统一。回顾历史，实物货币早在国家诞生以前就在私人之间自发产生并流通；世界最早的纸币——公元 806 年至 820 年我国唐宪宗时期的"飞钱"，就是一种私人钱庄之间流通的纸币；而私人银行券的出现更是远远早于中央银行券。在西方，从 17 世纪中期起，部分私人商业银行开始发行钞票；但直到 1833 年英国国会才宣布：代表中央银行公权力的英格兰银行发行的银行券成为全国唯一法定代偿的货币。由此，代表着国家层面的公权力实现了货币发行权的统一。目前，各种私人发行的加密货币（数字货币、虚拟货币）风靡全球。加密货币的出现，表明公权力与私权力关于货币发行权的竞争尚未结束。

（二）公权力与私权力新一轮的博弈

虽然 Libra 声称其提供的是支付服务，但将 Libra 与支付宝等支付工具相比较可以发现，支付宝等支付工具仅是法定货币的电子化，尤其是在备付金账户被撤销后，其与货币创造相距甚远。而 Libra 仿照中央银行的模式，通过形成资产储备生成天秤币（Libra coin），并规定了 Libra 的价值锚定一篮子货币，在制度设计上更像全球货币而非支付工具。Libra 挑战货币发行权，但又缺乏中央银行最后贷款人的职能，由此缺乏系统性风险防范能力。如果 Libra 为追求投资收益而实施激进投资策略，导致面临集中、大额赎回和挤兑时，其法币储备池可能并无足够的高流动性资产来应对。Libra 在大规模挤兑下将可能引发系统性风险。这

必然引起国家公权力的高度警惕。各国央行希望将数字货币的发行权牢牢地掌控在自己手中。美联储正计划研发包含新货币类型的货币发行系统；英国和荷兰央行相继发布了关于发行数字货币的白皮书；日本国会已批准有关加密电子货币的新法案；加拿大央行正着手推出电子版加元；我国人民银行于 2016 年 1 月召开数字货币研讨会，宣布着手开展数字货币研究，并争取早日推出央行发行的数字货币……各国基于不同的金融和加密货币监管的现实，强调 Libra 需要满足监管部门的要求，防止对金融稳定产生影响，同时还需要提供更详尽的项目信息。总之，通过各国中央银行和监管部门等公权力机构的严拷，首先是美国本土相关机构的质疑，成为 Libra 落地的前提。

此外，在网络空间，网络中介平台因为技术和网络效应等优势形成了与公权力相对的私权力，这是一种来源于市场或技术的经济性权力，与公权力来源于宪法的政治性权力相对。随着技术的飞速发展，像 Facebook 这类网络平台变成了数据控制者和超级中介，由于占有技术、黏性客户、信息资源等多种优势，因此成为享有超强权力的私权力主体。它们从自身利益和运营需要出发，制定了各种交易程序、交易规则和纠纷解决机制，在自己的平台上进行"私人治理"，已经享有强大的"准立法权""准行政权"和"准司法权"，并以"破坏性"创新的方式向公权力发起挑战。Facebook 拟发行 Libra 的行为，就是一种试图掌控非主权货币发行权力的"破坏性"创新行为。

（三）博弈中的合作

围绕货币发行权，公权力与私权力的博弈并非只有明争暗斗，而是对抗中有合作，博弈中求平衡。一方面，平台私权力 Facebook 在实现自己的目标，使 Libra 成为全球化货币之路上，将要面临一系列挑战，首先是各国的监管。经过上百年的演变，以央行为核心的法币体系已经形成了复杂的制度体系来保障其权威，严格地限制着私人信用货币的建立和运行。Libra 作为一种私人信用货币，在任何国家几乎都会与法币相关制度体系相冲突。由此带来的监管问题是，Libra 落地一个经济体时，如何取得该经济体监管当局的认可？除此之外，Libra 还要解决如何破局舆论信任危机、打破现有成熟的支付体系、真正实现去中心化等多种问题。在这种情况下，Facebook 有动力选择与各国央行和监管者进行某种形式的结盟。具体表现为：提高合规性；更曲折迂回地与监管层斡旋；以监管者容易接受的方式做行业品宣，等等。

另一方面，传统的监管制度也面临巨大挑战。白皮书表明，Libra 的使命是建立一套无国界的货币和为数十亿人服务的金融基础设施。"无国界"意味着以互联网和区块链为治理边界，而不是以国家为界，这对现有的资本管制政策会造成进一步的冲击。在互联网时代，政府可以通过监管运营商等中介服务商实现一定程度的监管，而区块链的去中心化程度更强，可监管程度更弱。英美等主流国家的政府似乎已认识到，一味地自下而上的监管恐难以再奏效，政府的选择应该是与 Facebook 及其盟友合作，寻求在税收、监管、防范犯罪等领域有效的解决方案。事实上，英美监管层的态度已印证了这一点。2019 年 6 月 19 日美联储主席鲍威尔表示，Facebook 在发布 Libra 白皮书之前已经会见了美联储，而美联储并不担心因加密货币无法执行货币政策。6 月 21 日英国央行行长也对 Libra 表示欢迎，表明非银机构和科技公司很快就能触达英国央行资产负债表，并授予其与商业银行相同的权利；Libra 则可能会大幅提高金融包容性，并降低支付成本。[1]

综上，Libra 在挑战货币发行权的路上究竟能走多远？除取决于技术因素外，还取决于公权力与私权力博弈及合作的结果。

---

[1] 吴桐：《下一个全球互联网央行？——论 Facebook 发布数字货币白皮书》，载数字资产研究院编：《LIBRA：一种金融创新实验》，东方出版社 2019 年版，第 47 页。

商业银行个人信息数据法律风险管理问题探究

姜　江 *

摘要：个人数据治理是商业银行科技金融战略转型的重要内容，是国家法律法规、执法司法关注的重点领域。在数据治理的起步阶段，做好对于个人数据的法律风险管理工作，既有助于提升银行数据治理工作的法治水平，也有利于数据治理工作的规范开展。

关键词：个人信息数据；银行法治；法律风险管理

近年来，科技金融逐渐成为各商业银行的战略发力点，除发展科技能力、开拓科技金融产品之外，针对银行数据开展的数据治理工作既是形成银行金融数据资产、形成新型生产力的关键，又是银行面临的监管要求[1]。个人数据具有数据规模大、数据维度多、数据来源丰富、在商业银行用途广泛的特点，是数据治理工作的重点，同时也是国家法律法规、执法司法关注的重点。在数据治理的起步阶段，做好对于个人数据的法律风险管理工作，既有助于提升银行数据治理工作的水平，也有利于在数据规范治理基础上银行业务的发展。

一、商业银行个人数据治理法治环境

对于个人数据治理一词最早大抵见于国际数据管理协会（Data Management Association International，DAMA）2009 年发布的数据管理知识体系 DMBOK1.0 中。该文件将数据治理定义为一种高层次的、规划性的数据管理制度活动，其关键管理活动包括制定数据战略、完善数据政策、建立数据架构等，注重数据的使用者、使用方式、使用权限等合规性制定。

随着互联网云计算、大数据应用等科技的高度发达和商业经营模式的不断创新，个人信息数据已成为可以无限挖掘的新型财富，无论是商业组织、科技组

---

* 姜江，女，中国民生银行科技金融法律服务中心副处长（主持工作）。

[1] 银保监会于 2018 年 5 月 21 日下发《银行业金融机构数据治理指引》（银保监发〔2018〕22 号），要求银行加强数据治理工作，提高数据质量，发挥数据价值，提升经营管理能力。

织、社会组织，还是政府组织，都从不同需求出发对个人信息数据，形成收集、分析、使用与管控的全链条作业模式，以期在商业、学术、管理等多方面创造价值。个人信息数据亦由最初的一己所有的形态，演化为所有者、运用者所重视的重要财产权。个人信息数据从价值有限的个人隐私权利到价值可能被无限创造和增值的财产权，这一双翼蝶变，对于规范其蝶变过程中的复杂经济关系、人身关系、管理关系提供了新命题。

近些年来，我国个人信息数据治理不断探索前进，初步形成了从立法、立规，到执法、司法的规范运行体系，给商业银行个人信息数据治理的规范化提供了基础指引和遵循方向。目前，我国在个人信息保护的立法及司法层面呈现下述特点：

（一）个人信息保护的基本法律原则得以确立

《个人信息保护法》已经列入本届人大立法规划，法律出台时间可期。在该法未制定之前，全国人大常委会于 2012 年就颁布了《关于加强网络信息保护的决定》，明确提出"国家保护能够识别公民个人身份和涉及公民个人隐私的电子信息"。[1]并就保护措施做出了基本的原则要求：不得窃取或以其他非法方式获取、不得出售或者非法向他人提供个人电子信息；收集、使用公民个人电子信息，应当合法、正当、必要，明示收集、使用信息的目的、方式和范围，并经被收集者同意；对收集的公民个人电子信息必须严格保密，不得泄露、篡改、毁损，采取技术措施和其他必要措施，确保信息安全，防止收集的公民个人电子信息泄露、毁损、丢失。该等原则性要求与《消费者权益保护法》《网络安全法》等其他法律确立的个人信息保护规定基本一致，为其他法律法规在个人信息保护层面奠定了基调。

除前述个人信息保护的专门立法外，2017 年颁布的《民法总则》作为民法领域的基本法，开创性地将个人信息权确立为单独的民事权利并加以保护；2009年通过的《刑法修正案（七）》新增"出售、非法提供公民个人信息罪""非法获取公民个人信息罪"，2015 年通过的《刑法修正案（九）》将其修正为"侵犯公民个人信息罪"，将侵犯个人信息确立为一项刑事犯罪，为保护个人信息提供了民事及刑事的重要保障。

（二）个人信息保护的行政规范得以健全

在《关于加强网络信息保护的决定》《网络安全法》指导下，多部委从不同角度确立对个人数据保护法规，建立起统一多层次的行政法规、部门规章的保护

---

[1] 需要注意的是，该决定将网络信息定义为个人电子信息，国家保护的不仅是网络产生的个人信息，也包括线下收集，但存储为电子形式的个人信息。

规则，且针对个人征信信息、电信信息、金融信息设置了特殊的保护规则，确立了分层分类的信息保护体系。

（1）银行监管机构对于银行业个人信息的保护规则日益完善。银行属于受到特殊监管的商业机构，人民银行及银保监会关于个人信息的监管规则是银行业个人信息保护工作的重点。银行业对于个人信息的保护是从个人征信信息起步的，《征信业管理条例》从个人征信信息收集、使用需要明确授权、必须在授权范围内使用等角度，规范了包括银行在内的征信信息使用者对于信息的使用规则；人民银行、银保监会在《消费者权益保护法》的要求下，分别在《金融消费者权益保护实施办法》《银行业消费者权益保护工作指引》中，明确个人金融信息范围，确定个人金融信息数据库分级授权管理机制，要求在外包时充分审查、评估外包服务供应商保护个人金融信息的能力，至少每半年排查一次个人金融信息安全隐患等；银保监会发布《银行业金融机构数据治理指引》，就个人信息保护进行了原则性的规定：凡是银行业金融机构采集、应用数据涉及个人信息的，应遵循国家个人信息保护法律法规要求，符合与个人信息安全相关的国家标准；银保监会对于个人信息的保护还体现在检查要求中：在发布的《关于开展银行业和保险业网络安全专项治理工作的通知》中，要求银行制定数据安全分类分级标准，构建覆盖客户信息全生命周期的保护体系，防范数据被窃取。严格数据访问的授权和审计，遵循"最小化"访问原则，确保不向合作机构提供、泄露客户敏感信息。

（2）其他个人信息保护职责机关对于个人信息的一般性保护规则日益明确，并启动行政执法。我国目前没有专门的个人信息保护部门，但网信办、工业和信息化部、市场监督管理总局、公安部等部门分别从各自职责出发，发挥个人信息保护职能，内容涵盖网络安全、数据保护、技术/设备标准和安全、消费者保护等方面，并视需要和金融行业监督管理部门开展联合执法。《网络安全法》颁布实施后，国家互联网信息办公室（以下简称"网信办"）成为全国范围内网络安全（含网络环境下个人信息安全）和信息化的统筹协调机构，为落实《网络安全法》要求，网信办于2019年密集下发包括数据安全、数据出境等与个人信息保护相关的5项管理办法，向社会征求意见，其中《儿童个人信息网络保护规定》已经生效；工信部、公安部下发多项推荐应用的国家标准或操作指南，指导个人信息保护。除各自下发部门规章或管理要求外，各国家机关还联合开展重要个人信息保护检查，如2019年网信办、工信部、公安部、市场监督总局联合开展的"APP违法违规收集使用个人信息安全评估"活动，建立起多层次的个人信息行政管理体系。

（三）严厉的法律惩戒重点明确

自2009年《刑法修正案（七）》新增"出售、非法提供公民个人信息罪"

"非法获取公民个人信息罪"，2015 年《刑法修正案（九）》将其修正为"侵犯公民个人信息罪"以来，法院、检察院对于个人信息的司法保护不断加强。

（1）以司法解释、典型案例指导个人信息司法保护。2017 年最高人民法院、最高人民检察院联合下发《关于办理侵犯公民个人信息刑事案件适用法律若干问题的解释》，下发 2 批 13 件典型案例指导个人信息司法保护工作。从该等 13 个案例看来，除非法出售、非法买卖、非法购买个人信息等案例外，还包括非法查询征信信息、非法提供信息供他人查询牟利、利用恶意程序批量获取个人信息等涉及特殊主体或非典型个人信息使用情形引发的犯罪，多领域同步打击个人信息犯罪。

（2）以利用"爬虫"等批量获取个人信息的犯罪行为为抓捕重点，司法机关办理个人信息的刑事案件逐年上升。最高人民法院在 2019 年度的人大报告中发布，2018 年严惩涉网络犯罪，办理侵犯个人信息、利用网络窃取商业秘密、破坏计算机信息系统等新型犯罪。最高人民检察院在 2019 年度的人大报告中发布，2018 年依法维护网络秩序，起诉利用网络实施的犯罪行为，包括泄露个人信息等犯罪 15 003 人，同比上升 41.3%。2019 年，侵犯公民个人信息犯罪执法进一步趋严，公安机关在打击"现金贷"暴力催收专项行动中，抓捕多家大数据公司，该等大数据公司通过系统"爬虫"的方式从网络批量抓取个人信息，提供给从事现金贷业务、暴力催收公司在内的多类互联网金融机构。严厉的个人信息犯罪打击行动，为同样在探索大数据风险控制的商业银行敲响了个人信息应用的警钟。

（3）个人信息保护的民事责任判决规则不一致，同一风险事件可能引发不同索赔。目前对于个人信息的民事保护规则并不明晰，法院对于个人信息保护适用的法律繁杂，不同的诉讼主体针对同一事件，可提出不同之诉，引发同一事件对不同主体产生多次赔偿责任。如在数据公司之间把个人信息视为公司资产以不正当竞争、商业秘密、计算机犯罪等方式提起诉讼[1]，在个人与数据控制者之间把个人信息视为隐私权，以提起侵权责任之诉的方式进行保护[2]。

二、商业银行个人数据治理典型法律风险

如前所述，银行业最早受到规制的个人信息是个人征信信息，因此目前银行直接涉及的个人信息违规行为，以个人客户征信信息使用不规范导致的人员处罚为主，银行员工多因参与非法出售个人征信信息获刑。2018 年人民银行对商业

---

〔1〕 新浪微博诉脉脉不正当竞争案北京知识产权法院（〔2016〕京 73 民终 588 号）。

〔2〕 李某诉去哪儿、东方航空公司案（北京市一中院〔2017〕京 01 民终 509 号）。

银行征信违规处罚 137 件[1]，其中，违反《征信业管理条例》处罚案件有 62 件（图 1），违反《个人信用信息基础数据库管理暂行办法》处罚案例有 21 件（图 2）：

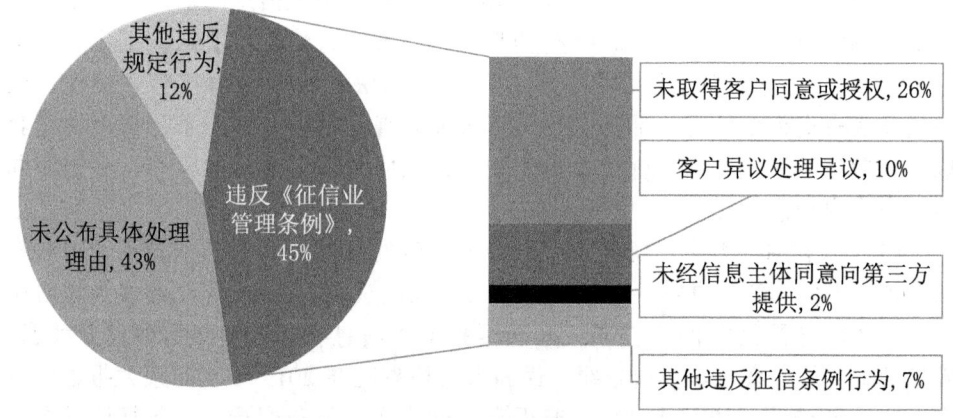

图 1　《征信业管理条例》处罚图

随着国家个人信息保护工作的推进，除个人征信信息管理中的法律风险之外，商业银行面临的个人信息保护法律风险，更多地体现在因违反越来越明晰、丰富的法律法规而导致承担法律责任。下文结合银行对于个人信息的应用场景，从银行在个人信息的收集、使用、存储三个典型方面面临的法律责任予以论述。

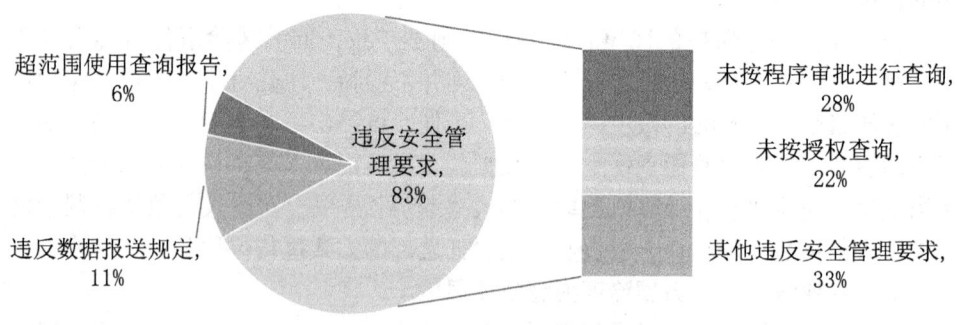

图 2　《管理暂行办法》处罚图

---

[1] 人民银行的处罚案例中有 78 个案例在行政处罚时公开了具体的处罚理由，有 59 个案例只提及违反了相关法规并未给出具体的原因。本文仅对明确处罚理由的 78 个案例进行分析。本文分析的数据中，部分处罚包含同时违反《征信业条例》与《个人信用信息基础数据库管理暂行办法》，统计时以每违反一条规定视为一次处罚。

（一）银行在多场景下具有承担刑事责任的法律风险

第一，直接收集客户信息类型不根据业务用途进行具体细分，违反"最小化"原则，符合《关于办理侵犯公民个人信息刑事案件适用法律若干问题的解释》（法释〔2017〕10号）（以下简称《个人信息刑事司法解释》）规定的定刑标准的，将被追究刑事责任。

个人信息收集，包括向个人信息主体收集信息的直接收集，以及通过采购、技术手段获取等方式实现的间接收集。银行经营机构多，能够实现与客户的直接接触，且具有反洗钱、客户实名制管理等法律要求的个人信息收集职责，个人信息的直接收集在银行一般能够做好信息授权文本及文本签署管理，但其法律风险主要在于向个人过度索权，如在授信业务中要求访问个人手机通讯录等。过度索权收集信息属于违反《网络安全法》第41条规定，"收集、使用信息应当遵循合法、正当、必要的原则，不得收集与其提供的服务无关的个人数据"的非法行为，满足《个人信息刑事司法解释》规定的定刑标准，将被追究刑事责任。

第二，非法间接收集个人信息，符合《关于办理侵犯公民个人信息刑事案件适用法律若干问题的解释》（法释〔2017〕10号）（以下简称《个人信息刑事司法解释》）规定的定刑标准的，将被追究刑事责任。

（1）以大数据作为客户授信或营销标准的业务中，如未经客户授权同意，自行以网络爬虫等科技手段自网络收集获取个人信息，符合《个人信息刑事司法解释》规定的定刑标准的，将被追究刑事责任。

（2）网络授信等以数据为审批模型要件的业务中，经常自第三方采购客户数据，如该等第三方属于未经被收集者同意或超过授权范围等的非法收集，银行接受该等个人信息，符合《个人信息刑事司法解释》规定的定刑标准的，将被追究刑事责任。

（3）明知数据合作公司的信息属于未经被收集者同意或超过授权范围等的非法收集仍采购或接受的，符合《个人信息刑事司法解释》定刑标准的，将被追究刑事责任。侵犯公民个人信息构成犯罪，除判处罚金外，直接负责的主管人员和其他直接责任人员都可能承担刑事责任。

第三，非法使用、对外提供、出售个人信息的，符合《个人信息刑事司法解释》规定的定刑标准的，将被追究刑事责任。

（1）非法获取、出售或对外提供银行掌握的个人信息。将客户在银行办理业务时获取的个人信息出售或非法对外提供易造成犯罪。《关于银行业金融机构进一步做好客户个人金融信息保护工作的通知》（银发〔2012〕80号）要求，禁止对外出售个人金融信息，除为个人办理相关业务所必需并经个人书面授权或同意外，禁止向第三方提供个人信息。出售或违法提供银行合法获取的个人信息，符合《个人信息刑事司法解释》规定的定刑标准的，将被追究刑事责任。

（2）未经个人同意，在数据合作中向数据合作方提供未脱敏的个人身份信息，达到《个人信息刑事司法解释》规定的定刑标准的，将被追究刑事责任[1]。银行掌握的个人基础身份信息，在与数据合作方开展合作时，若未经客户同意即不脱敏直接提供，达到刑事追责标准的，将构成犯罪。

（二）银行的个人信息管理面临较高行政处罚、民事赔偿法律风险

第一，个人信息的内部不当使用或对外提供，均可能因违反相应规定而引发行政处罚。

（1）数据合作中违反监管要求对外提供个人信息，存在行政处罚风险。《关于银行业金融机构进一步做好客户个人金融信息保护工作的通知》（银发〔2012〕80号）的要求，除为个人办理相关业务所必需并经个人书面授权或同意外，禁止向第三方提供个人信息。违反前述规定，存在行政处罚风险。

（2）客户信息内部交叉使用无控制措施，易导致客户信息使用超授权范围。人民银行对于个人金融信息的使用有明确的规则，要求除非经客户特别授权，否则在一个业务中收集的客户信息仅能在该业务中使用，但银行在系统开发，或开展交叉销售的过程中，对于客户信息的调用并未有查阅客户信息使用授权条款的操作，即完成客户信息的批量导入，违反监管规定，也会引起客户投诉。

（3）个人敏感信息的委托外包分析，需要履行额外的报送及监管流程，如违反，存在行政处罚风险。根据《银行业金融机构信息科技外包风险监管指引》（银监发〔2013〕5号，以下简称《信息科技外包风险指引》）要求，外包个人敏感信息科技分析或处理，需要选择具有特定资质的服务商。

第二，个人信息存储涉及个人信息安全职责，该方面既是人民银行、银保监会管理的重点，也是银行需遵守的工信部、网信办、公安部等信息安全行政机关的管理规则，行政处罚法律风险较大，部分严重行为还将涉及刑事责任。

（1）违反个人数据存储在中国境内的要求，违规向境外分行传输在境内收集的个人信息需承担行政责任。《网络安全法》及《金融消费者权益保护实施办法》均规定，在中国境内收集的个人金融信息的存储、处理和分析应当在中国境内进行。《金融消费者权益保护实施办法》另行规定，境内金融机构为处理跨境

---

[1] 《关于办理侵犯公民个人信息刑事案件适用法律若干问题的解释》规定的定刑标准为：①个人行踪、轨迹信息、通信内容、征信信息、财产信息，该4类信息最为敏感，非法获取、出售或者提供该等信息50条以上或违法所得五千元以上的，均构成犯罪。②住宿信息、通信记录、健康生理信息、交易信息等其他可能影响人身、财产安全的个人信息，该等信息较为敏感，非法获取、出售或者提供该等信息500条以上或违法所得五千元以上的，均构成犯罪。③其他个人信息。非法获取、出售或者提供该等信息5000条以上或违法所得五千元以上的，均构成犯罪。

业务且经当事人授权，向境外机构（含总公司、母公司或者分公司、子公司及其他为完成该业务所必需的关联机构）传输境内收集的相关个人金融信息的，应当符合法律、行政法规和相关监管部门的规定，并通过签订协议、现场核查等有效措施，并要求境外机构为所获得的个人金融信息保密。违反该等规定，直接面临行政处罚，严重的还涉嫌刑事犯罪。

（2）个人信息存储、传输、安保措施不符合要求，查询数据权限分级不恰当将引发行政处罚。《金融消费者权益保护实施办法》规定，金融机构应当建立个人金融信息数据库分级授权管理机制，根据个人金融信息的重要性、敏感度及业务开展需要，合理确定本机构员工调取信息的范围、权限及程序。违反该等规定，极易引发行政处罚。

（3）发生个人敏感信息泄露，应当及时向包括人民银行、银保监会或其派出机构、公安机关报告，如未按照要求完成报告存在行政问责风险。

（4）未按照客户要求采取数据删除或去标识化措施易引发行政处罚。根据银保监会要求，"银行业金融机构采集、应用数据涉及个人信息的，应遵循国家个人信息保护法律法规要求，符合与个人信息安全相关的国家标准"。《信息安全技术个人信息安全规范》是国家关于个人信息的国家标准，该标准规定，在个人发现收集者非法收集或使用个人信息时，有权要求收集者删除该等信息。不及时履行数据删除或采取去标识化措施，不仅可能导致个人向监管部门投诉，还可能产生客户索赔。

第三，民事责任。银行业因个人信息保护工作开展得较为规范，对于个人信息安全保护采取的措施较为完善，且在大数据应用中，除非发生个人信息泄漏事件给个人造成明显影响外，单独个体的个人信息应用不易为信息主体察觉，因此目前未有银行发生过因个人信息导致的民事索赔。从银行的业务场景看来，银行可能承担二类民事责任：一是违约责任。银行在部分协议如银行卡协议中约定了对于客户信息的保密义务，若违约泄露，存在承担赔偿损失等违约责任的风险；二是侵权责任。即使银行与客户并未签署关于客户信息保密的协议，但未经客户许可泄露其个人信息，属于侵害民事权益的行为，存在承担赔偿损失、赔礼道歉、消除影响等侵权责任的风险。

三、商业银行个人数据治理法律风险管理要点

（一）构建以隐私政策的运行管理为基础的法律风险管理机制，控制直接收集及使用个人信息的法律风险

收集、使用信息应当制定并公开收集使用规则（如隐私政策），推动隐私政策落地执行，为数据资产构建法律保护层。个人信息保护是数据治理与数据资产构成的基础，隐私政策以个人授权的方式，为个人信息的收集与使用形成关键保

障，这一点也是国家法律法规的要求。隐私政策条款的内容需要落地执行，在银行科技系统作为履约证据，业务应用的变化需要及时反应在政策条款中以获得有效授权，同时需要银行内部科技部门、业务部门、法律部门密切配合，共同建立隐私政策落地机制。

（二）建立法律风险管理标准，以底线防范个人信息法律风险

个人信息管理涉及的管理机构众多，需要适用的法律规则繁杂，且基本属于金融从业人员不具备基本常识的领域，许多违法、违规行为多基于"不懂法"而产生，金融产品设计人员很难了解科技类的法律法规，科技人员无法掌握最新的数据类法律法规，且在法律风险意识不足的情况下，无人寻求法律专业意见，生成法律风险。此时，银行的法律风险管理工作需要从基础做起，以法律风险管理标准的建设与运转为抓手，通过确立法律风险管理标准、加强人员培训等方式对法律风险予以防范。

结合前述法律风险，银行个人信息法律风险管理标准可主要从下述方面着手制定：

（1）建立个人信息采购合法性确认标准。在数据供应商的选择中，不能仅看公司资格或同业应用经验，还应关注该供应商提供数据来源的合法性，要求供应商实际提供数据合法性证据，推荐采购符合"无法识别特定个人且不能复原"要求的脱敏数据，如各类信用分、返还数据验证结果的第三方数据服务。在确需采购直接可识别出个人身份信息的数据时，除明确约定合作公司的数据合法性保证外，还可通过与个人客户联系抽查的方式核实该等授权。

（2）对外提供数据分析应采取脱敏或其他措施保证合法性。以数据分析为目的向合作公司提供银行获得的个人信息时，可与合作公司共同建立模型对银行数据进行分析，由合作公司在银行的平台上进行数据分析，避免银行数据外流，但对外提供非脱敏个人数据的，应获得客户有效授权，且注意对外提供的信息使用用途应与客户约定一致。

（3）合法使用营业中由客户提供的个人信息。禁止对外出售个人信息。在为个人办理相关业务所必需的情况下，经个人书面授权或同意，方可向本行以外的其他机构和个人提供个人信息；个人提出反对时，不得将个人信息用于交叉营销活动；内部使用客户信息，也应在个人客户的授权范围内；禁止无授权或超授权查询征信数据，禁止对外提供个人征信数据。

（4）数据或数据系统外包，需严格履行监管要求。包括在外包合同签订前20个工作日向银保监会或其派出机构报告，合作机构应具备监管要求资质等。

（三）打造并运行法律风险管理体系，控制个人信息法律风险

个人信息法律风险管理标准为银行的法律风险控制设置了基线，但仅有规则

无法支持法律风险控制目标的实现。风险的管控与法律风险防控手段的执行力、管控力紧密相关。

（1）赋予法律风险防控执行力，建立全流程的法律风险管理机制。目前，银行均具有独立的法律审批机制，但该等审批基本集中在事前，以合同文本的审查为终点。法律对于业务、产品运行过程控制力不足，但个人信息基本运用于科技金融等创新产品中，该等创新速度快，迭代要求高，一旦在运行中失控，就会脱离创新初衷，出现风险。因此，应建立该等创新模式的设计及运行中的法律审查机制，且保证法律的一票否决权，确保业务及产品交易架构、操作模式既符合商业需要，也满足法律合规要求。

（2）建立法律风险防控机动机制，确保业务随法律变动适时调整。个人信息保护的法律法规变动频率较高，法律部门及业务主管部门，均需保持对于法律政策的调整变化的敏感性，确立业务及产品运行中对于个人信息法律风险控制的机动机制，定期对业务开展法律体检，在影响业务模式的法律法规出台后强制检视，及时调整业务模式，动态控制个人信息的法律风险。

（3）抓住个人信息法律风险防控实施重点，建立科技开发需求法律风险控制机制。个人信息的应用以科技开发为核心内容，需要将使用个人信息的金融产品开发纳入法律风险管控的首要环节，并将法律风险管理的内容与职责分解至业务条线、科技部门，确立更加明晰的法律风险管理机制。通过系统强控的模式真正实现法律风险的控制。

乡村振兴战略下的农村合作金融制度改进

周昌发 *

摘要：目前我国农村经济发展滞后，农民、农户及农业经营主体受信贷约束，金融需求很难充分满足，制约着乡村振兴战略的实施。农村合作金融体现了农村内部成员的互帮互助，对于缓解城乡金融资源配置失衡、促进乡村振兴建设有重要价值。而我国农村合作金融一直都是在政府主导下推进，游走在"自主管理""官办"和"准官办"的循环怪圈之中，立法上的缺失导致其发展受限。通过立法将零落分散的规章、规范性文件上升为《农村合作金融法》，把长期以来探索的实践经验和有效机制法定化，彰显合作金融的自我服务和民主管理，让合作金融组织有法可依、合法经营，促进农村金融资源聚于农村、用于农村和惠于农村，为乡村振兴提供金融制度保障。

关键词：乡村振兴；农业合作金融；政策；立法

合作金融的特性在于"合作"二字，体现出合作社成员在数量上的非单一性，其设立初衷旨在社员之间的彼此互助，以抵御资金短缺的风险。合作金融是由有相互合作意愿的成员通过资金入股等方式建立的一个主要在内部成员间循环的资金融通形式。当社员资金富足时，将资金放到组织内，当有资金需求时，则从组织获取借款，进而形成相互支持、彼此帮衬的紧密循环。由于组织内部成员彼此熟悉，交易成本和资金融通成本都较低，容易经营管理，且能形成一定的收益。农村合作金融不应简单地理解为"农村"与"合作金融"的简单相加，它不仅包括金融主体的地域性、服务对象的特殊性，更重要的是服务内容的涉农性。我国是一个典型的农业大国，只有通过乡村振兴的全面实施，实现农村农业的现代化，才能真正达成中国的现代化。农村合作金融为满足农户、农村经营主体在农业、农村经济建设、美丽乡村建设等方面发挥了巨大作用，在今后的全面振兴中还应持续性地、更大程度地发挥作用。目前，我国已基本形成多元化的农

* 周昌发，男，法学博士，硕士生导师，云南大学法学院副教授。

村合作金融体系，既包括传统的尚未改制成农村商业银行（以下简称"农商行"）的农村信用合作社（以下简称"农信社"）、农村合作基金、农民专业合作社内部开展的信用合作，也包括农村资金互助社及随着现代科技发展起来的互联网新型合作金融形态等。这些合作金融形态组成了我国多样化的农村合作金融服务，弥补了商业性金融为三农服务、支持乡村振兴配置金融资源的不足。然而，我国农村合作金融长期以来处于立法缺位的状态，随着国家政策不断推陈出新，甚至造成合作金融在发展过程中出现异化。[1]与当初的设立宗旨和目标发生偏离，未能坚守其互助合作性、资格限制性和服务益农性，不能充分地从制度上为乡村振兴战略的全面推进提供有效支持。

一、我国农村合作金融的历史实践

（一）农村合作金融的发展沿革

自新中国成立以来，我国就开始在广大的农村地区兴起信用合作社。中共中央于 1953 年通过了《关于发展农业生产合作社的决议》，该决议指出，要把农业合作化运动由半社会主义性质的互助组推向以土地入股、统一经营为主要内容的社会主义性质的农业生产合作社，农业合作化运动的兴起为信用社发展创造了条件，各地开始全面设立农信社。到 1957 年底，全国 80%的乡镇都覆盖了农信社，数量达到 80 000 多个，社员股金 3.1 亿元，吸纳存款 20 多亿元。[2]20 世纪 70 年代末，随着我国经济体制改革的逐步开展，一些地方诞生了城市信用合作社，1979 年，我国第一家城市信用合作社在河南省漯河市成立。1986 年人民银行下发《城市信用合作社管理暂行规定》，全国大规模建立了城市信用社，截至 1993 年末，全国的城市信用社就达到了 5200 多家。[3]但城市信用社在管理和经营上的缺陷很快暴露，迎来了监管部门的清理整顿，截至 2012 年，最终通过改制、收购、重组、停业整顿等方式退出历史舞台。[4]

在 20 世纪 80 年代，随着农户经营自主权的实现，资金需求较大，农信社和其他商业性银行无法充分满足，随之又诞生了一种新的合作金融模式，即农村合作基金会，由于其得益于政府的积极推动，发展特别迅猛，1997 年底全国就有近 3 万家。[5]但由于很多基金会都是由政府参与注资设立，且政府干预过多，运营过程中逐渐偏离了合作金融的本质，反而成了当地政府的"小金库"，为了

---

〔1〕 王杨：《新型农村合作金融的异化及法律规制》，载《农村经济》2018 年第 10 期。

〔2〕 张建文：《大发展时期的农信社》，载《中国农村金融》2011 年第 5 期。

〔3〕 我国改革开放 40 年银行业民资准入发展历程暨民营银行发展报告，载 https://www.sohu.com/a/2301434 73_618573，最后访问日期：2020 年 7 月 15 日。

〔4〕 高冬民：《从国际经验看中国城市信用合作社的干预、处置：1998—2002》，载《金融研究》2004 年第 9 期。

〔5〕 张海洋：《合作金融发展的历史回顾和建议》，载《中国银行业》2019 年第 1 期。

管理好基金会，国家要求农业行政管理部门负责主管，但农业行政管理部门始终不是专业的金融管理部门，最终导致各地的基金会基本被清理。

进入21世纪后，农户资金需求持续旺盛，一些农村地区的农民自愿出资入股成立资金互助社。[1]2005年，《关于深化经济体制改革的意见》提出探索发展新的农村合作金融组织；农村资金互助社这一模式逐步得到政府认可，但因为监管政策的模糊、监管法规的缺失和监管力量的薄弱，监管部门在核准时采取了较为谨慎的态度，到2016年底，全国也仅有48家农村资金互助社被批准设立。除此之外，有上万家依托生产合作社和供销合作社成立的资金互助社没有得到批准。地方政府对后者采取"不反对、不登记、不管理"的政策，他们基本游离于监管之外；甚至有很多地方的农民专业合作社通过设立信贷部开展内部社员资金互助服务。总体来看，农村资金互助组织大致可以分为三类：一是经监管部门正式批准且有金融牌照的；二是由地方政府部门认可注册的；三是上文提到的在专业合作社内部成立的信用合作部门。[2]再有，2008年党的十七届三中全会提出允许有条件的农民专业合作社可以开展内部信用合作，之后，连续多年的中央一号文件也明确要求发展新型农村合作金融组织，这样一来，我国形成了多元化的合作金融体系，仅以2018年、2019年两年的数据基本就可以看出全国农村合作金融的概况。截至2018年6月，我国的银行业机构共有4571家，其中农村合作金融机构为2249家，包括农商行、农村合作银行、农信社，约占银行业金融机构总数的49.20%。具体来看，农商行1311家，较2017年末的1262家新增49家，占银行业金融机构总数的28.68%；农村合作银行31家，较2017年末的33家减少2家，占银行业金融机构总数的0.68%；农信社907家，较2017年末的965家减少58家，占银行业金融机构总数的19.84%。[3]时隔一年后，截至2019年6月，我国共有农商行1423家、农村合作银行30家、农信社782家，合计达2235家，法人机构数量占4597家银行业金融机构的48.6%；农村金融机构（含农商行、农合行、农信社和新型农村金融机构）总资产为36.48万亿元，占银行业金融机构比例为13.3%。[4]

（二）农村合作金融与农村政策性金融的关系

农村合作金融是以"互助合作"为基础在特定范围内建立起来的资金融通

[1] 2004年吉林省榆树市的8户农民成立了"百信农村资金互助社"，这是我国最早的农村资金互助社。

[2] 兰永海、温铁军等：《农村资金互助组织的三种不同类型及其比较研究》，载《贵州社会科学》2018年第1期。

[3] 农村合作金融机构占全国银行业机构总数"半壁江山"，载 http://www.sinotf.com/GB/News/1001/2018-08-31/yNMDAwMDMyMjYyNQ.html，最后访问日期：2020年7月16日。

[4] 农信省联社改革或加速推进，已有省份初步拟订改革方案，载 https://baijiahao.baidu.com/s? id=1667 021754624775835&wfr=spider&for=pc，最后访问日期：2020年7月16日。

形式，其具有主体同一性、运行民主性、非营利性和自我服务性的特点。[1]所谓主体的同一性，是指农村合作金融的社员既是资金的所有者，又是组织的经营者，这些社员之间相互熟悉，都是长期农作、生活在一起的村民，彼此知晓各社员的生产、经济状况，他们有便捷的条件知悉合作金融的使用领域，并对运营产生的利润享有分配权。运行的民主性主要体现在社员在管理过程享有"一人一票"的表决权，而非完全根据出资入股的多少来决定所投的票数，组织的管理由社员自行控制，不受外界的干扰，社员也根据自愿原则加入或退出组织。非营利性与自我服务性是农村合作金融的本质所在，其设立的初衷在于社员之间的"抱团取暖"和"患难与共"，体现社员之间的自我服务，而非以追求利益最大化为目标。当然这并不意味着合作金融组织自身不产生营利、不进行商业化运作，恰恰相反，为了维护组织的稳定、正常持续和适度规模的发展壮大，只有获取一定的盈利，才能实现社员的自我服务。[2]而且，合作金融也需要根据贡献额的大小对成员进行利益返还，这种"返还"不能理解为表象上的利益最大化追求，它是为实现自我服务能持续下去的优化选择。[3]

农业政策性金融是以财政资金为依托而实现对农业金融支持的资金融通形式，具有公共性、金融性、国家信用性等特征，其业务领域集中于特定的范围，如受季节气候影响较大的农业、农村基础设施建设等，这些领域大多是合作金融、商业性金融业务活动的"盲点"，其运作机制是一种非排他性的制度安排，与国家紧密结合。[4]农业政策性金融与合作金融的直接区别在于资金的来源，前者来自国家庞大的财政支撑，出资主体单一，发挥资金规模庞大的保障作用；后者则属于农户自筹资金，规模小，人数众多。鉴于金融市场的非万能性，合作金融在许多具有全局性、公共性特征的项目和活动很难胜任，出于经济有效性的考虑，也不会去选择；此时，就需要农业政策性金融从社会公共性目标出发，主动配置资源到这些领域，实现社会整体利益目标。

尽管农村合作金融与农业政策性金融在资金来源和目标追求侧重点有较大的差异，但归根到底都是在解决农村金融资源的配置问题。我国"三农"处于"弱势地位"，农村金融供给不足多年来制约着农业农村经济发展，"自救性"的合作金融和"施救性"的政策性金融相互协调，与市场化的商业性金融形成立

〔1〕 蒋永穆、王丽程：《新中国成立 70 年来农村合作金融：变迁、主线及方向》，载《政治经济学评论》2019 年第 11 期。

〔2〕 廖运凤：《对合作制若干理论问题的思考》，载《中国农村经济》2004 年第 5 期。

〔3〕 蒋颖：《合作社规范、制度创新与合作机制评价》，载《农村经济》2013 年第 5 期。

〔4〕 白钦先、张坤：《中国政策性金融的历史演进》，载《国际金融研究》2019 年第 9 期。

体架构。[1]农村合作金融为农村经济社会发展提供了有力的金融支持,其内生的"自救性"弥补了农村政策性金融外部的"施救性"之不足。

(三) 我国农村合作金融变革的特点

我国农村合作金融不断变革的缘由在于自上而下政府主导型的金融体制。在建国初期的 30 多年中,人民银行集中央银行与商业银行于一身,政府在金融体制改革和金融资源配置中起了绝对的主导作用,农民和农村经营主体的自主经营能力低,整个国家的经济基础薄弱,农村金融发展落后,农村合作金融组织独立经营权缺乏,金融发展环境缺失。农村合作金融改革不管在政策目标、发展方向、综合体系以及业务范围等都依赖于政府的决策和部署。尽管农村合作金融改革的不断深化在很大程度上改变了政府插手金融的深度和广度,但总体上改革的过程还是自上而下的政策推动,政府主导这一根本的特点始终没有发生变化。此特点在农信社改制的变迁过程可以清晰呈现,2000 年 7 月经国务院批准江苏省成为农信社改革的试点,率先组建省级信用联社,在县 (市) 级设立具有独立法人地位的农商行;张家港农商行 2001 年 11 月正式挂牌成立,成为全国首家由农信社改制而成的农商行。2003 年 6 月又启动新一轮的农信社改制,原银监会在同年 9 月出台《农商行管理暂行规定》和《农合行管理暂行规定》,两个《规定》为农信社改制奠定了法制基础;在更高层面上,国务院于 2004 年 8 月下发《关于进一步深化农信社改革试点的意见》,全国 21 个省市正式纳入试点,2003 年除西藏、4 个直辖市外,其余省区市成立信用联社。自 2006 年开始,一些农信社采用农村合作银行模式,但从原银监会 2010 年 11 月颁发《关于加快推进农村合作金融机构股权改造的指导意见》后,农信社改制的模式转变为农商行。从 2011 年至今,全国农信社进入银行化改制的浪潮之中。[2]

从我国农村合作金融发展的历史演变来看,经历了人民公社管理—农业银行管理—委托农业银行管理—人民银行监管—人民银行、银监会与地方金融部门共管的过程,从设立之初的自愿出资、民主管理,到行政化色彩浓厚的管理,再到逐渐自主经营,呈现出蜿蜒回归到互助合作、自主经营的本源趋势,从最初单一性的农信社到如今多元化的合作金融体系。随着我国经济社会的不断深入发展,农村金融需求也在持续增加,农户、农村经营主体和农村金融组织的金融创新意识都在不断提高。在我国农村合作金融不断发展的过程中,尽管自下而上的基层创新也在一定程度上召唤着整个国家金融制度的变革和完善,但从宏观上看,农村合作金融演化的整体节奏基本都是政府在谱写,这种政府主导型的模式在我国

---

[1] 白钦先:《发展农业政策性金融是长久性战略决策》,载《农业发展与金融》2015 年第 4 期。

[2] 《15 年铸就"新农信"! 农信社改革发展成就回顾 (2003—2018)》,载 https://www.sohu.com/a/285615806_120051007,最后访问日期:2020 年 6 月 13 日。

过去 70 年发展中取得了举世瞩目的成绩。可以说，这种成绩的取得也暂时属于阶段性的结果，政府主导的使命还根本没有完成，在乡村全面振兴的时间表里，未来中国的全面现代化还时日较长，"两个一百年"奋斗目标才基本完成一个，第二个一百年即新中国诞辰 100 年时，要把我国建成富强民主文明和谐美丽的社会主义现代化强国，政府主导的金融支持无疑还需荣担使命，农村合作金融在乡村振兴的全面实施中也还要担负重任。

我国农村合作金融立法明显滞后于商业性金融立法的步伐，这源于我国的商业性金融立法是随着市场经济的发展节奏和需要而展开的，几大国有银行尽管原来的产权都属于公有，但为了适应市场的需要，也很快进行股份改造，与其他依照各种资本建立起来的商业银行共同遵循《商业银行法》，形成竞争性的金融机构，参与到国家的经济社会发展之中，尤其参与到中国高速发展的城市化进程中。然而，在我国广大的农村地区，受制于经济基础薄弱的金融业极不发达，依照《商业银行法》建立的诸多商业性银行由于"逐利"的特质不愿将金融服务覆盖到获利较少的农村，市场自发配置金融资源在农村地区"失灵"，寻求政府主导的、能激发农民内生动力的金融配置机制成了必然的选择，合作金融正是这种金融资源配置中的重要组织形式，但立法却一直没有跟上金融改革的步伐。

二、我国农村合作金融的立法探索

(一) 计划经济时期

从前文可以看出，我国的农村合作金融最初是从农信社的建立开始的。人民银行早在 1951 年就制定了《农村信用合作社章程准则（草案）》，由农民自愿出资入股成立农信社，设立"三会"即社员代表大会、理事会和监事会，社员大会或社员代表大会行使管理决定权，充分体现社员的平等性和民主性，对于支持农业生产合作组织的发展起到了非常大的作用。到 20 世纪 50 年代末基本达到"一乡一社"的覆盖程度。[1]到了 20 世纪六七十年代，农信社先后被下放给人民公社、生产大队和贫下中农管理，信用合作的功能锐减，挪用资金严重，为了给国家工业化发展输送资金，社员的管理权被国家收走。"文化大革命"结束后，国务院 1977 年发布了《关于整顿和加强银行工作的几项规定》，把农信社视为国家银行在农村的基层机构，将其定位为我国的农村集体金融组织。通过下表 1 可以看出，这个时期国家为了发展农村经济，推动农村信用社的建立，意欲激活农民的自发性，发挥互助资金的合力作用，但由于缺乏经验，大多以政策文件形式推动，政社合一现象突出；尤其是"文化大革命"期间，农信社几乎没

---

[1] 朱鸿轩：《农村信用社与农业银行脱钩后面临的困难与对策——对河南省临颍县农村信用社的调查》，载《金融科学》1998 年第 3 期。

有体现出其应有的金融服务功能。[1]

表 1　计划经济时期立法表

时　间	政策法规	发布机构	内容概要
1951 年	《农村信用合作章程准则（草案）》、《农村互助小组信用公约（草案）》	人民银行	农民自愿出资入股成立农信社，社员实行有限责任。
1955 年	《农村信用合作章程（草案）》	人民银行	对农村信用社的性质和任务从规章上更加明确规定。
1956 年	《1956 年到 1967 年全国农业发展纲要（修订草案）》	中共中央政治局	巩固农村信用合作社，积极开展农村信贷业务和农村储蓄业务。
1958 年	《关于适应人民公社化的形势改进农村财政贸易管理体制的决定》	中共中央、国务院	信用社和农业银行营业所合并，统为"信用部"，划归人民公社管理。
1959 年	《关于加强农村人民公社信贷管理工作的决定》	中共中央	把信用部中的原信用社进一步下放到生产大队，更名为信用分部。
1962 年	《关于农村信用合作社若干问题的规定试行草案的报告》	人民银行	一直到"文革"结束，信用社进入整顿时期。

（二）市场经济体制酝酿期

中国农业银行 1979 年正式恢复营运后，农信社由农业银行统一领导和管理，全国农信社成了农业银行的内设部门，失去了自主经营和管理的权力，之前的"集体金融组织"定位与专业银行又混同起来，界限不清。自 1983 年开始，国家连续出台诸多文件，目的在于将农信社办成真正的农村合作金融组织。[2]但在没有改变农信社与农业银行的从属关系条件下，要实现运营自主权必然是一句空话。国务院 1986 年颁布《银行管理暂行条例》，明确规定在农村和大中城市可以设立信用合作社，其属于民主管理的群众性合作金融组织。自此，农

---

[1]　数据来源：http://www.ccfc.zju.edu.cn/Scn/NewsDetail? newsId = 8265&catalogId = 342，最后访问日期：2020 年 7 月 10 日。

[2]　《国务院批转中国农业银行关于改革信用合作社管理体制的报告的通知》，载 https://law.lawtime.cn/d550607555701.html；《把农村改革引向深入（中共中央 1987 年 5 号文件）》，载 https://code.fabao365.com/law_92329_1.html，最后访问日期：2020 年 2 月 6 日。

信社在立法层面上被给予了"合作金融组织"的定位。1987年5号文件进一步明确农信社要改革官办的弊端，独立经营，自负盈亏，实行民主管理，各级政府不得干预其资金营运自主权。为做好依法对农信社的管理。人民银行1990年发布了《农村信用合作社管理暂行规定》，提出农信社由人民银行委托农业银行领导和管理，虽不由人民银行直接管理，但"委托"二字突出了人民银行的管理地位，农业银行只是接受"授权"，而非像过去那样享有实质的领导和管理权。

从表2可以看出，国家通过一系列的政策和法规试图对信用社进行彻底改革，对农信社"官办化"起到了重要的纠偏作用，尤其是《银行管理暂行条例》的出台，第一次在立法层面规定了中央银行、专业银行和包括农村信用社在内的其他金融机构的性质与地位，合作金融的发展有了一定的制度依据。但这个阶段的很多规定没有得到真正落实，社员自主管理的权利流于形式，内部人控制严重，很多资金投向了一些效益较好的企业。[1]农民的信贷需求未能真正得以满足，偏离了农信社互帮互助及自我管理的本质属性。农信社最初设立的定位是遵循农民自愿入股、民主管理，主要为社员服务的合作金融组织，而在现实经营中，很多农信社都已弱化了资金互助的特质，演变为中国金融体系里的正式市场化金融机构，自然成了在广大农村地区从事金融服务的金融组织，"合作制"的真正特性没有充分体现出来，尽管形式上已经由人民银行委托农业银行进行管理，但受到行政干预仍较为突出。

表2 市场经济酝酿期立法表

时间	政策法规	发布机构	内容概要
1977年	《关于整顿和加强银行工作的几项规定》	国务院	信用社既是集体金融组织，又是国家银行在农村的基层机构。
1978年	《关于农村金融机构的几点意见》	人民银行	对信用社的机构设置、组织领导、业务经营、资金计划、财务制度等十个方面的问题做了具体规定，并开始实行所、社合一，合署办公。
1979年	《关于恢复中国农业银行的通知》	国务院	农业银行领导农村信用合作社，发展农村金融事业。

---

〔1〕 易棉阳、陈俭：《中国农村信用社的发展路径与制度反思》，载《中国经济史研究》2011年第2期。

续表

时 间	政策法规	发布机构	内容概要
1984 年	《中国农业银行关于改革农村信用社管理体制的报告》	中国农业银行	开始组建县联社，由农业银行继续管理，对信用合作社管理体制进行改革，恢复和加强信用合作社组织上的群众性、管理上的民主性、经营上的灵活性。
1984 年	《批转中国农业银行关于改革信用合作社管理体制的报告的通知》	国务院	必须抓紧对信用合作社管理体制进行改革，充分发挥民间借贷的作用。
1986 年	《银行管理暂行条例》	国务院	明确在农村和大中城市可以设立信用合作社，第一次在立法上确立了合作金融组织的地位。
1987 年	《把农村改革引向深入》	中共中央	强调信用合作社必须改革官办的积弊，遵守国家金融法规，国家银行及各级政府均不得干预其资金营运的自主权。
1990 年	《农村信用合作社管理暂行规定》	人民银行	农村信用社由中国人民银行委托中国农业银行领导和管理。
1991 年	《关于进一步加强农业和农村工作的决定》	中共中央	信用合作社在交足准备金、留足业务备付金后，适当多存多贷，支持农业生产。

（三）市场经济体制确立后

1993 年，国务院作出的《关于金融体制改革的决定》指出：根据农村商品经济发展的需要，在农村信用合作社联社的基础上，有步骤地组建农村合作银行，要制订《农村合作银行条例》，并先将农村信用社联社从农业银行中独立出来，办成基层信用社的联合组织。自此开启了农信社改革的征程，农信社逐渐走上独立发展之路。国务院 1996 年又发布《关于农村金融体制改革的决定》，提出农业银行不再领导、管理农信社，农信社脱离农业银行的行政隶属关系，由农村信用社县联社行使业务管理权，人民银行行使金融监管职能。之后，人民银行 1997 年颁布了《农村信用合作社管理规定》，2001 年印发了《农村信用合作社农户小额信用贷款管理指导意见》。2003 年，国务院直接就信用社改革的议题发布了《深化农村信用社改革试点方案》，银监会紧接着下发《关于农村信用社以县（市）为单位统一法人工作的指导意见》，并在同年出台《农村合作银行管理暂行规定》，该规定明确：农村合作银行是由辖内农民、农村工商户、企业法人和其他经济组织入股组成的股份合作制社区性地方金融机构，主要以农村信用社和农村信用社县（市）联社为基础组建。这标志着农信社开始走向商业性金融的道路，以追求利益最大化为经营目标。[1]

从下表3的一系列政策文件和两部法律的规定来看，国家对农村信用合作社的定位从过去的摸索阶段到一定程度的突破，即参照普通的商业银行进行规定，但也没有明晰的具体立法，尤其是在业务的领域和范围方面，仍延续之前的行政管理模式，突出表现在2003年后的改革试点上，直接将信用社交由省政府管理。一方面在推进农村合作银行的组建，往商业银行方向发展，与1986年国务院在《银行管理暂行条例》中关于农信社是"群众性的合作金融组织"的定位发生了改变；另一方面，又没有摆脱行政管制的约束，独立性很难实现，社员民主性权利缺失，参与利益丧失，[2]已经偏离了社员资金合作的"自我服务"目标。

表3 市场经济确立期立法表

时　间	政策法规	发布机构	内容概要
1993年	《关于金融体制改革的决定》	国务院	积极稳妥地发展合作银行体系，在农村信用合作社联社的基础上，有步骤地组建农村合作银行。
1994年	《关于加强农村信用社领导和管理的通知》	人民银行、中国农业银行	农业银行基层处（所）与农村信用社陆续实行分门办公。
1995年	《中国人民银行法》	全国人大常委会	法律上确定了农村信用合作社为银行业金融机构。
1995年	《商业银行法》	全国人大常委会	农村信用合作社办理存款、贷款和结算等业务，适用《商业银行法》的有关规定。
1996年	《关于农村金融体制改革的决定》	国务院	信用社与农业银行脱离行政隶属关系，对其业务管理和金融监管分别由信用社县联社和人民银行承担。
1997年	《关于进一步做好农村信用社管理体制改革工作意见》	人民银行	人民银行开始承担引导和直接监督农村信用社在改革中发展的历史使命。

---

〔1〕 冯兴元：《论农村信用社系统金融机构的产权、治理与利益关系》，载《社会科学战线》2017年第2期。
〔2〕 张德峰：《农村信用合作社：民主困境与法律突围》，载《政法论坛》2011年第6期。

续表

时　间	政策法规	发布机构	内容概要
1997 年	《农村信用合作社管理规定》	人民银行	农村信用社是具有独立法人资格的经济组织，依法接受中国人民银行的监督管理。
2001 年	《农村信用合作社农户小额信用贷款管理指导意见》	人民银行	"劝导"信用社采取小额信用贷款的方式解决，不需要抵押担保。
2003 年	《深化农村信用社改革试点方案》	国务院	把信用社的管理交给省政府负责，通过省级联社，对信用社实施管理、指导、协调、服务，拓展试点。
2003 年	《农村合作银行管理暂行规定》	银监会	以农村信用社和农村信用社县（市）联社为基础组建农村合作银行，为三农服务。

（四）新型农村合作金融共存期

2004 年，我国中央一号文件鼓励有条件的地方，在有效防范金融风险、严格监管的前提下，通过吸引社会资本和外资，积极兴办直接为"三农"服务的多种所有制金融组织。随后，社会上出现了新的金融组织形式"农村资金互助社"。为做好对农村资金互助社的调整，放宽农村地区金融机构的准入政策，银监会于 2007 年制定了《农村资金互助社管理暂行规定》，之后陆续出台的一些政策性文件对农村资金互助社的设立和运营都有很大的指引和规范作用。[1]为充分发挥农民专业合作社对促进现代农业建设和农村经济发展的重要作用，构建农村合作金融机构与农民专业合作社的信用合作机制，加强和改进农民专业合作社的金融服务，2009 年银监会发布了《关于做好农民专业合作社金融服务工作的意见》。之后，中央一号文件连续几年都对农村合作金融做了相应的规定：如发展社区性农村资金互助组织（2014 年）；开展农民合作社内部资金互助试点（2015 年）；扩大在农民合作社内部开展信用合作试点的范围（2016 年）；规范发展农村资金互助组织（2017 年）；推动农村信用社省联社改革，出台非存款类放贷组织条例（2018 年），推动农商行、农村合作银行、农信社逐步回归本源，为本地"三农"服务（2019 年）；深化农信社改革，坚持县域法人地位，强化对"三农"信贷的货币、财税、监管政策上的正向激励（2020 年）。

---

[1] 参见 2009 年国务院扶贫办、财政部联合发布的《关于进一步做好贫困村互助资金试点工作的指导意见》（国开办发〔2009〕103 号）和 2014 年银监会出台的《农村中小金融机构行政许可事项实施办法》（中国银监会令 2015 年第 3 号）。

当前，在乡村振兴背景下以农村资金互助社为代表的新型农村合作金融组织在满足小额的资金需求方面确实能发挥一定的积极作用。国家也在不断创新农村合作金融的改革，连续多年在一号文件中强调各种合作金融组织的协调配合，引导农村成员充分发挥资金互助的作用。同时，也在召唤农商行、农村合作银行、农信社回归本源，但从下表4可以看出，几乎每一年都有相应的政策或规范性文件出台，而且都是在探索改革之路，寻求更加有利于发展三农的合作金融制度，但这些都是政策的引领，还未形成正式的法律制度，易变性较大，甚至前后的改革理念不一致，农村信用合作社的"成员合作"逐渐被改制为公司的具体股权制度形式，合作性渐趋弱化。另外，从下表也可以看出，在倡导建立新型农村合作金融组织的同时，也在不断推进长期服务三农的农信社改革，但在具体对农信社进行改革的过程中，应在现行立法的基础上展开，对其法律性质、股权结构、治理机制等都应符合既有法律的规定，从目前改制的情况看，是选择以农商行的形式全面推进，即是说，依据目前的《公司法》和《商业银行法》来予以调整，这与农信社设立的"合作性"初衷如何契合？从已经改制完成的一些农商行现状以及下表中的一些文件（如2005年的《农村合作银行监管工作意见》）可以看出都是在弱化分散的自然股，很多地方在改制时清理了大量的自然股，一方面为了改制必须符合现行《商业银行法》，另一方面必须不忘"合作金融"的服务初心，确实较为困难。

表4 新型农村合作期立法表

时　间	政策法规	发布机构	内容概要
2004 年	《关于明确对农村信用社监督管理职责分工的指导意见》	银监会、人民银行	信用社的管理交由地方政府负责，省级联社是省（自治区、直辖市）内信用社的管理机构。
2004 年	《关于进一步深化农村信用社改革试点的意见》	国务院办公厅	同意北京等21个省（区、市）深化农村信用社改革试点地区。有条件的地区可改制组建农村商业银行、农村合作银行等银行类机构。
2005 年	《农村合作银行监管工作意见》	银监会	取消社会自然人股不得少于30%的要求，提高法人股所占比例。
2006 年	《农民专业合作社法》	全国人大常委会	规定农民专业合作社是农产品的生产经营者或者农业生产经营服务的提供者、利用者，自愿联合、民主管理的互助性经济组织。

时　间	政策法规	发布机构	内容概要
2007 年	《农村资金互助社管理暂行规定》	银监会	农村资金互助社是由乡（镇）、行政村农民和农村小企业自愿入股组成，为社员提供存款、贷款、结算等业务的社区互助性银行业金融机构。
2009 年	《关于做好农民专业合作社金融服务工作的意见》	银监会	优先选择在农民专业合作社基础上开展组建农村资金互助社的试点工作，并纳入银监会新型农村金融机构试点工作范围内统一推进。
2013 年	《关于创新机制扎实推进农村扶贫开发工作的意见》	中共中央办公厅、国务院办公厅	加快推动农村合作金融发展，增强农村信用社支农服务功能，规范发展村镇银行、小额贷款公司和贫困村资金互助组织。
2014 年	《关于金融服务"三农"发展的若干意见》	国务院办公厅	支持农民合作社开展信用合作，在符合条件的农民合作社和供销合作社基础上培育发展农村合作金融组织。有条件的地方，可探索建立合作性的村级融资担保基金。
2015 年	《深化农村改革综合性实施方案》	中共中央办公厅、国务院办公厅	稳定农村信用社县域法人地位，完善治理结构。以具备条件的农民合作社为依托，稳妥开展农民合作社内部资金互助试点，引导其向"生产经营合作＋信用合作"延伸。
2015 年	《关于印发推进普惠金融发展规划（2016—2020 年）的通知》	国务院	推动省联社加快职能转换，提高农村商业银行、农村合作银行、农村信用联社服务小微企业和"三农"的能力。明确将农民合作社信用合作纳入法律调整范围。
2016 年	《关于做好 2016 年农村金融服务工作的通知》	银监会	深化农村信用社改革，积极稳妥推进农村商业银行组建工作，指导农村中小金融机构引进战略认同的股东，优化股权结构。
2019 年	《农民专业合作社解散、破产清算时接受国家财政直接补助形成的财产处置暂行办法》	财政部、农业农村部	农民专业合作社解散、破产清算时，在清偿债务后如有剩余财产，清算组应当计算其中国家财政直接补助形成的财产总额。

时　间	政策法规	发布机构	内容概要
2019 年	《关于金融服务乡村振兴的指导意见》	人民银行、银保监会等5 部委	积极探索农村信用社省联社改革路径，淡化农信社省联社在人事、财务、业务等方面的行政管理职能，突出专业化服务功能。
2019 年	《关于促进乡村产业振兴的指导意见》	国务院	引导县域金融机构将吸收的存款主要用于当地，重点支持乡村产业。

三、我国农村合作金融的立法缺陷

总体来看，我国农村合作金融基本都是受人民银行、银保监会（2018 年前为银监会）等部门所制定的规范性文件的调整，法规层面的文件都很少，层级较低。尽管《人民银行法》和《银行业监督管理法》等从法律层面对农村合作金融有一些零星的规定，但大多都是原则性规定；其他基本都是中央、国务院或其他部委的一些政策性文件，而且前后文件对合作金融的态度又有所不同，很难充分发挥法律制度对农村合作金融的规范和固化作用，也没有发挥好立法对金融资源的引导和配置作用，对我国乡村振兴战略实施不利。

（一）农村合作金融法律地位不清

从农信社漫长的改革之路基本可以归纳出一个结论，那就是农村合作金融的法律地位一直没有给予明确定位，导致农信社改革最后走向了商业性银行的"正规化道路"，正式投奔于《商业银行法》。正如前文所述，自 1996 年以来，农信社历经多轮改革，基本都在强调农信社改革的核心在于要将其回归到本源：即农民社员自愿入股，实行民主管理和互帮互助。而 2003 年国务院发布的《深化农村信用社改革试点方案》要求把农信社逐步办成由农民、农村工商户和各类经济组织入股，为"三农"服务的社区性地方金融机构。如今，全国大部分的农信社已经改制为农商行。尽管农信社向商业性银行改制的原因众多，但合作金融法律定位的缺失是其中重要的原因。农信社改革一直不断寻求出路，而每一轮基本都是政策文件的指引，但落实到改革的具体细节时，终究要回归到法律层面，可合作金融法的缺位在客观上造成农信社回归"合作"无法可依。如今，改制之后的农商行在市场准入、内部法人治理结构、业务范围与内控机制、外部监管架构等都必须遵循《商业银行法》，而"信用""合作"的层级架构已经离"初衷"而去，变成了现代法人。更尴尬的是，今天我们仍在像当初那样召唤着农信社要回归本源，但这种召唤也只是一种倡导，毕竟改制后的农商行已经在《商业银行法》的轨道上运行着，在自主经营与政策支农之间很难做到平衡，毕竟改制后的农商行始终以"自负盈亏"为经营要旨，支农惠农在某种程度上仅是服务对象、服务范围而已，强制性的约束很难实现。

在农村资金互助社的定位上，原银监会于2007年颁布了《农村资金互助社管理暂行规定》和《农村资金互助社示范章程》，规定可由农民和农村小企业自愿入股设立农村资金互助社，为社员提供存贷款、中间结算等业务，具有独立资格的企业法人，属于社区范围内的互助性银行业金融机构，与普通的商业银行不同的是，其只能在社员内部开展存贷业务，不能对公众吸收存款和发放贷款。从其设立目的来看，"互助"仍然是核心要旨。但究竟其属于营利性法人还是非营利性法人，在立法上并未确定，导致在后续的运营及退出都会有诸多不畅。甚至在实践中，由于乡土社会的熟人关系，存在借贷机制突破"社员封闭性"的限制；社员维权意识薄弱，信息不透明；治理机制不健全，"三会"流于形式，实际控制权被股金投入较大的社员控制，民主原则得不到落实；监管体系不完善，存在监管主体缺位[1]；退出机制不畅通等。

在农民合作社内部资金互助业务的定位上。十七届（2008年）、十八届（2013年）三中全会都提出允许有条件的农民合作社开展信用合作，之后连续几年的中央一号文件也提出此政策。很多地方的农民合作社开展了内部资金互助业务，这对农村金融的供给有一定的缓解作用。然而，这仅停留在政府文件的"允许"层面，并没有给其合法的"身份证"，[2]现行《农民专业合作社法》中也没有确定专业合作社的金融地位。由于缺乏具体的法律规范和定位，现实中很多互助业务演变为"山寨银行"，假借互助之名骗取农民资金，互助业务乱象丛生，大户或发起人控制较为普遍，对地方金融监管带来困难。

（二）农村合作金融民主管理缺位

良好的管理机制是一个组织高效运行的基本保证，我国农村合作金融所要求的民主管理制度，即社员通过社员代表大会或理事会实现社员权利，在理论上突出解决了人人平等权利的基本诉求，为社员参与合作金融创造了制度保障。农村合作金融强调社员的平等性，在组织内部体现为无论入股资金多少，实行"一人一票"制，尽管《农村专业合作社法》设定有附加表决权，且对附加表决权做了不得超过本社成员基本表决权总票数的20%的限制，然而在现实中，最初带头设立合作组织的往往都是在当地具有一定资金实力、经营规模较大或者有较为专业水平的农户，而且平时的运营管理也基本要依托于这些核心人物，普通的社员

---

〔1〕　因为监管一般都由地方各银监局或银监分局进行，而银监分局又将具体的监管任务交由县一级的监管办事处执行，这一级别的办事处人员配置通常不多。

〔2〕　吴东立：《农民合作社内部资金互助监管问题不容小觑》，载《中国农民合作社》2017年第5期。

实质参与度不高，真正的民主管理被虚化。在还未改制的农信社中[1]，股资占比很小的社员大多已被清退，而且大多数的农信社已经不存在原始出资人和设立者，落实合作金融民主控制的表决权机制没有真正形成，与一般企业的组织管理没有太大的区别，农村合作金融独特的民主管理机制根本没有得到体现，社员参与民主管理的积极性被消减。加之，由于社员入股金额小，股权高度分散，且多数是自然人的农民股，股东缺乏行使其权利的积极性[2]，也在客观上导致了民主性的弱化。

（三）政府在农村合作金融中的角色尴尬

我国农村合作金融的发展史就是一段政府主导下亦步亦趋坎坷前行的探索史。从 20 世纪 50 年代初开始，政府为了带领农民早日从新民主主义走上社会主义道路，在广大的农村地区建立了农信社，但随后就下放到人民公社管理；到后来受农业银行管理，演变为国家金融体系的基层机构；再到人民银行接手监管，整个过程无不是政府推动，农信社并未能真正体现其互助合作性和自愿性的初衷，如今已经蜕变为一家商业性银行。另外，正如前面提及的 20 世纪 80 年代井喷式发展起来的农村合作基金会同样是在地方政府的强力助推下建立起来的，也并非真正体现"自愿合作"，最终也是被政府清理，可谓是"成也萧何败也萧何"，正如有学者所言："农村合作基金会从来就不是一个独立的经济组织……它的产生、发展、经营管理从来就没有独立过。农民只是名义上的股东，合作基金会实际上由政府控制，只是政府行政部门的附属品。"[3]再如，农村资金互助社是 2006 年中央一号文件倡导建立起新型农村合作金融组织，是政府在农村合作金融创新上的又一次主导和尝试，原银监会 2007 年还发布了《农村资金互助社管理暂行规定》加以规范和指引，然而，真正获批的农村资金互助社不到 50家，政府对没有被批准却对互助社民意开展业务的情形放任自流。[4]政府在这场新型合作金融运动中类似于"搭了半边台"，却不让再继续让人搭下去，政府在其中的角色让人捉摸不透。

从政府主导的一场场农村合作金融改革或创新中，其"父爱式"的角色与本应由合作组织民主、自愿、自我管理的定位有些不合拍，尽管政府有强大的行政权力，但在农村合作金融的发展和推进上不能完全以政策手段无连贯性地干

---

[1] 改制后的农商行，从之前社员身份已经蜕变为现代法人中的股东，遵照《公司法》行使权利，也就不存在社员"一人一票"的规定。

[2] 穆争社：《农村信用社改革政策设想理念》，中国金融出版社 2006 年版，第 113 页。

[3] 张元红、李静、张军：《从合作基金会事件看中国农村金融改革与发展》，载《中国农村经济》2002年第 8 期。

[4] 张德峰：《我国合作金融中的政府角色悖论及其法律消解》，载《法学评论》2016 年第 1 期。

预，而应通过法律的手段，首先明确政府的角色定位，无论时间如何推移，无论政府内部执行者如何更替，政府只需做好自己角色的分内之事，而其他都应交由农民社员自己处理，因为他们可以依照法律的指引预期他们的未来。

四、国外农村合作金融发展的经验借鉴

（一）国外农村合作金融发展概览

1. 美国

在美国，农村合作金融自 20 世纪 30 年代就开始出现，当时的经济大萧条使普通民众很难从银行获得资金支持，政府从政策上进行引领，依照自愿、平等、互利的基本原则，低收入群体组建了社区范围内的合作信用社，当然这不仅限于各社区，还延伸到军队、企业、学校等领域，实行一人一票制的管理模式，入会成员有存贷款、获利分工、投票管理等权利，不以营利为目的，信用社为入会成员提供借贷服务。美国的信用社由联邦信用社、州联邦信用社和遍布全国各地的信用社构成。除了信用社而外，美国建立了多元化的合作金融体系，如联邦土地银行、联邦中期信贷银行与合作银行，各层次的银行都有一套自主的经营体制。[1]联邦土地银行和基层的联邦土地银行合作社主要为农民以土地作为抵押物的长期贷款业务；联邦中期信贷银行主要为社区农民提供动产质押的中短期贷款，用于农民的种植、养殖及其他生产经营资金需求；合作社银行主要为农业合作社服务，为他们提供信贷支持、金融咨询及相关的资金清算服务。在立法层面上，美国在 1934 年就颁布了《联邦信用社法》，明确规定信用社享有的优惠政策，如免交存款准备金、自主决定存贷款利率、免征各种税收等。还规定应建立信用社存款保险制度，如成立于 1935 年的美国信合保险集团，其中的主要任务就是为信用社及其会员提供贷款保障险、财产险等各种保险。[2]

2. 德国

德国农村合作金融早在 1850 就诞生了，最初是一家城镇信用合作社。1864 年，农村信用合作社成立，为农民提供信贷服务。1871 年德国就颁布了《产业及经济合作社法》，这也是世界上第一部农村合作金融立法。[3]德国的农村合作金融体系分为三级，即中央合作银行、区域合作银行和基层信用社，每级都是具有独立法人资格的金融机构。在资金来源方面，最顶层是中央合作银行，其主要资本金来源于区域合作银行，政府也参与投资持股，但最高不超过 25%；区域合作社银行的资金由辖区内的基层信用社，还对外吸收部分资金入股；基层信用社的资金由众多分散的农户、小农场主、银行雇员、自由职业者认股而来；自下而

---

〔1〕 温啸宇、刘学侠：《我国农村合作金融的国际借鉴》，载《理论视野》2020 年第 2 期。
〔2〕 康书生、鲍静海等：《外国农业发展的金融支持》，载《国际金融研究》2006 年第 7 期。
〔3〕 谌英：《国外农村合作金融发展模式及立法研究》，载《世界农业》2016 年第 7 期。

上逐级入股，形成经济上的联合。

在管理层面，中央合作银行与普通的股份公司一样，最高决策机构是股东大会，主要负责人的任命须经政府同意，除基本业务外，中央合作银行除了开展基本业务之外，还可从事其他多种金融业务；区域合作银行可以对外吸收资金，开展证券投资业务和国际银行业务，但其中重要的职责是向基层信用社提供结算、资金支付和短期再融资服务；基层信用社是独立的法人，社员采用一人一票制的民主管理方式，社员既是信用社的出资人又是享受信贷服务的对象，社员代表大会是最高决策机构，聘用经理开展经营活动，还设立监事会，由社员直接选举产生。可见，德国的合作金融体系较为健全，上下层级的金融机构通过持股使经营管理较为科学，尤其是上级对下级在资金、信息、技术方面提供了有利服务；另外，政府还通过建立丰富的农村金融配套体系来促进农村合作金融的发展，如农业抵押银行、德意志土地垦殖银行、土地改良银行、土地抵押信用协会、农业地租银行等，这对德国农业发展提供了重要金融支持。

3. 日本

日本在二战战败后，1947 年制定了《农业协同组合法》，紧接着在全国建立了农业协同组合（简称"农协"），由日本政府农林水产省主管，是综合型的群众合作组织，其按农村行政区域建立，农协为内部成员提供信贷金融服务，不以营利为目的。[1]目前已经形成了从农户→基层农协→县农协→全国农协的组织体系，各级除经营信贷、生产销售的资金结算外，也兼营证券、房地产投资、外汇业务等其他业务。三级之间有上下级业务关系，上级给予下级信息支持，还负有监管和调动资金的权力，下级入股到上级，但各自在经济上实行独立管理和独立核算，其中基层农协和县农协又各有农、林、渔业三种不同的协同组合和联合会。另外，由各基层农协、县协同组合联合会和农林中央金库共同组成全国信联协会，是各地农协的中央联络机关，为会员提供关系协调、经济信息和农林渔业的金融服务。农协的主要资金来源于农村存款，服务于组织内的农户及农林渔业团体，起到相互资金扶助的作用，日本政府通过农协来贯彻各项政策和法律，如政府向农协购买农产品等，这为日本农村经济的发展做出了很大贡献。日本农村合作金融不管在中央层级还是都道府县级都有较浓的政府干预色彩。

（二）国外农村合作金融发展的借鉴与启示

1. 以立法促进农村合作金融发展

美国的农村信用社立法可追溯到 1909 年，现行农村合作金融法（即《农业

---

[1] 李明贤、周蓉：《我国农村合作经济组织开展资金互助业务探讨——基于国外农村合作金融组织成功发展经验的启示》，载《当代经济管理》2015 年第 6 期。

信贷法》）早于 1916 年颁布，可见，美国农村合作金融践行立法先行的理念，之后经过 1923 年、1933 年、1987 年的修订，三次修订内容中重要的内容主要为向农民发放长期不动产抵押贷款、对农场主发放生产经营性贷款和建立合作银行。1971 年美国农村合作金融为了拓展资金来源和服务对象，扩大经营范围，出台了《农场信贷法》，旨在继续推动金融资源回流到农村地区，满足农村民众的资金需求，为农业农村服务。德国农村合作金融也是有较为系统的法律制度做支撑，中央合作银行就是依据 1871 年颁布的《产业及经济合作社法》而设立，这部法奠定了德国农村合作金融的法律地位；1890 年的《合作社法》规定了合作社的确立互助性原则，规定了合作社的设立条件、社员的取得、社员权利义务、经营规则、退出机制等，目前已做了多次的修订；1975 年的《中央合作银行法》确立了中央合作银行的法律地位，监管、协调全国农村合作金融组织，对组织结构、成员的权利义务做了明确规定，两部法构成了德国农村合作金融较为完善的法律体系。尽管日本政府对其农协进行强制管理，但日本非常重视立法的作用，早在 1947 年就颁布《农业协同组合法》，通过法律来规范农村合作金融的发展，之后又逐步出台了《农业生产合作社法》《水产业生产合作社法》《农业生产合作社合并法》《农协改革法》《农林中央金库法》《临时利率调整法》《农协财务处理基准令》《农业灾害补偿法》等法律。[1]从三个国家农村合作金融法制保障的情况中可汲取一些经验，我国一直以来非常重视合作金融对三农的支持和保障，也出台了很多优惠的政策和文件，但易变性较大，从上文的几个表可以看出，法律法规不健全，合作金融发展的法律依据不足。[2]而且三个国家的立法明确了合作金融的地位和性质，但反观我国，合作金融一直处于模糊地位，以农信社为例，其改革方向是商业银行化，与合作金融的"合作性"发生异化，需从立法层面明确合作金融的性质、权利与责任。

2. 明确政府定位

美国的农村合作金融由联邦信用社管理局和各州的政府信用社监管机按照信用社的注册地分别进行制度化、规范化监管。德国的农村合作金融机构很少受政府的直接干预，是较为独立的金融组织，政府通过立法与政策予以规范和引领，建立自我监管体系、行业协会监管体系与行政监管来对农村合作金融实施全面监管。而日本的农村合作金融与美国、德国却不同，农协在政府主导下设立，独立开展业务工作，政府在政策、资金等方面给予支持。从三个国家合作金融与政府的关系来看，政府都在不同程度上介入农村合作金融，而没有让农村合作金融完

---

〔1〕 谌英：《国外农村合作金融发展模式及立法研究》，载《世界农业》2016 年第 7 期。
〔2〕 李巧莎、张杨：《日本农村合作金融发展、改革及启示》，载《现代日本经济》2017 年第 3 期。

全的市场化运作，从立法层面上就明确了政府在其中的法律地位，不管是在监管还是直接的资金支持方面，都给予了不同形式的支持，尤其是在合作金融建立初期，政府的作用更为突出，随着合作资金的不断充实，政府作用渐趋弱化，但都强调合作金融机构的独立运行地位，这为合作金融发展提供了制度保障。我国在70多年的合作金融发展中，政府从全面管理到逐渐放松再到如今的信用社银行化改制，都可看出政府在其中的重要干预角色，但作为促进和支持三农发展的农村合作金融并不是政府的"大包大揽"，而要充分体现成员的"合作性"，与纯粹的政策性金融要做相应的区分，政府可以从某些方面介入，但运行管理仍需遵照市场化的规律，政府支持三农的发展也不应交给一个市场化的金融机构来完成，在合作金融的发展方面确需厘清政府在其中的角色，尽量减少政府的干预。

3. 凸显农村合作金融的"合作性"

美国通过立法来促进农民及低收入群体入股到信用社，实行一人一票制的管理，信用社及其他合作金融机构为社员或成员提供贷款，解决资金需求。德国金字塔式的合作金融模式，也是彰显了分散的农民、自由职业者等低收入群体自愿入股的合作性，各级管理都充分体现成员的权利保障，三级金融机构职能互补，促进了农业经济的发展。同样，日本以"农协"聚合了广大的农民入股，各级农协形成紧密的资金联合关系，也体现出合作金融本身的互助合作特性。可以看出，以上三个国家都按照合作制原则建立自己国家的农村合作金融体系，明确合作金融的市场地位，为社员提供中短期金融服务，以社员福利最大化为目标，体现区域范围内的金融普惠性；合理优化金融组织结构，践行合作成员的民主管理，加强自我内部监督与政府监督的结合。

五、我国农村合作金融制度改进的建议

（一）制定农村合作金融基本法

"法律是一种规则，是一种可靠的预期，它用来降低市场经济中发生的费用，以达到效益和效率最大化。"[1]我国农信社旷日持久的改革似乎已经诠释了法律的重要性，长期以来农村合作金融立法的缺位，致使农信社改革的政策一直在变动，而最终只能依赖于法律的固化效应。我国已经全面进入法治建设之中，市场经济就是法治经济，要充分尊重市场在资源配置当中起决定性作用的基本原理，通过法治的方式来实施每一项活动。农村合作金融不管如何发展，其一定受制于"市场调节"，只是"市场调节"在多大程度上能最大化发生作用，过去所有政府文件的探索和发布也是在"市场调节"未能充分发挥作用的空间范围内有用，只是在不同时期，政府的干预在"量"和"度"上有所不同，在建国初期甚至

---

〔1〕 李曙光：《转型法律学——市场经济的法律解释》，中国政法大学出版社 2004 年版，第 198 页。

之后的很长时间里，政府的干预走向了包办的地步，到如今政府的直接干预越来越少，而且一直在寻求以强制性的法律制度来引导。健全的法律体系和法律规范是农村合作金融安全有效发展的前提，也是弥补当下城乡金融资源配置不均衡的正当手段。

目前，我国农村合作金融立法还停留在部门规章层面，而且零乱分散，致使合作金融组织没有稳定的预期和运营底线。要结合长期以来我国农村合作金融发展的经验和教训，明确设立宗旨、管理模式、经营方式等，规定农村合作金融组织服务农业的目标，在坚持金融安全与效率的基本原则下，秉持自愿入股、自我服务的理念，突出对社员金融权利的保障。鉴于目前我国的农村合作金融大致有未改制的农信社、农村资金互助社和农民合作社内部资金互助等类型，立法要尊重现状，且多年的实践探索可为立法带来参考，具体在制定《农村合作金融法》时，可借鉴我国《公司法》的框架模式，将立法目的、原则、社员资格、运行机制和其他普遍性问题放在法律文本之首，后面以专章形式对各种合作组织做特别规定。

（二）完善农村合作金融具体法律制度

目前，我国已有一些农村合作金融的具体法律制度，且已探索性适用多年，在适用中也不断凸显出诸多不足，借《农村合作金融法》制定之机会，完善其中的具体制度。

在表决权配置方面。原银监会 2007 年的《农村资金互助社管理暂行规定》和 2016 年修订的《农民专业合作社法》对社员表决权规定了"一人一票"制，同时也设定了"附加表决权"。农村合作金融兼具"人合性"与"资合性"，更侧重于"人合性"带来的社员之间在资金短缺方面的相互合作，"资合"是实现社员合作的手段，在表决机制上设计"一人一票"具有重要的价值，保证社员自我管理的民主特性。"附加表决权"是出资额或者与本社交易量（额）较大的成员的特别赋权，尊重差异性，是"一人一票"的补充，但此设定没有区分自然人成员和法人成员，如果是一些人数众多的企业法人成员且出资额较大的，可以增加附加表决权，体现实质公平。同时，立法上在给予附加表决权彰显公平的时候，也要防止利用附加表决权架空合作金融本应尊崇的民主管理。因此，立法中要界定附加表决权的行使范围，对必须由社员民主决策的事项，如涉及合作社的分立、合并、解散以及限制或剥夺社员等事项，不得行使附加表决权。[1]

在规范农民合作社内部资金互助或信用合作方面。这种业务在现实中都是依托于已经设立的农民专业合作社，通过在其内部设立"信贷部"等形式开展活

---

[1] 张德峰：《论我国合作社社员附加表决权的法律规制》，载《现代法学》2016 年第 2 期。

动，不具有独立开展金融业务的法人资格，社员投入的股金与合作社的其他业务活动可能有交叉重叠，不具有"独立性"，所以，在立法上可考虑通过两种方式来解决：一是修订《农民专业合作社法》，在其中加入合作社可以运营金融的业务条款；二是直接在制定《农村合作金融法》时将这种形式法定化，《农民专业合作社法》不调整这类新型合作金融组织及业务。做到对农村合作金融的立法统一，避免适用中的繁杂，以及调整范围出现"真空"或边缘地带。

在社员的准入与退出方面。市场准入制度与社员退出制度相互补充，允许农村合作金融组织社员可以自愿流动，也符合自主选择、优胜劣汰的市场规律，这是我国农村合作金融组织制度改进的重要内容。其决定了哪些主体可以成为农村合作金融组织的发起人，同时也规定了社员在何种情况下可以退股，做到既保证农村合作金融组织运行稳定，也能保障社员自由退出的权利。社员资格的取得是组成农村合作金融组织权力机构的前提，如《农村资金互助社管理暂行规定》第17、18条就规定了社员入股的方式，但并未明确社员资格是否也可以被转让和继承。[1]而且，随着中国人口的迁移和转移，在社员资格的认定方面必须严格把关，避免突破地域性，一般以村或乡（镇）为界限，按照规定条件进行筛选。比方说，未在户籍地居住但拥有农村户籍的农民或者是未从事农业生产的农户，就不应当和拥有农村户籍、在户籍地生活且从事农业生产的农户作同等对待。总的原则是，作为农村合作金融组织，只有农户、农村经济组织和涉农企业才有资格取得社员资格，也才能真正体现农村社员之间的资金互助性，毕竟合作组织本身并非以赢利为目的。另外，尽管非政府组织、扶贫单位等可以出资，但是其不能取得社员资格，只能作为政府支农惠农、提供政策支持的一种形式。

（三）创新农村合作金融组织形式

农村合作金融的初衷在于充分利用社员的闲散资金形成"资金聚合"，在社员的入股资金中，资金额度有大小区别，尤其是创建之初，领头人基本都是资金大户或专业能人，这些领头人在之后的运营中实际控制了整个组织，架空了入股资金少的社员。甚至可能出现实际控制人利用有限责任的立法规定逃避责任，进而滥用管理权侵害普通社员的权益。如2007年的《农村资金互助社管理暂行规定》第6条规定，农村资金互助社社员以其社员股金和在本社的社员积累为限对该社承担责任，《农民专业合作社法》中也是类似的规定。这种组织形式使实际控制人或专业能人不能充分履行职责义务，可借鉴有限合伙制的做法，形成"有限合作"的新型模式。让入股资金少的社员成为有限合伙人，而领头人承担无限

---

[1] 王杨：《新型农村合作金融组织社员权的法律保障——以农村资金互助社为研究视角》，载《中国农村观察》2019年第1期。

责任，这样的模式保证了合作的性质不变，也增强了领头人的风险责任意识。

如此变革后，也有利于外部社会资金的引入，因为外部出资人加入农村合作金融组织首要考虑的是资金的安全性与营利性问题，外部出资人不熟悉社员的结构，在合作金融组织内部，社员之间是相互熟悉的群体，信息较为充分、对称，在一定程度上，熟人社会就发挥着隐形担保的作用。但外部出资人则担心社员侵害其权利，谨慎投资到组织中来，而有限合作制可使得外部出资人资金的安全性得到大大提升，也在一定程度上打消外部出资人的顾虑。

"有限合伙制"往往是在风险投资的组织形式中采用，因为有限合伙人所出资金较多而且不参加管理，这对普通合伙人有较高的管理要求，个人财产和声誉都完全捆绑在组织之中，当然其尽责程度也就会更高，避免了因信息不对称产生的道德风险，能够激励普通合伙人为有限合伙人实现利益最大化。[1]将"有限合伙制"中的"有限性"与"无限性"结合的设计优势引入到农村合作金融组织中，既保证了合作金融的"合作性"又能充分发挥社会资本的力量。外部出资人出资后，因其不参加运营管理，没有社员资格，民主管理依然掌握在社员组织内部。为了保证运营风险的降低，实现投资利润最大化，外部出资人必然希望通过建构一系列的制度来约束或激励实际控制人的行为，这有助于农村合作金融治理结构的优化。

（四）厘清农村合作金融组织与政府的关系

正如前文所析，长期以来，在我国农村，由于金融资源匮乏，农村金融市场残缺不全、发育程度低，市场规模小，金融服务范围狭窄，市场机制不能在金融资源配置中正常发挥作用。正如此，需要强有力的政府来推动金融体制改革，促进农村金融制度的供给和安排，矫正市场的失灵，培育农村金融市场。在农村金融体制改革中，长期缺乏一种能促进资金向农村合理配置进而实现城乡金融资源均衡化的制度安排，政府的重要功能是在农村金融机构的建立和资金的供给等方面做出最直接的政策指引，通过强制性的行政、法律等手段来创新农村合作金融，如通过财政资金直接参与到农村金融的运作，直接或间接地参与农村合作金融组织的治理结构、决策经营等，弥补农村金融市场残缺之不足，一定程度上实现金融资源在农村的合理配置和有效运用，推动农村经济发展。在这种目标下，农村合作金融的发展从一开始就遵循政府主导。

通常而言，金融机构的运作基本都是遵循市场自由的原则，唯有如此，才能积极适应市场的需求；相反，政府的严格管控会导致金融机构的运行不畅，成本增加。我国的农村金融资源配置如果完全交由市场去调节肯定是极度危险的，即

---

[1] 罗斌：《农村合作金融组织形式创新研究》，载《农村经济》2016 年第 5 期。

是说，在我国，政府不通过金融改革以及金融制度的供给来干预或引导金融市场，全依赖于商业性金融调节城市和农村的金融市场，至少在我国目前的经济发展阶段是不现实的，甚至可以断言，哪怕是高度市场化的发达国家也无法实现。因为金融业本身就是一个极为特殊行业，金融的逐利性和脆弱性已经决定了金融市场的每一个行为都可能导致公共性的风险感染或社会整体福利的增减。我国农村合作金融是在近 70 年经济发展过程中探索出来的资源配置形式，长期以来都是在政府的主导下进行，植根于广大的农村地区，有深厚的发展运营土壤，通过立法将长期以来探索的经验和教训固化下来遵照执行，可以避免因政策的变动而影响合作金融组织的发展方向，也可以清晰界定政府在哪些层面可以介入，避免过去"包办"或"管得过多"的情形。有了农村合作金融的立法，并非意味着无需政府的介入，相反，通过立法确定市场准入条件、监管要求等使政府介入于法有据，且依程序规范介入，才能充分保障合作组织的发展及社员权利有预期性。

金融素养的理论疏解与制度因应

刘乃梁 *

摘要：以提升金融素养为目标的主体赋能发轫于校园金融知识的普及倡导，成熟于后危机时代系统性金融风险防范与金融消费者保护的制度省思之中。围绕金融市场消费主体行为偏差的行为经济学结论，国际社会逐渐提升金融素养的政策定位，在政府、市场与社会等多维度统筹资源，回应主体责任提升下的金融市场基础设施完善。面对多元化与复合性的主体智识命题，金融素养实践受制于理论上的有效性质疑与实践中的高成本困境，制度预期与现实效果的不匹配反而引发私权秩序过度介入的诟病。从问题处置与风险应对出发，金融素养实践应在法治化视阈下强化政府对金融教育国家战略的主导地位，拓宽优先领域金融监管嵌入的政策通道。着眼制度理路的"预防性"特征，金融素养实践应以受教育权为核心，营造有激励性、共治性的金融生态环境。

关键词：金融素养；金融教育；金融消费者；赋能

金融市场的深化发展在提升社会资源配置效率的同时，也引发金融消费者保护、系统性风险防范等监管难题。当金融日趋以一种复杂、难以被大众所直接理解的方式呈现时，消费主体素养的匹配程度就成为一个值得思考的现实命题。正如诺贝尔经济学奖得主罗伯特·希勒（Robert J. Shiller）所言"如果我们希望实现真正的金融大众化，金融从业者就必须教会普通人使用金融工具，使他们了解金融服务的覆盖范围，这些知识不应仅局限在金融专家的手中"。[1]受益于金融消费者保护思潮的觉醒，在后危机时代金融监管变革下，"多数人口的低水平金

---

* 刘乃梁，天津东丽人，法学博士，重庆大学法学院副教授，硕士生导师，院长助理，主要从事金融法研究。

〔1〕 [美] 罗伯特·希勒：《新金融秩序：如何应对不确定的金融风险》，束宇译，中信出版社 2014 年版，第 13 页。

融素养正在促使越来越多的国家采取行动",[1]我国也于 2013 年拟定金融教育国家战略,并于 2016 年正式建立"消费者金融素养问卷调查制度"。[2]以经济合作与发展组织(Organization for Economic Co-operation and Development,OECD)、世界银行(World Bank,WB)、国际证监会组织(International Organization of Securities Commissions,IOSCO)为代表的政府间国际组织出台多份研究报告与政策建议,力陈金融素养培育对全球金融市场稳定发展的重要性。金融素养逐渐从一个单纯的智识、教育问题转变为金融市场可持续发展的基础性对策方案。诚然,金融素养的制度拓展也面临着理论上的有效性质疑与实践中的形式化衍生,厘清金融素养培育与金融深化、金融监管、金融法治的关系逻辑是提升制度效能的前提要件。金融市场主体赋能的制度变迁因何而来、现有金融素养培育探索有何经验、未来的制度发展又存在何种挑战与机遇,本文将尝试做出解答。

一、赋能的理据:金融素养培育的逻辑起点

无论是时间跨度抑或理论深度,金融消费者保护是后危机时代国际舆论重要的反思议题。概览而言,金融消费者保护沿袭"消费者问题—消费者运动—消费者权利"的赋权思路,即在金融危机中发现消费主体权益的保护缺失,迎合金融领域焦点事件的消费者诉求,在法律与政策层面通过政府责任与经营者义务的落实推动"金融客户"向"金融消费者"的主体身份转变,实现金融消费者权益的倾斜保护。[3]

相比而言,赋能进路聚焦消费者金融素养的主观提升,在金融教育语境下寻求专业知识的大众化供给,进而提升消费者在金融交易中"真实"的议价能力。不同于赋权进路的普遍认同与体系推进,赋能进路在早期并未得到坚实的政策认同,但伴随学界研究与国际探索的深入,"金融素养的积极影响在各个国家的不同群体中普遍存在",[4]日臻成熟的制度理路为其成为金融消费者保护的"燎原之火"奠定基础。具体来看,金融消费者保护赋能进路的制度价值表现在:

(一)消费主体行为偏差的柔性矫正

行为经济学对新古典经济学"经济人"假设的突破为金融消费者保护重新锚定逻辑起点。在自由主义思潮的侵染下,新古典经济学信奉"市场体系是一个

---

[1] OECD&G20, Advancing National Strategies for Financial Education. OECD (Sept. 5, 2013), http://www. oecd. org/finance/financial-education/G20_ OECD_NSFinancialEducation. pdf.

[2] 2016 年 1 月 11 日,中国人民银行办公厅发布《关于建立消费者金融素养问卷调查制度(试行)的通知》,明确从 2017 年开始每两年进行一次消费者金融素养问卷调查。在此之前,中国人民银行金融消费者权益保护局曾于 2013 年、2015 年进行全国试点调查。

[3] 阳建勋:《"金融消费者"概念生成的法社会学探析——消费者运动与金融危机耦合下的金融法变革及其本土资源》,载《甘肃政法学院学报》2014 年第 1 期。

[4] Antonia Grohmann, Theres Klühs, Lukas Menkhoff, Does Financial Literacy Improve Financial Inclusion? — Cross country evidence, World Development, Vol. 111, November 2018, p. 84.

自身具有内在逻辑的体系……市场经济是一部复杂而精良的机器", [1]主张减少政府干预, 为市场主体的自利性活动提供宽松的制度空间。在理性、利己的主体画像下, 司法领域也强调 "不应把理性的投资者当作'笨蛋'……信息披露更不应该被量身定制为'适合乡巴佬的东西', 理性的投资者应当知道自身的财务底线"。[2]然而, 行为经济学发现主体行为存在系统性偏差, 这一现象因金融市场的复杂性而变得更为显著。英国金融行为监管局 (Financial Conduct Authority, FCA) 在相关报告中指出, 金融零售市场在偏好、信念、决策等三个维度存在诸如即时倾向、过分自信、经验法则等十项行为偏差, [3]"金融机构不仅缺少帮助消费者纠偏的动力, 反而在产品设计、销售过程中有意无意地加剧偏差, 最终引发交易双方利益失衡"。[4]

多数研究证成金融素养培育制度实践不仅在微观上显著提升家庭金融水平, 而且在宏观上有助于金融包容与金融深化。[5]行为经济学结论的深化与认同促使主要国家监管机构围绕消费主体行为与交易信息供给展开制度纠偏。相较之下, 主流金融消费者保护侧重对金融机构与产品的刚性干预, 即单方面加重经营者义务, 实现消费者的倾斜性保护; 而新兴金融素养培育则更多仰仗消费者一端的柔性倡导。选择架构理论 (Choice Architecture) 认为, 应当 "帮助个人做出更好的选择 (由决策者自己判断), 而不将某些结果强加给任何人 (自由意志家长式作风)"。[6]"知情的参与者有助于创建一个更有竞争力、更有效率的市场", [7]金融教育在提升个人金融知识储备的同时也会提升金融决策理性, 而个体理性的提升直接影响市场与社会的整体福利溢出。

(二) 预防性消费者保护的体系完善

"风险意识的核心不在当下, 而在未来", [8]受风险社会理论的影响, 刑法、

---

〔1〕 [美] 保罗·萨缪尔森, 诺德豪斯:《宏观经济学》, 萧琛译, 人民邮电出版社 2008 年版, 第 23 页。

〔2〕 Black, Barbara. "Behavioral Economics and Investor Protection: Reasonable Investors, Efficient Markets." Loyola University Chicago Law Journal, Vol. 44, No. 5, Summer 2013, p. 1494.

〔3〕 Erta, Kristine; Iscenko, Zanna; Hunt, Stefan and Brambley, Will. *Applying Behavioural Economics at the Financial Conduct Authority*. UK Financial Conduct Authority (2013), http://oro. open. ac. uk/42192/1/occasional-paper-1. pdf.

〔4〕 孙天琦:《金融消费者保护: 行为经济学的理论解析与政策建议》, 载《金融监管研究》2014 年第 4 期。

〔5〕 彭琪、朱小梅:《消费者金融素养研究进展》, 载《经济学动态》2018 年第 2 期。

〔6〕 Anne-Francoise Lefevre, Michael Chapman, *Behavioural Economics and Financial Consumer Protection*, OECD Working Papers on Finance, Insurance and Private Pensions No. 42, OECD Publishing (2017), https://dx. doi. org/10. 1787/0c8685b2-en.

〔7〕 Sandra Braunstein, Carolyn Welch, "Financial literacy: an Overview of Practice, Research, and Policy", *Federal Reserve Bulletin*, Vol. 88 Issue 11, 2002, p. 445.

〔8〕 [德] 乌尔里希·贝克:《风险社会: 新的现代性之路》, 张文杰、何博闻译, 译林出版社 2018 年版, 第 24 页。

行政法、环境法等公共性法域均开始重视法律规范的预防性实施，金融法也不例外。现代金融风险的系统性特征为金融规制活动的开展制造诸多难题：金融消费者保护、影子银行、"大到不能倒"等问题的处置不仅耗费巨大的社会治理成本，而且也因事后介入的迟缓与低效而使规制权威遭受质疑。强化行为监管，将风险治理活动从事后丰富治理转变为事前预防，这既是对金融市场发展规律的回应，也是国际金融监管有效性提升的普遍趋势。[1]金融素养培育正是金融消费者保护领域典型的预防性制度实践。

在 2008 年全球金融危机的反思中，个人投资者的信息偏差、机构投资者的短视行为以及金融市场普遍性的素养缺失引致金融风险定价的非理性。[2]金融素养培育与信息披露、投诉保障共同构成市场监管责任提升的重要向度。[3]金融素养的主体赋能在相当程度上缓释了传统金融消费者保护的父爱主义诟病。金融素养的预防性导向不局限于交易逻辑，更多注重以金融功能实现为中心的社会逻辑。虽然在现有金融素养的制度实践中，交易体系内强化金融机构的信息责任是较为常见的发展进路，但是多数实践更加重视在社会体系内寻求金融素养培育的资源统筹。金融市场对实体经济与社会进步的节点效应，促使金融素养的"预防"功效不仅仅表现在对违法行为的防范，更表现在金融普惠与深化进程中理性决策行为的事前孵化。事前预防与事后倾斜的相得益彰促进金融消费者保护的体系完善。

（三）主体责任提升的基础设施匹配

金融素养的制度培育并不是金融危机发生以来偶然的、随意的对策尝试，而是具备理论与现实基础的系统性制度建构。不同于法律、信用、结算等金融市场基础设施的平台载体属性，旨在主体赋能的金融素养培育往往会因内涵模糊与制度游离而成为金融市场变迁中无关紧要的宣示性环节。但是，金融市场深化引发的理论与实践变革为金融素养培育奠定回应性、基础性与替代性的功能定位，主体赋能逐渐成为具有"基础设施"属性的金融深化制度工具。尽管经济学内部对金融知识与决策理性、个体理性与集体理性的计量证据始终存在争议，但是"金融素养教育实务和立法发展迅速，使其理论研究远远落后于实务发展"。[4]面对民众金融素养缺失的普遍现实，各国政府开始提升金融素养在金融深化与监

---

[1] 王勋、黄益平、陶坤玉：《金融监管有效性及国际比较》，载《国际经济评论》2020 年第 1 期。

[2] Gerry Gallety, Natalie Gallery, Rethinking Financial Literacy in the Aftermath of the Global Financial Crisis, *Griffith Law Review*, Vol. 19, No. 1, 2010, pp. 30-31.

[3] Niamh Moloney, Regulating the Retail Markets: Law, Policy, and the Financial Crisis, *Current Legal Problems*, 2010, Vol. 63, No. 1, p. 447.

[4] 王宇熹、杨少华：《金融素养理论研究新进展》，载《上海金融》2014 年第 3 期。

管变革中的优先顺位，而在后危机时代金融发展引发财富不均的舆论声讨中，金融素养培育作为金融民主思潮的回应得到国际社会的推崇，主体赋能中的民主逻辑提升逐渐消弭经济学争议引发的发展质疑。

进言之，金融素养培育的政策关切源于金融市场制度变迁引发的个人金融责任提升。在金融市场的诱致性变迁中，系统性的金融产业链条客观上提升了金融产品与服务的复杂性，金融消费者在金融深化的视域下应当具备更好的金融素养水平，以降低因信息鸿沟而引发的金融排斥、交易侵权等现实问题。在金融市场的强制性变迁中，金融素养培育是金融普惠与深化政策推行中的重要辅助工具。在小微信贷、农村金融等普惠领域，主体赋能是缓和金融排斥、促进金融深化的制度性工具。在社会保障领域，"养老金制度已经变得不那么慷慨，相当一部分风险和责任已经从政府转嫁到私人家庭"，[1]美国、意大利、德国等国均将原有退休后的固定收益计划转变为个人投资选择的投资理财计划。劳动保障系统的公共责任输出使得个人面临比以往更大的财务责任，而作为制度变迁的缓冲地带，金融素养培育成为主体赋能下政府公共责任的替代解决方案。

二、赋能的探索：金融素养培育的制度流变

从理论走向实践，金融消费者赋能的实现取决于适时的制度调试与多元的资源统筹。金融素养在不同国家表现出各异的培育动机，在不同历史阶段也面临着差异化的现实问题。借助经济全球化与国际组织监管标准的推动，在金融知识与市场发展的供需博弈中，金融素养培育逐渐表现出趋同的制度缘由与相近的制度理路。

（一）从知识到素养：金融素养的实践演进

从时间线索观之，金融市场的主体赋能实践远远早于金融消费者身份的法律认同。[2]在"年轻人缺乏基础理财技能将无法应对未来发展财务高风险"[3]的假设下，金融市场的主体赋能肇始于向学生传授金融市场基本知识。早期校园金融领域的碎片化尝试更多仰仗课程设计、学生主观能动性等非制度性因素。在

---

〔1〕 Henriette Prast, Arthur Soest, "Financial Literacy and Preparation for Retirement", *Intereconomics*, Vol. 51 No. 3, 2016, p. 113.

〔2〕 美国在 1997 年就出现了致力于中小学生金融知识提升的民间组织——个人金融素养启动联盟（Jump $ tart Coalition for Personal Financial Literacy）；2003 年更是依据《公平准确信用交易法案（the Fair and Accurate Credit Transactions Act of 2003）》成立金融素养与教育委员会（The Financial Literacy and Education Commission），将金融素养培育提升至国家战略层面。在国际社会层面，经合组织于 2005 年发布《金融教育和认识的原则与良好实践的建议（Recommendation on Principles and Good Practices for Financial Education and Awareness）》，指出消费者金融知识水平较低，号召成员国开展与金融教育相关的制度实践。

〔3〕 Elizabeth Howlett, Jeremy Kees, Elyria Kemp, The Role of Self-Regulation, Future Orientation, and Financial Knowledge in Long-Term Financial Decisions. Journal of Consumer Affairs, Vol. 42, No. 2, Summer 2008, pp. 223-242.

2008 年全球金融危机的反思中，"金融风险的系统性与个人投资的盲目性凸显出在监管与政策维度提升金融素养培育的重要地位"。[1]从特定的场景智识走向普遍的社会能力，立足于金融市场主体整体赋能的素养培育开始成为金融消费者保护中的重要旨趣。诚然，金融素养培育的高成本也使得各国在制定金融教育国家战略之时确立优先事项，经合组织也建议各国应当针对实际金融问题进行个性化的金融素养培育制度供给。受此影响，金融素养培育逐渐聚焦校园金融、养老金融与普惠金融等核心领域，在与金融包容、投资者保护、负责任金融等新近金融监管理念变革思潮的融合下不断寻求制度突破。值得一提的是，近年来"金融产品和服务的数字化程度加剧，在对提升金融素养需求的同时，也为金融素养培育方案的生成提供技术加持"，[2]数字金融、智慧金融等新兴场域也成为金融素养培育的衍生向度。

从制度源流看，我国金融素养培育的制度实践是国际监管制度变迁下的移植之举。在金融市场"强管制"的治理逻辑下，我国校园金融市场虽偶有波澜，但始终保持常态化的发展排斥。与此同时，在尚未实质性步入人口老龄化社会之际，我国社会保障体系的高覆盖与稳运营并未释放过多的个体金融责任。因此，金融市场效率的战略性牺牲与社会保障体系的国家主导并未"先天"地衍生出主体金融素养培育动机。伴随金融开放与金融深化步伐的加剧，我国金融素养培育逐渐具备与国际接轨的制度需求，"金融民主进程下的主体权利漠视"逐渐提升金融素养培育在监管转型对策的优先顺位。[3]在后危机时代金融素养培育浪潮的影响下，我国消费者金融素养的低水平与现实需求的差异性引发监管层的政策关切，而校园贷、金融诈骗等事件频发也反映出我国金融素养培育实践的紧迫性与优先性。

（二）从倡导到责任：金融素养的资源仰仗

在社会责任与法律责任的融合下，金融素养培育获得各国政府与国际组织的权力加持，开始了更趋独立、更趋多元的实践探索。在各具风格的实践探索中，金融市场主体赋能的紧迫性与复杂性使得资源统筹成为金融素养培育能否有效实施的关键要素。现有制度实践从政府、市场与社会三种维度出发，形成较为鲜明的资源统筹进路。

在政府维度下，金融素养的培育仰仗于公权主导下的强制性制度变迁。世界

〔1〕 Gerry Gallety, Natalie Gallery, Rethinking Financial Literacy in the Aftermath of the Global Financial Crisis, *Griffith Law Review*, Vol. 19, No. 1, 2010, pp. 30-50.

〔2〕 G20/OECD, *Policy Guidance* on Digitalisation and Financial Literacy, OECD（2018），http://www. oecd. org/daf/fin/financial-education/G20-OECD-INFE-Policy-Guidance-Digitalisation-Financial-Literacy-2018. pdf.

〔3〕 朱琳：《大学生消费信贷的互联网衍生及其规制逻辑》，载《金融发展研究》2016 年第 7 期。

银行相关调查显示，全球经济体71%的金融监管机构已经开展提高公众意识的金融教育活动，[1]政府责任明晰与政府职能转型是推动金融市场主体赋能制度落地的关键。在实践探索中，金融教育国家战略的施行是金融素养培育政府进路的典型表现。[2]金融教育国家战略面向普罗大众的素养需求，由高级别政府机构主导，明确金融素养制度实践的基本路线，着重应对制度实践中的优先事项、资源统筹、项目实施与评估等关键性问题。经合组织在新近报告中指出，亚太经合组织地区成年人的平均金融素养水平较低。频发的金融欺诈与滥用行为、复杂性的金融服务与特定人群的低水平素养推动亚太国家改良金融素养政策。[3]金融教育国家战略的本质是逐步提升金融教育在金融监管政策中的比重，从而自上而下地推进目标受众金融素养水平的提升，进一步配合金融深化、金融普惠等关联政策的实施，达到有效防范因个人信息偏差所导致的系统性金融风险。从实践效果来看，金融素养培育政府进路在协同性与法治化两造中逐渐形成制度共识。在实践中多国都强调政府内部广泛的权力合作，即通过委员会的形式，统筹教育、金融、财税、司法与社会保障等多部门治理资源，协同推进金融素养培育的制度效能。例如，美国金融素养与教育委员会（Financial Literacy and Education Commission，FLEC）由财政部与金融消费者保护局牵头，涵盖美联储、教育部、农业部等十余个职能部门；再如，我国证监会与教育部于2019年联合印发《关于加强证券期货知识普及教育的合作备忘录》，旨在推动理性投资意识传播的社会化。个别国家重视以法治化工具推进金融素养培育实践。例如，加拿大于2013年颁布《金融素养领导人法案（Financial Literacy Leader Act）》，明确金融素养项目的实施与统筹机制；再如，南非在金融法规中明确要求金融机构将税后利润的0.4%用于消费者教育活动。

在市场维度下，金融素养培育附随于倾斜保护下的经营者责任强化。在消费者与经营者主体地位的差异性假设下，通过对消费者"赋权"与经营者"赋责"实现主体地位的矫正是消费者倾斜性保护的普遍特征。沿袭行为经济学进路，金

[1] Mylenko, Nataliya. *Global Survey on Consumer Protection and Financial Literacy: Oversight Frameworks and Practices in 114 Economies – Full Report*. World Bank Group (Jan. 1, 2013). http://documents. worldbank. org/curated/en/775401468171251449/Oversight-frameworks-and-practices-in-114-economies-full-report.

[2] G20/OECD, *Report on Adult Financial Literacy in G20 Countries*. OECD (July. 8, 2017), http://www. oecd. org/daf/fin/financial-education/G20-OECD-INFE-report-adult-financial-literacy-in-G20-countries. pdf.

[3] OECD, *Report on Financial Education in APEC Economies: Policy and Practice in a Digital World*, OECD (Oct. 28, 2019), http://www. oecd. org/finance/financial-education/2019-financial-education-in-apec-economies. pdf.

融素养培育在倾斜性保护的外衣下，不断寻求对交易体系内经营者教育责任的提升。以我国金融教育政策话语流变为例（见表 1），早期金融素养的制度实践表现为金融机构教育责任的条款宣示。2013 年银监会印发的《银行业消费者权益保护工作指引》中提出金融机构应"积极主动开展银行业金融知识宣传教育活动"的倡导；2015 年，国务院办公厅《关于加强金融消费者权益保护工作的指导意见》将"保障金融消费者受教育权"作为规范金融机构行为的重要制度导向，并提出"建立金融知识普及长效机制"的建议；2016 年《中国人民银行金融消费者权益保护实施办法》更将"金融知识普及和金融消费者教育机制"作为金融机构消费者保护的内控机制组成部分；2020 年新版《金融消费者权益保护实施办法》则将"金融消费者金融高素养"明确提升至金融机构主体责任层面。在条款宣示之外，金融素养培育的制度探索附随于金融消费者知情权保护、投资者适当性等制度实践中。从知情权探索来看，经营者在交易前端信息披露义务的强化，尤其是披露方式的可接受性与披露内容的多元化，这表现出经营者为减少消费者主体认知偏差所付出的努力。从投资者适当性发展来看，对中小投资者的风险分类与交易行为的限制本身就暗含对消费者素养多元性与差异性的认可，从而避免理性缺失下风险错配行为的系统性风险发生。

表 1　我国金融教育政策话语流变

时　间	机　构	名　称	内　容
2013 年	银监会	银行业消费者权益保护工作指引	第十八条　银行业金融机构应当建立健全银行业消费者权益保护工作制度体系，包括但不局限于如下内容： （五）银行业消费者金融知识宣传教育框架安排 第二十二条　银行业金融机构应当积极主动开展银行业金融知识宣传教育活动，通过提升公众的金融意识和金融素质，主动预防和化解潜在矛盾。 第四十一条　银监会及其派出机构应当制定银行业消费者教育工作目标和方案，督促银行业金融机构将银行业知识宣传与消费者教育工作制度化。
2015 年	国务院办公厅	关于加强金融消费者权益保护工作的指导意见	三、规范金融机构行为 （八）保障金融消费者受教育权。金融机构应当进一步强化金融消费者教育，积极组织或参与金融知识普及活动，开展广泛、持续的日常性金融消费者教育，帮助金融消费者提高对金融产品和服务的认知能力及自我保护能力，提升金融消费者金融素养和诚实守信意识。 四、完善监督管理机制 （三）健全金融消费者权益保护工作机制。……加强

续表

时　间	机　构	名　称	内　容
			金融消费者权益保护协调机制建设，建立跨领域的金融消费者教育、金融消费争议处理和监管执法合作机制…… 五、建立健全保障机制 （三）建立金融知识普及长效机制。金融管理部门、金融机构、相关社会组织要加强研究，综合运用多种方式，推动金融消费者宣传教育工作深入开展。教育部要将金融知识普及教育纳入国民教育体系，切实提高国民金融素养。
2016 年	央行	中国人民银行金融消费者权益保护实施办法	第二十五条　金融机构应当制定年度金融知识普及与金融消费者教育工作计划，结合自身特点开展日常性金融知识普及与金融消费者教育活动。金融机构不得以营销个别金融产品和服务替代金融知识普及与金融消费者教育。 金融机构应当参与中国人民银行及其分支机构组织的金融知识普及活动。
2020 年	央行	中国人民银行金融消费者权益保护实施办法	第八条　银行、支付机构应当落实法律法规和相关监管规定关于金融消费者权益保护的相关要求，建立健全金融消费者权益保护的各项内控制度： （六）金融知识普及和金融消费者教育制度。 第二十四条　银行、支付机构应当切实承担金融知识普及和金融消费者教育的主体责任，提高金融消费者对金融产品和服务的认知能力，提升金融消费者金融素养和诚实守信意识。 银行、支付机构应当制定年度金融知识普及与金融消费者教育工作计划，结合自身特点开展日常性金融知识普及与金融消费者教育活动，积极参与中国人民银行及其分支机构组织的金融知识普及活动。 银行、支付机构不得以营销金融产品或者服务替代金融知识普及与金融消费者教育。 第四十九条　中国人民银行及其分支机构统筹开展金融消费者教育，引导、督促银行、支付机构开展金融知识普及宣传活动，协调推进金融知识纳入国民教育体系，组织开展消费者金融素养调查。

在社会维度下，金融素养培育受益于多元主体参与下私营部门的社会责任意识的觉醒。传统金融消费者保护着眼于金融交易二造的权责平衡，而金融素养培育则从功能导向上超越传统的交易逻辑，在更为广泛的社会层面寻求市场主体的

素养提升。从制度变迁方式来看，社会维度的金融素养实践存在两种表现方式：其一，自上而下的社会性倡导，即由金融监管机构发起的金融教育普及活动。权力主导下的社会环境营造既可以在短时间内引发社会对金融素养命题的关注，例如欧美国家普遍采取的"金融教育活动月""金融素养教育周"等活动，我国央行也于 2013 年开始将每年 9 月确立为"金融知识普及月"；又可以有助于金融素养培育制度发展的标准化与常态化，例如经合组织主导下发展的国际金融教育网络（International Network on Financial Education，INFE）、国际学生评估项目（Programme for International Student Assessment，PISA）、政策报告、工具包等，旨在对全球国家金融素养政策发展与项目施行提供普遍性指引。其二，私营部门自发的社会责任践行。近年来，以花旗（Citigroup）、万事达（MasterCard）、维萨（VISA）等大型金融集团均通过基金会的方式将资助金融教育项目、缩短减少金融素养鸿沟作为企业社会责任的重要向度。无论其行为动机是否包含营利性，但是总体而言私营部门对制度发展的贡献因金融素养时代需求的增加而愈发受到重视。私营部门的积极参与在缓解金融素养培育高成本问题的同时，也成为制度创新与增长的关键点。私营部门对素养评估、项目设计的市场化激励也有助于金融素养培育基础设施的完善。

三、赋能的迷局：金融素养培育的价值厘定

金融素养培育的制度实践并不是一帆风顺的。事实上，多数国家金融素养培育因理论上的有效性质疑与实践中的激励性缺失表现出碎片化的衍生特征。即便在欧美较为成熟的金融消费者保护体系下，金融素养培育的法治化进程也引发了对消费者地位、金融教育本质与市场主体自由的广泛讨论。金融素养从政策的语词认可走向实践的全面嵌入仍需化解多维度的发展困境。

（一）有效性质疑下的万能主义厘清

虽然主体行为偏差的经济学发现为金融市场主体赋能提供了衍生思路，但在更为系统、更趋复杂的政策实施领域之中，个体素养提升能否传导整体市场理性仍然面临诸多质疑。关于金融素养的有效性质疑主要源于三个方面：其一，金融素养培育缺乏实证研究的支持，现有研究仅仅证明个体决策的非理性引发市场的集体非理性，但个体理性的改善能否一定带来市场集体的理性这一点仍然存疑。并且，市场主体的异质性在实践中演变为制度需求的多元性，"针对雇员的素养干预或许有利于提升家庭储蓄，但针对其他群体的金融教育活动的有效性有待更为严谨的计量经济学证据的支撑"。[1]其二，金融素养培育加剧个人决策的非理

---

〔1〕 William Gale, Benjamin Harris, Ruth Levine, Raising Household Saving: Does Financial Education Work?, *Social Security Bulletin*, Vol. 72, No. 2, 2012, pp. 39-48.

性。"对一些消费者来说，金融教育似乎增强了信心，但并没有提高他们的能力，导致他们做出更糟糕的决定。"〔1〕作为金融市场财务责任承担的"元主体"，盲目激发投资信息的金融教育反而会使消费者处于更为不利的境地，金融素养培育理想上的深化功能异化为市场风险的羊群效应。其三，金融创新发展掣肘金融素养制度实践。"当前金融市场发展迅速，日益复杂的金融产品与进展缓慢的金融教育将会存在更大的鸿沟，这使得金融决策偏见持久性存在"。〔2〕面对传统问题的低效处置与新兴问题的迟缓应对，回应性与灵活性缺失成为金融素养培育有效性提升的拦路石。

实际上，对金融素养的有效性的质疑既表现出功能定位万能主义的困境，也为未来制度实践的深化指明方向。如同后危机时代国际舆论对金融消费者保护寄予较高的认可与期待，主体行为偏差引发的金融素养缺失仅仅是金融风险生成中未被重视、有待关注的系统性节点，如果希冀通过金融素养的提升解决全局性、整体性的系统性金融风险，此即步入工具万能主义的窠臼。因此，应当将金融素养培育的功能限定在深化视野下市场主体的必要赋能，而非金融市场风险的根除。"尽管有关金融教育项目在金融决策方面的有效性证据充其量是喜忧参半，但需要强调的是，在金融问题上赋予公民权利的重要性。"〔3〕与此同时，主体赋能的有效性也越来越得到相关文献的验证，"金融知识的内生性对福利以及旨在提高更多人口中金融知识水平的政策都有重要影响。"〔4〕此外，有效性质疑往往基于金融素养培育项目运行的低效，而并不是对命题本身的否定。早期金融素养项目的随机性与初级性必然带来较高的试错空间与运行成本，而当国际化标准的出台与关联主体的广泛参与，金融素养项目的实效性存在广阔的提升空间。

（二）空洞化困境下的父爱主义转型

虽然金融素养培育因命题的基础性得到政府与社会的重视，但与金融监管的"强干预"特征不同，金融素养培育面临着自上而下的发展犹疑与自下而上的参与缺失。细观之，造成金融素养培育空洞化衍生的原因至少包括两个方面：其一，金融消费者保护命题的父爱主义泛滥引发制度衍生的自反性。即便金融素养

〔1〕 Lauren Willis, Against Financial-Literacy Education, *Iowa Law Review*, Vol. 94, No. 1, 2008, pp. 197-285.

〔2〕 Lauren Willis, Against Financial-Literacy Education, *Iowa Law Review*, Vol. 94, No. 1, 2008, pp. 197-285.

〔3〕 Oscar Stolper, Andreas Walter, Financial Literacy, Financial Advice, and Financial Behavior, *Journal of Business Economics*, Vol. 87, No. 5, 2017, pp. 581-643.

〔4〕 Annamarla Lusardi, Olivia Mitchell, The Economic Importance of Financial Literacy: Theory and Evidence, Journal of Economic Literature, Vol. 52, No. 1, 2014, pp. 5-44.

培育具有较为鲜明的独立性价值，但在实践中金融素养仍然内嵌于金融消费者保护制度体系之内。金融消费者保护的传统范式建构在交易逻辑下倾斜性保护基础之上，而关注主观智识的金融素养培育在倾斜性之外更加突出政府对金融市场的父爱主义关切。实际上，随着后危机时代金融消费者保护研究与实践的日趋理性，学术界开始对金融消费者概念的体系性与实效性提出疑问，[1]父爱主义的泛滥因效率与公平的权衡而面临制度性瓶颈。其二，金融素养培育的高成本引致制度实践的形式化。制度从宣示走向实施必然面临运行环境下"成本—收益"的考探，宏观维度下普遍性与特殊性的多元制度需求应对、中观维度下基础性命题的相关职能监管嵌入以及微观项目运行的实施与监测，制度实施面临的高昂成本会令培育实践陷入形式化的窘境。

我们认为，金融素养实践应当适度抽离"成本—收益"的计算逻辑，在治理现代化视域下寻求法律父爱主义的转型。后危机时代的金融消费者保护从形式上看服务于系统性风险防范的现实趋势，而从实质上看是对金融社会化思潮的回应。金融社会化思潮抨击传统金融发展的短视，强调最大化发挥"金融增进社会福利"的功能，金融监管机构也因此面临职能转型。相比而言，传统金融消费者保护的赋权路径则更多关注交易逻辑、反对"买者自负"主导下和权秩序的过度介入，而金融素养则更多面向法权逻辑与社会逻辑，即不聚焦具体交易的责任承担，更多强调政府职能转型与社会责任分担，而这也契合了金融社会化思潮的要求。从赋权到赋能，金融消费者保护的父爱主义从事中与事后转向事前，交易秩序的较小介入反而使金融素养培育具备更多的行权正当性。面对制度运行的高成本，金融素养培育并不是对现有制度的推翻，而是基于现有制度的转型升级。具体来看，金融素养培育下的权力转型表现在：第一，嵌入金融消费者权利保护。从内容涵射上看，现有金融消费者保护较为全面的权利体系业已为"体制内"的金融素养实践开展提供嵌入通道。金融素养视阈下的实践开展是对关联权利内容的做实，而非形成新型权利的需求。例如，"消费者金融知识和计算能力的低水平显著限制了信息披露作为保护消费者的一种手段的效果"，[2]而法定知情权的提升可以成为对抗度负债的一种手段。第二，促成治理权力的合作。金融素养不应是金融监管机构的"自留地"，金融素养的高成本表现在纵向的延续性与横向的覆盖性，多数国家通过建立专业委员会制度应对制度需求的多元性，

---

〔1〕 廖凡：《金融消费者的概念和范围：一个比较法的视角》，载《环球法律评论》2012 年第 4 期；杨东：《论金融消费者概念界定》，载《法学家》2014 年第 5 期；姚佳：《"金融消费者"概念检讨——基于理论与实践的双重坐标》，载《法学》2017 年第 10 期。

〔2〕 Asta Zokaityte, Financial Literacy and Numeracy of Consumers and Retail Investors, *Capital Markets Law Journal*, Vol. 11, No. 3, 2016, pp. 405–413.

这正是促成纵向央地监管部门与横向职能部门间权力合作的典范。第三，倡导成本的社会化分担。金融市场风险的系统性与社会共治的现代性高度契合。在政府与市场之外挖掘新型治理参与主体，寻求社会资源的统筹与融合既是释放公共责任的必要，也是提升金融素养孵化环境所需。

（三）常态化目标下的法治主义嵌入

金融素养培育并不是一蹴而就的，主观素养偏差的多元性与客观金融市场环境的多变性促使金融素养培育应当成为各国金融市场发展的常态化政策。但是，金融素养培育的常态化推行面临着权力缺位、权力过度行使等现实问题。从权力缺位来看，发达国家因自由主义思潮下市场本位监管理念的制度惯性，容易忽视对主体智识匹配问题的关注，发展中国家也会因制度运行的高成本从而减缓政策的实质性落地。除此之外，在数字金融、智能金融加速发展的时代语境下，对数字支付、智能投顾、数字货币等新兴领域素养命题的回应不及时也会影响金融素养培育常态化目标的实现。从权力过度行使来看，金融素养的制度实践既需要跳出交易逻辑的事前布控，也需要依附现有金融消费者赋权理路下对交易二造的改造，自上而下的制度改造容易因私权秩序的过度介入而引发交易的实质不公平，而自下而上的制度设计也会因主体参与的营利性动机而面临正当性质疑。此外，以传统金融消费者赋权讲路为代表的金融素养制度实践常表现在信息规制的强化，但"更加伟大的消费者保护也可能对消费者产生负面影响"。[1]例如，负责任贷款的制度实施反而使得低收入群体无法获得信贷，原本旨在为消费者赋能的信息工具，也会成为金融诉讼中经营者的免责利器。

"被一个好的监管环境所驯服，金融素养确实可以成为一个公平的仆人，而非一个有害的主人。"[2]既往随机的、碎片化的制度实践应当在法治框架下提升制度的可持续性。金融素养培育的法治主义嵌入应当重视政府职责的法定性，在立法与政策层面确定金融教育国家战略的主导路径，并为金融素养嵌入金融监管体系提供制度通道。此外，金融素养培育可持续目标的实现仍应借助法治衡平功能来实现：一方面，应当在父爱主义与买者自负之间寻求制度平衡，理性认知金融素养培育的预防性特征，将制度与激励措施的重心置于事前的信息供给，而非交易体系内的过多干预；另一方面，应当在法律责任与社会责任之间寻求制度平衡，以法律责任供给实现金融消费者权利的实质性保护，以社会责任供给实现金融素养培育的制度衍生，二者的衡平可以提升金融素养培育制度实践的可预

---

〔1〕 Vanessa Mak, Jurgen Braspenning, Errare Humanumest: Financial Literacy in European Consumer Credit Law, *Journal of Consumer Policy*, Vol. 35, No. 3, 2012, pp. 307-332.

〔2〕 Oliver Williams, Stephen Satchell, Social Welfare Issues of Financial Literacy and Their Implications for Regulation, *Journal of Regulatory Economics*, Vol. 40, No. 1, 2011, pp. 1-40.

测性。

四、未竟的赋能：金融素养培育的发展向度

理论与实践的丰富探索逐渐消弭金融素养培育的不确定性，但层出不穷的金融创新又为社会发展提出新的素养命题。从制度发端来看，不同于主要发达国家养老公共责任转嫁下的替代解决方案，金融管制视阈下我国金融素养培育的制度化探索仍属"舶来品"，即主要受后危机时代国家社会金融素养培育浪潮的影响。但是，从制度需求来看，无论是普遍意义的金融开放、金融普惠等深化领域的基础性支撑，抑或特殊意义上农村金融、校园金融等重点领域的个别性诊治，我国金融市场化与法治化进程的推进业已衍生出多元化的素养培育需求。遵循金融素养的制度源流，立足我国的实际问题，我们认为金融素养培育应从以下几个方面着力进行完善：

（一）提升金融教育国家战略的法治保障

实施金融教育国家战略是由我国金融市场发展的基本现状与未来预期所决定的。据第三方数据披露，我国股票市场自然人投资者占比 99.76%，[1]"散户"主导的资本市场结构容易滋生市场的非理性风险。近年来，"互联网+金融"成为我国金融市场创新深化的主战场，以互联网金融、数字金融为代表的新生业态在便利投融资、促成金融脱媒的同时，也对金融消费者素养水平的匹配提出更高的要求。但是，"我国投资者教育工作相对发达国家较为迟缓，'重宣传，轻实践'导向下单纯依赖金融机构的制度实践反而与金融素养公共产品属性相悖"。[2]金融教育国家战略是经制度实践广泛验证、并被国际社会广为推崇的金融素养培育措施。为了避免金融教育国家战略推行的形式化，经合组织在《金融教育国家战略政策手册》中指出，"明确法律授权是实现金融素养教育战略利益相关者有效参与的重要保障"，[3]多数国家均在法治框架内明确政府职能部门的主体权责、强化金融机构的义务供给以及倡导社会的广泛参与。

结合我国制度实践与公开披露的文本内容，我国金融教育国家战略法治保障的向度表现在：一方面，提升金融素养的立法认同。目前，我国金融素养立法规范仅仅停留于金融监管机构的部门规章，在法律与行政法规层面缺少有效的认

〔1〕 中国证券投资者保护基金有限责任公司：《2019 年度全国股票市场投资者状况调查报告》，载 http://finance. sipf. com. cn/finance/app/page/detail/dryw？a_ id = e728998bfc4b46f3ac9c3d61c18632e7&m_ id = 3，最后访问日期：2020 年 3 月 28 日。

〔2〕 《我国证券投资者教育的效率分析与制度建构》课题组：《中国投资者教育现状调查报告（2018）》，载《证券时报》2019 年 3 月 7 日，第 12 版。

〔3〕 OECD, National Strategies for Financial Education OECD/INFE Policy Handbook, OECD（Nov. 16, 2015），http://www. oecd. org/daf/fin/financial-education/National-Strategies-Financial-Education-Policy-Handbook. pdf.

可。从形式上看，应当在《商业银行法》《银行业监督管理法》《证券法》等相关法律中增加金融教育或金融素养条款，通过立法宣示引领未来制度构建。从实质上看，应当在金融消费者权益保护、投资者适当性、投资者教育、未成年人保护等较为成熟、系统的法律规制领域嵌入金融素养培育的制度设计，拓宽金融素养的法律实现通道。另一方面，确立金融教育国家战略的协同机制。我国 2013 年向二十国集团提交的金融教育国家战略主要由央行会同银监会、证监会、保监会等金融监管部门拟定。放眼国家实践，金融教育国家战略的推行历来是"牵一发而动全身"，金融素养命题的基础性、社会性特征，使各国在制度实践中重视对教育、金融、财税、法律等职能部门的全面介入。有鉴于此，我国应当在金融素养领域引入实践中较为成熟的委员会制度，即通过权力整合与部门联系机制的确立，明确制度实践的主体责任，有效实现部门之间的权力合作促进金融教育国家战略的实施。

（二）强化优先领域金融素养的场景嵌入

总体而言，即便我国已经开始探索常态化的金融素养评估工作，但目前我国金融素养培育实践仍呈现出碎片化特征。较为单一的推进主体、形式化的项目设计与简单化的知识传递表现出现有实践缺乏激励性与约束力的特点。确定金融素养培育的优先领域是应对金融素养需求多元化、提升制度运行效率的必然选择。央行在《2019 年消费者金融素养调查简要报告》中指出，"我国整体消费者金融素养水平略有提高，区域金融高素养水平不均衡的现象有所减弱，但在不少方面仍有较大欠缺，区域人口结构上的差异依然存在"。[1]金融教育国家战略在遵循"评估—目标—实施—反馈"的预设逻辑外，仍应根据我国具体国情进行制度改良。金融素养应在关键环节与优先领域率先实现制度突破，并为普遍性的制度实践提供示范效应。

综合对比国际社会的发展经验，我国金融素养监管嵌入的优先领域应当重视两种维度的考量：其一，定位于金融普惠，重视金融排斥领域的金融素养提升。经济学界对金融素养与家庭金融境况的因果联系展开深入研究，研究结论显示，金融素养的提升对家庭金融的脆弱性、家庭过度负债、投资组合等问题均存在不同程度的缓释。[2]由此，在借鉴经合组织 2018 年发布《衡量金融素养与普惠金

---

〔1〕 中国人民银行金融消费者权益保护局：《2019 年消费者金融素养调查简要报告》，载中国人民银行，http://www.pbc.gov.cn/goutongjiaoliu/113456/113469/3868040/2019073114161561283.pdf，最后访问日期：2019 年 7 月 31 日。

〔2〕 张翼等：《金融素养与中国家庭脆弱性》，载《吉林大学社会科学学报》2020 年第 4 期；张晓玫等：《普惠金融对家庭金融资产选择的影响及机制分析》，载《当代财经》2020 年第 1 期；Milo Bianchi, Financial Literacy and Portfolio Dynamics, *The Journal of Finance*, Vol. 73, No. 2, 2018, pp. 831-859。

融的工具包》的基础上，[1]应当尤其重视金融素养在金融减贫政策推行中的重要作用，对农村地区、少数民族地区等特殊趋势进行针对性的金融素养培育项目供给。其二，回应金融风险，重视热点问题应对中的金融素养解决方案。防范与治理非法集资、金融诈骗等犯罪活动历来是我国金融秩序规制中的重要行权方向，受众群体的老年化趋势反映出我国养老金融市场的主体素养缺失。此外，随着互联网金融时代的到来，P2P 爆雷与校园贷等典型事件频发也折射出金融创新进程中消费主体素养的不匹配。对于金融市场应急事件的处置，我国政府历来从金融秩序大局出发，采取高压管控措施。但是，从治理走向防范，在应对金融风险事件的严控导向下，规制机构应当重视金融素养解决方案的供给，"疏堵结合"，从根本上预防风险的生成。

（三）以信息规制为核心的制度体系转型

信息规制是金融消费者保护领域常见的权力介入范式，有效的信息披露可以缓解消费者与经营者之间因地位不对等所引发的信息不对称。但是，受制于"无法引导产品危害信息科学披露、无法解决新型产品价格信息误导、无法应对产品突出特征信息被掩盖"等现实问题，"消费者有限的认知能力和自制力或使其处于不利的决策情境"[2]，信息规制的效果大打折扣。为此，应当为金融信息的有效传递提供更趋预防、更具公共特征的制度媒介。我们认为，在传统以知情权为代表的信息规制路径之外，应当重视消费者受教育权的实质化实现。相比而言，消费者的受教育权在现有权利体系之内并未得到充分的重视，义务主体模糊与法律责任缺失使得受教育权似乎成为一纸空谈。从本质而言，受教育权与金融素养培育在制度目标、作用场域与内容涵射等多方面存在耦合。整合央行、银保监会、证监会、地方金融办等金融消费者保护职能，受教育权的重视可以成为当前以"赋权"为主的金融消费者保护体系的通道。

值得一提的是，当前主要信息规制方案旨在为消费者行为决策的做出提供全面、真实、客观的"信息选项"，而以投资建议为代表的替代解决方案则可以直接为消费者提供"参考答案"。以投资建议"市场的完善"应对金融素养缺失既可以在"委托-代理"逻辑下缓释专业智识引发的市场排斥，又可以促进我国资本市场投资结构由个人主导向机构主导演进。实践中，应当尤其重视投资建议"市场的分层化发展"，即在大众化投资建议服务之外，针对农村、校园、养老等不同场景激励经营者开展多层次的产品供给。

---

[1] OECD, Toolkit for Measuring Financial Literacy and Financial Inclusion, OECD (March, 2015), http://www.oecd.org/daf/fin/financial-education/2015_OECD_INFE_Toolkit_Measuring_Financial_Literacy.pdf.

[2] 吴秀尧：《消费者权益保护立法中信息规制运用之困境及其破解》，载《法商研究》2019 年第 3 期。

五、余论：因应数字金融挑战的素养解决方案

"金融产品和服务的数字化，以及随之而来的加强数字金融素养的需求，已成为全球决策议程的重要组成部分。"[1]从数字支付到数字货币，金融科技与市场创新融合缔造的数字资产时代对主体素养提出更为具象的要求。在"全球最大数字金融市场"的构想下，如何为数字金融的红潮铺垫扎实的金融素养基础设施，这一点考探监管者的智慧，改善金融素养的制度环境正是时代语境下根本的供给侧变革。诚然，数字时代的金融素养培育机遇与挑战并存：从机遇来看，人工智能、大数据、区块链等新技术可以助力金融素养制度拓展。在市场端，以智能投顾代表的新技术有效提高了金融市场产品的供给效率，技术赋能实现了对信息偏差的缓释；在监管端，以监管沙盒为代表的监管科技也可以为金融素养项目的实施提供试错与改良的空间，克服制度运行的高成本的困难。从挑战来看，技术的衍生也会为市场带来新风险与新问题。在算法黑箱语境下，新技术支持下的产品与监管改进存在引发新一轮市场排斥的可能。因此，在系统性风险防范的语境下，数字时代金融市场发展仍应不偏离服务社会、服务实体经济的功能定位，建立预防性与回应性艰巨的金融消费者保护体系。因应数字金融挑战，应当尤其重视消费者数字与金融知识的赋能，在市场化与法治化轨道下不断拓展金融素养制度实践。

---

[1] OECD, Policy Guidance on Digitalisation and Financial Literacy, OECD (2018), http://www.oecd.org/daf/fin/financial-education/G20-OECD-INFE-Policy-Guidance-Digitalisation-Financial-Literacy-2018.pdf.

第三篇　金融监管法治的完善

地方金融监管权有效运行的法治保障

王斐民 *　　郭校校 **

摘要：在现有已经逐渐确立起来的"央主地辅的金融监管体制"的权责框架下，结合金融监管有效性理论，以监管独立性、监管协调性为目标和评判要素，进一步完善地方金融监管权有效运行的制度框架和运行机制。笔者认为，长远来看，逐步补上地方金融监管权有效运行的制度性缺陷（尽管无法短期改变），短期迫切的是从协调性与独立性两个方面加快完善地方金融监管的制度框架和运行机制。一方面，应当补强地方金融监管的协调性，进一步厘清地方金融监管机构的权责清单，完善地方金融监管的外部协调机制；另一方面，增强监管权行使的独立性，采用现场检查与非现场检查相结合、充分发挥监管科技的作用，并构建起市场化风险处置机制与风险处置基金制度。

关键词：监管权；协调性；独立性；不足弥补

一、问题的提出

自 2016 年以来，地方金融风险事件频发，但由于规模、成本、监管资源有限、监管低效等的限制，以"一行两会"为核心的中央金融监管机构对地方金融的监管存在缺位。[1]在此背景下，地方金融监管体制[2]进行了一系列改革。

据不完全统计，截至 2019 年 6 月底，全国已有 30 个省级行政区成立了地方金融监管局，并对地方金融监管权进行了统合。同原来的"地方金融办公室"

---

* 王斐民，男，北方工业大学文法学院教授，硕士生导师，银行复苏与处置法治研究中心主任。

** 郭校校，男，北方工业大学银行复苏与处置法治研究中心研究助理。

[1] 耿欣、何峰：《地方政府如何更好履行属地风险防范职责?》，载《金融与经济》2017 年第 11 期；宁子昂：《中央与地方双层金融监管体制的形成及完善》，载《经济纵横》2018 年第 5 期。

[2] 地方金融监管，指地方层面对地方金融组织及其活动进行的监督管理活动。地方金融监管机构，指由省及其以下的人民政府设立的专门负责本行政区域内的地方金融组织以及相关地方金融活动的监督管理工作的机构，一般指地方金融监督管理局。地方金融组织，指小额贷款公司、融资担保公司、区域性股权市场、典当行、融资租赁公司、商业保理公司、地方资产管理公司、本辖区内投资公司、农民专业合作社、社会众筹机构、地方各类交易所等地方类金融组织。

注重地方金融发展、扩容[1]相比，地方金融监管局更加注重监管职责。[2]根据官方文件，地方金融监管对象包括"7+4"的地方金融组织，[3]网络借贷信息中介机构及网络借贷活动也被纳入地方金融监管范畴。[4]此外，目前已经颁布的《山东省地方金融条例》《河北省地方金融监督管理条例》《天津市地方金融监督管理条例》《四川省地方金融监督管理条例》，已经公布征求意见稿的《浙江省地方金融条例》都赋予地方金融监管机构对部分监管对象的市场准入、业务运营、市场退出以及风险处置享有监管权。地方金融监管体制虽然仍然缺乏法律层面的系统规定，但是从现实的角度看，"央主地辅的二级监管体制"[5]已经逐渐确立起来。[6]从纵向的央地金融监管分权到横向的地方部门协调，以设立"地方金融监管体系"为前提，旨在构建优化地方金融监管体制为目的的研究成果颇丰。[7]但学术界的研究大多从实用主义出发从经济学（主要是进行了经济学公式的分析）、法学、金融学的角度，对制度构建与完善进行分析，属于单纯的对策性研究。从地方金融监管权有效运行的角度，考量地方金融监管体制的研究寥寥。实现有效监管，是监管权配置的现实正当性基础，消除金融风险和维护金融秩序是金融监管权的终极目标，任何金融监管权的构建都必须经受住监管有

---

[1] 在各地进行地方金融监管机构改革前，实际上的地方金融监管执行者。其性质不一，总体呈现政府组成部门、临时性议事协调机构、直属事业单位、常设挂靠机构四种类型；职责多样，主要包括金融服务与监管两类。参见马向荣：《地方"金融办"职能定位与金融分层监管体系催生》，载《改革》2014年第2期。

[2] 根据《北京市机构改革实施方案》，其将市金融工作局，市商务委员会的典当行、融资租赁公司、商业保理公司等监管职责进行整合。参见崔启斌、宋亦桐：《地方金融监管局密集挂牌 监管新格局渐成规模》，载《北京商报》2018年11月12日。

[3] 辛继召：《地方金融确定"7+4"监管 行业协会或将走上前台》，载21世纪经济报道，https://finance. sina. cn/china/gncj/2017-12-30/detail-ifyqcwaq5974184. d. html，最后访问日期：2018年12月8日。

[4] 《网络借贷信息中介机构业务活动管理暂行办法》第4、5条。

[5] 即构建起横向统合、纵向分层的监管模式，在横向层面上整合金融服务产品实行统合监管，在纵向上分为中央与地方两级分别履行监管职责，以中央金融监管体系为主，地方金融监管作为补充。参见段志国：《论地方金融监管权的理论逻辑与配置建构》，载《宁夏社会科学》2015年第2期；陈欣烨：《建立责权明确的国家与地方金融监管体系》，载《理论月刊》2017年第3期。

[6] 宁子昂：《中央与地方双层金融监管体制的形成及完善》，载《经济纵横》2018年第5期。

[7] 段志国：《论地方金融监管权的理论逻辑与配置建构》，载《宁夏社会科学》2015年第2期；陈欣烨：《建立责权明确的国家与地方金融监管体系》，载《理论月刊》2017年第3期；葛志强：《构建中央和地方两元金融监管体制》，载《金融时报》2016年5月23日，第9版；尹振涛：《中国金融监管框架改革的逻辑》，载《银行家》2018年第4期；李有星：《民间金融监管协调机制的温州模式研究》，载《社会科学》2015年第4期；李有星、柯达：《论政府竞争视角下的地方金融监管权配置》，载《浙江社会科学》2018年第9期；刘志伟：《地方金融监管分权：协同缺失与补正路径》，载《上海金融》2017年第1期；杨子强：《完善地方金融监管体制》，载《中国金融》2014年第5期。

效性的检验。然而，从监管的协调性和独立性[1]两个方面来检验地方金融监管权现实落地的可行性，其有效运行存在着诸多现实困境，地方金融监管权有效运行的制度亟待完善。地方金融风险问题的存在是现实的，并不以人的意志而转移，而且目前涉众性金融犯罪［尤其是网络借贷、投资理财、养老服务金融、消费返利（含预付卡）、虚拟货币、金融互助等］案件查办后追赃不足以覆盖受害人损失，地方政府尤其是牵头风险处置的地方监管局维稳压力巨大。但是，地方金融监管局不仅存在人员不足、专业能力不足的问题，而且处置风险的资源有限、合用的法律程序与机制也并不妥当。所以，为应对地方金融风险的现实压力，在现有的央地分权的金融监管权的配置下，对地方金融监管权有效运行的要素和机制进行研究，并提出完善地方金融监管权运行框架和机制的进路，具有现实意义。本文在现有已经逐渐确立起来的"央主地辅的二级监管体制"的权责框架下，结合金融监管有效性理论，以监管独立性、监管协调性为目标和评判要素，为进一步完善地方金融监管权的有效运行提出一些个人拙见。

二、地方金融监管权运行的协调性不足及其弥补

在央地分权监管的体制下，中央与地方、不同地方之间金融监管权的相互牵制和良性竞争会防止权力的滥用，带来诸多益处。但分权制衡的优势是以各权力之间存在有效的协调制度为前提条件的，无论是权力的分立还是部门的制衡，若权力分配适当、部门间合作协调有序，既可以达到防止权力滥用的效果，又可以促成部门之间良性互动，增加效率和社会福利；反之，不仅无法实现约束权力的效果，也会导致部门之间协调制度的效率低下。[2]金融监管协调制度如果存在问题，势必会影响地方金融监管权的有效运行。

（一）地方金融监管权运行的协调性不足

1. 授权失序

在本轮金融监管体制改革中，中央与地方金融监管的权责划分是通过一系列效力层级不一的规范性文件稳步展开的：①2012 年国务院批准的《金融业发展和改革"十二五"规划》要求发挥中央金融管理部门的指导、协调和监督作用，强化地方政府金融监管的意识和责任，进一步明确地方政府对小额贷款公司和融资担保公司等机构的管理职责，强化地方政府的风险处置责任；②2014 年 8 月《国务院关于界定中央和地方金融监管职责和风险处置责任的意见》进一步确立

---

[1] 独立性、资源、授权被认为是影响金融监管有效性的基本要素。参见［荷］乔安妮·凯勒曼、雅各布·德汗、费姆克·德弗里斯：《21 世纪金融监管》，张晓朴译，中信出版社 2016 年版，第 243～247 页。

[2] 肖韵：《我国金融监管协调制度的完善研究——以法律规制为视角》，载《宏观经济研究》2017 年第 6 期。

中央和地方分级监管，提出完善中央和地方金融监管工作协调机制的要求，明晰地方政府要承担对部分金融活动的监管职责，包括引导和规范民间借贷、新型农村合作金融组织的行为，防范和打击金融欺诈、非法集资等行为；③2017 年第五次全国金融工作会议召开，会议提出，地方政府要在坚持金融管理主要是中央事权的前提下，按照中央统一规则，强化属地风险处置责任；中央负责制定针对小额贷款公司、融资担保公司、区域性股权市场等具体监管对象的《关于小额贷款公司试点的指导意见》《融资性担保公司管理暂行办法》《融资担保公司监督管理条例》《国务院关于清理整顿各类交易场所切实防范金融风险的决定》《国务院办公厅关于清理整顿各类交易场所的实施意见》《区域性股权市场监督管理试行办法》等规范性法律文件，地方则可起草细化的监管性操作规则。

按照发布主体的不同，上述文件具体可划分为三个类别：中共中央的政策指导意见，如五次全国金融工作会议的决定；国务院发布的行政法规或规范性文件，如《融资担保公司监督管理条例》以及《国务院关于界定中央和地方金融监管职责和风险处置责任的意见》等；国务院部委或直属事业单位发布部门规章或规范性文件，如七部委发布的《融资性担保公司管理暂行办法》、证监会发布的《区域性股权市场监督管理试行办法》以及银监会发布的《关于小额贷款公司试点的指导意见》等。这一系列效力层级不一的规范性文件对地方金融监管进行的授权是不统一的，以纯粹的具体性、行政性方式而非系统考虑下的立法方式对地方金融监管权进行分配，使得地方金融监管权配置失序、协调性较差。[1]自去年以来，一些省级人大先后颁布地方金融监督管理条例或发布其征求意见稿，通过地方性法规给地方金融监管权的有效、有序运行提供基本法律依据。这种地方性法规无法完成协调央地关系的问题，对不同地方金融监管权之间的竞争与冲突也无法作出协调，这不利于地方金融监管的有效运行。

2. 监管竞争失序

在地方政府负担地方经济发展与地方金融监管双重职责的前提下，地方金融监管的运作，实质上已演化为地方金融监管的竞争，监管竞争成为地方金融监管最突出的表现。[2]例如，"2009 年，河北省农村信用联合社组织辖区内 134 家县级信用社，共计动用 397.5 亿元资金，通过信托方式，违规投资地方政府融资平台。然而，在河北银监局处理此事时，却遇到了不小的阻力。'河北银监局早就发现了，但和省联社、省金融办打了几次招呼，对方都置之不理。'银监会知情人士透露。最后，河北银监局只好紧急报告银监会，由银监会出面和河北省政府

---

[1] 刘志伟：《地方金融监管分权：协同缺失与补正路径》，载《上海金融》2017 年第 1 期。
[2] 李有星、柯达：《论政府竞争视角下的地方金融监管权配置》，载《浙江社会科学》2018 年第 9 期。

交涉，问题才得以解决。"[1]

有实证分析的研究结果显示，地方金融监管在总体上促进了金融集聚，但这种影响存在显著的地区差异，即地方金融监管对金融集聚的促进作用仅表现在东部地区，而在中部和西部地区，地方金融监管对金融集聚具有显著的抑制作用。[2]显然，这是地方监管竞争体现的另一个侧证。

地方金融监管部门"多从地方利益出发，倾向于选择性地配合中央金融政策，导致金融监管和宏观调控在基层执行受阻；有的地方甚至突破中央有关部门的监管规定，滥设具有融资功能的准金融机构，不仅削弱了国家监管政策的权威性，还易导致监管套利行为的发生"[3]监管竞争的失序使得监管资源产生了极大的浪费，如果不使地方政府"重融资、轻监管"的观念与行动方式发生改变，地方金融监管体制的效果堪忧。

（二）地方金融监管权运行协调性的弥补建议

1. 厘清央地权责

解决地方金融监管权配置碎片化、零散性的问题，需要通过统一的法律或行政法规的制定进一步明确地方金融监管的权责清单。一方面，通过统一立法明确地方金融监管的权力清单可实现权力配置的常态化，使得地方政府实施金融监管竞争具有可预期性，符合单一制国家的立法现状。另一方面，也符合《立法法》关于金融基本制度只能制定法律或授权国务院制定行政法规的相关规定。

有责必有权，权责应当统一，否则会导致权力的恣意。只有为对应的职责设置了相对的权力去实现时，这种责任体制设置的最大效用才能得到发挥。反之，这种责任设置就成为空中楼阁，无法实现其功能。例如，我国央地财权分配基本实现了法定化，但事权的随意下放或上收，使得地方金融监管机构缺乏足够的财政资金与人力资源以应对规模日益庞大的地方金融业态；地方监管立法权与监管执行权的不一致，使得地方无法根据其特殊情况做出差异性的监管措施，监管的针对性与有效性也受到限制。[4]因此，应当将前述一系列形式不同、位阶不一、制定主体相异的各式文件所规定的地方金融监管的权责清单以统一立法的形式进一步明确之。

例如，针对目前由中央与地方共管的地方金融监管对象[5]，应当进一步明确央地之间的监管权划分，构建央地监管分权的协同性机制。基于机构本身的地

〔1〕 孙弢、王吉如：《地方金融监管之惑》，载《金融世界》2013年第1期。
〔2〕 邱index国：《地方金融监管与金融集聚》，载《金融理论与实践》2018年第10期。
〔3〕 周学东：《央地金融监管职责的边界与协调》，载《上海证券报》2015年3月24日，第A01版。
〔4〕 李有星，柯达：《论政府竞争视角下的地方金融监管权配置》，载《浙江社会科学》2018年第9期。
〔5〕 如小额贷款公司、融资性担保公司、网络借贷信息机构等。

方性，应明确中央权力是制定总体监管规则，进行指导性、协调性监管，着重负责审慎监管，预防系统性风险。地方负责日常性监管、行为监管与风险处置。以融资担保公司为例，根据《融资担保公司监督管理条例》的规定，地方负责制定促进本地区融资担保行业发展的政策措施、处置融资担保公司风险，督促监督管理部门严格履行职责；中央负责拟订融资担保公司监督管理制度，协调解决融资担保公司监督管理中的重大问题，督促指导地方对融资担保公司进行监督管理和风险处置。[1]

2. 塑造地方监管协调机制

为引导地方政府实现从"金融资源竞争"向"金融法治竞争"的转变，有学者认为应当建立健全的金融基础设施、透明的金融制度规则和公正的金融司法体制。促使地方金融监管不仅能保护金融消费者的合法权益、防范地方金融风险，并保障地方政府之间的良性竞争。[2]此外，有学者认为应当建立独立于地方政府的外部协调机制。建立与"GDP 中心主义"相配套的地方政府绩效考核机制，外加财政体制、政府投融资体制、土地制度等设计的不完备共同导致的监管目标偏离，不仅会造成地方监管竞争的失序，其必然也会导致内部协调机制在利益影响下的失效。[3]笔者认为，构建独立于地方政府的外部协调机制是防止地方政府自身利益导向影响监管协调有效运行的必然举措。其应当是规范化、制度化、普遍化的常态协调机制。例如，可充分发挥金融稳定委员会的作用，使其承担协调各省地方金融监管的职能。以构建常态化信息共享机制开始，逐步发展为信息共享、执法协同，甚至承担区域性决策的协调机制，以促进地方金融监管的有效运行。

三、地方金融监管权运行的独立性不足及其补强

应当明确，在金融监管中所讨论的独立性，并非一种单一的在组织形式上的独立。国际货币基金组织提到，"独立性被定义为该机构不受不当的政治或商业干预而运行的能力。这并非过度的政治独立性，重点是运行的独立性"。[4]有学者也认为，"这种独立性是指将特定的监管目标授予某一监管机构/部门独自行使，不受政治或者行业干预的自主性"。[5]在金融监管的语境中，独立性所强调的是一种"独立监管"的能力。有学者检讨了我国证券监管独立性，认为证

---

〔1〕 参见《融资担保公司监督管理条例》第 4 条。

〔2〕 李有星、柯达：《论政府竞争视角下的地方金融监管权配置》，载《浙江社会科学》2018 年第 9 期。

〔3〕 刘志伟：《地方监管权的理性归位》，载《法律科学（西北政法大学学报）》2016 年第 5 期。

〔4〕 Steven Seeling and Alicia Novoa "Governance Practices at Financial Regulatory and Supervisory Agencies", IMF Working Paper, WP /09/135, July 2009, p. 10.

〔5〕 洪艳蓉：《金融监管治理：关于证券监管独立性的思考》，北京大学出版社 2017 年版，第 116 ~ 117 页。

券监管独立性应当包括四大因素：①独立的监管机构／部门；②独立的行业规则制定权；③独立的行业监督权；④独立的预算安排。[1]监管独立性对有效监管的意义毋庸置疑，是影响监管有效性的一个基本要素[2]，如果独立监管机构不能决定具备哪些资质条件的主体能够进入金融市场，同时也不能决定对这些市场参与者在触犯相关监管规则时予以查处和（怎样地）惩戒，甚至取消其进入市场的资格，那么势必使独立监管机构的行业监督权徒有虚名。[3]那么现行地方金融监管权的运行制度，能否在上述四个方面体现出此"独立监管"的能力呢？

对某制度的考察，应当基于制度的现实基础，因此分析地方金融监管的独立性，离不开现有已经逐渐确立起来"央主地辅的监管体制"的权责框架。而在现有"央主地辅的监管体制"下，地方金融监管机构实际上是承担地方金融监管职责的主体，因此监管独立性的考察，主要围绕其进行。从目前地方金融监管体制看，地方金融监管局因自身行政级别的局限，享有类似"两会一行一委"的行业规则制定权是不实际的。因此，下面主要从机构的独立性、监督权的独立性与财务独立性三个方面对地方金融监管机构的独立性进行考察，并提出相应建议。

（一）地方金融监管独立性不足的根源与表现

在地方金融监管体制改革之前，地方金融监管执行者实际上是金融工作办公室（以下简称"金融办"）。[4]但是，我国并未建立起统一的制度规范金融办的活动，也没有具体的法律、法规对地方金融办的法律地位做出明确规定。其职能定位并不统一包括服务、监管、协调等，在行政级别上，各地也是大相径庭，还有很多地区的金融办并不属于行政机关编制。[5]从"金融办"的起源来说，其本身源于地方政府围绕 GDP 增长而进行的"政治锦标赛"所产生的融资需求，即是地方政府根据自身的融资利益诉求设立的一个专门机构。[6]因此该机构相对于地方政府的独立性无从谈起，监督权与财务的独立性也并不具备。

---

〔1〕 洪艳蓉：《我国证券监管独立性的检讨与制度完善》，载《法律适用》2018 年第 3 期。
〔2〕 独立性、资源、授权被认为是影响金融监管有效性的基本要素。参见［荷］乔安妮·凯勒曼、雅各布·德汗、费姆克·德弗里斯：《21 世纪金融监管》，张晓朴译，中信出版社 2016 年版，第 245 页。
〔3〕 洪艳蓉：《金融监管治理：关于证券监管独立性的思考》，北京大学出版社 2017 年版，第 145~146页。
〔4〕 马向：《地方"金融办"职能定位与金融分层监管体系催生》，载《改革》2014 年第 2 期。
〔5〕 郭德香、李海东：《金融改革背景下我国地方金融监管模式研究》，载《郑州大学学报（哲学社会科学版）》2016 年第 5 期。
〔6〕 刘骏：《地方金融监管权真的可行吗》，载《现代经济探讨》2019 年第 1 期。

在改革之后，各地"金融办"纷纷升级成为"金融监管局"。[1]虽然地方金融监管局相较于"金融办"更加注重监管职责，但是在地方政府负担地方金融发展与地方金融监管双重职责的同时，实际上其并没有完全剥离金融服务的功能。[2]并且在地方金融监管的运作上，实质上已演化为地方金融监管的竞争的手段[3]，在这一背景下，地方金融监管局也并不能完全剥离金融服务功能，这与地方政府吸引金融资源的目的是相悖的。隶属于地方政府部门的地方金融监管局并不具有相对于地方政府而言的"机构、监督权与财务"三方面的独立性基础。

（二）地方金融监管独立性的补强

1. 地方金融监管权独立性再思考

换一个角度，在承认政府的影响广泛存在的环境下，地方金融监管机构是否具有相对于其他政府部门而言的独立的监管权呢？作为职能有别于其他部门的监管机构，即使地方金融监管在机构于财务方面的独立性仍有制度性的缺失，但其享有独立的监管权，以执行监管领域的法律法规是职能行使的必然要求。独立监管机构以特定领域的特定立法执行和行业监管为宗旨，执行专业领域的监管规则，被授权根据法律规定的标准决定主体是否符合金融机构资质条件、能够进入金融市场，同时被授权决定对违反法律法规和监管规则的对象依法惩戒，则基本能够实现监管独立性，实现金融秩序的稳定。并且，地方金融监管机构被赋予独立监管权的实践是存在的，例如河北省地方金融监督管理局已经制定颁发了《河北省地方金融监督管理局规范地方金融行政处罚裁量权试行规定》《河北省地方金融监督管理局行政处罚事项清单》，明确监管机构的执法处罚权，以满足有效监管的需要。因此，在制度性缺失仍待立法完善的情况下，从监督管理的方式上探讨如何补强监管独立性是有现实可行性的。

按照国际货币基金组织的相关研究，行业监管权至少可以划分为颁发执照（市场准入）、狭义监管（日常监管）、制裁（行政执法）和危机管理四个领域。[4]对市场准入的监管权仍待统一的立法授权，而除对市场准入的监管外，由于金融业具有天生的逐利倾向，金融机构在其经营管理过程中基于利益的驱动，利用法律、

---

〔1〕 根据《北京市机构改革实施方案》，其将市金融工作局，市商务委员会的典当行、融资租赁公司、商业保理公司等监管职责进行整合。参见崔启斌、宋亦桐：《地方金融监管局密集挂牌 监管新格局渐成规模》，载《北京商报》2018年11月12日。

〔2〕 参见《山东省地方金融条例》第4、5条；《河北省地方金融监督管理条例》第5、6条；《浙江省地方金融条例（草案）》第5条。《天津市地方金融监督管理条例》第4、5、7条；《四川省地方金融监督管理条例》第5、6条。

〔3〕 李有星、柯达：《论政府竞争视角下的地方金融监管权配置》，载《浙江社会科学》2018年第9期。

〔4〕 See Marc Quintyn and Michael W. Taylor, "Regulatory and Supervisory Independence and Financial Stability" IMF Working Paper, WP／02／46, 2002, p.17.

法规的漏洞违反相关规定的情形并不少见，故而，日常业务运营监管在保障金融秩序方面意义十分重大，[1]制裁本身也可以看作是日常监管的一部分。而对危机的管理，则最直接地体现出中央进行地方金融监管授权的目的。因此，在市场准入监管权不完善的情况下，短时间内难以通过统一立法进行理想化调整的形势下，增强地方金融监管独立性的关键在于地方金融监管机构如何在进行日常监管执法以及进行危机管理时，尽可能实现"独立"。

2. 完善日常业务监管

目前地方金融监管机构已经较为全面地享有对地方金融组织业务运营的日常监管权，只是其开展非现场监测及现场检查所需的信息资源及监管技术尚未完善，因而难以有效履职，因此，对日常业务监管权的行使，能够允许地方金融监管机构充分发挥其自主性，是从监督执法的角度增加监管独立性的必然路径。

现场检查与非现场检查作为日常业务监管的主要方式，在金融监管的相关立法中均有所规定。[2]但是在监管资源有限以及地方风险频发等现实问题的束缚下，很难想象基于前面所述的人员配置模式，地方金融监管机构如何能够承担此等重担。

首先，可以借鉴温州的相关经验，聘请第三方机构配合进行现场检查，[3]一方面这可以暂时解决地方金融监管机构人员不足的问题，另一方面作为外部第三方检查机构，其本身具有更强的专业性、中立性。此外，应当将现场检查与非现场检查充分结合。现场检查以有效的非现场检查为基础，检查人员通过对非现场检查的工作资料进行分析，将检查工作集中在主要问题上，以提高检查的针对性，做出合理的现场检查计划，提高检查效率。[4]

其次，因金融科技对金融监管带来的冲击，传统的监管手段因为缺乏必要技术支撑而无法进行有效监管。[5]为此，需要充分运用金融监管科技，以提升金融监管的有效性。这一点在已经颁布的地方性金融监管法规中已经有所体现，但是其大多属于原则性的规定，仍需要进一步明确。[6]例如通过大数据技术，能够对地方金融组织进行综合的、全面的数据采集，不仅能够横向打通小额贷款公

---

〔1〕 郭德香、李海东：《金融改革背景下我国地方金融监管模式研究》，载《郑州大学学报（哲学社会科学版）》2016年第5期。

〔2〕 参见《中华人民共和国银行业监督管理法》第33、34条；《山东省地方金融条例》第40、41条；《河北省地方金融监督管理条例》第31、33条。

〔3〕 张震宇：《地方金融监管的实践》，载《中国金融》2015年第7期。

〔4〕 徐在亮：《美英银行现场检查和非现场检查的比较与启示》，载《海南金融》2005年第10期。

〔5〕 杨东：《监管科技：金融科技的监管挑战与维度建构》，载《中国社会科学》2018年第5期。

〔6〕 参见《山东省地方金融条例》第29条；《河北省地方金融监督管理条例》第32条；《天津市地方金融监督管理条例》第23条；《四川省地方金融监督管理条例》第34条。

司、融资担保公司、区域性股权市场、典当公司、融资租赁公司、商业保理公司、地方资产管理公司等的信息管理。同时，相关监管部门可以通过结合各地金融风险预警规则，运用数据分析和数据挖掘技术对地方金融组织的金融活动信息进行分析与监管，及时发现其问题，提升金融风险的识别能力，将各类风险消灭在萌芽状态。此外，大数据技术还能对地方金融组织的发展特点和规律进行总结与提炼，有助于地方政府建立起一整套科学的金融监管制度和方法，对地方金融组织形成灵敏有效的监管体系。〔1〕

最后，授予权威的处罚权。仅规定相应的监管手段，但是没有相应的执法权，监管手段就形容虚设，应当充分发挥地方金融监督管机构执法权的效用，对于违法行为、阻碍监管的行为予以处罚。地方应当结合自身实际，在被授权范围内进一步规定执法细则，将执法权落到实处，使之切实可行。例如，河北省地方金融监督管理局已经制定颁发《河北省地方金融监督管理局规范地方金融行政处罚裁量权试行规定》《河北省地方金融监督管理局行政处罚事项清单》，以实现被授予的执法权。借鉴其规定，可采取双罚制，对违法行为、阻碍监管的行为加以规制：对地方金融组织拒绝执行暂停相关业务监管措施的，可以根据情节的轻重程度处以责令限期改正、没收违法所得、罚款等相应措施；并对地方金融组织负有直接责任的董事、监事、高级管理人员和其他直接责任人员予以警告、罚款等处罚，构成犯罪的追究刑事责任。〔2〕

3. 塑造危机的市场化处置机制

现行地方金融危机管理机制仍不成熟，对金融危机的处置，主要是以政府牵头进行"硬处理"，市场化、专业化程度低，刚性兑付广泛存在，由地方政府牵头监管部门采取"一事一议"的方式与问题机构管理层、股东、债权人和投资人协商，谈判达成处置方案的处置机制，预期不稳、成本高昂、效率低下、欠缺公平。〔3〕为此，应当建立以地方金融监管部门为主管，以市场化处理为主要方式的常态化危机处置机制。地方金融监管部门为主导，可充分发挥其作为专业监管机构的专业性，增强危机管理机制的独立性，有效减少地方政府直接主导所带来的监管有效性削弱的问题。以市场化方式为主，即指构建危机地方金融组织对现有的接管、重整、破产、清算等一系列程序的有效衔接，使危机以负外部性最少的方式重生或者退出市场，减少当事人的利益损失与政府的财政支出。

---

〔1〕 刘世平、马新：《大数据在地方金融监管中的应用》，载《清华金融评论》2018 年第 3 期。

〔2〕 详见《河北省地方金融监督管理条例》第 36、37、38、40、43 条；《河北省地方金融监督管理局规范地方金融行政处罚裁量权试行规定》；《河北省地方金融监督管理局行政处罚事项清单》；《河北省地方金融监督管理局行政处罚裁量权适用基准》。

〔3〕 刘向民：《我国金融机构风险处置的思考》，载《中国金融》2018 年第 11 期。

当然，以市场化处理为主要方式并不意味着彻底排除政府的作用。有实证研究表明，地方政府在应急控制风险事态蔓延上确实具有组织、协调等比较优势，但在后期推动涉险企业兼并重组上则明显逊于专业化中介组织；而后者在选择战略投资方、开展产业对接、合理风险资产定价以及精选并购模式上更具有市场化效率。[1]从比较法的角度来看，美国、德国与英国在金融风险处置过程中除了充分发挥政府的作用外，也注重市场化的处置机制。[2]因此，应当明确政府与市场的边界，构建出政府与市场相协调的风险处置机制。要充分发挥市场第三方专业化机构的风险处置功能，例如以专业中介组织主导风险机构的重组、引入具备相关资质能力的律师事务所担任破产管理人等。通过市场化的处置机制，以监管机构直接与市场第三方相协作，以减少政府对监管独立性的影响。当然，市场化处置与上述日常业务监管的强化、权威性与独立性的分不开，只有当监管对象发生于青萍之末的危机或事件中就可以被发现、被处罚，那么其市场化处置的价值才得以显现，才会有市场化处置机制的用武之地。

4. 金融风险基金

地方政府应当建立地方风险处置资金，使地方的风险处置摆脱对中央财政的依赖。地方承担着对小额贷款公司、融资担保公司、区域性股权市场、融资租赁公司、商业保理公司、投资公司、农民专业合作社、各类交易所以及网络借贷信息中介机构等地方金融组织的风险处置职责。但目前没有对省级政府处置地方金融组织金融风险的资金来源进行明确规定，在省级政府筹措处置资金有困难的情况下，一旦发生地方金融风险，其强烈的负外部性，会对中央政府形成倒逼机制，迫使中央政府先行垫付资金。特别在事后省级政府往往以各种理由对中央垫付的资金予以拖欠、减免，结果是省级政府将应该由其承担的地方金融机构金融风险处置的责任转嫁了中央政府，造成省级政府承担的地方金融机构处置责任虚

---

[1] 董昕等：《政府和市场在区域金融风险处置中的作用边界与分工效率》，载《金融发展研究》2016年第6期。

[2] 美国在金融机构出现风险事项后，金融管理部门会选择警告或合并的方法对风险进行分散和化解，通过存款保险基金的方式来保护投资者的基本权益。德国金融管理部门，面对有风险的金融机构时，通常选择极为谨慎的态度，较为灵活地决定有问题的金融机构是否用退出市场措施。由于银行性质不同，退出方式也会有较大区别：国有银行，国家代其偿还债务；如果是股份制银行，一般会先选择停业、关闭，进行冷冻处理，这期间，其他金融机构如愿意合并之则可以不进入破产程序，反之，则进入破产程序；储蓄存款则由存款保险公司和股东负责；对于有问题的信用合作银行，一般会由同业协会接管或兼并。英国在对待金融机构许可时尺度较宽，对于金融机构破产处置上，政府较为关注申请人权益的保护，问题机构即使在破产程序申请过程中，仍然可以继续经营，但是金融管理当局并不能参与程序的运作。参见王婷婷：《构建新型地方金融风险管理体制的构想》，载《当代经济管理》2017年第9期。

置。[1]加之 2015 年实施的《存款保险条例》并不适用于地方金融风险处置的情况。[2]因此有必要建立地方金融风险处置基金，落实地方政府金融风险处置责任。

地方金融风险处置基金应由省级政府和地方金融组织共同出资建立，值得讨论的是各自的资金承担比例。有学者认为省级政府作为地方金融机构的管理主体，其全面承担金融风险处置责任，与之相对应，也应该是金融风险处置基金资金来源的主要承担者。[3]但是，地方金融风险的产生，归根结底是因为自身的高风险性，政府不应当为此买单，否则会导致极大的道德风险。而且从现实可行性的角度上看，地方政府面临着潜在财政风险的巨大压力，[4]无力作为风险处置基金的出资主体。以地方金融组织作为主要出资组织能够增强地方金融监管机构的独立性，"原因在于它可以确保金融监管机构在整个经济周期内拥有更为稳定的经费来源，使监管机构免受财政波动的影响"。[5]因此，笔者认为，应以地方金融组织为出资主体，地方政府承担适当比例的出资，但是地方政府应当为建立和运行这种机制提供基本的法律框架和各种工作便利。

四、结论

在现有已经逐渐确立起来的"央主地辅的金融监管体制"的权责框架下，结合金融监管有效性理论，以监管独立性、监管协调性为目标和评判要素，进一步完善地方金融监管权有效运行的制度框架和运行机制。笔者认为，从长远来看，逐步补上地方金融监管权有效运行的制度性缺陷（尽管无法短期改变），短期迫切的是从协调性与独立性两个方面加快完善地方金融监管的制度框架和运行机制。

一方面，应当补强地方金融监管的协调性，进一步厘清地方金融监管机构的权责清单，完善地方金融监管的外部协调机制；另一方面，增强监管权行使的独立性，采用现场检查与非现场检查相结合的方式、充分发挥监管科技的作用，并构建起市场化风险处置机制与风险处置基金制度。

---

[1] 蓝虹、穆争社：《论地方金融风险处置基金的建立与完善》，载《上海金融》2013 年第 6 期。

[2] 银丹妮：《关于落实地方政府属地金融风险处置责任的思考》，载《区域金融研究》2018 年第 2 期。

[3] 蓝虹、穆争社：《论地方金融风险处置基金的建立与完善》，载《上海金融》2013 年第 6 期。

[4] 杨艳、刘慧婷：《从地方政府融资平台看财政风险向金融风险的转化》，载《经济学家》2013 年第 4 期；阎坤、陈新平：《我国当前金融风险财政化问题及对策》，载《管理世界》2004 年第 10 期。

[5] 独立性、资源、授权被认为是影响金融监管有效性的基本要素。参见〔荷〕乔安妮·凯勒曼、雅各布·德汗、费姆克·德弗里斯：《21 世纪金融监管》，张晓朴译，中信出版社 2016 年版，第 245 页。

金融监管行政处罚"双罚制"中主要责任人员确定问题研究

虎田方 *

摘要：金融监管行政处罚中的"双罚制"主要是针对金融机构违反金融业管理秩序，由特定金融监管机构或法律授权的组织，依照相关法律法规惩治尚未构成犯罪的金融机构及其主要责任人员的一种制裁性法律制度。"双罚制"从集体责任转化为处罚到人的明确责任，通过对在金融机构违法行为中起决定或积极作用的主要责任人员进行处罚，来防止金融机构在被整体问责时的责任泛化问题。然而在厘清金融监管领域行政处罚"双罚制"的法理依据后，就"双罚制"中涉及的主要责任人员的认定，相关法律法规并未提供清晰明确的认定标准。在分析金融监管领域行政处罚"双罚制"必要性的基础上，针对金融业专业性、复杂性和风险性较高的特点，总结出几项认定金融机构违法行为中主要责任人员的标准。

关键词：金融监管；行政处罚；双罚制；直接负责的主管人员；其他直接责任人员

自 2017 年 4 月习近平总书记在中共中央政治局学习会上明确提出"加强金融监管、维护金融安全"的要求之后，监管机构对金融市场、金融业和各金融机构的监管内容更加细化，监管态度也更加谨慎。在目前金融强监管趋严的大趋势下，从刑法学领域学习和引用而来的"双罚制"因其既处罚违法单位，又处罚违法行为所涉及的高级管理人员和直接从业人员等自然人，而具有更大的威慑作用，适用于金融监管的不同领域。在对金融机构违法行为进行"双罚"的过程中，正确认定违法行为所涉及的直接负责的主管人员和其他直接责任人员的身份及违法责任，对于落实违法金融机构的行政责任，预防其再次进行违法违规操作，规范从业人员的执业责任具有十分重要的意义。

---

* 虎田方，女，中国人民银行固原市中心支行。

一、文献综述

（一）"双罚制"在刑法领域的研究成果

"双罚制"又称"两罚制"或"两罚规定"，其最早适用于刑法领域，[1]我国 1997 年《刑法》总则第 31 条规定了对单位犯罪进行"双罚"，[2]《刑法》分则共 350 条中有 113 条规定了针对单位犯罪的"双罚制"，约占《刑法》分则条文的 32.29%。此外，作为唯一单行刑法的《全国人民代表大会常务委员会关于惩治骗购外汇、逃汇和非法买卖外汇犯罪的决定》仅有的九条规定中第 1、3、4 条也规定了对单位犯罪进行"双罚"。在刑法学领域，"双罚制"的法理依据和研究成果，主要有何秉松先生所提出的人格化社会系统责任论，[3]娄云生所提出的法人责任与个人责任一体化论，[4]陈泽宪先生提出的双重主体说，[5]卜维义先生提出的双层机制论，[6]黎宏先生提出的组织体刑事责任论，[7]此外还有两个犯罪构成论，[8]责任分担说，[9]系统矛盾论等。[10]虽然这些理论成果的研究对象是刑法单位犯罪的"双罚制"，但金融监管行政处罚领域中的"双罚制"引自刑法概念并在一定程度上借鉴刑法中的做法。虽然金融监管行政处罚领域所秉持的原则与刑法原则有较大区别，但学者对刑法中单位犯罪"双罚制"的研究依然可以为该领域"双罚制"的理论研究和实务操作提供理论和方法上的支持。

（二）金融监管法律法规中"双罚制"的规定

金融监管所依据的法律渊源涵盖了法律、行政法规和部门规章等多个位阶的法律渊源，而相关各位阶的法律渊源中均有对金融机构违法违规行为进行"双罚"的规定。如 2008 年 8 月 5 日颁布的《中华人民共和国外汇管理条例》第 49 条规定了外汇管理方面的"双罚制"。[11]《中华人民共和国中国人民银行法》第

---

[1] 金昌俊：《中韩法人犯罪中双罚制的比较研究》，载《东疆学刊》2016 年第 1 期。

[2] 《刑法》第 31 条：单位犯罪的，对单位判处罚金，并对其直接负责的主管人员和其他直接责任人员判处刑罚。本法分则和其他法律另有规定的，依照规定。

[3] 何秉松：《法人犯罪与刑事责任》，中国法制出版社 1991 年版，第 47~56 页。

[4] 娄云生：《法人犯罪》，中国政法大学出版社 1996 年版，第 74 页。

[5] 陈泽宪主编：《新刑法单位犯罪的认定与处罚——法人犯罪新论》，中国检察出版社 1997 年版，第 53~55 页。

[6] 卜维义：《法人犯罪及其双层机制与两罚制》，载《经济与法》1991 年第 6 期。

[7] 黎宏：《论单位犯罪中"直接负责的主管人员和其他直接责任人员"》，载《法学评论》2000 年第 4 期。

[8] 刘晓军：《一个单位犯罪、两个犯罪构成——双罚制理论依据新探》，载《政治与法律》2011 年第 3 期。

[9] 高西江主编：《中华人民共和国刑法的修订与适用》，中国方正出版社 1997 年版，第 159 页。

[10] 王能武、马荣春：《再论单位犯罪双罚制的根据》，载《人民论坛》2014 年第 10 期。

[11] 《中华人民共和国外汇管理条例》第 49 条：境内机构违反外汇管理规定，除依照本条例给予处罚外，对直接负责的主管人员和其他直接责任人员，应当给予处分；对金融机构负有直接责任的董事、监事、高级管理人员和其他直接责任人员给予警告，处 5 万元以上 50 万元以下的罚款；构成犯罪的，依法追究刑事责任。

46 条规定中国人民银行行政处罚权中的"双罚制",[1]结合人民银行对具体业务的监管,《中华人民共和国反洗钱法》第 32 条规定了"双罚制"。[2]行政法规层面的《征信业管理条例》第 38 条,[3]部门规章层面的《金融机构大额交易和可疑交易报告管理办法》等构建了人民银行在征信、反洗钱和金融统计等多个业务范围内的"双罚制"监管规则。《中华人民共和国证券法》第十三章法律责任中第 180 条至第 223 条共 43 条中有 26 条规定了对擅自发行证券、骗取发行核准、擅自承销或代理买卖证券等责任的"双罚制"。《中华人民共和国保险法》第 173条规定了对外国保险机构违法从事保险活动的"双罚"规定。[4]此外,行政法

---

〔1〕《中华人民共和国中国人民银行法》第 46 条:"本法第三十二条所列行为违反有关规定,有关法律、行政法规有处罚规定的,依照其规定给予处罚;有关法律、行政法规未作处罚规定的,由中国人民银行区别不同情形给予警告,没收违法所得,违法所得五十万元以上的,并处违法所得一倍以上五倍以下罚款;没有违法所得或者违法所得不足五十万元的,处五十万元以上二百万元以下罚款;对负有直接责任的董事、高级管理人员和其他直接责任人员给予警告,处五万元以上五十万元以下罚款;构成犯罪的,依法追究刑事责任。"

〔2〕《中华人民共和国反洗钱法》第 32 条:"金融机构有下列行为之一的,由国务院反洗钱行政主管部门或者其授权的设区的市一级以上派出机构责令限期改正;情节严重的,处二十万元以上五十万元以下罚款,并对直接负责的董事、高级管理人员和其他直接责任人员,处一万元以上五万元以下罚款:(一)未按照规定履行客户身份识别义务的;(二)未按照规定保存客户身份资料和交易记录的;(三)未按照规定报送大额交易报告或者可疑交易报告的;(四)与身份不明的客户进行交易或者为客户开立匿名账户、假名账户的;(五)违反保密规定,泄露有关信息的;(六)拒绝、阻碍反洗钱检查、调查的;(七)拒绝提供调查材料或者故意提供虚假材料的。金融机构有前款行为,致使洗钱后果发生的,处五十万元以上五百万元以下罚款,并对直接负责的董事、高级管理人员和其他直接责任人员处五万元以上五十万元以下罚款;情节特别严重的,反洗钱行政主管部门可以建议有关金融监督管理机构责令停业整顿或者吊销其经营许可证。对有前两款规定情形的金融机构直接负责的董事、高级管理人员和其他直接责任人员,反洗钱行政主管部门可以建议有关金融监督管理机构依法责令金融机构给予纪律处分,或者建议依法取消其任职资格、禁止其从事有关金融行业工作。"

〔3〕《征信业管理条例》第 38 条:"征信机构、金融信用信息基础数据库运行机构违反本条例规定,有下列行为之一的,由国务院征信业监督管理部门或者其派出机构责令限期改正,对单位处 5 万元以上 50 万元以下的罚款;对直接负责的主管人员和其他直接责任人员处 1 万元以上 10 万元以下的罚款;有违法所得的,没收违法所得。给信息主体造成损失的,依法承担民事责任;构成犯罪的,依法追究刑事责任:(一)窃取或者以其他方式非法获取信息的;(二)采集禁止采集的个人信息或者未经同意采集个人信息的;(三)违法提供或者出售信息的;(四)因过失泄露信息的;(五)逾期不删除个人不良信息的;(六)未按照规定对异议信息进行核查和处理的;(七)拒绝、阻碍国务院征信业监督管理部门或者其派出机构检查、调查或者不如实提供有关文件、资料的;(八)违反征信业务规则,侵害信息主体合法权益的其他行为。经营个人征信业务的征信机构有前款所列行为之一,情节严重或者造成严重后果的,由国务院征信业监督管理部门吊销其个人征信业务经营许可证。"

〔4〕《中华人民共和国保险法》第 173 条:"外国保险机构未经国务院保险监督管理机构批准,擅自在中华人民共和国境内设立代表机构的,由国务院保险监督管理机构予以取缔,处五万元以上三十万元以下的罚款。外国保险机构在中华人民共和国境内设立的代表机构从事保险经营活动的,由保险监督管理机构责令改正,没收违法所得,并处违法所得一倍以上五倍以下的罚款;没有违法所得或者违法所得不足二十万元的,处二十万元以上一百万元以下的罚款;对其首席代表可以责令撤换;情节严重的,撤销其代表机构。"

规层面的《期货交易管理条例》第七章法律责任 17 条规定中有 12 条针对期货交易所、非期货结算会员、期货公司等违法行为的"双罚"规定。

（三）金融监管法律法规中"双罚制"对主要责任人员处罚的规定

一是警告。在金融监管领域"双罚制"中，不同位阶的法律规定中，但凡对直接负责的主管人员和其他责任人员的违法行为进行处罚的，基本都将"警告"作为处罚的最轻的方式。二是"金额型"限额罚金。目前大多数金融监管行政处罚"双罚制"中对主要责任人员的处罚都以"金额型"限额罚金为主，即规定罚金的上限，下限，或同时规定上限和下限。如《中华人民共和国证券法》第 180 条规定了罚金总额的上限和下限。[1]三是纪律处分建议。如《中华人民共和国反洗钱法》第 32 条等规定赋予监管机构对主要责任人员的纪律处分建议权，[2]但这项权利在监管实务中较少使用。四是取消某些任职资格或从业限制。如《中华人民共和国反洗钱法》第 32 条和《中华人民共和国保险法》第 173 条等规定。[3]

二、金融监管行政处罚中"双罚制"的法理依据和必要性

金融监管领域行政处罚属于行政法和经济法的交叉领域，行政法、经济法和

---

〔1〕《中华人民共和国证券法》第 180 条："违反本法第九条的规定，擅自公开或者变相公开发行证券的，责令停止发行，退还所募资金并加算银行同期存款利息，处以非法所募资金金额百分之五以上百分之五十以下的罚款；对擅自公开或者变相公开发行证券设立的公司，由依法履行监督管理职责的机构或者部门会同县级以上地方人民政府予以取缔。对直接负责的主管人员和其他直接责任人员给予警告，并处以五十万元以上五百万元以下的罚款。"

〔2〕《中华人民共和国反洗钱法》第 32 条："金融机构有下列行为之一的，由国务院反洗钱行政主管部门或者其授权的设区的市一级以上派出机构责令限期改正；情节严重的，处二十万元以上五十万元以下罚款，并对直接负责的董事、高级管理人员和其他直接责任人员，处一万元以上五万元以下罚款：（一）未按照规定履行客户身份识别义务的；（二）未按照规定保存客户身份资料和交易记录的；（三）未按照规定报送大额交易报告或者可疑交易报告的；（四）与身份不明的客户进行交易或者为客户开立匿名账户、假名账户的；（五）违反保密规定，泄露有关信息的；（六）拒绝、阻碍反洗钱检查、调查的；（七）拒绝提供调查材料或者故意提供虚假材料的。金融机构有前款行为，致使洗钱后果发生的，处五十万元以上五百万元以下罚款，并对直接负责的董事、高级管理人员和其他直接责任人员处五万元以上五十万元以下罚款；情节特别严重的，反洗钱行政主管部门可以建议有关金融监督管理机构责令停业整顿或者吊销其经营许可证。对前两款规定情形的金融机构直接负责的董事、高级管理人员和其他直接责任人员，反洗钱行政主管部门可以建议有关金融监督管理机构依法责令金融机构给予纪律处分，或者建议依法取消其任职资格、禁止其从事有关金融行业工作。"

〔3〕《中华人民共和国保险法》第 173 条："外国保险机构未经国务院保险监督管理机构批准，擅自在中华人民共和国境内设立代表机构的，由国务院保险监督管理机构予以取缔，处五万元以上三十万元以下的罚款。外国保险机构在中华人民共和国境内设立的代表机构从事保险经营活动的，由保险监督管理机构责令改正，没收违法所得，并处违法所得一倍以上五倍以下的罚款；没有违法所得或者违法所得不足二十万元的，处二十万元以上一百万元以下的罚款；对其首席代表可以责令撤换；情节严重的，撤销其代表机构。"

刑法均具有公法性质，这也是本文在文献综述部分罗列众多的刑法学中关于单位犯罪 "双罚制" 研究成果的原因。对私法和公法中的法律责任进行比较，不难发现私法领域的私法责任侧重于对受害方的补偿而对行为人的主观恶性关注较小，而公法领域的行政责任则更加关注行为的主观恶性，在考察行为的 "善" 和 "恶" 的基础上更加注重对行为人的惩罚和震慑。再者，行政法比刑法的伦理色彩淡薄，为了使行政具有更强调技术性和目的性，更加注重对秩序的维护。故在行政处罚中，立法者、执法者更加关注的并不是 "双罚制" 下既处罚单位又处罚个人的规定是否公平合理，而是监管机构通过 "双罚制"，能否实现其所追求的公共利益，维护金融业健康发展的公共秩序和达到一定的行政目的。

（一） "双罚制" 更符合法律的公平、公正原则

首先，在金融机构经营的过程中所发生的违法行为通常是为了公司的经营目的和利益，所以由此种违法行为所引起的监管机构的 "处罚" 后果，理应由金融机构自身来承担。其次，虽然现代社会更加强调公司的独立人格和法人的独立地位，但公司的违法行为毕竟还是通过公司内部的从业人员实施的，故在单位承担了相应的违法责任后，对违法行为起主导和决定作用的金融从业人员也应承担由此违法行为带来的不利后果。换言之，直接负责的主管人员和其他直接责任人员是为了金融机构的利益，并以金融机构的名义从事违法活动，扰乱了金融市场秩序。但其作为国家公民，有独立的个人意志并在个人意志支配下进行了独立的行为，且违反了国家的相关法律规定，理应承担相应的法律责任。再次，若单位的违法行为在某种程度上有可归责于直接负责的主管人员和其他直接责任人员的原因时，只对单位进行处罚而忽略主要负责人员的法律责任是不合适的。最后，对金融机构的违法行为进行否定性评价和罚款时，由机构整体来承担行政责任，则机构内部所有成员都因机构的违法行为而有所损失。其中既包括对此次违法行为起主导和决定作用的主管人员和其他责任人员，也包括大量无辜者，若金融机构以 "代罚" 的方式承担机构和主要责任人员的责任，不仅不利于处罚真正有过错的成员，也会使得金融机构本身因背负过重的负担而不利于其发展，这有违法律的公平、公正原则。故将金融机构违法行为的不利后果在金融机构和主要负责人员之间进行分担，更加符合法律的公平、公正原则。

（二） "双罚制" 有助于加强金融机构和从业人员的双重自律

首先，金融机构违法行为中的主要责任人员均是单位内部职工并具有相应的职位和职责。而这些人都是选择和培养的，这就决定了单位对在违法行为中起主导作用的主管人员和其他直接责任人员具有教育、监督和管理的义务与能力。在行政处罚中进行 "双罚"，一方面对相关自然人进行了警示，督促其在以后的金融从业过程中更加注意和规范从业。另一方面，通过对金融机构处罚的方式来督

促其在内部追究相关从业人员的责任，对其进行批评、监督和教育。其次，金融机构治理机制要求其进行自我约束和自我监督，单位内部机构应互相制约以防止各种违法行为的发生。如果金融机构客观上违反了对内部机构和相关从业人员的法定注意义务，没有采取相应的监督和防范措施，致使其内部从业人员以单位名义实施了违法行为，造成对金融市场秩序一定程度的破坏，并获得不当利益，则金融机构理应为其疏于管理和监督受罚。再次，有时金融机构的违法行为并不是基于相关责任人员的主观意愿而发生的，而是因为金融机构本身的组织、机制和战略等驱使其进行违法行为，而"双罚制"可倒逼单位重新审视检查其内部结构，改进内控制度、管理方式和风险预警规程等。最后，在金融机构可以对内部成员进行追责的情况下，监管机构行政权力的干预是以企业管理失灵为前提的，在金融机构"利益导向"的目标指引下，金融机构及其从业人员在进行业务操作时对利润的关注甚于对安全的关注，故监管机构有责任替金融市场和金融机构守住安全的底线，并通过"双罚制"来强化金融机构和从业人员的合规管理。

（三）"双罚制"通过加大处罚力度能起到金融监管的良好效果

金融市场具有较大的风险，只进行"单罚"，既不能保证公平公正，又不能有效预防金融风险。首先，若只对违法的金融机构进行处罚而不惩戒违法个体，则在无形中隔离了违法责任主体和违法行为主体，而对于在单位违法行为中的主要责任人员来说，这种惩戒具有间接性，削弱了主要责任人员对法律责任的感知，不利于金融监管的有效性。同时，将所有处罚都加于金融机构而不处罚主要责任人员，则从业人员会以单位名义为个人谋取非法利益而使得单位内的无辜人员承担部分损失，使金融监管无法取得良好效果。其次，若只处罚违法行为中负主要责任的主管人员和其他直接责任人员，则无法有效抑制金融机构进行违法操作，也不能督促单位对内部成员进行有效监督。最后，"双罚制"相对于"单罚制"来说增加了对于金融机构违法行为的负面评价总量，同时可在单位和从业人员两方面加强其行业和从业自律性，在单位与个体之间形成一种守法责任传递机制，如个体在接收到单位下达的违法任务时，基于"双罚制"的震慑个体会拒绝接收到的违法任务，从而达到以个体自律倒逼组织自律的目的。

（四）"双罚制"有助于实现金融监管的根本目的

行政处罚只是手段而非目的，金融监管通过行政处罚想要实现的根本目的是恢复和维护正常的金融市场秩序并保障金融业的稳定和发展。而金融业的系统性、专业性和高风险性更加需要监管部门维护稳定和安全的金融秩序，以保证金融市场的安全和金融消费者的权益。故在相关法律法规中规定"双罚制"，以弥补和修正因金融机构违法行为对金融市场秩序所造成的破坏，有利于实现金融监管的根本目的。金融机构作为违法主体具有特殊性，其意思能力、行为能力和违法行为都是通过金融机构内相关从业人员的意思和行为完成的。换言之，在金融机构违法行为中的主要责任人员不但决定着单位违法行为的产生，更支配着单位违法行为的实施、发展和完成。故其理应对单位的违法行为负责，这也是金融监管领域"双罚制"得以产生的最重要的理由。

（五）对金融机构主要责任人员处罚金额远低于对金融机构处罚金额的法理依据

首先，虽然金融机构的违法行为是依靠负主要责任的主管人员和其他直接责任人员实现的，但违法的主体只能是金融机构本身。其次，单位的违法行为很大程度上是由于单位本身的体系、制度、系统等多方面原因造成的，不论是起主导和决定作用的主管人员，还是负责执行和实施的其他直接责任人员，其行为在某种程度上都是遵循旧制，虽未尽到适当的注意义务，但要将责任完全归咎于个人或将其责任等同于金融机构需承担的责任，显然有违法律中的公平、公正原则和责任与处罚相称原则。最后，金融机构内部成员在进行违法行为的过程中其行为都具有两重性，一方面体现的是相关个体自身的意志和行为的自由，目的是追求个人利益，另一方面其个人意志和行为也从属于单位的意志和行为，代表的是单位的利益。故在金融监管的相关法律、行政法规和部门规章中，有关"双罚制"对相关责任人员的处罚金额，都远低于对违法金融机构的处罚金额。

三、金融监管行政处罚"双罚制"中主要责任人员确定标准

金融监管领域的行政处罚"双罚制"中的主要责任人员包括负直接责任的主管人员和其他直接责任人员，而相关法律法规中对直接负责的主管人员和其他相关责任人员的规定呈现随意性的倾向，故准确界定金融违法行为中直接负责的主管人员和其他直接责任人员的标准就成为准确适用"双罚制"对主要责任人员进行惩戒的关键。

（一）主要责任人员应是金融机构内部从业人员

首先，因金融业的特殊性和从业人员的专业性，若非金融机构内部从业人员，其很难熟悉金融机构的运作情况和业务操作规程，对金融机构所从事的违法行为的目的、行为、结果等很难有全面、细致的认识，故其对金融机构违法行为的影响不大，不应作为处罚对象。其次，让金融机构外部成员承担其违法行为的不利后果，既缺乏事实基础和法律依据，也不符合法律所倡导的公平公正原则，且有株连无辜之嫌。最后，若将金融机构外部成员界定为其他直接责任人员进行处罚，则会助长相关金融机构为了本单位利益故意将违法违规操作进行外包，利用外包机构和个人来规避其本应承担的行政责任，也不利于金融监管机构打击金融违法行为的目的的实现。

（二）主要责任人员必须具有直接责任且其行为需为职务行为

首先，就行政法的经济性来讲，法律的实施需要均衡目的与成本，在达到行政目的前提下，应尽可能使成本最小化。为防范和制止金融机构的违法行为，处罚直接负责的主管人员和其他直接责任人员，就可以达到惩罚、威慑和预防的目的，则将处罚扩大化便没有必要。其次，金融机构因其主体特殊和成员众多，金融业务的特点也决定了金融机构内众多成员都与违法行为有着直接或间接，多或少的联系，而若不对处罚范围进行一定的限制，那么对单位众多成员追究违法责任既不现实，也不经济，同时也会在很大程度上增加金融市场的风险，影响金融业的安定秩序和金融机构的稳定持续运营。最后，金融机构从业人员的行为因其以单位利益为基础且实现了单位意志而被认定为职务行为，同时依据职权相关原则，只有机构内部成员在实施职务行为的过程中违法，才能被认定为金融机构违法行为的主要责任人员。

（三）主要责任人必须具有主观故意并为了单位利益

首先，直接负责的主管人员明知或应知自己的行为是违法的，但仍然为了单位牟利而进行决策或授权，或者，明知本单位从业人员为了单位利益进行了违法违规操作，但仍然在事后进行认可或批准。其他直接责任人员明知或应知自己的行为是违法的，但仍然为了金融机构利益进行了违法违规操作。其次，因金融机构整体利益与内部成员个人利益具有直接或间接的关联关系，直接负责的主管人员和其他直接责任人员在为机构谋取利益的同时，当然有为自己谋取利益的目的，这也是"双罚制"处罚到人的依据之一。但若个人假借单位的利益为本人谋取非法利益，单位并未从重受益，则对其应按照相关法律、行政法规和部门规章进行单独处罚。最后，在监管实务中，核定主要责任人员的主观恶性难度很大，因金融业的特殊性和专业性，金融机构的管理者和从业人员在上岗前都进行过专门培训并就其从业岗位取得资格证书，所以金融监管机构在发现违法违规行为时，认定其应当知道相关规定并具有主观故意。

（四）按照主要责任人员在违法行为中的作用大小来确定责任分担比例

从金融监管部门的处罚数据和结果来看，其依据相关法律法规在对金融机构的违法行为进行"双罚"时，大多数情况下对负主要责任的主管人员和直接责任人员的作用大小和责任轻重未进行区分，处罚金额趋于一致。这样"一刀切"的做法无法很好地督促主要责任人员履行法定注意义务，对金融机构违法行为的责任分担应视相关责任人员在此次违法行为中的主观心理和客观行为的不同而确定分担比例。比如，在某些具体违法行为中，其他直接责任人员是在负主要责任的主管人员的指挥或授意而具体执行违法行为的，其职位的弱势使其很难不服从领导，此种情况下，对负主要责任的主管人员的处罚应重于对其他直接责任人员的处罚。而在另一种情况下，负主要责任的主管人员只在批准时进行签字，其基于对众多业务员和违法业务员以往的表现所积累的信任，而在某个时间点批量签发若干文件和业务单据，虽其未尽到适当注意义务，但比起该直接责任人员，其主管恶意更轻。故在具体的金融机构违法行为中，监管机构应在厘清具体事实的基础上将行政责任进行量化和分担，并将此作为行使自由裁量权的依据，这也是确保监管机构在对金融机构和主要责任人员适用"双罚制"时保证公正和客观的关键所在。

（五）对直接负责的主管人员的确定

对于如何确定单位犯罪和违法行为中直接负责的主管人员的范围，目前的主要观点有决策作用说，[1]领导责任说，[2]法定代表人说等。[3]参照 2001 年 1 月最高人民法院《全国法院审理金融犯罪案件工作座谈会纪要》中关于直接负责的主管人员的规定。[4]金融违法行为中负直接责任的主管人员是指对违法行为负有直接责任的单位领导人员。一方面，其应符合一定的身份条件，即应是金融机构的法定代表人、主要负责人或负责本项业务的主管领导，其所担任的职位是被组织任命的稳定性职位，对违法行为所涉及业务具有最终决定权和监督权，以此为原则排除被临时指派不具有长期领导职权的临时负责人、一般管理人员和部门负责人。在监管实务中，审批签字、授权权限或单位文件所确定的领导人分工都可作为确定直接负责的主管人员的主要依据。另一方面，其应符合一定的行为条件，即指挥、批准或授权了此次违法行为，或者，对此次违法行为并未尽到主管领导所应尽的注意义务。此外，行为条件除了直接决策和授意外也包括监督行为，包括但不限于没有制定和严格执行单位管理制度，由于放任或疏忽大意而没有制止或发现单位所进行的违法行为。这也是金融机构主要负责人包括法定代表人虽然没有直接参与相关违法行为，但因其对单位疏于管理，对工作严重不负责，不严格执行相关金融业法律法规而致使单位内部从业人员进行违法操作，而对违法结果承担否定性评价和不利后果并收到处罚罚单的原因。最后，在金融监管过程中对直接负责的主管人员的确定，执法机构不能机械地理解为决策、授意和决定的领导，而要针对具体金融业务，运用实事求是的态度进行具体分析，追究主要领导的责任，排除与违法行为只有一般联系，未起主管或决定作用的其他领导的责任。

（六）对其他直接责任人员的认定

参照 2001 年 1 月最高人民法院《全国法院审理金融犯罪案件工作座谈会纪

---

〔1〕 陈炜、孙昌军：《试论单位犯罪中责任人员的认定与处罚》，载《法学评论》2000 年第 1 期。

〔2〕 田宏杰主编：《单位犯罪适用中疑难问题研究》，吉林人民出版社 2001 年版，第 19 页。

〔3〕 李友根：《论法定代表人的几个问题》，载《江海学刊》1996 年第 5 期。

〔4〕《全国法院审理金融犯罪案件工作座谈会纪要》规定：直接负责的主管人员，是在单位实施的犯罪中起决定、批准、授意、纵容、指挥等作用的人员，一般是单位的主管负责人，包括法定代表人。

要》中关于其他直接责任人员的规定。[1]首先，其他直接责任人员应是金融机构内部的非领导成员，在监管实务中一般指业务经理和业务员，其在所从事的具体业务中，明知违法或可能违法而实施了具体的违法行为，且其个人行为对此次违法行为起主导和决定作用。其次，按照金融机构的规定，为防范金融风险，加强内控管理，大多数具体业务的办理都需经过若干环节，由若干不同部门的人员进行办理才告终结，故对进行程序性操作环节上的人员一般不以其他直接责任人员进行处罚，因为其对违法行为既无重要作用也无积极作用。最后，因金融业的高技术性和从业人员的专业性，在实务中，单位委托和外包的人员一般不应作为其他直接责任人员而进行处罚。

---

[1] 《全国法院审理金融犯罪案件工作座谈会纪要》规定：其他直接责任人员，是在单位犯罪中具体实施犯罪并起较大作用的人员，既可以是单位的经营管理人员，也可以是单位的职工，包括聘任、雇佣的人员。

衍生金融工具抵销及披露会计规则比较研究

王　鑫 * 　张长龙 **

摘要：金融工具抵销和披露规则的不同构成了 IFRS 与 US. GAAP 最为重大的差异，而衍生金融工具抵销规则的不同则对二者有关金融工具抵销规则造成最为重大的影响。IFRS 与 US. GAAP 作为当前世界两大主流会计准则体系，二者之间存在的差异无疑增加了国际贸易及投融资活动的成本。特别是对于持有大量衍金融合约的商业银行等金融机构以及大型企业集团来说，对其依据不同规则编制的财务报告体现出的列报金额产生了重大影响，因此分析、鉴别并积极整合不同会计规则体系对金融工具特别是对衍生金融工具的抵销及披露规则，从而提升本国会计准则的质量以及国际会计准则的可比性显得十分必要。为此，本文以我国最新实施的会计准则第 37 号、IFRS 以及 US. GAAP 相关准则为样本，以衍生金融工具特征及风险管理模式的特殊性为基础，对我国新会计准则第 37 号有关金融工具特别是衍生金融工具抵销规则的完善提出建议，以进一步改进包括商业银行在内的相关财务报告主体对金融衍生工具报告内容的相关性、准确性及可比性，进一步增强其风险管理能力。

关键词：衍生金融工具；抵销；披露；会计规则

2014 年 7 月 1 日，我国修订后的《企业财会会计准则第 37 号——金融工具列报》开始实施（以下简称"新会计准则 37"），新会计准则 37 显著扩充和完善了原会计准则有关金融工具抵销及披露的规则。与国际财务会计准则（International Accounting Standards Board，IFRS）以及美国公认财务会计准则（Generally Accepted Accounting Principles，US. GAAP）相比，新会计准则 37 基本完全吸纳了 IFRS 有关金融工具抵销及披露的相关规则。但由丁国际会计准则理事会（In-

---

* 王鑫，男，河南人，广东金融学院法学院讲师，法学博士。
** 张长龙，男，湖南人，广东金融学院法学院院长，中国银行法学研究会常务理事，中国南方金融法治研究院院长、教授，法学博士。

ternational Accounting Standards Board, IASB）与美国财务会计准则委员会（Financial Accounting Standards Board, FASB）对金融工具列报及披露的会计处理长期存在差异，也导致了新会计准则 37 与美国相关会计准则的差异。新会计准则 37 与 US. GAAP 在此领域的差异，本质上是 IFRS 与 US. GAAP 之间的差异。IFRS 与 US. GAAP 在金融工具抵销规则上的差异要明显大于在抵销披露规则上的差异。由于金融工具范围广泛，IFRS 与 US. GAAP 对于不同种类的金融工具其抵销规则的适当性也各不相同。对于衍生金融工具来说，由于与其他金融工具在特征及风险管理模式上差异，客观上要求衍生金融工具的抵销及披露规则有别于其他金融工具。同时，在全球衍生金融工具市场中，商业银行是最重要的市场组织者和参与者，衍生金融工具抵销及披露规则客观上对商业的财务报表具有重大影响。因此，确立一个能够真正反映衍生金融工具风险特征和经济实质且全球统一的抵销及披露规则，对于加强衍生金融工具监管、改进商业银行风险管理以及维护整个金融系统稳定都具有重要意义。整体比较而言，US. GAAP 更好地体现了衍生金融工具的特征及风险管理模式，在提供更高质量会计信息上优于 IFRS。对于我国来说，虽然衍生金融工具的种类及规模与发达国家相比存在显著差异，但衍生金融工具作为重要风险管理手段的价值和功能已得到普遍认可，其在未来的快速发展也已在监管者及市场参与者的合理期待之内。为此，有必要深入分析衍生金融工具的特征及风险管理模式，以此为基础来比较 IFRS 及 US. GAAP 在衍生金融工具抵销及披露规则上差异及其适当性，进而结合我国新会计准则 37 的相关规定，对我国衍生金融工具抵销及披露会计规则的完善提出建议。

一、相关概念的界定

在讨论衍生金融工具抵销及披露规则之前，需要界定与此有关的若干关键概念，分别是：抵销权（set-off）、净额结算（netting）、抵销（offsetting）。

（一）抵销权（set-off）

抵销权是指债务人依法有权依据合同或其他安排对同一债权人，就其应付债务对该同一债权人对其自身应付债务的全部和部分予以抵销的权利。在特定情况下，包含债务人有权就同一债权人对第三人应付债务的全部或部分予以抵销。抵销权可以基于合同或法律规定而产生，但作为一项法定权利，基于合同而产生的抵销权应当得到相关法律的认可。但客观上，抵销权是否真实有效存在受合同缔结地、履行地及合同主体所属地法律的影响。同时，一个国家或地区的法律往往会区分正常情况与特殊情况而对基于合同而产生的抵销权的合法性予以区别对待。比如，其可能会限制或禁止在破产、违约及类似情形下抵销权的执行。因此，判断基于合同而产生的抵销权是否真实合法也即其可执行性，取决于合同缔结所选定的准据法以及交易对手所属国家或地区的破产法。交易对手所属国家或地区的破产法在实践中往往更为关键，因为其可以在交易对手破产或发生类似信用事件的情形下否定合同双方所选定的准据法，使抵销权丧失可执行性。

（二）净额结算（netting）

净额结算是指交易双方终止或取消彼此互负的义务，将轧差后的余额转换为一笔单一支付义务。净额结算是减少交易对手风险的有效手段，对于衍生金融交易来说，总互抵协议（master netting arrangement）是衍生金融交易文件群的标准组成部分，而净额结算则是总互抵协议的核心。目前，国际及各国国内存在多种版本的总互抵协议，但其核心内容基本一致。以当前国际最具影响力的国际互换交易商协会（international swaps and derivatives association，ISDA）制定的总互抵协议有关净额结算的规则来看，交易双方通过签署交易确认书约定交易双方当前以及未来发生的全部衍生品交易均适用此总互抵协议，通过总互抵协议创造的单一协议使交易双方的全部衍生交易均可相互抵销，从而每天加总交易双方的全部交易并将其综合换算为一个单一的净额。净额结算具体分为两类：①净额支付，指在正常的商业过程中有偿付能力的交易一方在给定的日期将交易双方互负的义务轧差后的余额转化为单一应付或应收金额。②终止净额结算，指在交易一方出现破产、丧失偿债能力或发生类似信用事件的情况下，守约一方有权终止其与违约一方之间发生的全部衍生金融合约，并将双方互负的义务轧差后的余额转化为一个单一的应付或应收金额。如果终止净额结算后，守约一方获得一个净的应收金额，那么守约一方有权在该金额等量的范围内取得违约一方所交付的担保物，担保物的价值超出净的应收金额的部分，守约一方应及时退还违约一方的破产管理人或类似主体，不足的部分，守约一方应与普通债权人一样向违约一方的破产管理人或类似主体请求偿还。

（三）抵销（offsetting）

抵销是专用于会计处理及财务报告的概念，是指基于可执行的抵销权的存在而将相关金融资产与金融负债抵销后将其净额在资产负债表上列报。具体是指当存在受所属司法管辖区域法律认可的可执行的总互抵协议的情况下，在行使抵销权后交易一方在此协议下与交易对手间发生的全部衍生品交易，或者作为一项资产列报，或者作为一项负债列报，而不是将相应的金融资产与金融负债分别列报。

二、衍生金融工具的特征及风险管理模式

（一）特征

与其他金融工具相比，衍生金融工具有显著不同的特征：其一，衍生金融工具在多数情况下不需要初始投资（除期权外），初始价值为零，但对于债券及股票等金融工具来说，在初始投资时均需按相关金融工具的公允价值全额融资。其二，衍生金融工具在到期日前，其价值会因基础变量（如利率、汇率及标的资产的现货价格）的变动而双向变动，对于交易的任何一方来说，其价值在此时间点为正，但在另一时间点则可能为负（期权买方除外）。但对于其他金融工具来说，其价值仅会单向变动，且其最小价值往往以零为限，很少会出现价值为负的情况，比如贷款，其损失的最大额为本金及应收利息。其三，基于衍生金融工具在其到期日前具有价值双向变动等特征，因而衍生金融工具的风险管理不同于其他金融工具。衍生金融工具是以投资组合为基础进行管理，以信用违约互换（credit default swap）为例，信用保护卖方对于其持有的信用风险敞口往往通过与其他交易对手缔结新的信用违约互换来对冲风险。对于信用保护卖方来说，尽管其相关风险敞口已经得到有效对冲，但在资产负债表上，其两个或两个以上风险相互对冲的衍生合约在到期日前却将同时存在。因此，尽管衍生金融工具的日间交易规模巨大，但是，其相关风险往往已得到有效对冲。

（二）风险管理模式

此处以单一主体信用违约互换（single-name CDS）的风险管理方式为例来描述衍生金融工具风险管理的一般特征。单一主体信用违约互换可以使合约双方交易或套期参考主体的违约风险。为了获取针对参考主体的信用风险保护，保护买方需周期性地向保护卖方支付保护费用，保护费用以参考主体信用风险超过无风险利率的价差来计量。如果参考主体违约，保护卖方需向保护买方支付与标的金融工具（underlying financial instrument）面值等额的现金，保护买方需向保护卖方实物交割标的金融工具。违约事件往往包括参考主体不能偿还到期债务、债务重组、破产以及信用评级的严重降级等。对于合约双方来说，均面临交易对手信用风险。对于信用保护买方，如果保护卖方及参考主体双重违约，其将丧失对参考主体违约风险的保护；如果信用保护卖方单方面违约，信用保护买方往往需要与其他交易对手缔结新的衍生合约，为此往往需要支付更高的保护费用。对于信用保护卖方来说，如果信用保护买方违约，其将失去相关的保护费用。更为重要的是，信用保护卖方往往通过缔结其他衍生合约来对冲其因提供信用保护而持有的风险敞口，如果信用保护买方违约，信用保护卖方往往不得不解除其随后缔结的对冲相关风险的衍生合约，或者寻求缔结取代违约的信用保护买方的新的信用违约互换，但此时，其可能获取的保护费用往往会低于之前水平，从而遭受损失。为了减少交易对手的信用风险，信用保护买方和买方之间往往以交付担保物作为履约保障，在合约有效期内，需要提交的担保物数量往往因市场价格、交易一方的信用评级及参考主体的变动而变动。如果担保物的交付比例达到信用风险敞口的100%，则可以将合约的信用风险减低至零。如上所述，金融衍生工具是以投资组合为基础进行管理，净额结算则在提交履约担保之外进一步减少了交易的信用风险。例如，假设信用保护卖方与其交易对手之间存在四个衍生金融合约，且双方缔结了可执行的总互抵协议（衍生金融工具交易双方之间签署总互抵协议是交易惯例），信用保护卖方在四个合约中分别具有正的价值 7 万、3 万以及负的价值 5 万、4 万，通过净额结算，信用保护卖方相对于该交易对手的信用风险敞口则为正的价值 1 万，仅为衍生合约投资组合总的正的价值的 10%。如果交易双方提交的担保物比例达到了净额结算金额的 90%，那么，当前真正存在的信用风险敞口为 1000 元，仅为衍生合约投资组合总的正的价值的 1%。而对于做市商来说，当其因与交易对手的交易而承担了一项风险，其会通过与其他交易对手缔结反向衍生合约来对冲所承担的风险，而非持有巨大的多头或空头仓位。因此，尽管做市商交易频繁，交易合约数量和名义金额规模巨大，但其风险却已有效对冲，交易合约数量和名义金额规模并不能准确揭示真实的交易风险敞口。

通过以上分析，可以看出：①衍生金融工具的名义金额与交易对手之间的财务状况之间不存在直接关联，因为衍生交易不交易本金（货币互换除外）；②在存在可执行的总互抵协议情况下，净额结算有效降低了衍生金融工具交易双方的信用风险；③通过提供担保物作为衍生合约的履约保障，更加减少了衍生合约的真实信用风险。

三、新会计准则 37 与 IASB 相关金融工具抵销及披露规则比较

新会计准则 37 基本完全采纳了 IASB 关于金融工具抵销及披露的相关规则（相关对照关系见表 1），主要是 IFRS7：Financial Instruments：Disclosures 及 IAS32：Financial Instruments：Presentation，具体条文之间基本是一一对应关系。其中，新会计准则 37 之第 32 条对应 IASB 适用指南（application guidance）之 AG38F。在新会计准则 37 中，没有直接对应关系的条文有 IFRS7 之 13B、13F 及 IAS48，基本属于一般性、解释性及技术性要求，基于概括程度及语言表达习惯，IASB 相关规则内容基本已被新会计准则 37 涵盖。可以看出，我国新会计准则 37 与 IFRS 之间就金融工具抵销及披露的处理已经达到了一致水平。

表 1 中国新会计准则 37 与 IFRS7 及 IAS32 规则对照表

新会计准则 37	IFRS7	IAS32
第 28 条		42、43
第 29 条		45
第 30 条		47、AG38A、AG38B、AG38C、AG28D
第 31 条		46、AG38E

续表

新会计准则 37	IFRS7	IAS32
第 32 条		AG38F
第 33 条		49
第 34 条		50
第 35 条		44
第 45 条	13A、13C、13D、13E	
无直接对应条文	13B、13F	48

四、IASB 及 FASB 有关金融工具抵销规则的比较

IASB 制定的 IFRS 以及 FASB 制定的 US. GAAP 作为当前世界最具影响力的两大会计准则体系，对世界各国自身的 GAAP 的制定及国际贸易投融资活动具有重大影响。比较 IFRS 与 US. GAAP 对衍生金融工具抵销及披露的规定、演进并评价其适当性，可以深化对衍生金融工具特殊性的认识，有助于完善我国衍生金融工具抵销及披露的会计规则，也有利于推动 IFRS 以及 US. GAAP 会计处理差异的弥合，从而增强国际以不同会计准则为编制基础的会计报告的相关性、可比性及准确性。

（一）IASB 及 FASB 有关金融工具抵销规则的基本情况

IASB 及 FASB 有关金融工具抵销规则的差异构成了两大会计准则体系之间的最大差异，特别是对于持有大量衍生金融工具合约的金融机构来说，不同的编制基础会导致其资产负债表产生重大差异。为了弥合这一重大差异，IASB 及 FASB 曾经尝试联合制定统一的金融工具抵销规则。具体来说，FASB 于 2011 年 1 月发布了相关征求意见稿"资产负债表（主题 210）：抵销"，同时，IASB 也发布了一个与 FASB 基本相同的征求意见稿。在征求意见稿中，金融工具的抵销规则被设定为：当且仅当报告主体享有一项无条件且可执行的抵销权，且其意图净额结算其金融资产金融义务，或者同时变现其金融资产并清算其金融义务时，报告主体方可抵销金融资产与金融负债并将其净额列示在资产负债表上。[1]该建议的抵销规则消除了 US. GAAP 对满足特定具体限制性条件的衍生金融工具及回购协议抵销的例外规定，这些规定与附条件的抵销权相关。双方希望以此来取代彼此之前存在显著差异的有关金融工具抵销的规则。在征求意见期间，IASB 与 FASB 共收到 162 份评论意见，同时分别在欧洲、美国及亚洲召开圆桌会议讨论所收到

---

〔1〕 See FASB: Proposed Accounting Standards Update Balance Sheet (Topic 210), pp. 7-9.

的评论意见。多数意见支持 IASB 与 FASB 为统合有关金融工具抵销规则差异而做出的努力，但并没有对采用何种抵销规则形成一致意见。整体上，已经采用 IASB 会计体系的评论者倾向于支持采用以 IFRS 为基础的抵销规则，而美国的评论者则明显倾向于支持以 US. GAAP 为基础的抵销规则。但几乎所有的评论者均支持进一步扩大有关金融工具抵销的披露。鉴于 IASB 与 FASB 自身以及评论者、财务报告使用者对金融工具抵销规则的意见差异巨大，2011 年 6 月，IASB 与 FASB 放弃了整合二者有关金融工具抵销规则的目标，选择继续保持各自原有的相关规则。同时，鉴于各界对进一步扩大有关金融工具抵销披露的一致需要，IASB 与 FASB 决定就金融工具抵销的披露进行整合，2011 年 12 月，IASB 与 FASB 分别对各自有关金融工具抵销的披露规则进行了修正。但由于二者在金融工具抵销规则上的差异仍然存在，因此，其披露规则的整合也仅是部分整合，并未达到完全整合、直接可比的程度，但相较于修正之前，有关信息的内容及质量已经得到改善。

（二）IASB 有关金融工具抵销的规则

IASB 有关金融工具抵销的规则规定在 IAS32 "金融工具：列报" 中，2011 年 12 月，IASB 为消除与其他司法管辖区域在适用抵销规则的不一致，对该规则进行了修正。目前，根据修正后的规则，金融工具抵销必须同时满足两项要求：①当前具有一项可执行的法定抵销权；②具有净额结算或同时清算的意图。对于第 1 项要求，是指根据法律该抵销权在任何时间均可执行，而非依据未来事项，包括未来可能发生的交易对手违约或破产。[1] 对此，必须同时满足：其一，必须不依赖未来可能发生的或有事项；其二，在以下所有情形下均在法律上可执行：①在正常的商业活动中；②在报告主体或交易对手发生违约的情形中；③在报告主体及交易对手发生丧失偿债能力或破产情形中。对于第二项要求，是指尽管报告主体满足第一项要求，但如果不具有净额结算或同时清算的意图，仍然不能满足抵销规则要求。修正后的规则同时规定，如果报告主体的结算方式产生的效果等同于净额结算，那么将被视为满足抵销规则要求，从而事实上成为一种例外规定。对此，当且仅当此类总额清算模式消除或基本消除了相关信用及流动性风险，且在单一清算程序或周期内处理应收及应付金额时方可视为满足该例外规定（具体要求见 IAS32-AG38F，内容与我国新会计准则 37 第 32 条相同）。

修正后的 IFRS 有关金融工具抵销规则的此项规定，实质与 FASB 在 ASC815-10（accounting standards codification）"衍生工具与套期保值：整体"（Derivatives and Hedging：overall）中有关回购与逆回购的例外规定一致，解决了之前其与

---

〔1〕 See IASB：IAS32：presentation. pp. 20-21.

US. GAAP 有关通过满足特定条件的清算所和登记托管机构进行的总额结算是否满足抵销要求的差异。但在修正后 IFRS 规则下，报告主体仍需审慎评估其使用的总额交易机制是否满足清算结果与净额计算等效的具体要求，因为并非所有的中央清算对手都满足相应的要求。

对于交易对手之间签署的总互抵协议，IFRS 规则认为，尽管此协议经常被交易双方用来降低彼此之间交易所带来的信用风险，赋予交易一方在交易对手发生违约、丧失偿债能力或破产情形下抵销协议所覆盖范围内的相关金融资产及金融义务的权利，但是，总互抵协议并不构成满足抵销要求的充分条件。因此，根据 IFRS 规则，在单纯存在可执行的总互抵协议的情况下，相关金融资产和金融义务不能以抵销后的净额在资产负债表中列示。

（三）FASB 有关金融工具抵销的规则

US. GAAP 有关金融工具抵销的规则主要规定在 ASC210-20 "资产负债表：抵销"，[1] 以及 ASC815-10 "衍生工具与套期保值：整体" 中[2]，要求当且仅当报告主体同时满足金融资产金额可合理确定、存在可执行的抵销权以及具有行使抵销权的意图等三项条件的情况下，方被视为满足金融工具抵销的要求。对于满足抵销规则要求的报告主体，US. GAAP 允许报告主体在资产负债表上就总额列报或净额列报进行选择。也就是说，是否选择抵销是一项会计政策，而非一项义务。但在 IFRS 中，对于满足其抵销规则要求的金融资产和金融义务，报告主体必须在资产负债表中以抵销后的金额净额列报。同时，在 US. GAAP 中，会计政策一旦被选定，报告主体则应当在所有类似交易中一致采用该会计政策。对于可执行抵销权的认定来说，US. GAAP 要求必须考虑所有可以支持或质疑抵销权可执行性的证据，在满足有合理理由确信破产并且该抵销权仍被法律所认可的情形下，可执行的抵销权才被视为合理存在。也就说，在 US. GAAP 下，可执行的抵销权并不要求在任何情况下都可执行，仅要求在破产的情形下可执行。这是对可执行抵销权最广泛的定义。但在 IFRS 下，可执行抵销权必须在任何情形下均可执行，对于抵销权的执行需要以未来或有事项包括交易对手违约或破产方可执行的情形，IFRS 并不认同其符合抵销规则下的可执行抵销权的定义，认为这是对可执行抵销权最狭窄的定义。在行使抵销权的意图上 US. GAAP 对衍生金融工具予以例外规定，只要交易双方存在适用于相关衍生金融交易的总互抵协议，那么，只要其他条件满足，报告主体就可以将相关衍生金融交易的应收应付金额抵销后在其资产负债表上净额列报。但在 IFRS 下，明确存在的抵销意图是其抵销

---

〔1〕 See FASB: ASC210-20: offsetting, https://asc. fasb. org/section&trid = 2122253.

〔2〕 See FASB: ASC815-10: Derivatives and Hedging: overall, https://asc. fasb. org/link&sourceid = SL347224 25-113959&objid = 120409819.

规则的两大基本要求之一，在缺乏此意图的情形下，即使其他抵销要求均已满足，报告主体仍不得将相关交易的净额在资产负债表上列报。此外，US. GAAP一直以来均允许采用"符合特定条件、交易结果与净额结算等效的回购及逆回购交易"的标准在资产负债表上净额列报，随着 IASB 在 2011 年 12 月对原抵销准则的修正，在有关采取此类交易模式上 IFRS 与 FASB 交易的抵销规则已经趋于一致。

（四）IASB 与 FASB 有关金融工具抵销规则的比较分析及其对衍生金融工具会计处理的适当性分析

二者最大的共同点在于：二者均将是否具有可执行的抵销权作为确立抵销规则的首要条件。但在具体适用时却有不同的具体要求，主要是：①US. GAAP 认可总互抵协议（附条件方可执行）符合可执行抵销权的定义；IFRS 则不予承认。②US. GAAP 对于满足其他条件的衍生工具交易，如果存在总互抵协议，则视为满足抵销条件，不需要报告主体具有净额结算或者同时清算的意图；IFRS 则将具有净额结算或者同时清算意图作为抵销不可或缺的基本条件。③US. GAAP 将满足抵销条件的净额列报作为一项会计政策允许自由选择；IFRS 则将满足抵销条件的净额列报作为一项要求必须履行。整体上看，US. GAAP 对于金融工具抵销规则的自由度和标准较之于 IFRS 宽松，由此也导致了同一报告主体特别是持有大量衍生金融合约的金融机构，依据不同的会计准则编制财务报告，会导致资产负债表的金融资产和金融义务列报金额出现巨额差异。

判断会计准则的适当性，关键在于相关会计处理方式能否以合理成本和清晰的方式有效揭示作为处理对象的经济现象和活动的实质，即报告信息内容的相关性、真实性和准确性。金融工具范围广泛，性质、特征各有其差异，因此，如果对金融工具的抵销规则进行全面的适当性分析，显然不是本文所能完成的任务。在此，所要做的仅是对 IASB 及 FASB 抵销规则对衍生金融工具处理的适当性进行评析。如前文所述，衍生金融工具在特征及风险管理模式上有别于其他金融工具，其初始投资往往为零，且在到期日前，其价值常常出现双向变动，在此时点为正的价值，而在另一时点则可能为负。更为重要的是，衍生金融工具是以投资组合为基础进行风险管理，不同于其他金融工具简单地以卖或买来管理风险，在交易主体对于市场变量变动而产生的风险暴露，衍生金融工具往往通过缔结新的风险对冲的衍生合约来管理风险。因此，尽管衍生金融具体交易主体特别是做市商的衍生金融工具交易频繁且名义金额巨大，但事实上，其所持有的风险敞口已被有效管理。在交易双方通过提供现金等担保品作为履约保障的情形下，交易的信用风险将进一步减小。在有合理确信存在可执行的总互抵协议时，衍生金融工具的净额结算机制将更为真实地体现报告主体的财务状况，而总额列报则会夸大报告主体所拥有的财务资源以及承担的债务规模。

尽管如此，仍有必要指出，在 FASB 于 2011 年 12 月通过投票决定保留其原有的抵销规则并对披露规则进行完善时，仍有 4 名成员对保留原有的抵销规则持反对意见，认为没有必要在 IASB 及 FASB 的抵销规则之间继续维持既有的差异，同时认为将"具有无条件的抵销权并且同时存在抵销意图"作为抵销标准更能实现财务报告的目标。可见，两种抵销规则的适当性判断并不是非此即彼的问题。但在本文看来，US. GAAP 对于衍生金融工具的抵销处理能够更好地与衍生金融工具以净额为基础进行交易、管理、清算、估值的现实相一致。鉴于衍生金融工具对于金融机构以及大企业经营管理日益重要，未来或有必要在金融工具抵销的一般规则之外，对衍生金融工具的抵销规则予以特别处理。

五、IASB 及 FASB 对金融工具抵销的披露规则比较

作为金融工具抵销准则整合失败的替代，IASB 及 FASB 在相互磋商并征求利益相关者（stakeholders）的意见后，IASB 于 2011 年 12 月修正了 IFRS7 "金融工具：披露"，规定了有关金融资产与金融负债净额结算安排的披露规则。FASB 则分别于 2011 年 12 月及 2013 年 1 月发布了 ASU-2011-11（accounting standards update）"资产和负债抵销披露"，以及 ASU-2013-1 "关于资产与负债抵销披露范围的说明"。IASB 与 FASB 在 2011 年 12 月发布的披露准则在整合二者关于抵销披露规则的适用范围、披露内容及披露格式上取得明显进展，但由于二者在抵销规则上的重大差异，披露规则表面上的一致并未改变其部分披露内容实质上的重大差异，未实现数据之间的完全直接可比。随着 2013 年 FASB 发布 ASU-2013-1 进一步限制了抵销披露的适用范围，IASB 与 FASB 有关披露规则的一致性受到冲击，财务报告之间的可比性显著减弱。

（一）IFRS7 有关抵销披露的规则与 ASU-2011-11 相关规则的比较

就适用范围而言，IFRS7 与 ASU-2011-11 相关规则范围相同。IFRS7 规定：抵销披露规则适用于所有依据 IAS32 第 42 段而抵销的已确认金融工具，以及适用于可执行总互抵协议以及类似协议的已确认金融工具，无论其是否可以依据 IAS32 第 42 段而抵销。ASU-2011-11 规定：抵销披露规则适用于根据 ACS 之 section210-20-45 及 section810-10-45 可以抵销的金融工具及衍生工具，以及适用于可执行总互抵协议及类似协议的已确认金融工具及衍生工具，无论其是否可以依据 ACS 之 section210-20-45 及 section810-10-45 而抵销。尽管 IAS32 第 42 段与 ACS 之 section210-20-45 及 section810-10-45 有关金融工具抵销的规则有重大差异，但就适用于可抵销及可执行的总互抵协议及类似协议下的已确认金融工具来说，二者范围是一致的。

但是，对于披露的内容而言，二者之间却会因抵销规则的实质不同而产生重大差异，导致部分数据之间不能直接可比。IFRS7 规定：报告主体应当分别披露上述披露规则适用范围内已确认金融工具的下列定量信息：

（1）已确认金融资产及金融负债的总额。

（2）在资产负债表净额列示时根据 IAS32 第 42 段确立的标准可以抵销的金额。

（3）在资产负债表上净额列示的金额。

（4）适用于可执行总互抵协议或类似协议但是不包含在本段（2）的金额，包括：不满足 IAS32 第 42 段部分或全部抵销标准的相关已确认金融工具；以及相关的金融抵押金额（包括现金抵押）。

（5）用本段（3）的金额减去本段（4）后的净额。[1]

ASU-2011-11 的规定如下：报告主体应当分别披露上述披露规则适用范围内已确认金融工具的下列定量信息：

（1）已确认金融资产及金融负债的总额。

（2）在资产负债表净额列示时根据 ACS 之 section210-20-45 及 section810-10-45 确立的标准可以抵销的金额。

（3）在资产负债表上净额列示的金额。

（4）适用于可执行总互抵协议或类似协议但是不包含在本段（2）的金额，包括：①满足以下条件之一的相关金融工具及衍生工具：a. 管理层作出的会计政策选择决定不予抵销的金额；b. 不满足 ACS 之 section210-20-45 及 section810-10-45 部分及全部抵销标准的金额。②相关的金融抵押金额（包括现金抵押）。

（5）用本段（3）的金额减去本段（4）后的净额。[2]

对比 IASB 与 FASB 以上对抵销披露内容的规定，可以看出，虽然表面上几乎完全相同，但是由于 IAS32 第 42 段与 ACS 之 section210-20-45 及 section810-10-45 有关金融工具抵销的规则有重大差异，因此，导致除第 1 及第 5 项数据实质相同从而直接可比外，第二、三、四项的金额不能直接可比。尽管不能完全调和二者有关披露的差异，但相较于之前，第一项及第五项数据有助于财务报告使用者理解和分析在交易一方出现违约或破产的情形下净额结算安排对报告主体财务状况的重大影响。

（二）ASU-2013-1 对金融工具抵销披露适用范围的限制及其影响

几乎在 ASU-2011-11 生效的同时，FASB 发布了 ASU-2013-1，其生效日期与 ASU-2011-11 相同，也就是说，ASU-2013-1 在 ASU-2011-11 生效之前，实

---

〔1〕 See IASB：IFRS7：Financial Instruments：Disclosures, pp. 10-11.
〔2〕 See FASB：ASU-2011-11：Balance Sheet（Topic 210）, pp. 3-4.

际改变了 ASU-2011-11 的适用范围。如上所述，ASU-2011-11 有关抵销披露的适用范围与 IFRS7 相同，也就是说，二者之间存在直接可比的披露基础。但随着 ASU-2013-1 改变了 ASU-2011-11 的适用范围，而 IFRS7 并未同步修正其抵销披露规则的适用范围，破坏了二者之间原先存在的比较基础，导致 IASB 与 FASB 最初作为抵销规则整合替代的披露规则整合目标的实现遭受挫折。

FASB 在 ASU-2013-1 的背景信息及决策基础上阐述了此次修改原因及利弊权衡。导致此次修改最主要的原因在于，在 ASU-2011-11 发布之后，一些重要的受影响主体认为 ASU-2011-11 的适用范围不明确且太过广泛，由此显著增加了披露的不确定性、难度及成本。受影响主体反映：①在美国，大量的合同中含有允许合同一方在交易对手发生破产时进行净额结算的商业条款，从而与可执行总互抵协议相同，因此，执行 ASU-2011-11 规则，将导致必须审查大量在 ASU-2011-11 适用范围内的商业合同是否包含类似条款。②一些经纪自营商反映，尽管其最初认为对于未交割的正常交易中产生的应收应付款项不属于 ASU-2011-11 的披露范围，但经过进一步审查，其认为相关合同条款已经演进为与总互抵协议或类似协议等同，因此，需要明确其是否适用抵销披露规则。[1]

对于受影响主体所反映的以上意见，FASB 经过审查认为，应当限制 ASU-2011-11 规则的适用范围，在 ASU 2013-1 中，将其适用范围确定为：①根据主题 815 规则进行会计处理的已确认衍生工具，包括嵌入式衍生工具，回购及逆回购协议以及证券借贷协议，并根据 section210-20-45 或 section815-10-45 予以抵销；②根据主题 815 规则进行会计处理的已确认衍生工具，包括嵌入式衍生工具，回购及逆回购协议以及证券借贷协议，并存在一项总互抵协议或类似协议，无论其是否可以根据 section210-20-45 或 section815-10-45 予以抵销。[2]

FASB 同时阐述了其决策过程的利弊权衡：①商业合同中存在的允许合同一方在交易对手违约时净额结算的条款，本质上是信用增进工具（credit enhancement）而非信用缓释工具（credit mitigation）。同时，为了在财务报告中净额列报此类应收应付款项，报告主体必须满足抵销规则的全部条件，包括具有在正常的商业活动中行使抵销权的意图。但此时，无论对于 US. GAAP，还是 IFRS，报告主体事实上已经满足在资产负债表上以抵销后净额列报的条件，不会影响 US. GAAP 与 IFRS 下财务报告的一致性，进而认定此类商业条款不属于总互抵协议或类似协议。②对于未交割正常交易产生的应收应付款项的抵销问题，FASB 认为，由于其与交易确认的时间基础密切相关，且 IFRS 允许报告主体在以交易

---

〔1〕 See FASB：ASU-2013-1：Balance Sheet（Topic 210），pp. 17-18.

〔2〕 See FASB：ASU-2013-1：Balance Sheet（Topic 210），pp. 3-4.

日为基础处理或者以清算日为基础处理之间进行选择，因此，披露此类交易的总额并不能促进 US. GAAP 与 IFRS 抵销规则的可比性，从而将此类交易排除出抵销披露规则的适用范围。③FASB 认为，在整个抵销及披露规则的整合过程中，利益相关者明确将 US. GAAP 与 IFRS 规则的整合重点集中在衍生金融工具、回购及逆回购协议以及证券借贷协议，因此，考虑到财务报告使用者的现实需求以及降低和减少规则适用的成本及不确定性，限制并明确将 ASU-2011-11 的适用范围确定在以上三类金融工具内是必要且合理的。

ASU-2013-1 对披露适用范围的限制，凸显了衍生金融工具抵销及披露在整个金融工具抵销及披露中的重要性和特殊性。需要指出，此处适用披露规则的衍生工具的范围被严格限定在根据主题 815 规则进行会计处理的衍生工具，包括嵌入式衍生工具。对于属于 ASC 总术语汇编中衍生工具定义但不适用主题 815 规则处理的衍生工具，不属于 ASU-2013-1 定义的衍生工具范围，不适用此抵销披露规则，由此也凸显了衍生金融工具披露及抵销的复杂性。

尽管 FASB 为其单方面限制抵销披露规则的适用范围作出了说明，但是，在 IASB 未作出类似限制或说明的情况下，二者在 2011 年 12 月修正中所确立的脆弱的抵销披露规则的一致性基础已经被动摇。但从实用主义的观点来看，FASB 的做法有其合理性和价值，即在保证财务报告信息质量适度提高的前提下，减少了当前市场参与者信息披露的成本。由此可见，即使对于经济已经高度发达的欧美来说，其会计规则的整合也同样困难重重。

六、我国新会计准则 37 与 IASB、FASB 相关衍生金融工具抵销与披露规则比较

如前文所述，我国新会计准则 37 基本完全吸纳了 IFRS 有关金融工具抵销与披露的规则，因此，与 IFRS 之间，仅就规则本身而言，二者之间已经高度一致。但就其适用指引的制定而言，我国相关规则在完备程度与 IFRS 规则有明显不足。IFRS 在规则制定的同时，制定了相应的适用指引（application guidance），为报告主体准确理解和使用提供详细、明确且操作性强的指引。对于 FASB 而言，规则修正之时，不仅发布详细的执行指引和说明（implementation guidance and illustration），同时，还提供详细的规则修订背景及相关考虑信息（background information and basis for conclusions），这些资料共同构成了完整的会计规则体系，为减少会计准则的执行错误、降低执行成本、提高执行质量提供了有力支撑。目前，对于已经开始实施的新会计准则 37，相关机构尚未发布类似指引，从完善新会计准则 37 乃至我国会计体系的角度而言，有必要借鉴 IASB 及 FASB 的类似做法。

由于新会计准则 37 与 IFRS 的高度一致，因此，其与 FASB 相关规则的比较，基本上等同于 IFRS 与 US. GAAP 之间的比较。具体来说，尽管新会计准则 37 采用了 IFRS 有关金融工具抵销及披露的规则，但本文认为，基于衍生金融工具的特征及其风险管理模式的特殊性，依据 US. GAAP 的相关规则所编制的财务报告更能反映衍生金融工具在各种条件下的经济实质，因此，值得借鉴。但对此而言，并非要求我国的会计规则的借鉴体系由 IFRS 转向 US. GAAP，而是认为可以考虑在目前金融工具列报的一般规则下，将衍生金融工具与其他金融工具分别单独列报并适用不同的抵销规则，从而使财务报告更好地体现不同性质金融工具之间经济实质的差异。尽管当前我国衍生金融工具的交易种类和规模都很有限，但从未来发展及市场需求的角度看，有必要为衍生金融工具确立科学合理的会计处理规则，包括衍生金融工具的抵销规则。对于抵销披露而言，本文认为，新会计准则 37 保持与 IFRS 之间的一致是合理的，但 FASB 在 2013 年单方面限制其与 IASB 于 2011 年 12 月磋商后确定的有关抵销披露规则的适用范围，这一点同样有其现实考虑，尽管这在一定程度上破坏了不同报告编制基础之间财务信息的可比性。

七、结语

IASB 与 FASB 近年来在金融工具抵销及披露规则整合上所作出的努力以及遭遇的挫折，体现了不同国家和地区对金融工具特别是对衍生金融工具经济实质及风险管理模式的不同理解。但随着全球经济的进一步融合，实现国际经济金融管理规则特别是会计准则的整合是经济发展的客观需要。同时，随着衍生金融工具的进一步发展完善并被更多的市场参与者所熟知及运用，衍生金融工具会计处理的特殊性、重要性及复杂性也将在更多的会计准则厘定者、编制者及使用者之间形成共识。当前，很难在整体上对 IFRS 与 US. GAAP 有关金融工具抵销规则上简单地做出孰优孰劣的判断。但单就衍生金融工具抵销规则而言，本文认为，US. GAAP 更能反映其经济实质。在衍生金融工具披露规则上，尽管 IFRS 与 US. GAAP 曾一度形成了披露规则的表面一致，使部分数据得以直接可比，但随着 FASB 于 2013 年限制了抵销披露规则的适用范围，使得二者之间达成的短暂一致性基本不复存在。对于我国新会计准则 37 而言，其对 IFRS 相关规则基本完全吸纳，体现了我国会计准则制定者为实现与国际主流会计标准接轨所付出的努力，但也应当借鉴欧美积极做好规则执行配套指引的编制及发布，提升会计准则体系的科学性、系统性及可操作性。同时，对于 US. GAAP 的相关规则而言，其内在的合理性也需要国内规则以适当的方式予以借鉴。

金融监管机关解决金融消费纠纷的困境与出路

刘　建 *

内容摘要：近年来，借鉴域外经验，我国金融监管部门逐步建立了各为体系，以"转办"模式为主的金融消费纠纷解决机制。此种模式游离于法律规制外，却事实上发挥着高效解决纠纷、维护金融消费者合法权益的作用。因此，需要全面分析金融监管机关处理金融消费纠纷的利弊，并就其中涉及的法律问题进行分析，重点考虑有关机制如何在实现监管目的与权力配置之间实现平衡。

关键词：金融监管；金融纠纷；解决；困境

近年来，借鉴域外经验，我国金融监管部门逐步建立了各为体系，以"转办"模式为主的金融消费纠纷解决机制。比如中国人民银行建立了以"12363"、中国证监会建立了以"12386"、原中国保监会建立了"12378"纠纷投诉维权热线。此类热线处理模式一般为电话接入，记录金融消费者诉求，判定属于自身职责且仅涉及民事纠纷的，直接转被投诉机构处理，待机构反馈处理结果后，依据双方当事人意愿，判定是否启动调解程序；投诉事项如涉及违反相关强制性法律规范义务，则启动相应行政调查程序，对机构涉嫌违法违规行为进行查证处理，对有关附带民事争议部分进行调解。此种模式游离于法律规制外，却事实上发挥着高效解决纠纷、维护金融消费者合法权益的作用。从金融监管机关角度来看，解决金融消费纠纷虽非其法定职权，有关受案条件与程序设置亦无上位法律依据，但是出于维护自身监管行业稳定发展及有效对被监管对象进行管理的监管目的，金融监管机关具有推进此种纠纷解决机制建设的积极性；从金融消费者立场出发，将金融纠纷诉诸金融监管机关，解决程序高效、便捷，对金融机构约束较大，因此，越来越多的金融消费者选择此种方式作为纠纷解决的途径；而从金融机构角度来看，既有小额纠纷与金融消费者和平解决的意愿，也有面临监管压力

* 刘建，腾讯金融研究院、西南政法大学公法研究中心研究员、高级经济师，管理学（法律科学）博士。

而承担不当义务的"抗拒"。因此，需要全面分析金融监管机关处理金融消费纠纷的利弊，并就其中涉及的法律问题进行分析，重点考虑有关机制如何在实现监管目的与权力配置之间实现平衡。对金融监管权的运行进行有效规范，并为我国金融监管机关处理金融消费纠纷机制的完善建言献策，这正是本文的目的。鉴于银行业消费者在金融消费者中更具有普遍性与代表性，银行业金融机构提供的部分产品也兼具了证券、保险的一些特点，尤其是银行业规模在金融业中所处的绝对优势，本文论述主要以银行业为例展开。

一、问题的提出

随着我国经济社会的高速发展，金融业规模不断扩大。据国家统计局数据，2018 年我国国内生产总值已达 900 309 亿元，其中金融业增加值为 69 100 亿元，占比约 7.7%，金融业已成为国民经济的重要组成部分。[1]自然人、法人和其他组织等各类社会主体金融服务需求不断提高，通过支付一定的对价而接受金融机构提供的商品或者服务作为社会主体的消费形态，逐步普遍化。如世界上诸多金融市场发达国家与地区一样，在我国，使用"金融消费者"来指代其中的自然人消费群体成为常态。

世界银行曾统计，在 2007—2009 年世界性金融危机爆发前，全世界每年约有 1.5 亿名金融消费者增加。[2]而在我国，虽然未对金融消费者的个体数量进行集中化统计，但是其规模庞大，却也是不争的事实。近年来，各类侵害金融消费者的事例层出不穷，引发各界高度关注，金融监管机关受理的金融消费投诉案件大幅上升，从金融监管机关统计的金融消费者投诉的数量来看，金融消费领域投诉量逐年递增，且居高不下。根据中国人民银行的统计，2013 年该行金融消费权益保护部门共受理消费者投诉 9139 件[3]，2017 年则达到 21 610 件[4]；而根据中国证监会的统计，该会 2013 年通过统一投诉电话受理的投诉为 3318 件[5]，

---

〔1〕　国家统计局：《中华人民共和国 2018 年国民经济和社会发展统计公报》，载国家统计局网站，http://www.stats.gov.cn/tjsj/zxfb/201902/t20190228_1651265.html，最后访问日期：2019 年 3 月 29 日。

〔2〕　世界银行：《金融消费者保护的良好经验》，中国人民银行金融消费权益保护局译，中国金融出版社2013 年版，第 1 页。

〔3〕　中国人民银行：《2013 年人民银行金融消费者投诉、处理形势分析报告》，载《中国金融消费权益保护》2014 年第 1 期。该统计不含由人民银行除金融消费权益保护部门外，人民银行其他工作部门直接受理处理的投诉量。

〔4〕　中国人民银行：《2017 年人民银行金融消费者投诉、处理形势分析报告》，载《金融简报》2018 年第 5 期。该统计不含由人民银行除金融消费权益保护部门外，人民银行其他工作部门直接受理处理的投诉量。

〔5〕　中国证监会：《证监会 2013 年度监管信息公开工作年度报告》，载中国证监会网站，http://www.gov.cn/xinwen/2014-03/28/content_2648826.htm，最后访问日期：2017 年 4 月 25 日。该数据统计起始时间为 2013 年 9 月 6 日。

2014 年投诉达到 9910 件[1]，2015 年 5 月至 6 月为该会对外公布投诉量的最后两个月，两个月内通过统一投诉电话收到的投诉达到了 4646 件，此后该会未再对外公布投诉量[2]；中国保监会在 2013 年接收投诉为 21 361 件[3]，2017 年达到了 93 111 件[4]。根据中国消费者协会统计，2017 年各级消费者协会受理的金融服务类（含保险）为 3675 件，2018 年各级消费者协会受理的金融服务类（含保险）为 4817 件[5]，如果加上各金融机构自身、金融行业协会、银行业监督管理部门的投诉受理量[6]，金融消费者投诉数量还会大幅攀升。

在金融消费争议发生后，大量金融消费者选择向金融监管机关投诉，以此作为解决金融消费争议的途径，这从上述金融监管部门公布的投诉处理数据可以看出来，金融监管机关处理金融消费纠纷的机制越有效，选择此种处理方式的金融消费者便愈多。

但从理论与实践运行来看，这种以金融监管权为支撑，处理金融消费纠纷的机制尚存诸多问题待解。

第一，金融监管权属于行政权，从行政、司法权权力属性来看，解决纠纷权的当然属性归于司法机构，解决纠纷并非金融监管机关一般意义上的法定职权。金融监管权常态化介入民事纠纷解决，其与司法权边界、分工何在？

第二，金融监管机关处理金融消费纠纷的能力评价。譬如，如果证据材料并不充分，金融监管机关一般难以判断金融消费者、银行在理财合同订立中各自的过错程度。行政机关难以根据过错程度，确定纠纷双方承担的具体民事责任。在一些理财纠纷中，即使通过银行自认、消费者提供的有关证据判断银行存在一定的过错，但是此种判断难以与金融消费者民事诉求相匹配，特别是在银行工作人员违规销售的第三方理财产品中，因银行并未从此类理财销售中获益，银行亦非

〔1〕 《热线动态》，载中国证监会网站，http://www.csrc.gov.cn/pub/newsite/tzzbh1/tb12386rx/tbrxdt/，最后访问日期：2017 年 3 月 20 日。
〔2〕 中国证监会：《2015 年 5—6 月热线试运行基本情况》，载中国证监会网站，http://www.csrc.gov.cn/pub/newsite/tzzbh1/tb12386rx/tbrxdt/201508/t20150810_282587.html，最后访问日期：2018 年 4 月 15 日。
〔3〕 中国保监会：《中国保监会关于 2013 年保险消费者投诉情况的通报》，载中国保监会网站，http://bxjg.circ.gov.cn/web/site0/tab5246/info3920157.htm，最后访问日期：2018 年 4 月 15 日。
〔4〕 中国保监会：《中国保监会关于 2017 年保险消费者投诉情况的通报》，载中国保监会网站，http://bxjg.circ.gov.cn/web/site0/tab5168/info4104507.htm，最后访问日期：2018 年 4 月 20 日。
〔5〕 中国消费者协会：《2018 年全国消协组织受理投诉情况分析》，载中国消费者协会网站，http://www.cca.org.cn/tsdh/detail/28383.html，最后访问日期：2019 年 3 月 23 日。
〔6〕 各金融机构、金融行业、银行业监督管理部门尚未统一对外公布受理投诉量。部分地区银监部门对投诉量有公布，比如上海银监局曾表示 2012 年该局受理消费者投诉 3239 件，载证券时报网，http://kuaixun.stcn.com/2013/0130/10264946.shtml，最后访问日期：2018 年 4 月 6 日。

理财合同的相对方，金融监管机关难以确定银行的管理过失行为与金融消费者理财损失之间存在法律的因果关系。金融监管机关虽然可以对银行或其工作人员违反监管部门有关规定擅自销售理财产品所承担的行政责任依法进行处理，但是对此种行为所应承担的民事责任，金融监管机关如何确定？

第三，纠纷双方对金融监管机关的介入无法达成共识。调解作为柔性的监管措施，其效用发挥的基础是监管机关的公信力，被调解双方基于监管机关的公信力，通过调解自愿达成调解协议。但是在实践中，部分金融消费者认为投诉处理是利用监管机关向金融机构施压的有效手段，认为对于监管机关转办的民事争议诉求，金融机构必然执行，而在发生重大争议，监管转办无果的情况下，仍希望监管机关继续介入此类纠纷的解决，而不诉诸司法。对于重大金融消费纠纷的调解，金融机构会考虑调解结果存在司法不认可的可能性，如果依靠此种调解支出的大额赔付资金，自身财务处理存在较大审计风险，因此，一般希望通过司法途径而非金融监管机关处理的方式予以解决大额金融消费纠纷。

第四，金融消费纠纷金融监管机关介入处理的范围、程度与程序并未形成统一规则。哪些纠纷属于可以处理的范畴，哪些属于不应处理的范畴并没有确定，处理的程序也并未完全规范化。长期以来，处理金融消费纠纷的权力被视为金融监管机关法定权力的衍生权力，即不需要经过法律的特别授权，金融监管机关可就自身职权范围内某些民事争议通过调解等方式进行处理，但是由于缺乏统一处理纠纷的规则，在实践中，金融监管机关还是存在裁量性过大、形式上调解实质上裁决等问题。

本文将结合我国金融监管机关处理金融消费纠纷的现状，对上述问题进行探讨。

二、以程序介入为导向解决金融消费纠纷模式的确立与发展

为保障金融消费者权利的充分实现，2011 年、2012 年中央机构编制委员会办公室先后批复保监会、证监会、人民银行、银监会设置金融消费者保护工作机构〔1〕，受理、处理投诉成为金融监管机关消保机构重要工作内容。

---

〔1〕 2012 年 3 月 31 日，中央编办通过《关于人民银行设立金融消费权益保护局的批复》（中央编办复字〔2012〕47 号）、《关于银监会法规部加挂银行业消费者权益保护局牌子的批复》（中央编办复字〔2012〕48 号）同意人民银行与银监会成立金融消费权益专门机构。在人民银行内设置金融消费权益保护局，其主要职责是：综合研究我国金融消费者保护工作的重大问题，会同有关方面拟定金融消费者保护政策法规草案；会同有关方面研究拟定交叉性金融业务的标准规范；对交叉性金融工具风险进行监测，协调促进消费者保护相关工作；依法开展人民银行职责范围内的消费者保护具体工作。同意银监会设置银行业消费者权益保护局，确定该局的主要职责是：研究制定银行业消费者权益保护工作总体规划，拟定银行业消费者保护的规章制度和具体政策；调查处理银行业消费者投诉；开展银行业消费者公众教育等。

（一）中国人民银行

2013 年人民银行出台《中国人民银行金融消费权益保护工作管理办法（试行）》，就其分支机构开展金融消费者保护工作进行规范。该办法对金融消费者进行了界定，认为金融消费者是指在中华人民共和国境内购买、使用金融机构销售的金融产品或接受金融机构提供金融服务的自然人。[1]该办法还就金融消费者投诉受理与处理机制进行了规定，金融消费争议产生后，要求金融消费者原则上应向金融机构进行投诉，金融机构对投诉不予受理或者在一定期限内不予处理，或者对金融机构处理结果不满意的，才可向中国人民银行投诉。[2]金融消费者如果是举报金融机构违反法律、行政法规、规章等规定的，可以不经金融机构先行投诉程序，直接向人民银行投诉。依照该办法所确定的办理程序，对于金融机构不涉及违反法律、行政法规、规章或者其他规范性要求的，直接将投诉材料转交投诉金融机构处理，若涉及人民银行职权可直接处理的，人民银行可直接处理而不转金融机构。按照时限规定，被投诉金融机构收到人民银行转办材料15 个工作日应当答复处理结果，如果超过 15 个工作日，则应当及时向人民银行进行说明。依照该办法，投诉经过转办，争议双方如果仍然未达成和解的，可组织双方进行调解，对于调解无效或者不执行的，建议金融消费者通过其他途径进行救济。依照该办法，人民银行从 2013 年起，分地区陆续开通了"12363"金融消费者统一投诉、咨询电话。

2016 年 12 月，中国人民银行发布《中国人民银行金融消费者权益保护实施办法》，该办法对金融消费纠纷处理流程进行了部分优化。例如，不受理情形进一步具体化：被投诉的机构已经提供了解决方案，且该方案对投诉者是公平合理的；投诉者的请求没有事实和法律依据，明显不合理的。该办法对外删去了金融机构投诉反馈时限的规定，仅要求对中国人民银行及其分支机构交办的金融消费者投诉，金融机构应当在规定时限内处理完毕；鼓励金融机构充分运用调解、仲裁等非诉讼方式解决与金融消费者之间的金融消费纠纷。该办法还规定了人民银行调查处理纠纷可以采取的行政措施：进入事件发生现场调查取证；询问当事人和与被调查事件有关的单位和个人；查阅、复制与被调查事件有关的资料。[3]

（二）中国银保监会

1. 银行业

2012 年 3 月，原银监会发布《中国银监会关于完善银行业金融机构客户投

〔1〕《中国人民银行金融消费权益保护工作管理办法（试行）》第 4 条。

〔2〕《中国人民银行金融消费权益保护工作管理办法（试行）》第 12 条。

〔3〕 中国人民银行：《关于印发〈中国人民银行金融消费者权益保护实施办法〉的通知》。

诉处理机制切实做好金融消费者保护工作的通知》（银监发〔2012〕13号）要求银行业金融机构完善客户投诉处理机制，制定投诉处理工作流程，及时妥善解决客户投诉事项；设立或指定投诉处理部门，负责指导、协调、处理客户投诉事项；加强营业网点现场投诉处理能力建设，规范营业网点现场投诉处理程序，明确投诉处理工作人员的岗位职责，严格执行首问负责制，有效提升现场投诉处理能力；为客户投诉提供必要的便利，在各营业网点和官方网站的醒目位置公布电话、网络、信函等投诉处理渠道；及时受理各项投诉并登记，受理后应当通过短信、电话、电子邮件或信函等方式告知客户受理情况、处理时限和联系方式；处理时限原则上不得超过15个工作日。情况复杂或有特殊原因的，可以适当延长处理时限，但最长不得超过60个工作日，并应当告知客户延长时限及理由；对银监会及其派出机构转办的投诉事项，应当严格按照转办要求处理，并及时向交办机构报告处理结果。[1]

而在2013年8月发布的《银行业消费者权益保护工作指引》中，原银监会再次就银行业投诉处理进行了规定。该指引要求银行业金融机构实现各类投诉管理的统一化、规范化和系统化，确保投诉渠道畅通；在规定时限内调查核实并及时处理银行业消费者投诉，对于确实存在问题的银行业产品和服务，应当采取措施进行补救或纠正，造成损失的，可以通过和解、调解、仲裁、诉讼等方式，根据有关法律法规或合同约定向银行业消费者进行赔偿或补偿；加强对投诉处理结果的跟踪管理，督促有关部门从管理制度、运营机制、操作流程、协议文本等层面予以改进，切实维护银行业消费者合法权益。[2]

原银监会并没有设置统一投诉热线，在北京、上海、重庆、深圳等地进行了银行业投诉纠纷调解的试点中，采取的是转办行业协会特定组织的模式。一是采用依托银行业组织模式，如2017年1月设立北京秉正银行业消费者权益保护促进中心、2016年5月设立上海银行业纠纷调解中心，2015年11月设立重庆银行业消费者投诉纠纷调解中心；二是采用权益保护类社会团体模式，如深圳成立"深圳市银行业消费者权益保护促进会"。[3]

2. 保险

为有效解决保险类纠纷，2012年4月26日，原保监会开通"12378"保险消费者投诉维权热线，按照属地管理、分级负责原则，接受保险消费者的维权投

---

〔1〕 中国银监会：《关于完善银行业金融机构客户投诉处理机制切实做好金融消费者保护工作的通知》。

〔2〕 中国银监会：《关于印发银行业消费者权益保护工作指引的通知》。

〔3〕 舒雄：《金融消费纠纷投诉处理机制的构建》，载金融时报网，http://www.financialnews.com.cn/ll/gdsj/201705/t20170515_117533.html，最后访问日期：2019年3月18日。

诉，并通过"信、访、电、网"渠道的消费者投诉处理流程处理金融消费纠纷。[1]

同时，原保监会探索和推动建立了保险纠纷"诉调对接"工作机制。2012年底，原保监会联合最高人民法院发布了《关于在全国部分地区开展建立保险纠纷诉讼与调解对接机制试点工作的通知》，目前，在31个保监局辖区开展保险纠纷诉讼与调解对接工作试点，其中北京、上海、江苏、江西、重庆、深圳、大连、宁波、青岛和厦门等保监局全辖区列为试点地区，其他21个保监局辖区选取1~2个城市作为试点地区。[2]

（三）中国证监会

证监会于2013年8月发布公告宣布从2013年9月6日起开通并试运行"12386"中国证监会热线。该热线受理证券期货市场投资者投诉、咨询、建议等，具体包括：投资者在购买有关产品、接受服务或投资活动中，与证券期货市场经营主体及其从业人员发生争议的，可以进行投诉；对证券期货市场监管政策或者工作提出建议、意见；对证券期货相关法律制度或者监管工作等提出咨询。[3]

该热线的设置与原有信访途径有差别，不适用信访相关规定，也不受理举报。该热线的实际纠纷处理工作，也是通过转办证券机构来实现。证监会要求证券期货市场各类经营主体履行投诉处理的首要责任，建立健全投资者投诉处理机制，做好"12386"转办投诉的处理工作；在"12386"投诉处理中，投资者认为被投诉对象存在蓄意欺瞒、拖沓敷衍等情形的，可以通过热线对此进行投诉，经核查情况属实，证监会依法采取监管措施。[4]

由上可以看出：金融监管部门已经建立了以转办处理为主的金融消费纠纷解决机制，在金融机构并不违反法律、行政法规、规章等强制性规范的前提下，监管机关基本只是程序性介入，即为金融消费者提供投诉平台。建立这种模式的初衷在于：通过将金融消费者投诉转被投诉机构处理的方式，表明监管机关促使纠纷解决的程序性立场，但是并不实质性介入双方争议。

---

[1]《保险维权渠道介绍》，载中国保监会网站，http://bxjg. circ. gov. cn/web/site0/tab5175/info2350910. htm，最后访问日期：2019年3月21日。

[2]《保险纠纷调处机制》，载中国保监会网站，http://bxjg. circ. gov. cn/web/site0/tab5175/info2350913. htm，最后访问日期：2019年3月21日。

[3]《中国证券监督管理委员会开通并试运行"12386"中国证监会热线》，载中国证监会网站，http://www. csrc. gov. cn/pub/zjhpublic/G00306201/201309/t20130906_233651. htm，最后访问日期：2018年5月8日。

[4]《12386中国证监会热线简介》，载中国证监会网站，http://www. csrc. gov. cn/pub/newsite/tzzbh1/tb12386rx/201311/t20131114_238301. html，最后访问日期：2018年5月8日。

三、现有处理模式面临的困境

（一）法律适用困境

1. 《中华人民共和国消费者权益保护法》是否适用于金融消费纠纷处理存在争议

尽管《中华人民共和国消费者权益保护法》（以下简称《消费者权益保护法》）部分条文对包括金融机构在内的相关领域经营者设立了单独义务，比如规定银行安全保障义务、有关信息告知义务等。但是《消费者权益保护法》是否完全适用于金融消费领域仍然存在争议，这种争议在 2013 年《消费者权益保护法》修订过程中，并未得到解决。该法在征集意见与审议过程中，有意见建议在《消费者权益保护法》中明确金融消费是否适用，即在适用与不适用之间做出明确的选择。[1]也有意见认为金融消费者虽然需要保护，但是单独制定相关法律的时机并不成熟，建议明确将《消费者权益保护法》作为金融消费权益保护的上位法，适时修改《中华人民共和国证券法》《中华人民共和国保险法》《中华人民共和国商业银行法》。[2]而有意见认为《消费者权保护法》不应适用于金融消费活动，不宜在《消费者权益保护法》中规定金融消费，因为金融机构的"客户"包括自然人、法人与其他组织，而传统消费者仅包括自然人；消费者权益与金融机构客户权益有较大差异，后者中的自然人除了享有前述消费者权益外，还需要在风险承担、公平授信方面享有特殊权利；因金融消费的专业性、复杂性，《消费者权益保护法》所确立的以工商行政部门与消协为主的保障机制在金融消费领域运行困难；银行、证券、保险业消费群体各自权利重点存在差异，《消费者权益保护法》难以实现统一规定。[3]而有观点认为《消费者权益保护法》也不宜明确把金融消费排除在适用范围之外，因为金融消费已然成为现代人生活之正常组成，如同其他消费活动一样既无法在《消费者权益保护法》中一一列举，在对金融消费性质有充分共识之前，也无排除适用之必要，可以通过专门法律的方式规范金融领域消费行为，这些法律作为《消费者权益保护法》的特别法，对金融消费者可实施保护。[4]由此可见在修改《消费者权益保护法》的过程中，各方面对金融消费者需要通过立法形式予以保护已经达成共识，但是

---

［1］ 全国人大常委会法制工作委员会民法室：《消费者权益保护法立法背景与观点全集》，法律出版社 2013 年版，第 45 页。

［2］ 全国人大常委会法制工作委员会民法室：《消费者权益保护法立法背景与观点全集》，法律出版社 2013 年版，第 117 页。

［3］ 全国人大常委会法制工作委员会民法室：《消费者权益保护法立法背景与观点全集》，法律出版社 2013 年版，第 123 页。

［4］ 全国人大常委会法制工作委员会民法室：《消费者权益保护法立法背景与观点全集》，法律出版社 2013 年版，第 124 页。

对于采取何种立法技术，就何种制度如何架构仍充满争议。因此，金融消费权益保护虽然是 2013 年《消费者权益保护法》修订过程中的热点问题，但从该法修改结果来看，并未对该法是否适用于金融消费者进行明确，即"既不肯定也不排除"。

2. 金融监管机关发布的规范性文件过多、相互缺乏协调

如前所述，中国人民银行、银保监会通过发布规范性文件的方式为金融机构处理金融消费纠纷设定或细化了诸多义务。这些规范对金融机构投诉处理做出了相对具体的规定，在一定程度上对保护金融消费者发挥了积极作用。但是这些规范过多，特别是监管机关内部缺乏协调，或者不同监管部门之间缺乏协调，针对同一事项，反复规范，尽管其侧重点可能存在差异，但也使金融机构陷入过多的适用选择中，使其在经营活动中无所适从，既加重其经营负担，也无助于金融机构正确认识和有效履行义务。

这些规范法律层级较低，有时超越法律规定的范畴，为金融机构设置了法外义务，有时还与法律规定直接发生冲突，比如《消费者权益保护法》规定有关行政部门应当在收到投诉之日起 7 个工作日内予以处理并告知消费者，而依照中国人民银行对其分支机构的要求则需要在 5 日内告知消费者是否受理，然后给予金融机构 15 日调查处理期，在金融机构调查反馈后再向消费者进行处理反馈，时限突破了《消费者权益保护法》的规定。

3.《中华人民共和国政府信息公开条例》适用存在争议

金融监管机关在监督银行业金融机构履行法定义务的过程中，如果获取有关涉及金融消费者权利被侵害或者可能被侵害或者其他关系金融消费者的重要信息，是否应当依照《中华人民共和国政府信息公开条例》（以下简称《政府信息公开条例》）的规定，采取适当方式向金融消费者进行公开，在金融监管机关处理金融消费纠纷的实践中存在较大争议。虽然在实质上，这些金融监管机关基于处理金融纠纷而获得或制作的信息，因可能涉及大量金融消费者权利的实现，属于应当主动公开的信息，但是对于银行业金融机构而言，这些信息的公开可能涉及其经营稳定性的问题，《政府信息公开条例》也未明确规定行政主体有公开此类信息的义务，因此如果此类信息长期得不到公开，将妨碍金融消费者权利的实现。

监管过程信息公开对金融消费者权利实现意义重大，大量金融产品和金融服务的存在形式是虚拟化、非实体化，这些金融产品和服务以依托金融机构相关的系统为存在形式，尽管消费者可以通过相关凭证或者电子服务系统实现对金融产品和金融服务的控制或管理，并了解自身权利状态，但是这种控制和管理以及对权利状态的了解并非实时。例如，消费者与银行发生信贷业务过程中，可能并未

授权银行查询其个人信用报告，但是银行从风险审核把控的角度出发，仍有可能对消费者的个人信用报告进行查询，不管和银行之间信贷关系是否最终形成，银行的行为都侵害了消费者的个人信息安全，但是消费者对银行未获自身授权，查询信用报告的行为可能长期处于不知情状态。金融机构或因"趋利避害"，或因对侵权行为的"不知晓"，一般不会主动告知金融消费者权利已经受到侵害，金融消费者对自身权利状态并非完全掌握，导致金融消费者对金融机构的侵权行为常处于不知情状态，这种对于损害的不知情使得消费者合法权益得不到保障。

（二）解决纠纷过程缺乏约束

1. 裁量权过大，部分措施缺乏合理性

金融监管机关在法律的宽泛授权下，给金融机构、金融消费者设定了大量的"法外"义务，比如要求金融机构进行金融消费教育宣传，出于可控的"维稳"需要，要求金融机构"妥善"处理金融消费争议等。

我国金融监管机关受理金融消费争议投诉与以英国为代表的非行政机构受理金融消费争议投诉有本质上的区别。在英国金融消费投诉机制的设计上，金融消费者的投诉是向具有行政职能的第三方处理机构提出，由第三方机构转办被投诉机构本就属于其办理投诉的流程。[1]而我国金融消费者的投诉主要是向具有行政监管职能的金融监管机关提出，这就决定了金融监管机关既要承担调查被投诉金融机构的行为是否违反法律、法规的规定，又要判断该纠纷采取何种方式进行解决。但在现实中，我国在处理金融消费投诉程序上，也要求金融消费者投诉金融机构必须经金融机构自身先行处置，投诉受理后也转交被投诉金融机构处理。这种处理金融消费纠纷的程序主要参考英国金融消费纠纷处理机制的程序，但是在法律并未规定金融消费纠纷处理程序的情况下，采用此类程序虽有利于金融消费纠纷的解决，但却忽略金融监管主体需要通过履行法定职责的形式来保障金融消费者权利实现；在处理形式上，金融消费者提出投诉必须遵循行政主体规定的内部程序，这给金融消费者维权设置了障碍。

2. 多元化设立投诉处理组织，浪费社会资源

"一行两会"、地方政府、行业协会都在指导设立投诉纠纷调解组织，部分地区由此产生多个调解组织，这些调解组织业务和功能重叠；而一些地区存在空白，大多数设立在地市和县的调解组织基本没有或只有零星的调解业务。[2]

调解组织在金融消费纠纷解决过程中发挥的功效缺乏量化评估，设立标准过低、缺乏统一规划，造成社会资源的浪费。

---

〔1〕 Financial Services and Markets Act 2000.

〔2〕 舒雄：《金融消费纠纷投诉处理机制的构建》，载金融时报网，http://www.financialnews.com.cn/ll/gdsj/201705/t20170515_117533.html，最后访问日期：2019 年 3 月 18 日。

四、机制完善有关建议

（一）明确《消费者权益保护法》适用范围

最高立法机构应当就《消费者权益保护法》是否适用于金融消费活动进行明确，这种明确既可以表现为认可，也可表现为不认可。如果立法机构认可该法适用于金融消费活动，那可以在认可该法的基础上，进一步授权国务院就金融消费者、金融机构的具体权利和义务通过行政法规的方式进行细化规定，从国务院公布的 2018 年立法规划来看，虽然《中华人民共和国消费者权益保护法实施条例》在起草程序中〔1〕，但截至目前尚未正式出台，涉及金融消费者的相关内容是否会在该条例中明确体现，这一点仍待观察。

本文认为，立法机关应当明确《消费者权益保护法》所规定的各类权利类型均适用于金融消费者，而《消费者权益保护法》中为经营者设定的义务，也能够为金融机构确定的义务规范中进行对应。从立法经济，遵循法制统一原则的角度上考虑，明确《消费者权益保护法》适用于金融消费活动，同时授权国务院就金融消费活动中各方主体权利义务进行统一细化，这是目前关于金融消费者保护解决基础性法律供给问题较为现实的方式。

（二）明确解决金融消费纠纷主体及其法定职责

尽管人民银行、银保监会在法律层面的权限有较大区分，但是在权力运行中，两主体规范领域交叉度大，权力交织情况突出。不管是对《人民银行法》《银行业监督管理法》《商业银行法》进行修改完善，还是通过其他法律、行政法规来就金融消费者保护问题进行规范，都应当在法律中明确规定有关金融监管主体对金融消费者保护的职责，以及该职责的具体内容。

在权力配置上，对不同权力主体之间的职责，法律上应当有较为明确的界限，不同主体对同一事务均有管理职责的情况应当避免。统一成立金融消费权益部门虽未体现在 2018 年金融监管体制改革方案中，但不管是未来考虑以金融消费权益保护部门为基础建立单独的金融消费者保护主体，还是维持目前局面即由"一行两会"各自依照权限对金融消费者实施保护，均应当在法律层面对有关保护金融消费者的职责进行明确的区分。或单独设置保护金融消费者的机构，或维持目前现有结构并加以优化的模式，都应当通过法律予以确定。长远来看，不宜在其中一个机关下设立金融消费权益保护部门，可以将人民银行与银保监会金融消费权益部门进行整合，并确定其具有处理金融消费纠纷的法定职责。

---

〔1〕 国务院办公厅：《关于印发国务院 2018 年立法工作计划的通知》，载中国政府网，http://www.gov.cn/zhengce/content/2018-03/14/content_5274006.htm，最后访问日期：2019 年 2 月 12 日。

（三）完善行政处理金融消费纠纷的规则

1. 受案规则：确立小额、简单的受案标准

目前，人民银行、银保监会出台的金融消费纠纷处理的各类规范中，对于受案范围问题基本上采取职权主义的态度，即哪些范围属于其监管职权范围，哪些纠纷可以受理。但是从实践经验来看，对于金融消费者金钱诉求较大的纠纷，即使纳入受案范围，其处理效果一般也不佳；对于部分复杂的纠纷，譬如涉及理财类不当推介是否构成，投资适当性义务未严格履行的民事责任等问题，行政主体的判断也未必具有权威性。因此，宜明确行政处理的金融消费纠纷的受案范围为小额、案情较为简单的纠纷，其他金钱诉求较大、较为复杂的案件，宜排除在行政处理的范围之外。此类纠纷可以建议争议双方通过诉讼方式予以解决

小额，额度确定在何程度为宜，从行业通行的标准来看，部分银行业金融机构已经在银行卡盗刷赔付中确立有关赔付金额在人民币 1 万元以下的快速赔付机制，部分调解机构则确立了金额 5000 元以下的快速裁决机制。比如，上海金融消费纠纷调解中心在其"小额纠纷快速解决机制"中，确定赔付金额在 5000 元以下的纠纷，如果经调解，当事人无法协商一致的，由调解员根据法律、法规和国家政策、行业惯例，依照公平公正的原则，提出解决纠纷的调解意见。如果消费者接受该意见，则争议双方均应接受并承诺履行该调解意见。如果消费者不接受该意见，则调解意见作为专家意见供各方当事人参考，但无约束力。该中心称 5000 元的标准，是征求了上海各银行业金融机构的意见，并由中心理事会审议确定。[1]

因此，不管是将标准确立为 5000 元，还是 1 万元，确立一个受案标准是必要的。从案件性质来看，复杂抑或简单都需要确立一些客观的可判定标准，目前来看，依据类型化来区分还是有一定道理，除存款合同外，带有理财性质或可能交织他人刑事犯罪案件的民事争议，不宜纳入金融监管处理的范畴。

2. 处理规则："投诉""举报"有效衔接

按照人民银行关于投诉、举报的二分法，投诉进入转办程序，而举报金融机构违法则可能启动行政调查程序，但是最大疑问在于，投诉与举报实则无法严格区分。严格适用《消费者权益保护法》的话，可以理解为，对金融机构违反该法侵害自身合法权益进行投诉，这是一种矫正权恢复权益的主张，该主张以弥补自身权益为主要内容；而举报或可理解为强调要求监管主体履行监管职责，通过公法措施制裁相关金融机构。但是在实践中，两者很难简单区分，投诉的诉求前

---

〔1〕 马翠莲：《上海市金融消费纠纷调解中心建立小额消费纠纷快速解决机制》，载和讯网，http://bank. hexun. com/2016-05-12/183816645. html，最后访问日期：2019 年 1 月 31 日。

提与内容即是金融机构侵害自身合法权益，而金融机构侵害金融消费者合法权益的行为必然是违反《消费者权益保护法》相关规定的，依照该法，对于此类违法行为，金融监管机关是应当予以处置的，这本质上在与举报的处理相同。

从制度改造上，未来可以继续发挥目前转办为主的方式，但是金融监管机关体有必要根据转办后相关证据的收集情况，判定是否需要启动行政调查程序来对金融机构涉嫌违反《消费者权益保护法》的行为进行查处。

3. 提升纠纷处理的信息公开度

在保护金融消费者，督促金融机构履行法定义务方面，监管过程的信息公开意义重大，可以有效约束金融监管权。"现代行政法对政府的一项基本要求就是行政程序公开，行政过程公开，以及行政行为的结果公开。"[1]信息公开对督促金融机构履行法定义务意义重大，对于金融机构而言，其自身公开有关"负面"信息的意愿并不强烈，在经营信息不透明的情况下，金融机构侵害金融消费者认为是"个别案例"，不为社会所掌握，违法成本低，而金融消费者的理性选择也无从谈起。但其有关侵害金融消费者的信息，一旦被金融监管机关公开，金融机构就会充分接受金融消费者选择检验，其履行经营者法定义务的情况就成为重要的经营风险指标。同时，对于金融监管机关而言，信息公开意味着是否遵循依法行政原则履行法定职责，是否以平等作为价值导向，这些都将接受公众监督，从而对监管过程产生重要约束力。

但从目前来看，金融业监管信息公开度在银行、证券、保险之间差异较大，证券业与保险业相对信息公开度强，而银行业信息公开度相对较低，行政处罚决定书并未完整公布，金融消费纠纷投诉处理数据也未对公众发布。本文认为：基于监管信息公开对金融消费者权利实现、金融机构履行法定义务、金融监管权运行监督具有重要意义，此类信息应予以公开。

五、余论

从根本上减少金融纠纷是各方的"良好愿望"，这既与金融监管权运行机制有关，又与金融消费者整体素养提升相关。

就金融市场本质而言，作为金融服务和金融产品的提供方，金融机构之间存在充分的市场竞争，将更有利整个市场的繁荣和金融消费者权利的实现。金融监管机关不应当对金融机构之间市场竞争的行为进行过多干预，除非这些竞争已经严重破坏市场秩序，对金融消费者权利造成实质伤害的地步，否则不必替代市场来进行判断。同时，金融监管机关也不应当通过直接干预金融市场的方式，在金融机构和金融消费者之间，为任何一方直接创设除法定权利和义务以外的额外利

---

[1] 程洁：《宪政精义：法治下的开放政府》，中国政法大学出版社 2002 年版，第 150 页。

益和义务，从而影响市场公平。

而推动金融消费者教育、普及金融知识对于从根本上减少纠纷具有重要意义。当下，可在以下几方面予以探索和改进：

一是明确不同机构在金融消费者教育中的职责。在金融监管与商业运作分层、金融分业监管的情形下，对金融消费者教育由一个集中的部门实施是不现实的，可以通过一行两会、工商管理部门、教育部门、金融机构、行业协会等各自不同的平台、分类分项予以宣传教育，并且注重不同部门间的协调沟通，避免重复教育。

二是加强金融消费者教育的针对性。与英美加等国的消费者教育相比较，我国金融消费者教育起步晚，人群分类针对性教育尚有不足，主要以普及基础金融知识为主。今后对老年人、青少年、中年人，高中低收入者等不同特点的人群可以进一步有区分性，根据人群收入特点以及金融消费能力，有针对性地教育指导，提高实效性。

三是加强金融消费者教育的规划性、长期性。当前的金融教育以人民银行和银保监会每年开展的金融知识宣传月为主要形式，各金融机构在该阶段集中以摆摊设点的方式提供金融知识宣传和咨询，运动式和形式化的色彩重，长期化、实用性的目标实现不够。随着我国金融消费者教育的不断深入开展，主导教育工作的金融主管机构应当进一步加强金融消费者教育的规划性、长期性，真正实现提高消费者素质的目的。

在金融抗疫背景下基于商业银行稳定视角的杠杆率监管博弈研究

王宋元 *

摘要：当前金融危机出现的频率不断加快、范围不断扩大、程度不断加深，各国政府和国际金融组织高度重视和维护金融体系的稳定，因而解决金融不稳定问题已经成为一个世界性的研究课题。从我国的金融结构来看，银行业的杠杆程度也决定了金融业的杠杆程度，从商业银行稳定的角度切入银行杠杆率监管博弈分析，有助于更好地研究监管规制和落实相关政策，这在当前金融抗疫背景下具有重要的现实意义。

关键词：金融稳定；商业银行；杠杆率；监管规制；博弈

20 世纪 90 年代以来，金融危机呈现出频率不断加快、范围不断扩大、程度不断加深的趋势。比如 20 世纪 90 年代初日本经济泡沫破灭、1995 年墨西哥金融危机、1997 年东南亚金融危机、2008 年次贷危机和 2010 年欧洲主权债务危机等严重事件。对于各国政府和国际金融组织，解决金融不稳定问题已经成为一个世界性的研究课题。2020 年，全球遭遇了新冠肺炎疫情，这是近年来人类遭遇的影响范围最广的全球性大流行病，是一次全世界性的严重危机，是对全世界的一次严峻考验，对全球金融系统也产生了冲击。

就如何加强金融体系的稳定性，防范金融风险，降低金融危机的破坏力等问题，世界各国的学者开始进行相关研究。其中，加强商业银行杠杆经营的监管研究就是很重要的一个部分。例如 Estrella（2000）通过对美国银行 1988—1993 年的实证数据进行研究，发现杠杆率指标和资本充足率指标有监管的作用，两者可以互为补充。我国学者张翼、徐璐（2012）通过分析引入杠杆率监管后的优势和劣势来阐述引入杠杆率监管指标的必要性。巴塞尔委员会在《巴塞尔协议 II》的基础上出台新的规定，重新构建了监管框架和相关政策，并且将杠杆率监管指标纳入在内。《巴塞尔协议 III》使得商业银行高杠杆的经营模式受到影响，各个银

---

* 王宋元，男，山西财经大学博士研究生，山西银保监局政策法规处。

行开始对其杠杆率进行把控，通过补充资本、缩减贷款规模等途径，这在一定程度上使得银行的经营风险降低。我国在 2011 年 6 月出台《商业银行杠杆率管理办法》（以下简称《管理办法》），并规定我国商业银行杠杆率的最低标准是 4%。2015 年原银监会对《管理办法》进行修改，主要是对衍生品、回购协议等产品的要求进行了调整。杠杆率监管降低了银行经营风险发生的可能性，也影响了商业银行的盈利能力，同时对商业银行的流动性也有影响，而盈利性、风险性、流动性又与商业银行的稳定性息息相关。随着我国经济步入新常态，经济已由高速增长转向高质量发展。当前供给侧结构性改革要求把发展经济的着力点放在实体经济上，把提高供给体系质量作为主攻方向，质量第一、效益优先。据央行公布的社会融资数据《中国改革报告 2016》显示，2015 年杠杆率（债务性社会融资/GDP）210%，2016 年杠杆率为 218%。从这方面来看，高杠杆率成为影响我国金融稳定和经济发展的极大不确定因素。从我国的金融结构来看，银行业的杠杆程度也决定了金融业的杠杆程度，从而对各经济部门以及整个宏观经济杠杆程度起到了决定性作用。

2016 年 12 月，习近平总书记在中央经济工作会议上强调"要把防控金融风险放到更加重要的位置，要增强同风险赛跑的意识，努力跑在风险前面，要下决心处置一批风险点"。2017 年 7 月，第五次全国金融工作会议指出："防止发生系统性金融风险是金融工作的根本性任务，也是金融工作的永恒主题。"2017 年 10 月，党的十九大报告指出"要健全金融监管体系，守住不发生系统性金融风险的底线"，要把防范化解重大风险置于三大攻坚战[1]之首。对于我国新兴金融市场来说，在当前情况下更需要准确把握商业银行杠杆现实状况，清楚认识到杠杆对金融系统稳定性的影响机理、影响效应及动态演化过程等，进而完善我国监管规制，从而采取有效措施解决因杠杆调整引发的诸多问题，减少对金融系统的负面冲击。

一、杠杆率监管规制发展研究

商业银行杠杆率的研究最早可追溯到 20 世纪 80 年代。关于商业银行杠杆率监管规制的引入源于对 2008 年国际金融危机的反思。由于经济增长同时面临诸多"黑天鹅"[2]和"灰犀牛"[3]事件的冲击，国际社会对更加持续有效地防范和化解金融风险达成共识。危机发生前，商业银行等金融机构过度杠杆经营从而导致风险积聚，并且很多银行在过高杠杆的情况下仍然表现出资本充足率很高的情况。对于危机前广泛使用的资本充足率监管，学者认为存在以下几个方面的问

---

[1] 三大攻坚战是指防范化解重大风险、精准脱贫、污染防治。
[2] "黑天鹅"是指并不明显、逐渐完成累积的低概率高风险事件。
[3] "灰犀牛"用来比喻发生概率大且冲击力强的潜在危机。

题：一些商业银行利用复杂的经济资本模型套利，使得大量的表外资产和衍生品交易脱落资本约束，虽然资本充足率表面很高，但是一旦发生危机，其自身的资本实力并不足以抵补其所面临的巨大损失。同时由于资产构成的质量不高，在面对危机时，一级核心资本（普通股和留存收益）以外的其他资本构成弥补损失的作用微弱，因而银行不得不通过外部筹资或依赖政府注资的方式弥补损失。为加强对金融业全面有效的资本监管，必须在资本充足率之外，引入一种更为简单、实用的指标，以此完善银行资本水平的计量标准。

2010 年 4 月，G20 峰会要求巴塞尔委员会设计一个更为简单的指标以此来加强对商业银行杠杆程度的监测。国际货币基金组织在发布的《全球金融稳定报告》中也提出相似的建议，将引进杠杆率作为新资本协议风险资本框架的补充措施。根据 G20 峰会的要求，巴塞尔委员会成立工作组（Supplementary Measures-group），对杠杆率的设计问题进行了研究。6 月提出《基于存量的杠杆率设计方案》，9 月得到二十国集团领导匹兹堡峰会的支持。2009 年 12 月，发布《增强银行体系稳健性》和《流动性风险计量、标准和监测的国际框架》共 2 份指引文件的征求意见稿，在《增强银行体系稳健性》指引中明确提出了引入商业银行杠杆率监管的建议，明确了杠杆率指标的国际监管标准。作为巴塞尔银行业监管委员会和金融稳定理事会（FSB）成员，中国积极参与国际监管规则的制定和修改。根据国际监管的新要求，原银监会推动逆周期的宏观审慎监管。把新资本充足率、杠杆率、贷款拨备比率和流动性覆盖率这新四大监管工具作为逆周期监管的重要工具，并在我国银行业监管中逐步推行，同时陆续修订和出台一些新的监管政策。

2011 年 4 月，原银监会发布《关于中国银行业实施新监管标准的指导意见》，就我国建立银行业稳健标准的指标体系提出指导性意见，杠杆率指标管理是一项重要内容。2011 年 6 月 1 日，原银监会发布《商业银行杠杆率管理办法》，自 2012 年 1 月 1 日起施行。2015 年 1 月 30 日，原银监会对办法进行了修订，修订后的《商业银行杠杆率管理办法》自 2015 年 4 月 1 日起施行。与 2011 年的《商业银行杠杆率管理办法》的测算结果相比，2015 年修订的《商业银行杠杆率管理办法》显示，我国相关商业银行的杠杆率水平有所提升，对商业银行的资本要求没有提高。2015 年修订的《商业银行杠杆率管理办法》共分 5 章，共 25 条和 3 个附件，5 章为总则、杠杆率的计算、披露要求、杠杆率的监督管理和附则，3 个附件为《衍生产品资产余额计算方法》、《证券融资交易资产余额计算方法》和《杠杆率披露模板》。办法明确了中国境内商业银行的杠杆率及其对管理状况实施监督检查的主体，明确规定商业银行董事会承担杠杆率管理的最终责任。其目标是对商业银行杠杆化积度进行有效控制，从而维护商业银行安全，保障商业银行的稳健运行。

二、银行稳定相关问题研究

关于银行稳定的概念界定有以下几种。包括：一是定义银行稳定的相反面，即银行不稳定，然后把其相反面定义为银行稳定。Friedman 和 Schwartz 集中考察银行恐慌。Lindgren 从高度无流动性、低收益率和低资本充足率等方面定义银行不稳定。Caprio 和 Klingebiel 认为银行不稳定表现为银行失去债务转换功能或要求政府提供大量注资以应对存款者的挤兑行为。二是直接指出银行稳定的具体特征。有学者把银行业稳定性定义为，绝大多数银行有偿付能力并且可能继续拥有这项能力即资本净值是正值。我国的学者王广谦认为，银行稳定是指银行业抵御各种风险的能力，在一个稳健的银行业中至少大多数银行具有清偿能力。黎志成、王明华在对银行稳定的成本与控制问题的研究中，认为银行稳定是指银行体系具有风险（包括信用风险、利率风险、汇率风险、操作风险等）的定价、分配与管理的能力，即使在受到外部冲击时，仍然能通过动态的自我纠正机制保证上述能力的正常运作，从而避免银行体系的不断失衡。

针对 1877 年经济危机中银行大量倒闭的现象，马克思在劳动价值论的基础上分析商品与货币的关系，并提出了"货币价值脆弱性假说"。费雪（Fisher）在研究中认为银行危机与宏观经济周期相关，尤其是银行过度负债和通货紧缩。弗里德曼等货币主义者认为，造成货币与银行信用不稳定的起因是货币政策的失误导致过量的货币供给。没有货币过度供给，银行体系不太可能或不会发生太严重的动荡。明斯基对银行内在的不稳定性问题做了比较系统的解释，形成了银行内在脆弱性假说，并提出代际遗忘和竞争压力：借款人忘记了产生危机的历史过程和痛苦经历，新的获利机会促成了银行过度借贷；而银行出于竞争的压力，为了维护顾客关系和保持已有市场份额被迫做出许多不谨慎的贷款发放。Diamond、Dybvig 提出了著名的 D–D 模型，模型存在两个均衡：一是高效率的均衡，即不存在银行挤兑；另一个是低效率的均衡，即发生银行挤兑。Diamod 和 Dybvig 认为这两种均衡发生的概率是相同的。DD 模型显示银行挤兑似乎是存款人的预期受一些随机因素的影响而产生的非理性行为。然而这种结论与经验事实有着矛盾。许多学者对模型进行了修正，其研究表明存款人关心的是银行是否具有清偿能力而不是由存款人行为导致的流动性问题。

三、杠杆率监管规则与银行稳定性的博弈模型分析

1944 年，美国数学家冯·诺伊曼和经济学家摩根斯特恩合著的《博弈论与经济行为》一书出版，意味着博弈论作为一种系统理论的开始。随后博弈论取得了空前的发展，在实践中得到广泛传播，并为人们所普遍接受。

概括起来，博弈论模型可以用五个方面来描述：G= {P，A，S，I，U}

P：为局中人，博弈的参与者，也称为"博弈方"。A：为策略空间，它是各博弈方各自可选择的策略或行为的集合。S：为博弈的顺序。I：博弈信息，能够影响最后博弈结局的所有局中人的情报。U：为局中人获得利益，也是博弈各方追求的最终目标。

根据我国的实际情况，在金融抗疫背景下商业银行落实杠杆率监管规则的博弈模型构建如下。各家银行是进行博弈的局中人，其博弈过程有如下几个特点：先后次序的博弈，进行落实监管规制，进行内部调整，这一过程在各银行看来是可以看作是有先后次序的；完全信息的博弈，因为杠杆率监管规制是公开的，最终要面向社会，竞争对手也是很容易获取信息的；重复博弈，实际上商业银行内部调整是不断进行的，所以可以看作是重复博弈。

模型建好以后，我们来看看博弈过程：

为了论述方便，我们设局中人为 A 与 B，他们都是商业银行，现在的银行市场竞争表现日趋激烈，各家银行都在不断地推出创新型的业务以寻求突破，这些新型业务很明显地绕开了现有的监管制度，但实际上很大程度地加大了银行杠杆水平，进而可能影响银行业稳定，甚至影响整个金融业的稳定，而当前疫情的出现，更是大大增加了这种可能性。

则博弈方的经营成本：

$$UA = CA + QACA' + L \tag{1}$$

$$UB = CB + QBCB' + L \tag{2}$$

公式（1）（2）中：银行 A 和银行 B 的经营成本包括两个部分，固定经营成本和可变经营成本。由于存在不确定因素，则引入不确定成本 L，表示在实际开展业务中可能发生的不确定性的成本，包括银行面对疫情影响时付出的不确定支出。

在这个例子中，可能有四个战略组合，分别记为 N1、N2、N3、N4，（见表 1）。

表 1　商业银行战略组合表

战略组合银行稳定指数		银行 B	
		落实规定	不落实规定
银行 A	落实规定	N1　　　400	N2　　　600
	不落实规定	N3　　　600	N4　　　1000

上表 1 中，银行稳定指数为整个社会为稳定金融环境所付出的代价指数（由于我国的金融结构，银行业的稳定直接影响金融稳定）。

第一轮博弈：

由于发生疫情，银行业受到冲击，金融稳定受到影响，需要通过出台并落实杠杆率监管规制的政策以减轻相应的影响。对于落实杠杆率监管规制，假设采取银行自愿的原则，即由银行自行决定是否按照监管规制执行，而监管部门不予关注。

进行内部调整所需成本指数 P 为 1000，A 银行在现有情况下的可变经营成本指数 QC'为 2000/月，固定经营成本指数 C 为 1000/月；在内部调整之后下的可变经营成本指数 QC'仍为 2000/月，固定经营成本指数 C 上升为 1500/月；B 银行在现有情况下的可变经营成本 QC'为 3000/月，固定经营成本指数 C 为 1100/月；在调整之后下的可变经营成本 QC'仍为 3000/月，固定经营成本 C 为 1200/月。

表 2　商业银行战略组合第一轮博弈表

经营成本	战略组合				Nash 均衡点	
	N1	N2	N3	N4	A 的选择	B 的选择
银行 A	4500	4500	3000	3000	不落实规定	不落实规定
银行 B	5200	4100	5200	4100		

在博弈中：

从 A 角度看，显然维持现状要比落实杠杆率监管规制要好，至少可以保证经营成本最低，为了自身利益的最大化，A 就不可避免地选择了不落实杠杆率监管规制。从 B 角度看，效果也一样，为了自身利益的最大化，B 也同样会选择维持现状，于是，A、B 银行选择了 N4 策略组合。在这轮博弈中，A、B 都将维持现状作为策略，社会经营成本却是最高的。这就是典型的纳什均衡现象，各个局部都寻求利益的最大化，而整体利益却不是最优，甚至是最差，就像我们构造的模型那样。如果发生在实际情况中，就会出现银行为了追求利润的最大化，宁愿以破坏金融稳定为代价，也绝不会主动进行内部调整，认真落实有关杠杆率监管的规制要求。所有银行都会从利己的目的出发，采取以维持现有的高风险高杠杆发展模式尽可能破坏金融环境稳定，进入一个短期行为占主导地位的状态。

第二轮博弈：

在第一轮博弈中，双方分别为了自身利益的最大化而维持现状，结果却得不偿失，使社会成本达到最大。说到底这种最大化行为是"损人不利己"的。按理说，局部利益的最大化会使得整体利益最大化，但在这里却是相悖的，只有局部牺牲一些利益，整体才可能获得最大利益。这一轮博弈的结果，各方都不满意。这时候监管部门就会出面，将监管执法置于重要的位置。

假设进行银行内部调整所需成本指数 P 为 1000/月，而监管部门要求，不落实监管规制，必须每月受到相当于 3000 成本指数的惩罚。A 银行在现有情况下的可变经营成本指数 QC' 为 2000/月，固定经营成本指数 C 为 1000/月；在内部调整之后下的可变经营成本指数 QC' 仍为 2000/月，固定经营成本指数 C 上升为 1500/月；B 银行在现有情况下的可变经营成本 QC' 为 3000/月，固定经营成本指数 C 为 1100/月；在调整之后的可变经营成本 QC' 仍为 3000/月，固定经营成本 C 为 1200/月。

表 3 商业银行战略组合第二轮博弈表

经营成本	战略组合				Nash 均衡点	
	N1	N2	N3	N4	A 的选择	B 的选择
银行 A	4500	4500	6000	6000	落实规定	落实规定
银行 B	5200	7100	5200	7100		

在博弈中：

从 A 角度看，显然落实规定要比维持现状好，落实有关规定至少可以保证经营成本最低，为了自身利益的最大化，A 就选择了落实规定。从 B 角度看，效果也一样，为了自身利益的最大化，B 也同样会选择落实规定。于是，A、B 银行选择了 N1 策略组合。在这轮博弈中，A、B 都将落实规定作为策略，社会成本得以减至最低。这也是纳什均衡现象。如果发生在实际情况中，就会出现每一个银行，都会考虑采取合理的发展策略。如果所有银行都从降低风险降低高杠杆的目的出发，采取健康可持续发展的策略，整体银行业就会进入一个充分考虑金融稳定问题的"纳什均衡"状态。如果这种"纳什均衡"状态可以形成，则博弈各方的共同利润最大，这也是一个理想状态。

四、关于完善杠杆率监管规制的政策建议

为改善银行业稳定性，实现作用最大化，需要进行杠杆率监管和资本充足率监管的双重约束。从引入的目的来看，杠杆率监管是弥补资本充足率监管的不足。因此，杠杆率监管和资本充足率监管需要并行，要在发挥资本充足率监管主导作用的同时，强化杠杆率监管对商业银行规模扩张的约束效应，限制无序竞争，强化风险控制，进而改善银行业稳定，确保金融稳定性。而在疫情对生产和需求造成全面冲击的情况下，更需要加强金融监管的协调，以此维护金融市场稳定。中国目前以《商业银行杠杆率管理办法》和《商业银行资本管理办法》等监管规制为依据，已初步建立新的杠杆率和资本充足率监管体系。总体而言，在当前监管引导下，中国商业银行不再盲目追求规模扩展。当下各商业银行正在积极寻求转型与差异化发展。但我国商业银行风险仍不容忽视，"违法、违规、违章"（三违反）、"不当创新、不当交易、不当激励、不当收费"（四不当）、"监管套利、空转套利、关联套利"（三套利）等诸多乱象仍然存在。所以，银行监管框架和有关规制仍需改进。而我国商业银行杠杆率监管规制相较资本充足率监管规制而言，实施时间较短、监管基础较薄弱、作用发挥仍不到位，需进一步在监管实践中探索完善。

我国需要紧盯巴塞尔协议完善的过程，仔细梳理巴塞尔协议的演变过程，紧跟国际监管新规，结合我国实际，及时修订并完善有关商业银行杠杆率监管的法律法规和有关政策。与此同时，要加大相关专业人才的储备和监管规制并加强对相关起草人员的培训力度。在指标定义、计算公式、数据采集、监管要求等过程上，需要进行严格的数学计算，需要对商业银行经营管理和监管政策有全方位的认识和把握。对银行业和监管人员要加强关于资本充足率、贷款损失准备、杠杆率、流动性以及风险管理等方面的专业培训，确保有足够的人才、资源和能力，来对商业银行杠杆率进行管控，并确保有能力识别并管理杠杆率变动所面临的风险。另外，杠杆率监管所必要的信息和统计数据要不断更新，加强相关的统计监测和数据质量控制，切实提升监管规制的实施效果。监管部门要督促商业银行强化杠杆约束，督促银行机构董事会、高管层切实履职。而在当前抗击疫情的情况下，需要落实各方责任，切实形成金融风险攻坚合力，引导金融机构做好突发事件应急管理，制定切实可行的突发事件应急预案和风险化解处置预案，切实维护金融稳定。

后疫情时代的影子银行监管措施：
中美差异路径和有限跨境合作

唐 波* 朱颖颖**

摘要：中外影子银行的诞生，无不源自监管空白。影子银行作为现代金融创新的具体表现形式之一，具有产品跨行业、市场跨国界的特点，要实现对影子银行的全面监管，需要行业协作监管与跨境合作监管。本文通过分析影子银行的风险性，阐释对其加强监管的必要性，通过分析我国当前影子银行业务的监管现状与困境，对标美国监管经验，提出为防止监管套利，我国的不同行业监管机构应探索统合监管，不同国家的金融监管机构应探索跨境合作监管。

关键词：影子银行；监管空白；功能监管；巴塞尔协议；跨境合作

"影子银行"这一概念首次提出于 2007 年的美联储年度会议上，时任太平洋投资管理公司董事兼总经理 Paul McCulley 主张，"影子银行系统"是发挥杠杆作用的非银行投资渠道、工具和结构，与受监管的传统实体银行系统相对，游离于传统银行监管体系外。[1]以此为基础，国内外通说认为影子银行是游离于传统银行监管体系外的信用中介体系，包括信用中介机构和相关业务活动。[2]自 2019 年起，金融稳定理事会（FSB）在《2018 年全球非银行金融中介监管年度报

---

  * 唐波，浙江嘉兴人，华东政法大学经济法学院教授，法学博士。

  ** 朱颖颖，浙江杭州人，华东政法大学经济法学院博士。

〔1〕 See Paul McCulley, "There is a mighty gulf between the Fed's Cup and the Shadow Banking System's Parched Liquidity Lips." 07 September 2007, available at: https://www. pimco. com/en-us/insights/economic-and-market-commentary/global-central-bank-focus/teton-reflections/, (last visited 4 November 2020).

〔2〕 中国人民银行调查统计司与成都分行调查统计处联合课题组：《影子银行体系的内涵及外延》，载《金融发展评论》2012 年第 8 期；《国务院办公厅关于加强影子银行监管有关问题的通知》（国办发〔2013〕107 号）；See Kodres, Laura E. "What is Shadow Banking? Many Financial Institutions that Act Like Banks are Not Supervised Like Banks." Finance & Development 50, no. 2 (2013): pp. 42–43; FSB, Shadow Banking: Scoping the Issues, 12 April 2011, available at: http://www.fsb. org/wp-content/uploads/r_110412a. pdf; FSB, Shadow Banking: Scoping the Issues-A Background Note of the Financial Stability Board, 12 April 2011, available at: http://www.fsb. org/wp-content/uploads/r_110412a. pdf, p. 3 (last visited 4 November 2020).

告》《2019 年全球非银行金融中介监管年度报告》中，均以"非银行金融中介"（NBFI）代替此前的"影子银行"这一表述，但监管实质内容或范围保持不变。[1]在此，本文沿用"影子银行"这一表述，但本质上与"非银行金融中介"可相互替换。为避免因各国对影子银行的理解不同，从而导致监管真空，金融稳定理事会在通说的概念基础上，根据经济功能（EFs）将影子银行分为如下五类：

表 1　金融稳定理事会就影子银行所做标准分类[2]

经济功能	类别	主要种类
EF1	集合投资工具（CIVs）	货币市场基金、固定收益基金
EF2	依赖短期融资提供贷款	金融公司
EF3	依赖短期融资或客户资产担保融资的市场中介机构	经纪自营商
EF4	信用创造	投资信用衍生品的投资基金
EF5	证券化信用中介	证券化工具，结构性融资工具（包括资产抵押债券）

一、问题的提出：影子银行的风险性——预防新一轮金融危机的必要性

世界金融发展总是遵循危机—监管—创新（规避监管）—放松监管或再监管—创新过度—新危机的演化过程，[3]影子银行的发展也不例外。2008 年金融危机以来，为防范新一轮的系统性金融危机，巴塞尔银行监管委员会（Basel Committee on Banking Supervision，以下简称"巴塞尔委员会"）通过《巴塞尔协议 III》（Basel III），其中对银行提出资本充足率、杠杆比率、流动杠杆比率以及净稳定资金来源比率等限制性要求。此后，世界各国的银行业不同程度地实施该协议，这在一定程度上表明了商业银行仅能投放有限的信用资源。影子银行就是

---

〔1〕　FSB, Global Monitoring Report on Non-Bank Financial Intermediation 2018, 4 February 2019, available at: https://www.fsb.org/wp-content/uploads/P040219.pdf; FSB, Global Monitoring Report on Non-Bank Financial Intermediation 2019, 19 January 2020, available at: https://www.fsb.org/wp-content/uploads/P190120.pdf (last visited 4 November 2020).

〔2〕　See FSB, Global Monitoring Report on Non-Bank Financial Intermediation 2019, 19 January 2020, available at: https://www.fsb.org/wp-content/uploads/P190120.pdf, pp.4-5 (last visited 4 November 2020).

〔3〕　安辉：《金融监管、金融创新与金融危机的动态演化机制研究》，中国人民大学出版社 2016 年版，第 41、168、221 页。

银行与其他信用中介机构规避前述监管的金融创新产物——通过高息揽存、刚性兑付、资金池、资金错配、多通道叠加和嵌套六大工具中的一个或几个组合，游离于传统银行业监管体系之外，以期获取高额收益。这在向市场释放更多资金的同时，也滋生了杠杆率高、信用底数不清的金融乱象。[1]

发生在我国的典型案例是蚂蚁集团的小额贷款业务（以下简称蚂蚁小贷），其利用证监会没有资产证券化（ABS）循环次数限制这一监管的漏洞，通过多轮资产证券化形成上百倍杠杆。类似地，2020 年 7 月 4 日，P2P"巨头"微贷（杭州）金融信息服务有限公司因涉嫌非法吸收公众存款被依法立案侦查。此前，鱼龙混杂的 P2P 平台接二连三地倒闭，在一定程度上扰乱了国内金融秩序。[2]银保监会主席郭树清指出，疫情影响下的资金面宽松市场背景，更容易滋生高风险影子银行业务。[3]根据穆迪最新《中国影子银行季度监测报告》，受新冠肺炎疫情对经济冲击的影响，我国 2020 年上半年影子银行资产占名义 GDP 的比例由 2019 年底的 59.5%推高至 60.4%，具体的组成成分复杂多样，包括但不限：委托贷款、信托贷款、未贴现银行承兑汇票、理财产品和资管计划对接资产、财务公司贷款、金融租赁、小额贷款、典当行贷款、P2P 网络贷款、资产支持证券以及消费金融公司等。[4]可见，我国的影子银行资产数额高，经营模式复杂，实践主体多元，实施通道多样。正如 2020 年 11 月 2 日银保监会召开的党委（扩大）会议上所强调的，为避免引发系统性金融风险，完善影子银行监管措施，持续拆解高风险影子银行业务仍是现阶段金融监管的一大要务。[5]

二、中国影子银行监管现状与困境

（一）监管困境：我国分业监管之监管空白

自 2008 年金融危机以来，我国陆续发布各类影子银行监管措施：2012 年 8 月，原银监会发布《中国银行业监督管理委员会办公厅关于规范同业代付业务管理的通知》（237 号文）要求将同业代付记入托管银行的贷款科目，约束商业银行借助同业代付规避贷款限额的监管；2013 年 3 月 25 日，原银监会出台《关于

---

[1] 黄奇帆：《结构性改革：中国经济的问题与对策》，中信出版社 2020 年版，第 89~95 页。

[2] 陈斌彬：《论中央与地方金融监管权配置之优化——以地方性影子银行的监管为视角》，载《现代法学》2020 年第 1 期。

[3] 欧阳洁、屈信明：《金融助力经济行稳致远（权威访谈）——访中国人民银行党委书记、中国银保监会主席郭树清》，载《人民日报》2020 年 8 月 14 日，第 2 版。

[4] See Moody's Investor Service, Cross Sector-China: Quarterly China Shadow Bankingmonitor, 28 September, 2020, available at: https://www.moodys.com/researchdocumentcontentpage.aspx? docid = PBC_ 1246668, 最后访问日期：2020 年 11 月 7 日。

[5] 《银保监会召开党委（扩大）会议：传达学习贯彻党的十九届五中全会精神》，载中国银行保险监督管理委员会官网，http://www.cbirc.gov.cn/cn/view/pages/ItemDetail.html? docId = 938820&itemId = 915&generaltype = 0，最后访问日期：2020 年 11 月 6 日。

规范商业银行理财业务投资运作有关问题的通知》（8 号文），限制理财资金投资非标资产的总量限制；2014 年 5 月，原银监会出台《关于规范金融机构同业业务的通知》（127 号文）大大限缩买入返售标的的范畴，禁止返售信托受益权的买入，防止金融机构通过影子银行业务实现监管套利；2016 年 4 月，原银监会发布《关于规范银行业金融机构信贷资产收益权转让业务的通知》（82 号文），旨在收紧银行将非标信贷资产转移至表外的监管。此后，随着相关研究的深入，我国国务院、中国人民银行、原中国银行业监督管理委员会（以下简称"原银监会"）和中国银行保险监督管理委员会（以下简称"银保监会"）加速发布如下控制影子银行风险的监管措施：

表 2　2016 年以来我国影子银行的监管措施

日　期	关于影子银行的监管措施
2016 年 8 月	原银监会、工业和信息化部等发布《网络借贷信息中介机构业务活动管理暂行办法》，通过限制个人和企业的网络借款总金额，以达到限制影子银行规模的目的。
2016 年 11 月	原银监会发布《商业银行表外业务风险管理指引》（征求意见稿）；证监会发布《基金管理公司特定客户资产管理子公司风险控制指标管理暂行规定》，建立的以净资本为核心的风险控制指标体系，防止过度将客户收益投向影子银行业务。
2017 年 4 月	原银监会发布《关于提升银行业服务实体经济质效的指导意见》、《关于银行业风险防控工作的指导意见》和《关于切实弥补监管短板提升监管效能的通知》等，限制影子银行业务的风险向传统银行体系传递。
2017 年 8 月	原银监会发布《信托登记管理办法》，要求信托产品在 2017 年 11 月底之前完成登记，以便于监管；证监会发布《公开募集开放式证券投资基金流动性风险管理规定》，加强对公募基金的流动性风险管理。
2018 年 1 月	原银监会发布《商业银行委托贷款管理办法》加强对核心影子银行业务之一的委托贷款的监管。
2018 年 3 月	原银监会和保监会合并成立银保监会，一定程度上实现了对影子银行业务的统一监管。
2018 年 4 月	中国人民银行、银保监会、证监会、外汇局发布《关于规范金融机构资产管理业务的指导意见》限制影子银行与传统银行体系之间的关联性，进一步减少监管空白、压缩监管套利空间。

续表

日 期	关于影子银行的监管措施
2018 年 5 月	银保监会发布《商业银行流动性风险管理办法》，加强对影子银行业务的期限错配和通道业务模式的监管；银保监会响应巴塞尔委员会《计量和控制大额风险暴露的监管框架》对商业银行大额风险暴露提出的统一监管要求，发布《商业银行大额风险暴露管理办法》，控制传统非结构性贷款的集中度风险。
2018 年 12 月	银保监会发布《商业银行理财子公司管理办法》，将银行理财子公司以自有资金投资于本公司发行的理财产品的比例控制在 20% 以内。
2019 年 1 月	互联网金融风险专项整治工作小组办公室和 P2P 网贷风险专项整治工作领导小组办公室发布《关于做好网贷机构分类处置和风险防范工作的意见》。
2019 年 5 月	银保监会发布《中国银保监会关于开展"巩固治乱象成果 促进合规建设"工作的通知》，指出继续重点整治影子银行金融风险（重点包括理财业务、同业业务和表外与合作业务），限制影子银行作为房地产市场资金渠道。
2019 年 12 月	银保监会发布《商业银行理财子公司净资本管理办法（试行）》，通过净资本管理约束理财子公司的经营行为，避免盲目扩业务，防范监管套利。
2020 年 5 月	银保监会发布《关于加强典当行监督管理的通知》加强对作为影子银行业务之一的典当行贷款的监管。
2020 年 6 月	银保监会发布《融资租赁公司监督管理暂行办法》，明确更严格的资本充足性要求。
2020 年 8 月	最高人民法院修订《最高人民法院关于审理民间借贷案件适用法律若干问题的规定》，调低了民间借贷利率的司法保护上限（从 25%~36% 降至一年期基准 LPR 的 4 倍），整治作为影子银行业务的金融租赁、小额贷款、典当行贷款、P2P 网络贷款。
2020 年 9 月	银保监会发布《关于加强小额贷款公司监督管理的通知》，规范小额贷款公司的行为，防范化解金融风险。
2020 年 11 月	银监会和人民银行发布《网络小额贷款业务管理暂行办法（征求意见稿）》，规范网络小贷的准入条件、融资额度、贷款金额和资金用途等，旨在将金融活动全面纳入监管。

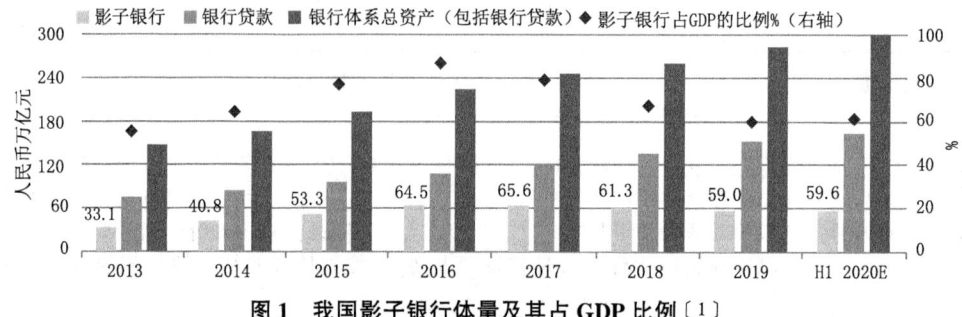

图 1　我国影子银行体量及其占 GDP 比例[1]

　　自 2017 年集中整治影子银行业务以来，我国影子银行的无序扩张在一定程度上得到控制。[2]上表所列银监会与人民银行于近日联合发布的《网络小额贷款业务管理暂行办法（征求意见稿）》就对网络小额贷款公司的出资比例、融资杠杆做出明确限制，将蚂蚁集团的网络小贷业务纳入银保监会监管，以避免出现其游离于传统监管体系之外而引发不可控的系统性金融风险的现象。但是，如上图可见，影子银行的规模仍保持在人民币 60 万亿元左右，居高不下。由于影子银行业务游离于传统监管体系之外，其具有"规避法律、监管套利"的消极影响。[3]监管机构一旦疏于监管，爆发新的金融危机的可能性将大大增加。

　　如前所述，我国影子银行的主要表现形式包括理财产品和资管计划等，这些通常涉及不同行业。虽然我国原银监会和原保监会合并成目前的银保监会，可以实现银行业和保险业的统一监管，有效监管涉及银行业和保险业的通道业务，但是银保监会与证监会仍旧实行分业监管。该种分业监管模式下，各机构分别制定对金融理财产品的监管标准，分别执行监管规定，导致各监管机构之间存在监管空白——银行业监管侧重于对银行可从事的业务做出严格限制，监管机构对这些业务的开展过程进行持续高强度监管，无需再对银行收取存款人的资金后的具体运用方式和途径提出披露要求；[4]证券业监管则着重于各类信息披露，充分保障投资人的知情权。"脱媒性及去中心化"决定了影子银行业务通过借助融资工

---

〔1〕《中国跨行业研究：中国影子银行季度监测报告》，载穆迪官网，https://www.moodys.com/researchdocumentcontentpage.aspx？docid＝PBC_1249574，最后访问日期：2020 年 11 月 8 日。

〔2〕《银保监会国务院政策例行吹风会答问实录》，载中国银行保险监督管理委员会官网，http://www.cbirc.gov.cn/cn/view/pages/ItemDetail.html？docId＝940131&itemId＝915&generaltype＝0，最后访问日期：2020 年 11 月 8 日；《中国金融稳定报告（2020）》，载中国人民银行官网，http://www.pbc.gov.cn/goutongjiaoliu/113456/113469/4122054/index.html，最后访问日期：2020 年 11 月 8 日。

〔3〕朱慈蕴：《中国影子银行：从野蛮生长到有效监管专题絮语》，载《清华法学》2017 年第 6 期。

〔4〕Judge, Kathryn. "Information Gaps and Shadow Banking." Virginia Law Review 103, no. 3, 2017, pp. 427-435.

具和交易直接完成信用中介活动，无需传统金融机构作为媒介，这使影子银行业务不受银行业的持续高强度监管；"信用功能转换"将影子银行业务区分于传统证券化业务，使其不受证券业监管关于信息披露要求的限制。[1]前述蚂蚁集团的多轮资产证券化即为监管空白的典型案例，证监会没有关于资产证券化的次数限制，银保监会也没有关于资本金的限制，这使得蚂蚁集团成百倍地进行杠杆融资，给金融市场带来潜在风险。

由此，严格的分业监管加大了我国对跨行业、多形态的影子银行业务的监管难度。"分业监管"面对"混业经营"，针对这一监管难点，我国的监管规则制定者处境尴尬：一方面，制定者有全面监管影子银行业务的意愿；另一方面，制定者担忧单一监管机构可能存在滥用监管权的隐患。

（二）监管困境：国际规则之监管空白

影子银行业务的监管，作为金融监管的重要组成部分，各国在制定相应国内监管法律法规的过程中应当基于《巴塞尔协议 III》。[2]《巴塞尔协议 III》有三项具体要求比较重要。首先，《巴塞尔协议 III》关于提高最低资本充足率标准的规定，要求传统部门的银行将最低资本水平维持在 8%。[3]其次，《巴塞尔协议 III》引入了新的逆周期缓冲，其目的是激励银行在经济状况良好的时候增加资本缓冲，从而避免冒险投资所有资本。最后，根据金融稳定理事会的年度清单和国家监管机构指定的全球系统重要性银行（G-SIB）还必须保留额外的缓冲。但是上述三项要求均仅针对传统银行业，而不包括影子银行业务。从这个角度来看，通过《巴塞尔协议 III》对于影子银行业务开展监管的路径行不通。

有人可能主张，由于传统银行与影子银行业务关系密切，《巴塞尔协议 III》实际上仍可用于监管部分影子银行业务。的确，这两种业务通常是同一金融机构的一部分，并且许多规则合并适用于这些机构，从而间接适用于通过这些机构开展的影子银行业务。[4]一方面，如前所述，影子银行业务具有脱媒性，可以独立于传统金融机构而存在；另一方面，虽然银行在进行资本计算时必须考虑到影子银行活动的敞口，但是银行或母公司仍然有许多避免这种"间接影响"的方法——他们可以通过建立特殊目的机构（SPV）甚至是子公司来实现这一目标。由此，《巴塞尔协议 III》对影子银行业务的监管不如传统银行业务全面（或直接），有学者呼吁对影子银行业务进行有效监管，以防止再次发生全球经

---

〔1〕 朱慈蕴：《中国影子银行：兴起、本质、治理与监管创新》，载《清华法学》2017 年第 6 期。

〔2〕 沈伟：《银行的影子：以银行法为中心的影子银行分析框架》，载《清华法学》2017 年第 6 期。

〔3〕 Art. 92（1）（c）of the CRR 575/2013.

〔4〕 See Spence, Ross and Katarzyna Parchimowicz. "Basel IV Postponed: A Chance to Regulate Shadow Banking?" Erasmus Law Review 13, no. 2（incomplete）（2020）.

济崩溃。[1]

虽然各国对影子银行业务的监管都在如火如荼地进行，但是由于其业务通常涉及跨境交易，在跨司法管辖区的法律监管框架与国际规则的监管空白共同作用下，可能为影子银行业务提供监管套利的安全港。[2]

三、中国监管措施的完善：中美差异路径

美国参议院常设调查委员会（United States Senate Permanent Subcommittee on Investigations）和金融危机调查委员会（Financial Crisis Inquiry Commission）调查显示，2008 年金融危机爆发系市场约束失灵和政府监管措施缺位所导致。2010年，美国颁布《多德—弗兰克华尔街改革与消费者保护法案》（Dodd-Frank Wall Street Reform and Consumer Protection Act）。该法案加强了美联储对重要性金融机构的监管权力，填补了对冲基金、私募股权基金及其他相关金融机构的监管空白。[3]

与之相对应，我国目前的金融监管现状是分业监管，其后果是持有不同金融牌照的金融机构从事同类业务时面临不同的监管要求，从而滋生金融监管套利的现象。我国应借鉴美国的经验，摒弃分业监管，探索适合本国国情的新的监管模式。2017 年 11 月 8 日，我国正式成立国务院金融稳定发展委员会（以下简称"金融委"），此后在 2020 年最新召开的金融委第三十六次会议上，其提出的不同行业监管机构或部门相互协作以达到监管目的，可谓适得其所。[4]金融委作为我国的副国级单位，其统筹影子银行的监管比各行业监管机构更具有权威性，明确各行业监管机构对影子银行的监管权，进而引导其从"分业监管"转向"统合监管"责无旁贷。[5]从近日发布的《网络小额贷款业务管理暂行办法（征求意见稿）》及四部门联合对蚂蚁集团进行约谈的行动中不难发现，我国正在

---

[1] See Nabilou, Hossein and André Prüm. "Shadow Banking in Europe: Idiosyncrasies and their Implications for Regulation." European Journal of Risk Regulation 10, no. 4 (2019): 1-30.; Z. Liansheng, 'The Shadow Banking System of China and International Regulatory Cooperation', Centre for International Governance Innovation 1, at 10 (2015); Steven L. Schwarcz, Regulating Shadow Banking, Review of Banking & Financial Law, 31 (2011), p. 619.

[2] E. Lee, 'Shadow Banking System in China After the Global Financial Crisis', 024 University of Hong Kong Faculty of Law Research Paper 1 2015: 1-2, http://papers.ssrn.com/sol3/papers.cfm? abstract_id = 2631343 (last visited 2 January 2019).

[3] 楼建波：《金融商法的逻辑：现代金融交易对商法的冲击与改造》，中国法制出版社 2017 年版，第 441~443 页。

[4] 中华人民共和国中央人民政府，刘鹤主持召开国务院金融稳定发展委员会第三十六次会议，载 http://www.gov.cn/guowuyuan/2020-07/12/content_5526162.htm，最后访问日期：2020 年 11 月 8 日。

[5] 陈斌彬：《论中央与地方金融监管权配置之优化——以地方性影子银行的监管为视角》，载《现代法学》2020 年第 1 期。

尝试从机构监管向功能监管过渡。相比于此前的分业监管，功能监管有利于填补监管空白，有利于强化对跨领域的影子银行业务的监管。因此，我国应借鉴美国美联储的权力设置，进一步发挥好金融委的统合监管作用，全面实现由分业监管向功能监管的转变，避免影子银行活动发生监管套利的现象。

四、国际监管规则的完善：《巴塞尔协议 IV》

在当前冠状病毒危机的背景下，为了不增加既有疫情的负担，《巴塞尔协议 IV》的实施日期已被推迟，这对我们而言是一个纠正遗漏内容的机会。为填补国际规则就影子银行业务的监管空白，我们建议《巴塞尔协议 IV》可以通过最低保证金监管实现限制机构持有的杠杆量。从理论的角度出发，影子银行业务的杠杆量可以是无限的。通过抵押交易使金融机构能够借入证券或现金，并且以"对已经杠杆化的工具进行杠杆下注"来促进杠杆作用。Markus Brunnermeier 指出，由于抵押物提供者必须使用自有资金为保证金融资，因此无法借入等于抵押品市场价值的金额。也就是说，保证金要求决定了当使用给定的证券作为抵押品时可以借入的最大金额。鉴于杠杆作用是过去许多金融危机的核心，我们建议采用最低保证金的规定，从而防止影子银行活动杠杆量过高导致金融危机的发生。

地方金融监督管理局：历史、现实与未来

刘志伟 *

摘要：地方金融工作部门最初完全是地方政府为扶持地方金融发展、获取经济发展资金而设置的服务协调机构。随着地方性金融组织或业态发展而被赋予的监管职能，也往往成为地方政府干预金融资源配置的手段和工具。地方或区域性金融风险的暴露，使得中央与地方都逐步采取措施来分离"为经济发展融资"与"金融监管"职能合一的问题，并体现为机构改革实践中的"金融办加挂金管局"或"金管局加挂金融办"牌子。然而，既有改革策略仅仅从横向层面来调整地方政府融资与监管职能、金融办与金管局关系，并未从不同层级的地方金融管理部门间的纵向关系、金融监管独立性等角度来处理融资与监管职能合一的问题。此问题的系统解决，亟需实现地方金融办与地方金管局在横向上的彻底分设，地方金融办仍采"块块管理"模式，而地方金管局须建立中央督察式省级垂直管理的地方金融监管体制。

关键词：地方金融；经济发展；金融监管；机构设置

任何"一国（金融）监管模式和机制的设计与调整需要根据本国监管的历史沿革和宏观环境背景、金融业发展现状的客观实际进行设计"[1]，当然，中国亦概莫能外。自改革开放以来，中国金融监管经历了从中央人民银行"大一统"到"一行三会"，再到"一委一行二会一局"多次改革调整。其中，在"一委一行二会"的基础上，地方金融工作部门（包括地方金融办、地方金融工作局等）加挂地方金融监管局牌子的最新制度安排，"既实现了发展与监管政策的适度分离，又强调了共同的目标；既强化了专业监管、责任监管，又注重全面监管和功能监管"[2]。在此轮地方金融监管改革中，加挂地方金融监管局牌子的

---

* 刘志伟，西南政法大学金融创新与法制研究中心助理研究员，讲师，硕士生导师。
〔1〕巴曙松、朱虹：《金融监管模式的演进》，载《中国金融》2018 年第 7 期，第 25 页。
〔2〕《金融监管模式的新格局》，载《中国金融》2018 年第 7 期，卷首语。

地方金融工作部门与"一行二会"在地方的派出机构形成错位监管和补充，共同构成了地方金融监管的新框架。值得关注的是，涵括地方金融办、地方金融工作局等在内的地方金融工作部门为什么需要加挂地方金融监管局的牌子？地方金融工作部门加挂牌子之前与加挂牌子之后存在哪些差异？地方金融工作部门与地方金融监管局究竟是何种关系？种种疑问不得不让我们从历史的视角、现实的维度予以全面观察，历史的梳理可以探寻出地方金融工作部门创新设置的初衷，最初其究竟被赋予了哪些职责，而后其承担的职责又发生了哪些变化？建立在历史梳理基础上的现实考察，既可以明晰地方金融工作部门当下需要做出哪些调整、未来需要进行哪些变革，当然也可以从中探明其加挂地方金融监管局牌子的真实缘由、明晰地方金融监管局应当如何建构。

一、地方金融监管局的历史：服务协调型地方金融工作部门

包括地方金融办、地方金融工作局等在内的地方金融工作部门的创新设置有其特定的历史原因，究其根本在于随着中央垂直式"一行三会"（现已调整为"一行二会"）金融监管体制的逐步确立，地方政府不仅失去了 1980 年代以来所获得的信贷计划管理权、信托投资公司准入和监管权、证券市场实际管理权[1]，乃至直接任免中国人民银行、国有银行地方分支机构的人事领导权[2]等金融管理权。地方政府金融管理权的丧失在一定程度上意味着其为辖区经济发展获取金融资源能力的削弱，尤为值得注意的是，中国人民银行地方分支机构从"省分行"到跨省"大区行"的调整，"使得地方政府原本由人行省分行组织全省金融机构支持地方经济、发展金融产业的任务失去了担当者"[3]，即地方政府此时缺乏一个专门机构或部门去组织地方金融产业的发展、协调国有金融机构服务本地经济发展。当然，地方政府也需要一个专门的机构或部门协调配合好"一行二会"在本辖区所设分支机构金融监管工作的开展、国家金融政策的执行落实，等等。

在此背景之下作为地方金融工作部门典型代表的"金融办（局）"首先于 2002 年在上海正式成立，全称为"上海市金融服务办公室"，其被定性为议事协调机构，主要承担编制金融规划、加强金融服务、推动金融创新和配合金融监管四项职能。其中，前三项职能明显是为了促进地方金融组织、金融市场的发展，吸引全国性金融机构、金融资源的流入，而最后一项配合金融监管的职能则主要是为了做好辖区金融风险防范和化解工作。值得注意的是，无论是从机构名称、机构属

---

〔1〕 汤柳：《当前制度条件下中央与地方金融管理权的边界确定》，载《上海金融》2011 年第 7 期，第 35 页。

〔2〕 孟飞：《金融分权的逻辑：行政发包制及其影响》，载《上海经济研究》2017 年第 12 期，第 85 页。

〔3〕 杨勇、滕西鹏：《关于金融办组建的历史背景与使命的思考》，载《西部金融》2011 年第 8 期，第 20 页。

性，还是从职能配置上来看，"上海金融办在当时并不在政府序列，也不具有行政审批权，主要任务是联系并配合'一行三会'（现已调整为'一行二会'）和全国性金融机构在上海的工作"[1]以及促进本辖区金融行业的发展。正是源于地方政府通过设立地方金融工作部门来推动地方金融行业发展、为地方经济发展获取金融资源的初衷，才进一步推动了地方金融工作部门本身的机构名称、组织属性和职能承担的发展转变和延伸。当然，这还与国家金融改革的深入推进、经济发展方式的转变等存在紧密的相关性。具体来讲，以地方金融办（局）为典型代表的地方金融工作部门的设置使得地方政府拥有了专门的机构或部门来负责地方金融的规划发展、推动地方政府融资方式和地方金融组织或业态的创新，并且随着国家金融改革和市场金融创新的深入发展，样式繁多、类型各异的地方性类金融或准金融组织或业态获得了快速发展的空间，如小额贷款公司、融资担保公司、地方金融资产管理公司、地方金融资产交易所、区域股权交易中心等，并且其数量庞大、从业人员众多、业务增或存量也非常大，譬如"截至 2018 年 3 月末，全国共有小额贷款公司 8471 家，从业人员 101 197 人，贷款余额 9630 亿元"[2]。

然而，包括中国人民银行法、银行业监督管理法等金融行业基本法律法规并没有对包括小额贷款公司、融资担保公司、地方金融资产交易所等在内的地方性的准或类金融组织的监管进行规定，地方政府组织法规中也没有地方性金融组织或业态管理的相关内容[3]，也就是说他们已经被排斥于"一行二会"的金融监管范围之外。事实上，对包括小额贷款公司、融资担保公司等在内的地方性准或类金融组织或业态进行监管基本上都规定于"一行二会"以及相关部委所颁行的部门规章或规范性文件之中，并明确由省级人民政府实施属地监管。譬如，《关于小额贷款公司试点的指导意见》（银监发〔2008〕23 号）规定，"凡是省级政府能明确一个主管部门（金融办或相关机构）负责对小额贷款公司的监督管理，并愿意承担小额贷款公司风险处置责任的，方可在本省（区、市）的县域范围内开展组建小额贷款公司试点"。需要特别指出的是，且不说部门规章是否有权对小额贷款公司的监管权进行规定，但对于在中央没有进行归口管理的地方"金融办"而言《关于小额贷款公司试点的指导意见》（银监发〔2008〕23 号）的颁行意义非凡，因为这是"金融办"首次在正式的规范性法律文件中被提及。

进一步讲，正是因为《关于小额贷款公司试点的指导意见》（银监发〔2008〕23 号）对"金融办"的提及，才推动了地方金融工作部门本身的机构名称、组

---

[1] 刘永刚、魏华：《金融办秘史》，载《中国经济周刊》2012 年第 2 期，第 24 页。

[2] 中商情报网：《5 张图带你了解 2018 年中国小额贷款公司机构经营情况》，载 http://baijiahao. baidu. com/s？ id=1599316552283119880&wfr=spider&for=pc，最后访问日期：2020 年 2 月 8 日。

[3] 潘宏晶、吕庆明：《地方政府金融办职能定位问题研究》，载《西部金融》2014 年第 1 期。

织属性和职能承担的发展转变和延伸，而这又具体体现在 2009 年中国第五轮地方政府机构的改革之中。譬如，尽管北京金融工作办公室仅仅是继上海金融办之后的全国第二家省级金融办，并且于 2005 年经历了撤销，但在 2009 年的地方政府机构改革中，北京市政府唯一新成立的直属机构即是"北京市金融工作局"。从"北京市金融工作办公室"的成立与撤销，到"北京市金融工作局"的新成立，并且其组织属性也由原先的议事协调机构转变为政府直属机构，这在一定程度上是对地方性金融组织发展与管理的回应，更为重要的是，此举与《关于小额贷款公司试点的指导意见》（银监发〔2008〕23 号）对"金融办"的提及或者是间接赋予监管权力存在更为直接的关联关系。质言之，北京市"金融局"的新设、名称的变化、组织属性的变更都是为了配合职能变化的需要，而这也得到了《北京市人民政府办公厅关于印发北京市金融工作局主要职责内设机构和人员编制规定的通知》（京政办发〔2009〕78 号）的印证，因为该文件主要职责部分明确其"负责本市小额贷款公司审批和监管工作；负责融资性担保机构设立、变更审批以及日常监管……承担市属金融机构和地方审批金融机构相应授权监管职责"。其中，对融资性担保机构进行监管的规定则是对《国务院办公厅关于进一步明确融资性担保业务监管职责的通知》（国办发〔2009〕7 号）有关"省、自治区、直辖市人民政府按照'谁审批设立、谁负责监管'的要求，确定相应的部门根据国家有关规定和政策，负责本地区融资性担保机构的设立审批、关闭和日常监管"的回应，而"承担市属金融机构和地方审批金融机构相应授权监管职责"的规定则是兜底性的，为未来监管范围的拓宽留足了弹性发展空间。

事实上，2002 年上海市金融服务办公室的创新设置引发了地方金融工作部门创新设置的热潮，"据《中国经济周刊》统计，自 2002 年上海金融办成立以来，到 2011 年年底，我国已有 31 个省级政府成立了金融办，在 222 个地级以上城市成立了金融办，一些县市政府甚至区级政府也成立了相应的金融办"[1]，而 2009 年北京市金融工作局重新设立则开启了地方金融工作部门转型的先锋，即为了回应对包括小额贷款公司、融资担保公司在内的样式繁多的地方性金融组织或业态进行监管的需要，开始实现组织属性上的调整，即从没有监管执法权限的议事协调机构向可以享有监管执法权限的政府组成部门或直属机构转变。质言之，地方金融工作部门的创新设置主要是为了促进辖区地方金融行业的发展、满足辖区经济发展的金融诉求，而地方金融工作部门的转型，更准确地说，为回应部分地方性金融组织或业态监管职权而实现的组织属性的调整。总之，地方金融工作部门的职责范围，由原先的编制金融规划、加强金融服务、推动金融创新

---

〔1〕 刘永刚、魏华：《金融办秘史》，载《中国经济周刊》2012 年第 2 期。

和配合金融监管四项，拓展为负有地方性金融组织或业态监管职责五项转变，但"地方'金融办'的'一体两用'——'监管'与'融资'功能的合———必然会因'为发展而融资'的需求而导致地方金融监管行为的扭曲"〔1〕，因而有必要实现地方政府金融发展职能与金融监管职能的分离。

二、地方金融监管局的现实：加挂地方金融工作办公室牌子

实践中，地方金融工作部门须加挂地方金融监管局牌子的现象，从政策实施层面讲，是地方政府对《中共中央国务院关于服务实体经济防控金融风险深化金融改革的若干意见》（中发〔2017〕23号）有关"具体工作由地方金融监管局（金融办）承担"要求的具体落实；从制度设计层面讲，则是中央为解决赋予地方政府相关金融监管职责后，地方金融工作部门集"为辖区经济发展融资或发展地方金融"（教练/运动员）与"为安全而监管"（裁判员）二元职能于一身而带来的监管行为"两难"问题的解决方案。实质上，地方金融工作部门须加挂地方金融监管局的牌子，该政策的制定与实施一定程度上是对集"教练/运动员"与"裁判员"于一身而生悖论之准确理解与有效适用而采取的行动策略。当然，"地方金融工作部门须加挂地方金融监管局牌子"本身还具有制度安排上的过渡性或不彻底性，这或许是基于对制度实施成本、演进路径依赖、改革渐进性等因素进行综合考量的结果。

地方金融工作部门加挂地方金融监管局牌子，这一现象的集中出现或被关注，是2017年第五次全国金融工作会议之后，中共中央、国务院依照《中共中央　国务院关于服务实体经济防控金融风险深化金融改革的若干意见》（中发〔2017〕23号）中的相关内容对地方政府及其所属的金融工作部门做出的全国性要求。然而，需要特别说明的是，地方金融工作部门加挂地方金融监管局牌子的现象并不是新鲜事物，其最早的雏形是2011年11月成立的温州市在全国范围内率先成立地方金融监管服务中心〔2〕，并归口温州市政府金融工作办公室管理〔3〕，而后依据"温州金改12条"之"（十一）完善地方金融管理体制，防

---

〔1〕 刘志伟：《地方金融监管权的理性归位》，载《法律科学（西北政法大学学报）》2016年第5期。

〔2〕 《中共温州市委温州市人民政府关于进一步加快温州地方金融业创新发展的意见》（温委〔2011〕10号）："三、保障措施（一）加强组织领导。建立温州市地方金融监管服务中心，加强对温州地方金融业发展的组织协调，推进地方金融业改革创新，培育和发展地方金融机构，做大做强地方金融业。各县（市、区）均要建立和完善独立的地方金融协调机构和金融监管分中心机构。"

〔3〕 《温州市人民政府办公室关于印发温州市人民政府金融工作办公室主要职责内设机构和人员编制规定的通知》（温政办〔2011〕157号）明确，按照《中共浙江省委办公厅浙江省人民政府办公厅关于印发〈温州市人民政府机构改革方案〉的通知》（浙委办〔2011〕36号）精神，设立温州市人民政府金融工作办公室，设立温州市地方金融监管服务中心（机构规格相似正县级），为承担行政职能的事业单位，归口市政府金融工作办公室管理。

止出现监管真空，防范系统性风险和区域性风险"之规定，将"温州市地方金融监管服务中心"更名为"温州市地方金融管理局"，但更名后的"温州地方金融管理局"依旧为承担行政职能的事业单位，并归口温州市政府金融工作办公室管理。

在温州金融综合改革试验区"先行先试"，采用地方金融工作部门加挂地方金融监管局牌子后，在全国推行地方金融工作部门加挂地方金融监管局牌子之前，山东省人民政府于 2013 年 8 月 7 日出台《关于加快全省金融改革发展的若干意见》（鲁政发〔2013〕17 号），通称"山东金改 22 条"，提出"建立健全地方金融监管体制……现阶段，各级金融办同时承担区域性金融机构的监督管理职责"。而后的 2013 年 12 月 4 日山东省人民政府发布《关于建立健全地方金融监管体制的意见》（鲁政发〔2013〕28 号），明确"县级以上人民政府均单独设置金融工作办公室，挂地方金融监督管理局牌子"，并且截至 2015 年 5 月，"全省 17 个市、137 个县（市、区）已全部独立设置金融工作机构，并加挂地方金融监督管理局牌子，承担地方金融监管职责"，而山东省金融工作办公室也根据《山东省人民政府办公厅关于印发山东省金融工作办公室（山东省地方金融监督管理局）主要职责内设机构和人员编制规定的通知》（鲁政办发〔2017〕13 号）的规定，加挂山东省地方金融监督管理局牌子，作为山东省人民政府的政府直属机构，履行地方金融监管职责。

地方金融工作部门加挂地方金融监管局牌子的制度安排，经过了温州金融综合改革试验区和山东省地方金融（监管）改革试验的"先行先试"，从一个地级市的试验，走向一个省的试验，最后以此为蓝本开始在全国进行推行。值得注意的是，如上所述，除了"地方金融工作部门须加挂地方金融监督管理局牌子"制度设计本身还具有一定程度的过渡性或不彻底性外，《中共中央国务院关于服务实体经济防控金融风险深化金融改革的若干意见》（中发〔2017〕23 号）对地方金融工作部门须加挂地方金融监管局牌子的制度安排还存在过于笼统模糊的问题，即缺乏统一性的示范模板和相对明确具体的实施方案，此举极易导致各个地方政府在落实地方金融部门加挂金融监督管理局牌子的政策时出现了行为上的偏离和差异。事实上，这还与温州和山东在地方金融监管改革中，地方金融工作部门加挂地方金融监管局牌子的具体方式和路径差异存在极大的关联性，而具体差异主要体现在内设机构的设置和监管职能在内设机构之间的分配层面。山东省金融办加挂金融监督管理局的牌子后，内设机构分别是综合处、人事处、政策法规处（挂行政许可处的牌子）、银行一处、银行二处、资本市场处、保险与担保处、金融稳定处、交易市场监管处、农村合作金融处、民间融资监管处 11 个处，温州市金融办加挂金融管理局的牌子后，明确了金融办是金融管理局的归口管理部门，并且将金融办的内设机构与金融管理局的内设处室分别设置，其中，前者分为综合处、发展处（增挂招商引资办公室）、地方金融处、银保处、市场处、驻办纪检组、机关党总支（人事教育）7个处，后者分为监管一处、监管二处、监管三处（法制处）、综合统计处、企业服务处5个处。比较明显的是，山东省金融办加挂金融监督管理局的牌子更多是形式意义上"发展"与"监管"分离，是真正意义上的"一套人马两块牌子"，即未对金融办和金融监督管理局各自的机构、职能、编制进行分别设置；而温州市金融办加挂金融管理局的牌子不仅仅是形式意义上的，在适当对"发展"与"监管"职能进行分离的基础上，明确了金融办仅仅是金融管理局的归口管理部门，两者的机构、职能、编制进行了分别设置，俨然已经不是通常所说意义上的"一套人马两块牌子"。

如上所述，《中共中央国务院关于服务实体经济防控金融风险深化金融改革的若干意见》（中发〔2017〕23号）对地方金融工作部门须加挂地方金融监管局牌子的制度安排没有统一明确的实施方案，这就决定了各地地方金融工作部门须加挂地方金融监管局牌子实践路径的差异。在2017年第五次全国金融工作会议之后，2017年9月份江苏省是第一个按照《中共中央国务院关于服务实体经济防控金融风险深化金融改革的若干意见》（中发〔2017〕23号）的要求，宣称要推进金融办加挂金融监督管理局牌子的省份[1]，但截至2018年10月金融监督管理局才得以组建，并在最终落地时修改为江苏省地方金融监督管理局加挂江苏省人民政府金融工作办公室的牌子；第二个采取措施的是深圳，2017年10月份深圳召开全市金融工作会议，决定在市金融办加挂地方金融监管局牌子，并及时对其主要职能、内设机构进行了调整，尤为明显的是，其内设机构分为综合处、金融服务处、政策规划处、金融合作处、监管一处、监管二处、监管三处等7个处室。另外，自2009年北京市设立金融工作局之后，北京市的地方金融改革实践也得到了部分省市的模仿，如天津市金融工作局、武汉市金融工作局、四川省金融工作局等，值得注意的是，"金融工作局"的地方金融监管改革模式，尤其是2017年进行改革的四川省金融工作局，在内设机构、人员编制的设置安排上与山东地方金融监管改革模式如出一辙，但不采用两块牌子的模式总会给人留下"发展"与"监管"职能不分的印象。值得注意的是，各省级地方金融监督管理局纷纷组建，并加挂地方金融工作办公室或金融工作局的牌子。

不论是过去北京的"金融工作局"，还是温州、山东"金融办加挂金融监督管理局牌子"的地方金融监管改革实践，实质上都是中国地方金融监管改革的

---

〔1〕 2017年9月16日，江苏省委办公厅、省政府办公厅印发《江苏省省级承担行政职能事业单位改革实施方案》的通知，提出在省级政府机构限额内，将省政府金融工作办公室由省政府直属事业单位调整为省政府直属机构，机构规格为正厅级，挂省地方金融监督管理局牌子。

"试验田"，这为中国在全国范围内全面推行"地方金融工作部门加挂地方金融监督管理局牌子"到后来是"地方金融监督管理局加挂金融工作部门牌子"的制度设计提供了实践上的经验。值得关注的是，在上述三种地方金融监管改革模式中，北京的"金融工作局"模式虽然与山东"金融办加挂金融监督管理局牌子"在内理上具有强一致性，但名称的使用难免会影响到"发展"与"监管"职能的有效界分，山东"金融办加挂金融监督管理局牌子"虽然可表明其意在实现"发展"与"监管"职能的界分，但在内设机构、人员编制上仍然未作区分，这在一定程度上会影响到地方金融监管职能的有效行使。实质上，温州"金融办加挂金融监督管理局牌子"的地方金融监管改革模式是现阶段地方金融监管改革试验中最为彻底的改革模式，其不仅在"形"的层面，即名称上将地方金融工作部门和地方金融监管机构进行了区分，而且在"实"的层面也做到了地方金融工作部门与地方金融监管机构之职能配置、人员编制和机构设置上的合理界分，并且还在地方金融工作部门与地方金融监管机构关系层面明确了地方金融工作部门是地方金融监管机构的归口管理部门。总的讲，温州"金融办加挂金融监督管理局牌子"的改革模式是现阶段各地方金融监管改革模式中最为合理的制度设计，那么温州地方金融改革试验的"样本"已然成为现阶段落实《中共中央国务院关于服务实体经济防控金融风险深化金融改革的若干意见》（中发〔2017〕23号）对"地方金融工作部门须加挂地方金融监督管理局牌子"制度安排的示范样本。值得注意的是，自2009年以来，各省、自治区、直辖市纷纷一改"金融办加挂金融监督管理局牌子"的制度安排，变为组建地方金融监督管理局，并加挂地方金融工作办公室或金融工作局的牌子，对"发展"与"监管"主体、职能进行对调，以彰显对地方金融监管问题的重视。

三、地方金融监管局的未来：省垂直管理地方金融监管部门

地方金融工作部门完全是地方政府为了扶持地方金融发展、获取经济发展资金而设置的服务协调机构，而随着地方性金融组织或业态发展而被赋予的监管职能也往往成为地方政府干预金融资源配置的手段和工具。值得注意的是，在地方金融风险逐渐暴露、地方金融风险处置责任逐渐下放和地方金融监管问责机制不断完备的背景下，地方政府则不得不开始重视地方金融监管权在防范地方金融风险、维护地方金融稳定中的作用。然而，集地方金融发展职能与地方金融监管职能于一身的地方金融工作部门必然会带来利益上冲突、行为上的扭曲。为强化地方金融监管职能的发挥和保证金融监管效能的有效发挥，中央要求地方金融工作部门加挂的牌子或者是地方金融监管局加挂金融工作部门的牌子，以实现地方金融发展职能与地方金融监管职能的适度分离。当然，地方金融工作部门加挂地方金融监管局的牌子或者是地方金融监督管理局加挂金融工作部门的牌子，仅仅是地方金融发展职能与地方金融监管职能走向分离的第一步，何况不同地方在落实"地方金融工作部门加挂地方金融监督管理局牌子"或"地方金融监督管理局加挂地方金融工作部门牌子"的制度安排上还存在"有名无实"的问题。地方金融监管改革真正要做的是实现地方金融发展职能与地方金融监管职能的彻底分离，并建立完全独立的地方金融监管部门专门行使地方金融监管职能，因为良好的独立性是金融监管治理不可或缺，并起决定作用的因素，也因此成为保障监管效用的基础。[1]

地方金融监管部门的完全独立是为了避免地方政府及其所属的地方金融工作部门利用其权力来干涉地方金融监管职能的有效行使。值得注意的是，在中国地方金融监管的改革实践中，即使是迄今为止改革最为彻底的温州市金融管理局及其内设机构的相对独立设置也仅仅是做到了地方金融发展职能和地方金融监管职能的适当分离，并且地方金融监督管理部门由地方金融工作部门归口管理的制度安排在一定层面上又削弱了地方金融监管的独立性。因此，保证地方金融监管独立的改革方向，就是应当将地方金融监管部门完完全全从地方金融工作部门中独立出来，实现地方金融监管部门的独立设置和地方金融监管职能的专门行使。进一步讲，地方金融监管的独立设置和地方金融监管权的专门行使，除了涵括"事权"层面的内容外，还与"人、财、物"权紧密相关，因为这涉及地方金融监管体制的选择问题，即"对地方金融监管权进行科学合理的配置并重构或完善地方政府金融管理体制，究竟是采用中央垂直式管理体制，还是采用属地管理的模式，抑或其他"[2]。就改革前地方金融工作部门或者是改革后加挂地方金融工作部门牌子的金融监督管理局来看，地方金融工作部门的管理体制所采取的是纯粹的"属地管理"体制，即地方金融工作部门同时受地方政府和上级地方金融工作部门的"双重领导"，其中上级主管部门主要负责地方金融"事"权的管理，而地方政府则负责管理地方金融工作部门的"人、财、物"权，此种安排极易导致地方政府利用"人、财、物"权来对地方金融工作部门进行价值偏向或政策选择上的控制[3]，即地方金融监督管理部门的监管事权被地方政府发展地方金融、获取经济发展资金的冲动而俘获。

为了保证地方金融监管权行使的有效性，地方金融监管部门独立性的提升不能仅仅通过地方金融监管部门和地方金融发展部门的分别设置予以完成，而是要从地方金融监管部门的管理体制上着手进行改革，即首先将地方金融监督管理部门从地方金融部门中独立出来，而后将地方金融监督管理部门的管理体制从现在

---

[1] 洪艳蓉：《金融监管治理——关于证券监管独立性的思考》，北京大学出版社2017年版，第81页。

[2] 刘志伟：《地方金融监管分权：协同缺失与补正路径》，载《上海金融》2017年第1期，第46页。

[3] 尹振东：《垂直管理与属地管理：行政管理体制的选择》，载《经济研究》2011年第4期，第42页。

的"属地管理"体制向"垂直管理"体制转变，当然，究竟是选择采用"中央垂直管理"体制，还是"省级以下垂直管理体制"呢？对地方金融监管采用"中央垂直管理"体制已经是不可能，因为包括《中共中央国务院关于服务实体经济防控金融风险深化金融改革的若干意见》（中发〔2017〕23号）、《国务院关于界定中央和地方金融监管职责和风险处置责任的意见》（国发〔2014〕30号）已经明确"中央为主、地方补充、规制统一、权责明晰、运转协调、安全高效"的金融监管与风险防范处置体系，并且将"7+4"类（"7+4"分别指小额贷款公司、融资担保公司、区域性股权市场、典当行、融资租赁公司、商业保理公司、地方资产管理公司和投资公司、农民专业合作社、社会众筹机构、地方各类交易所）地方性金融组织或业态的监管权下放给地方政府。值得注意的是，2014年中编办曾向各省级金融办下发了《关于完善中央与地方金融管理体制的意见》，其指出"省级政府的金融管理职责不能够层层下放到市县政府，但是可以在市县设置监管机构实现垂直管理"[1]，尽管最后不了了之，但从已经颁行的《关于小额贷款公司试点的指导意见》（银监发〔2008〕23号）、《融资担保公司监督管理条例》（国令〔2017〕第683号）等地方性金融组织或业态监管规范来看，基本上是省级政府确定的主管部门负责地方性金融组织或业态进行监督管理，而只是将日常监督管理职责进行层层下放。因此，无论是从既有的政策实践，还是从有效处理地方金融发展与监管职能的关系来看，避免地方政府对地方金融监督管理部门监管权行使强加干涉的最好方式，就是将地方金融监管部门从地方金融部门中彻底独立出来，并对获得独立设置的地方金融监督管理部门实施省级以下垂直管理的组织体制。

需要补充说明的是，选择采用"地方金融的（省级以下）垂直监管模式虽可在一定程度上缓解'监管'与'融资'任务合于一体的矛盾，但并不能从根本上予以解决，原因在于毕竟省以下地方各级人民政府依然会对省、自治区、直辖市人民政府金融监管部门派出机构的监管予以抵触或者省、自治区、直辖市人民政府为保证辖区金融竞争力而选择'重金融发展、轻金融监管'的策略。为保证地方金融（省级以下）垂直监管体制的有效性，防止省、自治区、直辖市之间出现地方金融监管的'朝底竞争'问题，国务院可授权中国人民银行或金融稳定发展委员会代表国务院对各省、自治区、直辖市地方金融监管情况进行监督检查，并在其下设立国家金融总督察及其办公室，国家金融总督察、副总督察负责组织实施国家金融督察制度，向地方派驻国家金融督察局"[2]。

---

〔1〕 张莫、蔡颖：《中央地方分层监管初步完成意见征求》，载 http://finance.sina.com.cn/roll/20140508/014619034492.shtml，最后访问日期：2020年2月18日。

〔2〕 刘志伟：《地方金融监管分权：协同缺失与补正路径》，载《上海金融》2017年第1期。

第四篇　金融法规实施的研究

农村金融联结模式中的契约制度研究

王利军* 王鸿羽**

摘要：以完善农村金融联结契约制度为方向展开研究，旨在为我国农村金融联结模式中的契约制度的改革提供理论基础与实践指导。通过运用一系列的研究方法，深入了解我国农村金融联结的契约制度，研究了农村金融联结中契约制度存在的问题，并根据我国农村金融联结契约制度的发展现状，提出了完善农村金融联结契约制度的对策。

关键词：农村金融联结；契约制度；违约责任；契约主体

一、农村金融联结中的契约制度相关基础理论

（一）农村金融联结模式概述

1. 农村金融联结模式概念

金融联结主要是指正规金融与非正规金融建立相互合作关系，充分发挥各自在不同领域的优势，从而解决农户贷款难、贷款繁的问题。[1]农村的金融联结是正规金融机构和农村中介之间的一种合作形式，其基础是农村的"二元"金融结构，参照了金融联结的运行模式。在法律关系方面，农村的金融联结的法律关系与委托代理相似，即银行外包或者委托业务给乡村中介，如信息收集、客户筛选、贷款监督等业务板块。

虽然对于农村金融联结模式还没有一个统一的规定，但是通说认为农村金融联结作为农村信贷的创新模式，其合作模式是建立垂直联结关系，乡村组织发挥建立正规金融与农户之间的桥梁作用，其基于地理优势、业务优势、血缘联系，从掌握的大量农户信息中进行筛选，选择出身份合适和信用良好的借款人供正规金融参考，解决了正规金融对农户掌握的信息不全面和诚信风险问题，使得正规

---

* 王利军，河北经贸大学法学院院长，教授。

** 王鸿羽，河北省承德市司法局。

[1] 纪翔：《我国农村金融联结法律制度研究》，河北经贸大学 2018 年硕士学位论文。

金融的资金可以放心地流入农村地区，满足农村地区对资金的需求。[1]

2. 农村金融联结模式类型

（1）世界上发展中国家的农村金融联结主要类型。世界上发展中国家中印度的农村金融联结主要分以下两种类型：

直接的金融联结，是说妇女团体（包括 10~20 个妇女）接受商业银行直接发放的贷款。而商业银行在放贷款之前，要对这个团体做一定的评价，其中包括评价成员的类型、团体的规模、会议的频率、如何利用其储蓄的金额以及教育水平等。如果该团体具有 12 个以上比较好的要素，便可以接受贷款，反之便不能。之所以要这样联结，是为了让农民的资金来源更加多样化，让流动性资金得到平衡。现实情况下，其实关于贷款人的一些准确的相关信息，商业银行一般很难了解，也往往没有办法在低成本的状态下完成，慢慢地发展起来后，这种模式便形成了便利联结模式。

便利联结模式，指的是金融上的一些非正规机构被一些正规机构雇佣，来开展相关的业务。这种便利联结有两个拥护者，一个是正规机构，一个是客户。正规机构本身代表的是非正规机构，而客户进入契约的途径是通过正规机构、非正规机构的代理人等[2]。这种联结，由客户向服务方支付费用。商业银行的小额贷款占据该组合百分之九十，且将成为以后的主导方式。

（2）中国农村金融联结的主要类型。随着我国农村金融的发展，金融联结模式呈现多样性，主要有以下四种模式：银行+非政府组织+农户；银行+经纪人+农户；银行+农民合作组织+农户；银行+ 龙头企业+农户。

3. 农村金融联结模式特征

随着我国农村商品市场的发展，金融联结模式也呈现出多种情况。常见的正规金融与非正规金融之间有以下两种联结方式：一种是水平联结，即正规金融和非正规金融之间为竞争关系，同时为农村市场提供贷款业务办理服务，另一种是垂直联结，正规金融与非正规金融之间为合作关系，非正规金融机构作为正规金融机构与农户之间的中介，在取得正规金融的资金后，再贷给农村借款主体。[3]目前，我国法律对于非银行主体的转贷行为限制比较严格，在实践中，一般是由正规金融作为资金的给付方，农户作为资金的接受方，而乡村中介利用其信息优势充当中介，为其提供担保，促成正规金融和农户借款合同的成立，因此，属于一种典型的垂直联结模式。

---

〔1〕 王利军、纪翔：《多元法学视角下的农村金融联结》，载《河北法学》2018 年第 3 期。

〔2〕 林明恒：《印度金融联结的经验及其启示》，载《农村经济与科技》2016 年第 4 期。

〔3〕 王利军、纪翔：《多元法学视角下的农村金融联结》，载《河北法学》2018 年第 3 期。

（二）金融联结中的契约制度概述

1. 契约群理论

契约是一种自主决定、自我约束与自我负责的自治理念，在现代私法制度中发挥着重要的作用。由于契约具有意思自治的特征，当事人在是否缔约、与何人缔约、缔约的形式、所采取的方式、缔约包含的内容、缔约的解除以及违约救济等方面享有相对的自由，从某种角度来说，金融契约的自治性有利于激发金融市场的活力。契约法可以最大限度地保障金融主体的契约自治，充分实现他们的价值诉求。

由于金融市场本身的属性，交易通常会存在着一定的风险，并且其面临的风险不单单只针对某一方，而会波及多方的契约主体。契约也不是单一存在的，相关的契约之间存在着一定的关联性，那么契约之间很可能会产生一系列的连锁反应，即一个契约的不能履行，将可能导致相关契约都因此无法继续履行，产生一系列的连锁效应。我国合同法规定了契约具有相对性的特征，即契约只在缔约双方之间发生法律效力，由缔约双方享有相应的权利并承担相应的义务，契约并不会对未涉及的第三方当事人发生法律效力。目前，大陆法系和英美法系都采取的契约相对性理论，认为契约只对缔约双方发生法律效力，契约之间的相互关系也不在考虑范畴内。但是该理论忽视了金融契约之间的关联性，不能满足规制金融契约行为的需要，缺乏对金融契约群的整体规范。

农村金融联结中所涉及的不是单单一个契约，而是典型的契约群。农村金融联结作为一种农村借贷模式，在运行该模式的过程中涉及多个法律主体，也需要有多个契约来调整银行、乡村中介、农户之间的多种法律关系。首先，金融联结的运行通常由银行选择合适的乡村中介，赋予乡村中介相应的权限，由其代理银行筛选合格的借款人，他们之间发生的法律关系通过委托契约来进行规范和调整；其次，在乡村中介筛选出借款人后，由银行或乡村中介与农户达成借款意向，并签订借款契约；最后，为了保障契约的顺利履行，由农户或者乡村中介与银行达成担保契约。农村金融联结契约彼此间存在着连带关系，所涉及的不只是一个独立的契约，而是一个相互关联的契约群。[1]农户作为借款契约的最终承担人，在金融联结各环节产生的费用都需由其承担，由此提高了贷款的成本，其中产生的费用由农户以承担相对较高的利息的方式来负担。因为成本的增加，导致农户无法履行借款合同的风险也相应地提高，此时农户发生无法继续履约的情况就会随之增多。一旦农户发生违约，其所涉及的相关契约群，就会由此产生一系列的违约，乡村中介会因为未尽到严格筛选的义务或者为借款提供担保等原因

---

〔1〕 孙志毅、陈儒：《农村金融联结与农村信用社改革良性互动的理论思考》，载《财会月刊》2015 年第 4 期。

而产生相应的违约责任，这样一个契约中的一方违约就间接引起了相关契约的违约。而当契约群中涉及的契约较多时，就会造成大范围违约，产生不良的社会效果。因此，对于农村金融联结中的契约制度，乃至对整个金融契约的研究应突破合同相对性理论的限制，使得相互关联的契约无论在履行方面还是在责任承担方面都不能孤立地看待，而应注重之间的相互联系，加强规范单个契约和契约之间的行为，防范大范围违约的风险，促成金融联结契约的达成，更好地保障契约的履行和救济。

2. 契约群的模式

（1）以银行为中心的契约群。此类契约群以银行等正规金融机构为中心：首先由银行与乡村中介机构订立委托合同，委托中介机构寻找合适的契约相对方，再筛选出合适的相对方后由银行直接与借款人订立借款合同。这种情况中，乡村中介虽然不是借款合同的主体，但若因其未能按照要求筛选借款人，那么在借款人违约后，便会承担相应的违约责任。

（2）以中介机构为中心的契约群。此类契约群由乡村中介机构为主导：首先，乡村中介机构与银行订立借款合同，由乡村中介机构直接向银行借款，再由乡村中介机构与农户订立借款合同，将乡村中介所借的款项借于农户。这种情况中，农户若不能履行借款合同，那么也会导致两个借款合同均发生违约的情况。

（3）以农户为中心的契约群。此类契约群由农户为主导：先是银行与乡村中介机构订立委托合同，委托中介机构寻找合适的契约相对方，再筛选出合适的相对方后由银行直接与农户订立借款合同，中介机构也为规范农户的行为与农户签订契约。这种情况中，农户不能继续履行契约，会导致连环违约。

二、农村金融联结模式中契约制度的发展现状

（一）农村金融联结制度立法现状以及存在的问题

1. 农村金融联结制度立法现状

我国目前还未出台规范农村金融联结模式的相关法律，也未对农村金融联结中的契约制度进行调整和完善，但现在出台的相关法律文件并未限制农村金融联结这种模式。

2007 年施行的《农民专业合作社法》中涉及了乡村中介的内容，推动正规金融机构与农民专业合作社建立合作，[1]农民专业合作社作为银行与农户的中介机构有着天然的优势，对农户信息掌握得较全面，利于对农户进行筛选；农户咨询专业合作社的地理优势和人员优势也方便农户进行咨询，后期也有利于进行监管。2007 年实施的《农村资金互助社管理暂行规定》中规定，"农村资金互助

---

〔1〕《中华人民共和国农民专业合作社法》第 51 条。

社以吸收社员存款、接受社会捐赠资金和向其他银行业金融机构融入资金作为资金来源"。[1]综上，银行业金融机构可以与农村资金互助社进行合作，把资金互助社作为一个中介机构，发挥农村资金互助社的优势。

在 2012 年出台的《关于支持农业产业化龙头企业发展的意见》中，首次提出了龙头企业可以作为乡村中介，也可以基于对农户的了解为农户提供借款担保，以便于解决农户贷款难的问题。鼓励以龙头企业为中介，建立"银行+农业企业+农户"的金融联结模式。2016 年公布的《关于银行业金融机构积极投入脱贫攻坚战的指导意见》中加强了对扶贫项目的支持力度，对于扶贫项目可适当调整担保物的要求和范围，探索其他的灵活的担保方式，扩大了担保物的范围，创新了由后期的农产品订单作为担保的方式，有效促进了金融联结模式的发展，促成农村金融联结契约的达成。[2]

2. 我国农村金融联结中存在的问题

（1）规范性法律文件效力较弱。经过对所公布的法律文件和实践经历的总结和研究发现，农村金融联结在我国具有合法的地位，并且相关部门鼓励建立乡村中介。但仍缺乏专门调整其行为的规范，而且，这些文件位阶都比较低，多为银监会、人民银行发布的规范性法律性文件，这些规定相较于法律，层级相当低，效力也比较弱，不能有效规制农村金融联结运行中的问题。

（2）缺乏对农村金融联结模式的规制。我国农村金融联结的具体实践中还面临很多问题，由于农村金融联结中既涉及管理性内容，又有自治性的内容，所以对其进行规制既要有公法的介入也要有私法的介入。有关部门应加快相关方面的立法，既能有效管制金融联结中的不法行为，又能进一步释放金融联结的潜力。在该模式的运行中，由于无法预期农村金融联结模式的违法成本，导致无法对联结各方的行为进行规范，不利于此种模式的建立、联结过程中的监督和联结效果的发挥，不利于金融联结这种创新模式在我国的发展。

（3）合同法不利于规范契约群。我国合同法中规定了契约具有相对性的特征，即契约只在缔约双方之间发生法律效力，由缔约双方享有相应的权利并承担相应的义务，契约并不会对未涉及的第三方当事人发生法律效力。但是，该理论恰恰忽略了金融契约之间具有关联性的特征，不能满足规制金融契约行为的需要，缺乏对金融契约群的整体规范。我国合同法有必要对此问题进行调整。

并且我国合同法对主体方面的规范也不利于农村金融联结的发展。农村金融联结既能够将商业银行纳入其中，也能充分利用本土乡村中介，例如：职业放贷

---

〔1〕《农村资金互助社管理暂行规定》第 41 条第 1 款。

〔2〕刘丹、张宁、王翌秋：《农村金融联结激励机制设计与制度安排》，载《农村经济》2016 年第 10 期。

人、农民协会、农民专业合作社等农民经济组织。虽然，这部分组织资源丰富，但是，由于数量较多，可能会出现鱼龙混杂的现象，并且相当多的乡村中介不具备金融相关知识，所以，有必要探讨规范合同主体中的乡村中介的法律条文，避免骗贷情况的发生，使得资金真正地用于农业发展。

（二）农村金融联结模式中的契约的类型

1. 以农民专业合作社为中介的金融联结契约

农民专业合作社与农户之间有着密切的联系，他们掌握着大量农户的基本信息，可以通过一些措施督促农民履约。与此同时，农民的参与和对这些组织的依赖使本组织拥有治理的权威性。目前，这种契约类型的主体仅仅为农户和银行，并没有把农民专业合作社列为契约的主体。正是因为契约主体所涵盖的范围的限制，导致在之前合格农户的选择和之后的履约过程中出现了一系列的问题。因为契约并未对农民专业合作社进行约束，导致其不负责地筛选农户，并且经常会为谋取不正当利益而选择不合格的农户，并且在之后的履约过程中，也不能起到督促的作用，通常筛选出农户后便不再跟进，工作没有连续性，没有有效地约束农民专业合作社的行为。

2. 以经纪人为中介的金融联结契约

农民在亲缘和地理关系的基础上相互信任，因此银行通常聘请村里有威望的人充当经纪人的角色，银行聘用大量的信贷联络员，通过他们收集乡村信息从而为银行筛选出合格的借款人。此种情况中，契约的主体仅为农户和银行，经纪人通常会由聘用合同来约束，以此来督促经纪人履行职责。但是由于经纪人并不受金融契约的约束，所以他承担的责任较小，与契约相对人所承担的违约责任不平衡。

3. 以龙头企业为中介的金融联结契约

农业龙头企业往往与农户联系紧密，通常存在合作关系并由合同法来规范双方的行为。龙头企业了解农户的经营能力、资产、信誉等，而且农户在很多方面也依赖于龙头企业，因此，龙头企业可以通过契约等方式对农户加以约束。[1]在一些发展中国家，龙头企业可以基于与农户的交易为农户提供贷款担保，在有龙头企业提供担保的基础下，银行所面临的风险显著减少，从而有利于银行与农户达成借款契约。在这种类型中，龙头企业的角色存在两种情况，一种是龙头企业作为中介方，为银行筛选出合格的贷款人，另一种是龙头企业作为担保人，为农户向银行的贷款提供担保。前者没有相应的措施来约束龙头企业的行为，所以往往不能真正为银行筛选出合格的借款人。后者能够有效地约束龙头企业的行

---

〔1〕 龙柯宇：《基于法治博弈的农村民间金融治理逻辑重塑》，载《甘肃社会科学》2017年第3期。

为，并且往往能达到金融联结模式的目的，但是由于现在的担保条款责任过重，所以限制了很多龙头企业的进入。

（三）农村金融联结模式中的非规范契约治理机制

1. 道德机制

道德的约束也是保障契约顺利履行的重要手段。因为农村是熟人社会，所以道德的约束会更加有效。农户之间基于地缘、血缘等关系联系密切，可以自然形成一个相互督促的良好履约氛围，并且在农户之间会形成一个无形的诚信机制，了解一方的经济能力、是否守约以及是否借款与需求相符。在这样的情况下，农户往往会按约履行，否则道德的约束机制会使其无法在这个村庄继续生活，也无法再与其他农户进行交易。由于农村的联系紧密性，使得道德机制可以发挥作用，但是道德机制毕竟没有强制约束力，还是要发挥法律的支撑作用。

2. 声誉机制

在农户紧密联系的背景下，可以形成一个信用机制。相互之间都有一定的了解，对于对方的一些基本情况和信用都能掌握。所以在筛选合格的借款人的时候，信用机制就可以发挥作用，为银行筛选出合格的借款人，对于借款人的情况和是否讲信用都可以有一定的了解，并且可以基于此做出是否借款以及借款数额的决定。

三、农村金融联结模式中契约制度存在的问题

（一）契约主体资格不明确

金融联结模式最突出的优势在于将正规金融与非正规金融的优劣势进行互补，能够将商业银行纳入其中，也能充分利用本土乡村中介。虽然这部分组织资源丰富，但存在着一种道德风险，即由于中介数量众多，许多农村中介人可能鱼龙混杂，并且多数缺乏相关的金融知识，所以在契约主体的选择上需要配以法律条文约束。

目前，借款契约的主体仅仅为农户和银行，并没有把本土乡村中介列为契约的主体。正是因为契约主体所涵盖的范围有限制，导致在之前合格农户的选择和之后的履约过程中出现了一系列的问题。因为契约并未对本土中介进行约束，导致其不负责地筛选农户，并且经常会为谋取不正当利益而选择不合格的农户，并且在之后的履约过程中，也不能起到督促的作用，通常筛选出农户后便不再跟进，工作没有连续性，不能有效地约束本土乡村中介的行为。

（二）借款主体存在的问题

1. 借款人履约率较低

由于契约的主体资格不明确，缺少对本土乡村中介的约束，所以往往在筛选借款人时就出现了问题，借款人的不合格也就导致了之后不能按时按约定履行借

款契约。

农村金融联结契约履约率低的原因可能有以下几种：第一种是筛选农户不严格，将信用评价较低的农户挑选为借款人，其中农户信息造假，乡村中介调查不准确，银行审批不严格都可能造成挑选了不合格的借款人。这样不合格的借款人很可能滥用借款并造成违约；第二种是未有效规范乡村中介的行为，乡村中介对于农村金融联结起着重要的桥梁作用，其行为的不规范会造成无法挑选出合格的借款人，并且一旦乡村中介与农户合谋骗贷，那么将造成严重的资金损失和违约，此外中介机构行为的不规范，还会出现截留农民贷款，从中获取不正当利益；第三种是银行行为的不规范，银行应对借款人的资格进行严格的审查并对资金的用途进行监督，若银行一味地追求经济效益，降低对借款人的要求，那么很可能会陷入诚信危机，为银行带来垃圾客户，从而增加了违约的风险。以上的风险都造成了借款人履约率偏低。

2. 借款人信用机制不成熟

信用机制可以有效地筛选出合格的借款人。在农户紧密联系的背景下，可以形成一个信用机制。相互彼此间都有一定的了解，对于对方的一些基本情况和信用都能掌握。所以在筛选合格的借款人的时候，信用机制就可以发挥作用，并且可以基于此做出是否借款以及借款数额的决定。但是现在还没能形成一个系统的成熟的信用机制，往往只是一个农户对于另一个农户的主观评价，这种评价可能是片面的和不具体的。所以就可能出现原本合格的借款人不能进行借款行为，不合格的借款人通过一些不正当的渠道可以获得借款。

3. 借款方不能提供合格的抵押物

目前，很多农民不能获得银行的借款，与银行很难达成借款契约，其中很大一部分原因在于农户无法达到银行对担保物的要求，农民所享有的土地、宅基地不能作为担保物来担保借款，拥有的固定资产很难满足担保物的要求。由于金融机构对农户的信息掌握不够充足，在农户不能提供合格的担保物时，将资金贷给农户将面临很大的风险，所以常常对农户供给资金时态度较谨慎。因此，在实践中达成金融联结后，若不扩大担保物的范围并重新定义担保物的标准，那么农户依然很难对贷款进行担保，不易获得银行的贷款支持。

4. 中介机构存在的问题

我国目前现有的规范农村金融联结的法律文件对乡村中介的规定有所涉及，在《农民专业合作社法》中有鼓励农民专业合作社作为中介来发放贷款，《国务院关于支持农业产业化龙头企业发展的意见》中明确了龙头企业具有乡村中介的资格，并可为农户提供担保。但是，相关法律文件法律效力相对较低，未对乡村中介的范围进行系统详细的规定，而且，对于乡村中介的行为也没有规范的标准，为了促进联结契约的达成并降低违约的风险，有必要完善乡村中介行为规范的制度。例如，在尼日利亚，正规金融机构选择信贷协会作为中介机构，由于对信贷协会过于信任，未出台相关规定来约束信贷协会的行为，最终由于信贷协会滥用权利导致了金融联结的失败。[1]因此，有必要建立乡村中介的行为规范，合理地规制乡村中介的行为。

联结主体的规范性参与对农村金融联结的持续稳定发展起着非常重要的作用，当前，我国合同法对于契约主体资格的规定明显不适用于农村金融联结的契约主体。应尽快明确契约主体资格，为联结主体的准入作出法律规定，为契约的顺利达成提供法律保障。

中介机构的建设还不够规范和完善，本土乡村中介的选择和之后的展开的工作都没有一套完整的规范进行约束。因为契约并未对本土中介进行约束，导致其不负责地筛选农户，并且经常会为谋取不正当利益而选择不合格的农户，并且在之后的履约过程中，也不能起到督促的作用，通常筛选出农户后便不再跟进，工作没有连续性，没有有效地约束本土乡村中介的行为。

(三) 贷款主体存在的问题

在农村金融联结模式中，正规金融是指受到政府监管并进行登记的金融机构，例如信用社和商业银行等。在实践中，正规金融对农户的贷款行为持比较谨慎的态度，也不轻易将资金流入农村市场，农户对资金的需求仍得不到满足。并且现在正规金融还存在一系列的问题，如借贷门槛较高，在筛选合格借款人时太过严格，真正有需求的农户筹集不到资金；交易手续也比较繁杂，农户往往在借款过程中由于材料的不齐全导致无法成功完成借款；对借贷主体的监管也不到位，常常存在违规借款并获取不正当利益的行为，无法达到农村金融联结的目的。

(四) 契约违约救济方面的问题

对于农村金融联结契约违约的救济方面，还没有一套完整的法律法规来进行调整。单单适用合同法不足以满足农村金融联结契约的需要，其中合同的相对性等规则限制了农村金融联结契约的顺利履行，并且合同法中关于违约的救济不完全适用于农村金融联结契约，所以应该尽快完善契约制度，探索出适用于契约群的违约救济方面的规范，使其能够满足金融联结契约顺利履行的需要，规制违约行为。

---

[1] 张乐柱：《民间借贷交易与农村微型金融中介体发展研究》，中国农业出版社 2016 年版。

四、我国农村金融联结模式中契约制度的完善

（一）明确契约主体资格

1. 建立乡村中介资格审查规范

乡村中介在农村金融联结中起到的桥梁作用，是农村金融联结中重要的一环，对乡村中介的选择以及对其行为的规范关乎农村金融联结能否顺利进行。乡村中介由于天然的优势较熟悉农户的基本信息和信用情况，由乡村中介为银行挑选出合格的农户，这就等同于银行赋予了乡村中介授信的权利，此外，为了防范金融风险，官方资金还通过各种资产、信贷和业务领域考虑农村中介的资格，来决定是否与乡村中介达成金融联结。因此，挑选适当的乡村中介非常重要。乡村中介是否合适可以从以下几个方面考虑：

（1）乡村中介的财产状况。在银行、农民合作组织与农户相联结的模式中和银行、龙头企业与农户相联结的模式中，中介机构不单单只起到联系双方的作用，多数情况下还需要向银行提供担保。银行为了降低交易风险，规制乡村中介的行为，避免中介机构与农户串通骗款的行为发生，让乡村中介提供担保是一个很必要的方式。这就要求乡村中介具有良好的资产状况，较佳的责任承担能力，这样在农民发生违约的情况时，可由农民和乡村中介共同承担相应的法律责任。

综上，乡村中介的财产情况可以作为乡村中介资格审查的一条规范，在乡村中介的财产状况良好的情况下，会在一定程度上降低银行贷款的风险，间接鼓励银行将资金流入农村市场，这样就能有效地解决农户贷款难的问题，发挥农村金融联结模式的作用。

（2）乡村中介的地理位置。乡村中介基于地理上的联系和人际中的联系等优势，与农户的关系较紧密并熟悉农户的基本信息。我国农村属于典型的关系社会，各农户之间都有一张张密切的关系网，造成这种现象最重要的一个原因就是农户所处的地理位置具有紧密联系性。若要选择对农户信息掌握充足的乡村中介，那么乡村中介的地理位置将是一个不可忽略的因素。并且若乡村中介与农户地理位置联系紧密，那么他们之间的关系也会紧密并彼此信任，这样乡村中介就可以更好地发挥联结作用。乡村中介也正是通过这样的优势，筛选出合适的农户并敦促农户按时履行契约，从而有效地解决了贷款合同主体不适格和履约率低的问题。因此，乡村中介的住所地选择也是成为合适的联结中介主体的一个重要条件。

（3）乡村中介覆盖的范围。乡村中介的覆盖范围，是指乡村中介对了解的农户的户数总和，其中该范围受到地理位置等因素的限制，当覆盖范围越大时，其所涉及的农户就越多，掌握的信息也就越多，银行可以根据其金融服务的规模来选择合适的乡村中介。一味地追求较大覆盖范围的乡村中介也存在问题，因为

随着覆盖范围的扩大，地理和人际关系上的联系也会减弱，这也将导致无法准确地对农户进行筛选和督促其履约。所以乡村中介的覆盖范围不宜过大也不宜过小，应通过调查研究进行合理的规划。

鉴于以上所述，笔者认为，农村金融联结模式中乡村中介的选择还需制定一套具体的规范，明确乡村中介的契约主体资格，并且有必要探讨是否通过契约来约束乡村中介，如何约束，以及需要明确乡村中介的法律责任。通过上述对乡村中介资格规范的研究，专业合作社、龙头企业都比较符合上述乡村中介的要求，可通过具体的法律条文进行规范，明确乡村中介的责任，从而促成其与正规金融的合作。

2. 正规金融规范制度

正规金融在农村金融联结模式中指的是受到政府监管的金融机构，例如信用合作社和商业银行等。我国现有的法律法规已经不能满足新的需要，所以应加快修订相关的法律法规，对于农村金融联结的正规金融主体资格建立准入制度，探索用法律手段筛选合格的正规金融机构。

由于正规金融的大量资金主要投入到了城市地区，所以无法满足农村对资金的需求，因此，我国需尽快建立农村金融联结中正规金融的准入规范，明确其主体资格并加以限定。例如，印度的《印度储备银行法案》中就银行对农业部门的贷款比例进行了规范，设定了具体的数值，并且对涉农贷款的资金去向进行了规定。[1]我国也可参照这种方式就银行对农业部门的贷款比例进行规定，要求正规金融为农户提供更充足的贷款服务，促使正规金融积极参与到农村金融联结模式中，从而有效地解决农村资金供给不足的问题。

3. 借款主体的资格

作为契约主体的农户，其行为也关乎着农村金融联结能否顺利进行。虽然为使用资金的农民制定一套准入标准可以大大降低经营风险，但农村地区的金融联结才刚刚开始运行，为了解决农民面临的融资困难，因此也不应设置过高的门槛，这些一系列的标准还应通过法律规定加以完善，具体可以制定一部《农户资信评级办法》，可以从农户的道德品质、信用状况、资产状况等因素，制定科学的评价体系，由乡村中介负责信息的收集和审查，银行再根据农户资信量化数据来决定贷款数额和贷款期限。这样就可以通过一系列的评价体系来筛选出合格的借款人，既解决了农民融资的问题，又能大大降低农户违约的风险。

(二) 规范农村金融联结契约条款

我国在实践中已经开始运行农村金融联结这种模式，这种方式也被大多数地

---

〔1〕 参见《印度储备银行法案》。

区认可，但这种模式在实际运行中仍存在诸多的问题，也缺少对金融联结契约的规范。我国合同法显然不能有效地规范金融联结契约群的行为，不适宜调整金融联结契约的法律行为。基于此，对农村金融联结契约条款的规范在目前的情况下显得尤为重要。只有规范金融联结契约的行为，才能更好地促进契约的达成，解决农村金融联结模式在实践中遇到的各种问题。

1. 贷款利率条款

贷款利率条款在传统模式中通常由银行一方来进行规定，并且贷款利率基本是固定的。而在金融联结模式中，可以探索让乡村中介参与贷款利率决策的可能性。因为根据乡村中介的本土优势，其对农户的借款动机、资金用途、资金实际需求以及信用等级等信息更了解，同时，为了防止发生贷款后高利转贷的情况，贷款利率范围应该受到一定的限制。利率可以根据有效的供求平衡来确定，适当考虑到我国农村经济的发展现状，建议可将利率限定在 11%～16% 的范围内，对于国家大力扶持的农业项目，可通过后期政府补贴的方式来降低贷款的成本。

2. 联结期限条款

农村金融联结契约的联结期限的设定，可通过评价乡村中介的信用等级来确定，但也要同时考虑到金融联结的稳定性。笔者认为，联结期限条款不宜过短，一般以 3 年～5 年为限可以实现金融联结也可以兼顾稳定。联结期限较长为宜的原因基于以下几个方面：第一，农业生产周期相对较长，由于农作物生长周期的限制，农户的资金从投入到收回也需要一个周期，这个周期通常在 1 年以上。第二，由于乡村中介提供的信息是否可靠也需要一定的时间来验证，为了避免乡村中介与农户恶意串通，发生骗贷行为，银行不宜与乡村中介签订过短的联结条款，这样不利于充分掌握乡村中介的信息，监督乡村中介的后续行为。银行在发放贷款时，也可以根据乡村中介之前的信用等级评价来进行判断，例如通过乡村中介是否发生违约以及违约的次数等情况来确定联结期限，联结期限越长越有助于判断乡村中介的诚信情况。

3. 乡村中介的权限及费用条款

银行与乡村中介之间实际为代理法律关系，根据银行所授权的范围不同可以划分为一般代理、全责代理和部分责任代理。乡村中介仅是负责联系双方的这种情况为一般代理，此时乡村中介与普通中介机构的职能相同，不承担其他责任，不收取中介成本以外的费用，银行与农户是否达成合作与乡村中介没有直接的关系，只起到将农户与银行的信息相互传递的桥梁作用，后续银行对信息的把握取决于银行的专门机构，并且不承担违约责任，一旦农户不能按时履约，所面临的资金损失由正规金融机构来负担；全责代理则指乡村中介参与贷款全过程并承担相应的责任，包括从挑选借款人、审批贷款、发放贷款到收回贷款及利息为止的全部流程，并且对各个环节负责，一旦某一环节发生违约则需承担相应的违约责任。乡村中介甚至可能因为重大过失要承担偿还借款的责任。这种情况下由于乡村中介面临较大的风险，正规金融机构会支付给中介成本以外更多的费用。全责代理有利于乡村中介更加谨慎地选择借款人；部分责任代理是乡村中介与正规金融共同承担信贷风险，在金融联结的契约中，乡村中介与正规金融商定各自承担的风险比例，各自承担相应的责任，当出现违约的情况时，依据契约的规定，由双方按份承担风险。

乡村中介在农村金融联结中负责筛选借款人、贷款审批、发放贷款和收回贷款及本息等事项。由于承担的风险不同，所收取的费用也有所不同。费用条款在联结契约中也发挥着重要的作用，因为这与乡村中介的自身利益相关，银行支付适当的费用可以促使乡村中介积极参与农村金融联结。费用的给付标准可以参考乡村中介所承担的风险和任务完成的效果等因素。

4. 担保条款

担保条款在资金流通中发挥着不可替代的作用。在不能规范金融联结中担保制度的情况下，资金的流动可能会存在较大的风险，从而不利于乡村中介、正规金融的进入。

目前我国对担保物范围的规定无法满足农村金融联结模式的需要，在此基础上，应扩大金融契约中担保物的范围，创新担保物的标准。农户通常拥有土地使用权、中小型农用机器、货车等财产，因此，可将担保物的范围扩大到中小型农用机器、农副产品、林权等上面，对于拥有合作厂家订单的农户，可以将订单、应收账款纳入担保物的范围，因为农户与客户的订单将会产生预期可得的收入，用预期收入作为抵押也可在一定程度上降低风险。随着农业规模化经营，将订单、应收账款纳入到抵押担保物的范围内符合未来的发展趋势。同时，农户入股龙头企业等集体经济组织而享有的股权及利润分配请求权，也具有财产权的性质，也可以纳入到担保物的范围。与此同时，为了促成金融联结并减少市场运行的风险，可建立产权流转和登记平台，便利乡村中介查阅农户担保物的物权情况并及时对担保物进行登记。

在农户抵押品不足时，也可以由专业合作社、龙头企业等为农户的贷款提供担保。专业合作社与龙头企业掌握农户的信息较充足，对农户有更加深入的了解，信任度更高，可以在考量后进行选择。并且由于关系紧密，便于对贷款用途和收回贷款及利息进行监督，降低风险。

（三）建立明确的违约责任规范

我国目前缺少对农村金融联结契约的规范，更未对农村金融联结契约的违约行为加以规范。我国合同法中显然不能有效地规范金融联结契约群的行为，不适宜调整金融联结契约之间的法律关系。对于违约责任救济方面也没有明确的规定。要求乡村中介承担违约责任是必要的，只有增加乡村中介的违法成本，才能促使乡村中介规范行为，杜绝出现不负责任筛选借款人和合谋骗取贷款的行为。我国应加快修订农村金融联结契约的违约条款，明确违约责任。笔者认为，乡村中介、农户和正规金融都负有承担违约责任的义务，违约责任不能只限于农户和正规金融之间，这三方如果发生了违约行为，应该按照各自过错承担相应的责任。这种违约责任为按份责任，所以应该在之前的契约中明确三方的职责，这样可以为之后承担违约责任的份额提供依据。

（四）建立契约备案审查制度

1. 明确进行备案的机关

根据《中华人民共和国中国人民银行法》的相关规定，中国人民银行主要通过货币政策调节金融市场的资本供给和需求，并通过发布相关法律文件鼓励、引导和监管金融创新。银保监会的工作重点则是监管各类金融服务。农村金融联结中涉及的法律关系较多，主体间的关系也比较复杂，对传统借贷关系的监管显然不足以满足农村金融联结发展的需要。因此，在不违反规定的基础上，为了确保农村金融联结持续稳定运行，为了有效地防范信贷风险，便于对这种模式的契约履行进行监督，可以由地方金融监管机构负责对契约进行备案审查，并依法提供契约范本，尽快制定审查契约的详细规定，精简备案审查的程序，方便农户安全、便捷地取得借款。

2. 明确备案义务人

农村金融联结的契约主体主要由银行、乡村中介和农户三方组成。由于我国农户整体文化水平较低，若由其进行备案，则会间接提高了农户准入标准并且为农户借款增加了条件，有悖于农村金融联结易融资的优势，仍然无法解决农户贷款繁的问题，不利于大面积推广农村金融联结模式，所以备案的义务可由银行或者乡村中介来履行，这样既不会增加农户贷款的负担，又有助于对契约行为进行监督。

3. 明确审查形式

审查形式分为实质审查和形式审查，而对于农村金融联结的契约实行形式审查更合适。备案审查的目的在于对资金的用处及流向进行监督，并在过程中提供合理的管理和服务，更好地促进契约的履行，解决履约率低的问题。如果进行实质审查，则会增加地方金融监督机构的工作量，手续和过程也相对比较复杂，更会抑制金融联结的创新发展，因此，农村金融联结契约的备案更适合实行形式审查。

4. 明确管辖范围

各地农村金融联结发展模式不同，并且根据当地实际情况的不同，都存在一定的差异。为了便于对备案义务人进行备案，可选择与契约联系最紧密的地方来确定管辖，具体的管辖范围可参考我国《中华人民共和国民事诉讼法》中关于合同管辖的有关规定，可在农户经常居住地、乡村中介主要办事机构所在地、契约签订地等与契约有实际联系的地点进行备案审查，该金融联结契约就接受这些地点的管辖。另外，对于备案的方式，也可以构建网络备案平台，这样有利于便利备案义务人进行备案。

信托财产强制执行司法案例研究

郑 磊 *

摘要：我国《信托法》对于什么是信托、如何设立信托等基本问题作了规定，其中关于信托财产的独立性及其强制执行等内容，更是充分体现了信托制度的基本精神和价值。信托财产原则上不得强制执行，这既是信托财产独立性的程序法体现，也是信托目的得以实现的一个重要原则。我国通过信托财产独立性原则对英美法系的信托制度进行移植，但是由于信托的固有属性以及我国现行立法的某些疏漏，使得信托财产的强制执行有一定的争议及困难，本文通过目前已生效的司法裁判案例，对我国信托财产强制执行的司法案例进行梳理，深入探究并提出相关建议。

关键词：信托财产强制执行；财产独立

一、问题的提出

2018 年 2 月 26 日，遵义市红花岗城市建设投资经营有限公司与光大兴陇信托有限责任公司签订了《信托贷款合同》，并于同日，遵义市红花岗城市建设投资经营有限公司与光大兴陇信托有限责任公司、中国光大银行股份有限公司贵阳分行、遵义市红花岗区住房和城乡建设局签订了《账户监管协议》，开户行为中国光大银行股份有限公司遵义分行，户名为"遵义市红花岗城市建设投资经营有限公司"，账号为××，该款项全部用于遵义市红花岗区舟水片区城市棚户区改造项目。在贵州亨特投资集团有限公司与遵义市红花岗城市建设投资经营有限公司合资、合作开发房地产合同纠纷一案的执行程序中，贵州省贵阳市中级人民法院冻结了遵义市红花岗城市建设投资经营有限公司在中国光大银行股份有限公司遵义分行开立的账户，并对该账户上的款项进行强制执行。中国光大银行股份有限公司贵阳分行认为该账户为遵义市红花岗城市建设投资经营有限公司的（信托）贷款账户，不是存款账户，故不能进行强化执行。法院认为，依照《最高人民法

---

* 郑磊，男，北京市隆安律师事务所合伙人，中国政法大学金融法研究中心副研究员。

院关于人民法院办理执行异议和复议案件若干问题的规定》[1]第 25 条 "对案外人的异议，人民法院应当按照下列标准判断其是否系权利人：……（三）银行存款和存管在金融机构的有价证券，按照金融机构和登记结算机构登记的账户名称判断；有价证券由具备合法经营资质的托管机构名义持有的，按照该机构登记的实际投资人账户名称判断；……" 之规定，法院对被执行人遵义市红花岗城市建设投资经营有限在中国光大银行股份有限公司遵义分行开立的账户中的存款进行冻结等执行行为符合法律规定，并无不当。[2]

在该案例中，法院并没有对（信托）贷款账户内的资金性质进行解释说明，只是根据账户名称确定该账户资金的权利人，并根据《最高人民法院关于人民法院办理执行异议和复议案件若干问题的规定》对该案进行裁判，笔者认为，在该案中，执行账户内资金性质的认定才是本案的重点，该账户资金是信托财产、银行贷款还是自有资产对于本案的判定十分重大，若该账户资金被认定为 "信托财产"，根据信托财产的独立性，则该判决结果将会与现在完全不同。

在 2019 年 11 月 8 日，最高人民法院发布了《第九次全国法院民商事审判工作会议纪要》（以下简称《九民纪要》）其中，第 95 条从司法层面重申了对信托财产的强制执行，并对信托受益权的强制执行也进行了肯定，该条文对统一裁判思路、增强民商事审判的公开性、提高司法公信力具有重要意义，而关于信托财产强制执行的相关内容在近年来的信托理论和实务中具有广泛的关注和讨论。[3]因此，笔者尝试从对信托财产强制执行的现状进行分析探讨，进一步厘清相关问题。

二、信托财产强制执行的法律规定现状

信托财产的独立性是移植信托制度的大陆法系国家信托法的灵魂和核心。[4]我国在移植信托法律制度时，也是通过信托财产独立性的制度安排协调 "双重所有权" 构造与 "一物一权" 原则不兼容问题。《信托法》关于信托财产独立性的规定集中体现在第 15 条与第 16 条，明确了信托财产与信托当事人，即委托人、受托人、受益人的自有财产相区别。[5]《信托法》虽未明文标出 "信托财产独立" 字样，但具体法条背后所蕴含的信托财产独立性是显而易见的，《九民纪要》对信托财产独立性的再次重申和明确也可以印证我国 "信托财产独立" 的立法宗旨。

---

[1] 《最高人民法院关于人民法院办理执行异议和复议案件若干问题的规定》（法释〔2015〕10 号）。
[2] 贵阳市中级人民法院（2020）黔 01 执异 38 号民事裁定书。
[3] 参见《九民纪要》第 95 条。
[4] 方嘉麟：《信托法之理论与实务》，中国政法大学出版社 2004 年版，第 44 页。
[5] 参见《信托法》第 15 条、第 16 条。

关于信托财产不得强制执行的法律规定：

（一）信托财产禁止强制执行

依照我国有关法律的规定，强制执行的措施主要包括以下几种：查询、冻结、扣划被执行人的银行存款；扣留提取被执行人的收入；查封、扣押、冻结、拍卖、变卖被执行人的财产；指定交付财物或者票证；强制迁出房屋或者强制退出土地等。[1]强制执行以被执行人对执行申请人存在不履行生效法律文书确定的义务为前提。只要被执行人不履行生效法律文书确定的义务，权利人均可作为执行申请人申请法院对义务人即被执行人的财产进行强制执行。

对于信托财产，《信托法》第17条第1款明确规定："除该条规定的情形外不得强制执行。"《信托法》确立不得强制执行信托财产的原则，是源于信托财产独立性的要求，借此强化对信托财产的法律保护。[2]信托财产依其本质是为信托目的而独立存在的财产，信托财产虽然来源于委托人，但委托人通过信托将财产交付给受托人运用管理，信托财产就独立于委托人；信托财产虽然要置于受托人名下管理，但受托人本身不享有信托财产的利益，不属于受托人的固有财产；受益人虽然对信托财产享有利益，但其受益权也仅针对受托人行使，并不及于信托财产本身，信托财产也不属于受益人的固有财产。因此，除非法律另有规定，委托人、受托人和受益人的债权人均不得要求法院强制执行或拍卖信托财产来满足其与这种债务相关的债权，法律确立这一基本原则，是为了确保信托目的充分、圆满实现。[3]

如果没有依法可以强制执行的情形而法院对信托财产进行了强制执行，依据《信托法》第17条第2款的规定："委托人、受托人或者受益人均可以向法院提出异议。"在执行申请人就信托财产向法院提出强制执行申请的阶段，任一信托当事人可以请求法院驳回强制执行申请；在法院已经进入强制执行阶段，任一信托当事人可以请求法院停止已经开始的强制执行程序；在信托财产已经被强制执行后，任一信托当事人可以向法院对执行申请人提出强制执行异议之诉，要求法院撤销原先的强制执行，并实施执行回转，追回被执行的信托财产，如果不能追回被执行的信托财产，还可以依据《国家赔偿法》，要求法院予以赔偿。[4]

（二）禁止强制执行的例外

虽然信托财产具有独立性，原则上不得强制执行，但是，根据权利义务对等

---

[1] 参见《最高人民法院关于人民法院民事执行中查封、扣押、冻结财产的规定》（法释〔2004〕15号）。

[2] 卞耀武主编：《中华人民共和国信托法释义》，法律出版社2002年版，第45页。

[3] 关景欣编著：《中国信托法律操作实务》，法律出版社2008年版，第51页。

[4] 方嘉麟：《信托法之理论与实务》，中国政法大学出版社2004年版，第31页。

的原则，如果属于信托财产本身所承担的义务，则对应的权利人可以请求法院对信托财产进行强制执行。根据《信托法》第 17 条的规定，允许对信托财产强制执行的情形，仅限于以下四种[1]：

1. 设立信托前债权人已对该信托财产享有优先受偿的权利，并依法行使该权利的

权利人依照该情形申请对信托财产强制执行，应当同时具备下列四个条件：一是该债权人在性质上属于委托人的债权人，因为信托设立前，设立信托的财产属于委托人所有，如果不是委托人的债权人，不可能在信托设立前就对信托财产享有权利；二是该债权人在信托设立之前即在信托关系生效之前已经对该信托财产享有权利，信托设立后，信托财产已经转移给受托人，在性质上和事实上，委托人已经不是该财产的所有权人，委托人的债权人更不可能就该信托财产设定权利；三是该债权人对信托财产享有的权利应当是优先受偿的权利，即先于信托设立后信托财产本身的权利人如受益人、信托财产本身的债权人获得清偿；四是该债权人必须依法行使该项优先受偿的权利。所谓"依法行使"指的是该项权利已经到期，权利没有到期，不能行使，并且是债权人依照法定的条件和程序无法获得清偿，对该信托财产提出受偿的要求。如果权利人已经获得清偿或者虽未获得清偿但没有对信托财产提出受偿请求，也不得申请对信托财产强制执行。

2. 受托人处理信托事务所产生的债务，债权人要求清偿该债务的

信托财产的独立性包括信托财产损益的独立性，[2]即信托财产产生的收益应当归入信托财产，信托财产发生的债务和损失也应当由信托财产承担。因此，受托人如果因管理信托财产、处理信托事务所发生的债务，不管是合同之债，如受托人保管信托财产应当向保管人支付的保管费、受托人修缮信托财产应当支出的修缮费用、受托人管理信托财产应当支付的中介费用以及受托人为实现信托目的而取得的借款等，还是损害赔偿之债，如受托人因处理信托事务而给当事人造成的损失等，均不属于受托人自身的债务，而属于信托财产的债务，应当由信托财产承担。[3]对此，《信托法》第 37 条明确规定："受托人因处理信托事务所支出的费用、对当事人所负债务，以信托财产承担。"据此，一旦基于信托财产的债权人要求清偿该债务的，受托人如果不予以清偿，则可以向法院申请强制执行信托财产。根据《信托法》第 37 条第 2 款的规定，如果受托人违背管理职责或者处理信托事务不当对当事人所负债务，或者自己所受到的损失，应当以受托人

---

〔1〕 参见《信托法》第 17 条。

〔2〕 王舒：《论信托财产的独立性——兼析〈信托法〉第 16 条》，载《中国地质大学学报（社会科学版）》2002 年第 3 期，第 139 页。

〔3〕 周小明：《信托制度：法理与实务》，中国法制出版社 2012 年版，第 223 页。

固有财产承担。但是，该项规定应当理解为仅适用于委托人或者受益人和受托人之间，不应适用于信托财产的债权人。信托财产的债权人独立于信托关系下的当事人，换言之，不管受托人在处分、运用、管理信托事务时是否有过错，信托财产的债权人均可以直接申请强制执行信托财产，受托人的过错不会妨碍该债权人对信托财产的强制执行申请权，而由于受托人的过错给信托财产造成的损失，委托人或者受益人可以向受托人主张以其固有财产对信托财产承担赔偿责任。[1]

3. 信托财产本身应担负的税款

受托人管理运用、处分信托财产时，依法可能会发生纳税义务，比如，受托人以信托财产进行交易时可能发生印花税；取得收入，可能发生所得税；办理信托财产过户的，还可能发生契税等。此种税款本质上属于信托财产的一种特殊债务，即对国家所负有的债务，应当由信托财产承担。如果受托人没有及时缴纳，税务部门依法可以向法院申请对信托财产强制执行。

4. 法律规定的其他情形

除上述三种具体情形外，《信托法》第 17 条还规定了一项"兜底条款"，即如果有关法律规定其他可以对信托财产强制执行的特定情形，应当按照有关法律的规定执行。比如，《信托法》第 34 条明确规定："受托人以信托财产为限向受益人承担支付信托利益的义务。"据此，受益人的受益权也可以视为信托财产对受益人的一种特殊债务，如果受托人没有按照信托文件的规定，向受益人支付信托利益，经受益人请求受托人仍然拒绝支付，此时，受益人依据《信托法》规定的受益权的性质，可以在应当分配信托利益的范围内向法院申请强制执行信托财产。

三、信托财产强制执行的司法案例梳理

由上述内容可知，信托财产在非法定情形中是不能强制执行的，但是在实践中会有多种情形发生，现对我国法院司法实践中对信托关系下信托财产不同情况强制执行问题进行研究，观察"信托财产"在什么情况下才能发挥风险隔离的作用。

笔者在无讼案例以"信托财产""强制执行"为关键词，查找法院目前已公布的执行案例，共检索到 109 个案例，其中贴合信托财产强制执行现状的有效案例 23 个，一些普通共同诉讼的案例未计算在内，根据本篇文章主旨，列出具有代表性的案例，分成四类对信托财产强制执行现状进行分析介绍。

（一）委托人将信托财产交付给受托人后，才具有风险隔离的作用。

案例一：金盛源记投资管理有限公司、北京中创科技大厦有限公司与中建

---

[1] 施天涛、余文然：《信托法》，人民法院出版社 1999 年版，第 137 页。

一局集团第二建筑有限公司执行异议案件〔1〕

案情： 在北京中创科技大厦有限公司（下称：中创科技）、金盛源记投资管理有限公司（下称：金盛源记）与中建一局集团第二建筑有限公司（下称：中建二公司）合同纠纷中，仲裁庭裁决由中创科技、金盛源记共同偿还其对中建二公司的欠款。中建二公司向法院申请冻结金盛源记在招商银行的存款。在执行过程中，金盛源记对此提出异议，理由为：其与中诚信托签订了《信托合同》，中建二公司申请法院冻结的上述存款系信托财产，不能予以强制执行。

本案的焦点在于，金盛源记在招商银行的存款是否属于信托财产？

法院认为：根据中诚信托与金盛源记所签合同约定，该信托计划的信托专户为建设银行的账户，而法院冻结的账户为金盛源记在招商银行的账户，并非信托合同中约定的信托专户，故法院认为该财产并非存于信托专户，不为信托财产，属于金盛源记的固有财产。因此，对金盛源记异议理由予以驳回。

案例二： 江苏江南农村商业银行股份有限公司、江苏港南投资担保股份有限公司与江苏锦天环境建设有限公司、江苏宏盛建设机械有限公司执行异议案件〔2〕

案情： 江苏江南农村商业银行股份有限公司（下称：江南农商行）因不服江常州中院（2017）苏04执复27号执行裁定以及溧阳法院（2016）苏0481执异053号执行裁定，向本院申请执行监督，理由为：江苏联众担保有限公司（下称：联众担保公司）在江南农商行设立01×××25的账号，联众担保公司（作为委托方）、江南农商行（作为受托人）一起分别与案外借款人永达公司、棉麻公司、川洲公司签订《委托贷款合同》，2016年10月26日，溧阳法院在执行申请执行人江苏港南投资担保股份有限公司与被执行人联众担保公司等一案中，冻结了联众担保公司在江南农商行设立的01×××25非结算户账户。江南农商行认为该账号系委托贷款核算账户，是江南农商行根据委托贷款会计核算规定开设的内部账户，是委托基金账户，不是联众担保公司的存款账户，委托贷款形成了信托法律关系，委托贷款账户内的财产是记账形成的信托财产，不得强制执行，不属于法院冻结的账户范围。因此，向溧阳法院提出解除对该账户查封的执行异议。

本案的争议焦点在于，01×××25账户是否为联众担保公司的存款账户？

法院认为：联众担保公司在江南农商行设立的01×××25账户为委托贷款基金账户，属于江南农商行为开展委托贷款业务根据委托贷款会计核算规定所设的内部核算账户，不应对该账户冻结、执行，故应解除对联众担保公司在江苏江南

〔1〕 北京市第二中级人民法院（2014）二中执异字第00106号执行裁定书。

〔2〕 江苏省高级人民法院（2018）苏执监601号执行裁定书。

农商行设立的 01×××25 账户存款查封。

在案例一中，虽然金盛源记已经与信托公司签署信托合同，但是其招商银行账户中的资金还在自己名下占有，金盛源记并没有将该笔资金转入信托合同约定托管专户，即使已签订信托合同，但该笔资金也没有成为信托财产，故不具有风险隔离功能；而在案例二中，联众担保公司、江南农商行等签订《委托贷款合同》后，联众担保公司即在江南农商行设立账户，使该账户具有信托账户功能，故在联众担保公司面对债务执行时，该账户内的资金不能被强制执行。所以，在设立信托时，委托人应将信托财产交付给受托人，和自己未设立信托的其他财产相区别，才能达到风险隔离的作用。

（二）受托人需将信托财产和自己的固有财产相区别，才具有风险隔离的作用。

案例一： 朱皖玉与江苏壹泽资本投资管理有限公司、东海证券股份有限公司国内非涉外仲裁裁决执行异议案件〔1〕

案情： 申请执行人朱皖玉与被执行人江苏壹泽资本投资管理有限公司（下称：壹泽资本公司）、东海证券股份有限公司（下称：东海证券）国内非涉外仲裁裁决一案，上海国际经济贸易仲裁委员会（2019）沪贸仲裁字第 1011 号裁决书已发生法律效力。朱皖玉向扬州中院申请执行，扬州中院冻结在东海证券托管账户中壹泽基金名下账户（客户号 087000003513，证券账户 B88×××21、08××× 48）内的资金，并要求东海证券协助执行，东海证券认为其作为基金托管方，无权对相应股票进行变卖。

本案执行的焦点问题是，能否执行壹泽基金证券账户的资金和股票？

法院认为：依据《中华人民共和国信托法》第 17 条第 1 款第 2 项规定，除因下列情形之一外，对信托财产不能强制执行：受托人处理信托事务所产生的债务，债权人要求清偿该债务的。从作出仲裁裁决的仲裁委员会的函件看，仲裁中没有实体审查，并且其拒绝对东海证券公司能否变卖壹泽基金证券账户中的股票进行释明，即未认定可以以壹泽基金的证券账户资产清偿壹泽资本公司在仲裁裁决中应当承担的债务。根据对仲裁裁决的理解，仲裁主文中壹泽资本公司是由于其违反基金合同而产生的责任，但不能笼统地将之理解为"处理委托事务"产生的债务。基金受托人的违约损失赔偿责任等明显属于壹泽资本公司应当以其固有财产进行清偿的债务，如果以壹泽基金证券账户中的资产进行清偿，即将壹泽资本公司自身应当承担的责任以基金财产进行清偿，侵犯了其他投资人的利益，不符合基金合同关于公平清偿的约定。因此，本案中壹泽资本公司对于朱皖玉的违约行为，不属于处理委托事务的行为，由此产生的"损失赔偿"等违约责任

---

〔1〕 扬州市中级人民法院（2019）苏 10 执 789 号执行裁定书。

不应当以基金财产承担，而应当由壹泽资本公司的固有财产清偿，不能对壹泽基金证券账户的资金和股票进行强制执行。

案例二：银河金汇证券资产管理有限公司与安信信托股份有限公司执行异议案件[1]

案情：上海金融法院在审理银河金汇证券资产管理有限公司（下称：银河金汇）与安信信托股份有限公司（下称：安信信托）其他合同纠纷一案过程中，安信信托对上海金融法院在财产保全过程中，冻结登记在其名下的上海皓玥掣迦股权投资基金合伙企业（有限合伙）人民币 1 320 000 000 元的合伙份额、上海善午置业有限公司股权、上海凯富置业有限公司股权、宝超时代（深圳）房地产有限公司股权（以下合称"涉案财产"）的保全措施存有异议，向上海金融法院提出书面异议。理由为：被冻结的涉案财产分别系其作为受托人发起设立的"安信创新 4 号·云网互联股权投资集合资金信托计划""安信创赢 51 号·特定资产收益权集合资金信托计划""安信安赢 25 号·深圳和缘福城市更新集合资金信托计划""安信安赢 16 号·深圳东门城市更新集合资金信托计划"（以下合称"涉案信托计划"）项下的信托财产。信托财产与属于受托人所有的财产应相区别，不得归入受托人的固有财产或成为固有财产的一部分，非因法定原因不得强制执行或采取保全措施，据此申请解除对登记在安信信托名下的涉案财产的冻结。

本案的争议焦点为涉案信托财产能否采取保全措施？

法院认为：涉案财产虽登记在安信信托名下，但安信信托已提交信托文件、付款回单等材料，证明涉案财产是涉案信托计划下的信托财产。信托财产独立于安信信托固有财产，在银河金汇未能证明存在《信托法》第 17 条规定情形的情况下，对于涉案财产的冻结，应当解除保全措施。

根据《信托法》第 37 条第 2 款规定，受托人违背管理职责或者处理信托事务不当对第三人所负债务，以其固有财产承担。这是指信托公司作为被告时，适用过错原则，对其不当履行信托职责的行为以自有财产承担责任，故而可以对其固有财产采取保全措施。根据上述案例，受托人壹泽基金因自身违约行为而作为被告时，法院判令其承担赔偿责任，应当用其固有财产承担赔偿责任，若是法院对受托人名下的信托财产采取了保全措施，只要受托人能够提供证据，证明该财产不属于受托人的固有财产，应当解除相应的保全措施。当信托公司作为案件被告时，原告申请对信托公司固有财产进行诉讼保全，法院应当依法对信托公司固有财产进行保全，但是根据《九民纪要》第 96 条规定，对以信托公司为被告的

---

[1] 上海金融法院（2020）沪 74 执异 4 号执行裁定书。

案件，确有必要对其固有财产采取诉讼保全措施的，须强化善意执行理念，要尽量寻求依法平等保护各方利益的平衡点，优先采取灵活、方便执行且对信托公司正常经营影响最小的执行措施，防范金融风险发生。因此，在对信托公司采取执行措施时，在合法保障对方合法权益的同时，也应当最大限度减少对信托公司自身作为被执行人的不利影响，平衡双方权益。

（三）受益人的受益权可被冻结，但可分配的信托利益可以强制执行，不具有风险隔离的效果。

案例： 案外人中国农业银行股份有限公司萍乡分行与申请人肖露执行异议案件[1]

案情： 在肖露诉付建文民间借贷纠纷案件中，安源区法院判决付建文偿还肖露借款。之后肖露向安源区法院申请了强制执行，安源区法院根据肖露申请，向农行萍乡分行营业部送达协助执行通知书，冻结付建文投资在中江国际信托公司设立的中江国际·金象228号萍乡市安源区民生工程集合资金信托计划50万元（托管银行为农行萍乡分行）及其收益，冻结期限为三年。农行萍乡分行认为其不应承担协助执行义务，安源区法院不应冻结付建文的信托财产。之后，农行萍乡分行以案外人身份向人民法院提起执行异议之诉。

本案的争议焦点为能否对付建文的"信托财产"强制执行？

本案经过两级法院裁定，萍乡市中级人民法院认定：第一，付建文设立的信托合法有效，其投入信托计划中的50万元应属于信托财产，根据《信托法》规定不予以强制执行，安源区法院不应对信托财产进行冻结。第二，付建文作为信托受益人之一，信托计划产生的收益已分配至付建文在农行萍乡分行的个人账户，该财产不再是信托财产，而是一般财产，这表明农行萍乡分行在该财产返还至其内部账户时，能够对其予以实际控制。但是，不能冻结其他受益人的信托收益。因此，农行萍乡分行应当协助安源区法院将付建文的信托收益冻结在其内部账户上。

根据上述案例可知，根据《信托法》第17条规定信托财产不予以强制执行。但是需要注意的是，当涉诉财产为信托财产时，在未分配信托利益前，信托财产及未分配利益概括地属于信托财产，不能被强制执行；但是当信托收益分配到银行托管专户，尚未分配到受益人个人账户，这时能否被执行？根据《九民纪要》第95条规定："受益人对信托财产享有的权利表现为信托受益权，信托财产并非受益人的责任财产。""当事人申请对受益人的受益权采取保全措施的，人民法院应当根据《信托法》第47条的规定进行审查，决定是否采取保全措施。

---

[1] 萍乡市中级人民法院（2017）赣03执复5号执行裁定书。

决定采取保全措施的，应当将保全裁定送达受托人和受益人。"信托受益权以财产性权利为主要内容，符合《最高人民法院关于人民法院民事执行中查封、扣押、冻结财产的规定》第 2 条关于查封、扣押、冻结财产权对象的规定。同时，根据上述法院判决观点，这时专户中的已分配收益不再是信托财产，这笔信托收益虽然既有被执行人的，也有其他受益人的，但是其他受益人对于被执行人债务没有连带责任，不能把所有收益都冻结，而应区分被执行人受益权对应的份额，只能执行其受益份额对应的金额，因此分配后属于受益人的一般财产，可以被执行。

（四）信托财产到达贷款人账户后，即不具有风险隔离的作用。

案例：华融国际信托有限责任公司金融借款合同纠纷执行异议案件[1]

案情：浙江省余姚市人民法院（执行法院）在执行申请人浦发银行余姚支行与被执行人浙江赛日新材料科技有限公司（下称：赛日公司）、宁波华央毛绒制品有限公司、余姚市毛绒厂、慈溪市一得汽车服务有限公司、陈维君金融借款合同纠纷一案中，异议人华融国际信托有限责任公司（下称：华融信托公司）对执行法院冻结并扣划被执行人赛日公司账号为 94×××17 银行存款的行为提出异议，后华融信托公司又对执行法院作出的（2014）甬余执异字第 23 号执行裁定书申请复议。主要理由：华融信托公司与赛日公司于签订信托贷款合同，贷款人华融信托公司以募集的信托资金向借款人赛日公司发放贷款，赛日公司在浦发银行余姚支行开立 94×××09 监管账号接收华融信托向赛日公司划付的信托贷款资金，后又约定赛日公司在浦发银行余姚支行开立账号为 94×××17 的专门账户为监管账户，华融信托公司对资金的使用进行监管。之后华融信托公司将 1 亿元汇入赛日公司 94×××09 账户中，赛日公司将该笔款项汇入宁波维远国际贸易有限公司（下称：维远公司），后维远公司又将该笔款项汇入赛日公司 94×××17 账户中。华融信托公司认为该账户属于监管账户，赛日公司 94×××17 账户中的款项仍然系华融信托公司的信托资金，执行法院不能强制执行。

本案的争议焦点在于，赛日公司 94×××17 账户中的款项是否还是华融信托公司的信托资金？

法院认为，根据查明事实，被执行人赛日公司 94×××17 账户中的款项系根据贷款合同汇入的已完成贷款资金划付后的款项，华融信托公司提出该账户中的款项仍系信托资金于法无据，执行法院强制扣划并无不当。故法院驳回华融国际信托有限责任公司的复议申请。

根据上述案例可知，贷款人通过信托贷款的方式向信托公司进行融资，根据

---

[1] 宁波市中级人民法院（2014）浙甬执复字第 19 号执行裁定书。

信托合同在指定的银行以自己名义设立接收信托贷款的监管账户，即使贷款人使用该账户资金时需要向信托公司提交资金使用申请书，并且使用该笔资金的用途受到信托贷款合同的限制，但是信托贷款只要从信托财产账户划入贷款人的账户，该笔资金就已经不是信托财产，不具有信托财产的性质，即不具有风险隔离的作用。

四、我国现行信托制度下信托财产强制执行的相关建议

(一) 明晰司法审查裁判规则

定分止争最关键的是裁决说理要能令当事人信服，这就要求法院在法律适用的各个环节尤其是论证的逻辑性上强化裁判说理。[1]

裁判说理。法律条文对于一些基本的概念的规定都比较抽象，这就需要法院在裁判说理时对其进行阐述和具化，在说理时应当充分考虑大多数人共同认知，使裁判结果更加令人信服。比如，韩春雷与王柏山民间借贷纠纷执行异议一案中[2]，案件当事人对企业年金是否属于信托财产进行辩论，而企业年金是否属于信托财产属于本案裁定的关键事实，而本案中法院并没有对该事实进行论证说理，只是根据《最高人民法院关于人民法院民事执行中查封、扣押、冻结财产的规定》裁定企业年金不属于法律规定不得查封、扣押、冻结的财产，因此企业年金可以强制执行。而在陕西煤业化工集团有限责任公司企业年金理事会、宋俊锋与余宏伟、余应中借款合同纠纷执行一案中[3]，关键性事实也是企业年金是否属于信托财产，但是在该案中，法院的裁定结果虽然与上一个案例裁定结果相同，但是该法院对于企业年金是否属于信托财产进行了充分的论证，法院认为"企业年金是企业及其职工在依法参加基本养老保险的基础上，自主建立的补充养老保险制度。企业年金理事会虽然对企业年金采取信托管理模式，但并不改变企业年金的养老金性质"。上述两个案例的争议焦点都是关于企业年金是否属于信托财产，而《企业年金办法》和《企业年金基金管理办法》均规定其根据《信托法》设立，且《企业年金办法》公布后，人社部发布的相关文件中，也明确指出企业年金遵循信托法原则。因此企业年金是否属于信托财产关系到执行行为是否能成立。企业年金的性质是有所争议的，因此法院应当在裁判时从法律授权、制定程序、公众知晓度和认同度等方面综合认定，避免以后类似案件出现结果相反的情况。

证据链条分析。证据对于查明案件事实起着至关重要的作用。裁判说理同样体现在证据链条的分析论证方面。面对各组证据，法院要从中发现其关联性并从

---

[1] 宋晓燕：《论金融风险控制的司法路径》，载《中国应用法学》2019 年第 5 期，第 24 页。
[2] 吉林市昌邑区人民法院 (2019) 吉 0202 执异 7 号执行裁定书。
[3] 西安市中级人民法院 (2020) 陕 01 执复 319 号执行裁定书。

而对案件事实做出准确判断。例如，华融国际信托有限责任公司金融借款合同纠纷执行一案[1]中，就体现了法院充分运用证据链的专业水平。在案件中起核心作用的 94×××17 账户的资金是否属于信托财产，关于 94×××17 账户的资金是否属于信托财产，两级法院认定一致，但是法院并不只是审查该账户的设立原因、用途以及资金的往来明细等证据，法院还根据全案事实对于该账户内的资金来源、资金流转的多个账户以及资金如何到达该账户的证据进行审查，通过《信托贷款合同》《信托贷款合同之补充协议二》《用款账户监管协议》、该资金流经账户以及被执行人浙江赛日新材料科技有限公司的资金往来状况等证据，形成一个比较完整的证据链条，同时结合申请执行人的申请内容，对于该账户的资金性质进行实质认定，最后法院认定该账户的资金为被执行人的自有财产，不属于信托财产。对于该案的资金性质认定，法院从逻辑上进行梳理，最后通过资金的流向以及账户名称对于该资金进行明确定性。

（二）完善信托财产登记公示制度

由《信托法》第 10 条规定可知，我国信托财产公示制度采取登记生效主义，因此对于信托财产的识别主要依靠公示制度，但是我国《信托法》只规定了信托登记生效，并没有规定登记公示的具体操作。[2]

因为信托财产的特殊性质，只有对信托财产范围进行确定，并完善信托登记公示制度，才能保障信托财产强制执行程序顺利推进。[3]对于信托登记公示制度完善有以下几点建议：第一，确立信托财产的登记机构。在我国现行的法律框架下，由原有的法律、法规规定的登记机关负责信托公示是一个比较合理的选择。在此基础之上，可考虑逐渐将职责向其中一到两个机关集中。譬如我国的工商行政管理机关，一直以其较强大的行政管理能力、等级完善的管理制度、良好的社会公信力得到社会公众的认可，可考虑扩大其信托职能，作为我国将来的主要信托登记机构。第二，确定登记的基本范围。信托公司是经营信托业务主要的金融机构，因此信托登记应当包括但不限于信托公司，即应当包括现有信托公司，并且将作为受托人运用信托制度设计、经营信托业务的其他金融机构也纳入其中。第三，确定登记的内容。对于信托登记究竟应当登记什么，一直存在不同的认识。笔者认为信托财产因其特殊性质，对于强制执行程序有很大的阻碍，若不对信托财产在登记时进行确定，那么对于信托财产的认定是对执行程序的二次阻挠。因此，必须对信托进行全面登记，即登记内容至少要包括信托产品的基本

---

〔1〕 余姚市人民法院（2014）甬余执异字第 23 号执行裁定书，宁波市中级人民法院（2014）浙甬执复字第 19 号执行裁定书。

〔2〕 汤淑梅：《信托登记制度的构建》，载《法学杂志》2008 年第 6 期，第 139 页。

〔3〕 张蓉：《论信托财产的独立性》，载《中山大学学报论丛》2005 年第 6 期，第 25 页。

信息、信托财产的权利归属以及信托合同的当事人等。

(三) 权利人在强制执行过程中的救济途径

为了防止受益人通过信托合同利用信托财产的独立性对于信托受益权转移，对于信托受益权的强制执行，[1]建议法院实施以下执行方式：第一，控制信托收益的分配账户。在信托实务中，信托公司要求委托人的汇款账户与信托收益的分配账户必须是一致的，如果受益人转让信托受益权，则必须通过信托公司办理转让手续。因此，信托公司能够及时、有效地了解受益人的基本情况。此外，信托产品的存续期限一般较长，故信托收益往往按照合同约定分期支付，待信托产品终止时再一并支付信托本金和剩余收益。基于上述，笔者认为执行法院可以根据被执行人信托收益分配账户中具体的收益金额进行冻结和划拨。第二，委托信托公司转让。信托收益虽然具有不确定性，但由于信托公司作为专业的资产管理公司，不仅需要按季制作信托资金管理报告、信托资金运用及收益情况表，还会实时监控和最大限度地规避风险，因此信托受益权的价值是大致可以确定的。[2]执行法院可以委托信托公司对被执行人的信托受益权以合理的市场价格进行转让，在信托产品到期之前将其变现，并将转让所得价款缴至执行法院。第三，由执行法院进行拍卖、变卖或折价处理。如若通过上述方式不能对信托受益权进行变现，执行法院可以对其予以拍卖或变卖。执行法院可以自行拍卖或变卖，也可交有关单位或机构进行。而对于信托受益权无法拍卖或变卖的，应经申请执行人同意，且在不损害其他债权人合法权益和社会公共利益的情况下，由执行法院对其进行折价处理，将信托受益权交由申请执行人抵偿债务。[3]

---

[1] 张淳：《中国信托法特色论》，法律出版社 2013 年版，第 94 页。

[2] 李群星：《论信托财产》，载《法学评论》2000 年第 1 期，第 77~83 页。

[3] 黄东斌：《论信托财产独立性之相对性》，载《西南民族大学学报（人文社科版）》2006 年第 7 期，第 203~205 页。

私募投资基金资产流动性法律分析

于朝印 *

内容摘要：随着我国私募投资基金的快速发展，建立畅通的投资人退出机制成为保障私募投资基金健康发展的重要手段。私募投资基金资产的流动性是建立二级市场的重要考量因素之一。私募投资基金资产的流动性差是由多方面的因素造成的，既包括基金的私募性特征的约束，也包括基金组织形式以及市场的发育水平方面的制约。在私募投资基金的法律框架内提高基金资产流动性是建立二级市场的关键。建立集中的私募投资基金资产交易市场、积极培育市场中介组织并提供相应的交易便利是提高私募投资基金资产流动性的有效途径。

关键词：私募投资基金；二级市场；资产流动性；合格投资者

一、二级市场保持私募投资基金活力的重要手段

我国私募投资基金[1]进入了快速发展的通道，截至 2018 年底，在中国基金业协会登记的私募基金管理人达 2.44 万家，管理的基金规模多达 12.78 万亿元。[2]任何投资活动都有终点，私募投资基金的退出方式通常有 IPO 退出、并购退出（转让退出）、回购退出和清算退出等多种形式，退出能解决私募股权缺乏流动性的问题。[3]通过 IPO 私募投资基金获得较为丰厚的回报，因此，IPO 退出被普遍认为是私募投资基金退出的黄金标准。[4]并购退出主要是指实业公司收购私募投资基金投资的标的企业，[5]并购出售也是私募股权的主要退出路

---

* 于朝印，山东财经大学法学院副教授、法学博士、硕士生导师。

[1] 本文所指私募投资基金主要指私募股权投资基金，而不包括私募证券投资基金。

[2] 中国证券监督委员会：《私募投资基金登记备案总体情况》，载 http://www.csrc.gov.cn/pub/zjhpublic/G00306226/201901/t20190109_349592.htm，最后访问日期：2019 年 3 月 13 日。

[3] [美] 乔希·勒纳等：《风险投资、私募股权与创业融资》，路跃兵、刘晋泽译，清华大学出版社 2015 年版，第 205 页。

[4] [美] 乔希·勒纳等：《风险投资、私募股权与创业融资》，路跃兵、刘晋泽译，清华大学出版社 2015 年版，206 页。

[5] 黄福广：《风险投资基金》（原书第 2 版），中国经济出版社 2017 年版，第 172 页。

径。[1]回购退出一般是指标的公司或创业股东、大股东或控股股东回购私募投资基金所持有的股权从而退出标的企业的行为。清算退出可能包括破产清算或解散清算两种情形。在清算退出中，私募投资基金通常要承受较大的损失，据测算，风险投资基金平均只能收回投资的64%。[2]虽然IPO退出是私募基金最喜欢的退出方式，但是私募投资基金通过IPO退出的机会并不多。[3]前述的私募投资基金的退出方式只适用于基金的整体退出，是基金管理人对基金资产管理的最终结果。

对于很多私募投资基金的投资者来说，他们也希望在私募投资基金退出之前退出私募投资基金，退出可能不会给投资者带来收益，但是有时最好的收益就是把释放的资源放在更有前景的领域。[4]因此，二级市场成为私募投资基金发展的必然选择。私募投资基金二级市场是相对一级市场来说的，一级市场是指私募股权的资金募集市场，二级市场是指私募投资基金资产或基金所投资企业股权的交易市场。[5]二级市场的发育有两个重要的原因：

第一，私募投资基金的投资期限都比较长，在美国私募投资基金的投资期限平均为10年，我国私募投资基金的投资期限平均也长达7年之久。在投资期内投资人要按照合同约定分期履行投资义务，可以说对私募股权的投资是一个长期的投资承诺。[6]投资人投资于私募投资基金之后，在基金整体退出标的企业之前，可能会基于各种原因需要退出私募投资基金，如现金回流、减少在私募投资基金中的风险、消除未履行投资承诺带来的资产负债表上的债务、重新分配投资方向等原因。而二级市场上的买方则可以利用卖方资产有限的流动性，以划算的折扣价买下卖方的基金权益，另外，相对于基金成立时的投资，买方可以获得更多有关基金的投资组合以及投资回报等信息。买卖双方的需求促成了二级市场的出现与发展。

第二，私募投资基金二级市场可以约束基金管理人的管理行为。更有活力、

---

〔1〕 [法] 西瑞尔·德马里亚：《私募股权圣经》（原书第2版），黄嵩、郑磊译，机械工业出版社2015年版，第26页。

〔2〕 黄福广：《风险投资基金》，中国经济出版社2017年版，第177页。

〔3〕 从1995年到2005年的10年间，北美地区私募股权的退出方式中IPO占比仅为11.7%，收购占比为72.6%，清算占比为15.7%；西欧的相应的数据分别10.4%、75.1%和14.6%，并且IPO受经济发展形势和监管政策的影响不确定性较高。参见 [美] 乔希·勒纳等：《风险投资、私募股权与创业融资》，路跃兵、刘晋泽译，清华大学出版社2015年版，第206页。

〔4〕 [美] 乔希·勒纳等：《风险投资、私募股权与创业融资》，路跃兵、刘晋泽译，清华大学出版社2015年版，203页。

〔5〕 黄嵩：《私募股权二级市场：参与者、动因与交易模式》，载《武汉金融》2011年第3期。

〔6〕 See Thomas A. Beaudoin, Jennifer C. Berrent, Stephanie C. Evans, Sarah Rothermel, "Trends In the Private Equity Secondary Market", 18 *Bus. L. Today* 41 (2009), 41.

更加健全的私募投资基金二级市场可以提供更多的退出机会，从而可以有助于约束管理人。[1]如果企业的参与人能以体现真实价值的价格快速出让其权益，这就对企业的管理者形成强烈约束，即他们应当回应投资者并为投资者利益行事。由于私募投资基金的投资人没有顺畅的退出通道，因此，对私募基金管理人就缺乏有效的约束手段。因此，投资鼓励私募投资基金二级市场可以起到降低管理人代理成本、减少利益冲突的有益效果。[2]不过也有观点指出，在某些情形下，二级市场的转让对管理人的约束有限。[3]

虽然二级市场的建立对保持私募投资基金的活力非常重要，但是基金资产的流动性却成为影响二级市场活力的关键因素。因此，建立私募投资基金的二级市场就必须关注基金资产的流动性问题。

二、私募投资基金资产转让的法定约束

私募基金与公募基金的最基本区别在于私募基金具有非公开性或封闭性特征。公募基金多投资于标准化的金融资产，如上市公司的股票、债券等流动性强的证券，同时公募基金是向社会公众公开发行的，因此公募基金份额有很高的流动性。但是私募股权投资基金多投资于未上市公司的股权，并且其投资者应当是达到合格投资者标准的特定人群，基金资产的交易也限于合格投资者之间，因此私募基金资产的流动性很低。

（一）私募性限制

1. 合格投资者

我国《证券投资基金法》规定私募的对象为累计不超过 200 人的合格投资者。《私募投资基金监督管理暂行办法》（以下简称《私募监管办法》）进一步明确规定，投资于单只私募基金的投资者人数，还要符合《公司法》《合伙企业法》规定的特定数量。因此，单只私募基金的投资者人数还取决于基金采用的企业组织形式。《私募监管办法》规定合格投资者标准包括三个方面：第一，具有相应的风险识别能力和风险承担能力；第二，投资标准为投资于单只私募基金的

---

[1] See William A. Birdthistle & M. Todd Henderson, "One Hat Too Many? Investment Desegregation in Private Equity", 76 *U. CHI. L. REv.* 45, 45 (2009).

[2] Ibid., p. 77.

[3] 有的私募基金合同规定，私募投资基金的投资人只能在取得管理人的同意并与基金签署转让合同后才转让他的权益。转让协议需要买方卖方的所有义务并要求卖方与买方补偿管理人与基金因转让造成的任何损失。当投资者想要售其在私募投资基金中的权益时，他们必须直接出售给一个将全盘接收卖方对基金义务的买方，这意味着份额转让不会在任何方面影响管理人。这种退出的权利与出售公开交易的公司股票是存在很大不同的。当投资者出售公开交易的公司股票，股票价格下跌，从而直接影响了管理人的报酬，这与股票的表现是密切相关的。在私募投资基金中，管理人的补偿与权力根本不受转让的影响，即使投资者必须以很低的折扣价在二级市场上出售权益。See Jarrod Shobe, Misaligned Interests in Private Equity, 2016 BYU L. Rev. 1435 (2016), 1480.

金额不少于100万元;第三,投资者的资产标准,单位作为投资者,其净资产不低于1000万元,个人作为投资者的,其金融资产不低于300万元,或者近三年的年均收入不低于50万元。

2. 非公开宣传推介

《证券投资基金法》规定私募应当采用非公开方式,即不得通过公众传播媒体如电视、电台、报刊、互联网向不特定对象推介宣传,也不得通过报告会、讲座或分析会等形式向不特定对象推介宣传。《私募投资基金募集行为管理办法》(以下简称《私募募集办法》) 规定募集机构通过合法途径公开宣传的信息仅限于私募基金管理人的相关信息,如管理人的品牌、管理团队、高管信息、发展战略、投资策略以及已在基金业协会公示的已备案基金的基本信息。募集机构只能向经过特定对象确定程序筛选的合格投资者推介宣传私募基金,而不能向社会公众宣传推介私募基金。

3. 基金资产交易的私募性限制

由于法律法规对私募投资基金的私募性进行了严格的限制,使私募基金资产成了流动性很低的资产。美国证监会的144A法规规定,禁止私募股权投资人公开出售其在私募股权投资基金中的基金资产,506法规规定有限合伙人可以将基金权益出售给合格投资者。由于私募投资基金的私募性特点,私募基金二级市场中基金资产转让也是围绕合格投资者进行的相应制度设计。

(1) 基金资产受让人必须是合格投资者。私募投资基金之所以仅限于合格投资者,主要是因为相对于一般投资者来说,合格投资者具备两方面的优势:第一,相对丰富的投资经验带来的较高的风险识别能力;第二,较高的净资产及收入带来的较高的风险承担能力。禁止一般投资者进入私募投资基金的理由不外乎其风险识别能力、风险承受能力与私募投资基金高风险、高收益的行业特点不匹配,禁止一般投资者进入私募投资基金也没有剥夺其应有的投资机会,一般投资者完全可以选择与其风险识别能力、风险承受能力相适应的公募基金。

《私募监管办法》第11条规定,私募基金资产的转让应当限于合格投资者之间。这一规定应当从两个方面理解:首先,基金资产转让的对象与基金的募集对象是相同的,都应当是合格投资者。如果基金资产受让人是机构投资者的,还应当适用穿透核查原则,确保受让基金资产的最终投资者也是合格投资者。因此,只要是参与到私募投资基金资产交易中,不管是直接参与还是通过投资活动间接参与,都应当符合合格投资者的标准。其次,资产交易后的人数不得突破上限规定。基金资产交易后的投资者人数不能超过各种类型私募投资基金投资者人数的上限,机构投资者应当合并计算合格投资者的人数。

（2）禁止非法拆分转让。《私募募集办法》第 9 条禁止任何机构与个人为变相突破合格投资者标准而非法拆分转让私募基金资产或其权益。实践中有的主体先以合格投资人的身份投资于私募投资基金，而后又将私募基金资产进行分割或拆分销售或转让，份额转让或销售对象通常达不到合格投资者的条件。禁止非法拆分转让主要是禁止向不符合合格投资者标准的投资者转让，但是如果把自己投资于私募投资基金的份额拆分转让给合格投资者应当不属于禁止之列，但转让后私募投资基金的合格投资者人数应当符合相关规定。结合基金业协会发布的《私募投资基金合同指引 1 号》（以下简称《指引 1 号》）第 16 条关于申购与赎回的规定，[1]投资者申购的金额不得低于 100 万元；部分赎回基金资产的，在基金存留的净资产不得低于 100 万元。据此分析，合格投资者的投资标准判断是投资额度不低于 100 万元，而不是其持有的基金份额数量。因此，以下几种情形基金资产转让应当符合下列要求：

第一，如果基金合同允许投资者分期缴纳投资的，能否将其实际的出资份额与其应履行的出资承诺一同转让？投资者分期缴纳出资也是对基金管理人监督与自我利益保护的有效手段。根据《私募监管办法》第 12 条的规定，合格投资者投资于单只私募投资基金的金额不能低于 100 万元，但未明确 100 万元是投资者在投资时应当首期实际缴付的最低限额。根据《指引 1 号》第 16 条规定，投资者首次购买金额不得低于 100 万元，也就是最低投资额 100 万元不允许分期缴纳。在确认受让者也是合格投资者的前提下，基金资产转让人实际缴足 100 万元出资的情况下，也可以将其实际出资额与其在基金合同中承诺出资但未实际交付的出资份额一起转让。

第二，如果一个投资者向私募投资基金投资 100 万元后，转让价格低于 100 万元，能否转让？在这种情形下，转让人可以有条件转让。转让人的投资已经符合《私募监管办法》规定的条件，但是如果其转让价格低于 100 万元的话，受让人则达不到对单只基金投资 100 万元的最低标准，因此，受让人可以低于 100 万元的价格受让基金资产，但是受让价格与 100 万元之间的差额应当作为受让人向基金的补充投资，以使其达到对单只基金最低投资 100 万元的标准。

第三，如果一个投资者向私募投资基金投资 100 万元后，转让时净值达 200

---

[1]《私募投资基金合同指引 1 号》第 16 条第 3 款：申购和赎回的金额限制。投资者在私募基金存续期开放日购买私募基金资产的，首次购买金额应不低于 100 万元人民币（不含认/申购费）且符合合格投资者标准，已持有私募基金资产的投资者在资产存续期开放日追加购买基金资产的除外。投资者持有的基金资产净值高于 100 万元时，可以选择部分赎回基金资产，投资者在赎回后持有的基金资产净值不得低于 100 万元，投资者申请赎回基金资产时，其持有的基金资产净值低于 100 万元的，必须选择一次性赎回全部基金资产，投资者没有一次性全部赎回持有份额的，管理人应当将该基金资产持有人所持份额做全部赎回处理。

万元，能否转让给两个合格投资者？这种情形下转让人可以分成两份转让给两个受让人，因为合格投资者的判断标准是投资额而不是基金份额。但分拆转让不能突破私募投资基金合格投资者的人数上限。

概括地说，基金资产转让过程中，不管基金资产价格如何计算，受让者受让基金资产向基金支付的资金不得低于100万元。部分转让者留存的基金净值不得低于100万元。在符合这个前提下，转让人转让基金资产时可以对基金资产进行拆分转让，如500万元的基金资产，可以分成200万元、300万元，也可以分成5个100万元，但进行这种拆分转让还应当遵守私募基金有关投资者人数上限的要求。

（二）私募投资基金组织形式对基金资产交易的限制

投资人如果在二级市场上转让其持有的基金资产，除了受到前述私募性限制，还要受到私募投资基金所采用的组织形式的限制。按照组织形式标准，私募投资基金可以分为公司制、有限合伙制与信托制等形式。由于每种组织形式有不同的组织规范调整投资人与私募投资基金之间的关系，因此，基金份额持有人转让基金资产时会受到不同组织形式转让规范的调整。

1. 公司制私募投资基金

公司制私募投资基金是依据《公司法》设立的具有法人资格的基金公司，基金公司可以采用有限责任有限公司或股份有限公司的形式，按照《创业投资企业管理暂行办法》的规定，创业投资企业的投资人不得超过200人。如果采用有限责任公司形式，投资人数不得超过50人，200人的上限规定也就只能适用于股份有限公司这种形式了。基金的出资人就是基金公司的股东，股东通过股东（大）会参与管理与决策，按出资享有投资收益，股东对公司的出资在基金成立后也就成为私募投资基金的份额。在公司型的私募投资基金中，投资人转让基金资产实际上是以股东的身份转让基金公司的出资或股份。因此，转让基金资产应当遵守《公司法》中关于出资或股份转让的有关规定。

根据《公司法》的相关规定，如果私募投资基金采用有限责任公司的形式，基金资产持有人即公司股东可以全部或部分份额转让给其他的基金资产持有人，但是转让给基金资产持有人之外的人则需要其他基金资产持有人过半数同意。其他基金资产持有人自收到基金资产转让人的书面通知之日起30日应当答复，未答复的视为同意。其他基金资产持有人有过半数不同意转让的，应当购买，不购买的视为同意。因此，对于该种类型的私募投资基金资产的持有人，向基金资产持有人之外的人转让基金资产时，在经过其他基金资产持有人过半数同意或视为同意时，才能在二级市场中进行转让。

如果私募投资基金采用了股份有限公司的形式，除了公司发起人一年内不能转让股份以外，对于基金资产持有人转让基金资产没有限制，除非公司章程或基金合同另有约定。

2. 合伙制私募投资基金

有限合伙制私募投资基金是依据《合伙企业法》设立的包含普通合伙人（GP）与有限合伙人（LP）在内的企业组织形式。有限合伙是国内外私募投资基金普遍采用的一种组织形式。一般而言，有限合伙人不参与合伙事务的经营与管理，以出资额为限承担有限责任，普通合伙人执行合伙事务，负责合伙的经营管理，对合伙企业债务承担无限（连带）责任。按《合伙企业法》的规定，有限合伙企业的合伙人不得超过50人，因此，私募投资基金采用有限合伙形式时，投资人不得超过50人的上限。有限合伙人与普通合伙人在有限合伙企业中的出资额在基金成立后就成为私募投资基金的份额。

私募投资基金在采用有限合伙的形式时，进行基金资产转让的一般是有限合伙人，《合伙企业法》规定，基金资产持有人可以根据合伙协议的约定将基金资产转让给合伙人之外的人，但是应当提前30日通知其他合伙人。普通合伙人转让基金资产的，应当经全体合伙人一致同意。但基金合同另有约定的除外。

3. 信托制私募投资基金

信托制私募投资基金是依据《信托法》通过发售集合资金信托计划而设立的契约式基金。投资人首先通过集合资金信托计划参与资金的募集，在此过程中投资人是资金信托计划的委托人与受益人，信托公司是受托人，投资人与信托公司之间形成信托法律关系。在私募投资基金成立后，投资人又成为基金资产的持有人。

我国很多的私募股权投资信托基金采用了集合资金计划的形式，[1] 根据《信托公司集合资金信托计划管理办法》的规定，在私募股权存续期间，基金资产持有人可以向其他合格投资者转让。自然人基金资产持有人只能将其全部份额转让给其他自然人合格投资者，并且基金资产不得拆分，若拆分转让基金资产，受让人只能为机构投资者。机构投资者持有的基金资产只能整体转让给其他的机构投资者，不能拆分转让，也不能转让给其他自然人投资者。可见，该办法中有关基金资产的转让限制比前述公司制基金与合伙制基金要严格得多。

三、私募投资基金合同对份额转让的制约

私募投资基金资产在二级市场的交易有利于私募投资基金行业的健康发展，有利于创新创业资本的募集。但就目前我国私募投资基金资产在二级市场的转让而言，除了前述源于基金私募性与基金组织形式带来的法定约束，它还受到基金

---

〔1〕 欧阳良宜：《私募股权投资管理》，北京大学出版社2013年版，第110页。

合同条款的约束。私募投资基金具有非标准化金融产品的特征，基金资产的转让要遵守一事一议的原则。从转让的自由度来看，在没有特别转让限制的情况下，私募投资基金中有限合伙制中的有限合伙人、股份有限公司制中的股东、有限责任公司中的股东、信托制中委托人（受益人）、有限合伙中的普通合伙人，转让基金资产的自由度大体上是依次下降的。

基金合同在契约型、合伙型与公司型基金中，分别表现为基金合同、合伙协议与公司章程。法律对这三种不同的基金合同的调整并不相同，法律对公司的强制性规定要明显多于合伙企业，合伙企业协议更多地体现了当事人的"契约自由"[1]。基金合同是当事人意思自治的产物，只要不违反法律的强制性规定，基金合同条款对当事人就具有当然的约束力。中国基金业协会发布了3份合同指引，但只是勾勒了合同的内容框架，并没有列出合同条款的具体内容。基金合同在为当事人留下了意思自治的空间的同时，也为基金合同限制基金资产转让带来了契约上的便利。

实践中，私募投资基金为了保持基金的稳定性，通常会通过基金合同对转让基金资产作出限制性规定，这无疑增加了私募基金资产流动性的限制。如《合伙企业法》规定，有限合伙人在提前通知其他合伙人的情况下，可以根据合伙协议向合伙人之外的人转让其在合伙企业中的财产。因为有限合伙人不参与合伙企业经营，有限合伙人对合伙企业最重要的意义在于他的出资，至于是哪个人持有出资是无关紧要的问题，所以一般的有限合伙企业通常不会对有限合伙人的财产份额转让施加限制。但是在很多采用有限合伙形式的私募投资基金合同中，多有对有限合伙人转让基金资产施加限制的做法。如有些基金合同规定有限合伙人转让基金资产的，需要过半数的合伙人同意方能转让，或需要合伙人大会表决通过。美国合伙制的私募投资基金中也有类似的约束，规定有限合伙人未经普通合伙人书面同意不得出质、抵押或通过其他方式处置其在合伙企业中全部或部分权益。私募投资基金的投资人只能在取得管理人的同意并与基金签署转让合同后才转让他的权益。[2] 在公司制的私募投资基金合同中也会对基金资产转让作出各种各样的限制，如有的合同规定，前三年全体股东不能转让其持有的公司股权（基金资产）。

基金合同关于基金资产转让的限制性条款，在基金资产转让的法定限制之外又扩展了转让限制，进一步降低了基金资产的流动性，增加了在二级市场的交易难度。

---

〔1〕 石育斌编著：《中国私募基金法律实务360°解析——基金的非诉与诉讼》，法律出版社2018年版，第47页。

〔2〕 See Jarrod Shobe, Misaligned Interests in Private Equity, 2016 BYU L. Rev. 1435 (2016), 1480.

四、市场发育水平对私募投资基金资产交易的制约

成熟的市场环境会为各种市场交易提供便利，包括交易机制、交易设施与交易制度。但是，如果市场没有发育到相应的程度，则会给交易带来制约。我国目前的私募投资基金市场发育程度不高，为基金资产的流动性造成了障碍。

（一）信息披露制度对基金资产流动性的制约

第一，私募投资基金投资的都是非上市公司，而非上市公司经营的规范性较差，无法提供充足的信息，并且大部分信息是非公开信息。虽然《私募投资基金信息披露管理办法》（以下简称《信披管理办法》）对私募基金在资金募集和基金运营期间的信息披露主体、披露的时间、披露的内容作了明确的规定，但是根据该管理办法第7条的规定，包括投资者在内的相关主体对其所获知的私募投资基金的非公开信息、商业秘密和个人隐私等信息负有保密义务。同时，该管理办法亦没有明确界定公开信息与非公开信息的边界。更多的信息有利于交易的便利化，[1]在私募投资基金公开信息与非公开信息没有明确界定的前提下，无疑会增加买方获得交易相关信息的难度。

第二，私募投资基金信息披露存在的另一个主要问题是信息披露义务主体面对着不同的信息披露要求。目前我国有不同的监管机构制定规章调整私募发行人的信息披露，像证监会、银保监会，并且不同监管部门制定的规章在信息披露方面的监管要求并不统一，具体可以分为全法定模式、全约定模式与半法定、半约定模式三种模式。[2]基金信息是基金资产交易的必备要素，没有统一的基金信息披露标准，也会增加基金资产流动性的难度。

第三，《私募投资基金信息披露内容与格式指引2号》（以下简称《指引2号》）规定，基金管理人应当按照规定将信息披露文件在规定的私募基金信息披露备份平台进行备份，但是备份的作用仅限于基金业协会备份或管理人下载使用，基金投资者或社会公众不能公开查询。从基金资产交易的角度分析，基金信息的不公开与不易获得也不利于基金资产的流动性，这会增加交易成本，不利于基金资产二级市场的发展。

（二）市场交易主体专业性不足

由于我国的私募投资基金二级交易市场处于起步阶段，市场发育不成熟。这主要表现在两个方面。

第一，参与的市场主体专业性不足。在美国的私募投资基金二级交易市场，交易中超过95%的买方是专业投资类金融机构，而我国的买方中则超过40%的为

〔1〕 ［法］西瑞尔·德马里亚：《私募股权圣经》，黄嵩、郑磊译，机械工业出版社2015年版，4~7页。
〔2〕 梁清华：《论我国私募信息披露制度的完善》，载《中国法学》2014年第5期。

实体公司。[1]专业投资类金融机构作为买方与实体公司作为买方的市场差异是显而易见的。前者对于私募投资基金股权交易的定价、交易流程、交易经验等方面无疑远胜于后者，因此前者作为私募投资基金二级市场买方的市场更加具有活力和专业性。

第二，没有专业的市场中介机构提供相关的交易服务。私募投资基金是一个高风险的行业，因此在资金募集、基金资产转让只能限定在合格投资者的范围内，并且不能通过广告、媒体进行公开宣传，另外，由于前述的信息不公开、信息不对称等问题，增加了私募投资基金二级市场中交易的困难。中介机构的出现可以在一定程度上解决前述的问题，而目前我国私募投资基金二级市场上的中介机构几乎没有发育，从而大大降低了基金资产的流动性，降低了二级市场的活力。

五、提高私募投资基金资产流动性的建议

国外私募股权二级市场的交易类型主要分为传统交易与综合二级交易。前者是指私募投资基金的有限合伙人将自己已经实际出资的份额出售给新的投资者，这种交易占了二级市场交易量的90%~95%；后者是指通过购买私募投资基金在被投资企业的权益而建立起一种新的合伙人关系，这种交易占二级市场交易量的5%~10%。[2]二级市场中典型的卖家是私募投资基金的有限合伙人，卖家转让基金资产的主要原因包括基金表现欠佳、重新分配资产类别、监管变化或并购活动。[3]美国私募投资基金的发达程度不仅体现在投资端的活跃程度，也体现在其发达的二级市场。私募基金二级市场在美国的发展非常迅速，在2002年市场规模只有30亿美元，到2016年市场规模已经达到490亿美元。[4]美国的私募投资基金二级市场主要体现为专门的企业与机构投资者从事私募投资基金权益的买卖。另外，美国的私募投资基金二级市场进行了更深入的金融创新，出现了私募投资基金权益证券化的实践，如担保基金债券（Collateralized fund obligations，CFO）。[5]

因为私募投资基金已经有自己独立的退出方式，从私募投资基金二级市场专业化发展的角度出发，我国将来建设的私募投资基金二级市场中的卖方应当只包括基金的投资人，或基金资产持有人。国外私募股权投资基金中的投资者多为机构投资人，自然人投资者较少，但在我国私募投资基金的发展过程中，自然人投

[1] 俞祁：《私募股权二级市场结构与交易定价思路研究》，上海交通大学2014年硕士学位论文。

[2] ［英］伊莱·泰莫尔、弗洛伦·瓦斯瓦瑞：《国际私募股权》，郑礼生、孔维莎等译，中国金融出版社2015年版，第184页。

[3] ［英］伊莱·泰莫尔、弗洛伦·瓦斯瓦瑞：《国际私募股权》，郑礼生、孔维莎等译，中国金融出版社2015年版，第181页。

[4] See https://www.navatargroup.com/demystifying-a-roaring-private-equity-secondaries-market-webinar-transcript.

[5] See Colin Mercer, How to Securitize Private Equity, 24 Int'l Fin. L. Rev. 59 (2005).

资者占据了很大比例。因此，向为数众多的自然人投资者、机构投资者提供转让退出的途径，是保持我国私募投资基金活力的重要手段，也是我国私募投资基金二级市场建设的重要考量因素。

如前所述，私募投资基金资产的流动性差是由多方面的因素造成的。既有基金的私募性特征的约束，也包括基金组织形式以及市场的发育水平方面的制约。就提高私募基金资产流动性而言，基金的私募性要求以及《公司法》与《合伙企业法》中有关出资转让的强制性规定是无法突破的红线，只能在基金合同订立环节与市场培育方面增加基金资产的流动性。我国的私募投资基金二级市场的发展处于起步阶段，基金资产的流动性成为二级市场发展的关键制约因素。因此，提高基金资产流动性是活跃二级市场的重要途径。

（一）建立统一的交易市场

建立统一的交易市场无疑会为私募投资基金资产的交易提供很大的便利，在一定程度上增加基金资产的流动性。建立统一交易市场首先应当遵循私募投资基金合格投资者的相关规定，即确保二级市场中的交易主体都符合合格投资者的标准。其次，根据《私募募集办法》第 17 条的规定，经过特定程序确定合格投资者后，募集机构可以向特定对象推介宣传私募基金。根据该条规定精神，设立二级市场时，经过特定程序确定合格投资者后，市场可以向合格投资者宣传推介私募基金资产转让的交易信息，以便促进基金资产的转让交易。最后，私募投资基金二级市场可以依托我国各地广泛设立的区域性股权交易中心（俗称"四板"市场）或金融产品交易中心设立，这样既可以节省市场建立的基础设施成本，又可以活跃各地资本市场。

（二）培育市场中介机构

从欧美国家私募投资基金二级市场的发展情况来看，中介机构在二级市场的交易发挥了重要的作用。中介机构所发挥的作用主要表现为以下几方面：

第一，提供定价与市场调研。由于大部分基金投资人并不具备相应的专业知识，对基金资产进行定价，还要耗费大量时间联系管理人、收集整理基金资产的信息。而中介机构可以从事专业定价与市场调研的工作，为市场交易提供便利。第二，中介机构还可以解决基金资产转让过程中基金文件泄露的问题，通过标准化的交易过程，要求潜在的二级市场的买家签订保密协议解决泄密问题。第三，中介机构还可以通过联系众多的买家从而使基金资产以较高的价格成交。从 2005 年开始，超过 1/3 的二级市场交易是通过中介机构完成的。[1]

---

〔1〕 ［英］伊莱·泰莫尔、弗洛伦·瓦斯瓦瑞：《国际私募股权》，郑礼生、孔维莎等译，中国金融出版社 2015 年版，第 184 页。

培育二级市场中介机构不仅可以为市场交易提供定价、评估等交易便利，还可以在一定程度上解决信息不对称、竞价不足等阻碍市场交易的情况，增加基金资产的可交易性与流动性。

（三）提供交易便利

由于私募投资基金资产并不像上市公司的股票一样是标准化的金融产品，交易过程就因此变得复杂多变。私募投资基金二级市场的建设应当寻求尽可能地实现交易的便利化。在非标准化的金融产品交易过程中，交易流程的标准化是增加交易便利的重要手段。

制定私募投资基金资产转让协议示范文本、私募投资基金投资股权协议转让示范文本、商业秘密保密协议示范文本等文件，以便交易双方实现交易过程的标准化和便利化。

（四）改进信息披露制度

由于信息的不公开性，导致二级市场的交易活动受到限制。在成熟的主板市场，上市企业需要定期公开其经营信息、利润水平等市场定价等重要的基本信息，在市场的供需条件下会形成一个市场选择的公平价格。但是由于私募投资基金信息的不公开性，买方在信息不对称的情况下很难发现基金资产的市场价格，另外，私募投资基金投资也多为非上市企业，其经营信息和利润水平等信息也仅限于向股东公开，市场中的其他主体也不能通过公开途径获得标的企业的经营信息与利润水平等信息，因此，在私募投资基金市场中缺少健全的价格形成机制。这无疑是私募投资基金二级市场交易活动的重要障碍。

监管部门或行业自律组织应当完善私募投资基金的信息披露制度。持续、全面与真实的信息披露可以在最大程度上减少信息不对称，从而达到保护投资者与监督基金管理人的目的。《信披管理办法》对基金募集期间与运作期间的信息披露内容、频次等事项作了较为详尽的规定，对规范基金规范运营起到了良好的助益。为提高基金资产的流动性，加快基金资产二级市场的建设，建议将基金管理人在私募基金信息披露备份平台上备份文件的部分内容向合格投资者公开，如基金名称、基金管理人、基金净值、基金份额总额、管理费率、托管费率等内容，以方便合格投资者获得基金交易的基本信息，以增加基金资产的流动性，活跃二级市场交易，从而更好地促进私募投资基金的发展。

论金融消费者求偿权的实现
——以投资者适当性纠纷为例

何 颖 *

摘要：金融消费者求偿权包含实体性权利和程序性权利内容。作为金融消费者保护最直接的权利，其行使仍然受到诸多制约。以金融业者违反投资者适当性义务对消费者承担损害赔偿责任为例：第一，尽管适当性规则在金融监管规范层面已全面铺开，但民事责任规则的缺失使得金融消费者维权艰难；第二，即便适当性监管规范在司法实践中能得到尊重和适用，但是适用的随意性往往导致"同案不同判"；第三，尽管当前适当性纠纷大量涌入法院，但是单一的纠纷解决机制还远不能满足金融消费者的维权需求。金融消费者求偿权本土化保护的解决路径包括加强立法供给、构建多元纠纷解决机制、加强专业化纠纷解决队伍的培养以及金融消费者的教育。

关键词：金融消费者；求偿权；投资者适当性；多元纠纷解决机制

金融消费者求偿权作为维护金融消费者合法权益的最直接权利，关系到金融消费者权益是否能够得到保障的问题。因此，对金融消费者求偿权的研究，对于保障金融消费者权益来说至关重要。本文将立足于金融消费者求偿权的理论，分析我国金融消费者求偿权保护现状，借鉴国外成熟的金融消费者求偿权保障机制，以期对我国金融消费者求偿权本土化保护问题进行研究。

一、金融消费者求偿权的理论

（一）金融消费者求偿权的基本含义

金融消费者求偿权是消费者求偿权在金融领域的具体化。我国《消费者权益保护法》第 11 条规定："消费者因购买、使用商品或者接受服务受到人身、财产损害的，享有依法获得赔偿的权利。"在现有的金融立法及规范性文件中，2015年《国务院办公厅关于加强金融消费者权益保护工作的指导意见》首次明确规

---

* 何颖，法学博士，华东政法大学经济法学院副教授。

定金融消费者的依法求偿权。[1]对于金融消费者求偿权的具体规定在规范性文件中有所体现。

金融消费者求偿权从内容上看兼有实体性权利和程序性权利。实体性权利主要指金融消费者遭受侵权后有权获得民事赔偿等救济，强调从实体法上对于金融消费者的求偿权予以保护。例如《证券期货投资者适当性管理办法》第34条规定经营机构履行适当性义务存在过错并造成投资者损失的，应当依法承担相应法律责任。金融消费者求偿权的实体性规范主要包括两方面内容：一方面是设定金融消费者求偿权的义务主体，主要针对金融产品或者服务的提供者，包括金融产品的发行机构、销售机构等主体；另一方面是设定金融消费者求偿权的赔偿范围。"在实体法上设保护消费者的规定固然重要，但程序法上的救济亦不容忽视。"[2]程序性权利主要指金融消费者遭受侵权后能够通过有效的渠道和正当的程序获得救济，包括权限的规则、纠纷解决机制的安排等。

（二）金融消费者求偿权行使的特殊问题分析

虽然我国已经开始意识到金融消费者保护的重要性，逐渐加强对于金融消费者的保护，在相关规范性文件中突出金融消费者保护。但是，审视我国目前的立法现状与司法实践，可以发现金融消费者求偿权在行使过程中仍然存在不小的阻力，具体包括以下几点：

1. 金融立法不足使得金融消费者求偿无门

首先，关于金融消费者求偿权的立法规定，《证券法》《商业银行法》《保险法》等金融立法都强调对于金融机构的行为监管，很少涉及对金融消费者的保护，在法律责任层面，这些金融立法主要强调的是金融机构的行政责任，有关金融机构民事责任的规定则寥寥几笔。金融立法关于金融消费者求偿权的规定过于原则性，缺乏可操作性，法官在司法审判中据以做出维护金融消费者权益判决的通常是《合同法》《侵权责任法》的规定。[3]即便一些法条有规定，但由于规定得过于抽象也就无法真正保障消费者的求偿权。比如，尽管《证券法》对于虚假陈述、内幕交易等行为的民事责任皆有一般性规定，但是投资公众在证券虚假陈述、内幕交易等案件中行使求偿权仍然困难重重，很大程度上还是要依赖证监会行政处罚决定给出的专业认定。

---

〔1〕 《国务院办公厅关于加强金融消费者权益保护工作的指导意见》规定："银行业机构、证券业机构、保险业机构以及其他从事金融或与金融相关业务的机构（以下统称金融机构）应当遵循平等自愿、诚实守信原则，充分尊重并自觉保障金融消费者的财产安全权、知情权、自主选择权、公平交易权、依法求偿权、受教育权、受尊重权、信息安全权等基本权利，依法、合规开展经营活动。"

〔2〕 王泽鉴：《民法学说与判例研究》（第3册），中国政法大学出版社1998年版，第30页。

〔3〕 上海市浦东新区人民法院编：《金融消费者保护理论与判解研究》，法律出版社2015年版，第234页。

其次，即使对于金融消费者求偿权行使的具体依据有可操作性的规范性文件，但是这些规范性文件是以监管规范为主。由于监管部门与金融机构之间是管理与被管理关系，监管部门仅能在行政职权的范围内对相关主体予以监管，对金融业者的不当行为处以相应的行政责任。但是金融业者与金融消费者之间的民事关系，应由私法进行调整，监管部门无权根据监管规范要求金融业者对金融消费者承担民事责任。因此，这些监管规范不能对金融机构与金融消费者之间的民事关系予以调整，不能成为金融消费者行使求偿权的依据。

最后，目前我国金融消费者求偿权行使的依据主要为规范性文件。法官在具体民事案件的审理中，其作出判决必须适用法律及司法解释等，对于规范性文件，由于效力层级过低，法官在案件审理中则可以"参照适用"而非"依法适用"。在此情形下，法官在具体案件审理中，则可以根据情况需要选择适用或不适用规范性文件，这容易产生同案不同判的现象。

综上所述，基于现行金融立法对金融消费者求偿权相关规定过于原则化，而现有监管规范等规范性文件无权调整金融业者与金融消费者之间的民事纠纷以及规范性文件效力层级过低，法院可以自由选择适用的原因，导致金融消费者陷入求偿无门的境地。

2. 金融交易的特殊性使得金融消费者行使求偿权遭遇举证困难等程序法困境

随着人民生活水平的提高，居民消费已经从日常物质类生活消费逐渐扩大到保险、证券、基金等金融领域消费。但是金融交易具有其特殊性，一是金融交易专业性强，涉及复杂的金融知识，且环节众多，金融消费者在缺乏专业金融知识背景的情况下，难以对金融交易中的专业性知识作出理解，通常只关心产品的收益率及风险性，依靠金融机构的推介行为而进行购买；二是金融交易是无实物的虚拟化的交易，具有无形性的特点。在交易过程中，金融消费者只能依靠金融机构的描述、推介行为，无法像现实交易一样，对金融商品进行评价、判断，同时对金融机构推介行为本身也无法作出判断。因此，金融消费者往往不知道自己是否存在被侵权的情形；三是现在的金融交易更多的是采取非面对面交易的方式，在交易过程中只能依靠提示选择相关的选项，从而完成交易行为。而在发生金融纠纷后，金融消费者由于对金融交易不了解，在举证时无法对金融交易中的相关行为作出有效说明，常常处于不利地位。同时由于金融交易无形性、非面对面的特点，导致金融消费者手中往往没有相关证据，在举证环节，金融消费者通常无法提供相应证据予以证明，这使得金融消费者陷入举证困难的境地，面临败诉的风险。

3. 金融消费者维权渠道单一、多元纠纷解决机制尚未形成

我国规定的纠纷解决方式主要有诉讼、仲裁、调解等。但是从实践角度来讲，目前在金融消费者纠纷中，诉讼成为金融消费者维护自身合法权益的最主要途径。金融消费者纠纷诉讼案件呈现出明显上升的趋势，这无形中对我国有限的司法资源造成挑战。在现有的单一救济渠道下，金融消费者权益保护救济机制存在几个问题：

首先，缺乏多元化的纠纷解决机制。在理想状态下，诉讼并非唯一的纠纷解决途径，当前社会大众对诉讼偏爱程度较高的一个客观原因是现实中多元化纠纷解决机制的严重缺位。多元纠纷解决机制是指由各种性质、功能、程序和形式不同的纠纷解决机制共同构成的整体系统。[1]诉讼因为是在法院的主持下，由法官居中裁判，因而具有公正性、权威性的特点。同时由于法官队伍的素质较高，对于案件的审理具有专业性。但是诉讼由于程序要求严格，一个案件从立案到判决需要耗费大量的时间，并且金融消费者需要为此支付高昂的律师费、案件受理费等费用，其所需花费的时间成本、金钱成本不容小觑。相较于成本高昂、程序冗杂的诉讼纠纷解决机制而言，多元纠纷解决机制由于程序要求没有那么严格，能够方便快捷地处理双方纠纷，因而具有高效性的特点。同时，其由独立的机构选择专业人员对案件进行审理，因而具有相对独立性和专业性的特点。但是，由于非诉讼纠纷解决机制注重效率，容易忽视程序法上的要求，因而其权威性和公正性相对来说没有诉讼机制那么高。同时由于金融消费者对于仲裁、调解等多元纠纷解决机制不了解，因而更愿意通过诉讼机制解决纠纷。而在司法资源有限的条件下，多元化的纠纷解决机制有利于分散金融消费者纠纷案件，提高金融消费者纠纷案件的裁决效率，有效维护金融消费者权益，实现效率与公正的统一。虽然《中国人民银行金融消费者权益保护实施办法》专门针对金融消费者投诉处理机制作出规定，但是在实际运行中，更多的是凸显对金融机构的管理，对金融消费者纠纷的解决作用非常有限。因此，我国尚未建立有效的诉讼外的多元纠纷解决机制体系。相比于我国，一些金融消费者权益保护发达的国家和地区，纷纷建立金融领域替代性纠纷解决机制。例如，英国建立金融申诉专员制度（FOS, Financial Ombudsman Service），金融申诉专员服务公司对各类金融消费者投诉进行受理，专门处理各种金融交易纠纷；我国台湾地区建立金融消费者评议中心（FOI, Financial Ombudsman Institution）；我国香港地区设立金融纠纷调解中心有限公司（FDRC, Financial Dispute Resolution Centre Ltd.）

---

[1] 吴弘：《金融纠纷非讼解决机制的借鉴与更新——金融消费者保护的视角》，载《东方法学》2015年第4期。

其次，缺乏专业化的纠纷解决人员。目前我国在纠纷解决队伍的专业化程度上已经取得了长足的进步，例如成立专门的金融法庭解决金融纠纷，纠纷解决人员的专业化水平有所提高。但是，金融纠纷案件的复杂化程度不断为纠纷解决人员提出新的挑战，这要求我们不断提高纠纷解决队伍的专业化建设。金融消费者纠纷案件同时涉及法律知识与专业金融知识，同时具备金融知识与法律知识的复合型人才，对于金融消费者纠纷案件的处理至关重要。目前我国缺乏专业化的金融纠纷解决人员，导致裁判者在具体金融纠纷案件中，对于相关金融专业事实的认定与金融业的理解常常不一致，引起广泛讨论。同时在裁判者对相关金融专业知识不甚了解的情况下，我国现有立法未规定专家陪审制度，仅在《最高人民法院〈关于为设立科创板并试点注册制改革提供司法保障的若干意见〉的通知》和《最高人民法院〈关于人民法院为防范化解金融风险和推进金融改革发展提供司法保障的指导意见〉的通知》这两份司法解释性文件中提到尝试设立专家陪审机制，而未有可操作的规则。相反例如美国则设立了"法庭之友"制度，[1]由相关部门或个人就法院所面临的法律等问题向法院提供意见。

最后，诉讼与非诉机制的衔接不完善。现有金融立法未对金融消费者诉讼与非诉机制之间的适用顺序、程序性安排等作出相应规定。在纠纷发生后，金融消费者在选择救济途径时，无法确定各种救济途径之间的关系，各种救济途径的顺序，以及相互之间的转换等问题。这导致金融消费者在纠纷发生后往往采取其最为熟知的诉讼方式来解决纠纷，这无形中增加了司法审判的压力，也不利于多元化纠纷解决机制的形成。

二、从投资者适当性纠纷探究金融消费者求偿权保护机制

近日，最高人民法院发布的《全国法院民商事审判工作会议纪要（征求意见稿）》（以下简称《九民纪要》）"金融消费者权益保护纠纷案件的审理"部分对于"投资者适当性规则"的规定，以及"中国建设银行股份有限公司北京恩济支行与王翔财产损害赔偿纠纷案"（以下简称"王翔案"）[2]关于金融产品销售机构"适当性义务"的认定问题引起了金融实务界和学者的广泛关注，都涉及对于投资者适当性规则的讨论。而在金融纠纷中，投资者适当性规则是金融机构求偿权得以实现的重要依据。投资者适当性规则的完善程度，在很大程度上

---

〔1〕 现实的"法庭之友"制度是指案件当事人之外的个人、团体或政府机关在法庭作出裁判之前就法院所面临的法律等问题向法院提供意见的制度。法庭之友向法庭提交意见的目的在于帮助法庭作出正确的判决，而提交的意见则表现为支持一方当事人的主张或完全从公共利益的角度出发而向法院提交法庭之友意见。而最初，美国法院对"法庭之友"的活动宗旨界定为"不代表任何人行事，只不过是寻求向法院提供信息"〔Compbell v. Swasey, 12 Ind. 70 (1959) at 72〕。黄韬：《公共政策法院——中国金融法制变迁的司法维度》，法律出版社 2013 年版，第 85 页。

〔2〕 (2018) 京 01 民终 8761 号民事判决书。

影响到金融消费者求偿权的实现。笔者将以投资者适当性纠纷为例，探讨我国金融消费者求偿权的保护现状及本土化保护问题。

（一）投资者适当性理论

根据国际清算银行、国际证监会组织、国际保险监管协会 2008 年联合发布的《金融产品和服务零售领域的客户适当性》的定义，适当性是指"金融中介机构所提供的金融产品或服务与客户的财务状况、投资目标、风险承受水平、财务需求、知识和经验之间的契合程度"。[1]在英美法系国家，投资者适当性规则来源于美国证券行业中的"招牌理论"[2]和受任人忠实义务。1939 年的"In re Duker & Duker 案"即提出类似"招牌理论"与证券商受任人忠实义务概念。在该案中，联邦证券管理委员会认为，当证券商以远高于市价的价格向投资者出售股票时，属于对投资人信赖的违反而构成证券欺诈。虽然联邦证券管理委员会未明确揭示证券商对顾客负有受任人忠实义务，但其理论基础明显来源于投资人对证券商的"信赖"。[3]信义义务的主要内容是勤勉义务和忠实义务。具体到信托等金融活动中，客户基于对金融业者的信赖而达成交易关系，此时作为受信人的金融业者即应对客户承担信义义务。而大陆法系国家通常认为投资者适当性规则来源于诚实信用原则。[4]诚实信用原则要求尊重他人，以对待自己事务的注意对待他人事务，不得损人利己，保证法律关系的当事人都能得到自己的利益。[5]有学者将诚实信用原则概括为两个方面并与适当性义务相对应，即诚信义务包括消极的诚信义务与积极的诚信义务，并对应到适当性义务中为"不得销售不适当的产品"和"仅得销售适当产品"。[6]无论是从英美法系还是从大陆法系来讲，适当性规则的法理都是基于"信赖"关系。

从投资者适当性规则设立的初衷来看，投资者适当性规则是基于投资者的知识水平、投资经验、资产状况及信息不对称等因素与经营者之间明显失衡，而由

---

[1]　BIS, Customer Suitability in the Retail Sale of Financial Products and Services, April 2008, at 4.

[2]　"招牌理论"是指当证券商对外悬挂招牌，即蕴含一对世的默示宣示，宣示其将秉持其专业，公正尽责地对待客户，其所为有关有价证券的陈述与推介，必须具有充分的依据。"Under the shingle theory, a dealer is held to an implied representation that it will deal fairly with customers to whom it sells securities." See Allen D. Madison, "Derivatives Regulation in the Context of the Shingle Theory", 1999 Colum. Bus. L. Rev. 271, 280.

[3]　陈俊仁：《招牌理论与受任人忠实义务——从美国证券上义务理论实务发展论台湾证券商监理法制之强化》，载《月旦民商法杂志》2015 年第 6 期。

[4]　王锐：《金融机构适当性义务司法适用的实证分析》，载《法律适用（司法案例）》2017 年第 20 期；张付标、李玫：《论证券投资者适当性的法律性质》，载《法学》2013 年第 10 期；钱玉文、吴炯：《论商业银行适当性义务的性质及适用》，载《湖南社会科学》2019 年第 4 期。

[5]　徐国栋：《诚实信用原则研究》，中国人民大学出版社 2002 年版，第 3 页。

[6]　王锐：《金融机构适当性义务司法适用的实证分析》，载《法律适用（司法案例）》2017 年第 20 期。

法律对经营者科以义务,对投资者予以倾斜保护。从投资者适当性规则的比较法视角来看,美国、日本及我国台湾地区都对投资者适当性规则的适用对象有所限制。从投资者适当性规则设立的初衷以及比较法考察来讲,投资者适当性规则所保护的对象应主要为金融消费者。

关于投资者适当性规则的内容,普遍包含的是 KYC 原则和 KYP 原则。KYC 原则（know you customer） 即了解你的客户,是指金融机构在向消费者推介产品时,应了解消费者的年龄、学历、风险承受能力、投资经验、资产状况、投资目的等内容。KYP 原则（know you product） 即了解你的产品,是指金融机构在对消费者进行产品推介前,必须了解产品风险等相关信息,有合理根据认为其推介的产品适合特定消费者。

关于投资者适当性规则的义务主体,受金融消费者保护程度的影响,义务主体的范围也会有所不同。对于投资者适当性义务的适用范围可以分为以下三类：①授予金融机构投资权限；②金融机构提供投资建议；③金融机构单纯执行消费者指令。[1]

（二）投资者适当性规则在我国实践中的适用情况

1. 我国投资者适当性规则现状

（1）无法可依、监管规范效力层级低。当代,投资者适当性规则已成为各类具有投资性质的金融商品和服务市场的一般规则,是美国、欧盟等世界主要资本市场所在国家和地区证券立法和监管规范的重要内容之一。反思我国的金融立法,在投资者适当性义务的规定上明显具有滞后性的特点。在我国目前的金融立法中,只有《中华人民共和国证券投资基金法》第 99 条[2]规定了投资者适当性规则。虽然该法对投资者适当性规则予以规定,却在金融机构违反适当性义务的情况下,仅仅规定了金融机构应承担的行政责任,对于金融机构应承担的损害赔偿责任却只字未提。这导致在适当性纠纷案件中,对于非证券投资基金类金融产品,法院在裁判时面临无法可依的局面,即使针对的是证券投资基金类金融产品,法院在裁判说理时适用的是适当性规则,但是判决结果中往往只能适用《合同法》《侵权责任法》等法律。在投资者适当性规则无法可依的局面下,在相关案件中,金融消费者的求偿权肯定会面临法律依据适用等问题,无疑加大金融消费者求偿权实现的困难度,明显不利于对金融消费者的保护。

同时,目前我国对于投资者适当性义务的规定主要集中在《商业银行理财业务监督管理办法》《私募投资基金监督管理暂行办法》《证券期货投资者适当性

---

〔1〕 陈肇鸿：《由比较法观点论金融机构之适当性义务》,载《军事专刊》2011 年第 2 期。

〔2〕 《中华人民共和国证券投资基金法》第 99 条规定："基金销售机构应当向投资人充分揭示投资风险,并根据投资人的风险承担能力销售不同风险等级的基金产品。"

管理办法》及一系列"投资者适当性管理实施指引"规范性文件中。这些规范的效力层级比较低，法院在审理过程中只是"可以参照适用"而非"依法适用"。例如在"王翔案"中，在认定银行是否违反适当性义务时，尽管《商业银行理财业务监督管理办法》《私募投资基金监督管理暂行办法》《证券期货投资者适当性管理办法》及一系列"投资者适当性管理实施指引"规范性文件皆对涉案业务有相应规定，但是法院参照适用的只是其中的一个文件。[1]这就容易造成案件判决结果存在较大的偶然性。

（2）具体规定模糊不清。目前我国现有规范对于投资者适当性规则的规定模糊不清，规范之间存在矛盾之处。这容易导致在涉及适当性纠纷的金融消费者求偿权案件中无法正确理解投资者适当性规则，出现法律适用不清，同案不同判的结果。

第一，适当性规则适用对象不清。关于投资者适当性规则的适用对象是全部投资者还是仅局限于普通的投资者，对于这一问题我国现有的规范存在不同规定。从《中华人民共和国证券投资基金法》《商业银行理财业务监督管理办法》等规范中可以看出，投资者适当性规则适用全部"投资人"；而一系列的"投资者适当性管理实施指引"规范性文件将投资人分为"普通投资者"和"专业投资者"，并对两者的适当性义务予以区别对待。同时，我国在规定了"合格投资者制度"的基础上，又规定对合格投资者也适用投资者适当性规则，例如《私募投资基金监督管理暂行办法》规定私募基金应向合格投资者募集，又在第17条中规定适当性义务。因此，可以看出目前立法对于投资者适当性规则适用对象的规定存在模糊不清的问题。

笔者认为投资者适当性规则的适用对象应仅限于金融消费者。首先，从适当性规则设立的初衷来看，其目的是缓和金融消费者因知识、信息等因素造成的与金融机构之间存在的差距，而对金融消费者予以倾斜保护。在专业投资者具备相关专业知识、具有特定财力的情况下，不应当受到适当性规则的倾斜保护。其次，部分学者之所以认为适当性规则也适用于专业投资者在于专业投资者对于一些金融产品的相关信息缺乏充分了解渠道，对金融产品的了解程度有限。适当性规则的目的是防止金融机构主动销售不适当的产品给金融消费者，而非对投资者履行说明披露义务。说明义务并非适当性规则的内容，在金融机构履行说明义务的情况下，专业投资者应有能力判断产品的风险并作出判断并对此负责；如果投资者因金融机构未履行充分说明、披露义务而遭受损害，那么其求偿权的依据应

---

[1] 法院具体适用了《商业银行个人理财业务风险管理指引》的相关规定认定银行的销售活动违反了适当性规则，"对于市场风险较大的投资产品，特别是与衍生交易相关的投资产品，商业银行不应主动向无相关经验或经评估不适宜购买该产品的客户推介或销售该产品"。

是说明义务而非适当性义务。最后，适当性规则不应成为金融消费者过度保护的理由。

第二，缺乏适当性规则的义务主体的统一规则。现行金融立法及规范性文件涉及的金融产品种类丰富，而在不同种类金融产品中，对于金融机构的称谓有所不同。例如在《证券投资基金法》中对于基金的销售机构和投资顾问机构的适当性义务作出了规定；[1]而《证券期货投资者适当性管理办法》中投资者适当性义务的主体又是销售机构和服务机构；[2]《九民纪要》中规定的适当性义务的主体又是销售机构和发行人。[3]适当性规则的义务主体到底包括销售机构、发行人、投资顾问、服务机构中的哪些主体？现行规范没有一个能够客观判断的标准。

（3）缺乏程序法上的保护规则。在金融交易中作为弱势的一方，金融消费者在诉讼中往往面临举证困难的境地，而现行立法非但未在程序上对金融消费者予以倾斜保护，反而有利于金融机构。目前规则虽然规定金融机构应对履行义务承担举证责任，但是在金融机构证明消费者签署风险确认书的情况下，消费者难以提供证据予以反驳。

三、金融消费者求偿权本土化保护的解决路径

通过对上文中金融消费者求偿权的理论，以及金融消费者求偿权具体规则的运用分析，可以发现我国金融消费者求偿权存在着很多问题等待解决，与金融消费者保护水平发达的国家仍然存在不小的差距，笔者将在借鉴相关国家经验的基础上，针对我国金融消费者保护存在的问题，提出本土化保护的解决路径。

（一）加强金融消费者求偿权相关立法，实现有法可依

在金融消费者权益保护单独立法已成为全球发展趋势的情况下，我国金融消费者保护立法呈现出明显滞后的特点。对此，有学者认为可以借鉴我国台湾地区的立法经验，对金融消费者保护单独立法，制定《金融消费者保护法》；[4]也有

---

[1] 《中华人民共和国证券投资基金法》第 99 条规定："基金销售机构应当向投资人充分揭示投资风险，并根据投资人的风险承担能力销售不同风险等级的基金产品。"第 104 条规定："基金投资顾问机构及其从业人员提供基金投资顾问服务，应当具有合理的依据，对其服务能力和经营业绩进行如实陈述，不得以任何方式承诺或者保证投资收益，不得损害服务对象的合法权益。"

[2] 《证券期货投资者适当性管理办法》第 3 条规定："向投资者销售证券期货产品或者提供证券期货服务的机构（以下简称经营机构）应当遵守法律、行政法规、本办法及其他有关规定，在销售产品或者提供服务的过程中……将适当的产品或者服务销售或者提供给适合的投资者，并对违法违规行为承担法律责任。"

[3] 《全国法院民商事审判工作会议纪要（征求意见稿）》第 73 条规定："卖方机构未尽适当性义务……金融消费者既可以请求金融产品的发行人承担赔偿责任，也可以请求金融产品的销售者承担赔偿责任，还可以请求金融产品的发行人、销售者共同承担连带赔偿责任……"

[4] 樊纪伟：《我国金融消费者权益保护的困境和路径选择》，载《证券市场导报》2014 年第 5 期；董新义：《以功能性规制为基础构建金融消费者保护法》，载《国家检察官学院学报》2016 年第 6 期。

学者认为应对金融消费者保护进行分别立法，在现有金融立法下规定金融消费者的相关权利。[1]笔者认为，目前我国对于"金融消费者"的概念界定尚未明确[2]，以及金融行业监管在机构监管向行为监管探索的情形下，进行金融消费者权益保护的专项立法，具有一定的难度。[3]可行的做法是首先在现有金融立法框架下原则性地规定金融消费者的求偿权，并授权相关部门制定金融消费者求偿权的相关规定，通过"原则性规定+法定授权"的方式对金融消费者求偿权作出规定，实现有法可依；其次，相关部门根据立法授权，在部门规章及规范性文件中对金融消费者求偿权予以细化，具体落实金融消费者求偿权的操作规则；最后，权利的保障靠义务的落实，对于金融消费者求偿权的保障要求对投资者适当性义务、举证责任分配等配套规则予以明确，从而使金融消费者求偿权的实现具有可操作性。

（二）构建多元纠纷解决机制

在当前案件不断增加而司法资源有限的情况下，单一诉讼解决机制难以满足目前金融消费者纠纷解决的需要，审理效率必将受到影响，不能最大限度地保护金融消费者权益，因此急需构建多元的替代性纠纷解决机制。第一，可以借鉴英国的金融申诉专员制度（FOS）或我国香港地区的金融纠纷调解中心有限公司（FDRC），尝试设立专门的金融纠纷调解机构，专门调解金融纠纷。"我国现有的金融调解体系非常零散，整体上缺乏明晰的调解主体建构逻辑，多依附于人民法院或延续在行政架构内，金融调解成为大调解机制中的一环，未能体现出其独特的价值。"[4]同时，由于金融交易有其专业性与技术性，与平常的民事调解有重大区别。因此，有必要构建专门的金融纠纷调解机构，这有利于方便快捷地处理金融消费者纠纷案件，提高金融消费者维权效率；第二，适当引导金融消费纠纷寻求仲裁救济。近年来，我国各地开始在仲裁委下设立专门的金融仲裁院，[5]专门处理金融纠纷。金融仲裁有其专业性、高效性的特点，能够方便快捷地解决金融纠纷。因此，在发生金融纠纷时，应适当引导金融消费者采取金融仲裁的方式解决纠纷，缓解司法资源的压力，提高纠纷解决的效率，维护金融消

---

[1] 王美舒：《类型思维下的金融消费者保护制度建构》，载《中州学刊》2016年第2期。

[2] 何颖：《金融消费者概念的法律定性及规范价值》，载《财经法学》2016年第1期。

[3] 上海市浦东新区人民法院编：《金融消费者保护理论与判解研究》，法律出版社2015年版，第238页。

[4] 吴弘：《金融纠纷非讼解决机制的借鉴与更新——金融消费者保护的视角》，载《东方法学》2015年第4期。

[5] 例如上海于2007年设立上海金融仲裁院，作为上海仲裁委的特设机构；成都仲裁委于2012年设立金融仲裁院；呼和浩特于2015年由呼和浩特仲裁委和内蒙古银行业协会、证券业协会以及保险行业协会共同组建金融仲裁院。

费者合法权益。

(三) 加强专业性金融纠纷解决人才培养

在金融消费者纠纷案件日益渐增的情况下，对我国金融纠纷解决人员的能力也提出更高的要求，需要其拥有法律及金融方面的知识。因此，从长远角度来讲，应加强培养专业性金融纠纷解决人才，可以通过金融知识专项培训、知识讲座、行业对话、部门交流等方式，拓宽金融纠纷解决人员的知识素养，加强对金融知识的了解。从短期来看，可以借鉴美国"法庭之友"制度，建立我国的专家陪审员即相关行业意见制度。在金融纠纷解决中，引入专家陪审员参与金融纠纷的解决或吸收行业相关专业人员的意见，有利于确保金融纠纷审理的准确性，维护金融消费者合法权益。

(四) 加强金融消费者教育

培养理性的金融消费者群体，是金融纠纷减少的重要因素。对于金融消费者求偿权的保护，不仅仅依靠外部机制，还需要金融消费者提高自身素养。因此，需要加强对于金融消费者的教育。一是要加强对金融消费者一般性金融知识以及金融市场风险的教育，让金融消费者对于金融市场及金融产品有基本的认识，减少金融消费者盲目投资的行为；二是要加强金融消费者维权意识教育，通过各类宣传途径，加强金融消费者对依法求偿权的认识，以及能够采取的各种救济途径，从而引导金融消费者在寻求救济时，选择适合的救济途径解决纠纷。

论适当性义务下卖方机构的连带责任

——《九民纪要》第 76 条评析

许侃侃 *　宋庆宙 **

内容摘要：《九民纪要》在 "关于金融消费者权益保护纠纷的审理" 部分，实则专就涉 "适当性义务" 诉讼问题提出了五条规则，其中第 76 条明确了发行人与销售者对金融消费者实体上的连带责任和在同一诉讼中可请求明确各自责任的程序规则。虽然其内容与主流观点、司法实务看似存在一定程度的龃龉，但可通过缔约过失责任扩张和不真正连带责任能动适用加以弥合，其合理性证成所依赖的学理、规则乃至实务判例都是具备的。对以会议纪要的形式规定连带责任固然可为质疑，但无法否认第 76 条对此后涉适当性义务司法实务的现实影响，并且，在现有法律框架下，《消费者权益保护法》第 40 条和《产品质量法》第 43 条可以成为发行人和销售者对金融消费者连带责任适用的进路。另外，在归责（义务违反）、卖方机构内部责任划分上，《证券公司代销金融产品管理规定》和《证券期货投资者适当性管理办法》可作为参考。发行人和销售者此后应尤其注意双方协议关于义务、责任约定的明确性和涉适当性义务履行的合规性。

关键词：九民纪要；适当性义务；缔约过失责任；不真正连带责任

一、引言

晚近 10 年，金融消费者与金融产品卖方机构的诉讼纠纷日益增多。检视其原因，除了规则发展滞后于社会、金融业务发展，卖方机构的不合规操作与金融消费者的不成熟和行为投机是主要现实原因；于规则层面，金融消费者缺乏有效的救济手段。于是，规范卖方机构的经营行为和强化金融消费者保护成为在——如何培育理性的金融消费文化进而推动形成公开、公平和公正的市场环境和市场秩序——这一个问题的两个方面。

*　许侃侃，男，福建晋江人，北京市京师（泉州）律师事务所律师、合伙人。
**　宋庆宙，男，湖北恩施人，北京市京师（泉州）律师事务所律师。

2019 年 8 月 6 日，最高人民法院民事审判第二庭发布《全国法院民商事审判工作会议纪要》（向社会公开征求意见稿），在"五、关于金融消费者权益保护纠纷的审理"中，实则专就涉"适当性义务"诉讼问题提出了五条规则（第75 条至第 80 条），依次为"明确法律适用规则""依法确定责任主体""依法分配举证责任""告知说明义务的衡量标准""损失赔偿数额的确定"和"免责事由"。[1]该五条包括程序和实体两方面规范，几乎涵盖了裁判中相关法律推理的全方位、各环节内容，为法院今后审理此类案件提供了较为明确和全面的参考、指导。从规则内容本身看，其权利义务在当事方之间的安排，极为明显地倾向于保护金融消费者。

其中，第 76 条规定了卖方机构（含金融产品发行人、销售者以及服务提供者）对金融产品消费者的连带责任，并明确规定在该诉讼中，卖方机构内部各方可以请求明确各自的责任。[2]第 76 条自出台便引发了广泛关注——不仅由于其对卖方机构责任加诸之严格，还由于其在较大程度上颠覆了金融从业者、法律人就个中行为与责任、相关司法实践、学理与规则之先前认知。具言之：该规定涉及实体和程序两方面，在涉适当性诉讼的当事人构成、诉讼结构和实体权利义务的承担上，将改变之前的普遍认识和实践做法；以会议纪要的形式确立相关主体的连带责任是少见的，更兼其观点本身极大地突破了司法实践中案例呈现的裁判观点或者由江苏省高级人民法院民一庭课题组承接的《金融消费纠纷中的疑难问题研究》所体现的观点。[3]卖方机构不免提出对己方承担连带责任合理性与合法性方面的质疑，法律人便首先可出于惯性或理智笼统认同《纪要》本身的权威性和严谨性，但也有必要对适当性义务下卖方机构的连带责任这一全新观点作出一番领会和检视，以求在追寻规则制定者的思路和逻辑、探求规则本身的证成

---

[1] 该纪要系由 2019 年 7 月 3 日至 4 日最高人民法院在黑龙江省哈尔滨市召开的第九次全国法院民商事审判工作会议形成，本文以下简称《九民纪要》或《纪要》。按其说明，其针对的是晚近（尤其是《八民纪要》之后）民商事审判领域的前沿性、疑难性和争议性问题，以统一相关裁判尺度为目标，并"取得了基本一致的看法"。

[2] 《九民纪要》第 76 条规定："卖方机构未尽适当性义务，导致金融消费者在购买金融产品或者接受金融服务过程中遭受损失的，金融消费者既可以请求金融产品的发行人承担赔偿责任，也可以请求金融产品的销售者承担赔偿责任，还可以请求金融产品的发行人、销售者共同承担连带赔偿责任。发行人、销售者请求人民法院明确各自的责任份额的，人民法院可以在判决发行人、销售者对金融消费者承担连带赔偿责任的同时，明确发行人、销售者在实际承担了赔偿责任后，有权向责任方追偿其应当承担的赔偿份额。"本文以下简称"第 76 条"。

[3] 参见江苏省高级人民法院民一庭课题组：《金融消费纠纷中的疑难问题研究》，《人民司法（应用）》2017 年第 1 期，第 75～80、85 页。之所以特别提及该研究成果文件，是因为通过比较可以发现《九民纪要》关于"金融消费者权益保护纠纷的审理"中提出的五条规则（第 75 条至第 80 条），实际上从观点甚至到表述绝大部分来源于该课题成果文件，但该文件并没有明确提出发行人和销售人的连带责任问题。

路径中得其真义，以利于在实践中准确理解、运用。

二、实证分析下的三方关系

对卖方机构（含金融产品发行人、销售者以及服务提供者）与金融消费者的法律关系的把握，是推断并解决当事方的权利义务分配的起点。本文以 ICOURT 为案件样本采集平台，以"适当性义务"为关键词，得到结果共 54 个。[1] 按案由：其中归入"财产损害赔偿纠纷"的共 33 个、"合同、无因管理、不当得利纠纷"共 13 个、"侵权责任纠纷"共 4 个、"与公司、证券、保险、票据等有关的民事纠纷"1 个。从案件数量来看，这显然只是实践中大量存在的涉适当性义务的纠纷之冰山一角，因为在绝大部分案件中，消费者并未援引"适当性义务"，故在裁判文书中并未涉及"适当性义务"的表达——以"告知义务"和"银行"为关键词再作检索，并作民事-金融业关联，剔除其中"保险""融资担保""小额贷款"可得结果 1607 个。[2]

整体而言，可从前述检索结果归纳出涉适当性诉讼的五个特征：第一，案件数量逐年上升，在 2013 年后，呈现大幅增长，这符合我国金融市场的发展现状；第二，法院立案案由多样，其中"财产损害赔偿"和"委托理财合同纠纷"占主流，案由状况实际上体现了法院对当事方基础法律关系判断和实体纠纷解决思路上的差异，认识上的模糊和不统一亟待厘清；第二，消费者鲜有直接明确以卖方机构违反"适当性义务"而为主张，但"事实与理由"部分涉及违反信息披露、风险评估或提示等具体注意义务多见，这体现出适当性义务在我国金融市场领域的后进和不成熟及相关规则的缺位——监管部门规范性文件法律层级较低，法院难以直接援引适用甚至不纳入讨论；[3] 第四，在当事人构成上，消费者明显更倾向于选择销售者（而非发行人或二者一起）为被告，其中主要是商业银行，这与我国金融市场结构和业务情况是吻合的——消费者更多的是直接与销售者联络、洽谈，或与消费者普遍存在的银行刚性兑付的认识误区、对银行清偿能

---

〔1〕 本文以下案例数据均来自 ICOURT 平台，取自 2019 年 10 月 10 日检索结果。

〔2〕 因为涉适当性义务实务中在合同、侵权领域下，多类、多级、多个案由下被"分流"，譬如，"合同纠纷"，"委托理财合同纠纷"，"财产损害赔偿纠纷"，"与公司、证券、保险、票据等有关的民事纠纷"等，难以得出准确的司法统计数据。本文这样的检索所得数据是不完全准确的，其意义仅在于作宏观估量或管窥某种分布特点和趋势。

〔3〕 也有法院明确考虑适当性义务的履行，参见（2016）苏 0102 民初 3648 号；或在责任分担推理中述及卖方机构出错时，援引适当性义务作为标准，参见案例（2015）高民（商）终字第 3614 号；另有（2018）京 03 民终 13860 号就风险提示、信息披露、通知等义务进行了充分详尽的说理。因《九民纪要》第 75 条第 2 款规定监管部门的规定"与法律和国务院发布的规范性文件的规定不相抵触的，可以参照适用"，这种情形将得到改变。

力确信无疑也有相关。[1]第五，在裁判结果上，以 2015 年为大致分野，之前判决消费者败诉比例高，裁判思路更强调形式上对告知义务的考察和"买者自负"，之后判决，消费者主张多获部分支持——多体现为考虑双方过错并分担损失。[2]

通过对占检索案例较大比重的、以违约责任为请求路径的案例进行分析，可以发现，在涉及发行人、销售者和金融消费者三方的典型交易模式下（最常见是商业银行代销第三方金融产品的交易场景），发行人与金融消费者之间往往并未签订书面合同，不构成直接的合同关系；[3]大多数情况下，销售者是作为发行人的受托人参与到金融产品交易之中，[4]二者间形成委托法律关系，销售者作为受托人的行为后果由委托人生产者承担。即，三方在典型交易模式下包含两个合同关系，一为发行人与销售者之间的委托销售合同关系，二为发行人与金融消费者之间以委托理财等为内容的金融服务合同关系。前两层法律关系的判断，在学理和规则层面容易证成和被接受，也得到了大多数既有判例的支持。[5]

显然，以上呈现的特征与第 76 条存在很大程度的不符。从这个意义上讲，第 76 条可称为全新规定。按《纪要》说明，该稿的目的和意义在于"就审判实践中遇到的一些问题，提出解决方案，作为法官在具体法律适用、进行说理论证时的参考，统一全国法院的裁判思路……"。尽管"会议纪要"形式的规范之效力与适用存疑，而且现稿（征求意见稿）并非定稿，但按经验，其基本认知和处理原则难做大调，其对具体案件的法律适用、说理论证现实上将发挥极大的作用，具有极高的参考价值。可以预期的是，第 76 条将极大地助推金融消费者向法院寻求救济的信心，成为其提起涉适当性义务诉讼的重要行动指引。

---

[1] 检索得一件将发行人作为被告的，参见（2016）苏 0102 民初 3076 号。其他被告类型如基金管理公司、证券经纪公司和资产管理公司等，以"金融机构"和"告知义务"作如同文中对"银行"相同操作的检索，剔除涉"银行"1607 个，剩 114 个，占比约为 7%。

[2] 这应与 2015 年 12 月最高人民法院《关于当前商事审判工作中的若干具体问题》的发布直接相关。

[3] 可查得的既有案例中，几乎所有被诉的销售者针对金融消费者的赔偿请求，都会提出己方"与原告不存在任何合同关系，只是金融产品销售的受托人，并非相关金融服务合同（或销售合同）的相对方"的抗辩。亦有法院认为，销售机构因为实际对消费者提供了理财服务，双方间因而形成事实上的理财法律服务关系，参见（2016）京 01 民终 7081 号、（2017）苏 0106 民初 3304 号。

[4] 实践中，亦有"自产自销"型金融产品，此时，金融产品生产者与销售者合而为一，实质只存在与金融产品消费者两个主体，而本文旨在分析探讨金融产品生产者与销售者的连带责任，故"自产自销"型交易并非本文所称"典型交易模式"。

[5] 案例另如（2014）东民初字第 06411 号、（2017）苏 0106 民初 3302 号。

三、卖方机构连带责任于学理、规则与实践之证成

（一）"被连带"的卖方机构：第76条对"缔约过失责任"的扩张

《九民纪要》针对司法实践中存在的认识和做法不统一，首先，其以第75条第1款明确了适当性义务诉讼法律适用规则。[1]按照该条，卖方机构（包括发行人和销售者）的适当性义务在性质上属于《合同法》第60条第2款所规定的先合同义务，责任性质上属于合同法第42条所规定的缔约过失责任。[2]学界主流意见认为缔约过失责任作为与违约责任、侵权责任等并列的一种独立的责任形态。[3]结合《九民纪要》实际的影响和作用考虑，至此，事实上已然排除金融消费者此后在涉适当性义务诉讼中对主张违约责任或者侵权责任的选择。然而，如前所述，典型交易模式下的销售者与金融消费者通常并无直接合同关系，以委托理财等为内容的金融服务合同只存在于发行人与消费者之间，既是缔约过失责任，按债相对性特征，一般理解其仅存在于合同相对方之间，与第三人（销售者）无涉。就与合同效力关系角度，一般认为缔约过失责任仅存在于合同不成立、无效或被撤销情形，即在合同有效情形下，应适用合同责任。[4]由此可见，第76条至少在这两方面对缔约过失责任制度作出了扩张。[5]

1. 第三人的缔约过失责任

第三人缔约过失责任并非没有渊源和依据的"新事物"。2002年德国新债法改革过程中，在《德国民法典》第311条第3款明确规定了第三人的缔约过失责任，表述为"负有第241条第2款所规定义务的债务关系也可在自身并不应成为

---

[1] 《九民纪要》第75条规定："卖方机构对金融消费者负有适当性义务，该义务性质上属于《合同法》第六十条第二款所规定的先合同义务。卖方机构未尽适当性义务导致金融消费者损失的，应当根据《合同法》第四十二条第三项之规定承担赔偿责任。"《合同法》第60条规定："当事人应当按照约定全面履行自己的义务。当事人应当遵循诚实信用原则，根据合同的性质、目的和交易习惯履行通知、协助、保密等义务。"《合同法》第42条规定："当事人在订立合同过程中有下列情形之一，给对方造成损失的，应当承担损害赔偿责任：（一）假借订立合同，恶意进行磋商；（二）故意隐瞒与订立合同有关的重要事实或者提供虚假情况；（三）有其他违背诚实信用原则的行为。"

[2] 《合同法》第60条规定："当事人应当按照约定全面履行自己的义务。当事人应当遵循诚实信用原则，根据合同的性质、目的和交易习惯履行通知、协助、保密等义务。"《合同法》第42条规定："当事人在订立合同过程中有下列情形之一，给对方造成损失的，应当承担损害赔偿责任：（一）假借订立合同，恶意进行磋商；（二）故意隐瞒与订立合同有关的重要事实或者提供虚假情况；（三）有其他违背诚实信用原则的行为。"

[3] 学界就缔约过失责任的性质之争议，主要集中有观点认为其属于侵权责任而质疑其独立性，另有观点认为其独立于违约责任和侵权责任，是一种独立的责任类型，后者为主流。参见李中原：《缔约过失责任之独立性质疑》，载《法学》2008年第7期，第132页。

[4] 王利明：《合同法新问题研究》，中国社会科学出版社2003年版，第149页。

[5] 事实上还涉及责任范围的扩张问题，因为缔约过失制度保护的只是信赖利益，而《九民纪要》第79条关于"损失赔偿数额的确定"的适用实际上或可将其范围扩大至可得利益损失。因赔偿范围与本文主要探讨的"连带"的结构形式无关，本文中不作探讨。

合同当事人的人之间产生"。[1] 德国法上第三人缔约过失责任是随着判例和学理的发展而最终在成文法典中得以确立的，所指主要是三种情形下的第三人，即代理人和磋商辅助人责任、管理人责任和招股说明书责任。[2] 对照而言，在前述典型交易模式的三方关系中，至少金融产品销售者的"代理人和磋商辅助人"（实践中往往甚至是主要、唯一磋商人）身份是没有疑问的。同时应看到，就促成合同之缔结，销售者提供的推介是有偿的，其中有其直接的经济利益。另外，第311条第3款还规定了在一般意义上即合同相对方的缔约过失责任成立之外、成立第三方缔约过失责任所必需的条件，即该第三人获得的信赖程度超出一般而对当事人的缔约行为产生了重大影响。[3] 从我国金融市场实践中销售者与金融消费者间的行为关系来看，大部分消费者其实并不了解投资性金融产品的真正风险，或普遍不具备就产品信息进行判断的能力甚至内心需要，其决策往往依赖和受制于人销售者的推荐和说明——这种情境符合前述要件描述。甚至有人认为"由于受交易分离性以及基础交易的直接参与性的不同等因素影响，金融中介已经不再像私法上传统中介机构一样单纯提供信息和技术服务"，可以说，"金融中介开始参与独立的产品制造和产品销售，只不过这种产品制造仍然是基于金融中介的服务而生成"。[4]

实践中已有将缔约过失责任扩张至第三方的案例，也不乏有法官撰文证成并支持在一定情形下第三人缔约过失责任的适用。[5] 在我国既有规则层面，有法官、学者提出按《合同法》第42条之措辞，承担缔约过失责任的主体为订立合同中的"当事人"，并非"合同相对人"，这为第三人承担缔约过失责任留有了通道。[6]"当事人"是源自程序法的概念，本文认为，"合同当事人"这一用语仅指缔约方应无异议，但"缔约中的当事人"——据上所陈销售者在缔约中的

〔1〕《德国民法典》（第2版），陈卫佐译注，法律出版社2006年版，第109页。另，第241条第2款规定"债务关系可以在内容上使任何一方负有顾及另一方的权利、法益和利益的义务"；第311条第2款规定"以第241条第2款所规定的义务为内容的债务关系，也因下列情形之一而发生：1. 合同磋商开始；2. 合同的准备，而在准备合同时，鉴于可能得法律行为上的关系，一方将影响自己的权利、法益和利益的可能性给予另一方；或将自己的权利法益和利益托付给另一方；3. 类似交易上的接触"，该两款与第311条第3款共同构成了德国民法上第三人承担缔约过失责任的依据。

〔2〕丁勇：《论德国法中的第三人缔约过失责任》，载《法律科学（西北政法大学学报）》2004年第3期，第117~120页。

〔3〕丁勇：《论德国法中的第三人缔约过失责任》，载《法律科学（西北政法大学学报）》2004年第3期，第117~120页。

〔4〕贺轶民：《金融中介法律责任初探》，载《商事法论集》（第18、19合卷），第272页。

〔5〕案例参见（2013）冀民二终字第11号；相关法官观点参见叶柳东、王宝道：《第三人缔约过失责任理论理解与个案适用——兼论出租人致使租赁合同与转租赁合同无效的责任认定》，载《法律适用（司法案例）》2010年第6期，第64~67页。

〔6〕王锐：《金融机构适当性义务司法适用的实证分析》，载《法律适用》2017年第20期，第74页。

行为和功能，作扩大解释（推及第三方销售者）是可行的，至少，民事诉讼法上的第三人属于当事人行列。

据上，销售者虽多是接受发行人委托而未与金融消费者形成合同关系，但无可否认的是，销售者在推介行为中有主要而独立的作用，其作为专业人，在交易信息占有、专业知识和技能上存在巨大优势，其销售行为的适当，对金融消费者的缔约意愿有重要影响；缔约过失之债缘于缔约过程中信赖利益的受损，而非基于违约行为，故其适用并不存在与合同相对性的冲突；同时，这种信赖来源事实上并不局限于合同相对一方——考虑到我国民间对商业银行等金融机构根深蒂固的刚性、担保性兑付的惯性认知。故将缔约过失责任主体扩张至第三方，于法理和逻辑并无违背，《合同法》第 43 条中"当事人"的扩大解释可为《九民纪要》第 76 条的适用寻得空间，或者可以认为，第 76 条的出台，实际上已经对《合同法》第 43 条的"当事人"作出了这种扩大解释。

2. 合同有效型的缔约过失责任

从责任的产生阶段和触发与合同效力的关系角度，目前理论和实务中的主流观点倾向于缔约过失责任是在缔结合同过程中基于合同不成立、无效或被撤销的情形而产生的责任，而排除其在合同有效时的适用。[1]同时，从本文在前对涉适当性义务的既有案例考量，也并未见金融消费者主张或追求合同不成立、无效或撤销的法律效果。从金融产品投资性特征、消费者（投资人）心理和缺乏相应明确规则下的成案机制考虑，这一诉讼现象是容易理解的，文本预见，即便是在《九民纪要》之后，消费者也多会在合同履行过程中甚至履行完毕后基于本金的损失才会提起诉讼。

然而，必须强调缔约过失责任这一"伟大发现"的制度基础和原旨即在于具体化诚实信用原则、保护合理信赖。[2]具体考察适当性义务的内容（以告知义务为核心），不难发现：第一，销售者违背适当性义务（譬如告知义务）的行为固然是发生于合同缔结阶段，但在合同效力评价体系下，该行为却并不必然导致合同无效或可撤销，合同效力的各种情形自有其相应的评价标准，并未（也不需要）与缔约过失责任是否适用有关联；第二，缔约过失责任制度之功能在于保护缔约过程中的信赖利益，既然信赖利益之产生不依赖于合同效力，既然法律已经认识到并承认信赖利益相对于履行利益的独立地位，那么在合同有效情形下排除缔约过失责任的适用实则难以作逻辑上的自洽；第三，合同一旦签订并生效，

---

〔1〕 孙维飞：《合同法第 42 条（缔约过失责任）评注》，载《法学家》2018 年第 1 期，第 179~196 页。

〔2〕 缔约过失责任制度于 1861 年由德国法学家耶林提出，其被誉为民法上的"伟大发现"。参见［德］卡尔·拉伦茨：《德国法上损害赔偿之归责原则》，王泽鉴译；王泽鉴：《民法学说与判例研究》（第 5 册），中国政法大学出版社 2005 年版，第 235 页。

作为一种先合同义务性质（如风险告知、评估等）的适当性义务，便无再谈履行的可能，现实上也已于事无补，另一方面金融消费者若要主张无效或撤销合同，则受制于较高的证明标准和除斥期间，即消费者主张的事实以及理由和提出的证据可能难以达到合同无效或可撤销的条件，而其间，金融消费者的信赖利益受损又是确定无疑的，此时，若仍固守诸如"合同有效则无缔约过失责任"的成见，显然违背缔约过失责任制度之初衷，法律强迫消费者主张无效或撤销合同也实质上违背"合同自由"。因此，本文认为，至少在涉适当性义务诉讼中——不涉及标的物本身瑕疵导致合同目的无法实现或缔约过程中存在卖方机构欺诈行为的情况下，应允许主张合同有效型的缔约过失责任。

另外，于规则层面，《合同法》关于缔约过失责任的规定（第 42 条）中的措辞并未明示或者默示地排除合同有效情形的适用，甚至有学者解读其文义认为："《合同法》第 42 条第 2 项……其实已经为合同有效型缔约上过失责任留有了法律上存在的空间。"[1]于案例方面，典型的如某公司与某支行金融衍生品交易纠纷案，该案中，法院在法律推理中，首先便认定某公司（消费者）与某银行（卖方机构）间的金融衍生品交易合同有效，接着以某银行未履行依据诚实信用原则应承担的告知义务为由，而明确认定其"在缔约时存在过失"。[2]需说明的是，此虽只有一例，但并不代表法官在合同有效型缔约过失责任问题上的必然疑虑和保守，因为实践中，原本主张缔约过失责任（相对于违约责任和侵权责任）的案例数量就较少，而且，本文的案例检索范围局限于涉适当性义务诉讼，如前所述，此类案件在实践中——在此次《九民纪要》明确相关规则之前，已在多个案由下"分流"。

（二）不真正连带责任：第 76 条对两个"第 43 条"的借鉴

第 76 条所称"连带责任"实为学理所称"不真正连带责任"。即"谓数债务人基于不同之发生原因，对于债权人负以同一之给付为标的之数个债务，依一债务人之完全履行，他债务因目的之达到而消灭之法律关系"。[3]以此定义对照第一部分关于典型交易中三方行为模式、法律关系的分析，并结合第 76 条关于"连带"方式的表述——"金融消费者既可以请求金融产品的发行人承担赔偿责任，也可以请求金融产品的销售者承担赔偿责任，还可以请求金融产品的发行人、销售者共同承担连带赔偿责任"，进行检视发现：发行人与消费者债务之连带确系基于不同之发生原因（二者债务缺乏真正连带责任中严格的内部关联）

---

[1] 韩世远：《合同法总论》（第 3 版），法律出版社 2011 年版，第 133 页。

[2] 嘉兴市乍嘉苏高速公路有限责任公司与中国工商银行股份有限公司上海市外滩支行金融衍生品交易纠纷案，(2015) 沪高民五（商）终字第 5 号。

[3] 史尚宽：《债法总论》，中国政法大学出版社 2000 年版，第 672 页。

而以满足消费者给付请求为同一目的；同时对应地，金融消费者可以选择性或同时对发行人和销售者为全部或部分的给付请求。故可以断定，第 76 条规定的发行人与销售者间的连带责任为不真正连带责任。

学界普遍认为《侵权责任法》第 43 条是关于不真正连带责任的典型规定。[1]其首要目的是"保护被侵权人方便其行使侵权损害赔偿请求权"。"法的构造类型及其相应的规整，都是社会现实的一部分"，[2]早在 2010 年《侵权责任法》实施前，不真正连带责任即零星散见于保险责任领域和产品质量责任领域，体现在相关法律领域中，基于相关主体交易地位天然的不对等和所涉法益的极其重要性，立法者对消费者给予的特殊保护——显然，论及对金融消费者的保护力度和效果，补充责任、按份责任难望其项背；而若采（真正）连带责任，则可能因为其本身不论债务人个性（侧重强调因一人清偿而消灭债务）而忽略卖方机构（发行人、销售人）各自适当性义务履行、过错情况、最终责任承担的考察，违背法律的公平正义。

与该条高度雷同的另一"第 43 条"规定于《产品质量法》中，对比《九民纪要》第 76 条与该两个"第 43 条"的内容和表述，显而易见地，《九民纪要》在违反适当性义务的责任主体选择上，对前述两部法律各自的"第 43 条"有明显的参照和借鉴。[3]其合理性之一在于，无人敢称金融产品安全之意义有丝毫亚于传统意义上的产品安全。

规则终极体现的是对秩序和利益的考量和调整。第 76 条对发行人和销售者不真正连带责任之规定，实质反映的是司法者（或在"民商事审判会议纪要"实质"造法"的意义上的立法者）更加积极主动地利用制度工具以应对纷繁芜杂的社会局面和满足某种法益保护之急需，具言之，它在客观上针对发行人、销售者和金融消费者三方法律关系设计了新规则，是面对当下适当性义务相较于国际范围标准行之阙如、案件数量压力、易引发连锁式群体性纠纷而催生的、强化金融消费者之保护司法政策的实施工具。

---

[1] 《侵权责任法》第 43 条规定："因产品存在缺陷造成损害的，被侵权人可以向产品的生产者请求赔偿，也可以向产品的销售者请求赔偿。产品缺陷由生产者造成的，销售者赔偿后，有权向生产者追偿。因销售者的过错使产品存在缺陷的，生产者赔偿后，有权向销售者追偿"。学界相关观点参见杨立新：《侵权法论》（第 4 版），人民法院出版社 2011 年版，第 746 页。

[2] ［德］卡尔·拉伦茨：《法学方法论》，陈爱娥译，商务印书馆 2003 年版，第 344 页。

[3] 《产品质量法》第 43 条规定："因产品存在缺陷造成人身、他人财产损害的，受害人可以向产品的生产者要求赔偿，也可以向产品的销售者要求赔偿。属于产品的生产者的责任，产品的销售者赔偿的，产品的销售者有权向产品的生产者追偿。属于产品的销售者的责任，产品的生产者赔偿的，产品的生产者有权向产品的销售者追偿。"

四、卖方机构连带责任之适用进路

（一）于同案中确定连带债务人内部责任份额

第 76 条规定发行人、销售者承担连带赔偿责任的同时，连带责任人可以请求明确各自的责任份额，并明确规定了实际承担者的追偿权。[1]此实为连带责任制度程序意义上的突破——我国司法实践中，鲜有在确定连带责任之后，进一步划分责任人之间份额者。其不合理在于：第一，其中弊端是显而易见的——并未彻底平息纠纷，而将导致可预期的另外一起追偿权诉讼；逻辑上讲，诉讼时，与责任承担或分担的相关法律事实既已发生，在同一诉讼中查明事实并作责任划分是可能的，非要于追偿权纠纷诉讼中再行解决内部责任问题，徒增"沉没成本"，增加当事人诉累，不符合诉讼效率和经济原则。第二，在连带责任情形下，同质化对待各债务人或有合理性，但在不真正连带债务中，应存在终局责任人的识别及责任的承担，不能忽略债务人的个性考察。[2]第三，在涉适当性诉讼中作此种安排，还有其积极的现实意义——如前所述，我国目前的金融市场上，卖方机构的不合规操作普遍存在、金融消费者亦不成熟，在同案中查明事实的基础上明确各方责任，将有利于发挥法庭庭审的教育功能，借其培育理性金融消费文化之助力。第四，最根本的在于需要明确连带责任人的内部责任，将对外的连带责任承担提前，即各连带债务人对外仍有义务进行全部清偿，从而保护债权人、满足其债权实现之制度目的和功能。

作为卖方机构，发行人和销售者的内部责任份额划分，首先以二者间协议为依据。2012 年《证券公司代销金融产品管理规定》和 2016 年《证券期货投资者适当性管理办法》对缔结书面委托销售合同均有硬性规定，甚至规定了约定各自"承担相应法律责任"为合同必备内容。[3]，对意思自治应予尊重。但是，有合

［1］《九民纪要》第 76 条规定：卖方机构未尽适当性义务，导致金融消费者在购买金融产品或者接受金融服务过程中遭受损失的，金融消费者既可以请求金融产品的发行人承担赔偿责任，也可以请求金融产品的销售者承担赔偿责任，还可以请求金融产品的发行人、销售者共同承担连带赔偿责任。发行人、销售者请求人民法院明确各自的责任份额的，人民法院可以在判决发行人、销售者对金融消费者承担连带赔偿责任的同时，明确发行人、销售者在实际承担了赔偿责任后，有权向责任方追偿其应当承担的赔偿份额。

［2］参见黄凤龙：《不真正连带债务——从概念到制度的嬗变》，载《北大法律评论》第 14 卷第 2 辑，第 407~413 页。

［3］前者第 9 条规定："证券公司应当与委托人签订书面代销合同。代销合同应当约定双方权利义务，并明确约定以下事项：（一）向客户进行信息披露、风险揭示以及后续服务的相关安排；（二）受理客户咨询、查询、投诉的相关安排和后续处理机制；（三）出现委托人对客户违约情况下的处置预案和应急安排；（四）因金融产品设计、运营和委托人提供的信息不真实、不准确、不完整而产生的责任由委托人承担，证券公司不承担任何担保责任。"后者第 28 条规定："对在委托销售中违反适当性义务的行为，委托销售机构和受托机构应当依法承担相应法律责任，并在委托销售合同中予以明确。"

同并不能排除可能对违反适当性义务的过错厘定与因果关系的判断——在合同约定本身不明或合同履行中存在与适当性义务履行相关违约情形时，可在参考合同约定、履行情况、前述两个规范性法律文件关于各自义务规定的情况下，判断原因力以确定不同责任份额，不能确定的，可推定为责任均等。此实为连带责任下各债务人内部责任划分的一般规则。[1]

（二）会议纪要中确立的连带责任如何得以适用

2017 年实施的《民法总则》首次对我国民法渊源作了明确界定，会议纪要（《九民纪要》）显然并非我国民法的渊源。[2]"会议纪要"也不在"司法解释"之列。[3]并且，"连带责任法定"几乎是成文法国家的立法通例也是学界通说，我国《民法总则》也明确确立了这一原则。[4]显然，法院当然不得直接援引第76 条作为裁判依据，然而，如前所述，《九民纪要》主要目的是"就审判实践中遇到的一些问题，提出解决方案，作为法官在具体法律适用、进行说理论证时的参考，统一全国法院的裁判思路，约束法官自由裁量空间，提高司法公信力，稳定当事人、法律工作者及社会的预期，努力让人民群众在每一个司法案件中感受到公平正义"，第76 条对类案处理参考和指导意义在现实上是无法排除的，由此，即产生了第76 条所体现的裁判观点如何在司法实践中实现的问题。

本文判断，在《九民纪要》之后涉适当性义务的诉讼中，因为《消费者权益保护法》和《产品质量法》对金融消费者的权利保护上存在重合与交叉，就发行人和销售者连带责任之成立，除前述《产品质量法》第43 条可供裁判文书说理援引外，《消费者权益保护法》第40 条被援引的可能性极高。[5]因为：现

---

[1] 依《民法总则》第178 条第2 款："连带责任人的责任份额根据各自责任大小确定；难以确定责任大小的，平均承担责任。实际承担责任超过自己责任份额的连带责任人，有权向其他连带责任人追偿。"

[2] 《民法总则》第10 条规定："处理民事纠纷，应当依据法律；法律没有规定的，可以适用习惯，但是不得违背公序良俗。"学界通常在民法的具体表现形式上讨论民法渊源，指"具有法律权威性的民法的具体表现形式，也就是指对民事主体之间的民事法律关系或者权利主体享有的主观权利进行规范和调整的各种各样的法律规范的有机整体"。参见张民安：《民法总则第10 条的成功与不足》，载《法治研究》2017 年第3 期，第22~23 页。

[3] 依照2007 年《最高人民法院关于司法解释工作的规定》司法解释只有"解释""规定""批复"和"决定"四种形式。

[4] 如王利民认为"不真正连带债务都是由法律规定的"，王利明：《侵权责任法研究》（上卷），中国人民大学出版社2010 年版，第584 页。《民法总则》第178 条第3 款规定：连带责任，由法律规定或者当事人约定。

[5] 因为《九民纪要》第75 条已经明确违反适当性义务的责任类型为"缔约过失责任"，所以本文认为《侵权责任法》第43 条适用的可能性降低。《消费者权益保护法》第40 条规定：消费者在购买、使用商品时，其合法权益受到损害的，可以向销售者要求赔偿。销售者赔偿后，属于生产者的责任或者属于向销售者提供商品的其他销售者的责任的，销售者有权向生产者或者其他销售者追偿。消费者

今法制对消费者的权益保护已并不局限于有形商品，"2013 年新修订的消费者权益保护法除了将经营者和服务提供者的范围扩大至保险、银行、证券等金融机构外，还对经营者课以更加严格的欺诈赔偿责任"。[1] 尤其值得注意的是，《九民纪要》第 79 条关于"损失赔偿数额的确定"第 2 款，明确规定"金融消费者因购买高风险权益类金融产品或者为参与高风险投资活动接受服务，以卖方机构存在欺诈行为为由，主张卖方机构应当根据《消费者权益保护法》第五十五条的规定承担惩罚性赔偿责任的，人民法院不予支持"，本文认为，这其实已经暗示《消费者权益保护法》在涉适当性诉讼中适用的可能，即，虽然其中"惩罚性赔偿责任"不适用，但其中其他规则是可以适用的。

五、结语

任何规则都是具体时空范围内纷繁芜杂的现实社会关系的反映。法律是一定社会生活条件的上层建筑，应反映社会生活条件并为之服务，一旦社会生活条件发生变更，法律亦应发生相应的变更，由此保持主观法与客观法的一致。[2] 当下我国金融市场适当性监管仍处于初始探索阶段，远未成熟。适当性义务之履行、其平衡卖方机构和消费者在信息获取、知识经验等各方面能力上差距的功能发挥远未尽人意。《九民纪要》对涉"适当性义务"诉讼问题专门提出五条规则，体现了司法者对"适当性"现实情况的认识判断、总结反思和积极回应，也是监管要求在司法层面的映射。具体到卖方机构的归责机制上，第 76 条规定的连带责任在很大程度上强化了对金融消费者的保护，体现了法律上的实质公平思想。

第 76 条关于卖方机构连带责任的规定，并非天马行空、无的放矢。其中蕴含着司法者的先验理性和法理逻辑：该条（结合第 75 条第 1 款）实际上将缔约过失责任的责任主体扩大至第三方，并承认了其在合同有效情形下的适用，这不乏理论和实践方面的依据；按第 76 条，发行人和销售者承担的实为不真正连带责任，而他们内部的责任划分问题可以在同一诉讼中解决，这种责任性质定位是准确的，其程序规定是方便的，且一则可强调对金融消费者的保护，二则有利于凸显卖方机构责任的个性化，呈现各方适当性义务履行的要求。第 76 条强烈体现出某种程度的突破和创新，说明司法者越来越认识到法律的社会、经济功能，正在更自觉、能动和灵活地运用法律规则功能。

或者其他受害人因商品缺陷造成人身、财产损害的，可以向销售者要求赔偿，也可以向生产者要求赔偿。属于生产者责任的，销售者赔偿后，有权向生产者追偿。属于销售者责任的，生产者赔偿后，有权向销售者追偿。消费者在接受服务时，其合法权益受到损害的，可以向服务者要求赔偿。

〔1〕 江苏省高级人民法院民一庭课题组：《金融消费纠纷中的疑难问题研究》，载《人民司法》2017年第 1 期，第 79 页。

〔2〕 徐国栋：《民法基本原则解释：诚信原则的历史、事务、法理研究》，北京大学出版社 2013 年版，第 407 页。

尽管只体现为会议纪要形式，但可以预见的是，第 76 条在现实上将对今后的涉适当性义务产生深远影响。除了成为金融消费者维权的重要指引外，它还将敦促卖方机构内部重视关于义务、责任约定的明确性和涉适当性义务履行的合规性——可以说，适当性制度本身催生了第 76 条，同时也可成为评价、检验该条实效的适格尺度。在现有法律框架下，《消费者权益保护法》第 40 条和《产品质量法》第 43 条可以成为发行人和销售者对金融消费者连带责任适用的进路；另外，在归责（义务违反）、卖方机构内部责任划分上，《证券公司代销金融产品管理规定》和《证券期货投资者适当性管理办法》可作为参考。

论区块链数字货币的非法集资刑法规制

——以非法吸收公众存款罪为例

柯 达 *

内容摘要： 我国金融市场改革的特殊路径以及新型科技的发展，推动了非法集资刑事规制方式的作用与规制内容的变迁。在具有多元属性以及技术复杂性的数字货币给传统金融行业与金融监管体制带来冲击的背景下，更需要积极发挥刑事规制的作用，弥补金融监管与民事救济的不足。支付型代币的发行与托管活动不存在向投资者直接吸取资金的行为，因而不构成非法集资行为。ICO 型代币与稳定币的发行与托管活动均符合非法集资刑事规范中的"公开性"与"社会性"要件；以吸收"主流数字货币"的方式进行融资的行为，可视为变相吸收公众存款，其中主流数字货币可视为非法集资认定要件中的"资金"；对于由投资者在二级转售市场上投机从而促使投资者获利的行为，不应认定为"利诱性"。此外，可借鉴美国证券法中"豪威测试"的规定，在认定非法吸收公众存款时增加"社会公众获得的收益主要源于他人努力"这一行为要素。

关键词： 非法集资；数字货币；加密资产；区块链；稳定币

一、引言

区块链"数字货币"（digital currency）是以分布式账本或区块链技术为基础、可代表一定价值或合同权利的数字表示。[1]近年来，以包括支付型代币、证券型代币、效用型代币以及稳定币在内的数字货币为代表，金融创新与金融产品结构的复杂化对非法集资行为的认定带来了持续性的挑战。自 2009 年中本聪设计的比特币发行流通后，数字货币市场已形成以比特币为主导、多币种与多市场共存的格局，对世界经济的影响力与日俱增。与其他新兴的金融产品相似，数

---

* 柯达，男，浙江丽水人，北京大学法学院博士研究生。

〔1〕 数字货币目前业界与学界所称"加密资产"（cryptoasset）、"数字资产"（digital asset）、"数字代币"（digital token）、"加密货币"（cryptocurrency）或"代币/通证"（token）。为论述方便，下文不对前述概念作出区分。

字货币市场的野蛮发展伴随着"搭便车"、市场欺诈等行业乱象。[1]面对数字货币的行业乱象，多个发达经济体就数字货币的法律适用和修法问题发布指南或报告，之后再在原有法律中增加或修改数字货币的相关规定，但并未直接纳入本国的非法经营金融机构业务、反庞氏骗局或传销骗局法律规范之中。[2]

在我国，由于数字货币的发行与交易涉及融资活动，数字货币的发行人或交易相关人可能存在违反非法集资刑法规范的风险。"非法集资"是指违反国家金融管理法律规定，向包括单位和个人在内的社会公众吸收资金的行为。[3]传统上，非法集资活动可分为有正常融资需求的集资安排与无融资需求的集资安排，前者由于集资人从正规的融资渠道无法或无力获得资金支持，从而采取非法集资手段，后者为集资人利用非法集资活动骗取他人财物。[4]与互联网金融行业相似，数字货币行业在我国也出现了异化，许多数字货币发行人并非为了融得资金而开发与区块链有关的业务，而是打着区块链的幌子进行非法集资活动，并与组织、领导传销活动相交织。我国监管者通过 2013 年发布的《关于防范比特币风险的通知》、2017 年发布的《防范代币发行融资风险的公告》等规范性文件，认定比特币为虚拟商品，并将 ICO 定性为未经批准的"非法公开融资行为"，涉嫌"非法发售代币票券、非法发行证券、非法集资等违法犯罪活动"，但并未详细说明其与非法集资之间的关系。[5]2018 年 8 月，央行等部委发布《关于防范以"虚拟货币""区块链"名义进行非法集资的风险提示》，指出境内的数字货币存在非法集资、传销、诈骗等多种违法风险，指出不法分子通过公开宣传，以炒币升值获利和发展下线获利为诱饵，吸引公众投入资金，并利诱投资人发展人员加入，不断扩充资金池。此外，北京市互联网金融协会自 2018 年以来多次发布关

---

[1] Michael Mendelson, "From Initial Coin Offerings to Security Tokens: A U. S. Federal Securities Law Analysis", 22 STAN. TECH. L. REV. 52, 94 (2019).

[2] 如英国金融行为监管局（FCA）在 2019 年 7 月发布《数字货币指南：针对征求意见稿的反馈与最终指南》中，将数字货币分为交换型代币、效用型代币、证券型代币以及电子货币代币，并对四类代币是否适用现行法律进行详细说明。又如美国证交会（SEC）通过投资者警示、执法行动、公众声明等方式阐释数字货币是否具有证券属性，其中具有代表性的文件为 2017 年 12 月发布的《DAO 调查报告》以及 2019 年 4 月发布的《数字资产的"投资合同"分析框架》。See SEC, Report of Investigation Pursuant to Section 21 (a) of the Securities Exchange Act of 1934: The DAO, July 2017. See SEC, Framework for "Investment Contract" Analysis of Digital Assets, https://www.sec.gov/corpfin/framework-investment-contract-analysis-digital-assets, 最后访问日期：2019 年 8 月 12 日。

[3] 参见《最高人民法院关于审理非法集资刑事案件具体应用法律若干问题的解释》（法释〔2010〕18号）第 1 条。

[4] 彭冰：《非法集资活动规制研究》，载《中国法学》2018 年第 4 期，第 43 页。

[5] 此后，我国境内的 ICO 与数字货币公开交易活动基本禁绝，大量数字货币交易平台与 ICO 活动转移至数字货币合法化的国家或地区。参见央行上海总部：《常抓不懈持续防范 ICO 和虚拟货币交易风险》，2018 年 9 月 18 日。

于数字货币的风险提示，明确提出境内实际中存在的数字货币融资行为具有非法集资风险，但均未详细说明存在非法集资风险的原因。[1]虽然数字货币的发行具有高度的集资色彩，但是否所有类型的数字货币发行或交易活动均涉及非法集资这一问题，仍待进一步商榷。

目前，学界已对数字货币的法律属性（如货币、证券、商品）进行了大量研究，[2]对数字货币的发行与交易活动是否属于非法集资行为也进行了初步分析。数字货币类型与交易模式种类繁多、变化频繁，且与传统非法集资现象存在显著差异，因此需要在理顺各自运行逻辑的基础上，方可对数字货币的非法集资问题进行合理的法律解释。据此，本文在理顺我国非法集资刑事规制逻辑与数字货币发展、基本运行架构的基础上，对数字货币是否符合非法集资刑事规范中的非法性、公开性、社会性、利诱性这四要件进行逐一分析。此外，虽然我国目前较为常见的数字货币非法集资实为集资诈骗，但由于区块链及数字货币并未对《刑法》中的"非法占有为目的"带来变化，而非法吸收公众存款罪属于非法集资犯罪的一般法规定，[3]本文仅讨论数字货币的交易行为是否涉及非法集资现象中的非法吸收公众存款或变相吸收公众存款。

二、合法融资、非法集资及其法律规制的源流与逻辑嬗变

非法集资现象及法律规制具有较强的国情特殊性，反映了我国金融市场发展与经济体制改革的推进，更反映了我国个人与国家融资需求的博弈过程；[4]此外，非法集资与合法融资相对应，非法集资的法律规制特别是刑法规制的边界受

---

〔1〕 参见北京市互联网金融行业协会：《关于防范以"虚拟货币""区块链""ICO"及其变种名义进行非法集资的风险提示》（2018 年 8 月 30 日）、《关于防范以 STO 名义实施违法犯罪活动的风险提示》（2018 年 12 月 4 日）、《关于防范以"虚拟货币""ICO""STO""稳定币"及其他变种名义进行非法金融活动的风险提示》（2019 年 3 月 21 日）、《关于继续警惕投资虚拟货币市场的风险提示》（2019 年 7 月 1 日）。此外，从已有的涉及数字货币发行的刑事判决中，被告人发行数字货币的行为大多被认定为集资诈骗以及组织、领导传销，部分被认定为非法吸收公众存款。在这些案件中，法院并未详细说明被告人的发行数字货币行为为何构成非法集资。

〔2〕 谢杰：《"去中心化"数字支付时代经济刑法的选择——基于比特币的法律与经济分析》，载《法学》2014 年第 8 期；樊云慧、栗耀鑫：《以比特币为例探讨数字货币的法律监管》，载《法律适用》2014 年第 7 期；赵天书：《比特币法律属性探析——从广义货币法的角度》，载《中国政法大学学报》2017 年第 5 期；赵磊：《论比特币的法律属性——从 HashFast 管理人诉 Marc Lowe 案谈起》，载《法学》2018 年第 4 期。Reuben Grinberg, Bitcoin: An Innovative Alternative Digital Currency, 4 HAS-TINGS SCI. & TECH. L. J. 159, 208 (2012). Sarah Jane Hughes; Stephen T. Middlebrook, Advancing a Framework for Regulating Cryptocurrency Payments Intermediaries, 32 YALE J. ON REG. 495, 560 (2015).

〔3〕 刘为波：《〈关于审理非法集资刑事案件具体应用法律若干问题的解释〉的理解与适用》，载《人民司法》2011 年第 5 期，第 26 页。

〔4〕 张洪成：《非法集资行为违法性的本质及其诠释意义的展开》，载《法治研究》2013 年第 8 期，第 92 页。

到了合法融资行政规制边界的影响。因此，探讨数字货币是否具有非法集资属性、现有非法集资法律规范是否需要完善等问题，需要事先明确我国合法融资、非法集资法律规制的发展逻辑，特别是刑事规制手段介入的功能与地位，在此基础上进一步明确数字货币较之传统合法融资方式与传统非法集资现象的特殊性。据此，下文将按照"时代背景与行业发展-合法融资-非法集资规制"的逻辑链条展开论述。

（一）1979 年至 1993 年：行政规制缺位与刑事优先主义

自改革开放特别是 1984 年中共中央发布《关于经济体制改革的决定》以来，我国企业在发展生产方面的融资需求迅速增加，而单一的银行贷款融资渠道无法有效满足企业的合理需求；与此同时，民众的储蓄资金数量也逐步上升，而除银行储蓄之外，民众缺乏额外的资金利用或投资渠道，由此产生了资金供需难以匹配、社会资金稀缺的现象。而随着国家"拨改贷"等改革措施的推进，资金供需难以匹配的现象更加严重。[1]在此背景下，企业或个人"发债、内部股票、投资入股"以及银行高息揽储的现象逐渐出现；在部分地方政府的鼓励支持下，私人钱庄、农村资金互助社等新型民间融资方式开始在全国范围内蔓延。此时社会上的融资现象，与传统金融机构的吸收存款、发行证券行为并无较大差异。

为将社会资金集中于优先实施"国家或社会急需的项目"、防止物价过快上涨，同时保护风险识别与承受能力较弱的投资者，自 20 世纪 80 年代后期以来，国家发布了多个法律、行政法规，对合法的融资渠道进行明确，同时对其施加严格的限制。[2]自 20 世纪 80 年代末 90 年代初，国家开始通过集中执法与司法的方式，对表现为乱集资、乱批设金融机构和乱办金融业务的"金融三乱"现象予以严厉打击。[3]由于这段时期处于计划经济向市场经济的转轨时期，实际融

---

[1] 郎胜主编：《〈关于惩治破坏金融秩序犯罪的决定〉释义》，中国计划出版社 1995 年版，第 46 页。

[2] 在合法融资方面，1986 年施行的《银行管理暂行条例》、1993 年施行的《储蓄管理条例》确认了专业银行、信用合作社与储蓄企业的存款或储蓄经营权；而 1987 年施行的《企业债券管理暂行条例》、1993 年施行的《股票发行与交易管理暂行条例》以及 1994 年施行的《公司法》分别确认了企业发行企业债券、股票、公司债券的权利，但大多从发行条件、审批制等方面对发行前述证券进行了严格限制，国有企业实质上成为被允许发行证券的唯一主体。此外，1991 年最高人民法院发布的《关于人民法院审理借贷案件的若干意见》对公民之间、公民与法人之间借贷进行承认，同时根据央行基准利率对借款利率进行严格限制。此外，《公司法》《银行管理暂行条例》《企业债券管理暂行条例》等法律法律同时对企业或个人违法从事存款或储蓄业务、违法发行证券所应当承担的法律责任进行了规定。

[3] "金融三乱"是指乱集资、乱办金融机构、乱办金融业务。1993 年中国人民银行发布的《关于集中信贷资金保证当前经济发展重点需要意见的通知》中，首次出现"非法集资"的表述，其目的是"保证信贷规模和资金及时足额到位，集中资金支持经济发展"。同年，国务院连续发布《关于坚决制止乱集资和加强债券发行管理的通知》《关于清理有偿集资活动坚决制止乱集资问题的通知》，要求停止一切"有偿集资"行为，并"优先保证国库券和用于国家重点建设债券的发行"。

资规模相对较小，且不合法的融资现象较为容易辨认，因此国家对非法集资的打击行为取得了较好的效果。

由上文可知，在我国经济体制改革与金融市场发展的初期，受"半统制半市场化"经济体制的影响，[1]金融业务单一，国家实行金融垄断主义，规制非法集资的目的在于维护国家资金的充足性与存款业务专营权为前提的金融秩序，严格限制民间融资的进行。[2]此外，由于我国股票、债券等金融市场实行了"先立法、后发展"的模式，金融立法精细程度不高，许多金融交易规则不甚明确，这导致合法融资与非法集资的边界较为模糊，导致金融监管部门执法时难度加大。在保障资金优先用于国家项目、维护初生的金融管理秩序从而维护社会稳定的政策取向指导下，优先采用刑事手段打击非法集资活动不得不成为必要的方式。[3]

（二）1994 年至 2012 年：刑事优先主义向行政与刑事协调规制转变

自 1993 年中共中央通过《关于建立社会主义市场经济体制若干问题的决定》、"国家发展社会主义市场经济"入宪以后，越来越多的社会群体加入创办企业的浪潮，民营经济进一步发展，因而企业或个人的资金需求也随之增加；而另一方面，虽然合法的融资方式逐渐增加，[4]但依然无法满足民众的投资需求，大量社会资金游离于正规金融体系之外，这为处于灰色地带的融资行为创造了空间。而由于常规的直接吸收存款、发行股票或债券的方式易被民众理解，并易被监管部门所察觉，导致常规非法融资的难度大大增加。因此，融资者开始借助国家特殊政策（如环境保护、经济开发区）采用多重法律关系"包装"的产品或工具进行融资，形成了集资的"证券化"趋势，[5]主要包括债权、股权、商品营销、生产经营四类，具体如发行会员卡、出售实物商品份额处置权、果园开发

---

〔1〕 张小宁：《"规制缓和"与自治型金融刑法的构建》，载《法学评论》2015 年第 4 期，第 62 页；刘远：《关于我国金融刑法立法模式的思考》，载《法商研究》2006 年第 2 期，第 7 页。

〔2〕 何小勇：《我国金融体制改革视域下非法集资犯罪刑事规制的演变》，载《政治与法律》2016 年第 4 期，第 5 页。

〔3〕 参见非法集资第一案沈太福案；张小宁：《"规制缓和"与自治型金融刑法的构建》，载《法学评论》2015 年第 4 期，第 65 页。

〔4〕 在合法融资方面，自 20 世纪 90 年代后期开始施行的《商业银行法》《保险法》《证券法》至新世纪初通过的《信托法》《证券投资基金法》，为法律所承认的正规投融资方式不断增加。而 2008 年银监会与央行联发的《关于小额贷款公司试点的指导意见》、2010 年多部委发布的《融资性担保公司管理暂行办法》等行政规章和规范性文件，则确认了一系列地方金融组织提供"非正规金融"服务的合法性。此外，《商业银行法》《保险法》《证券法》《非法金融机构和非法金融业务活动取缔办法》（以下简称《两非取缔办法》）《贷款通则》等法律法规相继明确了非法经营金融业务的行政责任与刑事责任。

〔5〕 李有星：《论非法集资的证券化趋势与新调整方案》，载《政法论丛》2011 年第 2 期，第 35 页。

等形式，实质上是以一种介乎于吸收公众存款和发行证券之间的行为状态进行操作。[1]

针对社会上愈演愈烈的非法集资现象，自 1995 年全国人大常委会发布《关于惩治破坏金融秩序犯罪的决定》将多种非法集资行为纳入刑法调整以来，以非法吸收公众存款罪为基础、多个罪名并存的系统化非法集资刑法规范逐渐形成，并在"非法性""公开性"等具体行为要件的概念方面逐渐明晰化，最高人民法院于 2011 年实施的《关于审理非法集资刑事案件具体应用法律若干问题的解释》更是对具体行为要件、典型行为、具体数额标准等内容进行明确规定，在理念上也从追究"未经批准的融资行为"转向为"违反国家规定的融资行为"。

由上文可知，我国市场经济体制改革持续推进，同时形成了多层次、多功能的金融市场体系。在此基础上，各领域的金融市场交易规则与纠纷解决（责任追究）机制持续完善，合法融资与非法集资的界限也更为清晰。[2]这提升了非法集资行政规制与刑法规制协调的有效性，强化了刑事规制的"最后手段"特征即刑法的谦抑性与行政前置性，但也造成了刑事立法依赖经济性行政法规解释的附属性。[3]此外，我国金融监管机构在 2008 年金融危机之后愈加重视金融消费者与投资者保护，专门出台了金融消费者与投资者保护的规章或规范性文件。这促使"投资者保护"作为一种法益出现于非法集资法律规制特别是刑事规制之中，与"维护平等主体间竞争的金融管理秩序"同样作为刑事规制者的规制考量因素。[4]"打击非法集资实际上要求政府有很高的风险驾驭能力，能够在风险与安全之间保持平衡，能够包容新事物发展过程中的错误"。[5]

（三）2013 年至今：科技发展与刑事优先主义之再造

自中共中央于 2013 年 11 月发布《关于全面深化改革若干重大问题的决定》，要求处理好政府与市场关系、支持非公有制经济健康发展以来，我国企业的融资需求与融资渠道均大幅增加。在正规金融方面，金融混业化趋势愈加显著，"大资管"背景下金融机构为企业提供"通道"式融资服务；在非正规金融方面，特别是 2013 年以来，以 P2P 网络借贷、股权众筹、第三方支付为代表的互联网

---

[1] 刘伟：《非法吸收公众存款罪的扩张与限缩》，载《政治与法律》2012 年第 11 期，第 42 页。

[2] 张小宁：《"规制缓和"与自治型金融刑法的构建》，载《法学评论》2015 年第 4 期，第 67 页。

[3] 徐昕等：《非法集资类犯罪的立法反思与对策》，载《学术界》2015 年第 3 期，第 48 页；林越坚：《非法集资与民间借贷的刑民界分》，载《财经科学》2013 年第 1 期，第 38 页；王勇：《互联网时代的金融犯罪变迁与刑法规制转向》，载《当代法学》2018 年第 3 期，第 34 页。

[4] 李晶：《非法集资的界定与集资犯罪的认定——兼评非法集资的司法解释（法释〔2010〕18 号）》，载《东方法学》2015 年第 3 期，第 146 页。

[5] 李晶：《非法集资的界定与集资犯罪的认定》，载《金融法苑》（第 80 辑），中国金融出版社 2010 年版，第 117 页。

金融行业迅猛发展，客观上为中小企业提供了额外的融资渠道；2016 年以来，以区块链技术为依托的"首次代币发行"（Initial Coin Offering, ICO）融资模式风靡于初创型科技企业。

在此背景下，该时期的合法融资与非法融资具有阶段性的变化。一方面，在 2016 年之前，国家对金融业的管制色彩淡化，如逐步推进利率市场化、允许民营银行经营，并将民间色彩浓厚的非正规金融组织交由地方政府进行主要监管，各省逐渐颁布施行地方金融监管法规或规章；此外，国务院于 2015 年发布《关于促进互联网金融健康发展的指导意见》，对互联网金融、金融科技等新型金融业态采取观望甚至适度鼓励的态度，而对疑似非法集资的行为不立即采取禁止型监管措施。但 2016 年之后，由于国际形势的变化与国内产业结构调整等因素的影响，国家开始实施金融"去杠杆"政策，并严厉打击金融违法犯罪活动。[1]

由上文可知，互联网、大数据、人工智能等新型科技对以往的传统分业经营与分业监管体制造成了冲击，带有科技色彩的新型金融模糊了合法融资与非法集资的边界，使得金融监管部门无法有效、清晰地判定其金融本质属性，在一定程度上造成了行政规制的滞后性。另一方面，新型金融大多体现为民间金融，而以监管正规金融机构为代表的中央金融监管部门在实施行政规制时，可能会带有部门利益色彩，[2]导致无法公平公正地对新型金融进行监管。虽然当下仍需强调行政规制与刑法规制之间的"缓冲地带"，给予金融创新活动一定成长空间，只有非法集资活动具有一定社会危害性才能使用刑法进行规制。[3]但在新型金融及衍生的非法集资现象有严重的社会危害性（严重扰乱金融秩序并损害投资者合法权益），而金融监管部门对此无法进行有效规制的情况下，有必要积极通过刑事规制手段进行弥补。[4]这也体现在 2018 年、2019 年最高人民法院、最高人民

---

[1]　2017 年《处置非法集资条例（征求意见稿）》向社会公布，非法集资行政处置规范化加速；2019 年三司法机关发布的《关于办理非法集资刑事案件若干问题的意见》进一步明确了非法集资"非法性"的认定标准。而在新型民间金融领域，银监会等监管部门发布网贷监管办法与互联网金融风险处置文件，开始整顿互联网金融行业，促使不合规的互联网金融企业"有序退出市场"；而 2017 年多部委发布的《关于防范代币发行融资风险的公告》则将 ICO 这一新型融资模式予以完全禁止。

[2]　刘远：《关于我国金融刑法立法模式的思考》，载《法商研究》2006 年第 2 期，第 8 页。

[3]　高振翔：《互联网金融语境中的非法集资风险及其刑法规制》，载《交大法学》2016 年第 2 期，第 54 页。

[4]　在学界甚至出现了互联网金融刑法规制的"谦抑说"与"非谦抑说"。前者认为互联网金融是重大金融创新，因此刑法对互联网金融活动的规制应保持一定的限度性，以免阻滞甚或扼杀创新。参见刘宪权：《论互联网金融刑法规制的"两面性"》，载《法学家》2014 年第 5 期，第 77 页。后者认为规制谦抑说对互联网金融创新性预期过高，对风险性评估不足；宋盈：《互联网金融刑法规制谦抑之反驳——兼与刘宪权教授商榷》，载《学术界》2017 年第 7 期，第 114 页。

检察院以及公安部三机关对待非法集资"非法性"要件的态度上，即"以国家金融管理法律法规作为依据"，如前者仅有原则性规定，可以根据法律规定的精神并参考部门规章或者国家有关金融管理的规范性文件的规定予以认定。但"积极"通过刑事规制手段进行弥补并非完全替代行政规制甚至民事救济的功能，而是在刑法解释方面，突破以往认定非法集资的固有行为模式，从促进效率、维系秩序和保护产权的金融刑法规范的综合维度出发，[1]进行更符合新型金融特点的解释，以弥补行政规制的不足。甚至在刑事立法上，也要进行更符合实际的修改完善。

（四）小结

如上文所言，我国金融市场发展的特殊逻辑以及后期科技的发展，导致了刑事规制手段的地位与作用的变化，进而影响到刑事保护法益、法律解释和法律完善的变迁。在第一阶段，经济体制改革初期采用的"先立法、再发展"的方式，导致金融监管具体规则缺位，造成合法与非法集资界限不清，因此更需发挥刑法的作用。在第二阶段，金融市场体系与金融监管规则逐渐完善，应当更多发挥行政规制与民事救济的作用，并与刑事规制进行协调。在第三阶段，随着新科技发展给传统金融行业与金融监管体制造成冲击，在金融监管部门无法对社会危害性较强的非法集资行为进行规制的情况下，需要积极发挥刑事规制手段的作用，弥补行政规制与民事救济的不足。

三、数字货币的起源、发展与基础运行架构

数字货币作为新型科技运用于金融的产物，同样对传统金融行业与金融监管体制带来了冲击。事实上，与 P2P 网络借贷、股权众筹等互联网金融业态相比，数字货币具有更加独特的发展脉络。为了准确把握数字货币的非法集资问题，需要对数字货币的起源与发展逻辑进行梳理。

（一）数字货币的起源与发展逻辑

根据数字货币的用途、代表内容以及历史发展特征，其可分为支付型代币（Payment Token）、证券型代币（Security Token）、效用型代币（Utility Token）以及稳定币（Stablecoin），其中证券型代币与效用型代币统称为"ICO 型代币"。需要注意是，以上分类仅基于论述方便的需要，各类代币之间的界限并非十分严格，现实中可能存在兼具多种功能类型的数字货币。

1. 支付型代币

支付型代币是指不由任何中央机构发行、不代表任何对发行人的请求权、旨

---

[1] 张洪成：《非法集资行为违法性的本质及其诠释意义的展开》，载《法治研究》2013 年第 8 期，第 90 页。

在用作商品与服务的交换媒介，如比特币（BTC）、莱特币（LTC）、以太币（ETH）等，其为最早出现的数字货币。[1]支付型代币基于法定货币的时代"危机"而生，以央行为核心的法定货币发行与流通体制对世界经济发挥了重要作用，但2008年金融危机期间大量商业银行发生兑付危机乃至破产等事件，在一定程度上动摇了民众对法定货币的信心。在此背景下，随着2009年中本聪设计的比特币"点对点电子现金系统"的诞生，越来越多的机构与个人开始基于区块链技术，创造出可在全球范围内"去中心化"发行与流通的支付型代币，试图使其具备类似于法定货币的货币职能，以消除政府主导下的法定货币出现的种种弊端。[2]

2. 证券型代币与效用型代币（ICO 代币）

证券型代币与效用型代币统称为"ICO 代币"，是指通过"首次代币发行"（initial coin offering, ICO）的融资方式发行的数字货币；其中，证券型代币是指具有股票、债券等具有法定证券属性的数字货币，效用型代币是指具有特定商业用途的数字货币。以太币所依托的"以太坊区块链标准化系统"（ERC-20），允许其他主体基于该系统从事其他代币的开发、发行与流通，这为其他代币的融资发行提供了可能。[3]为解决融资难题，发起人可能需要在项目完成之前便进行融资，而 ICO 便是一种带有数字货币色彩的融资方式：如果投资者对发起人宣传的项目产品感兴趣，并计划通过购买发起人发行的代币为特定项目的发起人提供资金，其需要先将法定货币通过交易所或场外市场兑换为以太币，并向发起人提供的区块链地址发送指定数量的以太币，随后投资者便会收到相应数量的代币。[4]

事实上，以证券型代币与效用型代币作为融资工具的 ICO 活动与早已存在的互联网股权众筹活动相差无几，主要差异在于 ICO 利用区块链技术吸收投资者的主流数字货币（如比特币、以太币）而非法定货币，而 ICO 项目的内容主要涉

---

[1] 2.5, FCA, Guidance on Cryptoassets, January 2019. Section 5.1.2.1, The Federal Council, Legal Framework for Distributed Ledger Technology and Blockchain in Switzerland: an Overview with a Focus on the Financial Sector, December 2018.

[2] 在2009年至2013年数字货币发展的早期阶段，比特币开启了数字货币发展的大门，瑞波币实现了跨境支付结算的革新，而以太币则为数字货币搭载智能合约提供了可能。参见柯达：《稳定币的"稳定"与"不稳定"》，载北京大学金融法研究中心：《法律与新金融》第35期，第77~78页。

[3] 一般而言，特定项目的发起人（promoter）会聘请网络程序开发者（developer）开发新的网络程序，由于在以太坊区块链上开发网络程序需要消耗一定数量的以太币，这些开发者可能在项目完成之前就开始要求法定货币或主流数字货币（如以太币、比特币）的回报，也有可能在项目部分完成时要求回报。See Michael J. O'Connor, Overreaching Its Mandate: Considering the SEC's Authority to Regulate Cryptocurrency Exchanges, 11 DREXEL L. REV. 539, 596 (2019).

[4] C. Daniel Lockaby, The SEC Rides into Town: Defining an ICO Securities Safe Harbor in the Cryptocurrency Wild West, 53 GA. L. REV. 335, 366 (2018).

及与区块链有关的活动。[1]在我国,自 2017 年初至 9 月禁止公告期间,通过 ICO 平台完成的 ICO 融资金额折合人民币总计 26.16 亿元。累计参与人次达 10.5 万。[2]此外,我国境内曾出现大量打着区块链旗号的虚假 ICO 项目,这些项目往往直接吸收投资者的法定货币,并与传销紧密结合。[3]如普银集团宣称其于 2016 年基于区块链技术发行的每一枚"普银币"都有"对等实物藏茶作为本位抵押资产",但该集团实际上只有少量的库存藏茶,普银币价格变动的主要原因为该公司使用投资人的投资款进行操作。此外,还有"鑫币""至尊币""K 币"等集资诈骗乱象以及"百川币""维卡币""华强币"等传销骗局。[4]

3. 稳定币

稳定币是通过与其他财产锚定或通过第三方主体调控货币供应量的方式,实现价格相对稳定的数字货币,其主要作为商品或服务的支付工具。根据锚定对象与运行机理的不同,稳定币可分为与法定货币等实际财产锚定的"链下资产支持型"稳定币(Off-chain-backed Stablecoin,以下简称"链下型稳定币"),与其他数字货币锚定的"链上资产支持型"稳定币(On-chain-backed Stablecoin,以下简称为"链上型稳定币")以及第三方控制货币供应量的"算法型稳定币"(Algorithmic Stablecoin)。[5]

稳定币基于支付型代币的价值波动等问题而生。支付型代币实现了"算法信任",并在提升支付清算效率、保护交易隐私等方面具有一定优势,但由于流通范围狭窄、缺乏内在价值、监管缺位等问题,支付型代币仍然无法实现币值的稳定,无法有效履行货币职能。在此背景下,市场需要出现一种价格稳定的数字货币,让支付型代币有效履行货币职能,同时降低法定货币与支付型代币兑换产生的信用风险。[6]另一方面,许多商业机构开始尝试利用区块链的技术优势,发行与法定货币锚定的稳定币,并在其业务生态圈内流通,以期通过提升支付清算

---

[1] 世界上首个 ICO 代币或首个通过 ICO 发行的数字货币为 Mastercoin 代币(万事达币),项目发起人于 2013 年 7 月至 8 月间从 500 名认购者中筹集了约 50 万美元资金。See Michael Mendelson, From Initial Coin Offerings to Security Tokens: A U. S. Federal Securities Law Analysis, 22 STAN. TECH. L. REV. 52, 94 (2019).

[2] 参见《2017 上半年国内 ICO 发展情况报告》。

[3] 此类活动并非真正基于区块链技术,而是借炒作区块链概念之名,行非法集资、传销、诈骗之实,特征十分明显。此类活动以"金融创新"为噱头,实质是"借新还旧"的庞氏骗局,资金运转难以长期维系。参见陆永花:《别被"假区块链"骗了》,载《现代商业银行》2018 年第 10 期,第 61 页。

[4] 参见姜淑华、张恩敬集资诈骗案 [(2018)粤 0304 刑初 139 号];张春普等组织、领导传销活动、非法吸收公众存款案 [(2017)京 02 刑终 349 号];周建华、蔡小燕、叶琛等集资诈骗案 [(2018)浙 02 刑终 374 号]。

[5] What is Stablecoin and how it is related to Security Token? | Security Token vs StableCoin, June 7th 2019.

[6] 柯达:《稳定币的"稳定"与"不稳定"》,载北京大学金融法研究中心:《法律与新金融》第 35 期,第 77~78 页。

效率的方式扩大公司业务量。虽然目前稳定币的市值较低，但其中的链下型稳定币——泰达币（USDT）的交易量在所有币种中排名第二，仅次于比特币。[1] 2019年6月，Facebook 发布《Libra 白皮书》，表示将于 2020 年正式发行拟锚定多国法定货币的 Libra，而 Libra 便是一种链下型稳定币。[2]

4. 小结

由上文可以看出，数字货币具有不同于传统非法集资与互联网金融的发展逻辑。数字货币基于支付工具的流通用途而生，虽然部分类型的数字货币发行过程中存在融资或集资的行为，但该行为并非创造数字货币的最终目的。因此，部分数字货币存在支付工具属性与融资工具属性的重叠。此外，作为数字货币技术基础的区块链造成融资主体的多元化与分散化，同时为数字货币在二级市场上的流通创造了极大便利。数字货币的多元属性以及技术复杂性，也为金融监管部门实施有效的行政规制带来了困难。在此情况下，更需要发挥刑法的作用，为数字货币的非法集资认定作出更加符合实际的法律解释。由于数字货币的交易形态较为复杂，通过分析数字货币交易的具体法律关系或发行、交易结构来分析其是否属于非法集资较为可取。

（二）数字货币的基础运行架构

由于数字货币的交易形态较为复杂，对数字货币是否属于非法集资进行分析，应先明确其基本的法律关系或发行、交易结构。尽管数字货币可以分为不同种类，但仍可归纳出一种"原型"即共同的基础运行结构：

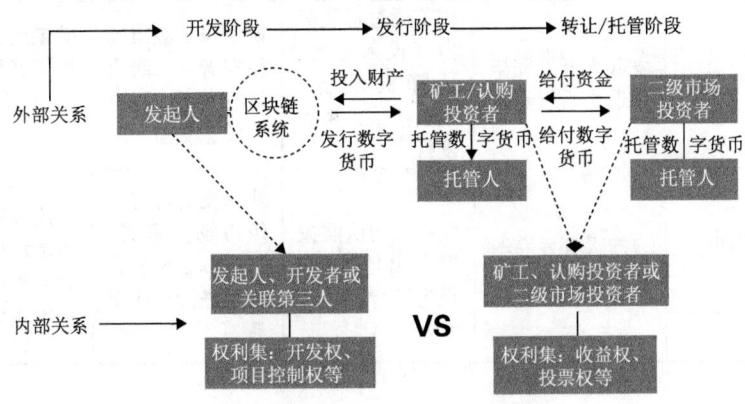

图1 数字货币基础结构示意图

〔1〕 Coinmarketcap：《数字货币行情》，https://coinmarketcap.com/zh/，最后访问日期：2019 年 8 月 14 日。

〔2〕 Facebook Newsroom：Coming in 2020：Calibra, A New Digital Wallet for a New Digital, Currency, https://newsroom.fb.com/news/2019/06/coming-in-2020-calibra/，最后访问日期：2019 年 8 月 11 日；Libra：《Libra 白皮书》，https://libra.org/zh-CN/white-paper/，最后访问日期：2019 年 8 月 10 日。

如上图 1 所示，数字货币的基本法律关系可分为"外部关系"与"内部关系"。外部关系中存在数字货币项目的发起人或开发者、认购投资者或矿工、二级市场投资者三类主体，这些主体在数字货币的开发、发行、转让与托管阶段实施不同的行为。在开发阶段，发起人聘请开发者或自行进行区块链信息系统与其他产品或服务的开发；在发行阶段，认购投资者或"矿工"在投入一定的金钱或其他财产后获得区块链信息系统提供的数字货币；在转让阶段，认购投资者或矿工可通过交易所或通过点对点的方式将数字货币转让给二级市场投资者；此外，矿工或认购投资者、二级市场投资者在获得数字货币后，会将数字货币存储于特定介质之中，典型代表为完全由投资者控制的"冷钱包"与托管商可实施控制的"热钱包"。此外，内部关系存在数字货币项目的发起人（运营关联人）与投资者（包括认购投资者、矿工与二级市场投资者）两类主体，这些主体可能同样在数字货币的开发、发行与转让阶段实施不同的行为。发起人或关联第三人可能在产品或服务的开发、发行与转让阶段拥有不同的决策控制权，而投资者可能在不同阶段也享有产品或服务开发权、投票权、产品服务支付权，等等。[1]

支付型代币、ICO 型代币以及稳定币在外部关系、内部关系开发、发行、转让与托管阶段的主要异同点分别如下表 1、表 2：

表 1　三类数字货币外部关系异同表

数字货币类型	开发阶段异同	发行阶段异同	转让阶段异同	托管阶段异同
支付型代币	发起人开发完毕后退出后续运营。	矿工通过自我努力（投入电力、计算机设备）创造代币，视为发行。	矿工与二级市场投资者、二级市场投资者之间进行转让交易。	矿工或二级市场投资者将数字货币存储于托管人处。
ICO 型代币 稳定币	发起人开发完毕后主导运营。	发起人向认购投资者出售代币，视为发行。	认购投资者与二级市场投资者、二级市场投资者之间进行转让交易。[2]	认购投资者或二级市场投资者将数字货币存储于托管人处。

〔1〕　A Securities Law Framework for Blockchain Tokens（2016）；Utility Tokens vs Security Tokens：Learn The Difference-Ultimate Guide, Rajarshi Mitra, 2019. 3.

〔2〕　C. Daniel Lockaby, The SEC Rides into Town：Defining an ICO Securities Safe Harbor in the Cryptocurrency Wild West, 53 GA. L. REV. 335, 366（2018）.

表 2　三类数字货币内部关系异同表

数字货币类型	发行阶段主体	转让阶段主体
支付型代币	矿工作为区块链上的节点，可以对区块链上的信息进行验证、传递与储存等系统运营行为，并在一定条件下可以对区块链上的信息实施"分叉"，创造出新的代币。	二级市场投资者不享有内部关系中的任何权益，仅能通过二级市场的再次转售获取收益，或将支付型代币作为商品服务的支付工具使用。
ICO 型代币	存在发起人或开发者、"关联第三人"〔1〕与投资者两类主体。发起人在不同阶段对该产品或服务拥有不同程度的控制权，而投资者还可能对该商品或服务的开发、运营享有不同程度的参与权甚至管理控制权。〔2〕	
稳定币	存在发起人和投资者两类主体，或运营关联人和投资者两类主体。链下型稳定币的发起人通过单一或多种法币及类似资产的合理存管维护币值稳定，而在链上型或算法型稳定币模式下，与稳定币相关联的"关联代币"持有者（运营关联人）执行"货币政策"以维护币值稳定；〔3〕而稳定币的持有人即投资者只能将稳定币作为其他商品或服务的支付工具来使用。	

四、数字货币的非法集资认定

（一）数字货币非法集资认定概述

如上文所述，现行认定非法集资的要件分别为非法性、公开性、社会性与利诱性。首先，需要注意的是，根据支付型代币的运行机理，发行支付型代币的过

〔1〕　即 SEC 所说的"活跃参与者"（AP）。See SEC, Framework for "Investment Contract" Analysis of Digital Assets, https://www.sec.gov/corpfin/framework-investment-contract-analysis-digital-assets，最后访问日期：2019 年 8 月 7 日。

〔2〕　与 ICO 型代币紧密相连的是以 DAO 为代表的分布式自治组织。"虽然权力下放的组织在很大程度上是自动执行的，并且不需要第三方记录或执行，但它们并非完全自治。虽然权力下放的自治组织具有很大程度的自主情报，但权力下放的组织仍然需要人们的大量参与，根据区块链中的议定书进行特定的互动"。Laila Metjahic, Deconstructing the DAO: The Need for Legal Recognition and the Application of Securities Laws to Decentralized Organizations, 39 CARDOZO L. REV. 1533, viii (2018)。此外，区块链技术的强大之处在于，它可以通过将信任和协调成本转移到网络，在全球范围内以算法方式执行私有协议和社区原则。这就是允许区块链创造以前无法存在的新市场的原因。Who Controls the Blockchain? Patrick Murck April 19, 2017.

〔3〕　以 Nubits 公司发行的 USNBT 代币为例，当 Nu 系统发现 NBT 的市场需求即将增加时，Nubits 公司发行的另一代币 NSR 的持有者有权投票决定是否发行 NBT 以及发行的数量、指定的外部发行机构即 NBT 保管人（通常是数字货币交易所）。当 NSR 持有者决定发行后，系统会生成相应数量的 NBT 并发送至指定发行机构的钱包地址。外部发行机构可通过相关业务将新发行的 NBT 提供给有购买需求的客户。外部发行机构获取货币发行收益后，会将部分收益支付给 NSR 持有者，作为发行 NBT 与维护发行运营系统的奖励。See Nubits, Nu Whitepaper, September 2014.

程中不存在发行人向投资者直接吸取资金的行为，因而不构成非法集资。在发起人开发出区块链信息系统后，矿工投入电力、计算机设备增强自身算力，在一定概率下可获得由区块链系统创造出的支付型代币，实质上是支付型代币的发行者；在创造出代币后，矿工可将该代币在二级市场上转售于其他投资者，而非直接吸收资金；此外，发起人在完成区块链系统开发后便退出该系统，无法对区块链系统的后续发币行为以及持币的投资者施加任何干预。

其次，除支付型代币外，所有的数字货币均符合"公开性"与"社会性"要件。发行人在正式发行数字货币之前，会在互联网上公开相应的数字货币"白皮书"，介绍该数字货币的运行模式、发行时间与数量、发行价格等内容，并与线下的实体宣讲活动将结合，希望社会公众用自己资金换取数字货币，因而具备了向社会公开宣传的特征；另一方面，现有的数字货币发行不对投资者的投资经验、财富水平等涉及投资者风险识别能力与承受能力的方面设置门槛条件，也不将投资者的范围限定于某个群体，因而符合向社会不特定对象吸收资金的要件。

最后，数字货币是否符合"非法性"与"利诱性"，要视数字货币的具体类型而定。如部分 ICO 型代币的发行实际上不属于金融活动，因而不符合"非法性"；而一些稳定币具有外汇的属性，因而可能符合"非法性"。因此，下文对ICO 型代币与稳定币是否符合"非法性"与"利诱性"两个要件进行具体分析。

（二）数字货币的"资金"属性认定

发行 ICO 型代币是否符合"非法性"要件，一个重要的前提是明确非法集资法律规范中的"资金"是否仅限于法定货币。[1]在数字货币行业产生发展之前，国内的非法集资基本吸收的是法定货币即人民币，因而极少关注吸收法定货币以外财产的现象，因此现有非法集资法律规范均未对"资金"的具体含义进行界定。有学者认为，《2010 年解释》已用投资入股、委托理财等"资金"形式作为变相存款，已经对"存款"范围进行了扩张，此外实践中也尚未见将吸收法定货币以外财产的行为认定为集资的先例，因此将"资金"的范围进一步扩大到数字货币等财物已然不符合刑法的逻辑。[2]但另有学者认为，比特币等数字货币凝聚了民众的实物投资与智慧，且能在二级市场与法定货币进行普遍交换，并

〔1〕 有许多学者批评，最高人民法院的司法解释将非法吸收公众存款罪中的"存款"异化为"资金"，混淆了直接融资与间接融资的区别。参见王新：《非法吸收公众存款罪的规范适用》，载《法学》2019 年第 5 期，第 109 页；彭冰：《非法集资活动规制研究》，载《中国法学》2008 年第 4 期，第49 页。但这种异化现象反映了《刑法》难以覆盖大量出现的非典型集资行为，在从严打击的刑事政策下，执法者不得不采取一些变通的手段。由于《商业银行法》并未提供"存款"的含义，而"股票"与"公司债券"的含义被严格限制，因此非法吸收公众存款罪的大量适用便不足为奇。参见刘伟：《非法吸收公众存款罪的扩张与适用》，载《政治与法律》2012 年第 11 期，第 42 页。
〔2〕 朱娴：《代币发行交易中的犯罪风险》，载《国家检察官学院学报》2018 年第 6 期，第 111 页。

为越来越多的商业机构认可从而成为支付方式之一，具有货币属性，其本质上已经成为"货币的替代品"，因此数字货币显然可以包含于非法集资法律规范的"资金"概念之中。[1]

笔者认为，以吸收"主流数字货币"的方式进行融资的行为，可视为"变相吸收公众存款"，其中主流数字货币可视为非法集资认定要件中的"资金"。首先，随着金融市场的发展与非法集资隐蔽性的增强，刑法规范对集资行为的解释范围也应随之进行扩张。如上文所言，在我国金融市场发展初期，合法的融资方式主要为经批准的吸收存款、发行股票或债券等，因而非法集资刑事规范的规制对象主要是与这些经批准的正规金融业务相似的融资活动；在后期，随着金融的混业化经营以及金融产品交易结构的复杂化、类金融机构的多元化，许多与正规金融业务模式差异较大，且具有社会危害性的融资行为无法被原有的法律解释所容纳，因而刑事司法机关适时将"存款"的范围进行扩张。在金融科技发展变革的背景下，对于吸收与法定货币具有相似货币属性的数字货币的行为，也应当纳入"吸收存款"范围之内。虽然立法者在设立非法集资罪名之初，曾经认为"变相吸收公众存款"中的"变相"仅指"吸收行为的变相"而非"存款对象的变相"。[2]但在具备货币属性的支付工具多元化发展的当下，"存款对象的变相"实现了存款的控制货币流通、转账结算等功能，其社会危害性已然能与"吸收行为的变相"相匹配，因此应当对"变相"进行扩大化解释。[3]

其次，"主流"数字货币可在一定程度上履行货币职能，与法定货币产生了基本相同的融资效果。目前，比特币、以太币、瑞波币这三种支付型代币是市值最大的数字货币，而 USDT 这一稳定币是交易量最大的数字货币；其中，以太币与 USDT 同时也是数字货币行业内最受认可、价格较为稳定的主流数字货币，在履行交易媒介、价值尺度、价值贮藏等货币职能方面发挥重要的作用。如上文所言，在大多 ICO 代币发行过程中，发行人吸收的是以太币等主流数字货币，一方面这些主流数字货币易在市场中流通交换，另一方面发行人一般基于以太坊区块链系统开发新的商业项目，而使用以太坊区块链需要消耗大量以太币。对于这些数字货币发行者而言，由于主流数字货币的价格波动程度较小、信用认可程度较高、具有极强的兑换能力和匿名性，因而其作为融资标的与法定货币不存在差异，产生了与法定货币基本相同的融资效果。

---

[1] 邓建鹏：《ICO 非法集资问题的法学思考》，载《暨南学报》2018 年第 8 期，第 47 页。

[2] 谢望原、张开骏：《非法吸收公众存款罪疑难问题研究》，载《法学评论》2011 年第 6 期，第 139 页。

[3] "涉众型经济犯罪问题研究"课题组：《非法吸收公众存款罪构成要件的解释与认定——涉众型经济犯罪问题研究》，载《政治与法律》2012 年第 11 期，第 56 页。

再次，如不将主流数字货币纳入"资金"的范畴，可能会在实践中出现大量规避非法集资刑法规范的现象。由于主流数字货币在二级市场中有强大的兑换能力，如刑法不把主流数字货币纳入"资金"范畴，非法集资行为人在吸收主流数字货币之后，极易将主流数字货币通过二级市场兑换为法定货币，客观上同样产生了吸收法定货币的效果，导致规避法律现象的出现。此外，需要注意的是，"资金"与"资本"不同，后者包括知识产权、土地等实物财产，因而可以转换为法定货币的流动性不如主流数字货币，存在规避法律的可能性极小。[1]

最后，比较法上的经验可提供参考。在美国，《证券法》中认定行为人的集资行为是否属于"投资合同"的豪威测试要件之一，便是"资金投入"（money investment）。在首次确立豪威测试的 SEC 诉 W. J. Howey Co. 案中，该案中证券发行人吸收的资金仅限于法定货币，因此法官并未明确"金钱"或"资金"的具体含义；[2]但之后在 Teamsters 诉 Daniel 案中，法院开始认定豪威测试的"资金"不限于法定货币，而是"有形、可界定的对价"。[3]在瑞士，联邦委员会认为，如接受数字货币作为债务的业务符合以下条件，且客户未取得财产或使用服务的对价，那么该业务便属于"吸收公共存款"：①在没有交易商或托管人介入的情况下，客户无法处分数字货币；②交易商或托管人负有偿还义务；③如果交易商或托管人破产，其接受的比特币将包含在破产财产中。[4]

（三）数字货币的"非法性"认定

"非法性"要件是指违反国家金融管理法律规定吸收资金，具体表现为未经有关部门依法批准吸收资金和借用合法经营的形式吸收资金两种。[5]"融资行为具有多样性，并非所有的融资行为均受国家融资管理法律规定约束，只有融资管理法律规定明确禁止的吸收资金行为才有违法性。"在非法集资刑事规范中，"非法性"要件的内容经历了多次变更，目前已形成"刑事优先主义"的认定思路。1996 年最高人民法院的司法解释首次明确将"非法性"定义为"未经有权机关批准"，后 1998 年《两非取缔办法》、1999 年《关于取缔非法金融机构和非法金融业务活动中有关问题的通知》以及 2007 年《国务院办公厅关于依法惩处非法集资有关问题的通知》中均沿用了此种标准，但 2010 年最高人民法院司法解释改变了"非法性"的定义，增加了"违反国家金融管理法律规定"这一前

---

〔1〕 郭华著：《非法集资的认定逻辑与处置策略》，经济科学出版社 2016 年版，第 9 页。

〔2〕 SEC. v. W. J. Howey Co. 66 S. Ct. 1100（1946）.

〔3〕 See International Bhd. of Teamsters v. Daniel, 439 U. S. 551（1979）.

〔4〕 See Federal Council, Federal Council Report on Virtual Currencies in Response to the Schwaab（13. 3687）and Weibel（13. 4070）Postulates, June 2014.

〔5〕 刘为波：《〈关于审理非法集资刑事案件具体应用法律若干问题的解释〉的理解与适用》，载《人民司法》2011 年第 5 期，第 25 页。

提，并在"未经有关部门依法批准"之外增加了"借用合法经营的形式吸收资金"这一情形；在 2018 年最高人民检察院的司法标准以及 2019 年三机关的司法解释中，"非法性"要件被进一步限缩：一方面，应当以国家金融管理法律法规作为依据；另一方面，如前者仅有原则性规定，可以根据法律规定的精神并参考部门规章或者国家有关金融管理的规定、办法、实施细则等规范性文件的规定予以认定。[1]

对于 ICO 代币的发行行为与托管行为，其与现有金融法律法规中较为相似的金融活动包括发行股票、债券、证券投资基金份额、代币票券、商业预付卡、网络虚拟货币。其中，属于受到国家金融管理法律法规约束且不限于原则性规定的有发行股票、债券、证券投资基金份额；属于国家金融管理法律法规仅有原则性规定、国家金融管理部门规范性文件有详细规定的为代币票券；而国家金融管理法律法规没有规定、部门规章或规范性文件有详细规定的为商业预付卡、网络虚拟货币。因此，如 ICO 代币具有代币票券、商业预付卡以及网络虚拟货币的特征，司法机关无需严格按照国家金融监管部门出台的规章或规范性文件进行认定；另一方面，代币票券、商业预付卡以及网络虚拟货币本身具有历史阶段性，其内部结构与法律关系并非一成不变，司法机关亦可根据 ICO 代币的特定技术特征与具体法律关系进行非法集资认定。此外，一些 ICO 代币发行人由于在向投资者发行代币的同时也为其提供了相应的商品或服务，且投资者无法将代币转让，因此这些数字货币不属于金融产品，从而无需受到任何金融管理法律、法规、规章以及规范性文件的约束，因此也无法认定为非法集资。

对于稳定币的发行行为与托管行为，其与现有金融法律法规中较为相似的金融活动包括发行债券、吸收人民币与外汇存款、吸收第三方支付备付金、网络虚拟货币。其中，属于受到国家金融管理法律法规约束且不限于原则性规定的有发行债券、吸收人民币与外汇存款；国家金融管理法律法规没有规定、部门规章或规范性文件有详细规定的为吸收第三方支付备付金、商业预付卡以及网络虚拟货币。因此，如稳定币具有第三方支付备付金、商业预付卡以及网络虚拟货币的特征，司法机关无需严格遵守国家金融监管部门出台的规章或规范性文件，亦可根据稳定币的特定技术特征与具体法律关系进行非法集资认定。此外，还有一些稳定币未受到任何国家金融法律法规规章以及规范性文件的约束，如完全依靠计算机算法实施货币调控行为的算法型稳定币，因此同样也无法认定为非法集资。

（四）数字货币的"利诱性"认定

"利诱性"要件是指集资人承诺在一定期限内以货币、实物、股权等方式

---

〔1〕 王新：《非法吸收公众存款罪的规范适用》，载《法学》2019 年第 5 期，第 115 页。

还本付息或者给付回报，具体分为"有偿性"与"承诺性"两方面内容：前者将公益性集资排除在外，后者将现时发生的给付回报排除在外，此外"承诺"包括固定回报与非固定回报两种形式。[1]由于 ICO 型代币与稳定币的交易结构与回报给付形式存在不同，以下分别论述两种数字货币的"利诱性"特征。

对于一些 ICO 型代币特别是实用型代币的发行行为，其并非完全符合"利诱性"特征，特别是在"承诺性"方面。如数字货币发行人在发行实用型代币，发行人在吸收资金之前，就已经有能力提供相应的商品或服务或已经完成相应区块链技术系统的开发。在此情况下，实用型代币的发行人本质上是使用区块链技术提供商品或服务，投资者并未因发行人的发行行为获得任何额外的利益，因此发行人没有提供具有融资性质的金融产品。[2]

但与此同时，一些 ICO 型代币发行人会在发行代币时，宣称其发行的数字货币在二级转售市场上有较大的升值空间，投资者可以到二级市场上进行转售获利，但此种获利是否属于现行非法集资刑事规范中的"承诺性"仍值得商榷。在传统的非法集资行为中，投资者的获益可能性主要源于集资人所谓的经营行为，投资者无需付出或极少付出个人的努力；而数字货币极大地增加了投资者转让投资份额即数字货币的空间，因而投资者可根据自身的投资经验或投资能力买卖数字货币，从而获得收益。对于单纯由投资者在二级市场上投机获利的行为，不应认定为"利诱性"，因现实生活中许多非金融性质的实物商品均有二级转售市场，如这些实物商品的提供者也宣称可投机获利，那么便会扩大非法集资刑事规制的打击面。[3]但另一方面，由于数字货币二级市场缺乏监管，且部分数字货币交易量较小、流动性较弱，许多数字货币发行人可凭借其技术优势与资金优势操纵市场，影响市场交易量或交易价格；在一些数字货币内部关系中，投资者可以参与具体的运营决策，对数字货币的收益施加影响。然而，"利诱性"无法有效解决操纵市场的问题与投资者内部参与的问题，因此需要另行增加非法集资的认定要件进行漏洞填补。

此外，稳定币的发行行为同样不符合"利诱性"特征。一些稳定币以法定货币或其他商品作为发行储备，虽然这些法定货币与其他商品可能存在一定程度

---

〔1〕 刘为波：《〈关于审理非法集资刑事案件具体应用法律若干问题的解释〉的理解与适用》，载《人民司法》2011 年第 5 期，第 25 页。

〔2〕 最高人民法院 2011 年的司法解释对"利诱性"的规定并没有将非法集资的"利诱"行为与一般商业活动中的"利诱"行为区别开来，因而在实践中应当对"利诱性"的含义进行严格把握。参见胡启忠：《非法集资基本特征之理论现述与重述》，载《南海法学》2018 年第 4 期，第 5 页。

〔3〕 相反的观点，参见朱娴：《代币发行交易中的犯罪风险》，载《国家检察官学院学报》2018 年第 6 期，第 112 页。

的价格波动，因而给稳定币的投资者提供了套利的机会，但如前文所言，这不属于发行人以自身经营行为而实施的承诺行为，因而不具有"承诺性"。需要注意的是，一些稳定币发行人在吸收资金后，会将这些资金投资与事先设计的低风险外汇资产组合以维持内在价值，如 Facebook 公司计划发行的 Libra 稳定币储备资产由一定比例的美元、日元等主流法定货币。虽然发行人对外投资以维持内在价值的行为类似于资本、货币经营活动，[1]客观上进行了"维持价值"的承诺，但这种承诺是为了保障这种稳定币作为支付工具被更加广泛地流通使用，即"支付"而非"获益"是维持价值这一承诺的最终目的，与传统集资行为存在显著差异，因此不宜认定为"利诱性"。

五、余论：增加"被动投资性"作为非法集资行为的新认定要件

如上文所述，"利诱性"等现有非法集资认定要件无法有效解决数字货币二级市场中发行人操纵市场以影响投资者收益，以及投资者对数字货币内部运行影响的问题。由此可以看出，在数字货币具有外部转售市场以及内部治理关系的情况下，投资者是否能获得数字货币带来的收益，一方面取决于投资者自身的投资能力，另一方面取决于投资者如何参与数字货币内部治理。基于此，可借鉴美国证券法中"豪威测试"的规定，在"非法吸收公众存款或者变相吸收公众存款"认定条件中，增加"社会公众获得的收益主要源于他人努力"这一"被动投资性"要件。对于投资者在投资项目中付出较多努力、对投资项目有一定决策权的情形，不宜认定为非法集资。[2]

在 1946 年的 SEC 诉 W. J. Howey Co. 案中，联邦最高法院认为投资合同是指"投资者将金钱投入一项共同事业，并期待仅仅通过项目发起人或者第三人的努力而获得收益"，其中要求利润"仅仅"来自他人的努力。[3]而在 1973 年 SEC 诉 Glenn W. Turner Enterprises 案中，联邦最高法院认为，虽然该案的投资者有寻找潜在客户的合同义务，但其主要依靠卖方的销售计划和销售人员而进行的销售努力而从投资中获得回报，因此该案涉及的投资计划仍然属于投资合同，最终确立了投资者以外的他人努力是影响"共同事业"即投资计划成败的成败因素。[4]

对于以区块链作为技术基础的数字货币而言，在评判该要件时需要重点考虑的

---

[1] 谢望原、张开骏：《非法吸收公众存款罪疑难问题研究》，载《法学评论》2011 年第 4 期，第 140 页。

[2] 彭冰：《非法集资行为的界定——评最高人民法院关于非法集资的司法解释》，载《法学家》2011 年第 6 期，第 42 页。

[3] SEC. v. W. J. Howey Co. 66 S. Ct. 1100 (1946).

[4] See SEC v. Glenn W. Turner Enterprises, 474 F. 2d 476 (1973).

主要因素应当是代币持有者参与网络开发、设计以及企业核心决策的程度。[1]对于 ICO 型代币而言，如代币表示的产品或服务已然存在，其无须为了给予该产品或服务可能产生的利润而再依赖于发起人、开发者或关联第三人的经营管理努力。在 SEC 于 2017 年 8 月发布的《The DAO 调查报告》中，SEC 认为 Slock. it 公司、创始人和策展人的努力对 DAO 数字货币的成功运营至关重要，同时 DAO 持有者的投票权受到了较大限制，因而 DAO 符合"源于他人管理努力"的要件。对于稳定币而言，部分稳定币如链上型与算法型稳定币如要实现币值稳定，需要依赖发起人或关联代币持有人对于货币数量的调控，即这两种稳定币需要依赖他人努力，且这种努力行为在影响稳定币市场价格的因素中占主导地位。[2]此外，在 SEC 于 2019 年 4 月发布的《数字资产的"投资合同"分析框架》中，SEC 认为数字资产通常满足豪威测试中的"资金投资"和"共同事业"要件，但其是否同时符合"依赖他人的努力"与"合理的利润预期"，还需要根据数字资产的具体运作模式进行判断。在"依赖他人努力"要件上，可从"活跃参与者"（AP）是否负责网络的开发、操作或推广，是否在决定或行使有关数字货币运营的决策方面具有持续的管理角色等方面进行判断。[3]

互联网等科技的发展提升了集资份额转让的便捷性，非法集资的影响势必会从集资人与认购投资者扩大至二级市场投资者。在此情况下，"依赖他人努力"要件不仅适用于涉及数字货币的非法集资案件中，也可适用于一般的非法集资案件，特别是投资者从集资人处获得的投资份额可转让，且投资者或能在投资项目运行中享有一定的情形。[4]

---

[1] Michael Mendelson, From Initial Coin Offerings to Security Tokens: A U. S. Federal Securities Law Analysis, 22 STAN. TECH. L. REV. 52, 94 (2019).

[2] Leeway Hertz, What is Stable coin and how it is related to Security Token? | Security Token vs Stable Coin, https://hackernoon. com/what-is-stablecoin-and-how-it-is-related-to-security-token-security-token-vs-stablecoin-8d40135928e3, 最后访问日期：2019 年 8 月 1 日。

[3] See SEC, Framework for "Investment Contract" Analysis of Digital Assets, https://www. sec. gov/corpfin/framework-investment-contract-analysis-digital-assets, 最后访问日期：2019 年 8 月 10 日。

[4] 在增加该要件的情形下，法律便可弥补投资者无力直接监督投资项目或存在监督困难导致投资者权益存在受损风险。参见彭冰：《非法集资活动规制研究》，载《中国法学》2008 年第 4 期，第 53 页。

《民法典》背景下银行保理合同应收账款转让的法律效力研究

王奎国 *

摘要：银行保理合同是充分利用应收账款债权财产价值的商业模式。实务中应收账款确权难和虚假应收账款的现象日趋增多，其背后潜藏巨大的商业风险和法律风险。《民法典》合同编专章增设"保理合同"的内容填补了保理立法的空白，为保理融资业务开展提供基本法依据。应收账款转让作为银行保理合同的核心和基础，其法律效力包括对内效力、对应收账款债务人的效力和对第三人的效力。本文整合应收账款转让与应收账款质押的理论问题，拟从解释论视角出发，结合《民法典》的应收账款质押规范（第445条）和债权让与规范（第545~550条）对银行保理合同应收账款转让的法律效力规范作体系解释，以期能为银行保理合同中应收账款转让规范的司法适用提供参考。

关键词：民法典；保理合同；应收账款；债权让与；登记主义

一、问题的提出

伴随商业银行普惠金融建设进程加快，成本低且逆周期性的银行保理业务被广泛应用于国内外贸易中，对解决中小企业融资难、融资贵问题，促进实体经济发展和提升国际贸易水平发挥了重要作用。作为应收账款融资的重要类型，银行保理业务不仅是重要的贸易融资结算方式，也是新兴的债权融资模式。[1]我国的保理业虽起步相对较晚但发展势头迅猛，根据国际保理商联合会公布的2018年统计数据和我国银行业协会保理专业委员会2019年发布的《中国保理产业发展报告（2018）》来看，我国已经成为世界保理业务量最大的国家，保理业务总量高达4115.73亿欧元，占亚洲地区总量的62%，占世界保理业务总量的20.3%；同时，我国的保理业务对GDP的渗透率约为3.48%，低于3.84%的世

---

* 王奎国，男，山东潍坊人，华中师范大学法学院硕士研究生。

〔1〕 黄和新：《保理合同：混合合同的首个立法样本》，载《清华法学》2020年第3期。

界平均渗透率，昭示着我国保理业务量仍然存在巨大的发展空间。[1]银行保理业务基本的交易结构为应收账款债权人将应收账款转让给保理人，保理人为债权人提供资金融通、债权管理、债权催收和付款担保等保付代理服务。从构造论的进路来看，应收账款转让是搭建保理合同交易框架的前提条件，债权人不转让应收账款，则保理合同交易目的无从实现。然而，在银行保理业务开展过程中应收账款确权困难和伪造虚假应收账款的问题使得银行保理合同中应收账款转让的效力难以认定，银行面临不可预测的商业风险和法律风险，从而进一步阻碍了中小企业的债权让与融资。

上述在银行保理实践中产生的难题在《民法典》时代得到回应。2018 年 12 月，全国人大宪法和法律委员会认为，保理合同在权利义务设置、对外效力等方面具有典型性，应当在《民法典》中明确规定保理合同。由是，"保理合同"被列入《民法典合同编（草案）》（二审稿），由十三届全国人大常委会第七次会议进行审议。最终，保理合同在没有《合同法》规范基础的情况下进入《民法典》，成为合同编中新增的典型合同。[2]保理合同立法作为保理业务交易模式的法律写照，以应收账款转让为基础和关键内容，从而与《民法典》的应收账款质押规范（第 445 条）和债权让与规范（第 545～550 条）相关联。应收账款转让的法律效力涉及债权让与规范与应收账款转让特别规范的协调，包括对内效力、对应收账款债务人的效力和对第三人的效力。鉴于立法研究和司法实践中，保理合同应收账款转让的法律效力尚存争议，本文拟从解释论视角下结合《民法典》的应收账款质押规范（第 445 条）和债权让与规范（第 545～550 条）对《民法典》背景下银行保理合同应收账款转让的法律效力规范作体系解释，以期能为应收账款转让规范的司法适用提供参考。

二、应收账款转让的对内效力

银行保理合同应收账款转让的对内效力可分为对作为让与人的应收账款债权人和作为受让人的保理人的效力。债权让与理论认为，债权让与合同生效在让与人和受让人之间产生法律地位取代、从权利随之移转、从给付义务履行和让与人对债务人支付能力不负担保责任的效果。[3]保理合同应收账款转让在债权人和

---

[1] 数据参见国际保理商联合会网站，https://fci. nl/en/solutions/statistics2018；中国银行业协会网站，https://www. china-cba. net/Index/show/catid/14/id/26715. html。

[2] 《民法典》合同编第十六章 "保理合同" 总共有 9 个条文，分别规定了保理合同的定义（第 761 条）、合同的一般条款及其要式性（第 762 条）、虚构应收账款转让的效力（第 763 条）、应收账款转让通知（第 764 条）、让与通知后基础交易合同变更或终止的效力（第 765 条）、有追索权保理中保理人追索权的行权规范（第 766 条）、无追索权保理中保理人求偿权的行权规范（第 767 条）、应收账款重复转让的优先顺序（第 768 条）、对债权让与规范的适用（第 769 条）。

[3] 崔建远：《合同法》（第 6 版），法律出版社 2014 年版，第 182～191 页。

保理人之间产生债权让与合同生效的法律效果，根据《民法典》第 769 条的规定，保理合同章对应收账款转让没有规定的，适用债权让与的有关规定。当然，《民法典》保理合同章对应收账款转让的对内效力有特别规定的，应当从其规定。

（一）债权移转效力采合同发生说

应收账款转让对内效力采合同发生说，以债权让与合同生效作为债权让与人移转给受让人的生效要件。[1]保理合同的应收账款转让部分性质为债权让与合同，该合同一经生效，应收账款即由债权人移转给保理人。学界对于让与通知是否作为让与人和受让人之间债权让与的生效要件，存在合同发生说与通知要件说之争。[2]前者认为，债权让与合同生效债权让与随之生效，让与通知仅为债权让与对债务人的生效要件，是对债权已被让与之事实的观念通知，属于准法律行为，其法律效果不取决于通知人的意思而是由法律直接规定，让与通知由让与人或受让人发出均可。[3]后者则认为，让与通知是债权让与的生效要件，是让与人处分其债权的单方法律行为，故仅可由让与人为之。[4]《民法典》第 546 条虽然改进了《合同法》第 80 条关于让与通知的规范表述，但是没有改变其实质内容，仍不能从文义解释中得出结论。《民法典》第 746 条明确保理人可以向债务人发出应收账款转让通知，明确支持合同发生说。这符合保理业务的实践需要，也是保理合同目的实现所必须。在暗保理（也称"隐蔽型保理"）中，债权人与保理人秘密让与应收账款，并不通知债务人，仍由债权人继续收款，若债权人存在怠于收款、挪用款项或者转移款项等损害保理人权益的违约情形，保理人可以自行通知债务人，以确保对应收账款给付的控制。[5]若采取通知要件说，则保理人不能通过自行通知债务人保护其享有的应收账款债权，有保理合同目的落空之虞。

（二）保理人的应收账款期待权效力

应收账款让与给保理人的过程中，由于保理业务的特性，债权人和保理人往往约定应收账款于将来的某个时点移转，则债权人在转让时点届至前尚未退出应收账款的法律关系，保理人只是获得在该时点后收取应收账款的期待权。此种期待权不仅使债权人对应收账款的处分受到较为严格的限制，而且使保理人得以援用债权人的抗辩权，以防止债权人放任债务人实施或者与债务人恶意串通共同实

---

〔1〕 崔建远：《合同法》（第 6 版），法律出版社 2014 年版，第 182~191 页。

〔2〕 徐涤宇：《〈合同法〉第 80 条（债权让与通知）评注》，载《法学家》2019 年第 1 期。

〔3〕 徐涤宇：《〈合同法〉第 80 条（债权让与通知）评注》，载《法学家》2019 年第 1 期。

〔4〕 尹飞：《论债权让与中债权转移的依据》，载《法学家》2015 年第 4 期。

〔5〕 李宇：《保理合同立法论》，载《法学》2019 年第 12 期。

施有害保理人收取应收账款的行为。这体现在《民法典》第765条的规范中。根据该条规定，让与通知到达债务人后，其与债权人无正当理由变更或终止基础交易合同，对保理人造成应收账款数额减少等不利影响的，对保理人不发生效力。虽然该条保护了保理人对收取应收账款的期待权，但是条文中采取"无正当理由"的表述，表明在有正当理由的情形下，保理人应当容忍基础交易合同的变更或终止，即使此种变更或终止将造成保理人的损失。一般而言，正当理由是指法律或者事实履行不能，但是在该条中究竟应当包括哪些事由，这一点还需要结合保理行业的交易习惯进行解释。

（三）保理人的追索权效力

保理人追索权可以解释为保理人与债权人就债权人对债务人支付能力担保责任所作的特别约定。[1]基于合同自由原则，尽管债权让与不发生让与人担保债务人支付能力的责任，但保理人与债权人有此约定，其并不违反法律的强制性规定，当属有效。在有追索权保理（也称"回购型保理"）合同中，由于债权人的担保责任已经以回购条款或返还义务的方式订入合同，在债务人出现无力支付、破产、清盘等信用风险或回购条件成就时，保理人有权要求债权人回购应收账款，从而实现应收账款反转让或直接向债权人主张返还保理融资款本息。[2]而在无追索权保理（也称"买断型保理"）合同中，债务人信用风险出现时，由于没有债权人担保责任的特别约定，保理人只能向债务人主张应收账款债权。追索权的性质也决定了在因为基础交易合同争议等非债务人信用风险导致的应收账款不能收取的情形下，保理人仍可向债权人追索。[3]为平衡债权人和保理人的权益，追索权具备的风险分配功能还体现在保理人的受偿规则中。有追索权保理人就其所收取的应收账款扣除保理融资款本息和相关费用后的剩余部分对债权人负有返还义务，而无追索权保理人则无此种义务。

三、应收账款转让对债务人的效力

根据《民法典》第546条的规定，让与通知到达债务人之后，应收账款转让对其生效。在应收账款转让通知到达后，债务人已经明知保理人取代债权人的地位，不得再向债权人为清偿行为，而应当向保理人清偿应收账款。否则，债务人的清偿行为对保理人不发生清偿效力。在保理业务实践中，让与通知往往指定了保理回款账户、保理专户等专为收取应收账款而设的账户，债务人在收到让与

---

〔1〕 陈学辉：《国内保理合同性质认定及司法效果考证》，载《西北民族大学学报（哲学社会科学版）》2019年第2期。

〔2〕 李宇：《民法典中债权让与和债权质押规范的统合》，载《法学研究》2019年第1期。

〔3〕 黄和新：《保理合同：混合合同的首个立法样本》，载《清华法学》2020年第3期。

通知后，向指定的账户付款才能产生清偿效果。[1]让与通知到达债务人后，债务人抗辩的援用和抵销的主张分别适用《民法典》第 548、549 条的规定，在此不作赘述。

（一）应收账款"表见让与"对债务人效力

虽然《民法典》未规定表见让与制度[2]，但是为保护债务人利益，应当肯定在债权人将应收账款的让与通知债务人后，纵然应收账款并未实际转让或者转让行为无效，债务人因为对让与通知的合理信赖向保理人所为的清偿行为也应当有效。表见让与是否适用于保理人向债务人发出让与通知的情形？对此有两种观点：一种观点认为，若受让人足以表明其有已经受让债权的充分证据，使债务人产生合理信赖，则可以构成表见让与；[3]另一种观点则主张，表见让与仅在债权人为让与通知时才可适用，理由是表见让与的扩张适用有违让与通知原则上由让与人发出的法理，并且这种扩张适用虽然能够在一定程度上保护债务人权益，但是以债权人承担极大风险为代价。[4]本文赞同前一种观点。《民法典》第 764 条要求保理人在向债务人发出让与通知时，应当表明保理人身份并附有必要凭证，足以构成债务人可以信赖的应收账款债权已经移转之外观，可以构成表见让与。从债权人权益的保护来看，一方面，法律对保理人身份显明和提供应收账款必要凭证的要求，足以防范保理人单方伪造应收账款凭证或者与债务人串谋损害债权人的权益；另一方面，即使存在前述情况，由于债务人对应收账款凭证的真实性负有审查义务[5]，债权人可以债务人未尽审查义务为由主张其承担侵权责任从而获得救济。

（二）应收账款"反转让"对债务人效力

在隐蔽保理（暗保理）中，基于保证应收账款收款便利和避免债务人对债权人财务状况产生不安而进行付款抗辩的考量，保理人和债权人可以约定不通知债务人应收账款已经转让的事实，则转让对债务人不发生效力，债务人仍向债权人付款，从而使隐蔽保理顺利实现。[6]在有追索权保理合同中，应收账款因为保理人主张回购而发生反转让的，适用应收账款转让通知规范，故在应收账款反转让通知到达债务人之前，反转让对债务人不生效。有研究指出，此时保理人对

〔1〕 参见最高人民法院（2016）最高法民再 14 号民事判决书、最高人民法院（2017）最高法民申 4049 号民事裁定书。

〔2〕 崔建远：《合同法》（第 6 版），法律出版社 2014 年版，第 189 页。

〔3〕 李永锋、李昊：《债权让与中的优先规则与债务人保护》，载《法学研究》2007 年第 1 期。

〔4〕 徐涤宇：《〈合同法〉第 80 条（债权让与通知）评注》，载《法学家》2019 年第 1 期。

〔5〕 王鑫、顾天翔：《涉上海自贸区商业保理案件的审判实践：理念、现状与路径——基于 472 件商业保理案件的实证分析》，载《法律适用》2020 年第 12 期。

〔6〕 参见浙江省杭州市中级人民法院（2012）浙杭商初字第 72 号民事判决书。

债务人的求偿权和对债权人的追索权同时存在，可能导致保理人"重复受偿"问题，并提出"求偿权与追索权竞存"的解决思路，即债权人或债务人一方履行义务，则另一方义务相应免除。[1]《民法典》第 766 条在规定保理人可以在追索权和求偿权之间择一行使的同时，还明确了保理人向债权人返还保理融资款本息和相关费用后剩余部分的义务，为解决"重复受偿"问题提供了方案。

四、应收账款转让对第三人的效力

应收账款转让对第三人的效力的"第三人"是指"与受让人形成对抗关系的第三人"，包括重复受让人、让与人的司法担保债权人和让与人的法定担保债权人[2]，尤以重复受让人最为重要。债权让与对第三人效力的问题与债权让与的优先顺序问题实为一体。[3]债权重复让与使各受让人互为第三人，究竟由谁取得债权并对抗其他人取决于债权让与的优先顺序，归根结底是由债权让与的公示方式决定的。比较法上，债权让与公示主要有三种模式：让与主义、通知主义和登记主义。[4]让与主义模式下，债权让与无需公示，故也称不公示主义，债权让与合同生效后，债权即归受让人所有，原债权人之后所为的重复让与行为构成无权处分，后受让人无从取得债权。[5]通知主义模式下，让与通知具有一定的公示效果，债务人收到让与通知后，不得向通知载明的受让人之外的第三人履行义务，故先通知者权利在先。登记主义模式下，由于"登记具有设权、公信以及推定效力"[6]，已登记者优先于未登记者，先登记者优先于后登记者；均未登记者按照受让的先来后到确认优先顺序，法律性质为登记对抗主义。[7]

（一）保理合同应收账款转让采"登记对抗主义"

学界对于应收账款转让应当采取何种公示方式存在不同见解：有学者主张保理合同中应收账款转让公示采用让与主义，因为保理属于有担保性质的债权，不具排他效力，公示对第三人毫无意义；[8]但是多数学者反对此种观点，认为债权让与涉及第三人，应当确定其公示方式以平衡第三人权益保护和解决债权让与的安全性问题。有学者提出，区分民、商事主体，对民事主体采通知主义，而涉

---

〔1〕 江苏省高级人民法院民二庭课题组等：《国内保理纠纷相关审判实务问题研究》，载《法律适用》2015 年第 10 期。

〔2〕 李宇：《债权让与的优先顺序与公示制度》，载《法学研究》2012 年第 6 期。

〔3〕 李宇：《债权让与的优先顺序与公示制度》，载《法学研究》2012 年第 6 期。

〔4〕 李宇：《债权让与的优先顺序与公示制度》，载《法学研究》2012 年第 6 期。

〔5〕 裴亚洲：《民法典应收账款质押规范的解释论》，载《法学论坛》2020 年第 4 期。

〔6〕 [德] 鲍尔·施蒂尔纳：《德国物权法》（上册），张双根译，法律出版社 2004 年版，第 61 页。

〔7〕 裴亚洲：《民法典应收账款质押规范的解释论》，载《法学论坛》2020 年第 4 期。

〔8〕 陈本寒：《新类型担保的法律定位》，载《清华法学》2014 年第 2 期。

商事主体则采取登记主义。[1]也有学者详细分析了前述三种模式的利弊，认为让与主义公平与效率俱失，通知主义无法发挥公示功能，难以有效解决公平和效率问题，唯有登记主义可以兼顾公平和效率，债权让与公示应当采登记主义。[2]本文赞同最后一种观点，考虑到保理合同的商事合同属性，为保证应收账款转让对第三人效力制度能够兼顾效率与公平，应采登记主义。依《民法典》第768条的规定，应收账款转让公示采登记对抗主义立法模式，并以此为基础确定重复受让保理人的优先顺序，以平衡受让人与第三人的权益保护。如果多个保理人主张权利的，先以登记为标准，已登记者优先于未登记者，先登记者优先于后登记者；均未登记则以通知为标准，最先到达债务人的让与通知中载明的保理人权利优先；既未登记也未通知则以份额为标准，按照融资款或服务报酬的比例由各保理人分别取得应收账款。

（二）不同类型应收账款转让的优先顺位

在保理合同领域内，应收账款转让对第三人的效力已有结论。但是，从《民法典》乃至民商事法律体系的视角来看，应收账款转让对第三人的效力尚存诸多待决问题。从应收账款转让特别规范与债权让与规范的关系来看，《民法典》第768条构成债权让与公示制度的例外，即"应收账款转让'借道'应收账款质押登记系统办理公示登记"，存在应收账款转让"逃离合同法、投靠物权法"的现象[3]。由于《民法典》对于非因保理合同发生的应收账款转让不采登记主义模式[4]，应收账款转让优先顺序形成了双轨制：因保理合同发生的应收账款转让，依登记主义确定优先顺序；非因保理合同发生的应收账款转让因欠缺登记，则根据受让的先后确定优先顺序。[5]在债权人先后将应收账款重复转让给保理人和非保理人的受让人的情形下，若保理人先受让或者均未办理登记，则适用债权让与规范即可确定优先顺序；若保理人后受让但已经办理登记，则需要进行体系解释。为平衡保护保理人和非保理人的受让人，可以使保理人回归一般债权让与受让人的地位，适用债权让与规范确定二者的优先顺序；也可以将非保理人的受让人类比保理人，通过适用应收账款转让特别规范解决优先顺序问题。但是，无论采取哪种思路，都无法消弭保理合同应收账款转让登记与一般债权让与无需登记之间的冲突。

---

[1] 宋天骐：《利益平衡：债权双重让与优先论》，载《成都理工大学学报（社会科学版）》2019年第2期。
[2] 李宇：《债权让与的优先顺序与公示制度》，载《法学研究》2012年第6期。
[3] 李宇：《债权让与的优先顺序与公示制度》，载《法学研究》2012年第6期。
[4] 对于非因保理合同发生的应收账款转让适用《民法典》债权让与公示制度。学界对于债权让与公示制度采取让与主义还是通知主义存在争议，本文赞成通知主义。
[5] 李宇：《保理合同立法论》，载《法学》2019年第12期。

（三）应收账款的转让和质押优先顺位冲突

从应收账款转让与应收账款质押的关系来看，《民法典》第 445 条的规定虽然避免了债权人将应收账款先出质后转让可能造成的权利冲突，但是该条并未明确债权人将应收账款先转让后出质的权利优先顺序。债权人先将应收账款转让给保理人后又出质应收账款的，则出质行为构成无权处分，因应收账款转让是否登记而效力有所不同：已经登记的，依登记的公信力和对抗力，保理人权利在先；尚未登记的，由于应收账款债权并非动产，其并不具有形的权利外观，适用《民法典》第 311 条善意取得制度存在法理障碍，而简单按照"物权优先"或"登记优先"的逻辑置应收账款已经转让的事实于不顾，则有违保护交易安全的法律原则。应收账款转让规范与应收账款质押规范之间亦有龃龉。应收账款转让对第三人的效力在前述两种关系中展现的冲突，根本上是债权让与不登记主义与保理合同应收账款登记主义之间的冲突。应收账款受让人为保护自身的交易安全，无论基于何种合同关系受让应收账款都会尽量办理登记，以避免第三人主张权利致使其应收账款债权落空。司法裁判也出现了"应收账款质押、转让业务应当办理登记，未经登记不得对抗善意第三人"的登记对抗主义取向。[1]诚如学者所言，"登记制度作为法律创设的'公共品'"，应当惠及保理人之外的其他应收账款转让、质押交易参与者，乃至为所有市场交易者服务。[2]更有学者进一步主张颁布《动产担保登记条例》，将应收账款的质押、转让乃至动产抵押、所有权担保性质的非典型担保统一登记。毫无疑问，保理合同应收账款转让采取登记主义最终会倒逼债权让与登记主义在更大范围的确立，可能会在《民法典》债权让与规范外形成以应收账款转让为典型模式的商事债权让与登记主义立法，甚至催生债权让与登记制度的建立。

五、结语

银行保理作为充分利用应收账款债权财产价值的商业模式，以有别于门槛较高的传统信贷业务形式，拓宽了中小企业获得融资的门路。保理实务中产生的应收账款确权困难和虚假应收账款问题让银行风险监控"头痛"，阻却了银行保理业务的正常开展，而企业保理需求日趋旺盛和保理法律空白缺失的冲突催生立法回应。《民法典》将保理合同增补为典型合同实属重大立法创新，为解决保理合同业务纠纷设立基准法依据。立法创新转变为实践活力需要准确解释法律规范，保证其适用符合立法预期目标，以鼓励商事交易机制革新。《民法典》背景下精

---

[1] 参见 2014 年天津市高级人民法院发布的《关于审理保理合同纠纷案件若干问题的审判委员会纪要（一）》第 9 条、2016 年深圳前海合作区人民法院发布的《关于审理前海蛇口自贸区内保理合同纠纷案件的裁判指引（试行）》第 35 条。

[2] 李宇：《民法典中债权让与和债权质押规范的统合》，载《法学研究》2019 年第 1 期。

准做好保理合同应收账款转让的法律效力解释，不仅对于正确适用相关规范解决银行保理合同纠纷，促进保理业健康发展具有重要意义，也是协调债权让与规范与应收账款转让特别规范，整合应收账款转让与应收账款质押，实现法典规范体系统一，保障良好民商事法律秩序的基本前提。当然，保理合同应收账款让与规范解释的难题也反映出保理合同应收账款转让规范虽然在一定程度上成为债权让与和债权质押的"桥梁"，使二者可以互相"借道"解决债权让与登记及权利优先顺序的问题；但是其作为债权让与特别规范，适用范围和制度功能有限，与债权让与规范之间的冲突尚难消弭，更遑论作为制度张量实现债权让与和权利质权之间的有效整合。存在于应收账款让与特别规范和债权让与规范、债权让与规范和债权质押规范之间的法律漏洞有赖于裁判者通过司法解释加以填补或者由交易实践倒逼立法改进。

简析市场化债转股法律实务
——以实施主体视角分析

陆紫微*

摘要：市场化债转股作为降低企业杠杆的有效措施，发展空间广阔。本文以取得上市公司股票为目标的债转股交易中的收债转股模式作为切入点，同时涵盖发股还债模式，从实施主体视角，依不同业务模式对自标的遴选至股权退出的整体流程要点及其相应风险控制措施等进行法律分析，并提出相关法律实务操作建议。

关键词：市场化债转股；收债转股；发股还债；风险控制

引　言

债转股，一般是指债权人将对债务人的债权转化为股权的交易安排，债权人将取得标的企业股权并承担相应的经营风险。相较于政策性债转股，本轮债转股更加强调"市场化"和"法治化"，故称之为市场化债转股（本文所称"债转股"均指市场化债转股）。在市场化基础上，国家也给予了有效政策引导，继国务院下发《关于积极稳妥降低企业杠杆率的意见》（国发〔2016〕54号）后，国家部委相继下发了《关于市场化银行债权转股权实施中有关具体政策问题的通知》（发改财金〔2016〕2792号）、《关于鼓励相关机构参与市场化债转股的通知》（发改办财金〔2018〕1442号）等文件。截至2020年11月，市场化债转股的投资规模已超1.6万亿元，发展空间广阔。市场化债转股的法律关系并不复杂，但在实际操作过程中仍涉及较多需要实施主体关注的风险点和事项。为助力于市场化债转股业务的稳健开展，本文拟从实施主体角度，就市场化债转股所需关注的各法律要点进行简析。

一、市场化债转股的主体范围

债转股的交易主体主要包括投资主体（以下简称"实施主体"）和标的企业。此外，债转股实施过程中可能还会涉及债务重组的担保人及相关保障措施中的其他义务主体等，但该等主体并非必然存在于每一个债转股项目，故此部分主要从政策法律角度分析实施主体范围及对标的企业选择的基本标准。

---

* 陆紫微，中国东方资产管理股份有限公司法律事务部。

（一）实施主体〔1〕的范围

《国务院关于积极稳妥降低企业杠杆率的意见》（国发〔2016〕54号）附件《关于市场化银行债权转股权的指导意见》（以下简称《意见》）目前明确的实施机构包括金融资产管理公司、保险资产管理机构、国有资本投资运营公司、银行所属机构（金融资产投资公司），或符合规定的新机构等。随后续支持政策陆续发布，债转股实施主体范围不断丰富，2018年1月19日发改委等多部委共同下发的《关于市场化银行债权转股权实施中有关具体政策问题的通知》（发改财金〔2016〕2792号，以下简称《通知》）明确允许实施机构发起设立私募股权投资基金开展市场化债转股业务，即实施机构发起设立的专项开展市场化债转股的私募股权投资基金及其子基金也是合格实施主体；《关于鼓励相关机构参与市场化债转股的通知》（发改办财金〔2018〕1442号）进一步鼓励相关机构参与债转股业务，包括符合条件的保险集团、保险公司、保险资产管理机构设立的专门实施机构及其设立的私募股权投资基金、私募股权投资基金（含外资设立）、未设立实施机构的商业银行的现有机构等。

（二）标的企业基本遴选标准

债转股项目最终是股权投资项目，遴选具有投资价值的标的企业是债转股项目成功与否的关键，考虑到股权投资项目的高风险性，此类项目应当聘请专业的财务中介机构和法律中介机构进行全面深入的尽职调查。根据《意见》及《通知》，标的企业的基本遴选标准，侧重于企业的发展前景和诚信度，具体标准如下：①发展前景较好，具有可行的企业改革计划和脱困安排；②主要生产装备、产品、能力符合国家产业发展方向，技术先进，产品有市场，环保和安全生产达标；③信用状况较好，无故意违约、转移资产等不良信用记录。同时明确了正面清单及负面清单（如表1）：

表1　正面清单和负面清单

正面清单	因行业周期性波动导致困难但仍有望逆转的企业	负面清单	扭亏无望、已失去生存发展前景的"僵尸企业"
	因高负债而财务负担过重的成长型企业，特别是战略性新兴产业领域的成长型企业		有恶意逃废债行为的企业
			债权债务关系复杂且不明晰的企业
	高负债居于产能过剩行业前列的关键性企业以及关系国家安全的战略性企业		有可能助长过剩产能扩张和增加库存的企业

---

〔1〕　对于债转股业务，各类投资主体所需关注的法律要点基本一致，故本文将包括但不限于实施机构在内的各类投资主体一并称为实施主体进行分析。

二、市场化债转股基本业务模式

根据《通知》及市场实践，市场化债转股的基本业务模式可分为发股还债和收债转股两大。前述两类业务模式下，又可衍生出如"以股抵债""股+债"及"债转优先股"[1]等细分模式，但其在债转股的原理上与基本模式一致。限于篇幅，本文将重点分析基本模式。

（一）发股还债

发股还债并不属于标准意义上债转股，交易结构中并不包括"转股"的过程，而是按照"先入股，后还债"的顺序进行，即实施主体认购增资的方式直接取得对象企业/标的企业股权，相关增资款项再用于清偿标的企业负债的方式，实现降低企业负债率的目的。相较于收债转股，其交易模式简单便捷，且可解决银行等转让方问题资产折价问题，故而本轮债转股中，发股还债成为更受各方主体欢迎的模式。

（二）收债转股

收债转股是标准意义上的债转股模式，其交易流程一般包括两个基本环节：①实施主体收购债权；②债权作为认购增资的出资或作为股权转让对价转为股权。从法律效果上来看，实施主体取得标的企业股权，除债务人本身不取得债权（则一般由关联方取得）的情况外，债权一般因债务人和债权人的混同而消灭[2]。

在债权转为股权的流程中，又可根据股权取得路径的不同分为以债权作为出资认缴标的企业增资（以下简称"增资模式"）和以债权作为对价收购标的企业股东持有的股权（市场上常称之为"以股抵债模式"，与增资相对应，以下将之简称为"股权转让模式"或"以股抵债模式"）两类。其交易主体、法律关系和法律要点均有所不同（如下表2，法律要点将在后文具体分析）。

表2 增资模式与股权转让模式对比表

比较内容	增资模式	股权转让/以股抵债模式
基本法律关系	增资	股权转让

---

[1] 《优先股试点管理办法》（证监会令第97号）对优先股发行主体的盈利要求、发行额度限制及其流通性不足等问题使得债转优先股无法与拟开展市场化债转股的多数项目的实际情况相匹配，故即使其天然兼具股权和债权的优势，目前市场上开展债转优先股并不多见。

[2] 在一些案例中，债务人并非标的企业或标的企业股东本身，而是其关联方或其他第三人，在此情况下，债权并不当然消灭，在债务人与该第三人之间未对债权进行处理前，债权仍将存续。但该区别并不会造成债转股项目相关法律要点的不同，故在此不再细分赘述。

比较内容	增资模式	股权转让/以股抵债模式
交易主体	实施主体、标的企业	实施主体、标的企业股东
债权在交易中的定性	出资	转让价款
是否改变标的企业总股本	是	否
法律/法规的特别适用	《上市公司重大资产重组管理办法》（如涉上市公司股票）	上市公司减持相关规定〔1〕（如涉上市公司股票）

虽发股还债为目前市场实践的主流模式，但考虑到对收债转股流程的法律要点分析基本可覆盖发股还债中的重点问题，而反之不然，本文拟重点对收债转股模式进行分析。同理，考虑到涉及上市公司的市场化债转股的特殊复杂性，为尽可能全面地分析债转股法律要点，本文将以取得上市公司股票为目标的债转股交易〔2〕中的收债转股模式作为切入点，从实施主体视角，对市场化债转股相关法律要点进行简析。

三、收债转股交易流程法律要点

提及以取得上市公司股票为目标的债转股，需对"两步走策略"进行简要说明，根据《上市公司重大资产重组管理办法》（中国证券监督管理委员会令第166号，2020年修正）第43条第4款规定，上市公司发行股份购买的资产须为权益清晰的经营性资产，贷款形成的债权一般不能认定为经营性资产，故上市公司无法发行股份购买债权，而转股所取得的股权属于符合规定的经营性资产，故实操中一般变通采用"两步走策略"，即第一步：实施主体通过增资先行取得上市公司关联公司（以下简称"对象企业"〔3〕）的股权；第二步，该上市公司（以下简称"标的企业"）通过发行股份购买资产的方式，向实施主体收购关联公司的股权，并以所增发股票作为股权转让对价进行支付。据此，收债转股（上市公司股票）增资模式的完整流程包括收债（债权收购）、转股（以债权作为出资认缴对象企业增资）、换股（股权转让并取得标的企业股票）（如下图1）及退出。股权转让模式因不涉及发行股份购买资产的问题，无需两步走，其流程一般

---

〔1〕 主要为中国证监会《上市公司股东、董监高减持股份的若干规定》（证监会公告〔2017〕9号）、《上海证券交易所上市公司股东、董监高减持股份实施细则》（上证发〔2017〕24号）、《深圳证券交易所上市公司股东、董监高减持股份实施细则》相关规定。

〔2〕 上市公司股票流通性强、易变现，能够强化实施主体投资安全性，便利于其退出，在实际情况允许时，实施主体一般倾向于取得上市公司股票。

〔3〕 为叙述便利，本文将转股标的企业称为"对象企业"；为区别于对象企业，本文将实施主体拟最终持有股票的上市公司称为"标的企业"。

包括收债（债权收购）、转股（如下图2）及退出。后文将对以上所述各环节中所涉法律要点逐一分析。

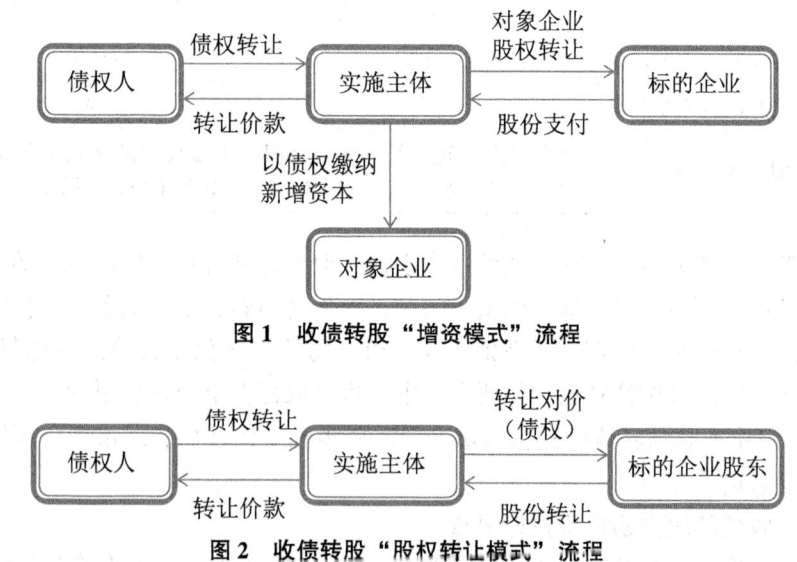

图1 收债转股"增资模式"流程

图2 收债转股"股权转让模式"流程

（一）债权收购

收债转股模式的第一环节是债权收购，债权收购的实质为原债权人（转让方）将标的债权转让予实施主体（受让方）的交易。增资模式和股权转让模式在收债环节的法律要点一致，实施主体在此环节须关注的要点如下：

1. 债权范围

《通知》将除民间借贷形成的债权外的其他各类型债权均纳入市场化债转股的债权范围。从债权主体角度分，以银行对企业发放贷款形成的债权为主，但非银行金融机构债权及非金融机构债权也均可适当考虑；从资产分类角度看，债权范围包括了各类债权，正常类和关注类贷款亦可收购。需要注意的是，《通知》专门排除在外的民间借贷是指自然人、法人、其他组织之间及其相互之间进行资金融通的行为[1]，其与经营性债权的区分标准目前尚不明确，审慎而言，不宜将金融业务外自然人、法人、其他组织之间直接进行资金融通所形成的债权纳入债转股项目的债权收购范围。

---

[1]《最高人民法院关于审理民间借贷案件适用法律若干问题的规定》第1条规定："民间借贷是指自然人、法人、其他组织之间及其相互之间进行资金融通的行为，但不包括金融监管部门批准设立的从事贷款业务的金融机构及其分支机构发放贷款等金融业务。"

2. 债权适格性

虽政策上将除民间借贷外的债权均纳入了债转股的债权范围，但从法律安全角度来看，实施机构仍需审慎选择标的债权，确保拟收购标的债权真实性、有效性和洁净性[1]。除此，从操作可行性角度看，《公司注册资本登记管理规定》第 7 条[2]相关规定对拟转为公司股权的债权提出了具体要求，其中最值得关注的是债权洁净性（"债权人已经履行债权所对应的合同义务"）要求和须为境内公司债权。同时需要注意的是，尽管基本法律层面并无障碍，但如债权人以对第三人的债权对公司出资，仍可能面临实操层面的障碍，需提前向登记部门做好咨询沟通。换言之，非境内公司债权和不符合洁净性要求的债权可能无法办理股权变更相关登记，进而影响最终交易目的实现。

3. 从权利的转移及变更

如所收购债权附有担保权利等从权利，则还应注意相关从权利的转移，除明确约定从权利随主权利一并转移外，涉及转移登记的，还应尽早办理从权利的转移登记手续。就实施主体角度而言，最优安排应为先办理完成从权利变更登记等全部手续、有效取得从权利后再行支付收购价款，建议根据实际情况安排。

4. 转让方的处置权及处置流程

为保障债权转让效力的稳定性，还应关注转让方是否具有处分权，相关处置是否按照法律法规及转让方公司章程履行了适当的程序，并注意就处置取得有权决策主体的有效决策文件。举例而言，如所收购债权为通过资产管理计划或信托计划投资形成的债权，则应核查资产管理计划或信托计划文件，核实享有处置权的主体，取得有权决策主体对处置事项的同意文件或对处置操作主体（如管理人）的授权处置文件。又如，涉及国有资产处置时，还应关注是否属于《企业国有资产交易监督管理办法》（国资委、财政部令第 32 号）所规定的"重大资产转让行为"而适用其公开转让、评估相关规定。

（二）增资模式

如前所述，增资模式中实施主体将债权转为股票的流程一般包括转股（以债

---

[1] 参见姜晨：《非金融机构不良资产业务基础资产类型与法律风险研究》，载微信公众号东方法律人，最后访问日期：2021 年 7 月 5 日；参见陆紫微：《金融资产管理公司非金融不良资产业务法律解读》，载微信公众号东方法律人，最后访问日期：2021 年 7 月 5 日。

[2] 《公司注册资本登记管理规定》（国家工商行政管理总局令第 64 号）第 7 条规定："债权人可以将其依法享有的对在中国境内设立的公司的债权，转为公司股权。转为公司股权的债权应当符合下列情形之一：（一）债权人已经履行债权所对应的合同义务，且不违反法律、行政法规、国务院决定或者公司章程的禁止性规定；（二）经人民法院生效裁判或者仲裁机构裁决确认；（三）公司破产重整或者和解期间，列入经人民法院批准的重整计划或者裁定认可的和解协议。用以转为公司股权的债权有两个以上债权人的，债权人对债权应当已经作出分割。债权转为公司股权的，公司应当增加注册资本。"

权作为出资认购对象企业增发股权)、换股（标的企业发行股份购买对象企业股权，实施主体取得新发行股份）两个步骤。从法律角度看，实施主体需要关注以下问题：

1. 债转股

(1) 转股失败的风险。一方面，转股涉及对象企业的增资流程，存在审批不通过风险，包括对象企业增资议案不被批准，以及其他股东的优先购买权[1]可能引致的实施主体无法取得股权等风险；另一方面，也可能发生交易对手违反转股/换股承诺，对转股事项不予配合的情形（如不发起增资流程等）。综上，如债务人并不具备偿债能力，实施主体需提前考虑转股失败时债权如何退出的问题，除可通过债务重组安排增加担保外，建议合理设定违约金、赔偿金；在不违反各相关交易主体所应适用的法律法规的前提下，还可考虑事前做好远期债权转让/收购安排，即设置在触发换股失败等收购条件时，实施主体享有要求具备支付能力的特定主体按照约定价格收购债权的权利。后文将在"保障措施"部分对债务重组及远期收购的保障措施进行分析。

(2) 转股价格的不确定风险。从实操角度看，标的债权价格一般可在收购时即予议定（如依照本息定价等）或评估锁定，但转股价格一般需依据对象企业转股时的评估价值[2]进行确定，转股价格的不确定性将影响实施主体所获取的股权数量，也将影响其最终收益。就此问题，建议首先注意对转股时点进行合理安排，一般而言，收债到转股的时间跨度越长，标的企业价值波动可能性越大，如实际情况允许，应尽早安排并完成相关转股工作；再者，因后续仍需换股且换股能否成功存在不确定性，还需注意对象企业价值被高评的风险，如实际情况允许，建议在收债前做好对标的企业的评估定价工作，锁定价格。

(3) 持股期间的权益安排。实施主体持股期间需要注意两方面的问题，一是股东权利的设置安排，虽最终目的是持有标的企业股票，但如转股到换股的期间较长，则需关注对象企业的价值波动，为防止对象企业估值大幅下降影响换股结果，可考虑为实施主体设定保护性权利，如派驻董事或监事了解公司运营情况，对将影响对象企业估值的重大事项设置一票否决权，例如对重大资产处置、大额借贷、担保或大股东转让或处置股权等行为设置需由全体股东一致同意方可

---

[1] 根据《公司法》第34条，公司新增资本时，除全体股东另有约定，股东有权优先按照实缴的出资比例认缴出资。根据《公司法》第71条，除公司章程另有规定，股东向股东以外的人转让股权，应当经过其他股东过半数同意；经股东同意转让的股权，在同等条件下，其他股东有优先购买权。

[2] 当实施主体是国有金融企业或标的企业为国有企业时，依照《金融企业国有资产评估监督管理暂行办法》（财政部令第47号）、《企业国有资产交易监督管理办法》（国资委、财政部令第32号）等相关规定，均应对标的企业进行评估。

通过等。二是持股期间的分红是否可覆盖实施主体的资金成本问题，除收益测算时应综合考虑资金成本外，在换股失败的收购安排的转让对价中应将该部分成本纳入；另可借鉴相关案例中实施主体有权要求有偿付能力的特定主体对分红与预期收益的差额予以补足的安排，后文"保障措施"部分将对此安排予以具体分析。

（4）债转股相关程序。为避免程序瑕疵影响交易效力，需注意按照法律法规及相关交易主体公司章程的规定履行相应的审批手续。实施主体除需履行其自身的审批程序外，其还需关注对象企业增资程序的履行，主要包括其他股东优先认购权的行使、对象企业股东（大）会对增资议案的审批等，注意取得股东（大）会有效决议文件及放弃优先认购权相关文件（全体股东约定不按照出资比例优先认缴出资的除外）等；如对象企业为国有企业，且涉及重要行业等，还需由国家出资企业报同级国资监管机构批准，一般还涉及审计、评估相关流程。除督促对象企业履行以上程序外，实施主体还应注意要求对象企业及时变更股东名册、公司章程，并及时前往工商登记机关办理股权变更登记手续。

2. 换股

（1）换股失败的风险。除前文所述转股失败的风险外，因标的企业为上市公司，则还存在证监会不批准发行股份购买资产等外部审批不通过问题，换股失败将加大实施主体退出风险并影响股票预期收益的实现，故应做好换股失败时股权退出的安排，在不违反各相关交易主体所应适用的法律法规的前提下，仍可考虑事前做好远期股权转让/收购的安排，即在触发换股失败等收购条件时，实施主体有权要求具备支付能力的特定主体按照约定价格收购股权的安排，后文将在"保障措施"部分具体分析相关安排。

（2）换股价格的不确定风险。换股价格一般需依据标的企业换股时的市值及对象企业评估价值进行确定，然而对象企业股权价值处于波动中，标的企业市值也处于波动中，一般无法在债权收购时完全锁定换股价格。如前所述，换股价格的不确定将影响实施主体的最终收益。基于以上，建议：①如有可能，尽可能提前锁定标的企业股票参考价格[1]，即通过尽早召开发行股份购买资产的首次董事会基本锁定企业股票市场参考价格[2]；②根据实际情况尽早安排换股程序（但需综合考虑锁定期问题）；③考虑到发行股份购买资产股票价格在参考价格

---

[1] 根据《上市公司重大资产重组管理办法》第45条，上市公司发行股份的价格不得低于市场参考价的90%。市场参考价为本次发行股份购买资产的董事会决议公告日前20个交易日、60个交易日或者120个交易日的公司股票交易均价之一。

[2] 通过对市场化债转股案例的检索，部分债转股案例中确有在项目框架协议签署前即召开发行股份购买资产的首次董事会，基本锁定标的企业股票市场参考价的先例。

锁定后仍可能面临调整[1]，可借鉴设置实施主体有权要求具备偿付能力的特定主体对转股时对象企业的评估值与换股时对象企业的评估值之差额进行补足的安排，后文将在"保障措施"部分对此安排具体分析。

（3）换股相关程序。换股一般通过上市公司发行股份购买资产的方式来实现。实施主体除需关注自身应履行的审批程序外，还应注意标的企业发行股份购买资产除需按照《公司法》规定履行增资程序（董事会、股东大会审批）外，还需适用《上市公司重大资产重组管理办法》相关规定，提交证监会并购重组委审核。除此，标的企业和实施主体还需共同注意根据股票比例依照《证券法》、《上市公司收购管理办法》（证监会令第 108 号）等相关规定及时履行信息报告和信息披露义务。

3. 股票减持退出

（1）增资模式的股票限售期问题。依据《上市公司重大资产重组管理办法》第 46 条，特定对象以资产认购而取得的上市公司股份的正常锁定期为 12 个月。而对于特定对象为上市公司控股股东或其实际控制人或其控制的关联人，通过本次认购取得实际控制权，或用于认购上市公司股份的资产持续拥有权益的时间不足 12 个月的特定对象，锁定期为 36 个月。则在方案设计时，如不拟被锁定 36 个月，需要注意合理安排转股到换股间的时间跨度（长于 12 个月），同时也需要注意选择合适的实施主体（关注权益结构），避免被认定为控股股东或实际控制人控制的关联方。其他需要注意的是，持有上市公司非公开发行股份的股东（减持非公开发行股份）在股份限制转让期间届满后 12 个月内通过集中竞价交易减持的股份总数，不得超过其持有的该次非公开发行股份的 50%[2]，应据此估算该等规定对项目周期的影响，科学测算资本占用、持有成本及收益。

（2）程序履行及信息披露。实施主体股票减持需要依据证监会和交易所减持相关规定[3]及实施主体自身资产转让相关内外部规定进行（例如，实施主体为国有金融企业时，需要注意按照《金融企业国有资产转让管理办法》等规定履行相关程序）。除此，还需注意按照证监会及交易所规则履行信息披露义务。

---

[1] 根据《上市公司重大资产重组管理办法》第 45 条，董事会决议中可以明确，在中国证监会核准前，上市公司的股票价格相比最初确定的发行价格发生重大变化的，董事会可以按照已经设定的调整方案对发行价格进行一次调整。

[2] 详见《上海证券交易所上市公司股东、董监高减持股份实施细则》（上证发〔2017〕24 号）、《深圳证券交易所上市公司股东、董监高减持股份实施细则》第 4 条。

[3] 主要为中国证监会《上市公司股东、董监高减持股份的若干规定》（证监会公告〔2017〕9 号）、《上海证券交易所上市公司股东、董监高减持股份实施细则》（上证发〔2017〕24 号）、《深圳证券交易所上市公司股东、董监高减持股份实施细则》相关规定。

（三）股权转让（以股抵债）模式

相较于增资模式中常见的"两步走"，股权转让模式可一步到位，即实施主体直接收购标的企业股东所持有的标的企业股票，并以其所持债权作为股票转让对价。但该模式也存在一些需要实施主体关注的问题：

1. 转股失败的风险

鉴于交易对手违约风险及上市公司股票交易所涉的监管政策的不确定性，以股抵债仍需关注转股失败风险。如债务人并不具备偿付能力，需防范转股失败时债权无法获得清偿的风险，仍需按照前文分析，考虑相关重组安排增加担保措施，合理设定违约金/赔偿金，并根据实际情况考虑采用前文所述的债权远期收购安排的保障措施。

2. 股票协议转让的比例不得低于5%

因涉及上市公司股票，除法律法规外，还需注意所应适用的上市公司相关监管规定及股票交易实操可行性的问题。鉴于债转股中的股票转让对价支付形式为非现金形式，从目前实操看，可行的路径仅有股票协议转让方式〔1〕。根据《上市公司流通股协议转让业务办理暂行规则》《上海证券交易所上市公司股份协议转让业务办理指引》《深圳证券交易所上市公司股份协议转让业务办理指引》，"上市公司控股股东和持股5%以上股东通过协议转让方式向多个受让方减持股份的，单个受让方的受让比例不得低于5%"，据此，实施主体通过协议转让方式受让股票比例不得低于5%。故，在拟采用以股抵债模式时，需首先考虑可行性，即需事前预估债权估值（一般以债权本息为上限）届时是否能覆盖对应比例的股票价值，如不足5%股票价值或商业安排上并未打算取得5%以上股票，则应考虑变更模式。

3. 拟转让股份须为无限售条件流通股

根据前述上交所和深交所协议转让相关业务办理指引，拟转让股份须为无限售条件流通股〔2〕。具体来看，还需注意核查该等拟转让股票是否存在：已被质押且质权人未书面同意转让；尚存在未了结的诉讼、仲裁、其他争议或被司法冻结等权利受限情形；证监会及交易所减持相关规定中不得减持的情形（就协议转让而言，主要是上市公司或其股东、董监高存在违法违规事项被处罚而减持受到

---

〔1〕 根据大宗交易相关业务实践，大宗交易为线上操作，目前仅可采用现金交易的支付方式，无法采用债权作为对价的支付方式，故而无法适用大宗交易；而非交易过户的方式有严格的适用条件限制，且可能引起股价波动，故一般亦无法采用。

〔2〕 详见《上海证券交易所上市公司股份协议转让业务办理指引》（上证发〔2018〕6号）第6条、《深圳证券交易所上市公司股份协议转让业务办理指引》（深证上〔2016〕769号）第6条。

限制的情形）〔1〕等；属于限售范围的情形等。如存在以上情形，在消除前述情形前，也无法进行协议转让，应注意事前做好尽职调查工作，评估前述问题是否可在转让前解决及协议转让的可行性，必要时应变更模式。

4. 转让价格限制

根据上交所相关规定，股票协议转让价格不得低于转让协议签署日（非交易日则顺延一日）公司股份大宗交易价格范围的下限〔2〕；深交所的规定则是，以协议签署日前一交易日转让股份二级市场收盘价为定价基准，价格范围下限比照大宗交易规定执行。根据交易所相关规则〔3〕，大宗交易的价格受到当日证券价格的限制：有涨跌幅限制证券的大宗交易成交价格，由买卖双方在该证券当日涨跌幅价格限制范围内确定；无价格涨跌幅限制证券的大宗交易成交价格，由买卖双方在前收盘价的上下30%或当日已成交的最高、最低价之间自行协商确定。综上，应注意前述相关规定对转让价格的限制，合理安排股票转让价格。股票价格的不确定性将影响最终收益，鉴于股票价格实际无法在收债时予以锁定，此情形下可借鉴相关案例中实施主体有权要求大股东或相关方对议定价格和最终转股价格的差额进行补足的保障安排，具体分析见"保障措施"部分。

5. 自然人股东转让的特殊注意事项

如转让方为自然人的，还应注意核查股票是否属于夫妻共同财产，属于夫妻共同财产的，应注意取得配偶同意转让的经公证的书面文件，防止转让效力不稳定风险的同时，也是办理协议转让业务实际操作所必需〔4〕。

6. 股票减持退出

同增资模式，以股抵债模式也需依照减持规定和实施主体自身所应适用的资产转让相关规定进行减持，应注意相关减持比例限制，合理估算项目周期、资本占用及成本收益。以股抵债模式的特别之处在于，就以股抵债模式而言，根据证监会和交易所相关减持规则〔5〕，如通过协议转让导致转让方不再具有大股东身份的或取得的为首次公开发行前股份、非公开发行的股票，在减持后6个月内，

---

〔1〕 主要见中国证监会《上市公司股东、董监高减持股份的若干规定》（证监会公告〔2017〕9号）、《上海证券交易所上市公司股东、董监高减持股份实施细则》（上证发〔2017〕24号）、《深圳证券交易所上市公司股东、董监高减持股份实施细则》相关规定。

〔2〕 详见《上海证券交易所上市公司股份协议转让业务办理指引》（上证发〔2018〕6号）第6条。

〔3〕 详见《深圳证券交易所交易规则》（深证会〔2016〕291号）及后续修订（深证会〔2019〕23号）、《上海证券交易所交易规则》（上证发〔2018〕59号）。

〔4〕 详见《上海证券交易所上市公司股份协议转让业务办理指引》（上证发〔2018〕6号）、《深圳证券交易所上市公司股份协议转让业务办理指引》（深证上〔2016〕769号）之附件申请文件清单。

〔5〕 详见《上海证券交易所上市公司股东、董监高减持股份实施细则》（上证发〔2017〕24号）、《深圳证券交易所上市公司股东、董监高减持股份实施细则》第4条。

受让方需作为特定股东比照上市公司大股东适用特定减持规定，即任意连续 90 个自然日通过集中竞价交易减持股份的总数，不得超过公司股份总数的 1%；任意连续 90 个自然日通过大宗交易方式减持股份的总数，不得超过公司股份总数的 2%。实施主体应注意根据以上规定，合理估算项目总周期并合理测算成本及收益。

四、市场化债转股常见保障措施简析

前文已对市场化债转股中常见风险及相应保障措施进行简述，如违约救济、远期收购安排、现金补偿、企业管控[1]等。本部分对前述保障措施进行分析，并给予实操建议。在具体项目方案设计时，实施主体可根据法律法规、监管政策的适用及商业谈判的实际情况选择其一或综合运用相关保障措施。

（一）违约救济机制

如前文所述，实施主体根据约定虽可享有转股/换股的权利，但如出现交易对手违约情形，实施主体将无法按约取得标的企业股票，故建议根据实际情况设置违约赔偿机制以弥补预期利益损失。具体而言，为利于判定与执行，考虑到预期利益的不确定性及证明难度，建议明确约定违约金金额或计算方式并以违约金仍无法弥补全部损失的应继续予以赔偿为兜底；同时注意违约金金额司法支持上限的问题：根据《关于进一步加强金融审判工作的若干意见》（法发〔2017〕22 号）及相关司法实践，超过年化 24% 的部分可能不会为司法所支持；同时如交易对手可举证证实违约金超过造成损失的 30% 的[2]，人民法院将对违约金适当调减。

（二）远期转让/收购安排

如前文所述，为防范转股/换股失败风险，市场上常见保障措施之一即所谓"回购安排"。准确而言，应为远期资产转让/收购安排，在市场化债转股中，一般是一种附条件的或有收购，即实施主体有权要求特定收购义务主体在一定情形下对未成功转股的债权或未成功换股的股权按照约定价格进行收购的安排。

1. 有效性分析

如所拟转让标的为债权，根据《合同法》《民法总则》等相关法律法规，交易双方意思表示真实且不违反法律法规，则该远期债权转让交易通常情形下并不存在被认定为无效的风险。如所拟转让的标的为股权，则情况相对复杂，

---

[1] 对企业进行科学的股权管理对实施主体及标的企业的价值实现具有重要意义，但企业管控的问题是个宏大的课题，涉及实操面较多，相关法律要点在前文"持股期间的权益安排"部分已述，限于篇幅，本文不再对此保障措施进行具体分析。

[2] 详见《全国法院贯彻实施民法典工作会议纪要》第一部分第 11 条。

一般认为该等"股权回购安排"可纳入广义"对赌协议"[1]范围，类似于"上市对赌"。我国法律法规对"对赌条款"并未有相关明确规定，故而相当长时间内对此类"对赌协议"的有效性均存在较大争议[2]，而最高人民法院"对赌第一案"（海富世恒案）确立了尊重当事人意思自治和保护交易大前提下，未违反法律及强制性法规，未损害标的公司债权人及其他股东利益情形下，"对赌协议"合法有效的基本判定原则，此后司法实践基本以此为原则进行判定，根据现有判例及《全国法院民商事审判工作会议纪要》（法〔2019〕254号，以下简称《纪要》）相关规定，符合前述判定原则的"对赌协议"一般被认定为合法有效。但仍需要注意两个问题，一是该等保障性安排应当注意按照法律法规及公司章程等适当履行相关内外部审批程序，以防范因程序不适当被认定为无效的风险；二是个案中对"对赌协议"的判定仍将存在不确定性，仍需评估无效风险，做好相关对象企业/标的企业的尽职调查、债务重组安排等基础结构设定。

2. 实操建议

（1）收债同时订立本约，为避免被作为预约合同而需另行订立本约方可执行相关交易，建议在收债同时即签署即时生效的附有收购触发条件的股权/债权转让协议，尽量明确股权收购安排的各要素，如收购义务主体、价格或价格确定依据、触发条件及交流流程等，以增强收购安排的可执行性。

（2）建议不选择标的企业作为收购义务主体且收购义务主体应具备偿付能力，鉴于"对赌第一案"确立了标的公司回购股权无效（损害标的公司及其债权人利益）的基本原则，虽后续有相反判例[3]支持与标的企业/对象企业的对赌且《纪要》基本肯定了与标的企业/对象企业对赌的效力，但考虑到与标的企业/对象企业对赌涉及股份回购或盈利分配等强制性规定的履行，大概率存在无法强制履行风险，稳妥起见，如标的为股权，仍建议选择股东或实际控制人，而非标的企业/对象企业本身作为收购义务主体。

（3）注意补充完善股权收购的触发条件，包括但不限于：发生相关交易方

---

[1] 对赌协议（Valuation Adjustment Mechanism, VAM），又称估值调整协议，通常认为是指投资方与融资方在达成协议时，各方对于未来不确定情况的一种约定，约定的条件出现或不出现，投资方或融资方可以行使约定的不同权利。对赌协议形式多样，目前常见于诉讼中的主要是业绩对赌或上市对赌，而权利表现形式多为投资人可向融资方要求货币补偿、股权补偿或要求融资方进行股权回购等。

[2] 主张其无效的理由集中在认为其涉及"名为联营、实为借贷"而违反国家金融管制规定，违反《公司法》同股同权、风险共担的规定，高额溢价违反公平原则，股权结构不稳定规避证监会上市监管等。

[3] 如江苏省高级人民法院（2019）苏民再62号江苏华工创业投资有限公司与扬州锻压机床股份有限公司、潘云虎等请求公司收购股份纠纷等。

违反承诺等违约情形；相关转股/换股方案未通过审批等预计转股/换股情形无法实现的情形等。

（4）注意合理设定收购价格，一方面要注意低线，即相关对价设定应尽量可覆盖投资本金和整体项目周期的资金成本；另一方面也需注意上限，关注溢价超过年化24%部分可能不被司法支持的风险。

（5）注意明确"先款后货"的交易流程，即收购义务主体在收购条件触发后应按照转让方要求的时间按约支付收购价款，全部相关款项支付完毕后，股权转移至收购方。

（6）注意适当履行程序。根据收购义务主体所应适用的内外部相关规定、其公司章程履行相应审批程序，并注意取得义务主体承担收购义务的必要审批文件及有效决议文件，避免被认定为损害其他股东利益或违反法律法规而无效的风险。

3. 现金补偿[1]

如前文所述，为防范企业价格/价值波动风险，市场上存在的保障措施之一为实施主体有权要求特定义务主体进行现金补偿的安排。对于价格/价值波动，实施主体一般要求就议定/预期与实际之间的差额进行补足，具体多表现为：①对转股时对象企业的评估值与换股时对象企业的评估值之差额或②对股权初始议定价格与实际成交价格的差额或③对转股至换股期间分红与预期收益的差额进行补足。笔者认为，其中价值/价格波动的补偿类似于"对赌条款"中的"业绩承诺对赌"。就目前司法实践而言，大概率可认定为有效（相关效力认定及分析可见"收购安排"部分）。但不论是基于何种原因的补偿，都应当注意在收债同时签署即时生效的书面文件，明确补偿机制各要素（尤其需注意明确补偿金的计算方式及确定的支付时间），锁定有偿付能力的补足义务主体并尽量不选择标的企业作为义务主体，注意义务主体义务承担审批流程的履行并取得有效审批文件。另需注意，在补偿金金额问题上，超过年化24%的部分可能不会为司法所支持，应注意超出部分不被支持的风险。

4. 债务重组安排

基于债转股股权投资的目的性，债务重组并非债转股的必要环节，其更多的是起到保障措施的作用。基于对资金成本的覆盖问题的考量及转股失败后债务清偿问题的风险防范，实施主体可根据债务人、保证人偿债能力及担保物价值、持

---

[1] 股权补偿也是PE投资中常见的保障措施，但股权补偿涉及《公司法》相关优先购买权及内部审批等程序，可取得性具有不确定性，可执行性也较弱，对于市场化债转股的实施机构而言，更多的是纾困性的财务性投资，通常情况下，现金补偿应较之股权补偿为优，相关市场实践中也以现金补偿更为常见，故本部分不对股权补偿进行具体分析。

有债权的期限长短、所收购债权收益率等情况，考虑采取债务重组的方式，调整收益率以填补资金成本，及/或增加担保措施以防范转股失败后无法收回本息的风险。

五、发股还债特殊注意事项

发股还债流程相对简单，前文对收债转股各环节的法律要点分析实际可适用于发股还债相应的环节，如涉及换股，可适用换股环节相关要点及相应保障措施；如不涉及换股，所拟取得标的为非上市公司股权，则一般只涉及转股中认购增资所需注意的问题。其所需要注意的其他主要事项如下：

（一）上市公司适用非公开发行相关规定

如所拟取得标的为上市公司股票，因"发股还债"不涉及发行股份购买资产，而为直接现金增资，一般上市公司将采用非公开发行股票方式，一般应适用《上市公司证券发行管理办法》（中国证券监督管理委员会令第 163 号，2020 年修正）、《上市公司非公开发行股票实施细则》（中国证券监督管理委员会公告〔2020〕11 号，以下简称《细则》）等非公开发行相关规定，需特别关注主体的不同对定价及限售期的影响，具体为：

1. 主体不同，限售期有别

根据《细则》第 7 条及第 8 条，对通过非公开发行取得的股票正常限售期为 6 个月，但如发行对象为上市公司的控股股东、实际控制人或其控制的关联人，或为通过认购本次发行的股份取得上市公司实际控制权的投资者，或为董事会拟引入的境内外战略投资者（后文统称"特殊主体"），则限售期为 18 个月。如不拟被锁定 18 个月，此处需注意选择合适的实施主体（关注权益结构），避免被认定为控股方关联人或战略投资者。

2. 主体不同，定价方式不同

如前文所述，特殊主体的限售期较长，理论上投资者应当多不愿被认定为特殊主体，但目前市场上投资者多愿意选择被认定为战略投资者，动因主要在于特殊主体的定价方式与一般主体不同，特殊主体在发行价格锁定方面更具优势。具体而言，根据《上市公司证券发行管理办法》第 38 条，非公开发行的发行底价不得低于定价基准日前 20 个交易日股票均价的 80%。对于不同主体定价方式的区别主要体现为对"定价基准日"界定的不同，在 2020 年修订前，《细则》将"定价基准日"统一确定为股票发行期首日，但修订后，根据《细则》第 7 条，对于特殊对象，给出了定价基准日可以为关于本次非公开发行股票的董事会决议公告日、股东大会决议公告日或者发行期首日的选择空间，有利于特殊对象提前锁定价格。故若拟对基准日进行选择并锁价，需注意选择符合特殊主体定义〔1〕的实施主体。

（二）遵守市场化债转股相关规定

1. 明确所偿还债务

发股还债还需要特别注意的是，《通知》要求实施机构在以发股还债模式开展市场化债转股时，应在市场化债转股协议中明确偿还的具体债务，并在资金到位后及时偿还债务。

2. 信息报送和披露

在市场化债转股项目中，需要关注信息报送和披露义务。一方面需根据市场化债转股相关规定，实施机构需要及时进行信息报送，根据《通知》和《关于做好市场化债转股项目信息报送平台上线相关工作的通知》（发改办财金〔2018〕826号），实施机构应在债转股相关协议签署后5个工作日内，通过"报送平台"系统填报项目信息。另一方面，如涉及上市公司，还需注意严格遵守证券法律法规、证监会及交易所相关信息报送和披露方面的要求，如重大资产重组、上市公司股份协议转让、增资，减持的报告、披露要求等。该要求不限于发股还债模式，收债转股亦应当遵守信息报送和披露要求。

六、结语

就目前来看，现有的市场化债转股的交易结构并不复杂，但其仍面临较复杂的风险防控问题及法律法规、规范性文件及相关指引规则的适用问题，在方案设计时应重点关注交易步骤的可行性和转股失败时的退出路径和风险防范。2019年5月22日，国务院常务会议确定深入推进市场化法治化债转股的措施，拟进一步扩充市场化债转股资金来源，并拟妥善解决持有债转股股权风险权重较高、资本占用较多等问题；而2020年底至2021年初，建设银行、工商银行、农业银行和中国银行接连对旗下金融资产投资公司（AIC）进行百亿元级别的增资。市场化债转股推进至今，配套措施陆续完善，投资资金日渐充裕，业务空间越发广阔，未来可能产生各类创新模式与结构，值得持续关注并进一步展开深入研究。

---

〔1〕值得特别说明的是，为避免战略投资者认定标准不明，证监会于2020年3月通过监管问答方式进一步明确限定了战略投资者的定义及范围。战略投资者是指具有同行业或相关行业较强的重要战略性资源，与上市公司谋求双方协调互补的长期共同战略利益，愿意长期持有上市公司较大比例股份，愿意并有能力认真履行相应职责，委派董事实际参与公司治理，提升上市公司治理水平，帮助上市公司显著提高公司质量和内在价值，具有良好诚信记录，最近3年未受到证监会行政处罚或被追究刑事责任的投资者。与此同时，战略投资者还应当符合下列情形之一：能够给上市公司带来国际国内领先的核心技术资源，显著增强上市公司的核心竞争力和创新能力，带动上市公司的产业技术升级，显著提升上市公司的盈利能力；能够给上市公司带来国际国内领先的市场、渠道、品牌等战略性资源，大幅促进上市公司市场拓展，推动实现上市公司销售业绩大幅提升。